KB091483

쿠버네티스
– 엔터프라이즈 가이드 2/e

쿠버네티스
– 엔터프라이즈 가이드 2/e

컨테이너 기술을 활용한
엔터프라이즈 환경 통합과 확장

강세용 · 김상필 · 김진웅 · 박진우 · 최진영 옮김
마크 보어쉬테인 · 스콧 수로비치 지음

i!i
에이콘

에이콘출판의 기틀을 마련하신 故 정완재 선생님 (1935-2004)

| 옮긴이 소개 |

강세용 (sykang@amazon.com)

백엔드, 모바일, 웹 등 다양한 개발 경험을 바탕으로 AWS Korea에서 개발 전문 솔루션즈 아키텍트로 활동하고 있다. 개발자들이 AWS를 효과적으로 사용할 수 있도록 다양한 활동과 지원을 하며, 데브옵스, 마이크로서비스 아키텍처 가이드와 같은 업무를 하고 있다.

김상필 (sangpill@amazon.com)

AWS Korea에서 솔루션즈 아키텍트로 일해왔고, 현재 클라우드 아키텍트로 재직 중이다. 지난 10년 동안 퍼블릭 클라우드를 도입하는 엔터프라이즈 기업들의 도입 여정을 지켜보면서 기술적인 조언을 하는 역할을 해오고 있다.

김진웅 (jinwoong@amazon.com)

인프라 엔지니어로 시작해 클라우드 엔지니어, 데브옵스, SRE 업무를 거쳐 현재 AWS Korea Professional Services 팀에서 고객의 모더나이제이션^{Modernization}의 여정을 돕는 클라우드 아키텍트 업무를 수행하고 있다.

박진우(jinwoop@amazon.com)

데이터 엔지니어로 네이버 검색, 애널리틱스, 전사 통계를 개발하고 리드했다. 지금은 AWS에서 스타트업 고객의 클라우드 여정을 돕고 있으며 분석, 머신러닝 분야의 전문가로 활동하고 있다.

최진영(jinyoc@amazon.com)

개발자 및 강사로, 스타트업 창업자 및 CTO로서의 경험이 있다. 이 경험과 기술을 기반으로 지금은 AWS에서 테크니컬 트레이너로 고객이 클라우드를 잘 사용할 수 있도록 알려주는 역할을 하고 있다.

| 옮긴이의 말 |

쿠버네티스는 매력적인 서비스로, 현재도 빠르게 발전하고 있습니다. 특히 클라우드와 함께 사용할 때 그 가능성은 무궁무진할 것입니다. 이 책이 쿠버네티스를 처음 접하는 분이나 좀 더 활용을 원하는 분에게 큰 도움이 되었으면 좋겠습니다. 마지막으로 함께 번역에 참여한 능력 있는 동료들과 책의 원작자, 출판사에게 감사의 말씀을 드립니다.

강세용

기업은 쿠버네티스를 사용해 유연성과 확장성을 누릴 수 있지만 동시에 보안 정책, 모니터링, 감사 등을 직접 구현해야 합니다. 도커와 쿠버네티스의 기본 개념부터 시작해 RBAC, 팔코^{Falco}, OPA, 이스티오^{Istio}와 같은 오픈소스 도구를 사용한 확장에 대해 실습 위주로 안내하기 때문에 엔터프라이즈에서는 어떤 방향으로 쿠버네티스를 다뤄야 하는지 조언을 얻을 수 있을 것이라고 생각합니다.

김진웅

2014년부터 AWS Korea에서 솔루션즈 아키텍트와 클라우드 아키텍트로 일하고 있습니다. 쿠버네티스는 최근 컨테이너와 관련한 기술 가운데 가장 뜨거운 주제 중 하나입니다. 아울러 글로벌 회사에서 약 17년가량 일하면서 계속 컨테이너와 관련한 일을 하고 있어 이번 책 번역에 참여하게 돼 매우 기쁩니다. 또한 AWS의 다양한 팀원과 함께 번역과 기부 활동에 동참해 'Strive to be Earth's Best Employer'라는 아마존 리더십 원칙을 실천할 수 있게 기회를 주신 에이콘출판사 여러분께도 감사드립니다.

김상필

온프레미스에서 이기종 장비들에 컨테이너를 활용해 쉽게 배포를 성공했을 때의 감동이 아직도 생생합니다. 쿠버네티스만큼 역동적이고 빠르게 발전하는 오픈소스는 많지 않다고 생각합니다. 최근엔 스타트업에서 엔터프라이즈에 이르기까지 많은 기업이 쿠버네티스를 도입하고 있습니다. 쿠버네티스를 활용하고자 하는 분들께 좀 더 빠른 길을 안내하고자 이렇게 번역에 참여하게 됐습니다. 아울러 이렇게 훌륭한 동료들과 함께 멋진 기술에 대한 번역에 참여하게 돼 영광으로 생각합니다.

박진우

AWS의 테크니컬 트레이너로서 쿠버네티스 기술에 많은 관심을 갖고 있습니다. 요즘 가장 핫한 기술 중 하나인 쿠버네티스 책의 번역을 같이할 수 있도록 기회를 만들어주신 든든한 동료들과 에이콘출판사에 감사드립니다. 쿠버네티스가 한국에 잘 알려지고 많이 사용하게 조금이라도 도움이 되기를 바랍니다.

최진영

| 지은이 소개 |

마크 보어쉬테인 Marc Boorshtein

20년 동안 소프트웨어 엔지니어이자 컨설턴트로 일해왔으며 현재 트레몰로 시큐리티 Tremolo Security, Inc의 CTO이다. 대기업, 미국 정부 민간 기관, 지방 정부의 공공 안전 시스템을 위한 ID 관리 솔루션을 구축하는 데 대부분의 경력을 보냈다. 최근 인프라 보안 자동화를 위한 오픈소스 도구를 구축하면서 데브옵스와 쿠버네티스에 ID를 적용하는 데 주력하고 있다. CKAD이며, 인증 및 권한 부여에 대한 질문에 답변하는 쿠버네티스 슬랙 채널에서 자주 볼 수 있다.

정규직 월급을 포기하고 트레몰로 시큐리티를 설립할 수 있도록 지원해준 아내, 나를 항상 깨어 있게 해준 아들들, 나를 키워주시고 끈기를 주신 어머니께 감사합니다. 그리고 제 스스로 사장이 돼서 회사를 시작하도록 밀어주신 아버지를 기립니다.

스콧 수로비치 Scott Surovich

20년 이상 정보 기술 분야에서 일해 왔다. 현재 Global Tier 1 은행에서 글로벌 컨테이너 엔지니어링 책임자로 근무하고 있으며 하이브리드 클라우드 쿠버네티스 배포를 위한 제품을 보유하고 있다. 경력 전반에 걸쳐 대기업과 정부 기관의 여러 엔지니어링 팀에서 근무했다. CNCF 금융 서비스 워킹 그룹의 공동 리더이자 여러 오픈소스 프로젝트에 기여하는 등 커뮤니티에서 활발히 활동하고 있다. 다른 쿠버네티스 서적을 집필하고 검토했으며, 『Google Anthos in Action』(Manning, 2023)의 여러 장을 집필하고 편집했다. 또한 CKA, CKAD, Mirantis Kubernetes 자격증을 보유하고 있으며, 하이브리드 멀티클라우드 펠로우로서 Google의 최고 인증을 받은 최초의 사람 중 한 명이다.

나의 기술 중독을 항상 지지해주고 이해해준 아내 킴
Kim에게 감사의 말을 전하고 싶습니다. 포기하지 말고 마음만 먹으면 무엇이든 할 수 있다고 가르쳐주신 어머니 아델 Adele과 아버지 진
Gene
을 기리기 위해. 항상 더 나은 사람이 되기 위해 노력하게 해준 친형 크리스
Chris
에게. 마지막으로, 책뿐만 아니라 은행에서 제 역할과 플랫폼 제공을 지원해준 동료들에게도 특별히 감사드립니다.

| 기술 감수자 소개 |

세르게이 불라빈체프 Sergei Bulavintsev

알토로스Altoros의 클라우드 솔루션 아키텍트다. 오픈소스, 클라우드 네이티브 인프라, 개발자의 생산성을 높여주는 도구에 열정을 갖고 있다. 여러 고객을 클라우드와 쿠버네티스로 성공적으로 마이그레이션했으며, 깃옵스 접근 방식을 옹호하고 구현했다. 지역 클라우드 네이티브 커뮤니티에서 활발히 활동 중이며 CKA, CKAD, CKS, RHCA 레벨 2 등의 업계 자격증을 보유하고 있다.

아내 엘레나Elena와 두 자녀인 마리아Maria와 막심Maxim에게 내게 지지와 인내를 보내준 것에 대해 감사의 말을 전하고 싶습니다. 또한 오늘의 제가 있기까지 도움을 준 가족, 친구, 동료들에게도 감사의 인사를 전합니다.

| 차례 |

6장   롤 기반 액세스 제어 정책 및 감사   291

9장   게이트키퍼로 노드 보안 구현 383

| 들어가며 |

쿠버네티스는 데브옵스 팀이 애플리케이션을 개발, 테스트 및 배포하는 표준이 되면서 전 세계에 영향을 줬다. 대부분의 엔터프라이즈는 이미 쿠버네티스를 실행하고 있거나 이후에 실행할 계획을 갖고 있다. 주요 채용 사이트의 채용 공고를 살펴보면 거의 모든 유명 회사에 쿠버네티스와 관련한 자리가 열려 있음을 알 수 있다. 빠른 도입 속도로 인해 쿠버네티스와 관련한 일자리가 지난 4년 동안 2,000% 이상 증가했다.

기업이 해결하기 위해 애쓰고 있는 일반적인 문제 중 하나는 기업용 쿠버네티스에 대한 지식이 부족하다는 점이다. 이는 비교적 새로운 기술이고 운영 워크로드의 경우 훨씬 더 새로운 기술이기 때문에 기업에서는 클러스터를 안정적으로 실행할 수 있는 팀을 구성하는 데 문제가 있었다. 기본적인 쿠버네티스 기술을 갖춘 사람을 찾는 것이 점점 쉬워지곤 있지만 엔터프라이즈 클러스터에 필요한 주제에 관한 지식이 있는 사람을 찾는 것은 여전히 어려운 일이다.

이 책의 대상 독자

여러 엔터프라이즈 환경에서 클러스터를 이용해 수년간 작업한 저자들의 경험을 바탕으로, 데브옵스 팀이 쿠버네티스의 기초 이상으로 기술을 확장할 수 있도록 돕기 위해 이 책을 만들었다.

쿠버네티스와 클러스터 설치, 배포 생성, 쿠버네티스 개체 사용의 기본 사항을 소개하는 책이 많다. 우리의 계획은 기본 클러스터를 넘어서는 책을 만드는 것이었고 책의 분량을 적절한 수준으로 유지하기 위해 쿠버네티스의 기본 사항을 다시 살펴보진 않기 때문에 어느 정도 쿠버네티스에 대한 경험이 있는 독자가 읽기에 적합하다.

주요 초점은 엔터프라이즈 기능으로 클러스터를 확장하는 것이지만, 책의 첫 번째 장에서는 도커 핵심 주제와 쿠버네티스 객체를 다시 살펴볼 것이다. 고급 주제를 다루는 장들을 최대한 활용하려면 쿠버네티스 객체를 확실하게 이해하는 것이 중요하다.

∷ 이 책에서 다루는 내용

1장, 도커 및 컨테이너 기초 개발자가 해결해야 할 도커와 쿠버네티스의 문제를 다룬다. 도커 데몬, 데이터, 설치 및 도커 CLI 사용을 포함해 도커의 기초 개념을 소개한다.

2장, KinD를 이용한 쿠버네티스 배포 단일 노드 클러스터에서 다중 노드 클러스터까지 쿠버네티스 클러스터를 생성할 수 있는 강력한 도구인 KinD를 다룬다. 기본 KinD 클러스터와 사용 방법을 설명한다.

3장, 쿠버네티스 부트캠프 쿠버네티스 기본을 다시 살펴보며, 쿠버네티스를 처음 접하는 경우 클러스터를 포함한 대부분의 객체를 다룰 것이다. 각 객체의 기능과 클러스터에서의 기능에 대한 설명과 함께 각 객체를 설명한다. 이는 객체에 대한 복습 또는 "포켓 가이드"를 의미한다. 각 객체에 대한 모든 세부 정보가 포함돼 있진 않다.

4장, 서비스, 로드밸런서, ExternalDNS 그리고 글로벌 밸런싱 서비스를 이용해 쿠버네티스 배포를 노출하는 방법을 소개한다. 각 서비스 유형은 예제와 함께 설명되며 레이어 7 및 레이어 4 로드밸런서를 모두 사용해 서비스 유형을 노출하는 방법을 배우게 된다. 인그레스Ingress 컨트롤러의 기본 사항을 넘어 MetalLB를 설치해 서비스에 대한 레이어 4 액세스를 제공하는 방법을 설명한다. 또한 기본 쿠버네티스 글로벌 로드밸런싱을 제공하는 MetalLB 및 K8GB에 의해 노출되는 서비스에 대한 동적 이름 확인 기능을 제공하기 위해 external-dns라는 인큐베이터 프로젝트를 설치해 엔터프라이즈 클러스터에 도움이 되는 두 가지 추가 기능에 대해 알아본다.

5장, 클러스터 인증 연동 "클러스터가 구축되면 사용자가 어떻게 클러스터에 액세스하는가?"라는 질문에 답할 수 있도록 한다. 특히 OpenID Connect의 작동 방식과 이를 이용해 클러스터에 액세스해야 하는 이유를 자세히 설명한다. 또한 파이프라인에 인증하는 방법을 배우고 마지막으로 피해야 할 몇 가지 안티 패턴을 다룬 다음 이 이유를 살펴본다.

6장, 롤 기반 액세스 제어 정책 및 감사 사용자가 클러스터에 액세스할 수 있게 되면 액세스를 제한하는 방법을 알아야 한다고 설명한다. 사용자에게 전체 클러스터를 제공하는지 혹은 네임스페이스만 제공하는지에 상관없이 쿠버네티스가 역할 기반 액세스 제어^{RBAC} 시스템을 통해 액세스 권한을 부여하는 방법을 알아야 한다. RBAC 정책을 설계하는 방법, 디버깅하는 방법 및 멀티 테넌시를 위한 다양한 전략을 소개한다.

7장, 안전한 쿠버네티스 대시보드 배포 클러스터가 실행되면 사용자가 가장 먼저 보게 되는 쿠버네티스 대시보드를 다룬다. 보안에 대해서는 많은 신화가 있다. 클러스터는 네트워크 대시보드, 로깅 시스템, 모니터링 대시보드와 같은 다른 웹 애플리케이션들로 구성된다. 대시보드가 어떻게 구성돼 있는지, 대시보드를 적절하게 보호하는 방법, 대시보드를 배포하지 않는 방법의 예를 자세히 살펴보고 그 이유에 대해 자세히 설명한다.

8장, 개방형 정책 에이전트를 사용한 보안 확장 RBAC를 이용해 구현할 수 없는 정책을 활성화하기 위해 Open Policy Agent^{OPA} 및 게이트키퍼를 배포하는 데 필요한 지침을 제공한다. 게이트키퍼를 배포하는 방법, Rego에서 정책을 작성하는 방법, OPA에 내장된 테스트 프레임워크를 사용해 정책을 테스트하는 방법을 다룬다.

9장, 게이트키퍼로 노드 보안 구현 파드를 실행하는 노드의 보안을 다룬다. 컨테이너를 안전하게 설계하는 방법과 컨테이너가 필요하지 않은 리소스에 액세스하지 못하도록 제한하는 게이트키퍼를 이용해 정책을 구축하는 방법에 대해 논의한다.

10장, 팔코, 데브옵스 AI, ECK를 통한 감사 쿠버네티스에 API 액세스를 위한 이벤트 로깅이 포함돼 있지만 컨테이너 런타임 이벤트를 캡처하는 기능은 없다는 점을 설명한다. 이러한 제한 사항을 해결하기 위해 우리는 Sysdig가 CNCF에 기부한 팔코^{Falco}라는 프로젝트를 설치할 것이다. 팔코를 이용하면 Kubeless 기능을 사용해 팔코에서 캡처한 이벤트를 기반으로 작업을 트리거하는 방법과 팔코사이드킥^{FalcoSidekick}을 이용해 팔코에서 캡처한 데이터를 표시해 FalcoSidekick-UI 및 ECK$^{Elastic\ Cloud\ on\ Kubernetes}$ 스택에 이벤트를 전달하는 방법을 알아본다.

11장, 워크로드 백업 Velero를 사용해 재해 복구 또는 클러스터 마이그레이션을 위해 클러스터 워크로드의 백업을 생성하는 방법을 설명한다. 워크로드 예제의 백업을 생성하고 클러스터 마이그레이션을 시뮬레이션하기 위해 백업을 새로운 클러스터로 복원하기 위해 MinIO를 사용해 S3 호환 스토리지 위치를 직접 생성한다.

12장, 이스티오 소개 많은 기업이 보안, 트래픽 라우팅, 인증, 추적, 관측성과 같은 고급 기능을 클러스터에 제공하기 위해 이용하는 서비스 메시를 설명한다. 널리 사용되는 오픈소스 서비스 메시인 이스티오[Istio]와 해당 아키텍처 그리고 가장 일반적으로 사용되는 리소스를 소개한다. 애플리케이션 예제를 이용해 이스티오를 KinD 클러스터에 배포하고 키알리[Kiali]라는 도구를 활용해 애플리케이션의 동작을 모니터링하는 방법을 알아본다.

13장, 이스티오에서 애플리케이션 빌드 및 배포 이스티오를 배포한 후에 이를 이용하는 애플리케이션을 개발하고 배포하고 싶을 것이다. 모놀리스와 마이크로서비스의 차이점과 배포 방법을 살펴보는 것으로 시작한다. 아울러 이스티오에서 실행할 마이크로서비스 구축을 단계별로 진행하고 서비스에 대한 인증, 권한 부여, 서비스 간 인증과 같은 고급 주제를 살펴본다. 또한 OIDC 공급자와 JSON 웹 토큰을 사용해 쿠버네티스의 기존 역할을 활용해 Kiali 액세스를 보호하는 방법도 알아본다.

14장, 플랫폼 프로비저닝 깃랩[GitLab], Tekton, ArgoCD, 게이트키퍼 및 오픈유니슨을 이용해 다중 테넌트 클러스터를 자동화하기 위한 플랫폼을 구축하는 방법을 설명한다. 파이프라인을 구축하는 방법과 파이프라인 생성을 자동화하는 방법도 살펴본다. 파이프라인을 구동하는 데 사용하는 개체가 서로 어떻게 관련돼 있는지, 시스템 간 관계를 구축하는 방법, 마지막으로 파이프라인 배포 자동화를 위한 셀프 서비스 워크플로우를 만드는 방법을 알아본다.

⠿ 이 책의 활용 방법

리눅스Linux, 기본 명령, 깃Git과 같은 도구, vi와 같은 텍스트 편집기에 대한 기본적인 이해가 있어야 한다.

이 책에는 이론과 실습이 모두 포함돼 있다. 연습이 이론을 강화하는 데 도움이 된다고 생각하지만 각 주제를 이해하는 데 반드시 필요한 것은 아니다. 책에 나와 있는 연습을 수행하려면 다음 표의 요구 사항을 충족해야 한다.

요구 사항	버전
Ubuntu 서버	20.04 이상

모든 연습에서는 우분투Ubuntu를 사용하지만 대부분은 다른 Linux 배포에서도 작동한다. 10장, '팔코, 데브옵스 AI, ECK를 통한 감사'에는 Ubuntu에만 해당하는 연습들이 있으며 다른 Linux 설치에서는 이 연습이 올바르게 실행되지 않을 수 있다.

예제 코드 다운로드

이 책의 코드 예제들은 깃허브(https://github.com/PacktPublishing/Kubernetes---An-Enterprise-Guide-2E)에서 확인할 수 있으며, 에이콘출판사 깃허브 리포지터리(https://github.com/AcornPublishing/kubernetes-enterprise)에서도 동일한 예제 코드를 다운로드할 수 있다.

컬러 이미지 다운로드

이 책에 이용된 스크린샷과 다이어그램의 컬러 이미지를 PDF 파일로 제공한다. 다음 링크(https://static.packt-cdn.com/downloads/9781801816618_ColorImages.pdf)에서 다운로드할 수 있다. 동일한 파일을 에이콘출판사의 홈페이지(http://www.acornpub.co.kr/book/kubernetes-enterprise)에서도 다운로드할 수 있다.

추가 내용

다음은 이 책의 실험실 비디오가 포함된 YouTube 채널(저자들이 관리)에 대한 링크(https://packt.link/N5qjd)다. 따라서 직접 시작하기 전에도 실제로 동작하는 모습을 볼 수 있다.

편집 규약

이 책에서는 몇 가지 유형의 편집 규약을 사용한다.

텍스트 안의 코드: 텍스트의 코드 단어, 데이터베이스 테이블 이름, 폴더 이름, 파일 이름, 파일 확장자, 경로 이름, 더미 URL, 사용자 입력 및 X(구 트위터) 핸들을 나타낸다.

예를 들어 "--name 옵션은 클러스터 이름을 cluster01로 설정하고 --config는 설치 프로그램에 cluster01-kind.yaml 구성 파일을 사용하도록 지시한다."

코드 블록은 다음과 같이 표시한다.

```
apiVersion: apps/v1
kind: Deployment
metadata:
 labels:
   app: grafana
 name: grafana
 namespace: monitoring
```

코드 블록의 특정 부분에 주의를 환기시키고자 하는 경우 관련 줄이나 항목은 굵은 글씨로 표시한다. 예를 들면 다음과 같다.

```
apiVersion: apps/v1
kind: Deployment
metadata:
 labels:
   app: grafana
 name: grafana
 namespace: monitoring
```

모든 명령줄 입력 또는 출력은 다음과 같이 작성한다.

```
PS C:\Users\mlb> kubectl create ns not-going-to-work
namespace/not-going-to-work created
```

굵게: 새로운 용어, 중요한 단어 또는 화면(예: 메뉴나 대화 상자)에 표시되는 단어가 텍스트에도 이와 같이 표시됨을 나타낸다. 예: "화면 하단에 있는 **로그인 완료** 버튼을 눌러라."

NOTE

> 경고나 중요한 메모는 다음과 같이 나타낸다.

TIP

> 팁과 요령은 다음과 같이 나타낸다.

⁝⁞ 문의

일반 문의: 이 책과 관련해 질문이 있다면 questions@packtpub.com으로 문의하길 바란다. 한국어판에 관한 질문은 에이콘출판사 편집 팀(editor@acornpub.co.kr)이나 옮긴이의 이메일로 문의하길 바란다.

정오표: 책의 정확성을 보장하기 위해 모든 주의를 기울였음에도 불구하고 실수가 있을 수 있다. 만약 당신이 이 책에서 오류를 발견했다면 에이콘출판사 편집 팀(editor@acornpub.co.kr)에 알려주길 바란다.

불법 복제: 인터넷에서 어떤 형태로든 당사 저작물의 불법 복제물을 발견한 경우 주소 혹은 웹 사이트 이름을 제공해주길 바란다. 자료 링크와 함께 copyright@packtpub.com으로 알려주길 바란다.

독자 의견: 이 책을 읽은 여러분의 생각을 듣고 싶다! 이 책을 구매한 도서 웹 사이트에 리뷰를 남겨주길 바란다. 남겨준 리뷰는 우리와 기술 커뮤니티에 중요하며 우수한 품질의 콘텐츠를 제공하는 데 도움이 될 것이다.

01

도커 및 컨테이너 기초

컨테이너는 지난 수년 동안 본 것들 가운데 가장 혁신적인 기술 중 하나다. 기술 회사, 기업 및 최종 사용자는 모두 일상적인 워크로드를 처리하기 위해 컨테이너를 채택해왔다. 많은 기존의 애플리케이션이 완전히 컨테이너화된 배포로 전환되고 있다. 이러한 대규모 기술 변화로 인해 IT 분야의 모든 사람들이 컨테이너에 대해 배우는 일이 필수가 됐다.

1장에서는 컨테이너가 해결할 수 있는 문제를 소개한다. 컨테이너가 중요한 이유를 설명한 후, 최근의 컨테이너 열풍을 가져온 도커^{Docker} 런타임에 대해 소개하고 쿠버네티스^{Kubernetes}와의 관계를 설명한다. 또한 쿠버네티스의 최근 도커 런타임 지원 중단이 도커 사용에 어떤 영향을 미치는지와 도커 사용법을 숙지해야 하는 이유도 다룬다. 1장을 마치면 도커를 설치하는 방법과 가장 일반적인 도커 CLI 명령을 사용하는 방법을 이해하게 된다.

1장에서는 다음 주제를 다룰 예정이다.

- 컨테이너화의 필요성 이해

- 쿠버네티스에서 도커를 지원 중단하는 이유

- 도커 이해하기

- 도커 설치

- 도커 CLI 사용

1장을 시작하기 전에 쿠버네티스의 향후 릴리스에서 호환 가능한 런타임으로 도커를 지원 중단할 것임을 알게 됐을 것이다. 이러한 변경은 컨테이너 및 쿠버네티스를 사용하는 많은 비즈니스에 영향을 미칠 것이다. '쿠버네티스에서 도커를 지원 중단하는 이유' 절에서 자세히 살펴보겠지만, 도커는 여전히 컨테이너와 컨테이너가 제공하는 이점을 소개하는 가장 좋은 방법임을 확신한다. 쿠버네티스와 같은 오케스트레이션 플랫폼이 아니어도 로컬에서 컨테이너를 실행하는 많은 시스템에서 계속 사용될 것이다.

기술 요구 사항

1장의 기술 요구 사항은 다음과 같다.

- 최소 4GB의 RAM을 갖춘 Ubuntu 20.04+ 서버. 8GB 이상 RAM 권장

- 이 책의 깃허브 리포지터리(https://github.com/PacktPublishing/Kubernetes---An-Enterprise-Guide-2E/tree/main/chapter1)에서 1장의 코드에 액세스할 수 있다.

컨테이너화의 필요성 이해

사무실이나 학교에서 다음과 같은 대화를 해봤을 수도 있다.

> 개발자: "여기 새 애플리케이션이 있습니다. 몇 주간의 테스트를 거쳤고 새 릴리스를 가장 먼저 발표했습니다."
>
> … 잠시 후…

사용자: "작동하지 않네요. submit 버튼을 클릭하면 종속성 누락에 대한 오류가 표시되고 있어요."

개발자: "이상하네요. 제 머신에서는 잘 작동하고 있어요."

이는 개발자가 애플리케이션을 배포할 때 겪을 수 있는 가장 실망스러운 일 중 하나일 것이다. 개발자가 자신의 개발 환경에서는 갖고 있던 라이브러리인데, 패키지 배포에는 포함하지 않았을 경우 발생하는 문제다. 릴리스와 함께 모든 라이브러리를 포함하는 것이 쉬운 해결책처럼 보일 수 있지만, 이 릴리스에 다른 애플리케이션에 필요할 수 있는 이전 버전을 덮어쓰는 최신 라이브러리가 포함돼 있다면 어떻게 해야 할까?

개발자는 새 릴리스와 사용자 워크스테이션의 기존 소프트웨어와의 잠재적 충돌을 고려해야 한다. 이는 대규모 배포deployment 팀이 서로 다른 시스템 설정에서 애플리케이션 테스트를 해야 하는 신중한 조정 작업이 되는 경우가 많다. 이는 또한 개발자의 추가 재작업으로 이어질 수 있으며 일부 극단적인 경우에는 기존 애플리케이션 프로그램과의 완전한 비호환성을 가져올 수 있다.

수년 동안 애플리케이션을 더 쉽게 전달delivery할 수 있도록 하는 다양한 시도가 있었다. 첫째, 애플리케이션을 가상화하는 VMware의 ThinApp과 같은 솔루션이 있었다(운영 시스템 가상화와는 다름). 이를 통해 애플리케이션의 종속성을 자체 포함self-contained 패키지로 패키징할 수 있었다. 이 패키징은 애플리케이션이 자체 포함된 패키지에 있기 때문에 애플리케이션의 종속성이 다른 애플리케이션의 종속성과 충돌하는 문제를 없앴다. 이렇게 제공된 애플리케이션 격리는 종속성 문제를 제거할 뿐만 아니라 향상된 보안 레벨을 제공하고 운영 시스템 마이그레이션의 부담을 덜어준다.

이 책을 읽기 전에 애플리케이션 패키징 또는 스틱 위에 애플리케이션 적용이라는 용어에 대해 들어 봤을 수도 있다. "내 머신에서는 작동했다"라는 문제에 대한 훌륭한 해결책처럼 들릴 수 있다. 하지만 예상대로 작동하지 않았을 때는 여러 이유가 있다. 우선 대부분의 오퍼링은 상당한 투자가 필요한 유료 솔루션이다. 솔루션 라이선스 외에도 "클린 PC"가 필요하다. 즉, 가상화하려는 모든 애플리케이션에 대한 기본 시스템부터 시작해야 한다. 만들려는 패키지는 기본 설치와 초기 시스템 스냅숏 이후에 추가된 모든 항목의 차이점이 반영된다. 그 이후 모든 차이점이 배포 파일로 패키지돼야 모든 워크스테이션에서 실행될 수 있다.

우리는 "내 머신에서는 작동했다"와 같은 애플리케이션 문제가 수년 동안 다른 솔루션을 갖고 있었음을 강조하기 위해 애플리케이션 가상화에 대해 언급했다. ThinApp과 같은 제품은 문제 해결을 위한 여러 가지 시도 가운데 한 가지에 불과하다. 다른 시도로는 Citrix, 원격 데스크톱, 리눅스 컨테이너, chroot jail 및 가상 머신을 사용해 서버에서 애플리케이션이 실행된 것들이 포함된다.

쿠버네티스에서 도커를 지원 중단하는 이유

2020년 12월, 쿠버네티스는 지원되는 컨테이너 런타임으로 도커를 더 이상 사용하지 않는다고 발표했다. 우리는 도커를 사용하든 혹은 사용하지 않든 이 발표가 어떤 영향을 미치는지 설명하는 것이 중요하다고 생각했다.

이번 발표는 클러스터에서 도커를 컨테이너 런타임으로 사용하는 것과 관련이 있다. 도커를 삭제할 때 이것이 유일한 영향이라는 점에 유의해야 한다. 도커를 사용해 새 컨테이너를 만들 수 있으며 OCI^{Open Container Initiative} 사양을 지원하는 모든 런타임에서 실행된다. 도커를 사용해 컨테이너를 생성하면 OCI를 준수하는 컨테이너를 생성하므로 쿠버네티스 호환 컨테이너 런타임을 지원하는 쿠버네티스 클러스터에서 실행하는 것은 계속 지원된다.

영향도와 지원될 대안을 자세히 설명하려면 컨테이너 런타임이 무엇인지 이해해야 한다. 상위 레벨에서의 정의는 컨테이너 런타임이 컨테이너를 실행하고 관리하는 소프트웨어 레이어라는 것이다. 쿠버네티스 클러스터를 구성하는 많은 컴포넌트와 마찬가지로 런타임은 쿠버네티스의 일부는 아니다. 이것은 작동하는 클러스터를 생성하기 위해 공급업체 또는 사용자가 제공해야 하는 플러그형 모듈이다.

도커를 더 이상 사용하지 않기로 결정한 데는 여러 가지 기술적 이유가 있지만, 주요 관심사는 다음과 같다.

- 도커는 자체 원격 API 및 사용자 경험[UX]을 지원하기 위해 도커 실행 파일 내에 여러 부분을 포함한다. 쿠버네티스 컨테이너를 관리하는 런타임 프로세스인 dockerd라는 실행 파일에 하나의 컴포넌트만 필요로 한다. 실행 파일의 다른 모든 부분은 쿠버네티스 클러스터에서 도커를 사용하는 데 기여한 부분은 없다. 또한 추가 구성 요소로 인해 바이너리의 크기가 커지고 추가 버그, 보안 또는 성능 문제가 발생할 수 있다.

- 도커는 쿠버네티스에서 컨테이너 런타임을 쉽게 통합하기 위한 일련의 표준을 생성하기 위해 도입된 컨테이너 런타임 인터페이스[CRI] 표준을 준수하지 않는다. 이를 준수하지 않았기 때문에 쿠버네티스 팀은 도커를 지원하는 데에만 사용할 수 있는 추가 작업을 수행해야만 했다.

로컬 컨테이너 테스트 및 개발의 경우 워크스테이션이나 서버에서 도커를 계속 사용할 수 있다. 기존 문법을 기반으로 도커에서 컨테이너를 빌드하고 컨테이너가 도커 런타임 시스템에서 성공적으로 실행되면 도커를 런타임으로 사용하지 않는 쿠버네티스 클러스터에서 실행될 수 있다.

도커를 제거해도 새 클러스터에서 대부분의 쿠버네티스 사용자에게는 거의 영향을 미치지 않는다. 컨테이너는 도커를 컨테이너 런타임으로 사용하는 것처럼 표준 방법을 사용해 계속 실행된다. 클러스터를 관리하는 경우, 쿠버네티스 노드[node]를 트러블 슈팅할 때 새로운 명령을 배워야 할 수도 있다. 노드에서 실행 중인 컨테이너를 조회하거나 볼륨을 삭제하는 등의 도커 명령이 없을 것이다.

1장을 작성하는 시점에서 쿠버네티스는 도커 대신 다음 런타임을 지원한다.

- containerd

- Rocket (rkt)

- CRI-O

- Frakti

- cri-containerdL: https://github.com/containerd/cri

- singularity-cri: https://github.com/sylabs/singularity-cri

이 목록은 계속 추가될 것이다. 다음 깃허브^{(https://github.com/kubernetes/community/blob/master/}

contributors/devel/sig-node/container-runtime-interface.md)에서 언제든지 쿠버네티스 Git에서 지원되

는 최신 런타임을 볼 수 있다.

우리는 일반적인 컨테이너에 초점을 맞추고 있고 KinD 클러스터를 만들기 위한 런타임으로만 도커를 사용할 예정이므로 대체 런타임에 대해 구체적으로 설명하진 않겠다. 여기서는 클러스터에서 사용할 수 있는 대안으로 설명하기 위해서만 언급할 것이다.

도커 지원 중단의 영향에 대한 자세한 내용은 Kubernetes.io 사이트의 〈Don't Panic: Kubernetes and Docker〉(https://kubernetes.io/blog/2020/12/02/dont-panic-kubernetes-and-docker/)의 기사를 참조할 수 있다.

이제 도커와 도커를 사용해 컨테이너를 만들고 관리하는 방법을 소개하겠다.

도커 소개

업계는 물론 최종 사용자도 도커 컨테이너를 사용하는 것이 더 쉽고 저렴해야 했다. 컨테이너는 새로운 기술이 아니다. 컨테이너는 수년 동안 다양한 형태로 사용해왔다. 도커가 한 일은 일반 개발자가 액세스할 수 있도록 하는 것이었다.

도커는 대중에게 추상화 레이어를 가져왔다. 사용하기 쉬웠고 패키지를 만들기 전에 모든 애플리케이션에 대해 클린 PC가 필요하지 않도록 하는 종속성 문제에 대한 솔루션을 제공했지만 무엇보다도 무료라는 점이 가장 매력적이었다. 도커는 깃허브의 많은 프로젝트에서 표준이 됐으며, 팀은 종종 도커 컨테이너를 만들고 도커 이미지 또는 Dockerfile을 팀원에게 배포해 표준 테스트 또는 개발 환경을 제공했다. 최종 사용자에게 주는 이러한 혜택은 결국 도커를 엔터프라이즈에서 사용할 수 있도록 이끌었고 궁극적으로 도커를 오늘날의 표준으로 만든 이유가 됐다.

도커에 관한 책이 많지만 이 책은 컨테이너와 상호 작용하는 데 사용되는 도커의 기본 주제에 중점을 둔다. 또한 로컬 쿠버네티스 환경을 사용하려고 할 때 알아야 할 사항에 대해 초점을 맞출 것이다. 도커의 흥미롭고 긴 역사와 오늘날 우리가 사용하는 표준 컨

테이너 이미지 형식으로 발전해왔다. 오늘날 우리가 알고 있는 컨테이너의 세계로 각 기업이 어떻게 도입해왔는지 읽어볼 것을 추천한다.

우리의 초점은 도커를 처음부터 가르치는 것이 아니라 도커를 처음 접하는 분들에게 일반적인 컨테이너 개념에 대한 간단한 입문서가 도움이 될 것이라고 생각했다. 도커에 대한 경험이 있고 일시적ephemeral 또는 상태 비저장stateless과 같은 용어를 이해하는 경우는 '도커 설치' 절로 계속 넘어가도 된다.

⣿ 도커 이해하기

이 책은 도커 및 컨테이너 개념에 대한 기본 지식이 있다는 가정하에 작성했다. 과거에는 모든 사람이 도커나 컨테이너를 사용해본 적이 없을 수도 있음을 가정하고 있으므로 컨테이너 개념과 도커 사용에 대한 교육용 강좌를 제공하고자 했다.

NOTE

> 컨테이너를 처음 사용하는 경우 도커 웹 사이트에서 찾을 수 있는 설명서(https://docs.docker.com/)를 읽어보는 것이 좋다.

컨테이너는 일시적이다

가장 먼저 이해해야 할 것은 컨테이너 이미지가 일시적이라는 것이다.

도커를 처음 접하는 분들에게 "일시적"라는 단어는 수명이 짧음을 의미한다. 설계될 때부터 컨테이너는 언제든지 폐기하고 사용자의 상호 작용 없이 다시 불러올 수 있게 돼 있다. 기존의 예에서는 누군가가 대화식으로 웹 서버에 파일을 추가했다. 이때 추가된 파일은 기본 이미지에는 포함돼 있지 않으므로 임시 파일들이다.

즉, 컨테이너가 생성돼 실행되면 도커 호스트에서 컨테이너가 제거되거나 삭제되면 이미지에 변경 사항이 저장되지 않는다. 다음 예시를 살펴보자.

1. 기본 HTML 페이지 없이 호스트에서 NGINX를 사용해 웹 서버를 실행하는 컨테이너를 시작한다.

2. 도커 명령을 사용해 copy 명령을 실행해 일부 웹 파일을 컨테이너의 파일 시스템에 복사한다.

3. 복사가 성공했는지 테스트하려면 웹 사이트를 조회해 올바른 웹 페이지를 제공하고 있는지 확인한다.

4. 결과에 만족하면 컨테이너를 중지하고 호스트에서 제거한다. 그리고 동료에게 다시 웹 사이트를 보여주기 위해서 NGINX 컨테이너를 시작한다. 웹 사이트를 다시 조회하지만 사이트가 열리면 404 오류(페이지를 찾을 수 없음)가 표시된다.

컨테이너를 중지하고 호스트에서 제거하기 전에 업로드한 파일은 어떻게 됐는가?

컨테이너를 다시 시작한 후 웹 페이지를 찾을 수 없는 이유는 모든 컨테이너가 일시적이기 때문이다.

기본 컨테이너 이미지에 있는 것은 컨테이너를 처음 시작할 때마다 포함되는 것들이 전부다. 컨테이너 내에서 변경한 내용은 일시적이며 지속되지 않는다.

기존 이미지에 영구적으로 파일을 추가해야 하는 경우는 파일을 추가한 뒤 이미지를 다시 빌드해야 한다. 1장 뒷부분에 나오는 '영구 데이터' 절에서 설명하겠지만 컨테이너에는 도커 볼륨을 마운트할 수 있다. 현재 이해해야 할 주요 개념은 컨테이너가 일시적이라는 것이다.

그런데 "컨테이너가 일시적이라면 어떻게 서버에 웹 페이지를 추가했을까?" 일시적이라는 말은 변경 사항이 저장되지 않는다는 의미일 뿐이다. 실행 중인 컨테이너를 변경하는 것은 가능하다.

실행 중인 컨테이너에 대한 모든 변경 사항은 로컬 호스트 파일 시스템의 디렉터리인 컨테이너 레이어라고 하는 임시 레이어에 기록된다. 도커 스토리지 드라이버는 컨테이너 레이어를 사용하는 모든 요청을 처리한다. 이 위치는 컨테이너에 HTML 페이지를 추가할 때 로컬 호스트에 저장되도록 컨테이너의 파일 시스템에 변경 사항을 저장한다.

컨테이너 레이어는 실행 중인 이미지 컨테이너 ID에 연결되며 CLI를 사용하거나 또는 도커 삭제 작업[job]이 실행돼 컨테이너가 도커에서 제거될 때까지 호스트 시스템에 유지된다.

컨테이너가 일시적이며 이미지에 쓸 수 없는 경우라면 컨테이너의 데이터를 어떻게 수정할 수 있을까? 도커는 이미지 레이어를 사용해 단일 파일 시스템으로 나타나는 여러 개의 연결된 레이어를 만든다.

도커 이미지

도커 이미지는 이미지 레이어의 모음이며, 각 레이어에는 해당 레이어에 대한 메타데이터가 포함된 JSON 파일이 있다. 컨테이너 이미지가 시작될 때 실행되는 애플리케이션을 만들기 위해 모두 결합되게 된다.

이미지에 관한 자세한 내용은 도커 깃허브(https://github.com/moby/moby/blob/master/image/spec/v1.md)에서 확인할 수 있다.

이미지 레이어

이전 절에서 언급했듯이 실행 중인 컨테이너는 다음 다이어그램과 같이 기본 이미지 레이어의 "상단"에 있는 컨테이너 레이어를 사용한다.

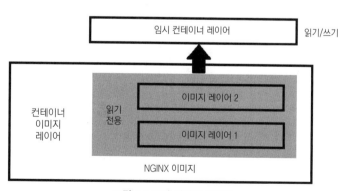

그림 1.1 도커 이미지 레이어

이미지 레이어는 읽기 전용 상태이므로 쓸 수 없지만 임시 컨테이너 레이어는 쓰기 가능 상태다. 컨테이너에 추가하는 모든 데이터는 이 레이어에 저장되며 컨테이너가 실행되는 동안은 유지된다.

여러 레이어를 효율적으로 처리하기 위해 도커는 카피-온-라이트$^{copy-on-write}$를 구현한다. 즉, 파일이 이미 존재하는 경우는 파일이 새로 생성되지 않는다. 그러나 현재 이미지에 없는 파일이 필요한 경우 해당 파일이 작성된다. 컨테이너에서 파일이 하위 레이어에 있는 경우 그 위의 레이어는 파일을 포함할 필요가 없다. 예를 들어 레이어 1에 /opt/nginx/index.html이라는 파일이 있는 경우 레이어 2의 레이어에 동일한 파일이 필요하진 않다.

시스템에 존재하거나 존재하지 않는 파일을 처리하는 방법에 대해 설명했는데, 수정된 파일은 어떨까? 하위 레이어에 있는 파일을 "대체"해야 하는 경우가 있다. 이미지를 빌드할 때 또는 실행 중인 컨테이너 문제를 임시로 해결하기 위해서 이 작업을 수행해야할 수 있다. 카피-온-라이트 방식을 통해 이러한 문제를 처리한다. 이미지는 위에서 아래로 읽으므로 컨테이너는 가장 높은 레이어의 파일만 사용한다. 시스템의 레이어 1에 /opt/nginx/index.html 파일이 있고, 이 파일을 수정하고 저장한 경우 실행 중인 컨테이너는 새 파일을 컨테이너 레이어에 저장한다. 컨테이너 레이어에서 최상위 레이어이므로 index.html의 새 복사본은 항상 이미지 레이어의 이전 버전보다 먼저 읽게 된다.

영구 데이터

일시적인 컨테이너로만 제한되면 도커의 사용 사례가 매우 제한될 것이다. 영구 스토리지가 필요하거나 컨테이너를 중지해도 데이터가 남아야 하는 사용 사례가 더 많을 가능성이 높다.

컨테이너가 일시적이라는 이전의 이야기와 모순되는 것처럼 보일 수 있지만 그렇진 않다. 컨테이너 이미지 레이어에 데이터를 저장할 때 기본 이미지는 변경되지 않는다. 컨테이너가 호스트에서 제거되면 컨테이너 레이어도 제거된다. 동일한 이미지를 사용해 새 컨테이너를 시작하는 경우, 새 컨테이너 이미지 레이어도 만들어진다. 따라서 컨

테이너는 일시적이지만 컨테이너에 도커 볼륨을 추가하면 컨테이너 외부에 데이터를
저장할 수 있으므로 데이터 지속성을 확보할 수 있다.

컨테이너에서 실행 중인 서비스에 액세스

물리 머신이나 가상 머신과 달리 컨테이너는 네트워크에 직접 연결되진 않는다. 컨테이
너가 트래픽을 보내거나 받아야 하는 경우 브릿지된 NAT 네트워크 연결을 사용해 도커
호스트 시스템에 연결된다. 즉, 컨테이너를 실행할 때 들어오는 트래픽 요청을 수신하
려면 트래픽 수신하려는 각 컨테이너의 포트를 노출해야 한다. Linux 기반 시스템에서
iptables는 도커 데몬으로 트래픽을 전달하는 규칙을 갖고 있으며, 도커 데몬은 각 컨테
이너에 할당된 포트를 통해 서비스한다.

이것으로 기본 컨테이너와 도커에 대한 소개를 마쳤다. 다음 절에서는 호스트에 도커를
설치하는 방법을 설명한다.

⁝⁝ 도커 설치

내용을 실습하기 위해서는 동작하는 도커 호스트가 있어야 한다. 이 책의 단계를 따르거
나 이 책의 깃허브 리포지터리에서 Chapter1 디렉터리에 있는 install-docker.sh 스크
립트를 실행할 수 있다.

오늘날 거의 모든 하드웨어 플랫폼에 도커를 설치할 수 있다. 도커의 각 버전은 각 플랫
폼에서 동일하게 작동하고 표시되므로 크로스 플랫폼 애플리케이션을 개발해야 하는
사람들이 도커를 쉽게 개발하고 사용할 수 있다. 서로 다른 플랫폼 간에 함수와 명령을
동일하게 만들면 개발자는 이미지를 실행하기 위해 다른 컨테이너 런타임을 배울 필요
가 없다.

다음은 도커에서 사용할 수 있는 플랫폼을 나타낸 표다. 여러 운영체제와 여러 CPU 아
키텍처에 대한 표가 있다.

플랫폼	X86_64	ARM	ARM64/AARCH64	s390x	ARM64 (Apple Chip)
Docker Desktop Windows	✓				
Docker Desktop macOS	✓				✓
CentOS	✓		✓		
Debian	✓	✓	✓		
Fedora	✓		✓		
Raspbian		✓			
RHEL				✓	
SLES				✓	
Ubuntu	✓	✓	✓	✓	

그림 1.2 사용 가능한 도커 플랫폼

NOTE

특정 아키텍처에서 빌드해 만든 이미지는 다른 아키텍처에서는 실행할 수 없다. 즉, x86 하드웨어를 기반으로 만들어진 이미지는 ARM 프로세서에서 실행되는 Raspberry Pi에서 동일한 이미지가 실행될 수는 없다. 또한 Windows 머신에서 Linux 컨테이너를 실행할 수 있지만 Linux 시스템에서는 Windows 컨테이너를 실행할 수 없다는 점에 유의해야 한다.

도커를 설치하는 데 사용되는 설치 절차는 플랫폼마다 다르다. 도커는 웹 사이트에서 여러 개의 설치 절차가 문서화돼 있다(https://docs.docker.com/install/).

1장에서는 Ubuntu 18.04 시스템에 도커를 설치한다. 설치할 Ubuntu 컴퓨터가 없는 경우에도 각 단계에 대해 설명하고 프로세스를 이해하기 위해 실행 시스템이 필요하진 않으므로 설치 단계에 대한 문서는 계속 읽을 수 있다. 다른 리눅스 배포판이 있는 경우는 도커 사이트(https://docs.docker.com/)에 설명된 설치 절차를 따를 수 있다. CentOS, Debian, Fedora 및 Ubuntu에 대한 설치 단계 문서가 제공되며 다른 리눅스 배포판에 대해서도 일반적인 설치 문서가 있다.

도커 설치 준비

설치를 시작하기 전에 사용할 스토리지 드라이버를 고려해야 한다. 스토리지 드라이버는 컨테이너의 레이어와 컨테이너의 쓰기 가능한 레이어에 액세스하는 방법을 관리하는 유니온 파일 시스템Union File System을 제공한다.

대부분의 설치 과정에서는 기본 옵션이 선택되므로 기본 스토리지 드라이버를 변경할 필요가 없다. 버전 4.0 이상의 Linux 커널을 실행할 경우 도커 설치에서는 overlay2 스토리지 드라이버를 사용한다. 이전 커널에서는 AUFS 스토리지 드라이버를 사용한다.

참고로 도커는 overlay2 및 AUFS 드라이버와 함께 btrfs 스토리지 드라이버를 지원한다. 그러나 최근 시스템에서는 거의 사용되지 않으며 여기서는 참고 자료로만 언급된다.

각 스토리지 드라이버에 대해 자세히 알아보려면 다음 도커 웹 페이지(https://docs.docker.com/storage/storagedriver/select-storage-driver/)를 참조할 수 있다. 여기에는 각 드라이버와 사용 사례가 자세히 설명돼 있다.

스토리지 드라이버 요구 사항을 이해했으므로 다음 단계는 설치 방법을 선택하는 것이다. 다음 세 가지 방법 중 하나를 사용해 도커를 설치할 수 있다.

- 호스트 시스템에 도커 리포지터리 추가
- 수동으로 패키지 설치
- 도커에서 제공된 설치 스크립트 사용

첫 번째 옵션은 도커 엔진을 쉽게 설치하고 업데이트할 수 있으므로 가장 좋은 옵션이 될 수 있다. 두 번째 옵션은 에어 갭 서버라고도 부르는 서버에 대한 인터넷 액세스가 없는 회사에서 유용하다. 세 번째 옵션은 도커의 에지edge 및 테스트 버전을 설치하는 데 사용되며 프로덕션 용도로는 권장되지 않는다.

선호하는 방법은 도커 리포지터리를 호스트에 추가하는 것이므로 해당 옵션을 사용해 리포지터리를 추가하고 도커를 설치하는 데 사용해야 하는 프로세스를 설명한다.

Ubuntu에 도커 설치

이제 모든 준비를 마쳤으니 도커를 설치해보자(책의 리포지터리를 통해 설치 스크립트를 실행한 경우 다음 설치 단계를 실행할 필요가 없다).

1. 첫 번째 단계는 apt-get update를 실행해 패키지 인덱스를 업데이트하는 것이다.

```
sudo apt-get update
```

2. 다음으로 HTTPS apt 액세스를 허용하려면 호스트 시스템에 누락됐을 수 있는 패키지를 추가해야 한다.

```
sudo apt-get install -y apt-transport-https ca-certificates curl gnupg lsb-
release
```

3. 도커 리포지터리에서 패키지를 가져오려면 해당 키를 추가해야 한다. 다음 명령을 사용해 키를 추가할 수 있다. 그러면 gpg 키를 다운로드해 시스템에 추가한다.

```
curl -fsSL https://download.docker.com/linux/ubuntu/gpg | sudo gpg
--dearmor -o /usr/share/keyrings/docker-archive-keyring.gpg
```

이제 도커 리포지터리를 호스트 시스템에 추가한다.

```
echo "deb [arch=amd64 signed-by=/usr/share/keyrings/docker-archive-keyring.
gpg] https://download.docker.com/linux/ubuntu $(lsb_release -cs) stable" |
sudo tee /etc/apt/sources.list.d/docker.list > /dev/null
```

모든 사전 요구 사항을 완료했으면 서버에 도커를 설치할 수 있다.

```
sudo apt-get update && sudo apt-get install -y  docker-ce docker-ce-cli
containerd.io
```

4. 이제 도커가 호스트에 설치됐지만 대부분의 새 서비스와 마찬가지로 도커는 현재 실행 중이 아니며 시스템과 같이 시작되도록 구성되지 않았다. 도커를 시작하고 시작 시 활성화하려면 다음 명령을 사용한다.

```
sudo systemctl enable docker && systemctl start docker
```

이제 도커를 설치했으니 몇 가지 추가 설정을 해보자. 먼저 도커에 권한을 부여한다.

도커 권한 부여

기본 설치에서 도커는 루트 액세스를 필요로 하므로 모든 도커 명령을 루트로 실행해야 한다. 모든 도커 명령에 sudo를 사용하는 대신, 모든 명령에 sudo를 요구하지 않고 도커에 액세스를 제공하는 서버의 새 그룹에 사용자 계정을 추가할 수 있다.

표준 사용자로 로그온한 상태에서 도커 명령을 실행하려고 하면 오류가 발생한다.

```
Got permission denied while trying to connect to the Docker daemon socket
at unix:///var/run/docker.sock: Get http://%2Fvar%2Frun%2Fdocker.sock/
v1.40/images/json: dial unix /var/run/docker.sock: connect: permission
denied
```

사용자 또는 추가하려는 다른 사용자가 도커 명령을 실행하도록 허용하려면 도커 설치 중에 생성된 docker라는 새 그룹에 사용자를 추가해야 한다. 다음은 현재 로그온한 사용자를 그룹에 추가하는 데 사용할 수 있는 명령의 예다.

```
sudo usermod -aG docker $USER
```

계정에 새 구성원을 추가하려면 로그오프했다가 도커 호스트에 다시 로그인하거나 newgrp 명령을 사용해 그룹 변경 사항을 활성화할 수 있다.

```
newgrp docker
```

마지막으로 표준 hello-world 이미지를 실행해 작동하는지 테스트할 수 있다(도커 명령을 실행하는 데 sudo가 필요진 않다).

```
docker run hello-world
```

사용자가 도커에 액세스할 수 있는지 확인하는 출력이 다음에 표시돼야 한다.

```
Unable to find image 'hello-world:latest' locally
latest: Pulling from library/hello-world
2db29710123e: Pull complete
Digest: sha256:37a0b92b08d4919615c3ee023f7ddb068d12b8387475d64c622ac30f45c
29c51
Status: Downloaded newer image for hello-world:latest

Hello from Docker!
```

이 메시지는 설치가 제대로 동작하고 있음을 나타낸다. 도커는 다음과 같은 단계를 수행했다.

1. 도커 클라이언트가 도커 데몬에 연결

2. 도커 데몬은 도커 허브(amd64)에서 hello-world image를 불러옴

3. 도커 데몬이 이미지로부터 새 컨테이너를 생성하고 현재의 출력을 디스플레이

4. 도커 데몬은 해당 출력 도커 클라이언트로 스트리밍해 터미널로 전송

추가적인 시도를 위해 다음을 사용해 Ubuntu 컨테이너를 실행할 수 있다.

```
$ docker run -it ubuntu bash
```

다음 웹 사이트(https://hub.docker.com/)에서 무료 도커 ID를 만들고 이미지를 공유하고, 워크플로우를 자동화하는 등 다양한 작업을 수행할 수 있다.

더 많은 예제와 아이디어를 보려면 다음 웹 사이트(https://docs.docker.com/get-started/)를 방문할 수 있다.

이제 도커에 sudo 없이 실행할 수 있는 권한을 부여했으므로 도커 CLI 사용법을 학습해 원하는 대로 명령을 실행할 수 있다.

⁝⁝ 도커 CLI 사용

설치를 테스트하기 위해 hello-world 컨테이너를 실행할 때 도커 CLI를 사용했다. 도커 명령은 도커 데몬과 상호 작용할 때 사용하는 명령이다. 이 실행 파일을 사용해 다음과 같은 작업을 수행할 수 있다.

- 컨테이너 시작 및 중지

- 이미지 푸시 및 풀

- 실행 중인 컨테이너에서 셸 실행

- 컨테이너 로그 보기

- 도커 볼륨 생성

- 도커 네트워크 생성

- 오래된 이미지 및 볼륨 삭제

1장은 모든 도커 명령어에 대해서 자세히 설명하기 위한 것은 아니며, 대신 도커 데몬 및 컨테이너와 상호 작용하기 위해 사용해야 하는 몇 가지 일반적인 명령에 대해 설명한다. 이 책에서는 볼륨과 네트워킹을 이해하는 것이 매우 중요한 주제라고 생각하므로 해당 주제에 대한 추가 세부 정보를 살펴보자.

도커 명령은 일반 도커 명령과 도커 관리 명령의 두 가지로 나눌 수 있다. 표준 도커 명령을 사용하면 컨테이너를 관리할 수 있으며, 도커 관리 명령을 사용하면 볼륨 및 네트워킹 관리와 같은 도커 옵션을 관리할 수 있다.

docker help

명령의 옵션이나 구문은 잊어버릴 수 있는데, 도커도 이를 알고 있다. 명령을 기억하려고 할 때마다 항상 docker help 명령을 사용하면 기억을 새로고침할 수 있다.

docker run

컨테이너를 실행하려면 제공된 이미지 이름과 함께 docker run 명령을 사용한다. docker run 명령어를 실행하기 위해서는 컨테이너를 시작할 때 사용할 수 있는 옵션을 이해해야 한다.

가장 간단한 예로, NGINX 웹 서버를 실행하는 데 사용할 수 있는 명령은 docker run bitnami/nginx:latest이다. 이렇게 하면 NGINX를 실행하는 컨테이너가 포그라운드에서 시작되며, 컨테이너에서 실행 중인 애플리케이션 로그를 보여준다. 컨테이너 실행을 중지하려면 **Ctrl + C**를 누르면 된다.

```
Nginx 22:52:27.42
nginx 22:52:27.42 Welcome to the Bitnami nginx container
nginx 22:52:27.43 Subscribe to project updates by watching https://github.
com/bitnami/bitnami-docker-nginx
nginx 22:52:27.43 Submit issues and feature requests at https://github.com/
bitnami/bitnami-docker-nginx/issues
nginx 22:52:27.44
nginx 22:52:27.44 INFO  ==> ** Starting NGINX setup **
nginx 22:52:27.49 INFO  ==> Validating settings in NGINX_* env vars
nginx 22:52:27.50 INFO  ==> Initializing NGINX
nginx 22:52:27.53 INFO  ==> ** NGINX setup finished! **

nginx 22:52:27.57 INFO  ==> ** Starting NGINX **
```

컨테이너를 백그라운드 프로세스로 실행하려면 도커 명령에 -d 옵션을 추가하면 된다. 그러면 컨테이너가 분리detached 모드로 실행된다. 이제 분리된 컨테이너를 실행하면 대화형 또는 다음 화면 대신 컨테이너 ID만 표시된다.

```
[root@localhost ~]# docker run -d bitnami/nginx:latest
5283811f91f02ecc2d0adf5ed74ea001b5136b6991e4ff815ee03a0691a05735
```

그림 1.3 표시된 컨테이너 ID

```
[root@localhost ~]# docker run -d bitnami/nginx:latest
13bdde13d0027e366a81d9a19a56c736c28feb6d8354b363ee738d2399023f80
```

```
[root@localhost ~]#
```

기본적으로 컨테이너가 시작되면 임의의 이름이 지정된다. 이전의 분리 모드 실행 예에서 컨테이너의 이름은 silly_keldysh로 지정됐다.

```
CONTAINER ID        IMAGE                        NAMES
13bdde13d002        bitnami/nginx:latest         silly_keldysh
```

컨테이너에 이름을 할당하지 않으면 단일 호스트에서 여러 컨테이너를 실행하기 시작할 때 혼란스러워질 수 있다. 관리를 더 쉽게 하려면 항상 관리하기 쉬운 이름으로 컨테이너를 시작해야 한다. 도커는 run 명령과 함께 또 다른 옵션인 --name 옵션을 제공한다. 이전 예제를 기반으로 컨테이너 이름을 nginx-test로 지정한다. 새로운 docker run 명령은 다음과 같다.

```
docker run --name nginx-test -d bitnami/nginx:latest
```

다른 도커 이미지 실행 때와 마찬가지로 컨테이너 ID는 반환되지만 제공한 이름은 반환되지 않는다. nginx-test라는 이름으로 실행된 컨테이너를 확인하기 위해 docker ps 명령을 사용해 컨테이너를 나열할 수 있다.

docker ps

실행 중인 컨테이너 목록 또는 중지된 컨테이너 목록을 검색해야 할 때가 항상 있다. 도커 CLI에는 실행 중인 모든 컨테이너를 나열하는 ps 명령이 있으며, 다양한 옵션이 있어 ps 명령에 추가 옵션을 추가하는 경우 실행 중이거나 중지된 모든 컨테이너를 나열할 수 있다. 출력에는 컨테이너 ID, 이미지 태그, 입력 명령, 생성 날짜, 상태, 포트 및 컨테이너 이름을 포함한 컨테이너가 나열된다. 다음은 현재 실행 중인 컨테이너의 예다.

```
CONTAINER ID     IMAGE                      COMMAND                    CREATED
72212346d765     nginx                      "nginx -g 'daemon of…"     6 seconds ago
7967c50b260f     rancher/rancher:latest     "entrypoint.sh"            3 days ago
```

그림 1.4 현재 실행 중인 컨테이너

```
CONTAINER ID     IMAGE                  COMMAND                    CREATED
13bdde13d002     bitnami/nginx:latest   "/opt/bitnami/script…"     Up 4 hours
3302f2728133     registry:2             "/entrypoint.sh /etc…"     Up 3 hours
```

찾고 있는 컨테이너가 현재 실행 중인 경우 이 명령이 도움이 된다. 그런데 컨테이너가 중지됐거나 더 나쁜 경우 컨테이너를 시작했는데, 시작하는 데 실패하고 중지된 상태라면 어떻게 될까? docker ps 명령에 -a 옵션을 추가해 이전에 실행한 컨테이너를 포함한 모든 컨테이너의 상태를 볼 수 있다. docker ps -a를 실행하면 표준 ps 명령에서 동일한 출력을 볼 수 있지만 목록에 추가 컨테이너가 포함될 수 있음을 알 수 있다.

실행 중인 컨테이너와 중지된 컨테이너를 어떻게 알 수 있을까? 목록의 STATUS 필드를 보면 실행 중인 컨테이너에 실행 시간이 표시된다(예: Up xx hours 또는 Up xx days). 또한 어떤 이유로든 컨테이너가 중지된 경우 예를 들어 다음과 같이 중지된 상태가 표시된다. 이를 테면 다음과 같다. Exited (0) 10 minutes ago.

```
IMAGE                  COMMAND                    CREATED            STATUS
bitnami/nginx:latest   "/opt/bitnami/script…"     10 minutes ago     Up 10
minutes
bitnami/nginx:latest   "/opt/bitnami/script…"     12 minutes ago     Exited
(0) 10 minutes ago
```

중지된 컨테이너가 이미지 실행 시 문제가 있었다는 의미는 아니다. 단일 태스크만 실행할 수 있는 컨테이너가 있으며, 완료되면 컨테이너가 정상적으로 중지될 수 있다. 종료가 정상적인지 또는 시작 실패로 인한 것인지 확인하는 한 가지 방법은 컨테이너의 로그를 확인하는 것이다.

docker start and stop

실행 중인 컨테이너를 중지하려면 중지하려는 컨테이너의 이름과 함께 docker stop 옵션을 사용한다. 리소스가 제한돼 있고 동시에 몇 개의 컨테이너만 실행할 수 있으므로 호스트의 리소스로 인해 컨테이너를 중지할 수 있다.

나중에 추가 테스트 또는 개발을 위해 해당 컨테이너를 시작해야 하는 경우, docker start <<container name>>을 실행하면 할당된 네트워크 또는 볼륨을 포함해 컨테이너가 원래 시작됐던 모든 옵션으로 컨테이너를 시작한다.

docker attach

문제를 해결하거나 로그 파일을 보기 위해서는 컨테이너에 대화식으로 액세스해야 할 수 있다. 실행 중인 컨테이너에 연결하는 한 가지 방법은 docker attach <<container name>> 명령을 사용하는 것이다. 실행 중인 컨테이너에 연결하면 실행 중인 컨테이너의 프로세스에 연결되므로 프로세스를 실행 중인 컨테이너에 연결하면 어떤 종류의 명령 프롬프트도 표시되지 않을 수 있다. 실제로 컨테이너가 화면에 일부 데이터를 출력하기 전까지는 한동안 빈 화면만 표시될 수 있다.

컨테이너에 부착^{attach}한 후에는 주의해야 한다. 실수로 실행 중인 프로세스를 중지할 수도 있다. NGINX를 실행 중인 웹 서버에 연결하는 예제를 보자. 먼저 docker ps 명령을 사용해 실행 중인 상태인지 확인해야 한다.

```
CONTAINER ID    IMAGE                 COMMAND                  STATUS
4a77c14a236a    nginx                 "/docker-entrypoint..."  Up 33
seconds
3302f2728133    registry:2            "/entrypoint.sh /etc..." Up 8
minutes
13bdde13d002    bitnami/nginx:latest  "/opt/bitnami/script..." Up 14
minutes
```

attach 명령을 사용해 docker attach 4a77c14a236a를 실행한다.

실행 중인 컨테이너 프로세스에 연결하면 아무 일도 일어나지 않는 것처럼 보일 수 있다. 프로세스에 연결하면 프로세스와만 상호 작용할 수 있으며 표시되는 유일한 출력은 표준 출력으로 전송되는 데이터뿐이다. NGINX 컨테이너의 경우 attach 명령을 사용해 NGINX 프로세스에 연결됐다. 이를 보여주기 위해 첨부 파일을 그대로 두고 다른 세션 웹 서버로 curl한다. 컨테이너 포트로 curl하면 연결된 콘솔로 로그가 출력되는 것을 볼 수 있다.

```
[root@astra-master manifests]# docker attach 4a77c14a236a
172.17.0.1 - - [15/Oct/2021:23:28:31 +0000] "GET / HTTP/1.1" 200 615 "-"
"curl/7.61.1" "-"
172.17.0.1 - - [15/Oct/2021:23:28:33 +0000] "GET / HTTP/1.1" 200 615 "-"
"curl/7.61.1" "-"
172.17.0.1 - - [15/Oct/2021:23:28:34 +0000] "GET / HTTP/1.1" 200 615 "-"
"curl/7.61.1" "-"
172.17.0.1 - - [15/Oct/2021:23:28:35 +0000] "GET / HTTP/1.1" 200 615 "-"
"curl/7.61.1" "-"
172.17.0.1 - - [15/Oct/2021:23:28:36 +0000] "GET / HTTP/1.1" 200 615 "-"
"curl/7.61.1" "-"
```

실행 중인 컨테이너에 연결하면 컨테이너에서 실행 중인 항목에 따라 다양한 이점이 있다.

컨테이너에 연결한 이후에는 주의해야 한다고 언급했다. 도커를 처음 사용하는 사용자는 NGINX 이미지에 연결해 서버에서 아무 일도 일어나지 않거나 연결이 실패했다고 가정할 수 있다. 문제가 있을 수 있다고 생각하기 때문에 표준 **Ctrl + C** 키보드 명령을 사용해 컨테이너에서 벗어나기로 결정할 수도 있다. 이렇게 하면 bash 프롬프트로 다시 나가서, 거기서 docker ps를 실행해 실행 중인 컨테이너를 살펴볼 수 있다.

```
root@localhost:~# docker ps
CONTAINER ID       IMAGE  COMMAND    CREATED      STATUS
root@localhost:~#
```

NGINX 컨테이너는 어디에 있을까? 우리는 docker stop 명령을 실행한 적이 없고, 컨테이너에 연결할 때까지 컨테이너가 실행 중이었다. 연결 후 컨테이너가 멈춘 이유는 무엇일까?

컨테이너에 대해 연결이 이뤄지면 실행 중인 프로세스로 연결된다. 모든 키보드 명령은 대화형 셸에서 NGINX를 실행 중인 물리적 서버에 있는 것과 동일한 방식으로 동작한다. 즉, 사용자가 **Ctrl + C**를 사용해 프롬프트에 리턴했으면 실행 중인 NGINX 프로세스를 중지하게 된다. 컨테이너의 실행 프로세스가 중지되면 컨테이너도 중지되므로 docker ps 명령이 실행 중인 컨테이너를 표시하지 않는다.

사용자는 **Ctrl + C**를 사용해 프롬프트에서 리턴하는 대신 **Ctrl + P**를 사용한 다음 **Ctrl + Q**를 사용해야 한다.

attach 명령의 대안으로는 docker exec 명령이 있다. 컨테이너에서 실행할 프로세스에 추가 명령을 제공하므로 exec 명령은 attach 명령과 다르다.

docker exec

실행 중인 컨테이너와 상호 작용할 때 더 좋은 옵션은 exec 명령이다. 컨테이너에 연결하는 대신 docker exec 명령을 사용해 컨테이너에서 프로세스를 실행할 수 있다. 컨테이너 이름과 이미지에서 실행할 프로세스를 제공해야 한다. 물론 반드시 실행 중인 이미지에 대한 프로세스가 포함돼야 한다. 이미지에 bash 실행 파일이 없는 경우는 컨테이너에서 bash를 실행하려고 할 때 오류가 발생한다.

NGINX 컨테이너를 다시 예로 들어보자. docker ps를 사용해 NGINX가 실행되고 있는지 확인한 다음 컨테이너 ID 또는 이름을 사용해 컨테이너에서 실행한다. 명령 구문은 다음과 같다. docker exec <options> <container name> <command>:

```
root@localhost:~# docker exec -it nginx-test bash
I have no name!@a7c916e7411:/app$
```

여기에 포함된 옵션은 -it이며, 이는 exec에 대화형 TTY 세션을 실행하도록 한다. 여기서 실행하려는 프로세스는 bash이다. 원래 사용자 및 호스트네임 이름에서 이름이 어떻게 변경됐는지 확인해보자. 호스트네임은 localhost이고 컨테이너 이름은 a7c916e7411이다. 또한 현재 작업 디렉터리가 ~에서 /app으로 변경됐으며 $ 프롬프트에 표시된 것처럼 프롬프트가 루트 사용자로 실행되고 있지 않음을 알 수 있다.

표준 SSH 연결과 동일한 방식으로 이 세션을 사용할 수 있다. 이제 컨테이너에서 bash를 실행할 수 있다.

컨테이너에 연결돼 있지 않으므로 **Ctrl + C**는 프로세스 실행을 중단하지는 않는다. 대화형 세션 종료하려면 exit를 입력한 다음 **Enter** 키를 입력하면 컨테이너를 종료할 수 있다. 그런 다음 docker ps를 실행하면 컨테이너가 여전히 실행 중인 상태임을 알 수 있다.

다음으로 도커 로그 파일에 대해 배울 수 있는 내용을 살펴보자.

docker logs

docker logs 명령을 사용하면 docker ps 명령을 사용해 검색한 컨테이너 이름 또는 컨테이너 ID를 사용해 컨테이너 로그를 검색할 수 있다. ps 명령에 나열된 모든 컨테이너에 대해 로그를 볼 수 있다. 현재 실행 중인지 아니면 중지됐는지는 중요하지 않다.

로그 파일은 컨테이너가 시작되지 않는 이유 또는 컨테이너가 종료 상태인 이유를 파악할 수 있는 유일한 방법인 경우가 많다. 예를 들어 이미지를 실행하려고 시도한 후 이미지가 시작됐다가 갑자기 중지되는 경우 해당 컨테이너의 로그를 보면 답을 찾을 수 있다.

컨테이너에 대한 로그를 보려면 docker logs <container ID or name> 명령을 사용할 수 있다. 컨테이너 ID가 7967c50b260f인 컨테이너의 로그를 보려면 다음 명령을 사용한다.

```
docker logs 7967c50b260f
```

이렇게 하면 화면으로 상세한 컨테이너 로그가 출력된다. 로그에 많은 정보가 포함될 수도 있으므로 logs 명령에 추가 옵션을 제공해 출력을 제한할 수 있다. 다음 표에는 로그를 보는 데 사용할 수 있는 옵션이 나와 있다.

표 1.1 로그 옵션

로그 옵션	설명
`-f`	로그 출력을 따른다(`--follow`도 사용할 수 있음)
`--tail xx`	파일의 끝에서 시작하는 로그 출력을 표시하고 xx 줄을 검색한다.
`--until xxx xxx`	타임스탬프 전까지 로그 출력을 표시한다. xxx는 타임스탬프일 수 있다. 예를 들어 `2020-02-23T18:35:13` xxx는 상대 시간이 될 수 있다. 예를 들어 `60m`
`--since xxx`	타임스탬프 이후의 로그 출력을 표시한다. xxx는 타임스탬프일 수 있다. 예를 들어 `2020-02-23T18:35:13` xxx는 상대 시간이 될 수 있다. 예를 들어 `60m`

로그 파일 조회는 자주 수행하는 프로세스이며 출력이 매우 길 수 있으므로 tail, until 및 since 같은 옵션을 알면 로그에서 정보를 더 빨리 찾는 데 도움이 된다.

docker rm

컨테이너의 이름을 지정해 실행 후에는 docker rm 명령을 사용해 제거하지 않는 한, 할당된 이름을 사용해 다른 컨테이너를 시작할 수 없다. 중지된 nginx-test라는 컨테이너가 실행 중이고 nginx-test라는 이름으로 다른 컨테이너를 시작하려고 시도한 경우, 도커 데몬은 이름이 사용 중이라는 오류를 반환한다.

```
Conflict. The container name "/nginx-test" is already in use
```

이 컨테이너는 실행되고 있지 않지만 데몬은 컨테이너 이름이 이전에 사용됐고 이전에 실행된 컨테이너 목록에 여전히 존재한다는 것을 알고 있다.

동일한 이름을 다시 사용하려면 해당 이름으로 다른 컨테이너를 시작하기 전에 컨테이너를 제거해야 한다. 이는 컨테이너 이미지를 테스트할 때 흔히 볼 수 있는 시나리오다. 애플리케이션이나 이미지에 대한 문제를 발견하기 위해서만 컨테이너를 시작할 수 있다. 컨테이너를 중지하고 이미지/애플리케이션 문제를 해결한 다음 동일한 이름을 사용해 재배포하려는 경우 이름은 이전에 사용 중이었고 여전히 도커 기록의 일부이므로 이름을 재사용하기 전에 컨테이너를 제거해야 한다.

nginx-test 컨테이너를 제거하려면 docker rm nginx-test를 실행하면 된다.

```
root@localhost ~:# docker rm nginx-test
nginx-test
root@localhost ~:#
```

컨테이너 이름이 정확하고 실행 중이 아니라고 가정하면, 제거한 이미지의 이름만 출력된다.

도커 볼륨에 대해서는 아직 설명하지 않았지만 볼륨이 연결된 컨테이너를 제거할 때는 remove 명령에 -v 옵션을 추가하면 된다. docker rm 명령에 -v 옵션을 추가하면 컨테이너에 연결된 모든 볼륨이 제거된다.

요약

1장에서는 "내 머신에서는 작동했다"와 같은 문제를 포함해 일반적인 개발 문제를 해결하는 데 도커가 이용될 수 있음을 배웠다. 또한 가장 일반적으로 사용되는 도커 CLI 명령에 대한 소개도 했다. 컨테이너의 영구 데이터를 처리하고 컨테이너 네트워킹을 커스터마이징하는 방법을 살펴보면서 1장을 마무리했다.

2장에서는 단일 워크스테이션에서 다중 노드 쿠버네티스 테스트 서버를 쉽게 실행할 수 있는 방법을 제공하는 유틸리티인 KinD를 소개하면서 쿠버네티스의 여정을 시작해보자.

문제

1. 사용되는 아키텍처에 관계없이 모든 도커 호스트에서 단일 도커 이미지를 사용할 수 있다.

a. 참

b. 거짓

2. 도커는 여러 이미지 레이어를 단일 파일 시스템으로 병합하는 데 무엇을 사용하는가?

   a. 병합된 파일 시스템

   b. NTFS 파일 시스템

   c. EXT4 파일 시스템

   d. 유니온 파일 시스템

3. 쿠버네티스는 도커 런타임 엔진과만 호환된다.

   a. 참

   b. 거짓

4. 컨테이너의 파일 시스템을 대화형으로 편집할 때 변경 사항은 어떤 레이어에 기록되는가?

   a. 운영 시스템 레이어

   b. 최하위 레이어

   c. 컨테이너 레이어

   d. 임시 레이어

5. 이미지에 필요한 바이너리가 포함돼 있다고 가정할 때 컨테이너의 bash 프롬프트에 액세스할 수 있는 도커 명령은 무엇인가?

   a. `docker shell -it <container> /bin/bash`

   b. `docker run -it <container> /bin/bash`

   c. `docker exec -it <container> /bin/bash`

   d. `docker spawn -it <container> /bin/bash`

6. 컨테이너가 중지되면 도커 데몬은 컨테이너의 모든 추적을 삭제한다.

   a. 참

   b. 거짓

7. 중지된 컨테이너를 포함해 모든 컨테이너의 목록을 표시하는 명령은 무엇인가?

    a. `docker ps -all`

    b. `docker ps -a`

    c. `docker ps -list`

    d. `docker list all`

02

KinD를 이용한 쿠버네티스 배포

쿠버네티스를 배우는 데 있어 가장 큰 장애물 중 하나는 개발 및 테스트를 위한 클러스터를 생성하는 데 필요한 충분한 리소스를 확보하는 것이다. 대부분의 IT 전문가처럼 우리는 노트북에 쿠버네티스 클러스터를 설치해 데모와 테스트하기를 좋아한다.

종종 다중 클러스터 서비스 메시와 같은 복잡한 데모나 테스트를 위해 다중 노드 클러스터를 실행하거나 여러 개의 클러스터를 실행해야 할 수 있다. 이러한 시나리오에서는 필요한 클러스터를 만들기 위해 많은 서버가 필요하며, 이를 위해서는 많은 RAM과 하이퍼바이저가 필요하다.

다중 클러스터 시나리오에서 전체 테스트를 수행하려면 각 클러스터에 대해 여러 노드를 만들어야 한다. 가상 컴퓨터를 사용해 클러스터를 만든 경우 가상 컴퓨터를 실행할 수 있는 충분한 리소스가 있어야 한다. 각 시스템에는 디스크 공간, 메모리 및 CPU 사용률 등을 포함한 오버헤드가 있다.

그런데 컨테이너만 사용해 클러스터를 만들 수 있다면 어떨까? 가상 머신이 아닌 컨테이너를 사용하면 시스템 요구 사항이 줄어 하나의 명령으로 수분만에 클러스터를 생성 또는 삭제할 수 있고, 클러스터 생성을 위해 스크립트를 사용해 단일 호스트에서 복수 개의 클러스터를 실행할 수 있다.

쿠버네티스 클러스터를 실행하기 위해 컨테이너를 사용하면 가상 머신이나 물리적 하드웨어를 사용해 발생했던 리소스 제약으로 인해 배포하기 어려웠던 때와는 다른 환경이 제공된다. 로컬에서 컨테이너만 사용해 클러스터 실행하는 방법을 설명하기 위해 쿠버네티스 인 도커KinD, Kubernetes in Docker를 사용해 도커 호스트에 쿠버네티스 클러스터를 생성할 것이다. 이후 장에서는 인그레스Ingress 컨트롤러, 인증, RBAC, 보안 정책 등과 같은 컴포넌트를 테스트하고 배포하는 데 사용할 멀티 노드 클러스터를 배포할 것이다.

2장에서는 다음 주제를 다룰 것이다.

- 쿠버네티스 컴포넌트 및 오브젝트 소개

- 개발 클러스터 사용

- KinD 설치

- KinD 클러스터 만들기

- KinD 클러스터 검토

- 인그레스용 커스텀 로드밸런서 추가

⁖ 기술 요구 사항

2장의 기술 요구 사항은 다음과 같다.

- 1장의 도커 및 컨테이너 기초를 이용해 설치한 도커 호스트

- 이 책의 깃허브 리포지터리에 있는 설치 스크립트

이 책의 깃허브 리포지터리(https://github.com/PacktPublishing/Kubernetes---An-Enterprise-Guide-2E/tree/main/chapter2)로 이동해 2장 코드에 접근할 수 있다.

쿠버네티스 컴포넌트 및 오브젝트 소개

2장에서는 일반적인 쿠버네티스 오브젝트와 컴포넌트를 참조하므로, 용어와 간략한 정
의를 표로 제공하고자 한다.

3장, '쿠버네티스 부트캠프'에서는 쿠버네티스 컴포넌트와 클러스터에 포함된 기본 오
브젝트 세트를 살펴볼 것이다. 그리고 kubectl 실행 파일을 사용해 클러스터와 상호 작
용하는 방법도 논의할 예정이다.

표 2.1 쿠버네티스 컴포넌트와 오브젝트

컴포넌트	설명
컨트롤 플레인(control plane)	API 서버: 클라이언트의 요청을 수락하는 컨트롤 플레인의 프론트엔드
	kube-Scheduler: 노드에 워크로드를 할당하는 스케줄러
	etcd: 모든 클러스터 데이터를 담고 있는 데이터베이스
	kube-controller-manager: 노드 상태, 파드 복제본, 엔드포인트, 서비스 계정 및 토큰을 모니터링한다.
노드	kubelet: 컨트롤 플레인의 명령에 따라 파드를 실행하는 에이전트
	kube-proxy: 파드 커뮤니케이션을 위한 네트워크 규칙을 생성하고 삭제한다.
	컨테이너 런타임: 컨테이너 실행을 담당하는 컴포넌트
오브젝트	설명
컨테이너(container)	애플리케이션을 실행하는 데 필요한 모든 것을 포함하는 변경 불가능한 이미지

오브젝트	설명
파드(pod)	쿠버네티스가 제어할 수 있는 가장 작은 단위의 오브젝트. 파드는 단일 컨테이너 또는 복수의 컨테이너다. 파드 내 모든 컨테이너는 공유된 컨텍스트에서 동일한 서버에서 스케줄한다(즉, 파드 내 각 컨테이너는 127.0.0.1을 사용해 다른 파드에 접근할 수 있다).
배포(deployment)	파드 수 및 롤링 업데이트 구성을 포함해 원하는 상태로 애플리케이션을 클러스터에 배포하는 데 사용된다.
스토리지 클래스	스토리지 공급자를 정의하고 클러스터에 표시한다.
퍼시스턴트 볼륨(PV, Persistent Volume)	퍼시스턴트 볼륨 요청으로 클레임할 수 있는 스토리지 대상을 제공한다.
퍼시스턴트 볼륨 클레임(PVC, Persistent Volume Claim)	파드에서 사용할 수 있도록 퍼시스턴트 볼륨을 연결한다(클레임).
컨테이너 네트워크 인터페이스(CNI, Container Network Interface)	파드에 네트워크 연결을 제공한다. 일반적인 CNI 예로는 Flannel과 Calico 등이 있다.
컨테이너 스토리지 인터페이스(CSI, Container Storage Interface)	파드와 스토리지 시스템 간의 연결을 제공한다.

이들은 쿠버네티스 클러스터에서 사용할 수 있는 오브젝트 중 일부에 불과하지만, 2장에서 언급할 주요 오브젝트다. 각 리소스가 무엇인지 알고 해당 기능에 대한 기본 지식이 있으면 2장을 이해하고 KinD 클러스터를 배포하는 데 도움이 될 수 있다.

클러스터와 상호 작용

KinD 설치를 테스트하기 위해 kubectl 실행 파일을 사용해 클러스터와 상호 작용할 것이다. 3장, '쿠버네티스 부트캠프'에서 kubectl을 자세히 살펴보겠지만 2장에서 몇 가지 명령을 사용할 것이므로 다음 테이블에 사용할 명령과 제공되는 옵션을 설명한다.

표 2.2 기본 kubectl 명령어

Kubectl 명령	설명
kubectl get <object>	요청한 오브젝트의 리스트를 반환한다.
kubectl create -f <manifest-name>	제공되는 include 매니페스트를 사용해 오브젝트를 생성한다. create는 최초 오브젝트만 생성할 수 있으며, 오브젝트를 수정할 수는 없다.

Kubectl 명령	설명
kubectl apply -f <manifest-name>	제공되는 include 매니페스트를 사용해 오브젝트를 배포한다. create 와 다르게, apply 명령은 오브젝트를 생성하고 수정할 수 있다.
kubectl patch -f <object-type> <object-name> -p {patching options}	제공되는 object-type과 옵션에 따라 패치한다.

2장에서는 위의 기본 명령을 사용해 이 책에서 사용할 클러스터의 일부를 배포한다.

다음으로, 개발 클러스터의 개념을 소개하고 개발 클러스터를 만드는 데 가장 많이 사용되는 도구 중 하나인 KinD를 자세히 설명한다.

⁝⁚ 개발 클러스터 사용

지난 수년간 개발용 쿠버네티스 클러스터를 설치하기 위한 다양한 도구들이 개발돼 관리자와 개발자가 로컬 시스템에 테스트를 수행할 수 있게 됐다. 이러한 도구 중 다수는 기본 쿠버네티스 테스트에서 작동했지만, 복잡한 시나리오에는 적합하지 않은 한계가 있는 경우가 많았다.

사용 가능한 가장 일반적인 솔루션은 다음과 같다.

- 도커 데스크톱

- Rancher 데스크톱

- minikube

- Kubeadm

- K3s

각 솔루션에는 혜택, 제약 사항 및 사용 사례가 있다. 일부 솔루션은 컨트롤 플레인과 작업자 노드 모두에서 실행되는 단일 노드로 제한된다. 일부는 다중 노드를 지원하지만 여러 가상 머신을 만들려면 추가 리소스가 필요하다. 개발 또는 테스트 요구 사항에 따라 이러한 솔루션이 요구 사항을 완전히 충족하지 못할 수 있다.

몇 주에 한 번씩 새로운 솔루션이 출시되는 것으로 보이며, 개발 클러스터를 만들기 위한 최신 옵션 중 하나는 KinD 쿠버네티스 Special Interest Group^{SIG}의 프로젝트다.

KinD는 단일 호스트를 사용해 복수의 클러스터를 생성할 수 있으며, 각 클러스터는 여러 컨트롤 플레인 및 작업자 노드를 가질 수 있다. 여러 노드를 실행할 수 있으므로 다른 솔루션을 사용해 더 많은 리소스가 필요한 고급 테스트가 가능하다. KinD는 커뮤니티로부터 매우 호평을 받았으며 다음 깃허브(https://github.com/kubernetes-sigs/kind)에서 활성화된 깃 커뮤니티와 슬랙 채널(#kind)을 보유하고 있다.

> **NOTE**
>
> KinD를 운영 클러스터로 사용하거나 KinD 클러스터를 인터넷에 노출하지 말아야 한다. KinD 클러스터는 운영 클러스터에서 원하는 것과 동일한 기능을 대부분 제공하지만 운영 환경용으로 설계되진 않았다.

이 책에서 KinD를 선택한 이유는 무엇인가?

이 책을 시작했을 때 이론과 실습 경험을 모두 포함하고 싶었다. KinD를 사용하면 클러스터를 스핀업 및 스핀다운하는 스크립트를 제공할 수 있으며 다른 솔루션에서도 비슷한 작업을 수행할 수 있지만 KinD는 몇 분 만에 새로운 다중 노드 클러스터 만들 수 있다. 더욱 "현실적인" 클러스터를 제공하기 위해 컨트롤 플레인과 작업자 노드를 분리했다. 하드웨어 요구 사항을 제한하고 인그레스 구성을 더 쉽게 할 수 있도록, 이 책에서는 2노드 클러스터만 만들어 사용할 것이다.

수분^{數分} 안에 다중 노드 클러스터 생성할 수 있으며 테스트가 완료되면, 수초 안에 클러스터를 제거할 수 있다. 클러스터를 스핀업 및 스핀다운하는 기능은 KinD를 실습에 완벽한 플랫폼으로 만든다. KinD의 요구 사항은 간단하다. 클러스터 생성을 위해서는 실행 중인 도커 데몬만 있으면 된다. 즉, 다음 운영체제를 포함해 대부분의 운영체제와 호환된다.

- Linux
- 도커 데스크톱이 실행 중인 macOS

- 도커 데스크톱이 실행 중인 Windows

- WSL2이 실행 중인 Windows

KinD는 대부분의 운영체제를 지원하지만 호스트 시스템으로 Ubuntu 20.04를 선택했다. 이 책의 일부 실습에서는 파일이 특정 디렉터리에 있어야 하며 같은 Linux 버전을 선택하면 실습이 설계된 대로 작동하는지 확인하는 데 도움이 된다. 집에서 Ubuntu 서버에 접근할 수 없는 경우 GCP^Google Cloud Platform와 같은 클라우드 서비스 제공업체에서 컴퓨팅 인스턴스를 만들 수 있다. Google은 300달러의 크레딧을 제공하며 이는 수주 동안 단일 Ubuntu 서버를 실행하기엔 충분하다. GCP의 무료 옵션은 다음 링크(https://cloud.google.com/free/)에서 볼 수 있다.

이제 첫 번째 클러스터를 만들기 전에 KinD가 작동하는 방식과 기본 KinD 쿠버네티스 클러스터가 어떻게 생겼는지 알아보자.

기본 KinD 쿠버네티스 클러스터로 작업하기

KinD 클러스터는 컨트롤 플레인 노드^node를 실행하는 단일 도커 컨테이너와 쿠버네티스 클러스터를 생성하는 작업자 노드로 구성된 것으로 생각할 수 있다. 배포를 쉽고 강력하게 하기 위해 KinD는 모든 쿠버네티스 오브젝트를 노드 이미지라고 하는 단일 이미지로 번들한다. 이 노드 이미지에는 단일 노드 또는 다중 노드 클러스터를 생성하는 데 필요한 모든 쿠버네티스 컴포넌트가 포함돼 있다.

KinD 클러스터가 실행되면 도커를 사용해 컨트롤 플레인 노드 컨테이너를 실행하고 프로세스 목록을 확인할 수 있다. 프로세스 목록에서 실행 중인 컨트롤 플레인 노드에 대한 표준 쿠버네티스 컴포넌트를 볼 수 있다.

```
     TIME CMD
00:00:00 /sbin/init
00:00:00 /lib/systemd/systemd-journald
00:00:17 /usr/local/bin/containerd
00:00:00 /usr/local/bin/containerd-shim-runc-v2 -namespace k8s.io -id 2079ca3d203
00:00:00 /usr/local/bin/containerd-shim-runc-v2 -namespace k8s.io -id 9ee0fe46c62
00:00:00 /pause
00:00:00 /pause
00:00:00 /usr/local/bin/containerd-shim-runc-v2 -namespace k8s.io -id 476635887b0
00:00:00 /usr/local/bin/containerd-shim-runc-v2 -namespace k8s.io -id 483ff964102
00:00:00 /pause
00:00:00 /pause
00:00:21 kube-apiserver --advertise-address=172.18.0.4 --allow-privileged=true --
00:00:06 kube-controller-manager --allocate-node-cidrs=true --authentication-kube
00:00:06 etcd --advertise-client-urls=https://172.18.0.4:2379 --cert-file=/etc/ku
00:00:03 kube-scheduler --authentication-kubeconfig=/etc/kubernetes/scheduler con
00:00:03 /usr/bin/kubelet --bootstrap-kubeconfig=/etc/kubernetes/bootstrap-kubele
00:00:00 /usr/local/bin/containerd-shim-runc-v2 -namespace k8s.io -id f2d236f617b
00:00:00 /pause
00:00:00 /usr/local/bin/containerd-shim-runc-v2 -namespace k8s.io -id e15d3f05f78
00:00:00 /pause
00:00:00 /usr/local/bin/kube-proxy --config=/var/lib/kube-proxy/config.conf --hos
00:00:00 /bin/kindnetd
00:00:00 bash
00:00:00 ps -ef
```

그림 2.1 컨트롤 플레인 컴포넌트를 보여주는 호스트 프로세스 목록

컴포넌트를 확인하기 위해 작업자 노드에서 실행하면 모든 표준 작업자 노드 컴포넌트
가 표시된다.

```
     TIME CMD
00:00:00 /sbin/init
00:00:00 /lib/systemd/systemd-journald
00:00:08 /usr/local/bin/containerd
00:00:12 /usr/bin/kubelet --bootstrap-kubeconfig=/etc/kubernetes/bootstrap-kub
00:00:00 /usr/local/bin/containerd-shim-runc-v2 -namespace k8s.io -id 0b4d6d0c
00:00:00 /usr/local/bin/containerd-shim-runc-v2 -namespace k8s.io -id 48699dfc
00:00:00 /pause
00:00:00 /pause
00:00:00 /usr/local/bin/kube-proxy --config=/var/lib/kube-proxy/config.conf --
00:00:00 /bin/kindnetd
00:00:00 bash
00:00:00 ps -ef
```

그림 2.2 워커 컴포넌트를 보여주는 호스트 프로세스 목록

이제 3장, '쿠버네티스 부트캠프'에서 kube-apiserver, kubelets, kube-proxy, kube-
scheduler, kube-controller-manager를 포함한 표준 쿠버네티스 컴포넌트를 다룰 것
이다.

표준 쿠버네티스 컴포넌트 외에도, KinD 노드는 대부분의 표준 설치에 포함되지 않는 추가 컴포넌트인 Kindnet이 있다. Kindnet은 쿠버네티스 클러스터에 네트워킹을 제공하는 컨테이너 네트워크 인터페이스^CNI 솔루션이다. 쿠버네티스 CNI는 쿠버네티스 칼리코^Calico, 플란넬^Flannel, 실리움^Cilium, 카인드넷^Kindnet 등을 포함한 수많은 CNI 기반 소프트웨어 솔루션을 활용할 수 있도록 하는 스펙이다.

KinD 클러스터의 경우 기본 KinD 클러스터를 설치할 때 Kindnet이 포함된 기본 CNI이다. Kindnet이 기본 CNI이지만 비활성화하고 KinD 클러스터에 사용할 Calico와 같은 대안을 사용할 수 있다.

각 노드와 쿠버네티스 컴포넌트를 살펴봤으므로 기본 KinD 클러스터에 무엇이 포함돼 있는지 살펴보자. 전체 클러스터와 실행 중인 모든 컴포넌트를 표시하기 위해 kubectl get pods –all-namespaces 명령을 실행할 수 있다. 여기에는 3장, '쿠버네티스 부트캠프'에서 논의할 기본 컴포넌트를 포함해 클러스터에서 실행 중인 모든 컴포넌트 리스트가 보인다. 기본 클러스터 컴포넌트 외에도 local-path-storage라는 네임스페이스의 실행 중인 파드를 볼 수 있다. 이 파드는 KinD에 포함된 애드온 중 하나를 실행하며, 클러스터에 PersistentVolumeClaims를 자동으로 프로비저닝할 수 있는 기능을 제공한다.

```
NAMESPACE           NAME                                          READY    STATUS
kube-system         coredns-558bd4d5db-qbfgl                      1/1      Running
kube-system         coredns-558bd4d5db-tdl7g                      1/1      Running
kube-system         etcd-temp-control-plane                       1/1      Running
kube-system         kindnet-hjjr6                                 1/1      Running
kube-system         kindnet-jc4p8                                 1/1      Running
kube-system         kube-apiserver-temp-control-plane             1/1      Running
kube-system         kube-controller-manager-temp-control-plane    1/1      Running
kube-system         kube-proxy-4hf6n                              1/1      Running
kube-system         kube-proxy-x7lp7                              1/1      Running
kube-system         kube-scheduler-temp-control-plane             1/1      Running
local-path-storage  local-path-provisioner-547f784dff-wthkp       1/1      Running
```

그림 2.3 local-path-provisioner를 보여주는 kubectl get pods

대부분의 개발 클러스터 오퍼링은 사람들이 쿠버네티스에서 배포를 테스트하는 데 필요한 유사한 기능을 제공한다. 이들은 모두 쿠버네티스 컨트롤 플레인과 작업자 노드를 제공하며, 대부분은 네트워킹을 위한 기본 CNI를 제공한다. 이 기본 기능을 제공하지 않는 경우는 거의 없으며, 쿠버네티스 워크로드가 성숙함에 따라 local-path-provisioner와 같은 추가 플러그인이 필요하다는 것을 알게 될 것이다. 이 책의 실습에도 이 컴포넌트를 많이 활용할 것이다. 컴포넌트가 없으면 실습에서 사용하는 많은 예제를 배포하는 것이 어려워지기 때문이다.

개발 클러스터의 퍼시스턴트 볼륨에 관심을 가져야 하는 이유는 무엇일까? 쿠버네티스가 성숙해짐에 따라 점점 더 많은 조직에서 정적 워크로드를 컨테이너로 이전했으며, 많은 경우는 데이터 저장을 위한 영구적인 스토리지를 필요로 한다. KinD 클러스터에서 스토리지 리소스로 작업할 수 있는 기능을 활용하는 것은 스토리지 작업에 대해 배울 수 있는 좋은 방법이다.

쿠버네티스를 사용하는 대부분의 운영 클러스터는 개발자에게 영구적인 스토리지를 제공한다. 일반적으로 스토리지는 블록 스토리지, S3 또는 NFS 기반의 스토리지 시스템으로 제공된다. NFS 외 대부분은 모든 기능을 갖춘 스토리지 시스템을 실행할 수 있는 리소스가 없는 경우가 많다. local-path-provisioner는 고가의 스토리지 솔루션이 제공하는 모든 기능을 KinD 클러스터에 제공한다.

3장, '쿠버네티스 부트캠프'에서는 쿠버네티스 스토리지의 일부인 몇 가지 API 오브젝트에 대해 논의할 것이다. CSIdrivers, CSInodes 및 StorageClass 오브젝트도 마찬가지다. 이 오브젝트는 클러스터에서 백엔드 스토리지 시스템에 접근 제공하는 데 사용된다. 설치 및 구성이 완료되면 파드는 PersistentVolumes와 PersistentVolumeClaims 오브젝트를 사용해 스토리지를 사용한다. 스토리지 오브젝트는 이해하는 것이 중요한데, 처음 배포됐을 때는 대부분의 쿠버네티스 개발 오퍼링에 포함돼 있지 않았기 때문에 테스트하기가 어려웠다.

KinD는 이러한 한계를 인식하고 쿠버네티스 1.10에 도입된 쿠버네티스 로컬 퍼시스턴트 볼륨을 기반으로 하는 local-path-provisioner라는 랜처의 프로젝트를 번들로 제공하기로 결정했다.

쿠버네티스에서는 로컬 호스트에 퍼시스턴트 볼륨을 기본적으로 지원하는데 왜 별도의 애드온이 필요한지 궁금할 것이다. 로컬 퍼시스턴트 스토리지에 대한 지원은 추가됐지만, 쿠버네티스 자동 프로비저닝 기능은 추가되지 않았다. CNCF는 자동 프로비저너를 제공하지만 별도의 쿠버네티스 컴포넌트로 설치 및 구성돼야 한다. KinD를 사용하면 프로비저너가 모든 기본 설치에 포함돼 있으므로 자동 프로비저닝이 쉽다.

랜처의 프로젝트는 KinD에 다음을 제공한다.

- PersistentVolumeClaims 요청이 생성될 때 PersistentVolume이 자동 생성

- standard라는 이름의 기본 스토리지 클래스 제공

자동 프로비저너가 PersistentVolumeClaim^{PVC} 요청이 API 서버에 오는 것을 확인하면 PersistentVolume^{PV}이 생성되고 파드의 PVC는 새로 생성된 PV에 바인딩된다. 이후 퍼시스턴트 스토리지가 필요한 파드에서 PVC가 사용될 수 있다.

local-path-provisioner는 실행할 수 있는 테스트 시나리오를 크게 확장할 수 있는 기능을 KinD 클러스터에 추가한다. 퍼시스턴트 디스크를 자동 프로비저닝하는 기능이 없다면, 퍼시스턴트 디스크가 필요한 사전 구성된 배포를 테스트하는 것이 어려웠을 것이다.

랜처의 도움으로 KinD는 값비싼 홈 랩이나 데이터 센터 외부에서는 실행할 수 없는 동적 볼륨, 스토리지 클래스 및 기타 스토리지 테스트를 할 수 있는 방법을 제공한다. 이후 장에서 프로비저너를 사용해 서로 다른 배포에 볼륨을 제공할 것이다. 자동 프로비저닝 사용의 장점은 계속해서 강조하고 싶다.

노드 이미지 이해

노드 이미지는 KinD에 도커 컨테이너 내에서 쿠버네티스를 실행할 수 있는 마법을 제공한다. 도커는 실행 중인 시스템의 systemd에 의존하고 다른 컴포넌트는 대부분 컨테이너 이미지에 포함돼 있지 않다. 이는 놀라운 성과다.

KinD는 팀이 개발한 기본 이미지로 시작하며, 이 이미지에는 도커, 쿠버네티스 및 systemd에 필요한 모든 것을 포함하고 있다. 기본 이미지는 Ubuntu 이미지를 기반으로, 팀은 필요하지 않은 서비스를 제거하고 도커에 맞게 systemd를 구성했다. 마지막으로 기본 이미지를 사용해 노드 이미지를 생성한다.

NOTE

기본 이미지가 생성되는 방법에 대한 세부 정보를 알고 싶다면 KinD 팀의 깃허브 리포지터리 (https://github.com/kubernetes-sigs/kind/blob/main/images/base/Dockerfile)에 있는 Dockerfile을 참고할 수 있다.

KinD 및 도커 네트워킹

KinD는 도커를 컨테이너 엔진으로 사용해 클러스터 노드를 실행하기 때문에 모든 클러스터는 표준 도커 컨테이너가 제한하는 것과 동일한 네트워크 제약 조건으로 제한된다. 이러한 제한은 로컬 호스트에서 KinD 쿠버네티스 클러스터를 테스트하는 것을 제한하진 않지만, 네트워크의 다른 머신에서 컨테이너를 테스트하려는 경우 문제가 발생할 수 있다.

KinD를 설치하면 kind라는 새 도커 브리지 네트워크가 생성된다. 이 네트워크 설정은 KinD v0.8.0에서 도입됐으며, 기본 도커 브리지 네트워크를 사용하는 이전 버전의 여러 문제를 해결했다. 대부분의 사용자는 이 변경 사항을 모르겠지만, KinD와 동일한 네트워크에서 실행해야 하는 추가 컨테이너가 있는 고급 KinD 클러스터를 생성하기 위해선 이를 아는 것이 중요하다. KinD 네트워크에서 추가 컨테이너를 실행해야 하는 경우 docker run 명령에 –net=kind를 추가해야 한다.

도커 네트워킹 고려 사항과 함께 쿠버네티스 CNI 또한 반드시 고려해야 한다. 공식적으로 KinD 팀은 네트워킹 옵션을 Kindnet과 Calico라는 2개의 CNI로 제한했다. Kindnet이 지원되는 유일한 CNI이지만 기본 Kindnet 설치를 비활성화할 수 있는 옵션이 있다. 그러면 CNI가 설치되지 않은 클러스터가 생성된다. 클러스터를 배포한 후 Calico와 같은 CNI 매니페스트를 배포할 수 있다.

소규모 개발 클러스터와 엔터프라이즈 클러스터 모두 쿠버네티스 CNI 설치는 Tigera의 Calico를 사용하므로 이 책의 실습에서도 Calico를 CNI로 사용하기로 했다.

중첩 인형 추적

KinD와 같은 솔루션을 사용하면 컨테이너 내 컨테이너 배포로 인해 혼란스러울 수 있다. 우리는 이것을 인형 안에 인형이 있고, 이 인형 안에 또 인형이 있는 러시아 중첩 인형과 비교한다. 자체 클러스터에 대해 KinD를 사용하면 호스트, 도커 및 쿠버네티스 노드 간의 커뮤니케이션 경로를 추적하지 못할 수 있다. 온전한 이해를 위해서는 실행 중인 각 컴포넌트의 위치와 각 컴포넌트끼리 상호 작용하는 방법을 확실히 이해해야 한다.

다음 다이어그램은 KinD 클러스터를 만들기 위해 실행해야 하는 3개의 레이어를 보여 준다. 각 레이어는 바로 위에 있는 레이어와만 상호 작용할 수 있다는 점에 유의해야 한다. 즉, 레이어 3의 KinD 컨테이너는 레이어 2에서 실행 중인 도커 이미지만 볼 수 있으며, 도커 이미지는 레이어 1에서 실행 중인 Linux 호스트만 볼 수 있다. 호스트에서 KinD 클러스터에서 실행 중인 컨테이너와 통신하려면 도커 레이어를 통과한 다음 레이어 3의 쿠버네티스 컨테이너로 이동해야 한다.

KinD를 테스트 환경으로 효과적으로 사용할 수 있도록 이를 이해하는 것이 중요하다.

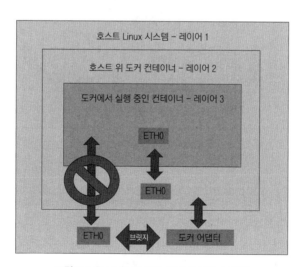

그림 2.4 호스트는 KinD와 직접 통신할 수 없음

예를 들어 쿠버네티스 클러스터에 웹 서버를 배포하고 싶다고 생각해보자. KinD 클러스터에 인그레스Ingress 컨트롤러를 배포하고 도커 호스트 또는 네트워크의 다른 워크스테이션에서 Chrome을 사용해 사이트를 테스트하려고 한다. 포트 80에서 호스트를 대상으로 지정하려고 하면 브라우저에서 오류가 발생한다. 왜 실패했을까?

웹 서버를 실행 중인 파드는 레이어 3에 있으며 네트워크의 호스트 또는 머신으로부터 직접 트래픽을 수신할 수는 없다. 호스트에서 웹 서버에 액세스하려면 도커 레이어에서 KinD 레이어로 트래픽을 전달해야 한다. 여기서는 포트 80과 포트 443이 필요하다. 컨테이너가 시작되면 도커 데몬은 들어오는 트래픽을 호스트에서 실행 중인 도커 컨테이너로 전달한다.

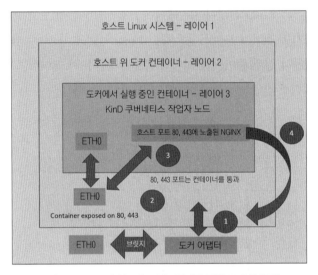

그림 2.5 호스트가 인그레스 컨트롤러를 통해 KinD와 통신

도커 컨테이너에 포트 80 및 443이 노출되면 도커 데몬은 이제 80 및 443에 대한 수신 요청을 수락하고 NGINX 인그레스Ingress 컨트롤러 트래픽을 수신한다. 이는 도커 레이어의 두 위치에 포트 80과 443을 노출했기 때문에 동작한다. 호스트 포트 80 및 443을 사용해 NGINX 컨테이너를 실행해 쿠버네티스 레이어에 노출했다. 이 설치 과정은 2장 뒷부분에서 설명하겠지만, 지금은 기본적인 흐름을 이해하면 된다.

호스트에서 쿠버네티스 클러스터에 인그레스 규칙이 있는 웹 서버를 요청한다.

1. 요청은 요청된 IP 주소(이 경우 로컬 IP 주소)를 확인한다.

2. 쿠버네티스 노드 위에서 실행하는 도커 컨테이너의 인그레스는 포트 80 및 443의 IP
   주소에서 수신하므로 요청이 수락돼 실행 중인 컨테이너로 전송된다.

3. 쿠버네티스 클러스터의 NGINX 파드 호스트 포트 80 및 443을 사용하도록 구성됐
   으므로 트래픽이 파드로 전달된다.

4. 사용자는 NGINX 인그레스 컨트롤러를 통해 웹 서버에서 요청된 웹 페이지를 수신
   한다.

다소 복잡하지만 KinD를 더 많이 사용하고 상호 작용할수록 더 쉬워진다.

개발 환경을 위해 KinD 클러스터 사용하려면 KinD의 동작 방식을 이해해야 한다. 지
금까지 노드 이미지와 노드 이미지를 사용해 클러스터를 만드는 방법에 대해 배웠다.
또한 도커 호스트와 클러스터에서 실행 중인 컨테이너 간에 KinD 네트워크 트래픽이
어떻게 흐르는지도 배웠다. 이 기본 지식을 바탕으로 KinD를 이용해 쿠버네티스 클러
스터를 만드는 단계로 넘어갈 것이다.

KinD 설치

2장에서 사용된 파일은 KinD 디렉터리에 있다. 제공된 파일을 사용하거나 2장의 내용
에서 직접 파일을 만들 수 있다. 2장 설치 프로세스의 각 단계에 대해 설명한다.

> **NOTE**
>
> 작성 당시 KinD의 현재 버전은 0.11.00이며, 쿠버네티스 클러스터를 최대 1.21.1까지 지원한다.

KinD 설치 - 사전 조건

KinD는 몇 가지 다른 방법을 사용해 설치할 수 있지만 KinD 클러스터 구축을 시작하는 가장 쉽고 빠른 방법은 KinD 바이너리와 표준 쿠버네티스 kubectl 실행 파일을 다운로드해 클러스터와 상호 작용하는 것이다.

kubectl 설치

KinD는 단일 실행 파일이므로 kubectl을 설치하지 않는다. kubectl이 설치돼 있지 않고 Ubuntu 20.04 시스템 사용하고 있다면, snap 설치를 실행해 설치하거나 Google에서 직접 다운로드할 수 있다.

snap을 사용해 kubectl을 설치하려면, 하나의 명령어만 실행하면 된다.

```
sudo snap install kubectl --classic
```

Google에서 kubectl을 설치하려면 바이너리를 다운로드하고 실행 권한을 부여한 다음 시스템의 경로 변수의 위치로 이동해야 한다. 이 작업은 다음에 설명된 단계를 사용해 완료할 수 있다.

```
curl -LO https://storage.googleapis.com/kubernetes-release/
release/`curl -s https://storage.googleapis.com/kubernetes-release/
release/stable.txt`/bin/linux/amd64/kubectl
chmod +x ./kubectl
sudo mv ./kubectl /usr/local/bin/kubectl
```

이제 kubectl을 만들었으니 KinD 실행 파일 다운로드로 넘어갈 수 있다.

KinD 바이너리 설치

KinD를 설치하는 것은 쉬운 과정이며 단일 명령으로 수행할 수 있다. /chapter2/install-kind.sh에 있는 이 책의 리포지터리에서 포함된 스크립트를 실행해 KinD를 설치할 수 있다. 또는 다음 단계에 따라 수동으로 설치할 수 있다.

```
curl -Lo ./kind https://kind.sigs.k8s.io/dl/v0.11.1/kind-linux-amd64
chmod +x ./kind
sudo mv ./kind /usr/bin
```

설치가 완료되면 프롬프트에 kind version을 입력해 KinD가 올바르게 설치됐는지 확인할 수 있다.

```
kind version
```

그러면 설치된 버전이 리턴된다.

```
kind v0.11.1 go1.16.4 linux/amd64
```

KinD 실행 파일은 클러스터의 수명 주기를 유지하는 데 필요한 모든 옵션을 제공한다. KinD 실행 파일은 클러스터를 만들고 삭제할 수 있지만 다음과 같은 기능도 제공한다.

- 사용자 지정 빌드 기반 및 노드 이미지를 만들 수 있다.

- kubeconfig 또는 로그 파일을 내보낼 수 있다.

- 클러스터, 노드 또는 kubeconfig 파일을 검색할 수 있다.

- 이미지를 노드로 로드할 수 있다.

이제 KinD 유틸리티를 설치했으므로 KinD 클러스터를 만들 준비가 거의 완료됐다. 몇 가지 클러스터 생성 명령을 실행하기 전에 KinD가 제공하는 몇 가지 생성 옵션을 알아보자.

⫶⫶ KinD 클러스터 만들기

이제 모든 요구 사항을 충족했으므로 KinD 실행 파일을 사용해 첫 번째 클러스터 만들 수 있다. KinD 유틸리티는 단일 노드 클러스터뿐만 아니라 여러 작업자 노드가 있는 컨트롤 플레인을 위해 여러 노드를 실행하는 복잡한 클러스터를 생성할 수 있다. 2장에서 KinD 실행 파일 옵션에 대해 설명한다. 2장 마지막에는 2개의 클러스터 노드(단일 컨트롤 플레인 노드와 단일 작업자 노드)가 실행 중일 것이다.

> **NOTE**
>
> 이 설명서의 실습에서는 다중 노드 클러스터를 설치해보겠다. 간단한 클러스터 설정 예이며 실제로 사용해서는 안 된다.

단순 클러스터 생성

단일 컨테이너에서 컨트롤 플레인과 작업자 노드 실행하는 간단한 클러스터를 만들려면 create cluster 옵션을 사용해 KinD 실행 파일만 실행하면 된다.

KinD가 개발 클러스터 얼마나 빨리 생성하는지 확인하기 위해 빠른 단일 노드 클러스터를 만들어보자. 호스트에서 다음 명령을 사용해 클러스터를 생성한다.

```
kind create cluster
```

이렇게 하면 KinD 클러스터 이름을 사용해 단일 도커 컨테이너에 모든 쿠버네티스 컴포넌트가 포함된 클러스터 빠르게 생성할 수 있다. 또한 도커 컨테이너에 kind-control-plane 이름을 자동으로 할당한다. 기본 이름 대신 클러스터 이름을 할당하려면 create cluster 명령에 —name <cluster name> 옵션을 추가해야 한다.

```
Creating cluster "kind" ...
 ✓ Ensuring node image (kindest/node:v1.21.1) 🖼
 ✓ Preparing nodes 📦
 ✓ Writing configuration 📜
```

```
✓ Starting control-plane 🕹
✓ Installing CNI 🔌
✓ Installing StorageClass 💾
Set kubectl context to "kind-kind"
You can now use your cluster with:

kubectl cluster-info --context kind-kind
Not sure what to do next? 😊 Check out https://kind.sigs.k8s.io/docs/ user/
quick-start/
```

create 명령은 클러스터를 생성하고 kubectl 설정 파일을 수정한다. KinD는 현재
kubectl 설정 파일에 새 클러스터를 추가하고, 새 클러스터를 기본 컨텍스트로 설정
한다. 컨텍스트는 일련의 자격 증명을 사용해 클러스터 및 네임스페이스에 접근하는 데
사용되는 구성이다. kubectl 유틸리티를 사용해 노드를 나열해 클러스터가 성공적으로
생성됐는지 확인할 수 있다.

```
kubectl get nodes
```

이렇게 하면 기본 클러스터의 경우 단일 노드로 실행 중인 노드가 반환된다.

```
NAME                  STATUS   ROLES                    AGE   VERSION
kind-control-plane    Ready    control-plane,master     32m   v1.21.1
```

이 단일 노드 클러스터를 배포하는 데 있어 주요 포인트는 KinD가 테스트에 사용할 수
있는 클러스터를 얼마나 빨리 만들 수 있는지 보여주는 것이었다. 다음 실습에서는 이
클러스터를 삭제하고, 컨트롤 플레인과 작업자 노드를 분할하려고 한다.

클러스터 삭제

테스트를 마치면 delete 명령을 사용해 클러스터를 삭제할 수 있다.

```
kind delete cluster --name <cluster name>
```

`delete` 명령은 `kubeconfig` 파일의 KinD 클러스터와 관련된 모든 항목을 포함해 클러스터를 빠르게 삭제한다.

빠른 단일 노드 클러스터는 많은 사용 사례에 유용하지만 다양한 테스트 시나리오에 대해 다중 노드 클러스터를 만들기를 원할 수 있다. 더 복잡한 클러스터 만들려면 설정 파일을 만들어야 한다.

클러스터 설정 파일 생성

사용자 지정 옵션이 있는 2노드 클러스터와 같은 다중 노드 클러스터를 만들 때는 설정 파일을 만들어야 한다. 설정 파일은 YAML 파일이며 형식은 익숙해 보일 것이다. 이 파일에서 노드 수, API 옵션 등을 포함하는 값을 지정해 KinD 클러스터를 사용자 지정할 수 있다. 이 책의 클러스터를 만드는 데 사용할 설정 파일은 이 책의 리포지터리 `/chapter2/cluster01-kind.yaml`에 포함돼 있다.

```
kind: Cluster
apiVersion: kind.x-k8s.io/v1alpha4
networking:
  apiServerAddress: "0.0.0.0"
  disableDefaultCNI: true
  apiServerPort: 6443
kubeadmConfigPatches: -|
  apiVersion: kubeadm.k8s.io/v1beta2
  kind: ClusterConfiguration
  metadata:
    name: config
  networking:
    serviceSubnet: "10.96.0.1/12"
    podSubnet: "10.240.0.0/16"
nodes:
- role: control-plane
 extraPortMappings:
  - containerPort: 2379
    hostPort: 2379
  extraMounts:
  - hostPath: /dev
```

```
      containerPath: /dev
    - hostPath: /var/run/docker.sock
      containerPath: /var/run/docker.sock
  - role: worker
extraPortMappings:
- containerPort: 80
  hostPort: 80
- containerPort: 443
  hostPort: 443
- containerPort: 2222
  hostPort: 2222
extraMounts:
- hostPath: /dev
  containerPath: /dev
- hostPath: /var/run/docker.sock
  containerPath: /var/run/docker.sock
```

파일의 각 사용자 정의 옵션에 대한 자세한 내용은 다음 표에 나와 있다.

표 2.3 종류 설정 옵션

구성 옵션	옵션 세부 정보
apiServerAddress	API 서버가 수신 대기할 IP 주소를 알려준다. 기본적으로 127.0.0.1을 사용하지만 네트워크로 연결된 다른 시스템의 클러스터를 사용할 계획이므로 모든 IP 주소에서 수신하도록 선택했다.
disableDefaultCNI	Kindnet 설치를 활성화 또는 비활성화하는 데 사용된다. 기본값은 false이지만 CNI로 Calico를 사용하려면 true로 설정해야 한다.
kubeadmConfigPatches	설치 중에 다른 클러스터 옵션에 대한 값을 설정할 수 있다. 설정을 위해 Service Subnet 및 podSubnet에 대한 CIDR 범위를 세팅한다.
nodes	클러스터의 노드를 정의한다. 클러스터의 경우 단일 제어부 노드와 단일 작업자 노드를 설정한다.
- role: control-plane	role 구성은 노드에 대한 옵션을 설정할 수 있다. 첫 번째 role 옵션은 control-plane에 대한 옵션이다. 로컬 호스트 /dev 및 /var/run/docker.sock를 매핑하는 옵션을 추가했다. 이 옵션은 책 뒷부분의 '팔코' 장에서 사용될 것이다.
- role: worker	두 번째 role 구성으로, 작업자 노드에서 사용할 옵션을 설정할 수 있다. 클러스터의 경우 팔코에 사용될 것과 동일한 로컬 마운트를 추가했으며, 인그레스 컨트롤러에 노출할 포트도 추가했다.
extraPortMappings	KinD 노드에 포트를 노출하려면 extraPortMappings 옵션에 포트를 추가해야 한다. 각 매핑에는 컨테이너 포트와 호스트 포트의 두 가지 값이 있다. 호스트 포트는 클러스터 대상으로 하는 포트이고, 컨테이너 포트는 컨테이너가 수신 중인 포트다.

구성 옵션	옵션 세부 정보
extraMounts	컨테이너에 추가 마운트 지점을 설정할 수 있다. '팔코' 장에서 필요한 /dev 및 /var/run/docker.sock와 같은 마운트를 노출하는 데 유용하다.

고급 옵션을 사용하지 않고 단일 노드 클러스터를 넘어서는 클러스터 생성하려는 경우 설정 파일을 생성해야 한다. 사용 가능한 옵션을 이해하면 인그레스 컨트롤러 또는 다중 노드와 같은 고급 컴포넌트가 있는 쿠버네티스 클러스터를 생성, 배포에 대한 오류 및 복구 절차를 테스트할 수 있다.

이제 클러스터를 실행하기 위한 간단한 올인원 컨테이너를 만드는 방법과 설정 파일을 사용해 다중 노드 클러스터 만드는 방법을 알았으니 좀 더 복잡한 클러스터 예제를 살펴보자.

다중 노드 클러스터 설정

추가 옵션 없이 다중 노드 클러스터만 사용하려는 경우 클러스터에서 원하는 노드 수와 노드 유형을 나열하는 간단한 설정 파일을 만들 수 있다. 다음 설정 파일은 3개의 컨트롤 플레인 노드와 3개의 작업자 노드로 구성된 클러스터를 생성한다.

```
kind: Cluster
apiVersion: kind.x-k8s.io/v1alpha4
nodes:
- role: control-plane
- role: control-plane
- role: control-plane
- role: worker
- role: worker
- role: worker
```

여러 컨트롤 플레인 서버를 사용하면 설정 파일에서 단일 호스트 또는 IP만 타깃으로 지정할 수 있기 때문에 더욱 복잡해진다. 이 설정을 사용할 수 있도록 하려면 클러스터 앞에 로드밸런서를 배포해야 한다.

KinD는 이를 고려했으며, 여러 컨트롤 플레인 노드를 배포하는 경우, 설치 시 **HAProxy** 로드밸런서를 실행하는 추가 컨테이너가 생성된다. 다중 노드 클러스터 생성하는 동안 다음과 같이 추가 로드밸런서 구성, 추가 컨트롤 플레인 노드 조인 및 추가 작업자 노드 조인과 관련된 몇 가지 추가 행이 표시된다.

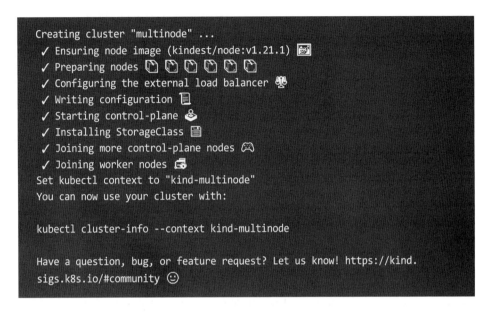

```
Creating cluster "multinode" ...
 ✓ Ensuring node image (kindest/node:v1.21.1) 🖼
 ✓ Preparing nodes 📦 📦 📦 📦 📦 📦
 ✓ Configuring the external load balancer ⚖
 ✓ Writing configuration 📜
 ✓ Starting control-plane 🕹
 ✓ Installing StorageClass 💾
 ✓ Joining more control-plane nodes 🎮
 ✓ Joining worker nodes 🚜
Set kubectl context to "kind-multinode"
You can now use your cluster with:

kubectl cluster-info --context kind-multinode

Have a question, bug, or feature request? Let us know! https://kind.
sigs.k8s.io/#community ☺
```

다중 노드 구성에서 실행 중인 컨테이너를 살펴보면 실행 중인 6개 노드의 컨테이너와 HAProxy 컨테이너를 볼 수 있다.

표 2.4 KinD 종류 설정 옵션

컨테이너 ID	이미지	포트	이름
d9107c31eedb	kindest/ haproxy:v20200708- 548e36db	0.0.0.0:6443	multinode- external- load-balancer
03a113144845	kindest/node:v1.21.1	127.0.0.1:44445- >6443/tcp	multinode- control- plane3
9b078ecd69b7	kindest/node:v1.21.1		multinode- worker2
b779fa15206a	kindest/node:v1.21.1		multinode- worker

컨테이너 ID	이미지	포트	이름
8171baafac56	kindest/node:v1.21.1	127.0.0.1:42673->6443/tcp	multinode-control-plane
3ede5e163eb0	kindest/node:v1.21.1	127.0.0.1:43547->6443/tcp	multinode-control-plane2
6a85afc27cfe	kindest/node:v1.21.1		multinode-worker3

단일 호스트이므로 각 컨트롤 플레인 노드와 HAProxy 컨테이너는 고유 포트에서 실행된다. 각 컨테이너는 들어오는 요청을 수신할 수 있도록 호스트에 노출돼야 한다. 이 예에서 주목해야 할 중요한 사항은 HAProxy에 할당된 포트다. HAProxy가 클러스터의 대상 포트이기 때문이다. 쿠버네티스 설정 파일을 보면, HAProxy 컨테이너에 할당된 포트인 https://127.0.0.1:42673을 대상으로 하는 것을 알 수 있을 것이다.

kubectl을 사용해 명령을 실행하면 HAProxy 서버로 직접 전송된다. HAProxy 컨테이너는 클러스터를 생성하는 동안 KinD에서 만든 설정 파일을 사용해 세 컨트롤 플레인 노드 간에 트래픽 라우팅하는 방법을 알고 있다. HAProxy 컨테이너에서 /usr/local/etc/haproxy/haproxy.cfg에 있는 설정 파일을 보고 설정을 확인할 수 있다.

```
# generated by kind
global
  log /dev/log local0
  log /dev/log local1 notice
  daemon

resolvers docker
  nameserver dns 127.0.0.11:53

defaults
  log global
  mode tcp
  option dontlognull
  # TODO: tune these
  timeout connect 5000
  timeout client 50000
```

```
    timeout server 50000
    # allow to boot despite dns don't resolve backends
    default-server init-addr none

frontend control-plane
bind *:6443

    default_backend kube-apiservers

backend kube-apiservers
option httpchk GET /healthz
    # TODO: we should be verifying (!)
    server multinode-control-plane multinode-control-plane:6443 check
check-ssl verify none resolvers docker resolve-prefer ipv4
    server multinode-control-plane2 multinode-control-plane2:6443 check
check-ssl verify none resolvers docker resolve-prefer ipv4
    server multinode-control-plane3 multinode-control-plane3:6443 check
check-ssl verify none resolvers docker resolve-prefer ipv4
```

앞의 설정 파일에서 볼 수 있듯이 3개의 컨트롤 플레인 컨테이너를 포함하는 kube-apiservers라는 백엔드 절이 있다. 각 항목에는 컨테이너에서 실행 중인 API 서버를 대상으로 하는 포트 할당이 6443인 컨트롤 플레인 노드의 도커 IP 주소가 포함된다. https://127.0.0.1:32791을 요청하면 해당 요청이 HAProxy 컨테이너에 도달한 다음 HAProxy 설정 파일의 규칙을 사용해 요청이 목록의 세 노드 중 하나로 라우팅된다.

현재 클러스터에는 로드밸런서가 있기 때문에 테스트에 사용할 수 있는 고가용성 컨트롤 플레인이 있다.

NOTE

> 포함된 HAProxy 이미지는 설정을 할 수 없다. 컨트롤 플레인을 처리하고 API 서버를 로드밸런싱하기 위해서만 제공된다. 이러한 제한으로 인해 작업자 노드에 로드밸런서를 사용해야 하는 경우 자체 로드밸런서를 제공해야 한다.
>
> 이에 대한 사용 사례는 여러 작업자 노드에서 인그레스 컨트롤러를 사용하려는 경우다. NGINX를 실행 중인 각 노드로 트래픽이 전달되는 80 및 443 요청을 수락하려면 작업자 노드 앞에 로드밸런서가 필요하다. 2장 마지막 부분에서는 작업자 노드에 대한 트래픽 부하를 분산하기 위한 사용자 지정 HAProxy 설정을 포함하는 예제가 있다.

컨트롤 플레인 및 Kubelet 옵션 커스터마이징

이보다 더 나아가 OIDC 통합 또는 쿠버네티스 기능 게이트^{feature gate}와 같은 기능을 테스트할 수 있다. KinD는 kubeadm 설치에 사용하는 것과 동일한 설정을 사용한다. 예를 들어 클러스터를 OIDC 공급자와 통합하려는 경우 kubeadmConfigPatches: 문법에 필요한 옵션을 추가할 수 있다.

```
kind: Cluster
apiVersion: kind.x-k8s.io/v1alpha4
kubeadmConfigPatches:
- |
  kind: ClusterConfiguration
  metadata:
    name: config
  apiServer:
    extraArgs:
      oidc-issuer-url: "https://oidc.testdomain.com/auth/idp/k8sIdp"
      oidc-client-id: "kubernetes"
      oidc-username-claim: sub
      oidc-client-id: kubernetes
      oidc-ca-file: /etc/oidc/ca.crt
nodes:
- role: control-plane
- role: control-plane
- role: control-plane
- role: worker
- role: worker
- role: worker
```

사용 가능한 설정 옵션 목록은 쿠버네티스 사이트(https://kubernetes. io/docs/setup/production-environment/tools/kubeadm/control-plane-flags/)에서 'kubeadm으로 컨트롤 플레인 설정 커스터마이징하기' 페이지를 살펴본다.

이제 클러스터 파일을 만들었으므로 KinD 클러스터를 만들 수 있다.

사용자 지정 KinD 클러스터 만들기

KinD에 익숙해졌으면 이제 클러스터를 만들 수 있다.

제어 가능하고 알려진 환경을 만들어야 하므로 클러스터에 이름을 지정하고 1장에서 설명했던 설정 파일을 사용할 것이다.

2장 디렉터리 아래 복제된 리포지터리가 있는지 확인한다. 제공된 스크립트를 사용해 전체 클러스터를 만들려면 2장 디렉터리에서 create-cluster.sh 스크립트를 실행하면 된다.

필요한 옵션을 사용해 KinD 클러스터 대화식으로 만들려면 다음 설정 파일을 사용해 KinD 설치 프로그램을 실행해야 한다. 이 파일은 2장 디렉터리에 있다.

```
kind create cluster --name cluster01 --config cluster01-kind.yaml
```

--name 옵션은 클러스터 이름을 cluster01로 설정하고 --config 옵션은 설치 프로그램에 cluster01-kind.yaml 설정 파일을 사용한다.

호스트에서 설치 프로그램을 실행하면 KinD가 설치를 시작하고 수행 중인 각 단계를 알려준다. 전체 클러스터 생성 프로세스는 2분 미만이어야 한다.

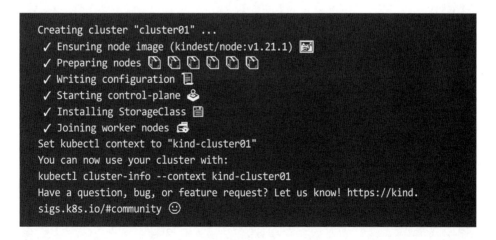

```
Creating cluster "cluster01" ...
 ✓ Ensuring node image (kindest/node:v1.21.1) 🖼
 ✓ Preparing nodes 📦 📦 📦 📦 📦 📦
 ✓ Writing configuration 📜
 ✓ Starting control-plane 🕹
 ✓ Installing StorageClass 💾
 ✓ Joining worker nodes 🚜
Set kubectl context to "kind-cluster01"
You can now use your cluster with:
kubectl cluster-info --context kind-cluster01
Have a question, bug, or feature request? Let us know! https://kind.
sigs.k8s.io/#community ☺
```

배포의 마지막 단계에서는 기존 Kubernetes 설정 파일을 생성하거나 편집한다. 두 경우 모두 설치 프로그램은 이름이 kind-<cluster name>인 새 컨텍스트를 생성하고 이를 기본 컨텍스트로 설정한다.

클러스터 설치 절차가 완료된 것처럼 보일 수 있지만 클러스터는 아직 준비되지 않았다.

일부 작업은 완전히 초기화하는 데 수분이 걸리며 Calico를 사용하기 위해 기본 CNI를 비활성화했기 때문에 다시 Calico를 배포해 클러스터 네트워킹을 제공해야 한다.

Calico 설치

클러스터의 파드에 네트워킹을 제공하려면 CNI를 설치해야 한다. 우리는 Calico를 CNI로 설치하기로 했으며 Kindnet에는 Kindnet CNI만 포함돼 있으므로 Calico를 수동으로 설치해야한다.

생성 단계 후에 일시 중지하고 클러스터를 살펴보면 일부 파드가 pending 상태임을 알수 있다.

```
coredns-6955765f44-86l77  0/1  Pending  0  10m
coredns-6955765f44-bznjl  0/1  Pending  0  10m
local-path-provisioner-7  0/1  Pending  0  11m 745554f7f-jgmxv
```

여기에 나열된 파드를 시작하려면 작동하는 CNI가 필요하다. 이렇게 하면 파드가 pending 상태가 되며, 네트워크는 대기 중이 된다. 기본 CNI를 배포하지 않았으므로 클러스터는 네트워킹을 지원하지 않는다. 이러한 파드를 pending 상태에서 running으로 전환하려면 CNI를 설치해야 한다. 클러스터의 경우 Calico가 될 것이다.

Calico를 설치하려면 2개의 매니페스트만 필요한 표준 Calico 연산자 배포를 사용할 것이다. Calico 연산자를 배포하기 위해 다음 명령을 사용한다.

```
kubectl create -f https://docs.projectcalico.org/manifests/tigera-
operator.yaml
```

그런 다음 사용자 지정 리소스를 배포한다. CIDR 범위를 사용자 정의 범위로 설정하고 있으므로, 2장 디렉터리의 리포지터리에 사용자 정의 리소스 매니페스트를 포함시켰다.

```
kubectl create -f calico.yaml
```

배포가 되면서 이때 여러 개의 쿠버네티스 개체가 생성되는 것을 볼 수 있다.

설치 프로세스는 약 1분 정도 소요되며 kubectl get pods -n kube-system을 사용해 상태를 확인할 수 있다. 3개의 Calico 파드가 생성된 것을 볼 수 있을 것이다. 2개는 calico-node 파드이고 다른 하나는 calico-kube-controller 파드다.

```
NAME                                      READY STATUS  RESTARTS AGE
calico-kube-controllers -5b644bc49c-nm5wn 1/1   Running   0      64s
calico-node-4dqnv                         1/1   Running   0      64s
calico-node-vwbpf                         1/1   Running   0      64s
```

kube-system 네임스페이스에서 2개의 CoreDNS 파드를 다시 확인하면 Calico를 설치하기 전의 pending 상태에서 running 상태로 변경됐음을 알 수 있다.

```
coredns-6955765f44-86l77   1/1   Running   0   18m
coredns-6955765f44-bznjl   1/1   Running   0   18m
```

이제 클러스터에 작동하는 CNI가 설치됐으므로 네트워킹에 종속된 모든 파드가 running 상태가 된다.

인그레스 컨트롤러 설치

모든 기술적 세부 사항을 설명하기 위해 인그레스 전용 장이 있다. 클러스터를 배포하고 있으며 향후 장에서 인그레스가 필요하기 때문에 완전한 클러스터 빌드 상태를 보여주기 위해 인그레스 컨트롤러를 배포해야 한다. 이 모든 세부 사항은 4장, '서비스, 로드 밸런서, ExternalDNS 그리고 글로벌 밸런싱'에서 자세히 설명한다.

NGINX 인그레스 컨트롤러를 설치하려면 2개의 매니페스트만 필요하며, 설치를 쉽게 하기 위해 인터넷에서 가져올 것이다. 컨트롤러를 설치하려면 다음 명령을 실행한다.

```
kubectl apply -f https://raw.githubusercontent.com/kubernetes/ingress-
nginx/master/deploy/static/provider/kind/deploy.yaml
```

이 배포는 ingress-nginx라는 네임스페이스에서 인그레스 컨트롤러에 필요한 몇 가지 쿠버네티스 오브젝트를 생성한다.

```
namespace/ingress-nginx created
serviceaccount/ingress-nginx created
configmap/ingress-nginx-controller created
clusterrole.rbac.authorization.k8s.io/ingress-nginx created
clusterrolebinding.rbac.authorization.k8s.io/ingress-nginx created
role.rbac.authorization.k8s.io/ingress-nginx created
rolebinding.rbac.authorization.k8s.io/ingress-nginx created
service/ingress-nginx-controller-admission created
service/ingress-nginx-controller created
deployment.apps/ingress-nginx-controller created
validatingwebhookconfiguration.admissionregistration.k8s.io/ingress-
nginx-admission created
serviceaccount/ingress-nginx-admission created
clusterrole.rbac.authorization.k8s.io/ingress-nginx-admission created
clusterrolebinding.rbac.authorization.k8s.io/ingress-nginx-admission
created
role.rbac.authorization.k8s.io/ingress-nginx-admission created
rolebinding.rbac.authorization.k8s.io/ingress-nginx-admission created
job.batch/ingress-nginx-admission-create created
job.batch/ingress-nginx-admission-patch created
```

이 매니페스트는 KinD용으로 생성됐으므로 배포를 편집하거나 패치를 할 필요가 없으며 기본적으로 KinD와 통합되도록 사전 구성돼 제공된다.

이제 인그레스 컨트롤러와 함께 Calico를 실행하는 완전한 기능을 갖춘 2노드 쿠버네티스 클러스터가 만들어졌다.

⁂ KinD 클러스터 검토

쿠버네티스 클러스터를 사용할 수 있게 되면서 쿠버네티스 오브젝트를 직접 볼 수 있게 됐다. 이렇게 하면 쿠버네티스 클러스터에 포함된 많은 기본 오브젝트를 다뤘던 1장을 이해하는 데 도움이 될 것이다. 이제 KinD 클러스터에 포함된 스토리지 오브젝트에 대해 논의해보자.

KinD 스토리지 오브젝트

KinD에는 클러스터에 자동화된 퍼시스턴트 디스크 관리를 제공하는 랜처의 자동 프로비저너가 포함돼 있다. 쿠버네티스에는 많은 스토리지 오브젝트가 있는데, 자동 프로비저너는 기본 쿠버네티스 기능을 사용하기 때문에, CSIdriver가 필요하지 않다. 로컬 호스트 경로를 PVC로 사용하는 기능은 쿠버네티스 기능 중 하나이므로 KinD 클러스터에는 CSIdriver 오브젝트가 표시되지 않는다.

KinD 클러스터의 첫 번째 오브젝트는 CSInode이다. 워크로드를 실행할 수 있는 모든 노드에는 CSInode 오브젝트가 있다. KinD 클러스터에서 두 노드 모두 CSInode 오브젝트를 갖고 있는데, kubectl get csinodes를 실행해 확인할 수 있다.

```
NAME                      DRIVERS    AGE
cluster01-control-plane   0          20m
cluster01-worker          0          20m
```

kubectl describe csinodes <node name>을 사용해 노드 중 하나를 조회하면 오브젝트의 세부 정보를 볼 수 있다.

```
Name:              cluster01-worker
Labels:            <none>
Annotations:       storage.alpha.kubernetes.io/migrated-plugins:
kubernetes.io/cinder
CreationTimestamp: Sun, 27 Jun 2021 00:12:03 +0000
Spec:
```

```
Events:   <none>
```

중요한 부분 가운데 하나는 세부 정보 가운데 spec 항목이다. 여기에는 백엔드 스토리지 시스템 지원을 위해 설치할 수 있는 드라이버의 세부 정보가 나열된다. 현재는 백엔드 스토리지 시스템이 없으므로 클러스터에 추가 드라이버가 필요하지 않다.

스토리지 드라이버

앞서 언급했듯이 KinD 클러스터에는 추가 스토리지 드라이버가 설치돼 있지 않다. kubectl get csidriver를 실행하면, 현재는 어떤 리소스도 나열하지 않는다.

KinD 스토리지 클래스

클러스터에서 제공하는 스토리지에 연결하려면 클러스터에 Storage Class 오브젝트를 필요하게 된다. 랜처의 제공자는 standard라는 기본 스토리지 클래스를 생성한다. 또한 클래스를 기본 Storage Class로 설정하기 때문에 PVC 요청에 스토리지 클래스 이름을 제공할 필요가 없다. 기본 Storage Class가 설정되지 않은 경우, 모든 PVC 요청은 요청에 Storage Class 이름을 필요로 한다. 기본 클래스가 활성화돼 있지 않고 PVC 요청이 Storage Class 이름을 설정하지 못하면 API 서버가 요청을 Storage Class에 연결할 수 없으므로 PVC 할당이 실패한다.

> **NOTE**
>
> 운영 클러스터에서는 기본 Storage Class 할당을 생략하는 것이 좋다. 사용자에 따라 클래스 설정을 잊어버리는 배포가 있을 수 있으며 기본 스토리지 시스템 배포 요구 사항에 맞지 않을 수 있다. 이 문제는 운영 시 문제가 될 때까지 발생하지 않을 수 있으며, 문제가 발생하면 비즈니스 수익이나 회사의 평판에 영향을 줄 수 있다. 기본 클래스를 할당하지 않으면 개발자에게 PVC 요청이 실패하고 비즈니스에 피해가 발생하기 전에 문제가 발견된다. 또한 개발자가 원하는 성능에 맞는 Storage Class를 제공해 중요하지 않은 시스템에는 저렴한 스토리지를, 중요한 워크로드에는 고성능 스토리지를 사용할 수 있도록 강제한다.

클러스터의 스토리지 클래스를 조회하려면 kubectl get storageclasses를 실행하거나 storageclasses를 축약한 sc를 사용한다.

```
NAME  PROVISIONER  RECLAIMPOLICY    VOLUMEBINDINGMODE
ALLOWVOLUMEEXPANSION
standard (default)   rancher.io/local-path   Delete
WaitForFirstConsumer   false
```

다음으로 프로비저너를 사용하는 방법을 알아보자.

KinD의 스토리지 프로비저너 사용

내장된 프로비저너를 사용하는 것은 매우 간단하다. 스토리지를 자동 프로비저닝할 수 있고 기본 클래스로 설정되기 때문에 들어오는 모든 PVC 요청은 프로비저닝 파드에 의해 확인되고, 그러면 PersistentVolume과 PersistentVolumeClaim이 생성된다.

이 과정을 보여주기 위해 필요한 단계를 수행해보자. 다음은 기본 KinD 클러스터에서 kubectl get pv 및 kubectl get pvc를 실행한 출력이다.

```
kubectl get pv
No resources found
```

PersistentVolume은 네임스페이스가 있는 오브젝트가 아니므로 명령에 네임스페이스 옵션을 추가할 필요가 없다. PVC는 네임스페이스가 있는 오브젝트이기 때문에 쿠버네티스에 모든 네임스페이스에서 사용할 수 있는 PVC를 조회하도록 했다. 이 클러스터는 새 클러스터이고 기본 워크로드에 퍼시스턴트 디스크가 필요하지 않으므로 PV 또는 PVC 오브젝트가 없다.

자동 프로비저너가 없으면 PVC가 볼륨을 할당하기 전에 PV를 생성해야 한다. 클러스터에서 랜처 프로비저너가 실행되고 있으므로, 다음과 같은 PVC 요청으로 파드를 배포해 생성 프로세스를 테스트할 수 있다.

```
kind: PersistentVolumeClaim
apiVersion: v1
metadata:
  name: test-claim
spec:
  accessModes:
    - ReadWriteOnce
  resources:
    requests:
      storage: 1Mi
---
kind: Pod
apiVersion: v1
metadata:
  name: test-pvc-claim
spec:
  containers:
  - name: test-pod
    image: busybox
    command:
      - "/bin/sh"
    args:
      - "-c"
      - "touch /mnt/test && exit 0 || exit 1"
    volumeMounts:
      - name: test-pvc
        mountPath: "/mnt"
  restartPolicy: "Never"
  volumes:
    - name: test-pvc
      persistentVolumeClaim:
        claimName: test-claim
```

이 PVC 요청의 이름은 기본 네임스페이스에서 test-claim으로 지정되며 1MB 볼륨을 요청한다. KinD가 클러스터에 대한 StorageClass를 기본으로 설정했기 때문에 Storage Class 옵션을 포함해야 한다.

PVC를 생성하기 위해 kubectl create -f pvctest.yaml과 같은 kubectl을 사용한 create 명령을 실행할 수 있다. 쿠버네티스 PVC가 생성됐다는 것을 알려주지만, PVC

가 완전히 동작한다는 것을 의미하진 않는다는 점에 유의해야 한다. PVC 오브젝트가 만들어졌지만 PVC 요청에서 종속성이 누락된 경우, 오브젝트가 만들어져도 PVC 요청이 완전히 만들어진 것은 아니다.

PVC를 만든 후 두 가지 옵션 중 하나를 사용해 실제 상태를 확인할 수 있다. 첫 번째는 간단한 get 명령어다. 즉, kubectl get pvc 명령을 사용하는 것이다. 요청에 기본 네임스페이스가 사용되므로 get 명령에 네임스페이스를 지정할 필요가 없다.

```
NAME         STATUS   VOLUME       CAPACITY    ACCESS MODES STORAGECLASS
AGE
test-claim Bound      pvc-b6ecf50... 1Mi        RWO          standard
15s
```

매니페스트에서 PVC 요청을 만들었지만 PV 요청을 만들지는 않았다. 지금 PV를 살펴보면 PVC 요청에서 하나의 PV가 생성됐음을 알 수 있다.

```
NAME         CAPACITY  ACCESS MODES  RECLAIM POLICY STATUS   CLAIM
pvc-b6ecf...  1Mi      RWO           Delete         Bound    default/test-
claim
```

퍼시스턴트 디스크가 필요한 워크로드가 매우 많기 때문에 쿠버네티스 워크로드가 스토리지 시스템과 통합되는 방식을 이해하는 것은 매우 중요하다. 2장에서는 KinD가 자동 프로비저너를 클러스터에 추가하는 방법을 배웠다. 3장, '쿠버네티스 부트캠프'에서 쿠버네티스 스토리지 오브젝트에 대한 지식을 더 배워보자.

⠿ 인그레스용 커스텀 로드밸런서 추가

NOTE

> 2장은 KinD 클러스터에서 작업자 노드를 로드밸런싱하는 데 사용할 수 있는 사용자 지정 HAProxy 컨테이너를 추가하는 것을 다룬다. 나머지 장에서 사용할 KinD 클러스터에는 이 단계를 배포해서는 안 된다.

여러 작업자 노드 사이의 로드밸런싱 방법에 대해 자세히 알고 싶은 사용자를 위해 2장을 추가했다.

KinD에는 작업자 노드용 로드밸런서가 포함돼 있지 않다. 포함된 HAProxy 컨테이너는 API 서버에 대한 설정 파일만 생성한다. 그리고 기본 이미지 또는 설정에 대한 수정을 공식적으로 지원하진 않는다. 일상적인 작업에서 로드밸런서와 상호 작용할 것이므로 3개의 KinD 노드 간에 로드밸런싱을 위해 자체 HAProxy 컨테이너를 구성하는 방법에 대한 장을 추가하고자 한다.

우선, 이 책의 어떤 장에도 이 설정을 사용하진 않을 것이다. 모든 사람이 실습을 사용할 수 있도록 필요한 리소스를 제한하기 위해 항상 2장 앞부분에서 만든 2노드 클러스터를 사용하게 된다. 로드밸런서로 KinD 노드를 테스트하려면 다른 도커 호스트를 사용하거나 하는 것이 좋다.

설치 사전 요구 사항

다음 설정을 기반으로 한 KinD 클러스터가 있다고 가정한다.

- 컨트롤 플레인 노드 수 제한 없음

- 3개의 작업자 노드

- 클러스터 이름은 cluster01이다.

- 동작하는 버전은 CNI로서 Kindnet 또는 Calico

- 설치된 NGINX 인그레스 컨트롤러

KinD 클러스터 설정 생성하기

도커 호스트에서 포트 80 및 443을 사용하는 HAProxy 컨테이너를 사용하므로 클러스터 설정 파일에서 포트를 노출할 필요가 없다.

테스트 배포를 더 쉽게 하기 위해 다음의 클러스터 구성 예제를 사용할 수 있다. 그러면 Kindnet이 비활성화된 간단한 6노드 클러스터가 생성된다.

```
kind: Cluster
apiVersion: kind.x-k8s.io/v1alpha4
networking:
  apiServerAddress: "0.0.0.0"
disableDefaultCNI: true
kubeadmConfigPatches:
- |
  apiVersion: kubeadm.k8s.io/v1beta2
  kind: ClusterConfiguration
  metadata:
    name: config
  networking:
    serviceSubnet: "10.96.0.1/12"
    podSubnet: "192.168.0.0/16"
nodes:
- role: control-plane
- role: control-plane
- role: control-plane
- role: worker
- role: worker
- role: worker
```

2장 앞부분에서 사용한 것과 동일한 매니페스트를 사용해 Calico를 설치해야 한다. Calico를 설치한 후 2장 앞부분에서 제공된 단계를 따라 NGINX 인그레스 컨트롤러를 설치해야 한다.

Calico 및 NGINX를 배포한 이후에는 동작하는 기본 클러스터가 있어야 한다. 이후 사용자 지정 HAProxy 컨테이너 배포로 넘어갈 수 있다.

사용자 지정 HAProxy 컨테이너 배포

HAProxy는 도커 허브에서 배포하기 쉬운 컨테이너를 제공하며 컨테이너를 시작하는 데는 설정 파일만 있으면 된다.

설정 파일을 만들려면 클러스터에 있는 각 작업자 노드의 IP 주소를 알아야 한다. 이 책의 깃허브 리포지터리에 설정 파일을 만들고, HAProxy 컨테이너를 시작할 수 있는 스크립트 파일이 포함돼 있다. HAProxy 디렉터리 아래에 있으며 HAProxy-ingress.sh라는 이름이다.

이 스크립트를 더 잘 이해할 수 있도록 스크립트 장을 세분화하고 각 장이 실행하는 내용을 자세히 설명한다. 우선, 다음 코드 블록은 클러스터에 있는 각 작업자 노드 IP 주소를 가져와 결과를 변수에 저장한다. 백엔드 서버 목록에 다음 정보가 필요할 것이다.

```bash
#!/bin/bash
worker1=$(docker inspect --format '{{ .NetworkSettings.IPAddress }}'
cluster01-worker)
worker2=$(docker inspect --format '{{ .NetworkSettings.IPAddress }}'
cluster01-worker2)
worker3=$(docker inspect --format '{{ .NetworkSettings.IPAddress }}'
cluster01-worker3)
```

다음으로 컨테이너를 시작할 때 바인드 마운트를 사용할 것이므로 지정된 위치에 설정 파일이 있어야 한다. 현재 사용자의 홈 폴더의 HAProxy 디렉터리 아래에 저장할 것이다.

```
# Create an HAProxy directory in the current users home folder
mkdir ~/HAProxy
```

다음으로 아래 스크립트를 통해 HAProxy 디렉터리를 만든다.

```
# Create the HAProxy.cfg file for the worker nodes
tee ~/HAProxy/HAProxy.cfg <<EOF
```

구성의 global 절에서 프로세스 전반의 보안 및 성능 설정을 지정한다.

```
global
  log /dev/log local0
  log /dev/log local1 notice
```

```
    daemon
```

defaults 절은 설정 값의 모든 프론트엔드 및 백엔드 장에 적용할 값을 설정하는 데 사용된다.

```
defaults
  log global
  mode tcp
  timeout connect 5000
  timeout client 50000
  timeout server 50000
frontend workers_https
  bind *:443
  mode tcp
  use_backend ingress_https
backend ingress_https
  option httpchk GET /healthz
  mode tcp
  server worker $worker1:443 check port 80
  server worker2 $worker2:443 check port 80
  server worker3 $worker3:443 check port 80
```

이렇게 하면 HAProxy가 workers_https라는 프론트엔드와 들어오는 요청에 바인딩할 IP 주소 및 포트를 만들고, TCP 모드를 사용하고, ingress_https라는 백엔드를 사용하도록 지정된다.

ingress_https 백엔드에는 포트 443을 대상으로 사용하는 3개의 작업자 노드가 포함된다. check port는 포트 80을 테스트하는 헬스 체크 항목이다. 서버가 포트 80에서 응답하면 요청의 대상으로 추가된다. 이것은 HTTPS 포트 443 규칙이지만 NGINX 파드에서 네트워크 응답을 확인하는 데에만 포트 80을 사용한다.

```
frontend workers_http
  bind *:80
  use_backend ingress_http
backend ingress_http
  mode http
  option httpchk GET /healthz
```

```
    server worker $worker1:80 check port 80
    server worker2 $worker2:80 check port 80
    server worker3 $worker3:80 check port 80
```

frontend장은 포트 80에서 들어오는 HTTP 트래픽을 수락하는 프론트엔드를 만든다. 그런 다음 엔드포인트에 대해 ingress_http라는 백엔드의 서버 목록을 사용한다. HTTPS 장과 마찬가지로 포트 80을 사용해 포트 80에서 서비스가 실행 중인 노드가 있는지 확인한다. 검사에 응답하는 모든 엔드포인트 HTTP 트래픽의 대상으로 추가되며 NGINX가 실행 중이지 않은 노드는 응답하지 않으므로 대상으로 추가되지 않는다.

```
    EOF
```

이렇게 하면 파일 생성이 종료된다. 최종 파일은 HAProxy 디렉터리에 생성된다.

```
# Start the HAProxy Container for the Worker Nodes
docker run --name HAProxy-workers-lb -d -p 80:80 -p 443:443 -v ~/
HAProxy:/usr/local/etc/HAProxy:ro HAProxy -f /usr/local/etc/HAProxy/
HAProxy.cfg
```

마지막 단계는 포트 80 및 443의 도커 호스트에 노출된 3개의 작업자 노드를 포함하는 생성된 설정 파일을 사용해 HAProxy를 실행하는 도커 컨테이너를 시작하는 것이다.

이제 작업자 노드에 대한 사용자 지정 HAProxy 로드밸런서를 설치하는 방법을 배웠으므로 설정이 동작하는 방식을 살펴보자.

HAProxy 트래픽 흐름 이해

아래 클러스터에는 총 8개의 컨테이너가 실행되고 있다. 이 컨테이너 가운데 6개는 표준 쿠버네티스 컴포넌트, 즉 컨트롤 플레인 서버 3개와 작업자 노드 3개가 될 것이다. 다른 두 컨테이너는 KinD의 HAProxy 서버와 사용자 정의 HAProxy 컨테이너다.

```
IMAGE                              PORTS                                          NAMES
haproxy                            0.0.0.0:80->80/tcp, 0.0.0.0:443->443/tcp       haproxy-workers-lb
kindest/haproxy:2.1.1-alpine       0.0.0.0:32776->6443/tcp                        cluster01-external-load-balance

kindest/node:v1.17.0                                                              cluster01-worker
kindest/node:v1.17.0               127.0.0.1:32801->6443/tcp                      cluster01-control-plane
kindest/node:v1.17.0               127.0.0.1:32799->6443/tcp                      cluster01-control-plane3
kindest/node:v1.17.0                                                              cluster01-worker2
kindest/node:v1.17.0               127.0.0.1:32800->6443/tcp                      cluster01-control-plane2
kindest/node:v1.17.0                                                              cluster01-worker3
```

그림 2.6 running 중인 사용자 지정 HAProxy 컨테이너

위 클러스터와 실습에서 사용한 2노드 클러스터 간에는 몇 가지 차이점이 있다. 작업자 노드는 호스트 포트에 노출되진 않는다. 새 HAProxy 서버가 동작 중이므로 작업자 노드에는 매핑이 필요하지 않다. 앞서 만든 HAProxy 컨테이너를 보면 호스트 포트 80 및 443이 노출된다. 즉, 포트 80 또는 443에서 호스트로 들어오는 모든 요청은 사용자 지정 HAProxy 컨테이너로 전달된다.

기본 NGINX 배포에는 단일 복제본만 있다. 즉, 인그레스 컨트롤러는 단일 노드에서 실행되고 있음을 의미한다. HAProxy 컨테이너에 대한 로그를 보면 흥미로운 것을 볼 수 있다.

```
[NOTICE] 093/191701 (1) : New worker #1 (6) forked
[WARNING] 093/191701 (6) : Server ingress_https/worker is DOWN, reason:
Layer4 connection problem, info: "SSL handshake failure (Connection
refused)", check duration: 0ms. 2 active and 0 backup servers left. 0
sessions active, 0 requeued, 0 remaining in queue.
[WARNING] 093/191702 (6) : Server ingress_https/worker3 is DOWN,
reason: Layer4 connection problem, info: "SSL handshake failure
(Connection refused)", check duration: 0ms. 1 active and 0 backup
servers left. 0 sessions active, 0 requeued, 0 remaining in queue.
[WARNING] 093/191702 (6) : Server ingress_http/worker is DOWN, reason:
Layer4 connection problem, info: "Connection refused", check duration:
0ms. 2 active and 0 backup servers left. 0 sessions active, 0 requeued,
0 remaining in queue.
[WARNING] 093/191703 (6) : Server ingress_http/worker3 is DOWN, reason:
Layer4 connection problem, info: "Connection refused", check duration:
0ms. 1 active and 0 backup servers left. 0 sessions active, 0 requeued,
0 remaining in queue.
```

로그에서 SSL handshake failure 및 connection refused와 같은 몇 가지 오류를 발견했을 수 있다. 이러한 이벤트는 오류처럼 보이지만 실제로는 작업자 노드에서 확인되지 않은 이벤트다. NGINX는 단일 파드에서만 실행되며 HAProxy 백엔드로 설정된 3개의 노드가 모두 있으므로 각 노드의 포트를 확인하면 된다. 응답에 실패한 노드는 트래픽 로드밸런싱에 사용되지 않는다. 현재 구성에서는 하나의 노드 NGINX만 있으며 로드밸런싱을 수행한다. 그런데 인그레스 컨트롤러에 고가용성을 제공한다.

로그 출력을 자세히 살펴보면 정의된 백엔드에서 활성화된 서버 수를 확인할 수 있다. 예를 들면 다음과 같다.

```
check duration: 0ms. 1 active and 0 backup servers left.
```

각 서버 풀에는 1개의 active 엔드포인트가 표시되므로 HAProxy가 포트 80과 443에서 NGINX 컨트롤러를 성공적으로 찾았음을 알 수 있다.

HAProxy 서버가 어떤 작업자와 연결됐는지 확인하려면 로그에 기록된 실패된 연결을 확인할 수 있다. 각 백엔드는 실패된 연결을 나열하게 된다. 예를 들어 다른 두 작업자 노드를 DOWN으로 표시하는 로그를 기반으로 동작 중인 노드는 cluster01-worker2라는 것을 알고 있다.

```
Server ingress_https/worker is DOWN Server ingress_https/worker3 is
DOWN
```

HAProxy가 NGINX에 고가용성을 제공하고 있음을 확인하기 위해 노드 실패를 시뮬레이션해보자.

kubelet 장애 시뮬레이션

KinD 노드는 일시적이며 컨테이너를 중지하면 재시작 시 실패할 수 있다. 그렇다면 단순히 컨테이너를 중지할 수 없기 때문에 어떻게 작업자 노드 장애를 시뮬레이션할 수 있을까?

실패를 시뮬레이션하기 위해, 노드 kubelet 서비스를 중지할 수 있다. 그러면 kube-api sever가 노드에서 추가 파드를 스케줄링하지 않도록 경고한다. 이 예에서는 HAProxy가 NGINX에 대한 고가용성을 지원하고 있음을 확인하고자 한다. 동작 중인 컨테이너가 worker2에 있다는 것을 알고 있으므로 "take down"하려는 노드가 된다.

kubelet을 중지하는 가장 쉬운 방법은 컨테이너에 docker exec 명령을 보내는 것이다.

```
docker exec cluster01-worker2 systemctl stop kubelet
```

이 명령의 출력이 표시되지는 않았지만 클러스터가 업데이트된 노드 상태를 수신할 때까지 몇 분 정도 기다리면 노드 목록을 확인해 노드가 다운됐는지 확인할 수 있다.

```
kubectl get nodes
```

다음과 같은 출력을 받게 된다.

```
NAME                       STATUS    ROLES     AGE
cluster01-control-plane    Ready     master    45m
cluster01-control-plane2   Ready     master    45m
cluster01-control-plane3   Ready     master    43m
cluster01-worker           Ready     <none>    43m
cluster01-worker2          NotReady  <none>    43m
cluster01-worker3          Ready     <none>    43m
```

그림 2.7 worker2가 준비되지 않은 상태임

kubelet 실패를 시뮬레이션했고 worker2가 NotReady 상태인 것을 확인한다.

kubelet "fail" 이전에 동작 중이었던 모든 파드는 계속 실행되지만, kube-scheduler는 kubelet 문제가 해결될 때까지 노드에서 워크로드를 스케줄링하지 않는다. 파드가 노드에서 재시작되지 않는다는 것을 알고 있으므로 다른 노드를 다시 예약할 수 있도록 파드를 삭제할 수 있다.

강제로 재시작하려면 파드 이름을 조회한 다음 삭제해야 한다.

```
kubectl get pods -n ingress-nginx
```

이를 통해 네임스페이스의 파드가 반환된다. 예를 들면 다음과 같다.

```
nginx-ingress-controller-7d6bf88c86-r7ztq
```

kubectl을 사용해 인그레스 컨트롤러 파드를 삭제한다.

```
kubectl delete pod nginx-ingress-controller-7d6bf88c86-r7ztq -n
ingress-nginx
```

이렇게 하면 스케줄러가 다른 작업자 노드에서 컨테이너를 시작하게 된다. 또한 NGINX 컨트롤러가 다른 작업자 노드로 이동했기 때문에 HAProxy 컨테이너가 백엔드 목록을 업데이트한다.

HAProxy 로그를 다시 보면 HAProxy가 cluster01-worker3을 포함하도록 백엔드를 업데이트했으며 active 서버 목록에서 cluster01-worker2가 제거됐음을 알 수 있다.

```
[WARNING] 093/194006 (6) : Server ingress_https/worker3 is UP, reason:
Layer7 check passed, code: 200, info: "OK", check duration: 4ms. 2
active and 0 backup servers online. 0 sessions requeued, 0 total in
queue.
[WARNING] 093/194008 (6) : Server ingress_http/worker3 is UP, reason:
Layer7 check passed, code: 200, info: "OK", check duration: 0ms. 2
active and 0 backup servers online. 0 sessions requeued, 0 total in
queue.
[WARNING] 093/195130 (6) : Server ingress_http/worker2 is DOWN, reason:
Layer4 timeout, check duration: 2000ms. 1 active and 0 backup servers
left. 0 sessions active, 0 requeued, 0 remaining in queue.
[WARNING] 093/195131 (6) : Server ingress_https/worker2 is DOWN,
reason: Layer4 timeout, check duration: 2001ms. 1 active and 0 backup
servers left. 0 sessions active, 0 requeued, 0 remaining in queue.
```

추가 테스트에 이 HA 클러스터 사용하려는 경우 cluster01-worker2에서 kubelet을 다시 시작하고 싶을 것이다. HA 클러스터를 삭제하려는 경우 KinD 클러스터 삭제를 실행하면 모든 노드가 삭제된다.

⁝⁝ 요약

2장에서는 KinD라는 쿠버네티스 SIG 프로젝트에 대해 배웠다. Calico를 CNI로, NGINX를 인그레스 컨트롤러로 포함해 KinD 클러스터에 선택적 컴포넌트를 설치하는 방법에 대해 자세히 설명했다. 그리고 KinD 클러스터에 포함된 쿠버네티스 스토리지 오브젝트에 대한 세부 사항을 다뤘다.

2장의 도움으로 KinD를 사용하는 것이 당신과 당신의 조직에 가져올 수 있는 힘을 이해하기를 바란다. 배포가 쉽고 완벽하게 구성 가능한 쿠버네티스 클러스터를 제공한다. 단일 호스트에서 동작하는 클러스터의 수는 이론적으로 호스트 리소스에 의해서만 제한된다.

3장에서는 쿠버네티스 오브젝트에 대해 자세히 알아볼 것이다. 3장, '쿠버네티스 부트 캠프'에서는 기본 쿠버네티스 오브젝트와 각 오브젝트가 사용되는 용도를 자세히 살펴볼 것이다. 3장은 "쿠버네티스 포켓 가이드"로 간주될 수도 있다. 여기에는 쿠버네티스 오브젝트와 오브젝트가 하는 일, 언제 사용해야 하는지에 대한 빠른 레퍼런스가 포함돼 있다.

2장은 쿠버네티스에 대한 경험이 있는 분을 위한 재교육 또는 쿠버네티스를 처음 접하는 분을 위한 과정으로 설계됐다. 이 책의 의도는 기본 쿠버네티스 오브젝트를 넘어서는 것이다. 오늘날 시장에는 쿠버네티스의 기본을 잘 다루는 책이 많기 때문이다.

⁝⁝ 문제

1. PersistentVolumeClaim(PVC)을 생성하기 전에 반드시 생성해야 하는 오브젝트는 무엇인가?

   a. PVC

   b 디스크

   c. PersistentVolume

   d. 가상 디스크

2. KinD에는 동적 디스크 프로비저너가 포함된다. 어떤 회사가 프로비저너를 만들었는가?

    a. Microsoft

    b. CNCF

    c. VMware

    d. Rancher

3. 여러 작업자 노드로 KinD 클러스터를 만든 경우 각 노드로 트래픽을 전달하기 위해 무엇을 설치하겠는가?

    a. 로드밸런서

    b. 프록시 서버

    c. 설치하지 않음

    d. 네트워크 로드밸런서

4. 참 또는 거짓 - 쿠버네티스 클러스터는 하나의 CSIdriver만 설치할 수 있다.

    a. 참

    b. 거짓

03

쿠버네티스 부트캠프

많은 분들이 쿠버네티스를 어느 정도 사용해봤을 거라고 확신한다. 운영 환경에서 운영 중인 클러스터가 있거나 kubeadm, Minikube 또는 도커 데스크톱을 사용해 테스트해 봤을지도 모른다. 이 책의 목표는 쿠버네티스의 기본을 넘어서는 것이므로 쿠버네티스의 모든 기본 사항을 다시 반복하고 싶지는 않다. 대신, 우리는 쿠버네티스를 처음 접하거나 조금만 가지고 놀았을 수도 있는 모든 사람을 위한 부트캠프로 3장을 추가했다.

3장은 부트캠프 장이므로 모든 주제를 자세히 설명하진 않겠지만, 나머지 장을 이해하려면 쿠버네티스의 기본에 대해 충분히 알아야 한다. 쿠버네티스에 대해 많이 알고 있더라도 3장은 재교육으로 유용할 것이다. 그리고 4장에서 서비스, 로드밸런싱, 외부 DNS 및 글로벌 밸런싱을 시작으로 좀 더 복잡한 주제를 다룰 것이다.

3장에서는 컨트롤 플레인과 작업자 노드를 포함하는 실행 중인 쿠버네티스 클러스터의 컴포넌트를 다룰 것이다. 각 쿠버네티스 리소스와 사용 사례를 자세히 설명할 것이다. 과거에 쿠버네티스를 사용해본 적이 있고 kubectl을 사용하는 데 익숙하고 쿠버네티스 리소스(데몬셋, 스테이트풀셋, 레플리카셋 등)를 완전히 이해했다면, 3장은 4장, '서비스, 로드밸런서,

ExternalDNS 그리고 글로벌 밸런싱', K8GB^{Kubernetes Global Balancer}로 넘어가기 전에 복습하기 좋은 내용일 것이다.

3장에서는 다음 주제를 다룬다.

- 쿠버네티스 컴포넌트 개요

- 컨트롤 플레인 살펴보기

- 작업자 노드 컴포넌트 이해

- API 서버와 상호 작용

- 쿠버네티스 리소스 소개

3장을 마치면 가장 일반적으로 사용되는 클러스터 리소스에 대해 확실히 이해하게 될 것이다. 쿠버네티스 리소스를 이해하는 것은 클러스터 운영자와 클러스터 관리자 모두에게 중요하다.

기술 요구 사항

3장에서는 기술 요구 사항은 없다.

리소스에 대해 학습하면서 명령을 실행하려는 경우 2장에서 배포한 KinD 클러스터를 사용할 수 있다.

쿠버네티스 컴포넌트 개요

모든 인프라에서는 시스템이 함께 작동해 서비스를 제공하는 방식을 이해하는 것이 좋다. 오늘날은 설치 프로그램 옵션이 너무 많기 때문에, 많은 쿠버네티스 사용자는 쿠버네티스 컴포넌트가 어떻게 연동되는지 이해할 필요가 없었다.

몇 년 전 쿠버네티스 클러스터를 실행하려면 각 컴포넌트를 수동으로 설치하고 구성해야 했다. 작동하는 클러스터를 설치하는 것은 매우 어렵고, 이로 인해 종종 좌절감이 생겨 많은 사람과 회사는 "쿠버네티스가 너무 어렵다"고 말하게 됐다. 수동 설치의 장점은 각 구성 요소가 상호 작용하는 방식을 정확히 이해하고 설치 후 클러스터에 문제가 발생하면 무엇을 찾아야 하는지 알 수 있다는 점이다.

요즘에는 대부분 클라우드 회사의 버튼을 클릭하면 몇 분 만에 완벽하게 작동하는 쿠버네티스 클러스터를 갖게 된다. Google, Red Hat, Rancher 등의 옵션을 통해 온프레미스 설치가 쉬워졌으며 쿠버네티스 클러스터 설치의 복잡성을 제거했다. 하지만 문제는 설치 후 발생하거나 궁금한 점이 있을 때 발생한다. 쿠버네티스 컴포넌트를 구성하지 않았으므로 개발자에게 어떻게 파드는 작업자 노드에서 스케줄링되는지 방법을 설명하지 못할 수도 있다. 마지막으로 서드파티에서 제공하는 설치 프로그램을 실행하고 있기 때문에 모르는 기능을 활성화 또는 비활성화할 수 있으며 이로 인해 회사의 보안 표준에 위배되는 설치가 발생할 수 있다.

쿠버네티스 컴포넌트가 함께 작동하는 방식을 이해하려면 먼저 쿠버네티스 클러스터의 여러 구성 요소를 이해해야 한다.

다음 다이어그램은 Kubernetes.io 사이트에서 가져온 것으로, 쿠버네티스 클러스터 컴포넌트에 대한 개괄적인 개요를 보여준다.

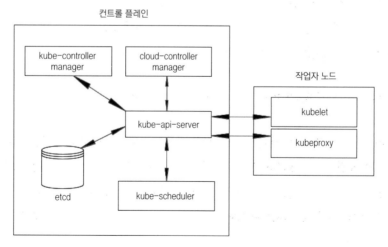

그림 3.1 쿠버네티스 클러스터 컴포넌트

보다시피 쿠버네티스 클러스터는 여러 컴포넌트로 구성돼 있다. 3장을 진행하면서 이러한 구성 요소와 쿠버네티스 클러스터에서 이들이 수행하는 역할에 대해 논의할 것이다.

⁞⁞ 컨트롤 플레인 살펴보기

이름에서 알 수 있듯이 컨트롤 플레인은 클러스터의 모든 측면을 제어한다. 컨트롤 플레인이 다운되면 클러스터에 문제가 발생할 것이라고 상상할 수 있을 것이다. 컨트롤 플레인이 없으면 클러스터에는 스케줄링 기능을 사용할 수 없다. 즉, 실행 중인 워크로드는 중지했다가 다시 시작하지 않는 한 계속 실행된다. 컨트롤 플레인은 매우 중요하므로 항상 마스터 노드가 3개 이상 있는 것이 좋다. 대부분의 프로덕션 설치에서는 3개 이상의 마스터 노드를 실행하지만 설치된 노드 수는 항상 홀수여야 한다. 컨트롤 플레인과 그 컴포넌트가 실행 중인 클러스터에 왜 그렇게 중요한지 각각 살펴보도록 할 것이다.

쿠버네티스 API 서버

클러스터에서 가장 먼저 이해해야 할 컴포넌트는 kube-apiserver 컴포넌트다. 쿠버네티스는 애플리케이션 프로그래밍 인터페이스API를 기반으로 하기 때문에 클러스터로 들어오는 모든 요청은 API 서버를 거친다. API 엔드포인트를 사용하는 간단한 get node 요청을 다음과 같이 살펴볼 수 있다.

```
https://10.240.100.100:6443/api/v1/nodes?limit=500
```

쿠버네티스 사용자가 API 서버와 상호 작용하기 위해 배포하는 일반적인 방법 중 하나는 kubectl 유틸리티다. kubectl을 사용해 실행되는 모든 명령은 백그라운드에서 API 엔드포인트를 호출한다. 앞의 예제에서는 kubectl get nodes 명령을 실행했는데, 이 명령은 포트 6443에서 10.240.100.100에 있는 kube-apiserver 프로세스에 API 요청을 보낸다. API 호출이 /api/vi/nodes 엔드포인트를 요청했는데, 이 엔드포인트는 클러스터의 노드 목록을 반환했다.

```
NAME                      STATUS    ROLES                    AGE
VERSION
home-k8s-control-plane    Ready     control-plane,master     45d
v1.21.1
home-k8s-control-plane2   Ready     control-plane,master     45d
v1.21.1
home-k8s-control-plane3   Ready     control-plane,master     45d
v1.21.1
home-k8s-worker           Ready     worker                   45d
v1.21.1
home-k8s-worker2          Ready     worker                   45d
v1.21.1
home-k8s-worker3          Ready     worker                   45d
v1.21.1
```

API 서버를 실행하지 않으면 클러스터에 대한 모든 요청이 실패한다. 보다시피 kube-apiserver 컴포넌트가 항상 실행되도록 하는 것이 매우 중요하다. 3개 이상의 마스터 노드를 실행하면 마스터 노드 손실의 영향을 줄일 수 있다.

NOTE

> 둘 이상의 마스터 노드를 실행하는 경우 클러스터 앞에 로드밸런서가 있어야 한다. 쿠버네티스 API 서버는 F5, HAProxy, Seesaw를 포함한 대부분의 표준 솔루션에서 사용할 수 있다.

Etcd 데이터베이스

Etcd를 쿠버네티스 클러스터라고 해도 과언이 아니다. Etcd는 쿠버네티스가 모든 클러스터 데이터를 저장하는 데 사용하는 빠르고 가용성이 높은 분산 키-값 데이터베이스다. 클러스터의 각 리소스에는 데이터베이스에 키가 있다. Etcd를 실행하는 노드(또는 파드)에 로그인한 경우, etcdctl 실행 파일을 사용해 데이터베이스의 모든 키를 확인할 수 있다. 다음 코드 스니펫은 KinD를 실행하는 클러스터의 예를 보여준다.

```
EtcdCTL_API=3 etcdctl --endpoints=https://127.0.0.1:2379 --cacert=/etc/
kubernetes/pki/etcd/ca.crt --key=/etc/kubernetes/pki/etcd/server.key
--cert=/etc/kubernetes/pki/etcd/server.crt get / --prefix --keys-only
```

이전 명령의 출력에 데이터가 너무 많아 3장에 모두 나열할 수 없다. 기본 KinD 클러스
터는 약 317개의 항목을 반환한다. 모든 키는 /registry/<resource> 시작한다. 예를 들
어 반환된 키 중 하나는 cluster-admin 클러스터롤ClusterRole이다. 다음과 같이 말이다.
/registry/clusterrolebindings/cluster-admin.

다음과 같이 이전 명령을 약간 수정해 etcdctl 유틸리티를 사용해 키 이름을 사용해 값
을 검색할 수 있다.

```
EtcdCTL_API=3 etcdctl --endpoints=https://127.0.0.1:2379 --cacert=/
etc/kubernetes/pki/etcd/ca.crt --key=/etc/kubernetes/pki/etcd/
server.key --cert=/etc/kubernetes/pki/etcd/server.crt get /registry/
clusterrolebindings/cluster-admin
```

출력에는 셸에서 해석할 수 없는 문자가 포함되지만 Etcd에 저장된 데이터에 대한 정보
를 얻을 수 있다. cluster-admin 키의 경우 출력에 다음이 표시된다.

그림 3.2 etcdctl ClusterRoleBinding 출력

etcd의 항목을 설명하는 이유는 쿠버네티스가 클러스터를 실행하기 위해 어떻게 사용
하는지에 대한 배경지식을 제공하기 위해서다. 데이터베이스에서 직접 cluster-admin
키에 대한 출력을 봤지만, 보통은 kubectl get clusterrolebinding cluster-admin -o

yaml을 사용해 API 서버를 쿼리하는데, 이는 다음을 반환한다.

```
apiVersion: rbac.authorization.k8s.io/v1
kind: ClusterRoleBinding
metadata:
  annotations:
    rbac.authorization.kubernetes.io/autoupdate: "true"
  creationTimestamp: "2020-03-22T18:50:48Z"
  labels:
    kubernetes.io/bootstrapping: rbac-defaults
  name: cluster-admin
  resourceVersion: "95"
  selfLink: /apis/rbac.authorization.k8s.io/v1/clusterrolebindings/cluster-admin
  uid: 96d9796d-528d-417f-9117-a47b0bb21954
roleRef:
  apiGroup: rbac.authorization.k8s.io
  kind: ClusterRole
  name: cluster-admin
subjects:
- apiGroup: rbac.authorization.k8s.io
  kind: Group
  name: system:masters
```

그림 3.3 kubectl ClusterRoleBinding 출력

kubectl 명령의 출력을 보고 etcdctl 쿼리의 출력과 비교하면 일치하는 정보를 볼 수 있다. kubectl 명령을 실행하면 요청이 API 서버로 전달되고, API 서버는 etcd 데이터 베이스에 리소스 정보를 쿼리한다.

kube-scheduler

이름에서 알 수 있듯이 kube-scheduler 컴포넌트는 노드의 파드 스케줄링을 감독한다. 스케줄러는 노드에 할당되지 않은 파드를 감시하며, 파드의 리소스 요구 사항에 따라 파드의 배치를 결정한다. 파드 요구 사항을 사용해 스케줄러는 사용 가능한 노드 리소스, 제약 조건, 셀렉터 및 어피니티/안티-어피니티 규칙을 포함한 일련의 기준을 사용한다. 요구 사항을 충족하는 노드를 적합한 노드feasible node라고 하며, 최종 노드 목록에서 파드는 노드 중 하나에서 스케줄링된다.

kube-controller-manager

kube-controller-manager 컴포넌트는 단일 바이너리에 포함된 여러 컨트롤러의 모음이다.

4개의 컨트롤러를 단일 실행 파일에 포함하면 4개의 컨트롤러가 모두 단일 프로세스에서 실행되므로 복잡성이 줄어든다. kube-controller-manager 구성 요소에 포함된 4개의 컨트롤러는 노드, 레플리케이션, 엔드포인트 및 서비스 계정과 토큰 컨트롤러(서비스어카운트)이다.

각 컨트롤러는 클러스터에 고유한 기능을 제공하며, 각 컨트롤러와 그 기능은 다음과 같다.

표 3.1 컨트롤러 및 해당 기능

컨트롤러	설명
노드	각 노드의 가용성을 모니터링한다. 노드가 오프라인 상태가 되면 노드 컨트롤러는 상태를 업데이트해 스케줄러가 실패한 노드에서 워크로드를 시작하지 않도록 한다.
레플리케이션	파드의 복제본 수를 모니터링하고 정의된 원하는 상태에 따라 복제본을 추가하거나 제거한다.
엔드포인트	서비스에 포함된 파드로 엔드포인트를 생성하는 업무를 담당한다.
서비스어카운트	모든 서비스어카운트를 모니터링한다.
네임스페이스	모든 네임스페이스를 모니터링한다.

각각의 컨트롤러는 종료되지 않는 제어 루프를 운영하고 있다. 이러한 제어 루프는 각 리소스의 상태를 모니터링해 리소스 상태를 정상화하는데 필요한 변경을 수행한다. 예를 들어 디플로이먼트를 1개에서 3개의 노드로 확장해야 하는 경우 레플리케이션 컨트롤러는 현재 상태에 1개의 파드가 실행되고 있고 원하는 상태는 3개의 파드가 실행되고 있음을 알 수 있다. 현재 상태를 원하는 상태로 바꾸기 위해 레플리케이션 컨트롤러에서 2개의 추가 파드를 요청한다.

cloud-controller-manager

이것은 클러스터 구성 방법에 따라 실행되지 않을 수도 있는 컴포넌트 중 하나다. kube-controller-manager 구성 요소와 유사하게 이 컨트롤러는 단일 바이너리에 4개의 컨트롤러를 포함한다. 포함된 컨트롤러는 노드, 경로, 서비스 및 볼륨 컨트롤러이며, 각 컨트롤러는 해당 클라우드 서비스 공급자 제품과의 상호 작용을 담당한다.

⠿ 작업자 노드 컴포넌트 이해

이름에서 알 수 있듯이 작업자 노드는 워크로드 실행을 담당한다. 컨트롤 플레인의 kube-scheduler 컴포넌트에 대해 논의할 때, 우리는 새로운 파드가 예약될 때 kube-scheduler 컴포넌트가 파드를 실행할 노드를 결정한다고 언급했다. 작업자 노드에서 전송된 정보를 사용해 이 작업을 수행한다. 이 정보는 클러스터 전체에 파드를 분산해 리소스를 효율적으로 활용할 수 있도록 지속적으로 업데이트된다.

각 작업자 노드에는 kubelet과 kube-proxy라는 두 가지 주요 컴포넌트가 있다.

kubelet

Kubelet이라고 하는 작업자 노드를 들어봤을 것이다. kubelet은 모든 작업자 노드에서 실행되는 에이전트이며 실제 컨테이너의 실행을 담당한다.

kube-proxy

이름과 달리 kube-proxy는 프록시 서버가 아니다. kube-proxy는 실제로 파드와 네트워크 사이의 네트워크 통신을 라우팅하는 역할을 한다.

컨테이너 런타임

각 노드에는 컨테이너 런타임도 필요하다. 컨테이너 런타임은 컨테이너의 실행을 담당한다. 당신이 가장 먼저 생각할 수 있는 것은 도커^{Docker}다. 도커는 컨테이너 런타임이지만 사용할 수 있는 유일한 런타임 옵션은 아니다. 지난 1년 동안 다른 옵션이 사용 가능해졌고 선호되는 컨테이너 런타임으로서 도커를 빠르게 대체하고 있다. 가장 눈에 띄는 도커 대체품은 CRI-O와 containerd이다.

실습을 위해 KinD를 사용해 쿠버네티스 클러스터를 만들 것이다. 집필 당시 KinD는 도커를 컨테이너 런타임으로 공식 지원만 하고 Podman은 제한적으로 지원한다.

⠿ API 서버와 상호 작용

앞서 언급했듯이 당신은 직접 API 요청이나 kubectl 유틸리티를 사용해 API 서버와 상호 작용한다. 우리는 이 책에서 대부분의 상호 작용을 위해 kubectl을 사용하는 것에 초점을 맞출 것이지만, 필요한 경우 직접 API 호출을 사용할 것이다.

쿠버네티스 kubectl 유틸리티 사용

kubectl은 명령줄 인터페이스^{CLI}를 사용해 쿠버네티스 API와 상호 작용할 수 있는 단일 실행 파일이다. Linux, Windows 및 Mac을 포함한 대부분의 주요 운영체제 및 아키텍처에서 사용할 수 있다.

대부분의 운영체제 설치 절차는 쿠버네티스 사이트(https://kubernetes.io/docs/tasks/tools/install-kubectl/)에 있다. 이 책에서는 연습용 운영체제로 Linux를 사용하고 있기 때문에 Linux 머신에 kubectl을 설치하는 방법에 대해 설명한다. 다음 순서를 따른다.

1. 최신 버전의 kubectl을 다운로드하려면 다음과 같이 curl 명령을 실행하면 된다.

```
curl -LO https://storage.googleapis.com/kubernetes-release/
release/`curl -s https://storage.googleapis.com/kubernetes-
release/release/stable.txt`/bin/linux/amd64/kubectl
```

2. 다운로드 후 다음 명령을 실행해 파일을 실행 가능 상태로 만들어야 한다.

```
chmod +x ./kubectl
```

3. 마지막으로 다음과 같이 실행 파일 경로를 이동한다.

```
sudo mv . /kubectl /usr/local/bin/kubectl
```

이제 시스템에 최신 kubectl 유틸리티가 있고 모든 작업 디렉터리에서 kubectl 명령을 실행할 수 있다.

쿠버네티스는 4개월마다 업데이트된다. 여기에는 기본 쿠버네티스 클러스터 컴포넌트 및 kubectl 유틸리티로의 업그레이드가 포함된다. 클러스터와 kubectl 명령 간에 버전이 일치하지 않을 수 있으므로 kubectl 실행 파일을 업그레이드하거나 다운로드해야 한다. kubectl version 명령어를 실행하면 항상 양쪽 버전을 확인할 수 있다. 이 명령어는 API 서버와 kubectl 클라이언트의 버전을 모두 출력한다. 버전 체크의 출력은 다음의 코드 스니펫에 나타나 있다.

```
Client Version: version.Info{Major:"1", Minor:"21",
GitVersion:"v1.21.1", GitCommit:"8b5a19147530eaac9476b0ab82980b408
8bbc1b2", GitTreeState:"clean", BuildDate:"2021-09-15T21:38:50Z",
GoVersion:"go1.16.8", Compiler:"gc", Platform:"linux/amd64"}
Server Version: version.Info{Major:"1", Minor:"22",
GitVersion:"v1.22.1", GitCommit:"5e58841cce77d4bc13713ad2b91fa0d96
1e69192", GitTreeState:"clean", BuildDate:"2021-05-21T23:01:33Z",
GoVersion:"go1.16.4", Compiler:"gc", Platform:"linux/amd64"}
```

출력에서 알 수 있듯이 kubectl 클라이언트는 버전 1.21.1을 실행하고 클러스터는 버전 1.22.1을 실행하고 있다. 이 2개의 마이너 버전 차이는 문제를 일으키지 않는다. 공식적으로 지원되는 버전의 차이는 메이저 버전 릴리스다. 따라서 클라이언트가 버전 1.21을 실행하고 클러스터가 1.22를 실행하고 있는 경우 지원되는 버전 차이 범위 내에 있다. 이 기능은 지원되지만 상위 버전에 포함된 새 명령이나 리소스를 사용하려고 해도 문제가 발생하지 않는다는 의미는 아니다. 일반적으로 문제를 방지하려면 클러스터와 클라이언트 버전을 동기화 상태로 유지해야 한다.

3장의 나머지 부분에서는 쿠버네티스 리소스와 API 서버가 상호 작용해 각 리소스를 관리하는 방법에 대해 설명한다. 그러나 다른 리소스를 살펴보기 전에 일반적으로 간과되는 kubectl 유틸리티 옵션인 verbose 옵션에 대해 살펴보자.

Verbose 옵션 이해

Kubectl 명령을 실행하면 기본적으로 명령에 대한 직접 응답만 출력된다. kube-system 네임스페이스에 있는 모든 파드를 보면 모든 파드 목록이 나타난다. 대부분의 경우 이는 바람직한 출력이다. 하지만 get pods 요청을 실행하고 API 서버에서 오류를 수신했다면 어떻게 될까? 오류의 원인일 가능성이 있는 것에 대한 자세한 정보는 어떻게 얻을 수 있을까?

Kubectl 명령에 verbose 옵션을 추가하면 API 호출 자체 및 API 서버에서 응답에 대한 추가 정보를 얻을 수 있다. 대부분의 경우 API 서버로부터의 응답에는 문제의 근본 원인을 찾는 데 도움이 될 수 있는 추가 정보가 포함돼 있다.

verbose 옵션에는 0~9까지의 여러 레벨이 있다. 숫자가 클수록 더 많은 출력이 수신된다.

다음 스크린샷은 쿠버네티스 사이트에서 가져온 것으로, 각 레벨과 출력 내용에 대해 자세히 설명한다.

로그 레벨	세부 사항
--v=0	일반적으로 클러스터 운영자(operator)에게 항상 보여지게 하기에는 유용하다.
--v=1	자세한 정보를 원하지 않는 경우, 적절한 기본 로그 수준
--v=2	서비스와 시스템의 중요한 변화와 관련이 있는 중요한 로그 메시지에 대한 유용한 정상 상태 정보. 이는 대부분의 시스템에서 권장되는 기본 로그 수준이다.
--v=3	변경 사항에 대한 확장 정보
--v=4	디버그 수준 상세화
--v=5	트레이스 수준 상세화
--v=6	요청한 리소스를 표시
--v=7	HTTP 요청 헤더를 표시
--v=8	HTTP 요청 내용을 표시
--v=9	내용을 잘라내지 않고 HTTP 요청 내용을 표시

그림 3.4 로그 상세 레벨 설명

모든 kubectl 명령에 -v 또는 --v 옵션을 추가해 레벨을 테스트할 수 있다.

일반 kubectl 명령어

CLI를 사용하면 쿠버네티스와 명령어나 선언적인 방법으로 대화할 수 있다. 명령어를 사용하는 것은 쿠버네티스에게 무엇을 해야 하는지 말하는 것과 관련이 있다(예를 들어 kubectl run nginx --image nginx). 이를 통해 API 서버에 nginx라는 이미지를 실행하는 nginx라는 새로운 배포를 생성하도록 지시한다. 명령어는 개발 및 빠른 수정이나 테스트에 유용하지만 실제 환경에서는 선언형 명령을 더 자주 사용하게 된다. 선언적 명령으로, 당신은 쿠버네티스에게 당신이 원하는 것을 말할 수 있다. 선언적 명령을 사용하려면 JSON^{JavaScript Object Notification} 또는 YAML^{Yet Another Markup Language}로 작성된 매니페스트를 API 서버로 전송한다. 이 매니페스트는 쿠버네티스가 만들어야 하는 것이 선언돼 있다.

kubectl에는 일반적인 클러스터 정보 또는 리소스에 대한 정보를 제공할 수 있는 명령 및 옵션이 포함돼 있다. 다음 표에는 명령어와 명령어의 사용처가 기재돼 있다. 향후 여러 장에서는 이 명령어의 대부분을 사용하기 때문에 해당 명령어가 실제 동작하는 것을 볼 수 있을 것이다.

표 3.2 클러스터 및 오브젝트 명령어

클러스터 명령어	
api-resources	지원되는 API 리소스를 나열한다.
api-versions	지원되는 API 버전을 나열한다.
cluster-info	API 서버 및 기타 클러스터 엔드포인트를 포함해 클러스터 정보를 나열한다.
cluster-info dump	문제를 해결하기 위해 자세한 클러스터 정보를 가져온다.
오브젝트 명령어 – 대부분의 오브젝트에 대해 실행할 수 있다.	
get <object>	목록 또는 단일 오브젝트를 가져온다.
describe <object>	개체에 대한 세부 정보를 제공한다.
logs <pod name>	파드의 로그를 가져온다.
edit <object>	대화식으로 오브젝트를 편집한다.
delete <object>	오브젝트를 지운다.
label <object>	오브젝트에 대한 레이블을 만들거나 삭제한다.
annotate <object>	오브젝트에 대한 어노테이션을 생성하거나 삭제한다.
run	명령줄에 제공된 --restart 옵션에 따라 디플로이먼트, 파드 또는 잡을 생성한다. 기본 작업은 디플로이먼트를 만드는 것이다.

각 쿠버네티스 컴포넌트와 명령어를 사용해 **API** 서버와 대화하는 방법을 이해하면, 이제 쿠버네티스 리소스와 kubectl을 사용해 관리하는 방법에 대해 알아볼 수 있다.

⫶⫶⫶ 쿠버네티스 리소스 소개

이 절에는 많은 정보가 포함돼 있다. 하지만 이 절은 부트캠프이기 때문에 각 리소스에 대한 자세한 내용은 설명하지 않는다. 각 리소스는 책에 여러 장에 걸쳐 나와 있다. 쿠버네티스에 관한 많은 저서가 기본 리소스에 대해 자세히 설명하고 있기 때문에 각각의 저서를 이해하기 위해 필요한 내용만을 다루도록 하겠다. 4장에서는 책에 나온 실습을 사용해 클러스터를 구축할 때 리소스에 대한 추가 세부 정보를 포함한다.

쿠버네티스 리소스가 무엇인지 이해하기 전에 쿠버네티스의 매니페스트에 대해 설명하겠다.

쿠버네티스 매니페스트

쿠버네티스 리소스를 만드는 데 사용할 파일을 매니페스트라고 한다. 매니페스트는 YAML 또는 JSON을 사용해 작성할 수 있다. 대부분 매니페스트는 YAML을 사용한다. 이 형식은 책 전체에서 사용된다.

매니페스트의 내용은 생성되는 리소스에 따라 달라진다. 적어도 모든 매니페스트에는 다음과 같이 apiVersion, kind 및 metadata 필드를 포함하는 기본 구성이 필요하다.

```
apiVersion: apps/v1
kind: Deployment
metadata:
  lables:
    app: grafana
  name : grafana
  namespace: monitoring
```

앞의 매니페스트만으로는 충분하지 않다. 전체 배포 매니페스트의 시작 부분만 보여주고 있다. 파일에서 볼 수 있듯이 모든 매니페스트에 필요한 세 가지 필수 필드 apiVersion, kind 및 metadata 필드부터 시작한다.

파일에 공백이 있는 경우도 있다. YAML은 형식에 따라 매우 다르므로 행의 형식이 한 칸이라도 어긋나면 매니페스트를 배포할 때 오류가 발생한다. 이는 익숙해지는 데 시간이 걸리고 매니페스트를 오랫동안 작성해 사용했음에도 관련 포맷 문제가 종종 발생할 수 있다.

쿠버네티스의 리소스는 무엇인가?

클러스터에서 무언가를 추가하거나 삭제하려면 쿠버네티스 리소스와 상호 작용해야 한다. 이 상호 작용은 리소스를 생성, 삭제 또는 확장하는 리소스 상태를 선언하는 방법이다. API 서버는 원하는 상태에 따라 현재 상태가 원하는 상태와 일치하는지 확인한다. 예를 들어 단일 복제본으로 시작하는 배포가 있는 경우 배포 리소스를 1개에서 3개로 변경할 수 있다. API 서버는 현재 상태가 1인 것을 확인하면 추가로 2개의 파드를 생성해 3개의 복제본으로 배포를 확장한다.

클러스터에서 지원하는 리소스 목록을 가져오려면 kubectl api-resources 명령을 사용한다. API 서버는 단축 이름, 네임스페이스 지원 및 지원되는 API 그룹을 포함한 모든 리소스 목록으로 출력한다.

기본 클러스터에는 약 58개의 기본 리소스가 포함돼 있지만 가장 일반적인 리소스의 간략한 목록은 다음과 같다.

3장은 부트캠프이기 때문에 목록의 대부분의 리소스에 대해 간략하게 설명한다. 다른 장에서 따라갈 수 있도록 각 자원의 개요와 조작 방법에 대해 설명한다.

또한 Ingress, RoleBindings, ClusterRoles, StorageClasses 등 일부 리소스에 대해서도 향후 장에서 자세히 설명한다.

표 3.3 쿠버네티스 API 리소스

NAME	SHORTNAMES	APIGROUP	NAMESPACED
configmaps	cm		TRUE
endpoints	ep		TRUE
events	ev		TRUE
namespaces	ns		FALSE
nodes	no		FALSE
persistentvolumeclaims	pvc		TRUE
persistentvolumes	pv		FALSE
pods	po		TRUE
replicationcontrollers	rc		TRUE
resourcequotas	quota		TRUE
secrets			TRUE
serviceaccounts	sa		TRUE
services	svc		TRUE
customresourcedefinitions	crd,crds	apiextensions.k8s.io	FALSE
daemonsets	ds	apps	TRUE
deployments	deploy	apps	TRUE
replicasets	rs	apps	TRUE
statefulsets	sts	apps	TRUE
horizontalpodautoscalers	hpa	autoscaling	TRUE
cronjobs	cj	batch	TRUE
jobs		batch	TRUE
events	ev	events.k8s.io	TRUE
ingresses	ing	extensions	TRUE
ingresses	ing	networking.k8s.io	TRUE
networkpolicies	netpol	networking.k8s.io	TRUE
podsecuritypolicies	psp	policy	FALSE
clusterrolebindings		rbac.authorization.k8s.io	FALSE
clusterroles		rbac.authorization.k8s.io	FALSE
rolebindings		rbac.authorization.k8s.io	TRUE
roles		rbac.authorization.k8s.io	TRUE
csidrivers		storage.k8s.io	FALSE
csinodes		storage.k8s.io	FALSE
storageclasses	sc	storage.k8s.io	FALSE

쿠버네티스 리소스 검토

이 절의 내용을 쉽게 이해할 수 있도록 각 리소스를 kubectl api-resources 명령에 의해 제공되는 순서대로 표시한다.

실행 중인 쿠버네티스 버전에 따라 `metadata.selfLink` 속성이 표시되지 않을 수 있다. 이 속성은 버전 1.20에서 삭제돼 링크에 의존하는 많은 컨트롤러를 손상시켰다. 다음 예제에서는 `selfLink` 속성을 사용할 수 없다고 가정한다.

클러스터 내의 대부분의 리소스는 네임스페이스 내에서 실행되며, 리소스를 생성, 편집, 불러오려면 kubectl 명령에 `-n <namespace>` 옵션을 지정해야 한다. 네임스페이스 옵션을 허용하는 리소스 목록을 찾으려면 이전 `api-resources` 명령의 출력을 참조한다.

네임스페이스 열은 `true`로 표시된다. 리소스가 클러스터 레벨에서만 참조되는 경우 이름 지정 열에 `false`가 표시된다.

컨피그맵

컨피그맵^{ConfigMap}은 데이터를 키와 값의 쌍으로 저장하기 때문에 설정을 애플리케이션과 분리할 수 있다. 컨피그맵에는 리터럴 값, 파일 또는 디렉터리의 데이터가 포함될 수 있다.

다음은 필수 예다.

```
kubectlcreate configmap <name> <data>
```

`<data>` 옵션은 컨피그맵의 소스에 따라 달라진다. 파일 또는 디렉터리를 사용하려면 다음과 같이 `--from-file` 옵션과 파일 또는 전체 디렉터리에 대한 경로를 지정한다.

```
kubectl create configmap config-test --from-file=/apps/nginx-config/
nginx.conf
```

그러면 nginx.conf 파일의 내용을 포함하는 nginx.conf 키를 사용해 config-test라는 이름의 컨피그맵이 새로 생성된다.

하나의 컨피그맵에 여러 키를 추가해야 할 경우 각 파일을 디렉터리에 넣고 디렉터리 내의 모든 파일을 사용해 컨피그맵을 생성할 수 있다. 예를 들어 ~/config/myapp에 있는 디렉터리에 3개의 파일이 있다.

이들 3개의 파일에는 각각 데이터가 포함돼 있으며 config1, config2, config3라고 부른다. 각 파일을 키에 추가하는 컨피그맵을 생성하려면 다음과 같이 `--from-file` 옵션을 사용하고 디렉터리를 지정해야 한다.

```
kubectlcreate configmap config-test --from-file=/from-file/config/myapp
```

그러면 config1, config2, config3라는 3개의 키 값을 가진 새로운 컨피그맵이 생성된다. 각 키에는 디렉터리에 있는 각 파일의 내용과 동일한 값이 포함된다.

디렉터리에서 컨피그맵을 만드는 예에서 컨피그맵을 빠르게 검색하려면 `get` 명령어를 사용한다. `kubectl get configmaps config-test`를 사용해 컨피그맵을 검색하면 다음이 출력된다.

```
NAME            DATA    AGE
config-test     3       7s
```

컨피그맵에는 DATA 컬럼 아래에 3으로 표시된 3개의 키가 포함돼 있는 것을 볼 수 있다. 자세한 내용은 `get` 명령어를 사용해 `-o yaml` 옵션을 `kubectl get configmaps config-test` 명령어에 추가해 각 키의 값을 YAML로 출력하면 다음과 같다.

```
apiVersion: v1
data:
  config1: |
    First Configmap Value
  config2: |
    Yet Another Value from File2
  config3: |
    The last file - Config 3
kind: ConfigMap
metadata:
  creationTimestamp: "2021-10-10T01:38:51Z"
  name: config-test
  namespace: default
```

```
resourceVersion: "6712"
uid: a744d772-3845-4631-930c-e5661d476717
```

위의 출력을 보면 각 키가 파일 이름과 일치하고 각 키의 값에 각 파일의 데이터가 포함돼 있음을 알 수 있다.

컨피그맵의 한 가지 제한 사항은 리소스에 대한 권한을 가진 모든 사용자가 데이터에 쉽게 액세스할 수 있다는 것이다. 위의 출력에서 알 수 있듯이 단순한 get 명령어는 데이터를 평문으로 표시한다.

이런 방식 때문에 비밀번호 등의 기밀 정보를 컨피그맵에 저장하면 안 된다. 이 절의 후반부에서 중요한 정보를 저장하도록 설계된 리소스인 시크릿Secret에 대해 설명한다.

엔드포인트

엔드포인트endpoint는 서비스를 파드와 매핑한다. 이것은 서비스 리소스에 대해 설명할 때 더욱 의미가 있다. 현시점에서는 CLI를 사용해 kubectl get endpoints 명령을 사용해 엔드포인트를 취득할 수 있다는 것만 알면 된다. 새로운 KinD 클러스터에서는 다음 코드 스니펫과 같이 default 네임스페이스에 쿠버네티스 API 서버 값이 표시된다.

```
NAMESPACE   NAME        ENDPOINTS          AGE
default     Kubernetes  172.17.0.2:6443    22h
```

이 출력은 클러스터가 포트 6443의 IP 주소 172.17.0.2에 엔드포인트를 가진 Kubernetes라는 서비스를 가지고 있음을 나타낸다. 이 예에서 반환되는 IP는 도커 컨트롤 플레인 컨테이너가 할당돼 있는 주소다.

나중에 엔드포인트를 보고 서비스 및 인그레스 문제를 해결하는 방법에 대해 알아볼 것이다.

이벤트

이벤트^{event} 리소스는 네임스페이스에 대한 모든 이벤트를 표시한다. kube-system 네임스페이스 이벤트 목록을 가져오려면 kubectl get events -n kube-system 명령을 사용한다.

네임스페이스

네임스페이스^{namespace}는 클러스터를 논리 단위로 분할하기 위한 리소스다. 각 네임스페이스에서는 권한, 쿼터 및 보고를 비롯한 리소스를 세밀하게 관리할 수 있다.

네임스페이스 리소스는 클러스터 레벨의 작업에서 네임스페이스 단위의 태스크로 사용된다. namespace 리소스를 사용해 create, delete, edit 및 get를 포함한 명령을 실행할 수 있다.

이 명령어의 구문은 kubectl <verb> ns <namespace name>이다.

예를 들어 kube-system 네임스페이스를 설명하기 위해 kubectl describe namespaces kube-system 명령을 실행한다.

다음 코드 스니펫에 나타나 있듯이 레이블, 주석 및 할당된 쿼터를 포함한 네임스페이스 정보가 반환된다.

```
Name: kube-system
Labels: <none>
Annotations: <none>
Status: Active
No resource quota.
No LimitRange resource.
```

앞서 나온 출력에서는 이 네임스페이스에 레이블, 주석 또는 리소스 쿼터가 할당돼 있지 않음을 알 수 있다.

이 절에서는 멀티테넌트 클러스터의 관리 유닛으로서의 네임스페이스 개념을 소개하는 것을 목적으로 하고 있다. 여러 테넌트가 있는 클러스터를 실행할 계획인 경우 네임스페이스를 사용해 클러스터를 보호하는 방법을 이해해야 한다.

노드

노드^{node} 리소스는 클러스터의 노드와 상호 작용하는 데 사용되는 클러스터 레벨 리소스다. 이 리소스는 get, describe, label 및 annotate를 비롯한 다양한 작업에 사용할 수 있다.

kubectl을 사용해 클러스터 내의 모든 노드 목록을 가져오려면 kubectl get nodes 명령을 실행해야 한다. 단일 노드 클러스터를 실행하는 새로운 KinD 클러스터에서는 다음과 같이 표시된다.

```
NAME                STATUS   ROLES    AGE   VERSION
kind-control-plane  Ready    master   22h   v1.17.0
```

describe 명령을 사용해 노드 리소스를 사용해 단일 노드의 세부 정보를 가져올 수도 있다. 앞에서 설명한 KinD 노드에 대한 설명을 얻으려면 kubectl descript node kind-control-plane을 실행한다. 이 경우 사용된 리소스, 실행 중인 파드, IP Classless Inter-Domain Routing^{CIDR, 클래스리스 도메인 간 라우팅} 범위 등 노드에 대한 자세한 내용이 반환된다.

퍼시스턴트 볼륨 클레임

퍼시스턴트 볼륨 클레임^{PVCs, Persistent Volume Claims}에 대해서는 뒷장에서 자세히 설명하겠지만 현재로서는 PVC가 파드에서 영구 스토리지를 사용하기 위해 사용된다는 점만 알면 된다. PVC는 Persistent Volume^{PV}을 사용해 스토리지 리소스를 매핑한다. 지금까지 설명한 대부분의 리소스와 마찬가지로 PVC 리소스에 대해 get, describe 및 delete 명령을 실행할 수 있다. 이들은 파드에서 사용되므로 네임스페이스 리소스이며 PVC를 사용하는 파드와 동일한 네임스페이스에 생성해야 한다.

퍼시스턴트 볼륨

퍼시스턴트 볼륨PV, Persistent Volume은 PVC와 기본 스토리지 시스템 간의 링크를 만드는 데 사용된다. 쿠버네티스에는 대부분의 일반적인 스토리지 시스템을 컨테이너 스토리지 인터페이스CSI, Container Storage Interface를 사용해 관리할 수 있는 기능이 포함돼 있기 때문에 PV를 수동으로 유지 관리하는 것은 번거로운 작업이며 이를 피해야 한다. 'PVC 리소스' 절에서 설명한 바와 같이 쿠버네티스가 PVC에 링크되는 PV를 자동으로 생성하는 방법에 대해서는 4장에서 설명한다.

파드

파드Pod 리소스는 컨테이너를 실행하는 파드와 상호 작용하는 데 사용된다. kubectl 유틸리티를 사용하면 get, delete, describe 등의 명령을 사용할 수 있다. 예를 들어 kube-system 네임스페이스의 모든 파드 목록을 가져오려면 다음과 같이 kubectl get pod -n kube-system 명령을 실행한다.

```
NAME                                               READY  STATUS   RESTARTS
AGE
calico-kube-controllers-c6c8dc655-vnrt7            1/1    Running  0
15m
calico-node-4d9px                                  1/1    Running  0
15m
calico-node-r4zsj                                  1/1    Running  0
15m
coredns-558bd4d5db-8mxzp                           1/1    Running  0
15m
coredns-558bd4d5db-fxnkt                           1/1    Running  0
15m
etcd-cluster01-control-plane                       1/1    Running  0
15m
kube-apiserver-cluster01-control-plane             1/1    Running  0
15m
kube-controller-manager-cluster01-control-plane    1/1    Running  0
15m
kube-proxy-npxqd                                   1/1    Running  0
15m
```

```
kube-proxy-twn7s                              1/1    Running  0
15m
kube-scheduler-cluster01-control-plane        1/1    Running  0
15m
```

파드를 직접 만들 수 있지만 빠른 문제 해결을 위해 파드를 사용하지 않는 한 이 작업을 피해야 한다. 직접 생성된 파드는 확장, 자동 재시작 또는 롤링 업그레이드 등 쿠버네티스에서 제공하는 많은 기능을 사용할 수 없다.

파드를 직접 생성하는 대신 배포, 스테이트풀셋StatefulSet 또는 드물게 레플리카셋Replica Set 리소스 또는 레플리케이션 컨트롤러ReplicationController를 사용해야 한다.

레플리케이션 컨트롤러

레플리케이션 컨트롤러는 실행 중인 파드의 수를 관리해 지정된 레플리카를 항상 실행 상태로 유지한다. 레플리케이션 컨트롤러를 생성하고 레플리카 수를 5로 설정하면 컨트롤러는 항상 애플리케이션의 5개의 파드를 실행 상태로 유지한다.

레플리케이션 컨트롤러는 ReplicaSet 리소스로 대체됐다. 이 리소스는 '레플리케이션 컨트롤러' 절에서 설명하겠다. 레플리케이션 컨트롤러를 계속 사용할 수 있지만 디플로이먼트 또는 레플리카셋 사용을 고려해야 한다.

리소스쿼터

멀티테넌트Multi-tenant 클러스터라고 부르는 여러 팀 간에 쿠버네티스 클러스터를 공유하는 것이 매우 보편화되고 있다. 단일 클러스터에서 여러 팀이 작업하기 때문에 단일 테넌트가 클러스터 또는 노드의 모든 리소스를 소비할 가능성을 제한하기 위해 쿼터를 생성하는 것을 고려해야 한다.

다음을 포함한 대부분의 클러스터 리소스에 제한을 설정할 수 있다.

- 중앙처리장치CPU

- 메모리

- 퍼시스턴트볼륨클레임

- 컨피그맵

- 디플로이먼트

- 파드 등

제한을 설정하고 제한에 도달하면 추가 리소스가 생성되지 않는다. 네임스페이스에
10개의 파드를 제한해 사용자가 11개의 파드를 시작하려고 하는 새 디플로이먼트를 생
성하면 11번째 파드가 시작되지 않고 오류가 발생한다.

메모리와 CPU의 쿼터를 생성하기 위한 기본 매니페스트 파일은 다음과 같다.

```
apiVersion: v1
kind: ResourceQuota
metadata:
  name: base-memory-cpu
spec:
  hard:
    requests.cpu: "2"
    requests.memory: 8Gi
    limits.cpu: "4"
    limits.memory: 16Gi
```

이렇게 하면 네임스페이스가 CPU 및 메모리 요청 및 제한에 사용할 수 있는 총 리소스
양에 대한 제한이 설정된다.

쿼터에서 설정할 수 있는 옵션의 대부분은 파드, PVC, 서비스 등이다. 제한을 설정하면
설정된 제한이 네임스페이스의 해당 리소스에 허용되는 최댓값임을 의미한다. 예를 들
어 파드에 대한 제한을 5로 설정하면 해당 네임스페이스에 여섯 번째 파드를 생성하려
고 하면 해당 파드가 거부된다.

일부 쿼터에는 여러 옵션을 설정할 수 있으며, 특히 CPU와 메모리를 설정할 수 있다.
이 예에서는 두 리소스 모두 요청과 제한을 설정했다. 리소스를 효율적으로 사용하고

애플리케이션의 가용성을 제한하기 위해서는 두 값을 모두 이해하는 것이 매우 중요하다.

요청은 기본적으로 해당 특정 리소스의 예약이다. 파드가 배포될 때는 항상 CPU와 메모리에 대한 요청을 설정해야 하며 이 값은 애플리케이션을 시작하는 데 필요한 최솟값이어야 한다. 이 값은 스케줄러에 의해 설정된 요구를 충족하는 노드를 찾기 위해 사용된다. 요청된 리소스를 사용할 수 있는 노드가 없는 경우 파드를 스케줄링할 수 없다.

이제 요청은 리소스를 예약하므로, 즉 클러스터 내의 모든 노드에 100% 요청이 할당되면 요청이 100%이므로 추가 파드 생성이 거부된다. 실제 클러스터 CPU 또는 메모리 사용률이 10%인 경우에도 요청 또는 예약이 100%이기 때문에 파드는 예약되지 않는다. 요청을 신중하게 검토하지 않으면 리소스가 낭비되고 플랫폼 실행 비용이 증가한다.

CPU 및 메모리의 제한은 파드가 사용할 수 있는 최댓값을 설정한다. 제한은 리소스의 예약이 아니므로 요청과 다르다. 다만 애플리케이션 측에서 신중하게 제한을 계획할 필요가 있다. CPU 제한을 너무 낮게 설정하면 애플리케이션에 성능 문제가 발생할 수 있으며 메모리 제한을 너무 낮게 설정하면 파드가 종료돼 재시작되는 동안 가용성에 영향을 미친다.

쿼터가 생성되면 kubectl describe 명령을 사용해 사용량을 볼 수 있다. 이 예에서는 리소스쿼터^{ResourceQuota}를 base-memory-cpu로 명명했다.

사용 현황을 표시하려면 kubectl get resourcequotas base-memory-cpu 명령을 실행한다. 명령어의 실행 결과는 다음과 같다.

```
Name: base-memory-cpu
Namespace: default
Resource Used Hard
-------- ---- ----
limits.cpu 0 4
limits.memory 0 16Gi
requests.cpu 0 2
requests.memory 0 8Gi
```

ResourceQuotas는 클러스터의 리소스를 제어하는 데 사용된다. 리소스를 네임스페이스에 할당하면 단일 테넌트가 해당 애플리케이션을 실행하는 데 필요한 CPU와 메모리를 갖추도록 보장하는 동시에 잘못 생성된 애플리케이션이 다른 애플리케이션에 미치는 영향을 제한할 수 있다.

시크릿

앞에서 컨피그맵 리소스를 사용해 설정 정보를 저장하는 방법에 대해 설명했다. 컨피그맵은 어떤 유형의 기밀 데이터 저장에도 사용해서는 안 된다고 말했다. 이것은 시크릿Secret의 일이다.

시크릿은 암호화 형식이 아닌 Base64 인코딩 문자열로 저장된다. 그렇다면 컨피그맵에서 시크릿을 분리하는 이유는 무엇일까? 별도의 리소스 유형을 제공하면 액세스 제어를 더욱 쉽게 유지할 수 있으며 외부 비밀 관리 시스템을 사용해 기밀 정보를 주입할 수 있기 때문이다.

시크릿은 파일, 디렉터리를 사용하거나 리터럴 문자열에서 생성할 수 있다. 예를 들어 실행하고자 하는 MySQL 이미지가 있으며 암호를 시크릿을 사용해 파드에 전달하고자 한다. 워크스테이션에는 현재 작업 디렉터리에 dbpwd라는 이름의 파일이 있으며, 이 파일에 암호가 포함돼 있다. Kubectl 명령어를 사용해 `kubectl create generic mysql-admin --from-file=./dbpwd`를 실행해 암호를 만들 수 있다.

이렇게 하면 현재 네임스페이스에 dbpwd 파일의 내용을 포함하는 `mysql-admin`이라는 새 암호가 생성된다. kubectl을 사용하면 `kubectl get secret mysql-admin -o yaml` 명령을 실행해 다음 출력을 얻을 수 있다.

```
apiVersion: v1
data:
  dbpwd: c3VwZXJzZWNyZXQtcGFzc3dvcmQK
kind: Secret
metadata:
  creationTimestamp: "2020-03-24T18:39:31Z"
```

```
      name: mysql-admin
      namespace: default
      resourceVersion: "464059"
      uid: 69220ebd-c9fe-4688-829b-242ffc9e94fc
   type: Opaque
```

위의 출력을 보면 데이터 절에는 파일의 이름이 포함돼 있으며, 다음으로 파일 내용에서 생성된 Base64 인코딩 값이 포함돼 있음을 알 수 있다.

시크릿에서 Base64 값을 복사해 Base64 유틸리티로 파이프 아웃하면 다음과 같이 비밀번호를 쉽게 디코딩할 수 있다.

```
echo c3VwZXJzZWNyZXQtcGFzc3dvcmQK | base64 -d supersecret-password
```

NOTE

> echo 명령어를 Base64-encode 문자열에 사용할 경우 -n 플래그를 추가해 \n을 추가하지 않도록 한다. echo 'test' | base64 대신 echo -n 'test' | base64를 사용한다.

모든 것은 Etcd에 저장돼 있지만, 누군가 마스터 서버를 해킹해 Etcd 데이터베이스의 복사본을 훔칠 수 있지 않을까 걱정된다. 데이터베이스 복사본을 가지고 있으면 etcdctl 유틸리티를 사용해 콘텐츠를 검색해 Base64로 인코딩된 모든 비밀을 가져올 수 있다. 다행히 쿠버네티스는 데이터베이스에 쓸 때 암호를 암호화하는 기능을 추가했다.

이 기능을 유효하게 하는 것은 많은 사용자에게 있어서 매우 복잡한 일이 될 가능성이 있다. 좋은 생각인 것 같지만, 구현 전에 고려해야 할 잠재적인 문제가 몇 개 있다. 미사용 시크릿 암호화에 관한 단계를 읽고 싶다면 쿠버네티스 사이트(https://kubernetes.io/docs/tasks/administer-cluster/secrets-data/)에서 확인할 수 있다.

시크릿을 보호하는 또 다른 옵션은 HashiCorp의 Vault나 CyberArk의 Conzur와 같은 타사 시크릿 관리 도구를 사용하는 것이다.

서비스어카운트

쿠버네티스는 서비스어카운트^{Serviceaccount}를 사용해 워크로드에 대한 액세스 제어를 활성화한다. 디플로이먼트를 생성할 때 다른 서비스 또는 쿠버네티스 리소스에 액세스해야 할 수 있다.

쿠버네티스는 안전한 시스템이기 때문에 애플리케이션이 액세스하려고 하는 각 리소스 또는 서비스는 Role-Based Access Control^{RBAC} 규칙을 평가해 요구를 받아들이거나 거부한다.

매니페스트를 사용해 서비스어카운트를 만드는 것은 간단한 프로세스로 매니페스트에 몇 줄만 있으면 된다. 다음 코드 스니펫은 Grafana Deployment의 서비스어카운트를 만들기 위한 서비스어카운트 매니페스트를 보여준다.

```
apiVersion: v1
kind: ServiceAccount
metadata:
  name: grafana
  namespace: monitoring
```

서비스어카운트를 롤바인딩 및 롤과 결합해 필요한 서비스 또는 개체에 액세스할 수 있다.

ServiceAccount를 생성하면 스태틱 토큰, 클러스터의 CA 증명서 및 시크릿이 있는 Namespace의 이름을 저장하는 시크릿도 생성된다. 이 토큰은 만료가 없으므로 클러스터 외부에서 사용하면 안 된다.

서비스

파드를 생성하면 클러스터 생성 시 할당된 CIDR 범위에서 IP 주소가 수신된다. 대부분의 클러스터에서 할당된 IP는 클러스터 자체 내에서만 주소를 지정할 수 있으며 이를 "island mode"라고 한다. 파드는 일시적이므로 할당된 IP 주소는 애플리케이션의 수명

주기 동안 변경될 가능성이 높으며, 이는 서비스나 애플리케이션이 파드에 연결해야 할 때 문제가 된다. 이를 해결하기 위해 쿠버네티스 서비스를 만들 수 있다. 이 서비스도 IP 주소를 수신하지만, 애플리케이션의 라이프 사이클 중에는 서비스가 삭제되지 않기 때문에 주소는 그대로 유지된다.

서비스는 서비스 셀렉터와 일치하는 레이블을 기반으로 타깃으로 하는 파드 목록을 동적으로 유지하며 서비스의 엔드포인트 목록을 만든다.

서비스에는 애플리케이션을 실행하는 파드 및 애플리케이션에 연결할 네트워크 포트 등 애플리케이션을 노출하는 방법에 대한 정보가 저장된다.

각 서비스에는 생성 시에 할당되는 네트워크 타입이 있다. 이 타입에는 다음이 포함된다.

- ClusterIP: 클러스터 자체 내에서만 액세스할 수 있는 네트워크 유형이다. 이 타입은 인그레스 컨트롤러를 사용한 외부 요구에 대해서도 사용할 수 있다. 이에 대해서는 4장에서 설명한다. ClusterIP 유형은 서비스를 생성할 때 유형이 지정되지 않은 경우 사용되는 Default 유형이다.

- NodePort: 포트 30000~32767 사이의 랜덤포트에 서비스를 공개하는 네트워크 타입이다. 이 포트는 할당된 NodePort상의 클러스터 내의 임의의 작업자 노드를 타깃으로 해 접근할 수 있게 된다. 생성되면 클러스터 내의 각 노드가 포트 정보를 수신하고 수신 요청이 kube-proxy를 통해 라우팅된다.

- Load Balancer: 이 유형에는 클러스터 내에서 사용할 add-on 기능이 필요하다. 퍼블릭 클라우드 제공업체에서 쿠버네티스를 실행하는 경우 이 유형은 서비스에 IP 주소를 할당하는 외부 로드밸런서를 생성한다. 대부분의 사내 쿠버네티스 설치는 Load Balancer 유형을 지원하지 않지만, Google의 안토스[Anthos]와 같은 일부 제품은 Load Balancer 유형을 지원한다. 이후 장에서는 LoadBalancer 유형을 지원하기 위해 Meta lLB라는 오픈소스 프로젝트를 쿠버네티스 클러스터에 추가하는 방법에 대해 설명한다.

- **ExternalName**: 이 타입은 다른 세 가지 타입과는 다르다. 다른 세 가지 옵션과 달리 이 유형은 서비스에 IP 주소를 할당하지 않는다. 대신 내부 쿠버네티스 도메인 네임 시스템DNS, Domain Name System 이름을 외부 서비스에 매핑하기 위해 사용한다.

예를 들어 포트 80에 Nginx를 실행하고 있는 파드를 살펴보자. 이 파드가 클러스터 내에서 포트 80으로 들어오는 요청을 수신할 수 있는 서비스를 만들고자 한다. 이 코드는 다음의 스니펫에서 볼 수 있다.

```
apiVersion: v1
kind: Service
metadata:
  labels:
    app: nginx-web-frontend
  name: nginx-web
spec:
  ports:
  - name: http
    port: 80
    targetPort: 80
  selector:
    app: nginx-web
```

매니페스트에서는 app 값으로 레이블을 만들고 nginx-web-frontend 값을 할당한다. 우리는 이 서비스 자체를 nginx-web이라고 불렀고, 이 서비스를 포트 80에 노출시켰다. 매니페스트의 마지막 두 줄은 서비스가 전달할 파드(엔드포인트라고도 함)를 할당하는 데 사용된다. 이 매니페스트에서는 네임스페이스에 nginx-web 값을 가진 app의 레이블이 있는 모든 파드가 서비스에 엔드포인트로 추가된다. 마지막으로 매니페스트에 서비스 유형을 지정하지 않은 것을 알 수 있다. 유형을 지정하지 않았으므로 클러스터의 Default 서비스 유형인 ClusterIP가 생성된다.

커스텀 리소스 데피니션

커스텀 리소스 데피니션^{CRD, Custom Resource Definitions}를 사용하면 누구나 애플리케이션을 표준 리소스로 클러스터에 통합함으로써 쿠버네티스를 확장할 수 있다. CRD가 생성되면 API 엔드포인트를 사용해 참조할 수 있으며 표준 kubectl 명령을 사용해 상호 작용할 수 있다.

데몬셋

데몬셋^{DeamonSet}을 사용하면 클러스터 내의 모든 노드 또는 노드의 서브셋에 파드를 배포할 수 있다. DeamonSet의 일반적인 용도는 Fluentd와 같은 로그 포워딩 파드를 클러스터의 모든 노드에 배포하는 것이다. 배포가 완료되면 DeamonSet은 기존의 모든 노드에 Fluentd 파드를 생성한다. DeamonSet은 모든 노드에 배포되므로 클러스터에 추가된 모든 노드는 노드가 클러스터에 조인하면 Fluentd 파드가 시작된다.

디플로이먼트

앞에서 파드를 직접 도입해서는 안 된다고 언급했다. 이러한 이유 중 하나는 이러한 방식으로 파드가 생성되면 파드를 확장하거나 롤링 업그레이드를 수행할 수 없기 때문이다. 디플로이먼트^{Deployments}는 업그레이드를 선언적으로 관리하는 방법과 이전 리비전으로 롤백할 수 있는 기능을 포함해 많은 이점을 제공한다. 디플로이먼트 생성은 실제로 API 서버에 의해 실행되는 3단계 프로세스다. 디플로이먼트가 생성되고, 레플리카셋이 생성되고, 그다음 애플리케이션에 대한 파드가 생성된다.

애플리케이션을 확장하거나 롤링 업그레이드를 수행할 계획이 없는 경우에도 나중에 이 기능을 활용할 수 있도록 디플로이먼트를 기본적으로 사용해야 한다.

레플리카셋

레플리카셋ReplicaSets을 사용해 파드 또는 파드 세트(레플리카)를 만들 수 있다. Replication Controller 리소스와 마찬가지로 ReplicaSet은 레플리카 수에 정의된 파드의 수를 유지한다. 파드가 너무 적으면 쿠버네티스가 부족한 파드를 더 만든다. 레플리카셋에 대해 파드가 너무 많은 경우 쿠버네티스는 레플리카 수와 같을 때까지 파드를 삭제한다.

일반적으로 레플리카셋을 직접 생성하지 않도록 해야 한다. 대신 레플리카셋을 만들고 관리하는 디플로이먼트를 생성해야 한다.

스테이트풀셋

스테이트풀셋StatefulSets은 파드를 생성할 때 몇 가지 고유한 기능을 제공한다. 다음과 같은 다른 파드 생성 방법이 제공하지 않는 기능을 제공한다.

- 통제된 파드 이름

- 디플로이먼트 및 확장 순서

- 갱신 순서

- 지속적인 스토리지 생성

StatefulSet의 장점을 이해하는 가장 좋은 방법은 다음 스크린샷에 나와 있는 쿠버네티스 사이트의 매니페스트 예를 확인하는 것이다.

```
apiVersion: apps/v1
kind: StatefulSet
metadata:
  name: web
spec:
  selector:
    matchLabels:
      app: nginx
  serviceName: "nginx"
  replicas: 3 ─────────────────────        Create Three Pods
  template:
    metadata:
      labels:
        app: nginx
    spec:
      terminationGracePeriodSeconds: 10
      containers:
      - name: nginx ──────────────          Name that will be
        image: k8s.gcr.io/nginx-slim:0.8     used for the pods
        ports:
        - containerPort: 80
          name: web
        volumeMounts: ────────────          Mount PVC at
        - name: www                          /usr/share/nginx/html
          mountPath: /usr/share/nginx/html
  volumeClaimTemplates: ──────────
  - metadata:
      name: www
    spec:
      accessModes: [ "ReadWriteOnce" ]
      storageClassName: nfs ─────────        PVC Creation - Using
      resources:                             the storage class
        requests:                            named nfs
          storage: 1Gi
```

그림 3.5 스테이트풀셋 매니페스트 예시

이제 스테이트풀셋에 의해 생성된 리소스를 확인할 수 있다.

매니페스트에는 nginx라는 이름의 파드 레플리카가 3개 있어야 한다. 파드 목록을 보면 3개의 파드가 nginx 이름을 사용해 생성됐으며, 추가 대시와 숫자가 증가했음을 알 수 있다. 다음 코드 스니펫에 설명된 것처럼, 통제된 이름으로 파드가 생성될 것이라는 의미가 바로 이것이다.

```
NAME    READY  STATUS    RESTARTS  AGE
web-0   1/1    Running   0         4m6s
web-1   1/1    Running   0         4m2s
web-2   1/1    Running   0         3m52s
```

파드도 순서대로 생성된다. web-1을 생성하기 전에 web-0을 완전히 배포하고 마지막으로 web-2를 생성해야 한다.

마지막으로 이 예에서는 매니페스트에 VolumeClaimTemplate을 사용해 각 파드에 PVC를 추가했다. kcubectl get pvc 명령어의 출력을 보면 다음 코드 스니펫에 나와 있는 것처럼 3개의 PVC가 예상한 이름으로 생성됐음을 알 수 있다(공간 부족으로 VOLUME 열을 제거했다).

```
NAME        STATUS  CAPACITY  ACCESS MODES  STORAGECLASS AGE
www-web-0   Bound   1Gi       RWO.          nfs 13m
www-web-1   Bound   1Gi       RWO.          nfs 13m
www-web-2   Bound   1Gi       RWO.          nfs 12m
```

매니페스트에 VolumeClaimTemplate 절에는 PVC 클레임에 www라는 이름이 할당돼 있다. 스테이트풀셋에서 볼륨을 할당하면 PVC 이름이 클레임 템플릿에 사용된 이름과 파드의 이름을 결합한다. 이 이름을 사용하면 쿠버네티스가 PVC 이름 www-web-0, www-web-1 및 www-web-2를 할당한 이유를 알 수 있다.

HorizontalPodAutoscalers

쿠버네티스 클러스터에서 워크로드를 실행할 때의 가장 큰 장점 중 하나는 쉽게 파드를 확장할 수 있다는 것이다. Kubectl 명령을 사용하거나 매니페스트의 레플리카 수를 편집해 크기를 조정할 수 있지만, 이러한 방법은 자동화되지 않으므로 수동 작업이 필요하다.

Horizontal Pod Autoscaler[HPA]는 일련의 기준에 따라 애플리케이션을 확장할 수 있는 기능을 제공한다. CPU 및 메모리 사용량이나 사용자 지정 메트릭과 같은 메트릭을 사용해 서비스 레벨을 유지하기 위해 더 많은 파드가 필요할 때 파드를 확장하도록 규칙을 설정할 수 있다.

재사용 대기 시간이 지나면 쿠버네티스는 정책에 정의된 최소 파드 수로 애플리케이션을 축소한다.

nginx 디플로이먼트의 HPA를 신속하게 생성하려면 다음과 같이 autoscale 옵션을 사용해 kubectl 명령을 실행한다.

```
Kubectl autoscale deployment nginx --cpu-percent=50 --min=1 --max=5
```

쿠버네티스 매니페스트를 작성해 HPA를 생성할 수도 있다. CLI에서 사용한 것과 동일한 옵션을 사용하면 매니페스트가 다음과 같다.

```
apiVersion: autoscaling/v1
kind: HorizontalPodAutoscaler
metadata:
  name: nginx-deployment
spec:
  maxReplicas: 5
  minReplicas: 1
  scaleTargetRef:
    apiVersion: apps/v1
    kind: Deployment
    name: nginx-deployment
  targetCPUUtilizationPercentage: 50
```

두 옵션 모두 CPU 사용률이 50%에 달했을 때 최대 5개의 레플리카로 확장되는 HPA를 만든다. 디플로이먼트 사용량이 50% 미만으로 떨어지고 재사용 대기 시간(기본값: 5분)에 도달하면 레플리카 수가 1로 줄어든다.

크론잡

이전에 Linux 크론잡CronJobs을 사용한 적이 있는 경우 쿠버네티스 크론잡 리소스가 무엇인지 이미 알고 있을 것이다 Linux를 써 본 경험이 없는 사람을 위해 설명하자면 크론잡은 예약된 작업을 생성한다. 다른 예로 윈도우 사용자인 경우 윈도우 작업 스케줄러와 비슷하다.

다음 코드 조각에는 크론잡을 생성하는 매니페스트의 예가 나와 있다.

```
apiVersion: batch/v1
kind: CronJob
metadata:
  name: hello-world
spec:
  schedule: "*/1 * * * *"
  jobTemplate:
    spec:
      template:
        spec:
          containers:
          - name: hello-world
            image: busybox
            args:
            - /bin/sh
            - -c
            - date; echo Hello World!
          restartPolicy: OnFailure
```

schedule 형식은 표준 cron 형식을 따른다. 왼쪽에서 오른쪽으로 각 *는 다음을 나타낸다.

- 분(0~59)

- 시간(0~23)

- 요일(1~31)

- 월(1~12)

- 요일(0~6) (일요일=0, 토요일=6)

크론잡은 단계 값을 허용하므로 매분, 매 2분 또는 매시간 실행할 수 있는 스케줄을 생성할 수 있다.

이 예제 매니페스트에서는 hello-world라는 이미지를 1분 간격으로 실행하고 파드 로그에 hello World!를 출력하는 cronjob을 만든다.

잡

잡Jobs을 사용하면 파드 또는 파드를 특정 횟수만큼 실행할 수 있다. 크론잡 리소스와 달리 이러한 파드는 정해진 일정에 따라 실행되는 게 아니라, 일단 생성되면 바로 실행된다.

인그레스

인그레스Ingress 리소스가 api-server 출력에서 두 번 나열된 것을 봤을 것이다. 이는 쿠버네티스 업그레이드가 릴리스되고 API 서버에서 리소스가 변경됨에 따라 발생한다. 인그레스의 경우 원래 확장 API의 일부였으며 버전 1.16에서는 networking.k8s.io API로 이동됐다. 이 프로젝트는 이전 API 호출을 더 이상 사용하지 않기 전에 몇 번의 릴리스를 기다릴 것이므로, 쿠버네티스 1.21을 실행하는 예제 클러스터에서는 어느 API를 사용해도 작동한다. 버전 1.18에서 인그레스 확장은 더 이상 사용되지 않는다.

쿠버네티스 1.21을 중심으로 이 책을 쓰는 동안 우리는 출간 전에 쿠버네티스 1.22가 릴리스됐고 인그레스용 extensions/v1beta1 및 networking.k8s.io/v1beta1이 API에서 완전히 제거됐음을 이야기하고 싶었다.

4장에서 인그레스에 대해 자세히 논의하겠지만 인그레스가 제공하는 것에 대한 간략한 소개로 할당된 URL을 사용해 애플리케이션을 외부에 노출할 수 있다.

네트워크폴리시

네트워크폴리시NetworkPolicy 리소스를 사용하면 수신 및 송신 네트워크 트래픽이 클러스터를 통해 흐르는 방식을 정의할 수 있다. 쿠버네티스 기본 구성을 사용해 다른 파드와 통신할 수 있는 파드를 정의할 수 있다. Amazon Web ServicesAWS에서 보안 그룹을 사용해 두 시스템 그룹 간의 액세스를 차단하는 것과 비슷한 개념이다. 예를 들어 다음 정책은 포트 443의 트래픽이 app.kubernetes.io/name: ingress-nginx 레이블이 있는 모든 네임스페이스에서 myns 네임스페이스의 파드로의 트래픽을 허용한다(이는 nginx-ingress 네임스페이스의 기본 레이블이다).

```
apiVersion: networking.k8s.io/v1
kind: NetworkPolicy
metadata:
  name: allow-from-ingress
  namespace: myns
spec:
  PodSelector: {}
  policyTypes:
  - Ingress
  ingress:
  - from:
    - namespaceSelector:
        matchLabels:
          app.kubernetes.io/name: ingress-nginx
    ports:
    - protocol: TCP
      port: 443
```

NetworkPolicy는 클러스터의 보안을 유지하기 위해 사용할 수 있는 리소스다. 모든 운영 클러스터에서 사용해야 하지만 다중 테넌트 클러스터에서는 클러스터의 각 네임스페이스를 보호하는 데 반드시 필요한 것으로 간주해야 한다.

파드 시큐리티 폴리시

파드 시큐리티 폴리시PSP, Pod Security Policies는 클러스터가 컨테이너로부터 노드를 보호하는 방법이다. 이를 통해 클러스터에서 파드가 실행할 수 있는 작업을 제한할 수 있다. 몇 가지 예로는 호스트에 대한 액세스 거부 등이 있다. HostIPC 및 HostPath 그리고 privileged mode로 컨테이너를 실행한다.

쿠버네티스 1.21 이후 PSP는 폐지돼 쿠버네티스 1.25가 출시되면 삭제된다. 대체 기능은 버전 1.22에서 파드 시큐리티 어드미션 컨트롤러Pod Security admission controller라고 부르는 알파 기능으로 추가됐다. 이 기능은 알파 기능이기 때문에 PSP에서 다루는 사용 사례도 새로운 파드 시큐리티 어드미션 컨트롤러에서 다루기 때문에 우리는 여전히 표준 PSP에 초점을 맞출 것이다.

PSP에 대한 자세한 내용은 9장, '게이트키퍼를 사용한 노드 보안'에서 설명한다. PSP에 대해 기억해야 할 중요한 점은 PSP가 없으면 컨테이너가 노드에서 거의 모든 작업을 수행할 수 있다는 것이다.

클러스터롤바인딩

ClusterRole을 정의한 후에는 클러스터롤바인딩ClusterRoleBinding을 통해 ClusterRole을 주체(사용자, 그룹, 서비스어카운트)에 바인딩한다. ClusterRole은 사용자, 그룹 또는 서비스어카운트에 바인딩할 수 있다.

ClusterRoleBinding에 대한 자세한 내용은 6장, 'RBAC 정책 및 감사'를 참조하라.

클러스터롤

클러스터롤ClusterRole은 클러스터의 API와 상호 작용하기 위한 사용 권한 집합을 결합한다. verb 또는 action을 API 그룹과 결합해 권한을 정의한다. 예를 들어 이미지 태그를 갱신할 수 있도록 Continuous Integration/Continuous DeliveryCI/CD 파이프라인에만 배포 패치를 적용할 수 있도록 하려면 다음과 같이 ClusterRole을 사용할 수 있다.

```
apiVersion: rbac.authorization.k8s.io/v1
kind: ClusterRole
metadata:
  name: patch-deployment
  rules:
  - apiGroups: ["apps/v1"]
    resources: ["deployments"]
    verbs: ["get", "list", "patch"]
```

ClusterRole은 클러스터와 네임스페이스 레벨 모두에서 API에 적용할 수 있다.

롤바인딩

롤바인딩^{RoleBinding} 리소스는 롤 또는 ClusterRole을 주체 및 네임스페이스와 연결하는
방법이다. 예를 들어 다음 RoleBinding을 사용하면 aws-codebuild 사용자가 openunison
네임스페이스에 patch-openunison 클러스터롤을 적용할 수 있다.

```
apiVersion: rbac.authorization.k8s.io/v1
kind: RoleBinding
metadata:
  name: patch-openunison
  namespace: openunison
subjects:
- kind: User
  name: aws-codebuild
  apiGroup: rbac.authorization.k8s.io
roleRef:
  kind: ClusterRole
  name: patch-deployment
  apiGroup: rbac.authorization.k8s.io
```

클러스터롤을 참조하더라도 openunison 네임스페이스에만 적용된다. aws-codebuild
사용자가 다른 네임스페이스의 디플로이먼트에 패치를 적용하려고 하면 API 서버가 배
포를 중지한다.

롤

ClusterRole과 마찬가지로 롤^{Roles}은 API 그룹과 작업을 결합해 주체에 할당할 수 있는
권한 집합을 정의한다. ClusterRole과 Role의 차이점은 Role은 네임스페이스 레벨에서
정의된 리소스만 가질 수 있으며 특정 네임스페이스 내에서만 적용된다.

CSI 드라이버

쿠버네티스는 CSIDriver 리소스를 사용해 노드를 스토리지 시스템에 연결한다.

Kubectl get csidriver 명령을 실행해 클러스터에서 사용 가능한 모든 CSI^{Container Storage Interface} 드라이버를 나열할 수 있다. 클러스터 중 하나에서 스토리지에 NetApp 의 SolidFire를 사용하고 있으므로, 다음과 같이 클러스터에 Trident CSI 드라이버가 설치돼 있다.

```
NAME CREATED AT
csi.trident.netapp.io 2019-09-04T19:10:47Z
```

CSI 노드

노드의 API 리소스에 스토리지 정보가 저장되지 않도록 CSINode 리소스가 API 서버 에 추가돼 CSI 드라이버에 의해 생성된 정보가 저장된다. 저장되는 정보에는 쿠버네티 스 노드명을 CSI 노드명에 매핑, CSI 드라이버의 가용성 및 볼륨 토폴로지가 포함된다.

스토리지 클래스

스토리지 클래스^{Storage classes}는 스토리지 엔드포인트를 정의하는 데 사용된다. 각 스토 리지 클래스에는 레이블과 정책을 할당할 수 있으므로 개발자는 영구 데이터에 가장 적 합한 스토리지 위치를 선택할 수 있다. 모든 Non-Volatile Memory Express^{NVMe} 드라 이브가 있는 백엔드 시스템에 대한 스토리지 클래스를 생성해 이름을 빠르게 할당하는 동시에 이름 표준을 사용해 표준 드라이브를 실행하는 NetApp Network File System^{NFS} 볼륨에 다른 클래스를 할당할 수 있다.

PVC가 요청되면 사용자는 사용하려는 StorageClass를 할당할 수 있다. API 서버는 요 청을 받으면 일치하는 이름을 찾고 StorageClass 구성을 사용해 프로비저닝 도구를 사 용해 스토리지 시스템에 볼륨을 생성한다.

StorageClass 매니페스트에는 높은 레벨의 정보가 필요하지 않다. 다음은 쿠버네티스 인큐베이터 프로젝트의 프로비저닝 도구를 사용해 NFS 자동 프로비저닝 볼륨^(nfs)을 제 공하는 스토리지 클래스의 예다.

```
apiVersion: storage.k8s.io/v1
kind: StorageClass
metadata:
name: nfs
provisioner: nfs
```

스토리지 클래스를 사용하면 사용자에게 여러 스토리지 솔루션을 제공할 수 있다. 데이터 요구 사항이 높을 때 높은 처리량을 지원하는 두 번째 클래스를 제공하면서, 더 저렴하고 느린 스토리지를 위한 클래스를 만들 수 있다. 각 오퍼링에 다른 클래스를 제공함으로써 개발자가 애플리케이션에 가장 적합한 옵션을 선택할 수 있다.

⁝⁝ 요약

3장에서는 짧은 시간에 많은 기술 자료를 제공하는 쿠버네티스 부트캠프였다. 쿠버네티스의 세계에 더 깊이 들어갈수록 이 모든 것이 쉬워짐을 기억하도록 하자. 우리는 3장에 많은 정보가 있었음을 알고 있다. 대부분의 리소스는 이후의 장에서 사용될 것이며, 이에 대해 더 자세히 설명할 것이다.

각 쿠버네티스 구성 요소와 이러한 구성 요소가 상호 작용해 클러스터를 생성하는 방법에 대해 배웠다. 이 지식을 통해 클러스터 내의 오류를 살펴보고 오류 또는 문제의 원인이 될 수 있는 구성 요소를 판별하는 데 필요한 기술을 습득할 수 있다.

api-server, kube-scheduler, Etcd 및 Control manager가 실행되는 클러스터의 컨트롤 플레인에 대해 설명했다. 컨트롤 플레인은 사용자와 서비스가 클러스터와 상호 작용하는 방법이다. api-server와 kube-scheduler를 사용해 파드를 스케줄링할 작업자 노드를 결정한다. 또한 kubelet 및 kube-proxy 컴포넌트를 실행하는 쿠버네티스 노드 및 컨테이너 런타임에 대해서도 배웠다.

클러스터와 상호 작용하기 위해 사용하는 kubectl 유틸리티에 대해 설명했다. 또한 logs 및 describe 등 매일 사용하는 몇 가지 일반적인 명령어에 대해서도 배웠다.

이제 나머지 장의 기본 클러스터로 사용할 개발 쿠버네티스 클러스터를 만들 것이다. 이 책의 나머지 부분에서는 3장에서 설명한 많은 리소스를 참조해 실제 사례에서 이러한 자원을 사용해 설명할 것이다.

⠿ 문제

1. 쿠버네티스 컨트롤 플레인은 다음 중 어떤 컴포넌트를 포함하지 않는가?

    a. api-server

    b. kube-scheduler

    c. Etcd

    d. 인그레스 컨트롤러

2. 모든 클러스터 정보를 보관하는 구성 요소의 이름은 무엇인가?

    a. api-server

    b. 마스터 컨트롤러

    c. kubelet

    d. etcd

3. 어떤 컴포넌트가 워크로드를 실행할 노드를 선택하는가?

    a. kubelet

    b. api-server

    c. kube-scheduler

    d. Pod-scheduler

4. 명령어의 추가 출력을 보려면 kubectl 명령에 어떤 옵션을 추가하는가?

    a. Verbose

    b. -v

    c. -verbose

    d. -log

5. 랜덤으로 생성된 포트를 생성해 할당된 포트상의 임의의 작업자 노드로 수신 트래픽을 서비스에 액세스할 수 있도록 하는 서비스 유형은 무엇인가?

    a. 로드밸런서

    b. ClusterIP

    c. 없다 – 모든 서비스의 기본값이다.

    d. NodePort

6. 애플리케이션을 쿠버네티스 클러스터에 배포해야 하는 경우, 각 파드에 알려진 이름을 사용하려면 어떤 오브젝트를 생성하겠는가?

    a. 스테이트풀셋

    b. 디플로이먼트

    c. 레플리카셋

    d. 레플리케이션 컨트롤러

04

서비스, 로드밸런서, ExternalDNS 그리고 글로벌 밸런싱

쿠버네티스와 같은 시스템이 나오기 전에는 애플리케이션을 확장하려면 많은 대규모 조직에서 여러 팀과 여러 프로세스가 관여하는 수동 프로세스가 필요한 경우가 많았다. 웹 애플리케이션을 확장하려면 서버를 추가하고 프론트엔드 로드밸런서를 업데이트해 서버를 추가해야 한다. 4장에서는 로드밸런서에 대해 설명할 것이다. 하지만 이 용어에 익숙하지 않은 모든 사용자에게 간단하게 소개하기 위해 로드밸런서는 애플리케이션에 대한 단일 진입점을 제공한다.

수신 요청은 로드밸런서에 의해 처리되며 로드밸런서는 애플리케이션을 호스트하는 모든 백엔드 서버에 트래픽을 라우팅한다.

이는 로드밸런서에 대한 매우 개략적인 설명이며, 대부분은 단순히 트래픽을 라우팅하는 것 이상의 매우 강력한 기능을 제공하지만 4장에서는 라우팅 기능에만 초점을 맞추고 있다.

애플리케이션을 쿠버네티스 클러스터에 배포하면 파드에는 사용 후 임시 IP 주소가 할당된다. 할당된 주소는 파드가 재부팅되면 변경될 수 있으므로 파드 IP 주소를 사용해 서비스를 타깃으로 하면 안 된다. 대신 서비스 오브젝트를 사용해야 한다. 서비스 오브젝트는 레이블에 따라 서비스 IP 주소를 백엔드 파드에 매핑한다. 외부 요청에 대한 서비스 액세스를 제공해야 하는 경우 URL별로 서비스를 외부 트래픽에 노출시키는 인그레스 컨트롤러를 배포할 수 있다. 고급 워크로드의 경우 로드밸런서를 배포해 서비스에 외부 IP 주소를 제공함으로써 모든 IP 기반 서비스를 외부 요청에 노출할 수 있다. 우리는 KinD 클러스터에 배포해 각 구현 방법에 대해 설명할 것이다. 인그레스의 구조를 이해하기 위해 NGINX 인그레스 컨트롤러를 클러스터에 도입해 웹 서버를 노출할 것이다. 인그레스 규칙은 들어오는 URL 이름을 기반으로 하므로 안정적인 DNS 이름을 제공할 수 있어야 한다. 엔터프라이즈 환경에서는 표준 DNS를 사용해 이를 달성할 수 있다. 우리는 DNS 서버가 없는 개발 환경을 사용하고 있기 때문에 대중적인 서비스인 nip.io를 사용할 것이다.

4장은 두 가지 고급 토픽으로 끝날 것이다. 먼저 쿠버네티스 인큐베이터 프로젝트인 external-dns에서 ETCD 연동 DNS 존을 사용해 서비스 이름을 동적으로 등록할 수 있는 방법에 대해 설명한다. 두 번째는 고급 토픽에서는 K8GB라는 새로운 CNCF 프로젝트를 사용해 여러 클러스터에 걸쳐 고가용성 서비스를 제공할 수 있는 통합 쿠버네티스 글로벌 밸런서를 설정하는 방법에 대해 설명한다.

여러분이 상상하는 것처럼 이러한 주제는 매우 복잡할 수 있으며, 완전히 이해하기 위해서는 예시와 상세한 설명이 필요하다. 4장에서 다루는 과목이 복잡하기 때문에 4장을 "세부 장"으로 설정했다.

4장에서는 다음의 주제에 대해 설명한다.

- 요청에 대한 워크로드 노출
  - 서비스 작동 방식 이해
- 쿠버네티스 로드밸런서 사용
  - 레이어 7 로드밸런서
  - 레이어 4 로드밸런서

- 엔터프라이즈를 위한 로드밸런서 강화

- 서비스 이름을 외부에서 사용할 수 있도록 설정

- 멀티 클러스터 간의 로드밸런싱

4장을 마치면 단일 쿠버네티스 클러스터에서 워크로드를 노출하기 위한 여러 옵션에 대해 잘 이해할 수 있을 것이다. 또한 오픈소스 글로벌 로드밸런서를 활용해 여러 클러스터에서 실행되는 워크로드에 대한 액세스를 제공하는 방법에 대해서도 설명한다.

기술 요구 사항

4장의 기술 요구 사항은 다음과 같다.

- 최소 4GB의 RAM을 탑재한 Ubuntu 18.03 또는 20.04 서버

- 2장, 'KinD를 이용한 쿠버네티스 배포'를 사용해 설정된 KinD 클러스터 4장의 코드에 액세스하려면 이 책의 깃허브 리포지터리(https://github.com/PacktPublishing/Kubernetes---An-Enterprise-Guide-2E/tree/main/chapter4)에서 볼 수 있다.

요청에 대한 워크로드 노출

오랜 세월 동안 쿠버네티스에서 가장 일반적으로 오해되고 있는 세 가지 개념은 서비스, 인그레스 컨트롤러 및 로드밸런서다. 워크로드를 표시하려면 각 오브젝트의 작동 방식과 사용 가능한 옵션을 이해해야 한다. 자세히 살펴보자.

서비스 작동 방식 이해

앞서 언급했듯이 워크로드를 실행 중인 모든 파드는 파드 시작 시 IP 주소가 할당된다.

많은 이벤트가 디플로이먼트로 파드를 재시작하게 하고, 파드가 재시작되면 새 IP 주소를 받을 가능성이 높다. 파드에 할당된 주소는 변경될 수 있으므로, 파드의 워크로드를 직접 타기팅해서는 안 된다.

쿠버네티스가 제공하는 가장 강력한 기능 중 하나는 디플로이먼트 확장 기능이다. 디플로이먼트가 확장되면 쿠버네티스는 추가 자원 요건을 처리하기 위해 추가 파드를 만든다. 각 파드에는 IP 주소가 있으며, 대부분의 애플리케이션은 단일 IP 주소 또는 이름만 타깃으로 한다. 애플리케이션을 단일 파드에서 10개의 파드로 확장할 경우 추가된 파드를 어떻게 활용할 수 있을까?

서비스에서는 쿠버네티스 레이블을 사용해 서비스 자체와 워크로드를 실행하는 파드 간에 동적 매핑을 만든다. 워크로드를 실행하는 파드는 시작할 때 레이블이 지정된다. 각 파드에는 디플로이먼트에서 정의된 동일한 레이블이 있다. 예를 들어 디플로이먼트에서 NGINX 웹 서버를 사용하는 경우 다음 매니페스트를 사용해 디플로이먼트를 생성한다.

```
apiVersion: apps/v1
kind: Deployment
metadata:
  labels:
    run: nginx-frontend
  name: nginx-frontend
spec:
  replicas: 3
  selector:
    matchLabels:
      run: nginx-frontend
  template:
    metadata:
      labels:
        run: nginx-frontend
    spec:
      containers:
      - image: bitnami/nginx
        name: nginx-frontend
```

이 디플로이먼트에서는 3개의 NGINX 서버가 생성되며 각 파드는 run=nginx-frontend로 레이블이 지정된다. kubectl을 사용해 파드를 나열하고 --show-labels 옵션을 추가해 kubectl get pods --show-labels로 확인할 수 있다.

각 파드와 관련된 레이블이 나열된다.

```
nginx-frontend-6c4dbf86d4-72cbc 1/1 running 0
19s pod-pod-frontend=6c4dbf86d4,run=nginx-frontend
nginx-frontend-6c4dbf86d4-8zlwc 1/1 running 0
19s pod-pod-frontend=6c4dbf86d4,run=nginx-frontend
nginx-frontend-6c4dbf86d4-xfz6m 1/1 running 0
19s pod-pod-frontend=6c4dbf86d4,run=nginx-frontend
```

위의 출력에서 알 수 있듯이 각 파드에는 run=nginx-frontend라는 레이블이 있다. 애플리케이션에 대한 서비스를 생성할 때 이 레이블을 사용해 엔드포인트를 생성하도록 서비스를 구성한다.

서비스 생성

이제 서비스가 레이블을 사용해 엔드포인트를 생성하는 방법을 알게 됐다. 이제 쿠버네티스의 서비스 옵션에 대해 설명하겠다.

이 절에서는 각 서비스 유형에 대해 소개하고 서비스 오브젝트를 생성하는 방법을 보여준다. 각 유형은 일반적인 소개 후에 각각의 절에서 자세히 설명한다.

쿠버네티스 서비스는 다음 네 가지 유형 중 하나를 사용해 생성할 수 있다.

표 4.1 쿠버네티스 서비스 유형

서비스 유형	설명
ClusterIP	클러스터 내부에서 액세스할 수 있는 서비스를 생성한다.
NodePort	할당된 포트를 사용해 클러스터 외부에서 액세스할 수 있는 서비스를 생성한다.
로드밸런서	클러스터 내부 또는 외부에서 액세스할 수 있는 서비스를 생성한다. 외부 액세스의 경우 로드밸런싱된 오브젝트를 생성하는 데 추가 설정 요소가 필요하다.

서비스 유형	설명
ExternalName	클러스터에서 엔드포인트를 타깃으로 하지 않는 서비스를 생성한다. 대신 모든 외부 DNS 이름을 엔드포인트로 지정하는 서비스 이름을 제공하는 데 사용된다.

> **NOTE**
>
> 헤드리스 서비스라고 알려진 추가 서비스 유형을 생성할 수 있다. 헤드리스 서비스는 ClusterIP를 서비스에 할당하지 않는다. 즉, kube-proxy는 라운드로빈 DNS 로드밸런싱만 제공하고 kube-proxy는 서비스에 대한 요청을 처리하지 않는다. 이러한 유형의 서비스에 대한 가장 일반적인 사용 사례는 스테이트풀셋이다. 스테이트풀셋은 생성되는 각 파드에 대해 통제된 이름을 제공하기 때문이다.

헤드리스 서비스는 서비스 정의에서 ClusterIP 스펙에 대해 none을 지정해 생성된다.

서비스를 생성하려면 서비스 오브젝트의 kind, selector, type 및 서비스 연결에 사용되는 port를 포함해야 한다. NGINX 디플로이먼트에서는 포트 80 및 443에서 서비스를 노출하려고 한다. 디플로이먼트에 run=nginx-frontend라는 레이블을 붙였으므로 매니페스트를 생성할 때 이 이름을 셀렉터로 사용한다.

```
apiVersion: v1
kind: Service
metadata:
  labels:
    run: nginx-frontend
  name: nginx-frontend
spec:
  selector:
    run: nginx-frontend
  ports:
  - name: http
    port: 80
    protocol: TCP
    targetPort: 80
  - name: https
    port: 443
    protocol: TCP
    targetPort: 443
  type: ClusterIP
```

서비스 매니페스트에 유형이 정의되지 않은 경우 쿠버네티스는 기본으로 ClusterIP 유형을 할당한다.

서비스가 생성됐으므로 몇 가지 kubectl 명령을 사용해 올바르게 정의됐는지 확인할 수 있다. 첫 번째 체크는 서비스 오브젝트가 생성됐는지 확인하는 것이다. 서비스를 확인하려면 kubectl get services 명령을 사용한다.

```
NAME             TYPE        CLUSTER-IP     EXTERNAL-IP     PORT(S)
AGE
nginx-frontend   ClusterIP   10.43.142.96   <none>          80/TCP,443/TCP
3m49s
```

서비스가 생성된 것을 확인한 후 엔드포인트가 생성된 것을 확인할 수 있다. kubectl을 사용하면 kubectl get ep <service name>을 실행해 엔드포인트를 확인할 수 있다.

```
NAME             ENDPOINTS
nginx-frontend   10.42.129.9:80,10.42.170.91:80,10.42.183.124:80 + 3
more...
```

이 서비스는 3개의 엔드포인트를 표시하지만, 엔드포인트 목록에는 +3이 더 표시된다. 출력이 잘리기 때문에, get의 출력은 제한되며 모든 엔드포인트를 표시할 수 없다. 전체 목록을 볼 수 없기 때문에 엔드포인트를 describe 명령을 사용하면 더 자세한 목록을 얻을 수 있다. Kubectl을 사용해 kubectl describe ep <service name> 명령어를 실행할 수 있다.

```
Name:           nginx-frontend
Namespace:      default
Labels:         run=nginx-frontend
Annotations:    endpoints.kubernetes.io/last-change-trigger-time:
2020-04-06T14:26:08Z
Subsets:
  Addresses:            10.42.129.9,10.42.170.91,10.42.183.124
  NotReadyAddresses:    <none>
  Ports:
    Name        Port  Protocol
```

```
     ----      ----   --------
     http      80     TCP
     https     443    TCP
Events:   <none>
```

get 명령어와 describe 명령어의 출력을 비교하면 엔드포인트의 불일치가 있는 것처럼 보일 수 있다. get 명령에서는 총 6개의 엔드포인트가 표시된다. 즉, 3개의 IP 엔드포인트가 표시되며, 잘렸기 때문에 +3이 표시돼 총 6개의 엔드포인트가 표시된다. describe 명령어 출력에는 6개의 IP 주소가 아닌 3개의 IP 주소만 표시된다. 두 출력에 다른 결과가 나타나는 이유는 무엇일까?

get 명령어는 주소 목록에 있는 각 엔드포인트와 포트를 나열한다. 이 서비스는 2개의 포트를 노출하도록 정의돼 있기 때문에 각 주소에는 2개의 항목이 있다. 각 항목은 공개 포트마다 1개씩 있다. 주소 목록에는 항상 서비스의 모든 소켓이 포함된다. 각 소켓에 대해 엔드포인트 주소를 여러 번 나열할 수 있다.

describe 명령은 출력을 다르게 처리해 주소를 한 줄에 나열하고 주소 아래에 모든 포트를 나열한다. 언뜻 보기에는 describe 명령에 3개의 주소가 누락된 것처럼 보일 수 있지만, 출력을 여러 섹션으로 나누기 때문에 주소는 한 번만 나열된다. 모든 포트는 주소 목록 아래에 구분돼 있으며, 이 예에서는 포트 80과 443이 표시된다.

두 명령어 모두 동일한 데이터를 표시하지만 다른 형식으로 표시된다.

이제 서비스가 클러스터에 노출됐으므로 할당된 서비스 IP 주소를 사용해 애플리케이션에 연결할 수 있다. 이 방법은 작동하지만 서비스 오브젝트가 삭제되고 다시 생성되면 주소가 변경될 수 있다. 따라서 IP 주소를 타깃으로 하는 것이 아니라 서비스가 생성됐을 때 할당돼 있던 DNS를 사용해야 한다.

다음 절에서는 내부 DNS 이름을 사용해 서비스를 해결하는 방법에 대해 설명한다.

DNS를 사용해 서비스 해결

물리 머신과 가상 서버의 세계에서는 서버와 통신하기 위해서 DNS 레코드를 타기팅했을 것이다. 서버의 IP 주소가 변경되더라도 동적 DNS를 사용하도록 설정했다고 가정하면 애플리케이션에 아무런 영향을 미치지 않는다. 이것이 IP 주소가 아닌 이름을 엔드포인트로 사용할 때의 장점이다.

서비스를 생성하면 클러스터의 다른 워크로드에서 쿼리할 수 있는 내부 DNS 레코드가 생성된다. 모든 파드가 동일한 네임스페이스에 있는 경우, `mysql-web`과 같은 간단하고 짧은 이름을 사용해 서비스를 타기팅할 수 있다. 단, 여러 네임스페이스에서 사용하는 서비스가 있을 수 있으며 워크로드가 자신의 네임스페이스 이외의 서비스와 통신해야 할 경우, 전체 이름을 사용해 서비스를 타기팅해야 한다. 다음은 네임스페이스에서 서비스를 타기팅하는 방법을 보여주는 예제 표다.

표 4.2 내부 DNS 예시

클러스터 이름: `cluster.local`
타깃 서비스: `mysql-web`
타깃 서비스 네임스페이스: `database`

파드 네임스페이스	MySQL 서비스에 연결하기 위한 유효한 이름
database	`mysql-web`
kube-system	`mysql-web.database.sve` `mysql-web.database.sve.cluster.local`
production-web	`mysql-web.database.sve` `mysql-web.database.sve.cluster.local`

위의 표에서 알 수 있듯이 표준 명명 규칙인 .⟨namespace⟩.svc.⟨cluster name⟩.을 사용해 다른 네임스페이스에 있는 서비스를 타기팅할 수 있다. 대부분의 경우 다른 네임스페이스의 서비스에 액세스할 때 클러스터 이름이 자동으로 추가되므로 클러스터 이름을 추가할 필요가 없다.

일반적인 서비스 개념을 잡기 하기 위해 각 유형의 세부 정보와 이를 사용해 워크로드에 액세스하는 방법에 대해 살펴보자.

다양한 서비스 유형 이해

서비스를 생성할 때 서비스 유형을 지정해야 한다. 할당된 서비스 유형에 따라 서비스가 클러스터 또는 외부 트래픽에 노출되는 방식이 구성된다.

ClusterIP 서비스

가장 일반적으로 사용되지만 오해가 많은 서비스 유형은 ClusterIP이다. 표를 다시 보면 ClusterIP 유형에 대한 설명에 서비스가 클러스터 내에서 서비스에 대한 연결을 허용한다고 명시돼 있음을 알 수 있다. ClusterIP 유형은 노출된 서비스에 대한 외부 트래픽을 허용하지 않는다.

서비스를 내부 클러스터 워크로드에만 노출한다는 개념은 혼란스러울 수 있다. 클러스터 내 워크로드에서만 사용할 수 있는 서비스를 제공하는 이유는 무엇일까?

잠시 외부 트래픽은 완전히 잊어보자. 현재 디플로이먼트와 각 컴포넌트가 애플리케이션을 생성하기 위한 상호 작용 방법에 초점을 맞출 필요가 있다. NGINX의 예를 사용해 웹 서버에 서비스를 제공하는 백엔드 데이터베이스를 포함하도록 디플로이먼트를 확장한다.

애플리케이션에는 NGINX 서버용과 데이터베이스 서버용 두 가지 디플로이먼트가 있다. NGINX 디플로이먼트에서는 5개의 레플리카가 생성되고 데이터베이스 서버는 1개의 레플리카로 설정된다. NGINX 서버는 데이터베이스 서버에 연결해 웹 페이지의 데이터를 가져와야 한다.

지금까지 이것은 간단한 애플리케이션이다. 이 애플리케이션에서는 NGINX 서버용 서비스인 웹 프론트엔드와 데이터베이스 서비스인 `mysql-web`이 생성돼 있다. 웹 서버로부터의 데이터베이스 접속을 설정하기 위해 데이터베이스 서비스를 타깃으로 하는 컨피그맵을 사용하기로 결정했다. 데이터베이스의 타깃으로 ConfigMap에서 무엇을 사용할까?

단일 데이터베이스 서버를 사용하고 있기 때문에 IP 주소를 사용하는 것만으로 충분하다고 생각할 수 있다. 이것은 처음에는 동작하지만, 파드를 다시 시작하면 주소가 변경돼 Web 서버가 데이터베이스에 접속할 수 없게 된다. 서비스는 단일 파드를 타깃으로 하는 경우에도 항상 사용해야 한다. 데이터베이스 디플로이먼트의 이름은 `mysql-web`이므로, 컨피그맵은 이 이름을 데이터베이스 서버로 사용해야 한다.

서비스 이름을 사용하면 서비스가 IP 주소가 아닌 레이블을 타깃으로 하기 때문에 파드를 다시 시작해도 문제가 발생하지 않는다. 우리의 웹 서버는 단순히 쿠버네티스 DNS 서버에 서비스 이름을 쿼리할 것이다. 이 서버에는 일치하는 레이블을 가진 모든 파드의 엔드포인트가 포함된다.

NodePort 서비스

NodePort 서비스는 서비스를 클러스터 내부와 외부에 노출한다. 언뜻 보기에는 서비스를 노출하고 싶을 때 가장 적합한 서비스처럼 보일 수 있다. 모든 사람에게 서비스를 노출하지만 NodePort라는 것을 사용해 이를 수행하며, 외부 서비스 액세스에 사용하면 유지 관리가 어려워질 수 있다. 또한 사용자가 네트워크를 통해 서비스에 액세스해야 할 때 NodePort를 사용하거나 기억하는 것이 매우 혼란스러울 수 있다.

NodePort 유형을 사용하는 서비스를 생성하려면 매니페스트에서 유형을 NodePort로 설정해야 한다. ClusterIP에서 NGINX 디플로이먼트를 노출하기 위해 이전에 사용한 것과 동일한 매니페스트를 사용할 수 있다. `type`을 `NodePort`로 변경하는 것뿐이다.

```
apiVersion: v1
kind: Service
metadata:
  labels:
    run: nginx-frontend
  name: nginx-frontend
spec:
  selector:
    run: nginx-frontend
  ports:
  - name: http
    port: 80
```

```
      protocol: TCP
      targetPort: 80
    - name: https
      port: 443
      protocol: TCP
      targetPort: 443
  type: NodePort
```

ClusterIP에서와 같은 방법으로 엔드포인트를 표시할 수 있다. kubectl을 사용해
kubectl get service를 실행하면 새로 생성된 서비스가 표시된다.

```
NAME              TYPE       CLUSTER-IP       EXTERNAL-IP    PORT(S)
AGE
nginx-frontend    NodePort   10.43.164.118    <none>         80:31574/
TCP,443:32432/TCP   4s
```

출력은 유형이 NodePort이며 서비스 IP 주소와 포트를 노출했음을 보여준다. 포트를
보면 ClusterIP 서비스와 달리 NodePort 서비스는 1개가 아닌 2개의 포트를 표시함을
알 수 있다. 첫 번째 포트는 내부 클러스터 서비스가 타깃으로 할 수 있는 노출된 포트이
고 두 번째 포트 번호는 클러스터 외부에서 액세스할 수 있는 무작위로 생성된 포트다.

서비스용으로 포트 80과 443을 모두 공개했기 때문에 2개의 NodePort가 할당된다. 클
러스터 외부에서 서비스를 타깃으로 해야 하는 경우 제공된 포트를 사용해 모든 작업자
노드를 타깃으로 서비스에 액세스할 수 있다.

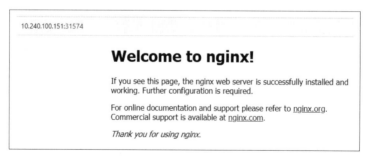

그림 4.1 NodePort를 사용한 NGINX 서비스

각 노드는 NodePort 및 할당된 서비스 목록을 유지한다. 목록은 모든 노드와 공유되므로 포트를 사용해 작동하는 모든 노드를 타깃으로 지정할 수 있으며 쿠버네티스는 이를 실행 중인 파드로 라우팅한다.

트래픽 흐름을 시각화하기 위해 NGINX 파드에 대한 웹 요청을 보여주는 그래픽을 만들었다.

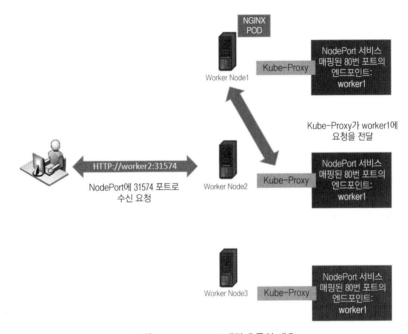

그림 4.2 NodePort 트래픽 흐름의 개요

NodePort를 사용해 서비스를 표시할 때 고려해야 할 몇 가지 문제가 있다.

- 서비스를 삭제하고 다시 만들면 할당된 NodePort가 변경된다.

- 오프라인 상태이거나 문제가 있는 노드를 타깃으로 하면 요청이 실패한다.

- 너무 많은 서비스에 NodePort를 사용하면 혼란스러울 수 있다. 각 서비스의 포트를 기억하고 서비스와 관련된 외부 이름이 없음을 기억해야 한다. 이는 클러스터의 서비스를 타깃으로 하는 사용자에게 혼란을 줄 수 있다.

여기에 나열된 제한 사항 때문에 NodePort 서비스 사용을 제한해야 한다.

로드밸런서 서비스

쿠버네티스를 시작하는 많은 사람은 서비스에 대해 읽고 로드밸런서 유형이 서비스에 외부 IP 주소를 할당한다는 것을 알게 된다. 외부 IP 주소는 네트워크의 모든 시스템에서 직접 주소를 지정할 수 있으므로 서비스에 대한 매력적인 옵션이며 많은 사람이 먼저 사용하려고 한다. 안타깝게도 많은 사용자가 온프레미스 쿠버네티스 클러스터를 사용해 시작하기 때문에 로드밸런서 서비스를 생성하는 데 어려움을 겪는다.

로드밸런서 서비스는 쿠버네티스와 연동된 외부 컴포넌트를 사용해 서비스에 할당된 IP 주소를 만든다. 대부분의 사내 쿠버네티스 설치에는 이러한 유형의 서비스가 포함돼 있지 않다. 지원되는 인프라스트럭처 없이 로드밸런서 서비스를 사용하려고 하면 서비스의 EXTERNAL-IP 상태 열에 <pending>이 표시된다.

로드밸런서 서비스와 그 구현 방법에 대해서는 4장의 뒷부분에서 설명한다.

ExternalName 서비스

ExternalName 서비스는 특정 사용 사례를 포함하는 고유한 서비스 유형이다. External Name 유형을 사용하는 서비스를 쿼리할 때 최종 엔드포인트는 클러스터에서 실행 중인 파드가 아니라 외부 DNS 이름이다.

쿠버네티스 외부에서 익숙할 수 있는 예제를 사용하려면 c-name을 사용해 호스트 레코드의 별칭을 지정하는 것과 유사하다. DNS에서 c-name 레코드를 쿼리하면 IP 주소가 아닌 호스트 레코드로 확인된다.

이 서비스 유형을 사용하기 전에 애플리케이션에 발생할 수 있는 잠재적인 문제를 이해해야 한다. 타깃 엔드포인트가 SSL 인증서를 사용하는 경우 문제가 발생할 수 있다. 쿼리 중인 호스트 이름이 타깃 서버의 인증서 이름과 같지 않을 수 있으므로, 이름이 일치하지 않아 연결에 성공하지 못할 수 있다. 이 경우 증명서에 주체 대체 이름[SAN, Subject

Alternative Name이 추가된 증명서를 사용할 수 있다. 인증서에 대체 이름을 추가하면 여러 이름을 인증서에 연결할 수 있다.

ExternalName 서비스를 사용하려는 이유를 설명하기 위해 다음 예를 사용하겠다.

FooWidgets 애플리케이션 요건

FooWidgets는 sqlserver1.foowigets.com(192.168.10.200)이라는 Windows 2019 서버에서 실행되는 데이터베이스 서버에 연결해야 하는 쿠버네티스 클러스터에서 애플리케이션을 실행하고 있다.

현재 애플리케이션은 finance라는 네임스페이스에 배포된다.

SQL 서버는 다음 분기에 컨테이너로 마이그레이션된다.

다음 두 가지 요건이 있다.

- 클러스터의 DNS 서버만 사용해 외부 데이터베이스 서버를 사용하도록 애플리케이션을 설정한다.
- FooWidgets는 SQL 서버가 마이그레이션된 뒤 애플리케이션의 설정을 변경할 수 없다.

요구 사항에 따라 ExternalName 서비스를 사용하는 것이 최적인 솔루션이다. 그럼 요구 사항을 어떻게 달성할 수 있을까(이것은 이론적인 연습이다. KinD 클러스터에서는 아무것도 실행할 필요가 없다)?

1. 첫 번째 단계는 데이터베이스 서버의 ExternalName 서비스를 생성하는 매니페스트를 생성하는 것이다.

```
apiVersion: v1
kind: Service
metadata:
name: sql-db
  namespace: finance
spec:
  type: ExternalName
  externalName: sqlserver1.foowidgets.com
```

2. 서비스가 생성되면 다음 단계는 새로운 서비스 이름을 사용하도록 애플리케이션을 설정하는 것이다. 서비스와 애플리케이션이 동일한 네임스페이스에 있으므로 애플

리케이션이 sql-db라는 이름을 타깃으로 하도록 설정할 수 있다.

3. 이제 애플리케이션이 sql-db를 쿼리할 때 sqlserver.foowridgets.com으로 확인되고 궁극적으로 192.168.10.200의 IP 주소로 확인된다.

이것은 쿠버네티스 DNS 서버만을 사용해 애플리케이션을 외부 데이터베이스 서버에 접속하는 최초의 요건을 만족시킨다.

데이터베이스 서버 이름을 직접 사용하도록 애플리케이션을 설정하지 않은 이유가 궁금할 수도 있다. 핵심은 두 번째 요구 사항이다. SQL 서버가 컨테이너로 마이그레이션될 때 재설정을 제한한다.

SQL 서버가 클러스터로 마이그레이션되면 애플리케이션을 재설정할 수 없으므로 애플리케이션 설정에서 SQL 서버의 이름을 변경할 수 없다. 원래 이름인 sqlserver1.foowidgets.com을 사용하도록 애플리케이션을 설정한 경우 마이그레이션 이후 애플리케이션이 작동하지 않는다. ExternalName 서비스를 사용해 ExternalHost 서비스 이름을 SQL 서버를 가리키는 표준 쿠버네티스 서비스로 교체해 내부 DNS 서비스 이름을 변경할 수 있다.

두 번째 목표를 달성하려면 다음 단계를 수행한다.

1. ExternalName 서비스를 삭제한다.

2. app=sql-app을 셀렉터로 사용하는 ext-sql-db라는 이름을 사용해 새로운 서비스를 만든다. 매니페스트는 다음과 같다.

```
apiVersion: v1
kind: Service
metadata:
  labels:
    app: sql-db
  name: sql-db
  namespace: finance
spec:
  ports:
```

```
        - port: 1433
          protocol: TCP
          targetPort: 1433
      name: sql
      selector:
        app: sql-app
      type: ClusterIP
```

새로운 서비스에 같은 서비스명을 사용하고 있기 때문에, 애플리케이션을 변경할 필요는 없다. 앱은 여전히 sql-db라는 이름을 타깃으로 하며, 이제 클러스터에 배포된 SQL 서버를 사용한다.

이제 서비스에 대해 알게 됐다. 로드밸런서로 넘어가면 표준 URL 이름 및 포트를 사용해 서비스를 외부에 노출할 수 있다.

로드밸런서 소개

이 두 번째 절에서는 레이어 7과 레이어 4 로드밸런서의 기본적인 사용에 대해 설명한다. 로드밸런서의 유형 간의 차이를 이해하려면 Open Systems Interconnection^{OSI} 모델을 이해하는 것이 중요하다. OSI 모델의 다양한 레이어를 이해하면, 다양한 솔루션이 수신 요청을 처리하는 방법을 이해하는 데 도움이 된다.

OSI 모델에 대해서

쿠버네티스에서 애플리케이션을 공개하기 위한 다양한 솔루션에 찾아보면 레이어 7 또는 레이어 4 로드밸런싱에 대한 이야기를 자주 듣게 된다. 이러한 레이어는 OSI 모델에서 각각이 동작하는 위치를 나타낸다. 각 레이어는 서로 다른 기능을 제공한다. 레이어 7에서 실행되는 설정 요소는 레이어 4의 설정 요소에 서로 다른 기능을 제공한다.

먼저 7개의 레이어에 대한 간단한 개요와 각 레이어에 대한 설명을 살펴보겠다. 4장에서는 강조 표시된 레이어 4와 레이어 7에 대해 설명한다.

표 4.3 OSI 모델 레이어

OSI 레이어	이름	설명
7	응용 레이어	HTTP 및 HTTPS를 포함한 애플리케이션 트래픽 제공
6	표현 레이어	데이터 패킷 및 암호화 형성
5	세션 레이어	트래픽 흐름 제어
4	전송 레이어	TCP 및 UDP를 포함한 장치 간 통신 트래픽
3	네트워크 레이어	IP를 포함한 장치 간 라우팅
2	데이터 링크 레이어	물리적 연결(MAC 주소)에 대한 오류 검사 수행
1	물리 레이어	장치의 물리적 연결

OSI 레이어의 전문가가 될 필요는 없지만 레이어 4 및 레이어 7 로드밸런서의 종류와 클러스터에서의 사용 방법에 대해 이해해 둘 필요가 있다.

레이어 4와 레이어 7에 대해 자세히 설명해보겠다.

- **레이어 4**: 표에 기술돼 있듯이 레이어 4는 디바이스 간의 트래픽 통신을 담당한다. 레이어 4로 동작하는 디바이스는 TCP/UDP 정보에 액세스할 수 있다. 레이어 4 기반 로드밸런서는 애플리케이션에 TCP/UDP 포트에 대한 수신 요청을 처리할 수 있는 기능을 제공한다.

- **레이어 7**: 레이어 7은 애플리케이션에 네트워크 서비스를 제공하는 역할을 한다. 애플리케이션 트래픽을 말할 때 Excel이나 Word와 같은 애플리케이션을 말하는 것이 아니다. 대신 HTTP 및 HTTPS와 같은 애플리케이션을 지원하는 프로토콜을 참조한다.

이것은 일부 사람에게는 매우 새로운 것일 수 있으며, 레이어를 완전히 이해하기 위해선 더 많은 페이지가 필요하기 때문에 이 책에서는 다루지 않는다. 주의해야 할 점은 데이터베이스와 같은 애플리케이션을 레이어 7 로드밸런서를 사용해 외부에 공개할 수 없다는 것이다. HTTP 트래픽을 사용하지 않는 애플리케이션을 노출하려면 레이어 4 로드밸런서를 사용해야 한다.

다음 절에서는 각 로드밸런서 유형과 쿠버네티스 클러스터에서 이러한 로드밸런서를 사용해 서비스를 노출하는 방법에 대해 설명한다.

레이어 7 로드밸런서

쿠버네티스는 인그레스 컨트롤러의 형태로 레이어 7 로드밸런서를 제공한다. 클러스터에 인그레스를 제공할 때는 다음과 같은 여러 솔루션이 있다.

- NGINX

- Envoy

- Traefik

- HAproxy

일반적으로 레이어 7 로드밸런서는 수행할 수 있는 기능이 제한된다. 쿠버네티스 세계에서는 들어오는 HTTP/HTTPS 요청을 노출된 서비스로 라우팅할 수 있는 인그레스 컨트롤러로 구현된다. '인그레스 규칙 생성' 절에서 쿠버네티스 인그레스 컨트롤러로 NGINX를 구현하는 방법에 대해 자세히 설명한다.

이름 해석 및 레이어 7 로드밸런서

쿠버네티스 클러스터에서 레이어7 트래픽을 처리하려면 인그레스 컨트롤러를 배포한다. 인그레스 컨트롤러는 들어오는 이름에 따라 트래픽을 올바른 서비스로 라우팅한다. 레거시 서버 배포 모델에서는 DNS 항목을 생성해 IP 주소에 매핑한다.

쿠버네티스 클러스터에 배포되는 애플리케이션도 다르지 않다. 사용자는 DNS 이름을 사용해 애플리케이션에 액세스한다.

종종 F5, HAproxy 또는 SeeSaw와 같은 외부 로드밸런서를 통해 인그레스 컨트롤러를 타깃으로 하는 새 와일드카드 도메인을 생성한다.

우리 회사가 FooWidgets이고 여러 인그레스 컨트롤러 엔드포인트가 있는 외부 로드밸런서가 앞에 있는 3개의 쿠버네티스 클러스터가 있다고 가정해보자. DNS 서버에는 각 클러스터에 대한 항목으로 로드밸런서의 가상 IP 주소를 가리키는 와일드카드 도메인이 있다.

표 4.4 와일드카드 도메인 이름 예

Domain Name	IP 주소	K8s 클러스터
*.cluster1.foowidgets.com	192.168.200.100	Production001
*.cluster2.foowidgets.com	192.168.200.101	Production002
*.cluster3.foowidgets.com	192.168.200.102	Deployment001

다음 다이어그램은 요청의 전체 흐름을 보여준다.

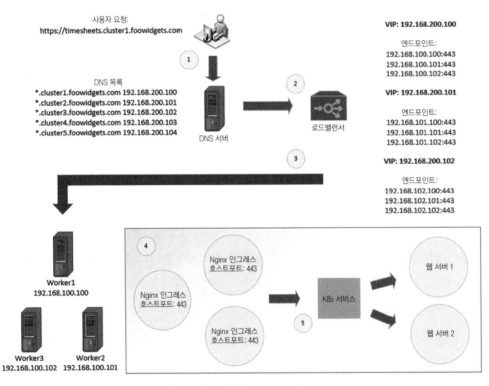

그림 4.3 멀티 네임 인그레스 트래픽 흐름

178

그림 4.3의 각 단계는 다음과 같다.

1. 브라우저를 사용해 사용자는 URL(https://timesheets.cluster1.foowidgets.com)을 요청한다.

2. DNS 쿼리는 DNS 서버로 전송된다. DNS 서버는 cluster1.foowridgets.com에 대한 영역 세부 정보를 조회한다. 도메인의 로드밸런서에 할당된 VIP 또는 가상 IP 주소로 확인되는 단일 항목이 DNS 존에 있다.

3. cluster1.foowidgets.com에 대한 로드밸런서의 VIP에는 3개의 백엔드 서버가 할당돼 있으며, 인그레스 컨트롤러를 배포한 3개의 작업자 노드를 가리킨다.

4. 엔드포인트 중 하나를 사용해 요청이 인그레스 컨트롤러로 전송된다.

5. 인그레스 컨트롤러는 요청된 URL을 인그레스 규칙 목록과 비교한다. 일치하는 요청이 발견되면 인그레스 컨트롤러는 인그레스 규칙에 할당된 서비스로 요청을 전송한다.

인그레스 작동 방식을 강화하려면 클러스터에서 인그레스 규칙을 생성해 작동하는 모습을 확인하는 것이 도움이 될 것이다. 현재 핵심 사항은 인그레스가 요청된 URL을 사용해 올바른 쿠버네티스 서비스로 트래픽을 전송한다는 것이다.

이름 해석에 nip.io 사용

KinD 설치와 같은 대부분의 개인 개발 클러스터는 DNS 서버에 레코드를 추가할 수 있는 액세스 권한이 없을 수 있다. 인그레스 규칙을 테스트하려면 인그레스 컨트롤러에 의해 쿠버네티스 서비스에 매핑된 하나의 호스트 이름을 타깃으로 해야 한다. DNS 서버가 없는 경우 인그레스 컨트롤러의 IP 주소를 가리키는 여러 이름을 가진 로컬 호스트 파일을 생성해야 한다.

예를 들어 4개의 웹 서버를 배포한 경우 4개의 이름을 모두 로컬 호스트에 추가해야 한다. 그 예를 다음에 나타낸다.

```
192.168.100 webserver1.test.local
192.168.100 webserver2.test.local
192.168.100 webserver3.test.local
192.168.100 webserver4.test.local
```

여러 줄이 아닌 한 줄로 표시할 수도 있다.

```
192.168.100.100 webserver1.test.local webserver2.test.local webserver3.
test.local webserver4.test.local
```

여러 시스템을 사용해 디플로이먼트를 테스트하는 경우 테스트에 사용할 모든 시스템에서 호스트 파일을 편집해야 한다. 여러 시스템에서 여러 파일을 유지 관리하는 것은 관리상 어려우며, 테스트를 어렵게 만드는 문제로 이어진다.

다행히 KinD 클러스터에 복잡한 DNS 인프라스트럭처를 설정하지 않고도 사용할 수 있는 DNS 서비스를 제공하는 무료 서비스가 있다.

Nip.io는 KinD 클러스터 이름 해석 요구 사항에 사용할 서비스다. 이전의 Web 서버의 예에서는, DNS 레코드를 생성할 필요가 없다. 하지만 다른 서버의 트래픽을 192.168.100.100에서 실행되는 NGINX 서버로 보내야 인그레스가 트래픽을 적절한 서비스로 라우팅할 수 있다. Nip.io는 호스트 이름에 IP 주소를 포함하는 명명 형식을 사용해 이름을 IP로 리졸브한다. 예를 들어 192.168.100.100에서 실행되는 인그레스 컨트롤러에서 인그레스 규칙을 사용해 테스트하려는 웹 서버가 webserver1, webserver2, webserver3, webserver4라고 하는 4개의 웹 서버가 있다고 가정해보자.

앞에서 설명한 바와 같이 이를 위해 레코드를 생성할 필요가 없다. 대신 명명 규칙을 사용해 nip.io에서 이름을 해결하도록 할 수 있다. 각 웹 서버는 다음과 같은 명명 표준을 가진 이름을 사용한다.

```
<desired name>.<INGRESS IP>.nip.io
```

다음 표에 4개의 웹 서버 이름을 모두 나타낸다.

표 4.5 Nip.io의 도메인 이름 예시

웹서버 이름	Nip.io DNS 이름
webserver1	webserver1.192.168.100.100.Nip.io
webserver2	webserver2.192.168.100.100.Nip.io
webserver3	webserver3.192.168.100.100.Nip.io
webserver4	webserver4.192.168.100.100.Nip.io

위의 이름 중 하나를 사용하면 nip.io는 이들을 **192.168.100.100**으로 리졸브한다. 다음 스크린샷에서 각 이름에 대한 ping의 예를 볼 수 있다.

```
[root@localhost /]# ping webserver1.192.168.100.100.nip.io
PING webserver1.192.168.100.100.nip.io (192.168.100.100) 56(84) bytes of data.
[root@localhost /]# ping webserver2.192.168.100.100.nip.io
PING webserver2.192.168.100.100.nip.io (192.168.100.100) 56(84) bytes of data.
[root@localhost /]# ping webserver3.192.168.100.100.nip.io
PING webserver3.192.168.100.100.nip.io (192.168.100.100) 56(84) bytes of data.
[root@localhost /]# ping webserver4.192.168.100.100.nip.io
PING webserver4.192.168.100.100.nip.io (192.168.100.100) 56(84) bytes of data.
```

그림 4.4 nip.io를 사용한 이름 해석 예시

이름에 IP 주소를 입력하기 때문에 이 방법은 거의 도움이 되지 않는 것처럼 보일 수 있다. IP 주소를 알고 있으면 왜 굳이 nip.io를 사용해야 할까?

인그레스 규칙에는 올바른 서비스로 트래픽을 라우팅하기 위한 고유한 이름이 필요하다. 서버의 IP 주소를 알 필요는 없지만 인그레스 규칙에는 이름이 필요하다. 각 이름은 풀 네임의 첫 번째 부분(예에서는 webserver1, webserver2, webserver3, webserver4)을 사용해 고유하다.

인그레스 규칙은 트래픽을 올바른 서비스로 라우팅하기 위해 고유한 이름이 필요하다. 서버의 IP 주소를 아는 데는 이름이 필요하지 않을 수 있지만, 인그레스 규칙에는 이름이 필요하다. 각 이름은 전체 이름의 첫 번째 부분을 사용해 고유하며, 이 예제에서는 **webserver1, webserver2, webserver3 및 webserver4**와 같이 사용된다.

nip.io에서는 이 서비스를 제공함으로써 개발 클러스터에 DNS 서버를 설치할 필요 없이 인그레스 규칙에 임의의 이름을 사용할 수 있다.

이제 nip.io를 사용해 클러스터 이름을 해결하는 방법을 알았으니, 이제 인그레스 규칙에서 nip.io 이름을 사용하는 방법에 대해 설명하겠다.

인그레스 규칙 생성

인그레스 규칙에서는 이름을 사용해 들어오는 요청을 올바른 서비스로 라우팅한다.

다음은 들어오는 요청을 그래픽으로 표현한 것으로, 인그레스가 트래픽을 라우팅하는 방법을 보여준다.

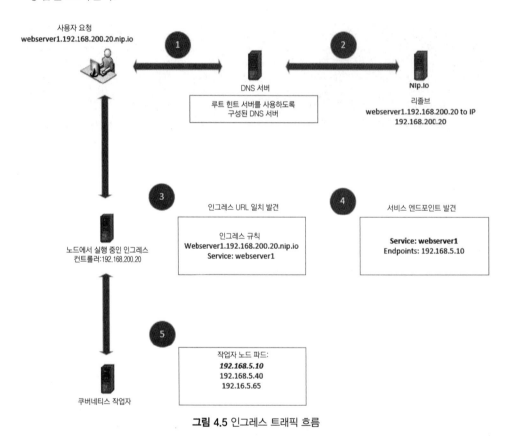

그림 4.5 인그레스 트래픽 흐름

그림 4.5는 쿠버네티스가 수신되는 인그레스 요청을 처리하는 방법에 관한 개요를 보여준다. 각 단계를 더 자세히 설명하기 위해 다섯 단계를 더 자세히 살펴보자. 그림 4.5에

제공된 그래픽을 사용해 번호가 매겨진 각 단계를 자세히 설명해 인그레스가 요청을 처리하는 방법을 설명한다.

1. 사용자는 브라우저에 http://webserver1.192.168.200.20.nip.io라는 URL을 요청한다. DNS 요청이 로컬 DNS 서버로 전송되고 최종적으로 nip.io DNS 서버로 전송된다.

2. nip.io 서버는 도메인 이름을 192.168.200.20의 IP 주소로 해석해 클라이언트에 반환한다.

3. 클라이언트는 192.168.200.20상에서 동작하고 있는 인그레스 컨트롤러로 요청을 송신한다. 이 요청에는 완전한 URL 이름 webserver1.192.168.200.20.nip.io가 포함된다.

4. 인그레스 컨트롤러는 설정된 규칙에서 요청된 URL 이름을 검색해 URL 이름을 서비스에 일치시킨다.

5. 서비스 엔드포인트는 할당된 파드로 트래픽을 라우팅하는 데 사용된다.

6. 요청은 웹 서버를 실행하는 엔드포인트 파드로 라우팅된다.

위 트래픽 흐름의 예를 사용해, 생성해야 하는 쿠버네티스 오브젝트를 살펴보자.

1. 우선 네임스페이스에서 실행되는 단순한 웹 서버가 필요하다. 기본 네임스페이스에 기본 NGINX 웹 서버를 배포한다. 매니페스트를 수동으로 생성하는 것이 아니라 다음 kubectl create deployment 명령을 사용해 신속하게 디플로이먼트를 생성할 수 있다.

```
kubectl create deployment nginx-web --image bitnami/nginx
```

2. create deployment 옵션을 사용하는 것은 기본 네임스페이스에 nginx-web이라는 디플로이먼트를 생성하는 명령어다. 출력에 실행이 권장되지 않는다는 경고가 표시될 수 있다.

3. 다음으로 디플로이먼트를 위한 서비스를 생성해야 한다. 다시, 우리는 kubectl 명령어인 kubectl expose를 사용해 서비스를 만들 것이다. Bitnami NGINX 이미지는 포트 8080에서 실행되므로 동일한 포트를 사용해 서비스를 표시한다.

```
kubectl expose deployment nginx-web --port 8080 --target-port 8080
```

이 명령어는 우리의 디플로이먼트를 위해 nginx-web라는 새로운 서비스를 만들 것이다.

4. 디플로이먼트와 서비스가 생성됐으므로 마지막 단계에서는 인그레스 규칙을 만든다. 인그레스 규칙을 생성하려면 오브젝트 type을 Ingress를 사용해 매니페스트를 생성한다. 다음은 Ingress 컨트롤러가 192.168.200.20에서 실행 중이라고 가정하는 Ingress 규칙의 예다. 호스트에서 이 규칙을 생성하는 경우 도커 호스트의 IP 주소를 사용해야 한다.

다음 내용으로 nginx-ingress.yaml이라는 파일을 만든다.

```
apiVersion: networking.k8s.io/v1
kind: Ingress
metadata:
  name: nginx-web-Ingress
spec:
  rules:
  - host: "webserver1.192.168.200.20.nip.io"
    http:
      paths:
      - path: /
        pathType: Exact
        backend:
          service:
            name: nginx-web
            port:
            number: 8080
```

5. kubectl apply를 사용해 인그레스 규칙을 만든다.

```
kubectl apply -f nginx-Ingress.yaml
```

6. 내부 네트워크상의 임의의 클라이언트로부터의 디플로이먼트를 테스트하려면 인그 레스 URL(http://webserver1.192.168.200.20.nip.io)을 참조하면 된다.

7. 모든 것이 정상적으로 생성되면 NGINX 시작 페이지가 나타난다.

그림 4.6 입력에 nip.io을 사용하는 NGINX 웹 서버

이 절의 정보를 사용해 서로 다른 호스트 이름을 사용하는 여러 컨테이너에 대한 규칙을 생성할 수 있다. 물론 nip.io와 같은 서비스를 사용해 이름을 해석해야 하는 것은 아니며, 사용 중인 환경에서 사용할 수 있는 모든 이름 해석 방법을 사용할 수 있다. 운영 클러스터에는 엔터프라이즈 DNS 인프라가 있지만 KinD 클러스터와 같은 실습 환경에서는 nip.io가 적절한 명명 규칙이 필요한 테스트 시나리오를 위한 완벽한 도구다.

이 책에서는 nip.io의 명명 표준을 사용하기 때문에 5장으로 넘어가기 전에 명명 규칙을 이해하는 것이 중요하다.

NGINX 인그레스 등의 레이어 7 로드밸런서는 웹 서버 등의 많은 표준 워크로드에서 사용된다. OSI 모델의 하위 레이어에서 실행되는 보다 복잡한 로드밸런서가 필요한 배포가 있을 것이다. 모델 아래로 내려갈수록 하위 수준의 기능을 사용할 수 있다. 다음 절에서는 레이어 4 로드밸런서에 대해 설명한다.

> 클러스터에 NGINX 예를 배포한 경우 서비스와 인그레스 규칙을 삭제해야 한다. 인그레스 규칙을 삭제하려면 다음 명령을 실행한다.
>
> ```
> Kubectl delete ingress nginx-web-ingress
> ```
>
> 서비스를 삭제하려면 명령을 실행한다.
>
> ```
> kubectl delete service nginx-web
> ```
>
> NGINX 디플로이먼트를 다음 절에서 실행 상태로 둘 수 있다.

레이어 4 로드밸런서

OSI 모델의 레이어 4는 TCP 및 UDP와 같은 프로토콜을 담당한다. 레이어 4에서 실행되는 로드밸런서는 유일한 IP 주소와 포트를 기반으로 들어오는 트래픽을 수락한다. 수신 요청이 로드밸런서에 의해 받아들여지고 일련의 규칙에 따라 트래픽이 목적지 IP 주소 및 포트로 전송된다.

이 책의 범위를 벗어나는 더 낮은 수준의 네트워킹 작업이 프로세스에 있다. HAproxy는 웹 사이트(https://www.haproxy.com/fr/blog/loadbalancing-faq/)에 용어 및 설정 예에 대한 요약 정보를 제공한다.

레이어 4 로드밸런서 옵션

쿠버네티스 클러스터에 대해 레이어 4 로드밸런서를 설정하는 경우 여러 옵션을 사용할 수 있다. 일부 옵션은 다음과 같다.

- HAproxy

- NGINX Pro

- SeeSaw

- F5 Networks

- MetalLB

- 그 외

각 옵션은 레이어 4 로드밸런싱을 제공하지만, 이 책에서는 MetalLB가 최선의 선택이라고 생각했다.

레이어 4 로드밸런서로 MetalLB 사용

NOTE

> 2장, 'KinD를 이용한 쿠버네티스 배포'에서는 워크스테이션과 KinD 노드 간의 트래픽 플로우를 나타내는 그림이 있었다. KinD는 중첩된 도커 컨테이너에서 실행 중이었기 때문에 네트워크 연결과 관련해 레이어 4 로드밸런서에는 몇 가지 제한이 있었다. 도커 호스트에 추가 네트워크 구성이 없으면 도커 호스트 자체 외부에서 로드밸런서 유형을 사용하는 서비스를 타깃으로 지정할 수 없다.
>
> 호스트에서 실행되는 표준 쿠버네티스 클러스터에 MetalLB를 배포하는 경우 호스트 자체의 외부 서비스에 액세스하는 것이 제한되지 않는다.

MetalLB는 설정이 간편한 무료 레이어 4 로드밸런서다. 여기에는 개발 실습 또는 엔터프라이즈 클러스터에서 실행할 수 있는 강력한 설정 옵션이 포함돼 있다. 매우 기능이 많기 때문에 레이어 4 로드밸런싱이 필요한 클러스터에 매우 인기 있는 선택이다.

이 절에서는 MetalLB를 레이어 2 모드로 설치하는 것에 초점을 맞춘다. 간단한 설치로 개발 또는 소규모 쿠버네티스 클러스터에 적합하다. 또, MetalLB에서는 BGP 모드를 사용해 배포하는 옵션도 준비돼 있다. 이를 통해 네트워크 루트를 교환하는 피어링 파트너를 확립할 수 있다. MetalLB의 BGP 모드에 대한 자세한 내용은 MetalLB 사이트 (https://metallb.universe.tf/concepts/bgp/)를 참조할 수 있다.

MetalLB 설치

KinD 클러스터에 MetalLB를 도입하기 위해 4장 저장소 디렉터리에 install-metallb.sh라는 스크립트를 포함시켰다. 스크립트는 다음 명령을 실행하지만 프로세스를 설명하거나 수동으로 배포하기로 결정한 경우 안내하기 위해 포함했다.

1. 다음은 app: metallb라는 레이블이 있는 metallb-system이라는 새 네임스페이스를
   생성한다.

```
kubectl apply -f https://raw.githubusercontent.com/metallb/
metallb/v0.10.2/manifests/namespace.yaml
```

2. 클러스터에 MetalLB가 배포된다. PodSecurityPolicies, ClusterRoles, Bindings,
   DaemonSet, deployment를 포함해 필요한 모든 쿠버네티스 오브젝트를 생성한다.

```
kubectl apply -f https://raw.githubusercontent.com/metallb/
metallb/v0.10.2/manifests/metallb.yaml
```

3. 마지막 명령은 임의로 생성된 값을 갖는 metallb-system 네임스페이스에 시크릿을
   생성한다. 이 시크릿은 MetalLB에서 스피커 간의 통신을 암호화하는 데 사용된다.

```
kubectl create secret generic -n metallb-system memberlist
--from-literal=secretkey="$(openssl rand -base64 128)"
```

이제 MetalLB가 클러스터에 배포됐으므로 MetalLB 설정 파일을 제공해 설정을 완료
해야 한다.

MetalLB 설정 파일 이해

MetalLB는 설정이 포함된 ConfigMap을 사용해 설정된다. 레이어 2 모드에서 Metal
LB를 사용할 것이기 때문에 필요한 설정 파일은 매우 간단하며 서비스에 대해 생성하
려는 IP 범위라는 한 가지 정보만 있으면 된다.

설정을 단순하게 유지하기 위해 KinD가 실행되고 있는 도커 서브넷에서 작은 범위를
사용한다. 표준 쿠버네티스 클러스터에서 MetalLB를 실행하는 경우 네트워크에서 라

우팅 가능한 모든 범위를 할당할 수 있지만 KinD 클러스터에는 제한이 있다.

도커가 사용하고 있는 서브넷을 취득하려면 사용하고 있는 KinD 브리지 네트워크를 확인할 수 있다.

```
docker network inspect kind | grep -i subnet
```

출력에는 다음과 같이 할당된 서브넷이 표시된다.

```
"Subnet": "172.18.0.0/16"
```

이것은 클래스 B 주소 범위 전체다. 컨테이너를 실행하는 데 모든 IP 주소를 사용하는 것은 아니기 때문에 MetalLB 설정에서는 서브넷에서 작은 범위를 사용한다.

Metallb-config.yaml라는 새 파일을 만들고 다음 파일을 추가하자.

```
apiVersion: v1
kind: ConfigMap
metadata:
  namespace: metallb-system
  name: config
data:
  config: |
    address-pools:
    - name: default
      protocol: layer2
      addresses:
      - 172.18.200.100-172.18.200.125
```

매니페스트가 config라고 하는 metallb-system 네임스페이스에 ConfigMap을 만든다. 설정 파일은 로드밸런서 서비스를 위해 172.18.200.100 ~ 172.18.200.125 범위를 사용해 MetalLB 모드를 default라는 이름의 IP 풀을 가진 레이어 2로 설정한다.

설정 이름을 기준으로 다른 주소를 할당할 수도 있다. 이것은 로드밸런서 서비스 생성 방법에 대해 설명할 때 볼 수 있을 것이다.

마지막으로, kubectl을 사용해 매니페스트를 배포한다.

```
kubectl apply -f metallb-config.yaml
```

MetalLB의 동작을 이해하려면 설치된 컴포넌트와 이들 컴포넌트가 서비스에 IP 주소를 할당하는 상호 작용 방법을 알아야 한다.

MetalLB 컴포넌트

디플로이먼트의 두 번째 매니페스트는 MetalLB 구성 요소를 클러스터에 설치하는 것이다. 스피커 이미지를 포함하는 데몬셋과 컨트롤러 이미지를 포함하는 데몬셋을 배포한다. 이들 컴포넌트는 서로 통신해 서비스 및 할당된 IP 주소 목록을 유지한다.

스피커

스피커 컴포넌트는 MetalLB가 노드에서 로드밸런서 서비스를 알리는 데 사용하는 것이다. 디플로이먼트는 모든 작업자 노드에 있을 수 있으므로 데몬셋으로 배포된다. 따라서 각 작업자 노드는 실행 중인 워크로드를 알려야 한다. 로드밸런서 유형을 사용해 서비스가 생성되면 스피커가 서비스에게 알린다.

노드에서 스피커 로그를 보면, 다음의 알림이 표시된다.

```
{"caller":"main.go:176","event":"startUpdate","msg":"start of
service update","service":"my-grafana-operator/grafana-operator-
metrics","ts":"2020-04-21T21:10:07.437231123Z"}
{"caller":"main.go:189","event":"endUpdate","msg":"end of
service update","service":"my-grafana-operator/grafana-operator-
metrics","ts":"2020-04-21T21:10:07.437516541Z"}
{"caller":"main.go:176","event":"startUpdate","msg":"start of
service update","service":"my-grafana-operator/grafana-operator-
metrics","ts":"2020-04-21T21:10:07.464140524Z"}
{"caller":"main.go:246","event":"serviceAnnounced","ip":"10.2.1.72","ms
g":"service has IP, announcing","pool":"default","protocol":"layer2","
```

```
service":"my-grafana-operator/grafana-operator-metrics","ts":"2020-04-
21T21:10:07.464311087Z"}
{"caller":"main.go:249","event":"endUpdate","msg":"end of
service update","service":"my-grafana-operator/grafana-operator-
metrics","ts":"2020-04-21T21:10:07.464470317Z"}
```

앞의 로그는 그라파나^{Grafana}에 대한 것이다. 알림 후에 IP 주소 **10.2.1.72**가 할당돼 있
는 것을 확인할 수 있다.

컨트롤러

컨트롤러는 각 작업자 노드의 스피커에서 알림을 수신한다. 이전에 표시된 것과 동일한
서비스 알림을 사용해 컨트롤러 로그는 알림과 컨트롤러가 서비스에 할당한 IP 주소를
표시한다.

```
{"caller":"main.go:49","event":"startUpdate","msg":"start of
service update","service":"my-grafana-operator/grafana-operator-
metrics","ts":"2020-04-21T21:10:07.437701161Z"}
{"caller":"service.go:98","event":"ipAllocated","ip":"10.2.1.72","msg
":"IP address assigned by controller","service":"my-grafana-operator/
grafana-operator-metrics","ts":"2020-04-21T21:10:07.438079774Z"}
{"caller":"main.go:96","event":"serviceUpdated","msg":"updated
service object","service":"my-grafana-operator/grafana-operator-
metrics","ts":"2020-04-21T21:10:07.467998702Z"}
```

로그의 두 번째 행에서 컨트롤러가 IP 주소 **10.2.1.72**를 할당한 것을 알 수 있다.

로드밸런서 서비스 생성

MetalLB를 설치하고 컴포넌트가 서비스를 생성하는 방법을 이해했다. 이제 KinD 클
러스터에 첫 번째 로드밸런서 서비스를 생성해보겠다.

'레이어 7 로드밸런서' 절에서는 서비스와 인그레스 규칙을 생성해 NGINX를 실행하는 노출된 디플로이먼트를 생성해봤다. 절이 끝날 때 서비스와 인그레스 규칙을 삭제했지만 이 절에 대한 NGINX 디플로이먼트는 유지했다. '인그레스' 절의 단계를 수행하고 서비스 및 인그레스 규칙을 삭제하지 않은 경우 로드밸런서 서비스를 생성하기 전에 삭제해야 한다. 디플러이먼트를 전혀 생성하지 않은 경우 이 절에 대한 NGINX 디플로이먼트가 필요하다.

1. 다음 명령을 실행해 빠르게 NGINX 파드를 만들 수 있다.

```
kubectl run nginx-web --image bitnami/nginx
```

2. 로드밸런서 유형을 사용하는 새 서비스를 만들려면 새 매니페스트를 생성하거나 kubectl만 사용해 디플로이먼트를 노출할 수 있다.

   매니페스트를 생성하려면 nginx-lb.yaml이라는 새 파일을 만들고 다음을 추가한다.

```
apiVersion: v1
kind: Service
metadata:
  name: nginx-lb
spec:
  ports:
  - port: 8080
    targetPort: 8080
  selector:
    run: nginx-web
  type: LoadBalancer
```

3. kubectl을 사용해 클러스터에 파일을 적용한다.

```
kubectl apply -f nginx-lb.yaml
```

4. 서비스가 올바르게 생성됐는지 확인하려면 kubectl get services를 사용해 서비스를 나열한다.

```
NAME            TYPE           CLUSTER-IP      EXTERNAL-IP
AGE
Kubernetes      ClusterIP      10.96.0.1       <none>
5d18h
nginx-lb        LoadBalancer   10.104.41.3     172.18.200.100
8080:30296/TCP                 23s
```

로드밸런서 유형을 사용해 새로운 서비스가 생성됐으며 MetalLB가 이전에 생성한 설정 풀에서 IP 주소를 할당한 것을 알 수 있다.

컨트롤러 로그를 간단히 보면 MetalLB 컨트롤러가 서비스에 IP 주소를 할당했는지 확인할 수 있다.

```
{"caller":"service.go:114","event":"ipAllocated","
ip":"172.18.200.100","msg":"IP address assigned by
controller","service":"default/nginx-lb","ts":"2021-06-
25T12:23:03.132228668Z"}
```

5. 이제 도커 호스트에서 curl을 사용해 서비스를 테스트할 수 있다. 서비스와 포트 8080에 할당된 IP 주소를 사용해 다음 명령을 입력한다.

```
curl 172.18.200.100:8080
```

다음 출력이 표시된다.

```
surovich@buntu20:/$ curl 172.18.200.100:8080
<!DOCTYPE html>
<html>
<head>
<title>Welcome to nginx!</title>
<style>
    body {
        width: 35em;
        margin: 0 auto;
        font-family: Tahoma, Verdana, Arial, sans-serif;
    }
</style>
</head>
<body>
<h1>Welcome to nginx!</h1>
<p>If you see this page, the nginx web server is successfully installed and
working. Further configuration is required.</p>

<p>For online documentation and support please refer to
<a href="http://nginx.org/">nginx.org</a>.<br/>
Commercial support is available at
<a href="http://nginx.com/">nginx.com</a>.</p>

<p><em>Thank you for using nginx.</em></p>
</body>
</html>
```

그림 4.7 NGINX를 실행하고 있는 로드밸런서 서비스에 대한 출력

클러스터에 MetalLB을 추가하면 레이어 7 밸런서를 사용해 노출할 수 없었던 애플리케이션을 노출할 수 있다. 레이어 7 및 레이어 4 서비스 모두 추가를 사용하면 데이터베이스를 포함해 생각할 수 있는 거의 모든 애플리케이션 유형을 노출할 수 있다. 서비스에 다른 IP 풀을 제공하고 싶다면 어떻게 해야 할까? 다음 절에서는 어노테이션을 사용해 서비스에 할당할 수 있는 여러 IP 풀을 생성해 서비스에 IP 범위를 할당하는 방법을 설명한다.

MetalLB에 여러 IP 풀 추가

클러스터의 특정 워크로드에 서로 다른 서브넷을 제공해야 하는 경우가 있다. 예를 들어 네트워크상에서 서비스 범위를 생성했을 때 생성되는 서비스의 수가 과소평가돼 IP 주소가 부족했을 가능성이 있다.

사용한 원래 범위에 따라서는, 설정의 범위를 늘릴 수 있다. 기존 범위를 확장할 수 없는 경우 새 로드밸런서 서비스를 생성하기 전에 새 범위를 생성해야 한다. 기본 풀에 IP 범

위를 추가할 수도 있지만, 이 예에서는 새 풀을 만든다.

설정 파일을 편집해 새로운 범위 정보를 파일에 추가할 수 있다. 원래의 YAML 파일 metallb-config.yaml을 사용해 굵은 글씨로 표시된 텍스트를 다음 코드에 추가해야 한다.

```
apiVersion: v1
  kind: ConfigMap
  metadata:
    namespace: metallb-system
    name: config
  data:
    config: |
      address-pools:
      - name: default
        protocol: layer2
        addresses:
        - 172.18.200.100-172.18.200.125
      - name: subnet-201
        protocol: layer2
        addresses:
        - 172.18.201.100-172.18.201.125
```

업데이트된 컨피그맵을 적용한다.

```
kubectl apply -f metallb-config.yaml
```

업데이트된 컨피그맵에 의해 subnet-201이라는 이름의 새로운 풀이 생성된다. 현재 MetalLB에는 서비스에 IP 주소를 할당하기 위해 사용할 수 있는 2개의 풀(기본값과 subnet-201)이 있다.

사용자가 로드밸런서 서비스를 만들고 풀 이름을 지정하지 않으면 쿠버네티스는 기본 풀을 사용하려고 한다. 요청된 풀이 주소를 벗어난 경우 서비스를 사용할 수 있을 때까지 보류 상태가 된다.

두 번째 풀에서 새 서비스를 생성하려면 서비스 요청에 어노테이션을 추가해야 한다.

NGINX 디플로이먼트를 사용해 subnet-201 풀에서 IP 주소를 요청하는 nginx-web2라는 이름의 두 번째 서비스를 만든다.

1. 다음 내용으로 nginx-lb2.yaml이라는 새 파일을 만든다.

```
apiVersion: v1
kind: Service
metadata:
  name: nginx-lb2
  annotations:
    metallb.universe.tf/address-pool: subnet-201
spec:
  ports:
  - port: 8080
    targetPort: 8080
  selector:
    run: nginx-web
  type: LoadBalancer
```

2. 새로운 서비스를 생성하려면 kubectl을 사용해 매니페스트를 배포한다.

```
kubectl apply -f nginx-lb2.yaml
```

3. subnet-201 풀의 IP 주소를 사용해 서비스가 생성됐는지 확인하려면 모든 서비스를 나열한다.

```
kubectl get services
```

다음의 출력이 표시된다.

```
NAME           TYPE           CLUSTER-IP      EXTERNAL-IP
PORT(S)        AGE
Kubernetes     ClusterIP      10.96.0.1       <none>
443/TCP        5d18h
nginx-lb       LoadBalancer   10.104.41.3     172.18.200.100
8080:30296/TCP     9m16s
```

```
nginx-lb2      LoadBalancer     10.111.34.213    172.18.201.100
8080:31342/TCP          10s
```

목록의 마지막 서비스는 새로 생성된 `nginx-lb2` 서비스다. subnet-201 풀의 외부 IP 주소 `172.18.20.100`이 할당돼 있음을 확인할 수 있다.

4. 마지막으로 도커 호스트에서 `curl` 명령어를 사용해 포트 `8080`에서 할당된 IP 주소로 서비스를 테스트할 수 있다.

```
surovich@buntu20:/$ curl 172.18.201.100:8080
<!DOCTYPE html>
<html>
<head>
<title>Welcome to nginx!</title>
<style>
    body {
        width: 35em;
        margin: 0 auto;
        font-family: Tahoma, Verdana, Arial, sans-serif;
    }
</style>
</head>
<body>
<h1>Welcome to nginx!</h1>
<p>If you see this page, the nginx web server is successfully installed and
working. Further configuration is required.</p>

<p>For online documentation and support please refer to
<a href="http://nginx.org/">nginx.org</a>.<br/>
Commercial support is available at
<a href="http://nginx.com/">nginx.com</a>.</p>

<p><em>Thank you for using nginx.</em></p>
</body>
</html>
```

그림 4.8 두 번째 IP 풀을 사용해 로드밸런서의 NGINX를 컬링한다.

다른 주소 풀을 제공할 수 있는 기능을 사용하면 기존 IP 주소 블록을 서비스에 할당할 수 있다. 주소 풀 1을 웹 서비스에 사용할지, 주소 풀 2를 데이터베이스에 사용할지, 주소 풀 3을 파일 전송에 사용할지 등을 결정할 수 있다. 일부 조직에서는 IP 할당을 기반으로 트래픽을 식별하기 위해 이 작업을 수행하므로 통신 추적이 쉬워진다.

클러스터에 레이어 4 로드밸런서를 추가하면 단순 레이어 7 트래픽에서 작동하지 않을 수 있는 애플리케이션을 마이그레이션할 수 있다.

컨테이너용으로 마이그레이션 또는 리팩토링되는 애플리케이션이 많아짐에 따라 단일 서비스에 여러 개의 프로토콜이 필요한 애플리케이션이 많아질 것이다. 기본적으로 TCP 및 UDP 포트 매핑을 모두 사용해 서비스를 생성하려고 하면 서비스 오브젝트에 대해 여러 프로토콜이 지원되지 않는다는 오류가 표시된다. 이는 많은 애플리케이션에 영향을 미치지 않을 수 있지만, 서비스에 대해 단일 프로토콜로 제한해야 하는 이유는 무엇일까?

다중 프로토콜 사용

지금까지의 예에서는, 모두 TCP를 프로토콜로서 사용하고 있다. 물론 MetalLB는 UDP를 서비스 프로토콜로 사용하는 것도 지원하지만 두 프로토콜을 모두 사용해야 하는 서비스가 있다면 어떨까?

여러 가지 프로토콜 문제

모든 서비스 유형이 단일 서비스에 여러 프로토콜을 할당할 수 있는 것은 아니다. 다음 표는 세 가지 서비스 유형과 여러 프로토콜에 대한 지원을 보여준다.

표 4.6 서비스 유형 프로토콜 지원

서비스 유형	멀티 프로토콜 지원
ClusterIP	Yes
NodePort	Yes
로드밸런서	No

두 프로토콜을 모두 사용하는 서비스를 생성하려고 하면 오류 메시지가 표시된다. 다음 오류 메시지에서 오류를 강조 표시했다.

```
The Service "kube-dns-lb" is invalid: spec.ports: Invalid value:
[]core.ServicePort{core.ServicePort{Name:"dns", Protocol:"UDP",
```

```
Port:53, TargetPort:intstr.IntOrString{Type:0, IntVal:53, StrVal:""},
NodePort:0}, core.ServicePort{Name:"dns-tcp", Protocol:"TCP",
Port:53, TargetPort:intstr.IntOrString{Type:0, IntVal:53, StrVal:""},
NodePort:0}}: cannot create an external load balancer with mix protocols
```

생성하려는 서비스가 로드밸런서 서비스를 사용해 CoreDNS 서비스를 외부 IP에 노출한다. TCP와 UDP의 양쪽 모두에 대해서 포트 50에 서비스를 노출할 필요가 있다.

MetalLB는 단일 IP 주소에 바인딩된 여러 프로토콜을 지원한다. 설정에서는 1개의 서비스가 아닌 2개의 다른 서비스를 생성해야 한다. 처음에는 조금 이상하게 보일 수 있다. 앞에서 설명한 바와 같이 API 서버에서는 여러 개의 프로토콜로 서비스 오브젝트를 생성할 수 없다. 이 제한을 회피하는 유일한 방법은 TCP 포트가 할당돼 있는 서비스와 UDP 포트가 할당돼 있는 서비스 두 가지를 생성하는 것이다.

CoreDNS의 예를 사용해 여러 개의 프로토콜을 필요로 하는 애플리케이션을 만드는 단계를 진행한다.

MetalLB와 함께 여러 프로토콜 사용

TCP와 UDP를 모두 필요로 하는 애플리케이션의 서포트를 유효하게 하려면 2개의 다른 서비스를 생성할 필요가 있다. 서비스가 생성되는 방식에 세심한 주의를 기울였다면 각 서비스가 IP 주소를 수신하는 것을 봤을 것이다.

이것은 논리적으로 애플리케이션용으로 2개의 서비스를 생성할 때 2개의 다른 IP 주소를 수신하는 것을 의미한다.

이 예에서는 CoreDNS를 TCP 및 UDP 프로토콜이 모두 필요한 로드밸런서 서비스로 노출하려고 한다. 각 프로토콜이 정의된 2개의 표준 서비스를 생성하면 2개의 서로 다른 IP 주소를 받게 된다. 연결을 위해 2개의 서로 다른 IP 주소가 필요한 DNS 서버를 사용하도록 시스템을 설정하려면 어떻게 해야 할까?

답은 간단하다. 불가능하다.

그러나 우리는 MetalLB가 이러한 유형의 설정을 지원한다고 방금 말했다. 우리는 MetalLB가 해결할 문제를 먼저 설명할 것이다.

이전에 `subnet-201` IP 풀에서 풀한 NGINX 서비스를 만들 때 로드밸런서 매니페스트에 어노테이션을 추가해 생성했다. MetalLB는 공유 IP에 대한 어노테이션을 추가해 여러 프로토콜에 대한 지원을 추가했다.

공유 IP 사용

이제 쿠버네티스의 여러 프로토콜 지원에 대한 제한 사항을 이해했다. 이제 MetalLB를 사용해 TCP와 UDP를 모두 사용해 외부 요청에 CoreDNS 서비스를 노출한다.

앞에서 설명한 바와 같이 쿠버네티스는 두 프로토콜을 모두 사용해 단일 서비스를 만드는 것을 허용하지 않는다. 하나의 로드밸런서 IP가 두 프로토콜을 모두 사용하려면 두 프로토콜 모두에 대한 서비스를 만들어야 한다. 하나는 TCP용이고 다른 하나는 UDP용이다. 각 서비스에는 MetalLB가 두 서비스에 동일한 IP를 할당하는 데 사용할 어노테이션이 필요하다.

각 서비스에 대해 `metallb.universe.tf/allow-shared-ip` 어노테이션과 동일한 값을 설정해야 한다. 전체 프로세스를 설명하기 위해 CoreDNS를 노출하는 전체 예를 다룰 것이다.

> **NOTE**
>
> 대부분의 쿠버네티스 배포판은 CoreDNS를 기본 DNS 공급자로 사용하지만, 일부는 여전히 kube-dns가 기본 DNS 공급자였을 때의 서비스 이름을 사용한다. KinD는 서비스 이름이 kube-dns이기 때문에 처음에는 혼란스러울 수 있는 배포판 중 하나이지만 배포에서는 CoreDNS를 사용하므로 안심하기 바란다.

자, 그럼 시작해보자.

1. 먼저 `kube-system` 네임스페이스 내의 서비스를 확인한다.

```
NAME            TYPE                 CLUSTER-IP          EXTERNAL-IP
PORT(S)                    AGE
kube-dns        ClusterIP            10.96.0.10          <none>              53/
UDP,53/TCP,9153/TCP        5d18h
```

우리가 갖고 있는 유일한 서비스는 ClusterIP 유형을 사용하는 기본 kube-dns 서비스다. 이는 클러스터 내부에서만 액세스할 수 있음을 의미한다.

서비스에 여러 개의 프로토콜이 지원되고 포트 UDP와 TCP가 모두 할당돼 있는 것을 알 수 있다. 로드밸런서 서비스와 달리 ClusterIP 서비스에는 여러 프로토콜이 할당될 수 있다.

2. CoreDNS 서버에 LoadBalancer 지원을 추가하는 첫 번째 단계는 각 프로토콜에 대해 하나씩 2개의 매니페스트를 만드는 것이다.

먼저 TCP 서비스를 만든다. coredns-tcp.yaml이라는 파일을 만들고 다음 매니페스트 예제에 내용을 추가한다. CoreDNS 내부 서비스는 k8s-app: kube-dns 셀렉터를 사용하고 있다. 같은 서비스를 노출하고 있기 때문에 매니페스트에 사용할 셀렉터다.

```
apiVersion: v1
kind: Service
metadata:
  name: coredns-tcp
  namespace: kube-system
  annotations:
    metallb.universe.tf/allow-shared-ip: "coredns-ext"
spec:
  selector:
    k8s-app: kube-dns
  ports:
  - name: dns-tcp
    port: 53
    protocol: TCP
    targetPort: 53
  type: LoadBalancer
```

이 파일은 이제 `metallb.universe.tf/allow-shared-ip` 값을 추가한 어노테이션을
제외하고는 익숙할 것이다. 이 값의 사용은 UDP 서비스에 대한 다음 매니페스트를
만들 때 명확해질 것이다.

3. coredns-udp.yaml라는 파일을 만들고 다음 예제 매니페스트의 내용을 추가한다.

```
apiVersion: v1
kind: Service
metadata:
  name: coredns-udp
  namespace: kube-system
  annotations:
    metallb.universe.tf/allow-shared-ip: "coredns-ext"
spec:
  selector:
    k8s-app: kube-dns
  ports:
  - name: dns-udp
    port: 53
    protocol: UDP
    targetPort: 53
  type: LoadBalancer
```

TCP 서비스 매니페스트, `metallb.universe.tf/allow-shared-ip: "coredns-ext"`
에서 동일한 어노테이션 값을 사용했다. 이것은 2개의 별도 서비스가 요청되더라도
MetalLB가 단일 IP 주소를 생성하는 데 사용할 값이다.

4. 마지막으로 `kubectl apply`를 사용해 클러스터에 두 가지 서비스를 배포할 수 있다.

```
kubectl apply -f coredns-tcp.yaml
kubectl apply -f coredns-udp.yaml
```

5. 배포가 완료되면 kube-system 네임스페이스에서 서비스를 가져와 서비스가 배포됐
는지 확인한다.

```
NAME            TYPE            CLUSTER-IP      EXTERNAL-IP
PORT(S)
```

```
coredns-tcp        LoadBalancer      10.105.87.247      172.18.200.101
53:30324/TCP
coredns-udp        LoadBalancer      10.100.82.206      172.18.200.101
53:30864/UDP
kube-dns           ClusterIP         10.96.0.10         <none>
53/UDP,53/TCP,9153/TCP
```

coredns-tcp 서비스와 coredns-udp 서비스라는 2개의 새로운 서비스가 생성됐음을 알수 있다. EXTERNAL-IP 열 아래에 두 서비스에 동일한 IP 주소가 할당돼 있음을 알수 있다. 이에 의해 서비스는 같은 IP 주소상에서 양쪽의 프로토콜을 받아들일 수 있다.

클러스터에 MetalLB를 추가하면 사용자는 컨테이너에 넣을 수 있는 모든 애플리케이션을 배포할 수 있다. 서비스에 IP 주소를 동적으로 할당하는 IP 풀을 사용해 외부 요청을 처리하기 위해 즉시 액세스할 수 있다.

한 가지 문제는 MetalLB가 서비스 IP에 대한 이름 해석을 제공하지 않는다는 것이다. 사용자는 서비스에 액세스할 때 임의의 IP 주소보다 기억하기 쉬운 이름을 타깃으로 하는 것을 선호한다. 쿠버네티스는 외부에서 액세스할 수 있는 서비스 이름을 만드는 기능을 제공하지 않지만 이 기능을 활성화하기 위한 인큐베이터 프로젝트가 있다.

다음 절에서는 CoreDNS를 사용해 ExternalDNS라는 인큐베이터 프로젝트를 사용해 DNS에 서비스 이름 항목을 생성하는 방법에 대해 설명한다. 쿠버네티스 네이티브 글로벌 로드밸런싱 기능을 탑재한 클러스터를 제공하는 K8GB라는 새로운 CNCF 샌드박스 프로젝트도 소개한다.

엔터프라이즈를 위한 로드밸런서 강화

이 세 번째 마지막 절에서는 특정 로드밸런서 기능의 몇 가지 제한 사항과 이 제한을 해결하기 위해 클러스터를 설정하는 방법에 대해 알아보겠다. 이 예는 학습에 도움이 되지만, 엔터프라이즈에서는 아무도 IP 주소를 사용해 클러스터에서 실행되는 워크로드에 액세스하려고 하지 않는다. 또한 엔터프라이즈에서는 일반적으로 여러 클러스터에서 서비스를 실행해 애플리케이션에 몇 가지 장애 조치를 제공한다. 지금까지 설명한 옵션으로는 이 두 가지 핵심 사항을 해결할 수 없다. 이 절에서는 이러한 문제를 해결하는 방법을 설명해 기업에서 여러 클러스터를 포함해 이름별로 고가용성 워크로드에 더 쉽게 액세스할 수 있도록 한다.

⠿ 서비스 이름을 외부에서 사용할 수 있도록 설정

인그레스 예에서는 도메인 이름을 사용하면서 생성한 서비스 중 일부를 테스트하기 위해 IP 주소를 사용한 이유가 궁금할 수 있다.

쿠버네티스 로드밸런서는 서비스에 표준 IP 주소를 제공하지만 사용자가 서비스에 접속하기 위한 ExternalDNS 이름을 생성하지는 않는다. IP 주소를 사용해 클러스터상에서 실행되고 있는 애플리케이션에 접속하는 것은 그다지 효율적이지 않다. MetalLB에서 할당한 각 IP에 대해 DNS에 수동으로 이름을 등록하는 것은 유지 관리가 불가능한 방법이다. 그렇다면 어떻게 하면 로드밸런서 서비스에 이름 확인을 추가할 때 클라우드와 같은 경험을 제공할 수 있을까?

KinD를 유지하는 팀과 마찬가지로 쿠버네티스 SIG가 쿠버네티스에 대해 이 기능을 수행하고 있다. 이 SIG는 ExternalDNS라고 부른다. 메인 프로젝트 페이지는 SIG의 깃허브(https://github.com/kubernetes-sigs/external-dns)에서 찾을 수 있다.

작성 당시 ExternalDNS 프로젝트는 다음을 포함해 호환되는 DNS 서버의 목록을 지원한다.

- Google's Cloud DNS

- Amazon's Route 53

- AzureDNS

- Cloudflare

- CoreDNS

- RFC2136

- PowerDNS

- 그 외

쿠버네티스 클러스터는 CoreDNS를 실행해 클러스터 DNS 이름 해석을 제공한다. 많은 사람은 CoreDNS가 내부 클러스터 DNS 해결에만 국한되지 않는다는 것을 알지 못한다. 또한 외부 이름 해석을 제공해 CoreDNS 디플로이먼트에서 관리하는 모든 DNS 존의 이름을 확인할 수 있다.

external-dns 설정

현재 CoreDNS는 내부 클러스터 이름에 대해서만 해석하므로 새 DNS 항목에 대한 존을 설정해야 한다. FooWidgets는 모든 애플리케이션이 `foowigets.k8s`로 이동하기를 원했기 때문에 이를 새 존으로 사용할 것이다.

external-dns와 CoreDNS 연동

클러스터에 동적 서비스 등록을 제공하기 위한 마지막 단계는 `ExternalDNS`를 배포하고 CoreDNS와 연동하는 것이다.

클러스터에서 작동하도록 ExternalDNS와 CoreDNS를 설정하려면 새로운 DNS 존에 ETCD를 사용하도록 각각 설정해야 한다. 클러스터는 사전 설치된 ETCD를 사용해 KinD를 실행하고 있기 때문에 새로운 ETCD 파드를 전용 `ExternalDNS` 존으로 배포한다.

새 ETCD 서비스를 배포하는 가장 빠른 방법은 공식 ETCD 운영자 헬름helm 차트를 사용하는 것이다. 헬름을 처음 사용하는 경우 쿠버네티스 애플리케이션을 더 쉽게 정의하고 유지 관리할 수 있는 도구다.

이 툴은 많은 프로젝트와 벤더가 기본적으로 헬름 차트를 사용해 애플리케이션을 제공하는 강력한 툴이다. 헬름에 대한 자세한 내용은 메인 홈페이지(https://v3.helm.sh/)를 참조하면 된다.

먼저 헬름 바이너리를 설치해야 한다. 헬름 팀이 제공한 스크립트를 사용해 헬름을 빠르게 설치할 수 있다(책의 스크립트를 사용하는 경우 KinD 클러스터를 생성하기 위해 create-cluster.sh를 실행할 때 Helm이 설치된다).

```
curl -fsSL -o get_helm.sh https://raw.githubusercontent.com/helm/helm/
master/scripts/get-helm-3
chmod 700 get_helm.sh
./get_helm.sh
```

헬름을 사용해 차트를 배포하려면 먼저 차트 저장소를 추가해야 한다. 안정적인 표준 차트 저장소를 추가하려면 repo add 옵션을 사용해 헬름을 실행한 다음 저장소에서 차트를 업데이트해야 한다.

```
helm repo add stable https://charts.helm.sh/stable
helm repo update
```

이제 헬름을 사용해 배포가 얼마나 쉬운지 보여주기 위해 단일 명령줄을 사용해 Core DNS와 연동할 ETCD 클러스터를 만들 수 있다. 다음 명령어는 필요한 모든 컴포넌트를 배포하고 ETCD 클러스터를 만든다.

```
helm install etcd-dns --set customResources.createEtcdClusterCRD=true
stable/etcd-operator --namespace kube-system
```

K8S 1.22+에서는 권장되지 않는 CRD에 대한 경고가 표시되지만 1.21을 실행하고 있기 때문에 경고는 무시해도 된다.

오퍼레이터와 ETCD 노드를 배포하는 데 몇 분 정도 걸린다. kube-system 네임스페이스의 파드를 보면 상태를 확인할 수 있다. 완전히 설치되면 3개의 ETCD 오퍼레이터 파드와 3개의 ETCD 클러스터 파드가 표시된다.

```
NAME                                                             READY
STATUS      RESTARTS
coredns-558bd4d5db-9jbvx                                         1/1
Running     0
coredns-558bd4d5db-gz7jm                                         1/1
Running     0
etcd-cluster-chxc52qhql                                         1/1
Running     0
etcd-cluster-mpstktwhq5                                         1/1
Running     0
etcd-cluster-v545bbk8zp                                         1/1
0
etcd-cluster01-control-plane                                    1/1
Running     0
etcd-dns-etcd-operator-etcd-backup-operator-5db56c779b-hjx4k    1/1
Running     0
etcd-dns-etcd-operator-etcd-operator-6b77c4799c-p58lq          1/1
Running     0
etcd-dns-etcd-operator-etcd-restore-operator-6fcdcd5bfb-m7slf  1/1
Running     0
```

디플로이먼트가 완료되면 kube-system 네임스페이스 내의 서비스를 표시하고 etcd-
cluster-client라는 새로운 ETCD 서비스의 IP 주소를 가져온다.

```
etcd-cluster-client        ClusterIP      10.111.196.223    <none>
2379/TCP                   5m56s
```

IP 주소를 적어 둔다. 다음 절에서 ExternalDNS 및 CoreDNS 존 파일을 설정하려면 서
비스 IP 주소가 필요하다.

CoreDNS에 ETCD 존 추가

개발자는 디플로이먼트를 테스트하기 위해 기다릴 시간이 없으며 IP 주소를 사용하면
프록시 서버 또는 내부 정책에 문제가 발생할 수 있다. 사용자가 애플리케이션 전달 및
테스트 속도를 높일 수 있도록 서비스에 대한 동적 이름 해석을 제공해야 한다.

이 동적 기능을 제공하기 위한 첫 번째 전제 조건은 ExternalDNS가 ETCD 서버에 CoreDNS 존을 저장해야 한다는 것이다.

FooWidgets에 대해 ETCD 연동 영역을 활성화하려면 CoreDNS 컨피그맵을 편집하고 다음 굵은 줄을 추가한다. 컨피그맵을 편집하려면 kubectl edit cm coredns -n kube-system 명령을 실행한다.

엔드포인트를 이전 페이지에서 취득한 새로운 ETCD 서비스의 IP 주소로 변경해야 할 수 있다.

```
apiVersion: v1
data:
  Corefile: |
    .:53 {
        errors
        health {
          lameduck 5s
        }
        ready
        Kubernetes cluster.local in-addr.arpa ip6.arpa {
          pods insecure
          fallthrough in-addr.arpa ip6.arpa
          ttl 30
        }
        prometheus :9153
        forward . /etc/resolv.conf
        etcd foowidgets k8s
          stubzones
          path /skydns
          endpoint http://10.96.181.53:2379
        }
        cache 30
        loop
        reload
        loadbalance
    }
  kind: ConfigMap
```

다음 단계는 클러스터에 ExternalDNS를 배포하는 것이다.

ETCD 서비스 엔드포인트로 배포를 패치할 chapter4 디렉터리의 깃허브 리포지터리에 매니페스트를 제공하고 있다. 이 매니페스트를 사용해 external-dns.sh라는 chapter4 디렉터리에서 다음 명령을 실행해 ExternalDNS를 배포할 수 있다. 다음 명령은 ETCD 클러스터에 대한 서비스 IP를 쿼리하고 해당 IP를 엔드포인트로 사용해 배포 파일을 만든다.

명령을 실행하려면 book repo의 chapter4 디렉터리에 있는지 확인하고 다음 명령을 실행한다.

```
ETCD_URL=$(kubectl -n kube-system get svc etcd-cluster-client -o go-)
template='{.spec.clusterIP }}})
cat external-dns.yaml | sed - E " s / < ETCD _URL>/${ETCD_URL}/" > external-
dns-deployment.dnsl
kubectl apply -f external-dns-deployment.yaml
```

새로 생성된 배포는 클러스터에 ExternalDNS를 설치한다.

ExternalDNS를 클러스터에 수동으로 배포하려면 chapter4 디렉터리에서 external-dns-deployment.yaml 매니페스트를 편집하고 파일 끝에 마지막 줄에 ETCD 서비스 IP 주소를 추가한다.

```
env:
- name: ETCD_URLS
  value: http://10.111.196.223:2379
```

ETCD 서버의 IP 주소가 10.96.181.53이 아닌 경우 매니페스트를 배포하기 전에 변경한다.

kubectl apply -f external-dns-deployment.yaml을 사용해 매니페스트를 배포한다. 다음 단계에서는 로드밸런서 서비스를 사용해 ExternalDNS 서비스를 노출한다.

ExternalDNS 연동으로 로드밸런서 서비스 생성

4장의 시작 부분부터 NGINX 디플로이먼트가 실행되고 있어야 한다. 그리고 여기에 연결도 된 몇 가지 서비스가 있을 것이다. 디플로이먼트에 대한 동적 등록을 생성하는 방법을 보여주기 위해 다른 항목을 추가한다.

1. CoreDNS 존에서 동적 항목을 생성하려면 서비스 매니페스트에 어노테이션을 추가해야 한다. 다음 내용을 포함한 nginx-dynamic.yaml이라는 새 파일을 만든다.

```
apiVersion: v1
kind: Service
metadata:
  annotations:
    external-dns.alpha.kubernetes.io/hostname: nginx.foowidgets.k8s
  name: nginx-ext-dns
  namespace: default
spec:
  ports:
  - port: 8080
    protocol: TCP
    targetPort: 8080
  selector:
    run: nginx-web
  type: LoadBalancer
```

파일의 어노테이션을 적어둔다. ExternalDNS에 레코드를 생성하도록 지시하려면 external-dns.alpha.kubernetes.io/hostname 키를 가진 어노테이션을 추가해야 한다. 이 예에서는 nginx.foowidgets.k8s로 지정된다.

2. kubectl apply -f nginx-dynamic.yaml을 사용해 서비스를 만든다.

   ExternalDNS가 DNS 변경 사항을 수신하는 데 약 1분 걸린다.

3. 레코드가 생성됐는지 확인하려면 kubectl logs -n kube-system -l app=external-dns를 사용해 external-dns 파드 로그를 확인한다. ExternalDNS에서 레코드를 선택하면 다음과 유사한 항목이 표시된다.

```
time="2021-07-02T19:25:16Z" level=info msg="Add/set key /
skydns/k8s/foowidgets/nginx/293e6752 to Host=172.18.200.102,
Text=\"heritage=external-dns,external-dns/owner=default,external-
dns/resource=service/default/nginx-ext-dns\", TTL=0"
```

4. ExternalDNS가 완전하게 동작하고 있는 것을 확인하는 마지막 순서는, 애플리케이
   션의 접속을 테스트하는 것이다. KinD 클러스터를 사용하고 있으므로 클러스터 내
   의 파드에서 테스트해야 한다. 우리는 이 책 전체에서 했던 것처럼 Netshoot 컨테이
   너를 사용할 것이다.

NOTE

> 이 절의 끝에서 Windows DNS 서버를 쿠버네티스 CoreDNS 서버와 통합하는 단계를 보여준다.
> CoreDNS 서비스에 대한 위임과 함께 엔터프라이즈 DNS 서버를 완전히 연동하는 방법에 대한 이
> 해를 제공하기 위한 단계가 제공된다.

5. Netshoot 컨테이너 실행

```
kubectl run tmp-shell --rm -i --tty --image nicolaka/netshoot --
/bin/bash
```

6. 항목이 성공적으로 생성됐는지 확인하려면 Netshoot 셸에서 호스트에 대해 nslookup
   을 실행한다.

```
bash-5.1# nslookup nginx.foowidgets.k8s
Server:         10.96.0.10
Address:        10.96.0.10#53
Name:   nginx.foowidgets.k8s
Address: 172.18.200.102
```

kube-dns 서비스에 할당된 IP 주소를 기반으로 사용 중인 DNS 서버가 CoreDNS임
을 확인할 수 있다(다시 말하지만 서비스는 kube-dns이지만 파드는 CoreDNS를 실행하고 있다).

172.18.200.102 주소는 새로운 NGINX 서비스에 할당된 IP이다. 기본 네임스페이
스에서 서비스를 나열하면 이를 확인할 수 있다.

```
NAME              TYPE           CLUSTER-IP        EXTERNAL-IP
PORT(S)           AGE
kubernetes        ClusterIP      10.96.0.1         <none>
443/TCP           5d19h
nginx-ext-dns     LoadBalancer   10.101.166.129    172.18.200.102
8080:31990/TCP    5m50s
```

7. 마지막으로 NGINX로의 접속이 name으로 컨테이너에 접속해 동작하고 있는지 확인 한다. Netshoot 컨테이너에서 curl 명령을 사용해 포트 8080의 DNS 이름으로 curl 한다.

```
bash-5.1# curl nginx.foowidgets.k8s:8080
<!DOCTYPE html>
<html>
<head>
<title>Welcome to nginx!</title>
<style>
    body {
        width: 35em;
        margin: 0 auto;
        font-family: Tahoma, Verdana, Arial, sans-serif;
    }
</style>
</head>
<body>
<h1>Welcome to nginx!</h1>
<p>If you see this page, the nginx web server is successfully installed and
working. Further configuration is required.</p>

<p>For online documentation and support please refer to
<a href="http://nginx.org/">nginx.org</a>.<br/>
Commercial support is available at
<a href="http://nginx.com/">nginx.com</a>.</p>

<p><em>Thank you for using nginx.</em></p>
</body>
</html>
```

그림 4.9 ExternalDNS 이름을 사용한 curl 테스트

curl 출력은 동적으로 생성된 서비스 이름을 사용해 NGINX 웹 서버에 액세스할 수 있음을 확인한다.

이러한 테스트 중 일부는 표준 브라우저를 사용해 테스트할 수 있기 때문에 그다지 흥미롭지 않다는 것을 알고 있다. 다음 절에서는 클러스터에서 실행 중인 CoreDNS를 Windows DNS 서버와 연동한다.

CoreDNS와 엔터프라이즈 DNS의 연동

이 절에서는 `foowidgets.k8s` 존의 이름 해석을 쿠버네티스 클러스터상에서 동작하는 CoreDNS 서버에 전송하는 방법에 대해 설명한다.

> **NOTE**
>
> 이 절에서는 엔터프라이즈 DNS 서버와 쿠버네티스 DNS 서비스를 연동하는 예를 보여준다.
> 외부 요구 사항과 추가 설정으로 인해 제공된 단계는 참조용이며 KinD 클러스터에서 실행해서는 안 된다.

이 시나리오에서는 메인 DNS 서버가 Windows 2016 서버에서 실행되고 있다.

배포된 컴포넌트는 다음과 같다.

- DNS를 실행하는 Windows 2016/2019 서버

- 쿠버네티스 클러스터

- Bitnami NGINX 디플로이먼트

- 로드밸런서 서비스가 IP 주소 `10.2.1.74`를 생성하고 할당

- `hostPort 53`을 사용하도록 설정된 CoreDNS 서비스

- ExternalDNS, CoreDNS용 ETCD 클러스터, 추가된 CoreDNS ETCD 영역, `10.2.1.60-10.2.1.80`의 주소 풀을 사용하는 MetalLB와 같은 4장의 설정을 사용해 배포된 Add-on

이제 DNS 서버를 연동하는 설정 단계를 살펴보겠다.

프라이머리 DNS 서버 설정

첫 번째 단계는 CoreDNS 파드를 실행하는 노드에 대한 조건부 전달자를 만드는 것이다.

Windows DNS 호스트에서는 CoreDNS 파드를 실행하고 있는 호스트를 가리키는 foowidgets.k8s의 새로운 조건부 전달자를 생성해야 한다. 이 예에서는, CoreDNS 파드가 호스트 10.240.100.102에 할당돼 있다.

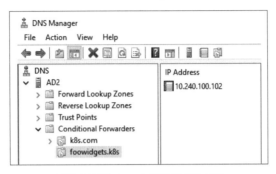

그림 4.10 Windows 조건부 전달자 설정

이에 의해 Windows DNS 서버가 foowidgets.k8s 도메인 내의 호스트에 대한 요청을 CoreDNS 파드로 전송하도록 설정된다.

CoreDNS로의 DNS 전달 테스트

설정을 테스트하려면 Windows DNS 서버를 사용하도록 설정된 메인 네트워크상의 워크스테이션을 사용한다.

첫 번째 테스트는 MetalLB 어노테이션으로 생성된 NGINX 레코드의 nslookup이다.

명령 프롬프트에서 nslookup nginx.foowidget.k8s 명령어를 실행한다:

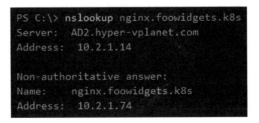

그림 4.11 등록된 이름의 Nslookup 확인

쿼리가 레코드에 대해 예상한 IP 주소를 반환했기 때문에 Windows DNS 서버가 요청을 CoreDNS에 올바르게 전송하고 있는 것을 확인할 수 있다.

노트북 브라우저에서 NGINX 테스트를 하나 더 수행할 수 있다.

그림 4.12 CoreDNS를 사용한 외부 워크스테이션에서의 정상적인 브라우징

첫 번째 테스트에서는 전달이 작동함을 확인했지만 시스템이 완전히 작동하는 것이 마음에 들지 않는다.

새 서비스를 테스트하기 위해 `microbot.foowidgets.k8s`라는 이름을 할당하는 어노테이션이 있는 서비스와 함께 `microbot`이라는 다른 NGINX 서버를 배포한다. MetalLB는 서비스에 `10.2.1.65`의 IP 주소를 할당했다.

이전 테스트와 마찬가지로 `nslookup`을 사용해 이름 해석을 테스트한다.

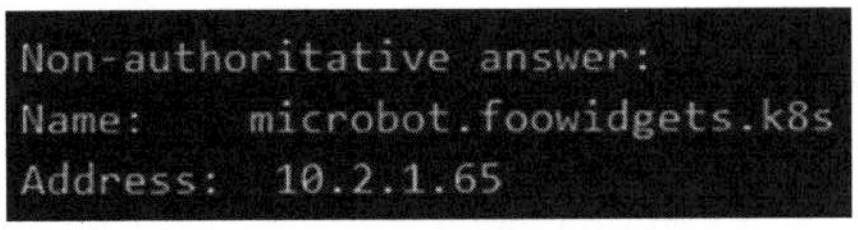

```
Non-authoritative answer:
Name:     microbot.foowidgets.k8s
Address:  10.2.1.65
```

그림 4.13 추가 등록 이름 Nslookup 확인

웹 서버가 정상적으로 동작하고 있는 것을 확인하려면, 워크스테이션에서 URL을 검색한다.

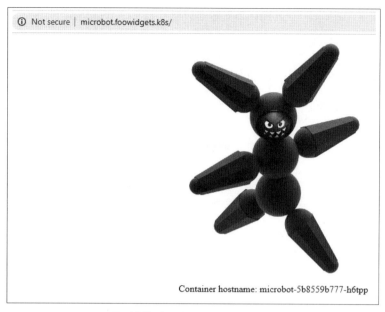

Not secure | microbot.foowidgets.k8s/

Container hostname: microbot-5b8559b777-h6tpp

4.14 CoreDNS를 사용한 외부 워크스테이션에서의 성공적인 브라우징

성공! 이제 엔터프라이즈 DNS 서버와 쿠버네티스 클러스터에서 실행되는 CoreDNS 서버를 연동했다. 이 연동을 통해 사용자는 서비스에 어노테이션을 추가하는 것만으로 서비스 이름을 동적으로 등록할 수 있다.

멀티 클러스터 간의 로드밸런싱

여러 클러스터에서 서비스를 실행하는 경우 여러 가지 방법으로 설정할 수 있으며, 일반적으로 F5와 같은 기업의 글로벌 로드밸런서와 같은 복잡하고 비용이 많이 드는 추가 기능이 필요하다. 이러한 기능은 엔터프라이즈에서는 매우 일반적이다. 많은 조직이 F5의 GSLB^{Global Service Load Balancers}와 같은 애드온을 사용해 클러스터를 구현하고 있지만, 쿠버네티스에 기본으로 제공되거나 저렴한 동일한 기능을 제공하는 프로젝트가 있다. 이러한 프로젝트가 벤더 솔루션이 제공하는 모든 기능을 대체하는 것은 아니다. 그러나 대부분의 경우 고가의 솔루션이 제공하는 모든 기능을 필요로 하는 것은 아니다. 제공된 기능의 일부만 있으면 된다.

최근 출시된 새로운 프로젝트는 CNCF 샌드박스 프로젝트인 K8GB다. 프로젝트에 대해 알아보려면 다음 링크(https://www.k8gb.io)에서 프로젝트의 메인 페이지로 참조하면 된다.

클러스터에는 KinD와 단일 호스트를 사용하고 있기 때문에 이 절에서는 프로젝트와 프로젝트가 제공하는 이점을 소개한다. 이 절은 여러 컴포넌트가 필요한 복잡한 주제이기 때문에 참조용일 뿐이며 일부는 쿠버네티스 외부에 있으며, 책의 깃허브 리포지터리 (https://github.com/PacktPublishing/Kubernetes---An-Enterprise-Guide-2E/tree/main/chapter4/k8gb-example)에서 추가 정보와 함께 예제를 제공한다.

NOTE

> 이것은 샌드박스 프로젝트이고, 아직 초기 단계의 프로젝트다. 그리고 4장을 쓴 이후 모든 최신 버전은 오브젝트 및 설정이 변경될 수 있다. 그럼에도 불구하고, 우리는 엔터프라이즈를 위한 프로젝트의 가치를 보고 독자들에게 소개하고 싶었다.

쿠버네티스 글로벌 밸런서 소개

K8GB와 같은 프로젝트에 관심을 가져야 하는 이유는 무엇일까?

한 가지 예는 운영 사이트에서 쿠버네티스 클러스터를 실행하고 재해 복구 데이터 센터에서 클러스터를 실행하는 내부 엔터프라이즈 클라우드다. 사용자에게 원활한 경험을 제공하기 위해 사람의 개입 없이 데이터 센터 간에 애플리케이션의 실패에도 고가용성의 서비스를 제공할 수 있는 기능을 갖기 원한다(즉, 수동 재해 복구 이벤트 또는 작업 없음). 그렇다면 여러 클러스터가 애플리케이션을 서비스할 때 마이크로서비스의 고가용성을 제공해야 하는 엔터프라이즈의 요청에 어떻게 대처할 수 있을까?

정답은 K8GB이다.

K8GB가 고가용성 요구 사항을 해결하기 위한 이상적인 솔루션인 이유는 무엇일까? 사이트에 설명된 대로 주요 기능은 다음과 같다.

- 로드밸런싱은 매우 안정적이고 글로벌 배포에 적합한 timeproof DNS 프로토콜을 사용해 제공된다.

- 관리 클러스터가 필요 없다.

- 단일 장애점은 없다.

- 로드밸런싱 결정에 네이티브 쿠버네티스 상태 체크를 사용한다.

- 설정은 쿠버네티스 CRD만큼 간단한다.

- 모든 쿠버네티스 클러스터(온프레미스 또는 오프프레미스)에서 동작한다.

- 무료다!!!

지금까지 K8GB의 주요 기능에 대해 설명했다. 이제 자세히 살펴보자.

K8GB의 요건

글로벌 로드밸런싱을 제공하는 제품에서 K8GB는 클러스터에 글로벌 밸런싱을 제공하기 위해 많은 복잡한 인프라나 너무 많은 전제 조건이 필요하지 않다.

4장의 작성 시점에서의 최신 릴리스는 0.0.8이다. 요구 사항은 다음 두 가지뿐이다.

- CoreDNS 서버 로드밸런서 IP 주소는 기본 DNS 존에서 명명 표준 `gslb-ns-<k8gb-name>-gb.foowidgets.k8s`를 사용한다. 예: `gslb-ns-us-nyc-gb.foowidgets.k8s` 및 `gslb-ns-us-buf-gb.foowidgets. k8s`

NOTE

> Route 53, Infoblox 또는 NS1과 같은 서비스와 함께 K8GB를 사용하는 경우 CoreDNS 서버가 자동으로 도메인에 추가된다. 이 예에서는 Windows 2019 서버에서 실행되는 온프레미스 DNS 서버를 사용하므로 레코드를 수동으로 생성해야 한다.

- 인그레스 컨트롤러

- 클러스터에 배포되는 K8GB 컨트롤러는 다음과 같다.

  ○ K8GB 컨트롤러

  ○ CoreDNS CRD 플러그인이 설정된 CoreDNS 서버

4장에서는 앞부분에서 NGINX를 클러스터 인그레스 컨트롤러로 사용하는 첫 번째 요건에 대해 설명했다. 이 절에서는 마지막 요건인 클러스터에 K8GB 컨트롤러를 배포하고 설정한다.

클러스터에 K8GB 배포

K8GB 설치가 매우 간단해졌다. 인프라에 대해 설정된 values.yaml 파일을 사용해 단일 Helm 차트를 배포하기만 하면 된다.

K8GB를 설치하려면 K8GB 저장소를 헬름 목록에 추가한 다음 차트를 업데이트해야 한다.

```
helm repo add k8gb https://www.k8gb.io
helm repo update
```

헬름 리포지터리가 추가 및 업데이트되면 배포를 위해 헬름 values.yaml 파일을 커스터마이징한다. values.yaml 예제 파일은 K8GB 깃 리포지터리(https://github.com/k8gb-io/k8gb/blob/master/chart/k8gb/values.yaml)에 있다.

K8GB 로드밸런싱 옵션 이해

현재의 대부분의 로드밸런서와 마찬가지로 K8GB는 로드밸런싱된 URL마다 다르게 설정할 수 있는 다양한 솔루션을 제공한다. 라운드 로빈, 가중치 기반 라운드 로빈, 장애조치 및 수동 등 가장 일반적으로 필요한 전략을 제공한다.

이 예에서는 K8GB를 사내 2개의 클러스터 간의 장애 조치 로드밸런서로 설정한다. 단, K8GB는 장애 조치에만 국한되지 않는다. K8GB 로드밸런싱을 설정해 다음 중 하나의 전략을 지원할 수 있다.

- **라운드 로빈**: 전략을 지정하지 않으면 기본적으로 단순 라운드 로빈 로드밸런싱 설정이 된다. 라운드로빈을 사용하면 설정된 클러스터 간에 요청이 분할된다는 것을 의미한다. 요청 1은 클러스터 1로, 요청 2는 클러스터 2로, 요청 3은 클러스터 1로, 요청 4는 클러스터 2로 각각 이렇게 분할된다.

- **가중치 기반 라운드 로빈**: 라운드 로빈과 비슷하지만 이 전략에서는 클러스터로 송신하는 트래픽의 비율을 지정할 수 있다. 예를 들어 트래픽의 75 %가 클러스터 1로, 25%가 클러스터 2로 송신된다(현시점에서는 이 기능은 아직 작업 중이다).

- **장애 조치**: 디플로이먼트에 대한 모든 파드를 사용할 수 없게 되지 않는 한 모든 트래픽은 기본 클러스터로 이동한다. 클러스터 1에서 모든 파드가 작동 중지되면 클러스터 1의 파드를 다시 사용할 수 있게 될 때까지 클러스터 2가 워크로드를 인수해 다시 기본 클러스터가 된다.

- **수동**: 모든 장애 조치에는 수동 개입이 필요하다. 클러스터의 모든 파드를 사용할 수 없게 되면 장애 조치가 수동으로 실행되거나 기본 클러스터의 파드가 다시 정상 상태가 될 때까지 모든 요청에서 오류를 반환한다(이 기능은 현재도 작업 중이다).

이제 사용 가능한 전략을 알게 됐다. 이제 클러스터의 인프라스트럭처에 대해 살펴보겠다.

표 4.7 클러스터 상세

클러스터/서버 상세	상세

기업 DNS 서버 – 뉴욕시
IP: 10.2.1.14
	- 주요 기업 구역
	  - fooidgets.k8s
	- CoreDNS 서버의 호스트 레코드
	  - gslb-ns-us-nyc-gb.fooidgets.k8s
	  - gslb-ns-us-buf-gb.fooidgets.k8s
	- CoreDNS에 위임하도록 구성된 글로벌 도메인 클러스터의 서버
	  - gb.foowidgets.k8s

클러스터/서버 상세	상세
뉴욕, 뉴욕 - 클러스터 1 프라이머리 사이트 CoreDNS LB IP: 10.2.1.220 인그레스 LB IP: 10.2.1.221	• NGINX 인그레스 컨트롤러 • MetalLB를 사용해 노출된 CoreDNS 디플로이먼트
버팔로(뉴욕) - 클러스터 2 세컨더리 사이트 CoreDNS LB IP: 10.2.1.223 인그레스 LB IP: 10.2.1.224	• NGINX 인그레스 컨트롤러 • MetalLB를 사용해 노출된 CoreDNS 디플로이먼트

위 표의 상세 내용을 사용해 인프라스트럭처에 K8GB를 배포하는 방법을 설명한다.

인프라의 세부 정보를 사용해 이제 디플로이먼트를 위한 헬름 values.yaml 파일을 만들 수 있다. 다음 절에서는 예제 인프라를 사용해 설정해야 하는 값을 보여주고 각 값의 역할을 설명한다.

헬름 차트 값 사용자 정의

각 클러스터에는 유사한 값 파일이 있다. 주요 변경 사항은 우리가 사용하는 태그 값이다. 다음 파일은 뉴욕시 클러스터용이다.

```
# NYC K8GB values.yaml File
global:
  imagePullSecrets: []
k8gb:
  imageRepo: absaoss/k8gb
  dnsZone: "gb.foowidgets.k8s"
  edgeDNSZone: "foowidgets.k8s"
  edgeDNSServer: "10.2.1.14"
  clusterGeoTag: "us-nyc"
  extGslbClustersGeoTags: "us-buff"
  reconcileRequeueSeconds: 30
  exposeCoreDNS: true
  log:
    format: simple
    level: info
  metricsAddress: "0.0.0.0:8080"
```

```
coredns:
  isClusterService: false
  deployment:
    skipConfig: true
  image:
    repository: absaoss/k8s_crd
    tag: "v0.0.4"
  serviceAccount:
    create: true
    name: coredns
```

Berfalo 클러스터에서도 동일한 파일 내용이 사용되지만 태그 값을 교체해야 한다.

```
clusterGeoTag: "us-buff"
extGslbClustersGeoTags: "us-nyc"
```

설정은 그리 길지 않다. 일반적으로 복잡한 글로벌 로드밸런싱 설정을 실시하기 위해서는 몇 가지 옵션만 필요하다. 대규모 설정은 아니지만 DNS 및 K8GB는 일부 독자들에게는 상당히 새로운 것일 수 있다. 따라서 사용하고 있는 값의 주요 세부 사항을 몇 가지 살펴보겠다.

여기서 설명하는 주요 절은 K8GB 절의 값으로, K8GB가 로드밸런싱에 사용하는 모든 옵션을 설정한다.

표 4.8 K8GB 옵션

차트 값	설명
imageRepo	K8GB에 사용할 이미지. 에어갭 네트워크에 있는 경우 이 설정을 변경해야 한다.
dnsZone	이것은 K8GB에 사용하는 DNS 존이다. 기본적으로는 사용자가 애플리케이션에 액세스하기 위해 사용하는 DNS 레코드에 사용되는 존이다.
edgeDNSZone	이전 옵션(dnsZone)에서 위임된 dnsZone을 포함하는 메인 DNS 존
edgeDNSServer	에지 DNS 서버 – 보통 이름 해석에 사용되는 메인 DNS 서버이다.
clusterGeoTag	K8GB 컨트롤러가 여러 개 있는 경우 이 태그는 서로 간의 인스턴스를 지정하는 데 사용된다.
extGslbClusterGeoTags	페어링할 다른 K8GB 컨트롤러를 지정한다.

차트 값	설명
reconizeRequeeSeconds	클러스터 CoreDNS 서버 간의 레코드 업데이트 시간(초)이다.
exposeCoreDNS	true로 설정하면 로드밸런서 서비스가 생성돼 포트 53/UDP의 k8gb 네임스페이스에 배포된 CoreDNS가 외부 액세스를 위해 노출된다.
log	로그 형식과 로그 레벨을 지정한다. 단순 또는 JSON 형식으로 설정할 수 있으며 패닉, 치명적, 오류, 경고, 정보, 디버깅 또는 트레이스 수준을 설정할 수 있다.
metricsAddress	메트릭에 사용할 주소다.

헬름을 사용한 K8GB 설치

K8GB 개요 및 Helm 값 파일이 완료되면 클러스터에 K8GB 설치로 이동할 수 있다.

첫 번째 단계는 각 클러스터에 k8gb 네임스페이스를 생성하는 것이다.

```
kubectl create ns k8gb
```

뉴욕시 클러스터에서는 다음 헬름 명령을 사용해 K8GB를 배포할 수 있다(NYC 클러스터 고유의 값 파일 사용).

```
helm install k8gb k8gb/k8gb -n k8gb -f k8gb-nyc-values.html
```

Buffalo 값 파일을 사용하면, 다음 헬름 명령을 사용해 K8GB를 배포할 수 있다(Buffalo 클러스터에 고유한 값 파일 사용).

```
helm install k8gb k8gb/k8gb -n k8gb -f k8gb-buf-values.html
```

배포가 완료되면 k8gb 네임스페이스에서 2개의 파드가 동작한다. 하나는 k8gb 컨트롤러용이고 이제 1개는 CoreDNS 서버용이며 로드밸런싱 이름을 해석하기 위해 사용된다.

```
NAME                              READY    STATUS     RESTARTS    AGE
k8gb-8d8b4cb7c-mhglb              1/1      Running    0           7h58m
k8gb-coredns-7995d54db5-ngdb2     1/1      Running    0           7h37m
```

또, 수신 DNS 요청을 처리하기 위해서 서비스가 생성되고 있는 것도 확인할 수 있다. MetalLB를 사용해 노출됐기 때문에 UDP 프로토콜을 사용해 포트 53에서 로드밸런서 유형의 서비스를 볼 수 있다. 기본 클러스터도 표시된다. 배포가 목록에 생성한 IP 유형은 다음과 같다.

```
NAME                TYPE           CLUSTER-IP      EXTERNAL-IP    PORT(S)
AGE
k8gb-coredns        ClusterIP      10.97.178.51    <none>         53/UDP,53/TCP
8h
k8gb-coredns-lb     LoadBalancer   10.98.170.251   10.2.1.213     53:32503/UDP
7h44m
```

두 클러스터 모두에서 K8GB 디플로이먼트가 완료되고 검증됐으므로 글로벌 로드밸런싱이 있는 애플리케이션을 배포하는 방법을 설명하는 다음 절로 넘어가겠다.

K8GB를 사용한 고가용성 애플리케이션 배포

애플리케이션에 대한 글로벌 로드밸런싱을 활성화하는 방법에는 두 가지가 있다. K8GB에서 제공하는 커스텀 리소스를 사용해 새 레코드를 생성하거나 인그레스 규칙에 어노테이션을 달 수 있다. K8GB 시연을 위해 클러스터에 간단한 NGINX 웹 서버를 배포하고 기본적으로 제공되는 사용자 지정 리소스를 사용해 이를 K8GB에 추가한다.

커스텀 리소스르 사용해 K8GB에 애플리케이션 추가

K8GB를 배포할 때 Gslb라는 새 CRD가 생성됐으며, 이는 글로벌 로드밸런싱을 활성화하려는 애플리케이션을 제어한다. 오브젝트에는 표준 인그레스 오브젝트와 동일한

인그레스 이름의 스펙을 제공한다. 표준 인그레스 오브젝트와 Gslb 오브젝트의 유일한 차이점은 매니페스트의 마지막 절인 전략이다.

이 전략은 사용하려는 로드밸런싱 유형을 정의한다. 이 유형은 이 예의 경우 장애 조치이고 오브젝트에 사용할 기본 GeoTag이다. 이 예에서 NYC 클러스터는 기본 클러스터이므로 Gslb 오브젝트는 us-nyc로 설정된다.

로드밸런싱을 활용하는 애플리케이션을 배포하려면 두 클러스터 모두에서 다음을 생성해야 한다.

1. 애플리케이션에 대한 표준 디플로이먼트 및 서비스이다. Bitnami NGINX 이미지를 사용한 디플로이먼트를 nginx-lb라고 할 것이다.

2. 각 클러스터의 Gslb 오브젝트. 이 예에서는 인그레스 규칙을 지정하고 us-nyc를 기본 K8GB로 사용해 장애 조치하도록 전략을 설정하는 다음 매니페스트를 사용한다.

```yaml
apiVersion: k8gb.absa.oss/v1beta1
kind: Gslb
metadata:
  name: gslb-nginx
  namespace: web-frontend
spec:
  ingress:
    rules:
      - host: fe.gb.foowidgets.k8s
        http:
          paths:
          - backend:
              serviceName: nginx
              servicePort: 8080
            path: /
  strategy:
    type: failover
    primaryGeoTag: us-nyc
```

Gslb 오브젝트의 매니페스트를 배포하면, Gslb 오브젝트와 인그레스 오브젝트인 2개의 쿠버네티스 오브젝트가 생성된다.

NYC 클러스터의 Gslb 오브젝트의 웹 프론트엔드 네임스페이스를 보면 다음과 같다.

```
NAME                    STRATEGY      GEOTAG
gslb-failover-nyc       failover      us-nyc
```

그리고 NYC 클러스터의 인그레스 오브젝트를 보면 다음과 같이 나타난다.

```
NAME          CLASS      HOSTS                  ADDRESS      PORTS   AGE
gslb-nginx    <none>     fe.gb.foowidgets.k8s   10.2.1.221   80      4s
```

버팔로 클러스터에도 같은 오브젝트가 있다. 이에 대해서는 'K8GB의 글로벌 로드밸런싱 기능 이해' 절에서 설명한다.

인그레스 어노테이션을 사용해 K8GB에 애플리케이션 추가

K8GB에 애플리케이션을 추가하는 두 번째 방법은 개발자가 기존 인그레스 규칙을 K8GB에 추가할 수 있도록 기본적으로 추가된 표준 인그레스 규칙에 2개의 어노테이션을 추가하는 것이다.

글로벌 로드밸런싱 목록에 인그레스 오브젝트를 추가하려면 인그레스 오브젝트에 strategy와 primary-geotag의 두 가지 어노테이션만 추가하면 된다. 어노테이션의 예는 다음과 같다.

```
k8gb.io/strategy: "failover"
k8gb.io/primary-geotag: "us-nyc"
```

이렇게 하면 us-nyc geotag를 기본 태그로 사용하는 장애 조치 전략을 사용해 인그레스를 K8GB에 추가한다.

이제 애플리케이션의 글로벌 로드밸런싱을 활성화하기 위해 필요한 모든 인프라 설정 요소와 모든 오브젝트를 구현했다. 이제 실제 작업을 살펴보자.

K8GB의 글로벌 로드밸런싱 기능 이해

K8GB의 디자인은 복잡하지만 애플리케이션을 배포하고 K8GB가 영역 파일을 유지 관리하는 방법을 이해하면 더 쉬워질 것이다. 이것은 상당히 복잡한 주제이며 DNS 작동 방식에 대한 사전 지식이 있다고 가정하지만, 이 절이 끝나면 K8GB 작동 방식을 설명할 수 있을 것이다.

K8GB CoreDNS 서버의 동기화 유지

논의할 첫 번째 주제는 K8GB가 2개 이상의 영역 파일을 동기화 상태로 유지해 디플로이먼트에 대한 원활한 장애 조치를 제공하는 방법이다.

앞에서 설명한 바와 같이 클러스터 내의 각 K8GB CoreDNS 서버는 메인 DNS 서버에 항목이 있어야 한다.

values.yaml 파일에서 에지 값으로 설정한 DNS 서버와 존을 볼 수 있다.

```
edgeDNSZone: "foowidgets.k8s"
edgeDNSServer: "10.2.1.14"
```

따라서 DNS 서버(10.2.1.14)에는 필요한 K8GB 명명 규칙을 사용해 각 CoreDNS 서버의 호스트 레코드가 있다.

```
gslb-ns-us-nyc-gb.gb.foowidgets.k8s      10.2.1.220  (The NYC CoreDNS
load balancer IP)
gslb-ns-us-buf-gb.gb.foowidgets.k8s      10.2.1.223  (The BUF CoreDNS
load balancer IP)
```

K8GB는 정의된 간격으로 모든 CoreDNS 서버 간에 통신해 추가, 삭제 또는 업데이트로 인해 업데이트가 필요한 레코드를 업데이트한다. 이 간격은 values.yaml 파일의 requireRequeSeconds에 의해 정의된다.

이것은 예를 들면 조금 이해하기 쉬워진다. 클러스터 예를 사용해 NGINX 웹 서버를 배포하고 두 클러스터에 필요한 모든 오브젝트를 만들었다. 배포 후에는 다음과 같이 각 클러스터에 Gslb 및 인그레스 오브젝트가 있다.

표 4.9 각 클러스터의 오브젝트

Cluster: NYC	Cluster: Buffalo
Deployment: `nginx-web`	Deployment: `nginx-web`
Ingress: `fe.gb.foowidgets.k8s`	Ingress: `fe.gb.foowidgets.k8s`
IP address: `10.2.1.221` (Ingress)	IP address: `10.2.1.224` (Ingress)

두 클러스터 모두에서 디플로이먼트가 정상이므로 CoreDNS 서버에는 IP 주소가 `10.2.1.221`인 `fe.gb.foowidgets.k8s`에 대한 레코드가 있다. 메인 회사 DNS 서버를 사용하는 모든 클라이언트 시스템에서 dig 명령을 실행해 이를 확인할 수 있다.

```
surovich@ubuntu-20:~$ dig fe.gb.foowidgets.k8s

; <<>> DiG 9.16.1-Ubuntu <<>> fe.gb.foowidgets.k8s
;; global options: +cmd
;; Got answer:
;; ->>HEADER<<- opcode: QUERY, status: NOERROR, id: 14856
;; flags: qr rd ra; QUERY: 1, ANSWER: 1, AUTHORITY: 0, ADDITIONAL: 1

;; OPT PSEUDOSECTION:
; EDNS: version: 0, flags:; udp: 65494
;; QUESTION SECTION:
;fe.gb.foowidgets.k8s.           IN      A

;; ANSWER SECTION:
fe.gb.foowidgets.k8s.   30      IN      A

;; Query time: 0 msec
;; SERVER: 127.0.0.53#53(127.0.0.53)
;; WHEN: Tue Jul 06 23:49:29 UTC 2021
;; MSG SIZE  rcvd: 65
```

dig의 출력에서 볼 수 있듯이 메인 클러스터에서는 애플리케이션이 정상이기 때문에 호스트는 `10.2.1.221`로 리졸브됐다.

NYC 클러스터의 디플로이먼트 레플리카를 0으로 스케일링해 장애를 시뮬레이트한다. 이것은 K8GB에 장애가 발생한 애플리케이션과 같다. NYC 클러스터 내의 K8GB 컨트롤러는 애플리케이션에 정상적인 엔드포인트가 없음을 인식하면 세컨더리 IP 주소를 가진 모든 서버에서 CoreDNS 레코드를 업데이트해 세컨더리 클러스터로 서비스를 장애 조치한다.

스케일을 줄이면 dig를 사용해 반환되는 호스트를 확인할 수 있다.

```
surovich@ubuntu-20:~$ dig fe.gb.foowidgets.k8s

; <<>> DiG 9.16.1-Ubuntu <<>> fe.gb.foowidgets.k8s
;; global options: +cmd
;; Got answer:
;; ->>HEADER<<- opcode: QUERY, status: NOERROR, id: 64563
;; flags: qr rd ra; QUERY: 1, ANSWER: 1, AUTHORITY: 0, ADDITIONAL: 1

;; OPT PSEUDOSECTION:
; EDNS: version: 0, flags:; udp: 65494
;; QUESTION SECTION:
;fe.gb.foowidgets.k8s.            IN     A

;; ANSWER SECTION:
fe.gb.foowidgets.k8s.    30       IN     A

;; Query time: 4 msec
;; SERVER: 127.0.0.53#53(127.0.0.53)
;; WHEN: Tue Jul 06 23:52:10 UTC 2021
;; MSG SIZE  rcvd: 65
```

반환된 IP 주소는 Buffalo 클러스터인 세컨더리 클러스터 10.2.1.224의 디플로이먼트를 위한 IP 주소다. 이를 통해 K8GB가 올바르게 작동하고 쿠버네티스 글로벌 로드밸런서가 제공되고 있음을 알 수 있다.

프라이머리 클러스터에서 애플리케이션이 정상 상태가 되면 K8GB는 CoreDNS를 업데이트하고 모든 요청을 메인 클러스터로 다시 리졸브한다. 이를 테스트하기 위해 NYC에서 디플로이먼트 규모를 1로 되돌리고 다음 dig 테스트를 실시했다.

```
surovich@ubuntu-20:~$ dig fe.gb.foowidgets.k8s

; <<>> DiG 9.16.1-Ubuntu <<>> fe.gb.foowidgets.k8s
;; global options: +cmd
;; Got answer:
;; ->>HEADER<<- opcode: QUERY, status: NOERROR, id: 54278
;; flags: qr rd ra; QUERY: 1, ANSWER: 1, AUTHORITY: 0, ADDITIONAL: 1

;; OPT PSEUDOSECTION:
; EDNS: version: 0, flags:; udp: 65494
;; QUESTION SECTION:
;fe.gb.foowidgets.k8s.            IN      A

;; ANSWER SECTION:
fe.gb.foowidgets.k8s.    30       IN      A

;; Query time: 4 msec
;; SERVER: 127.0.0.53#53(127.0.0.53)
;; WHEN: Tue Jul 06 23:58:49 UTC 2021
;; MSG SIZE  rcvd: 65
10.2.1.221
```

기본 데이터 센터 위치인 주소 **10.2.1.221**에서 NYC Ingress 컨트롤러를 반영하도록
IP가 업데이트됐음을 알 수 있다.

K8GB는 오늘날 상용의 다른 제품이 제공하는 것과 유사한 글로벌 로드밸런싱을 제공
하는 CNCF의 독특하고 인상적인 프로젝트이다.

이는 우리가 주의 깊게 관찰하고 있는 프로젝트이며 여러 클러스터에 애플리케이션을
배포해야 하는 경우 K8GB 프로젝트가 성숙함에 따라 검토하는 것이 좋다.

⁑ 요약

4장에서는 쿠버네티스에서 워크로드를 다른 클러스터 리소스 및 사용자에게 노출하는
방법에 대해 배웠다.

4장의 첫 번째 부분에서는 서비스와 할당할 수 있는 여러 유형에 대해 살펴봤다. 세 가지 주요 서비스 유형은 ClusterIP, NodePort 및 로드밸런서다. 서비스 유형을 선택하면 애플리케이션이 노출되는 방식이 설정된다.

두 번째 파트에서는 두 가지 로드밸런서 유형 레이어 4와 레이어 7을 소개했다. 각각에는 워크로드 노출을 위한 고유한 기능이 있다. 일반적으로 클러스터에서 실행 중인 애플리케이션에 대한 액세스를 제공하기 위해 사용되는 오브젝트는 서비스뿐만이 아니다. 레이어 7을 사용하는 서비스에 대한 액세스를 제공하기 위해 인그레스 컨트롤러와 함께 ClusterIP 서비스를 자주 사용한다. 일부 애플리케이션에서는 레이어 7 로드밸런서에서 제공하지 않는 추가 통신이 필요할 수 있다. 이러한 애플리케이션은 사용자에게 서비스를 제공하기 위해 레이어 4 로드밸런서가 필요할 수 있다. '로드밸런싱' 절에서는 널리 사용되는 오픈소스 레이어 4 로드밸런서인 MetalLB의 설치와 사용에 대해 설명했다.

마지막 절에서는 로드밸런싱에 엔터프라이즈 기능을 추가하는 방법에 대해 설명했다. 조건부 전송을 사용해 다이내믹 CoreDNS 존을 외부 엔터프라이즈 DNS 서버와 연동하는 방법에 대해 설명했다. 2개의 명명 시스템을 연동하면 클러스터 내의 로드밸런싱 서비스를 동적으로 등록할 수 있다.

4장은 K8GB라고 부르는 새롭고 강력한 프로젝트를 소개하면서 막을 내렸다. 이 CNCF 샌드박스 프로젝트는 쿠버네티스 네이티브 글로벌 로드밸런서를 제공해 설정된 클러스터 간의 자동 장애 조치 또는 로드밸런싱을 통해 여러 클러스터에 애플리케이션을 배포할 수 있도록 한다.

이제 클러스터의 서비스를 사용자에게 노출하는 방법을 알게 됐다. 새 서비스를 생성하기 위해 클러스터에 액세스할 수 있는 사용자를 제어하려면 어떻게 해야 할까? 5장에서는 클러스터와 인증을 연동하는 방법에 대해 설명한다. KinD 클러스터에 OIDC 프로바이더를 배포하고 ID를 위해 외부 SAML2 실습 서버에 연결한다.

⁑ 문제

1. 서비스는 어떤 파드를 서비스의 엔드포인트로 사용해야 하는지 어떻게 알 수 있는가?

    a. 서비스 포트로

    b. 네임스페이스로

    c. 만든 사용자로

    d. 셀렉터 레이블로

2. 제대로 작동하지 않을 수 있는 서비스 문제를 해결하는 데 도움이 되는 kubectl 명령은 무엇인가?

    a. `kubectl get services <service name>`

    b. `kubectl get ep <service name>`

    c. `kubectl get pods <service name>`

    d. `kubectl get servers <service name>`

3. 모든 쿠버네티스 배포판에는 로드밸런서 유형을 사용하는 서비스가 지원된다.

    a. 참

    b. 거짓

4. 패킷 내용에 관계없이 모든 TCP/UDP 포트를 지원하고 트래픽을 받아들이는 로드밸런서 유형은 무엇인가?

    a. 레이어 7

    b. 시스코 레이어

    c. 레이어 2

    d. 레이어 4

5. 추가 설정 요소 없이 다음 중 어떤 서비스 유형을 사용해 여러 프로토콜을 사용할 수 있는가?

a. NodePort와 ClusterIP

b. 로드밸런서와 NodePort

c. NodePort, 로드밸런서 그리고 ClusterIP

d. 로드밸런서와 ClusterIP

05

클러스터 인증 연동

클러스터가 구축되면 사용자는 클러스터와 안전하게 상호 작용해야 한다. 대부분의 엔터프라이즈에서 이는 개별 사용자를 인증하고 업무를 수행하기 위해 필요한 것만 액세스할 수 있도록 하는 것을 의미한다. 쿠버네티스의 경우 클러스터는 인증을 요청할 수 있는 프론트엔드를 가진 애플리케이션이 아닌 API의 집합이기 때문에 이 작업은 어려울 수 있다.

5장에서는 OpenID Connect 프로토콜과 쿠버네티스 가장을 사용해 엔터프라이즈 인증을 클러스터에 통합하는 방법을 배운다. 또한 몇 가지 안티 패턴을 다루고 왜 사용을 피해야 하는지 설명할 예정이다.

5장에서는 다음 주제를 다룰 것이다.

- 쿠버네티스가 당신을 어떻게 아는지 이해하기

- OpenID Connect 이해

- OpenID Connect를 위한 KinD 설정

- 클라우드 쿠버네티스가 당신을 어떻게 아는가?

- 가장^{Impersonation}을 위한 클러스터 설정

- OpenUnison을 사용하지 않고 가장 설정

- 클러스터에 대한 파이프라인 인증

시작해보자!

기술 요구 사항

5장의 기술 요구 사항은 다음과 같다.

- 8GB의 RAM을 탑재한 Ubuntu 20.04 서버

- 2장, 'KinD를 이용한 쿠버네티스 배포' 설정으로 실행되는 KinD 클러스터

5장의 코드는 다음 깃허브 리포지터리(https://github.com/PacktPublishing/Kubernetes---An-Enterprise-Guide2E/tree/main/chapter5)에서 볼 수 있다.

쿠버네티스가 당신을 어떻게 아는지 이해하기

1999년 개봉한 SF 영화 〈매트릭스〉에서 네오는 오라클을 보기 위해 기다리는 동안 한 아이에게 매트릭스에 대해 이야기한다. 아이는 그에게 매트릭스를 조작하는 요령은 "숟가락이 없다"는 것을 깨닫는 것이라고 설명한다.

쿠버네티스의 사용자는 존재하지 않기 때문에 이 방식의 설명은 매우 적합하다. 나중에 설명하는 서비스어카운트를 제외하면 쿠버네티스에는 "User" 또는 "Group"이라는 오브젝트가 없다. 모든 API 상호 작용에는 사용자가 누구인지, 사용자가 어떤 그룹에 속해 있는지 API 서버에 알려주기 위한 충분한 정보가 포함돼야 한다. 이 어설션^{assertion}은 클러스터에 인증을 연동하는 방법에 따라 다른 형식을 취할 수 있다.

이 절에서는 쿠버네티스가 사용자를 클러스터에 연결할 수 있는 다양한 방법에 대해 자세히 설명한다.

외부 사용자

클러스터 외부에서 쿠버네티스API에 액세스하는 사용자는 보통 다음 두 가지 인증 방법 중 하나를 사용한다.

- **인증서**^{Certificate}: 사용자 이름 및 그룹 등의 정보를 가진 클라이언트 인증서를 사용하는 사용자를 확인할 수 있다. 인증서는 TLS 협상 프로세스의 일부로 사용된다.
- **Bearer 토큰**^{Bearer token}: 각 요청에 내장된 bearer 토큰은 자체 검증에 필요한 모든 정보를 포함하는 독립적인 토큰이거나 API 서버 내의 웹훅에 의해 해당 정보를 교환할 수 있는 토큰일 수 있다.

서비스어카운트를 사용해 클러스터 외부에 있는 API 서버에 액세스할 수도 있다. 단, 이는 매우 권장되지 않는다. '기타 인증 옵션' 절에서 서비스어카운트 사용에 대한 위험과 우려 사항에 대해 설명한다.

쿠버네티스의 그룹

그룹을 통해 각 사용자에 대해 개별적으로 롤바인딩 오브젝트를 만들지 않고도 서로 다른 사용자에게 동일한 권한을 할당할 수 있다. 쿠버네티스에는 다음 두 가지 유형의 그룹이 있다.

- **시스템 할당**: 이 그룹은 system: 접두사로 시작하고 API 서버에 의해 할당된다. 예제 그룹은 인증된 모든 사용자에게 할당되는 system:authenticated이다. 시스템 할당 그룹의 또 다른 예는 system:serviceaccounts:namespace 그룹이다. 여기서 Namespace는 그룹에 명명된 네임스페이스에 대한 모든 서비스어카운트를 포함하는 네임

스페이스의 이름이다.

- **사용자 지정 그룹**: 이 그룹은 API 서버에 제공된 토큰 또는 인증 웹훅을 통해 인증 시스템에 의해 어설션된다. 이러한 그룹의 이름을 지정하는 방법에 대한 표준이나 요구사항은 없다. 사용자와 마찬가지로 그룹은 API 서버에서 오브젝트로 존재하지 않는다. 그룹은 인증 시 외부 사용자에 의해 어설션되고 시스템 생성 그룹에 대해 로컬로 추적된다. 사용자의 그룹을 어설션할 때 사용자의 고유 ID와 그룹 간의 주요 차이점은 고유 ID는 고유해야 하지만 그룹은 그렇지 않다.

그룹별로 액세스 권한이 부여될 수 있지만 모든 액세스는 여전히 사용자의 고유 ID를 기반으로 추적 및 감사된다.

서비스어카운트

서비스어카운트^{ServiceAccount}는 다양한 API에 액세스할 수 있는 파드를 추적하기 위해 API 서버에 존재하는 오브젝트다. 서비스어카운트 토큰은 JSON Web Token^{JWT}이라고 부르며 생성된 방법에 따라 다음 두 가지 방법으로 서비스어카운트를 얻을 수 있다.

- 첫 번째는 서비스어카운트가 생성될 때 쿠버네티스에서 생성한 시크릿에서 가져온 것이다.
- 두 번째는 마운트 지점을 통해 시크릿을 파드에 주입하는 데 사용되거나 클러스터에서 외부적으로 사용되는 TokenRequest API를 통한 것이다. 모든 서비스어카운트는 API 서버에 요청 헤더로 토큰을 주입해 사용한다. API 서버는 이를 서비스어카운트로 인식하고 내부적으로 유효성을 검사한다.

사용자와 달리 서비스어카운트는 임의 그룹에 할당할 수 없다. 서비스어카운트는 사전 빌드된 그룹의 멤버일 뿐이며 역할을 할당하기 위해 특정 서비스어카운트 그룹을 만들 수 없다.

쿠버네티스가 사용자를 식별하는 방법에 대한 기본 사항을 살펴봤으므로 이제 이 프레임워크가 OpenID Connect^{OIDC} 프로토콜에 어떻게 적합한지 살펴보자. OIDC는 대부분의 엔터프라이즈에 필요한 보안을 제공하고 표준 기반이지만, 쿠버네티스는 많은 웹 애플리케이션에서 일반적으로 사용하는 방식으로 이를 사용하지 않는다. 이러한 차이점과 쿠버네티스에 이러한 차이점이 필요한 이유를 이해하는 것은 클러스터를 엔터프라이즈 보안 환경에 연동하는 데 있어 중요한 단계다.

⠿ OpenID Connect 이해

OpenID Connect는 표준 ID 페더레이션 프로토콜이다. OAuth2 사양을 기반으로 구축됐으며 쿠버네티스 클러스터와 상호 작용하는 데 적합한 몇 가지 매우 강력한 기능을 갖고 있다.

OpenID Connect의 주요 장점인 ID Connect는 다음과 같다.

- **단기 토큰**: 로그 메시지나 위반 등을 통해 토큰이 누출된 경우, 토큰이 가능한 한 빨리 만료되도록 해야 한다. OIDC를 사용하면 1~2분 동안 존속할 수 있는 토큰을 지정할 수 있다. 즉, 공격자가 토큰을 사용하려고 할 때까지 토큰이 만료될 가능성이 높다.

- **사용자 및 그룹 멤버십**: 권한 부여에 대해 이야기하면 사용자를 직접 참조해 액세스를 관리하는 것이 아니라 그룹별로 액세스를 관리하는 것이 중요하다는 것을 금방 알 수 있다. OIDC 토큰은 사용자의 ID와 해당 그룹을 모두 포함할 수 있으므로 접근 관리가 용이해진다.

- **시간 제한 정책으로 범위가 지정된 새로고침 토큰**: 단기 토큰을 사용하면 필요에 따라 새로 고칠 수 있어야 한다. 새로고침 토큰이 유효한 시간은 기업의 웹 애플리케이션 유휴 시간 제한 정책으로 범위를 지정할 수 있으므로 클러스터가 다른 웹 기반 애플리케이션과 호환되도록 할 수 있다.

- **kubectl에 플러그인 필요 없음**: kubectl 바이너리는 기본적으로 OpenID Connect를 지원하므로 추가 플러그인이 필요하지 않다. 이는 워크스테이션에 직접 명령줄 인터

페이스^{CLI, Command Line Interface} 도구를 설치할 수 없기 때문에 점프 박스^{Jump box} 또는 VM에서 클러스터에 액세스해야 하는 경우에 특히 유용하다.

- **다양한 멀티팩터 인증 옵션**: 가장 강력한 멀티팩터 인증 옵션에는 웹 브라우저가 필요하다. 예를 들어 하드웨어 토큰을 사용하는 FIDO U2F 및 WebAuthn 등이 있다.

OIDC는 수년 동안 사용돼 온 피어 리뷰^{peer-reviewed} 표준으로, ID 페더레이션을 위해 선호되는 표준으로 빠르게 자리 잡고 있다.

NOTE

> ID 페더레이션은 사용자의 비밀번호 또는 암호를 공유하지 않고 ID 데이터 및 인증의 어설션을 설명하는 데 사용되는 용어다. ID 페더레이션의 전형적인 예는 직원 웹 사이트에 로그인하고 다시 로그인할 필요 없이 혜택을 제공하는 웹 사이트에 액세스할 수 있는 것이다. 직원 웹 사이트에서 혜택을 제공하는 웹 사이트와 암호를 공유하지 않는다. 사용자는 직원 웹 사이트에 특정 날짜와 시간에 로그인했다고 어설션하고 사용자에 대한 일부 정보를 제공한다. 이렇게 하면 혜택을 제공하는 웹 사이트와 직원 웹 사이트 비밀번호를 모르는 상태에서 계정이 2개의 사일로(직원 웹 사이트 및 혜택을 제공하는 웹 사이트)에 연동된다.

OpenID Connect 프로토콜

보다시피 OIDC^{OpenID Connect}에는 여러 컴포넌트가 있다. OIDC의 구조를 완전히 이해하려면 먼저 OpenID Connect 프로토콜을 이해해야 한다.

우리가 집중할 OIDC 프로토콜의 두 가지 측면은 다음과 같다.

- kubectl 및 API 서버에서 토큰 사용

- 토큰을 최신 상태로 유지하기 위해 토큰 새로고침

토큰 획득에 너무 집중하지 않을 것이다. 토큰을 가져오는 프로토콜은 표준을 따르지만 로그인 프로세스는 그렇지 않다. ID 프로바이더로부터 토큰을 얻는 방법은 다양하며 OIDC Identity Provider^{IdP}가 구현하기로 선택한 방법을 기반으로 한다.

OIDC 로그인 프로세스에서 3개의 토큰이 생성된다.

- access_token: 이 토큰은 사용자 정보 획득과 같이 ID 프로바이더가 제공할 수 있는 웹 서비스에 인증된 요청을 수행하는 데 사용된다. 쿠버네티스에서 사용하지 않으며 폐기할 수 있다. 이 토큰에는 표준 형식이 없다. JWT일 수도 있고 아닐 수도 있다.

- id_token: 이 토큰은 API 서버가 액세스 권한을 부여하는 데 사용할 수 있는 고유 식별자, 그룹 및 만료 정보를 포함해 ID를 캡슐화하는 JWT이다. JWT는 ID 프로바이더의 인증서로 서명되며 JWT의 서명을 확인하는 것만으로 쿠버네티스에서 확인할 수 있다. 이는 자신을 인증하기 위한 각 요청에 대해 쿠버네티스에 전달하는 토큰이다.

- refresh_token: kubectl은 만료되면 자동으로 id_token을 새로 고치는 방법을 알고 있다. 이를 위해 refresh_token을 사용해 IdP의 토큰 엔드포인트를 호출해 새 id_token을 얻는다. refresh_token은 한 번만 사용할 수 있으며 불투명하다. 즉, 토큰 보유자로서 해당 형식을 볼 수 없으며 이는 전혀 문제가 되지 않는다. 작동하거나 작동하지 않거나 둘 중에 하나다. refresh_token은 쿠버네티스(또는 다른 애플리케이션)로 전송하지 않는다. IdP와의 통신에만 사용된다.

토큰이 있으면 토큰을 사용해 API 서버를 인증할 수 있다. 토큰을 사용하는 가장 쉬운 방법은 명령줄 매개변수를 사용해 토큰을 kubectl 설정에 추가하는 것이다.

```
kubectl config set-credentials username --auth-provider=oidc --auth-
provider-arg=idp-issuer-url=https://host/uri --auth-provider-
arg=client-id=kubernetes --auth-provider-arg=refresh-token=$REFRESH_
TOKEN --auth-provider-arg=id-token=$ID_TOKEN
```

config set-credentials에는 몇 가지 옵션을 지정해야 한다. id-token과 refresh_token에 대해서는 이미 설명했지만 다음 두 가지 옵션이 있다.

- idp-issuer-url: API 서버를 구성하는 데 사용할 동일한 URL이며 IdP의 검색 URL에 사용되는 기본 URL을 가리킨다.

- **client-id**: IdP에서 설정을 식별하는 데 사용된다. 이는 쿠버네티스 디플로이먼트에 고유하며 비밀 정보로 간주되지 않는다.

OpenID Connect 프로토콜에는 OIDC 클라이언트와 IdP 간에 공유되는 client_secret이라고 하는 선택적 요소가 있다. 토큰 새로고침과 같은 요청을 하기 전에 클라이언트를 "인증"하는 데 사용된다. 쿠버네티스에서 옵션으로 지원하지만 사용하지 않고 대신 공개 엔드포인트(시크릿을 전혀 사용하지 않음)를 사용하도록 IdP를 구성하는 것이 좋다.

클라이언트 비밀 정보는 모든 잠재적 사용자와 공유해야 하고 암호이기 때문에 기업의 규정 준수 프레임워크에서 정기적으로 교체해야 하므로 실질적인 가치가 없다. 전반적으로 보안 측면에서 잠재적인 약점이 될 수 없다.

> **NOTE**
>
> 쿠버네티스에서는 ID 프로바이더가 검색 URL 엔드포인트를 지원해야 한다. 이 엔드포인트는 JWT 및 사용 가능한 다양한 엔드포인트를 확인하기 위한 키를 얻을 수 있는 위치를 알려주는 일부 JSON 을 제공하는 URL이다. 이 정보를 확인하려면 발급자 URL을 사용해 /.well-known/openid-configuration을 추가한다.

OIDC와 API의 상호 작용을 추적

kubectl이 설정되면 모든 API 상호 작용은 다음 순서를 따른다.

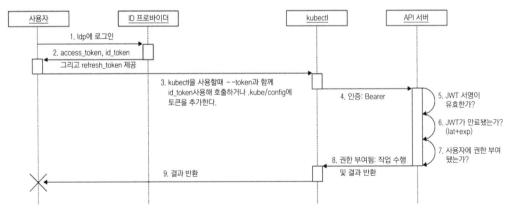

그림 5.1 쿠버네티스/Kubectl의 OpenID Connect 시퀀스 다이어그램

위의 다이어그램은 쿠버네티스 인증 페이지(https://kubernetes.io/docs/reference/access-authn-authz/authentication/#openid-connect-tokens)에서 가져온 것이다. 요청을 인증하려면 다음을 수행해야 한다.

1. **IdP에 로그인**: IdP마다 다르다. 여기에는 웹 브라우저의 양식, 멀티팩터 토큰 또는 인증서에 사용자 이름과 암호를 제공하는 것이 포함될 수 있다. 이는 구현에 따라 다르다.

2. **사용자에게 토큰 제공**: 인증되면 사용자는 쿠버네티스 API에 액세스하기 위해 kubectl에서 필요한 토큰을 생성하는 방법이 필요하다. 이것은 사용자가 설정 파일에 쉽게 복사해 붙여넣을 수 있도록 하는 애플리케이션의 형태를 취하거나 다운로드할 새 파일이 될 수 있다.

3. 이 단계는 id_token 및 refresh_token이 kubectl 설정에 추가되는 단계다. 토큰이 브라우저에서 사용자에게 제공된 경우 설정에 수동으로 추가할 수 있다. 또는 일부 솔루션은 이 단계에서 다운로드할 새로운 kubectl 구성을 제공한다. 웹 브라우저를 실행해 인증 프로세스를 시작하고 완료되면 설정을 생성하는 kubectl 플러그인도 있다.

4. **id_token 주입**: kubectl 명령이 호출되면 각 API 호출에는 id_token이 포함된 Authorization 헤더라는 추가 헤더가 포함된다.

5. **JWT 서명 유효성 검사**: API 서버가 API 호출에서 id_token을 수신하면 ID 프로바이더가 제공한 공개 키에 대해 서명을 유효성 검증한다. API 서버는 또한 발급자가 API 서버 설정에 대한 발급자와 일치하는지 여부와 수신자가 API 서버 설정의 클라이언트 ID와 일치하는지 확인한다.

6. **JWT 만료 확인**: 토큰은 제한된 시간 동안만 유효하다. API 서버는 토큰이 만료되지 않았는지 확인한다.

7. **권한 부여 확인**: 이제 사용자가 인증됐으므로 API 서버는 제공된 id_token으로 식별된 사용자가 사용자의 식별자 및 어설션된 그룹을 내부 정책과 일치시켜 요청된 작업을 수행할 수 있는지 여부를 결정한다.

8. **API 실행**: 모든 검사가 완료되고 API 서버가 요청을 실행해 kubectl로 다시 보낼 응답을 생성한다.

9. **사용자에 대한 응답 형식 지정**: API 호출(또는 일련의 API 호출)이 완료되면 JSON의 응답 형식이 지정되고 kubectl이 사용자에게 제공한다.

> **NOTE**
>
> 일반적으로 인증은 본인임을 확인하는 과정이다. 우리 대부분은 사용자 이름과 비밀번호를 웹 사이트에 넣을 때 이 과정을 경험한다. 우리는 우리가 누구인지 증명하고 있다. 엔터프라이즈 세계에서 권한 부여는 우리가 무언가를 할 수 있는지 여부에 대한 결정이 된다. 먼저 인증한 다음 권한 부여를 한다. API 보안을 중심으로 구축된 표준은 인증을 가정하지 않고 일종의 토큰을 기반으로 하는 권한 부여로 바로 이어진다. 발신자를 식별해야 한다고 가정하지 않는다. 예를 들어 물리적 열쇠를 사용해 문을 열 때 문은 당신이 누구인지 알지 못하고 당신이 올바른 열쇠를 가지고 있다는 것만 알 수 있다. 이 용어는 매우 혼란스러울 수 있으므로, 조금 헷갈릴 수 있다. 하지만 걱정할 필요는 없다.

id_token은 독립적이다. API 서버가 사용자에 대해 알아야 할 모든 것은 이 토큰에 포함돼 있다. API 서버는 ID 프로바이더가 제공한 인증서를 사용해 id_token을 확인하고 토큰이 만료되지 않았는지 확인한다. 모든 것이 일치하는 한 API 서버는 자체 RBAC 구성을 기반으로 요청에 권한을 부여하는 단계로 넘어간다. 그 과정에 관한 자세한 내용은 나중에 다루겠다. 마지막으로 권한이 있다고 가정하면 API 서버가 응답을 제공한다.

쿠버네티스에서는 패스워드나 사용자만이 알고 있는 그 외의 비밀 정보는 표시되지 않는다. 공유되는 것은 id_token뿐이며, 일시적이다. 이를 통해 다음과 같은 몇 가지 중요한 사항이 발생한다.

- 쿠버네티스는 사용자의 비밀번호나 다른 자격 증명을 볼 수 없으므로 이를 손상시킬 수 없다. 이렇게 하면 비밀번호 보안과 관련된 모든 작업 및 제어를 건너뛸 수 있으므로 보안 팀과 함께 작업하는 데 소요되는 시간을 크게 절약할 수 있다.

- id_token은 독립적이다. 즉, ID 프로바이더에 키를 다시 입력하는 것 외에 악용되는 것을 막기 위해 할 수 있는 일은 없다. 따라서 id_token의 수명이 짧은 것이 매우 중

요하다. 1~2분 후 공격자가 id_token을 취득해 그것이 무엇인지 깨닫고 악용할 가능성은 매우 낮다.

호출을 수행하는 동안 kubectl이 id_token이 만료됐음을 발견하면 refresh_token을 사용해 IdP의 토큰 엔드포인트를 호출해 새로고침을 시도한다. 사용자의 세션이 여전히 유효한 경우 IdP는 새 id_token 및 refresh_token을 생성하고 kubectl이 kubectl 설정에 저장할 것이다. 이 작업은 사용자 개입 없이 자동으로 수행된다. 또한 refresh_token은 한 번만 사용하므로 누군가 이전에 사용된 refresh_token을 사용하려고 하면 IdP가 새로고침 프로세스에 실패한다.

> **NOTE**
>
> 실패는 일어날 것이다. 누군가는 즉시 차단해야 할 수도 있다. 그들이 나가거나 세션이 손상됐을 수 있다. 이것은 IdP에 따라 다르므로, IdP를 선택할 때 어떤 형태의 세션 취소를 지원하는지 확인해야 한다.

마지막으로 refresh_token이 만료됐거나 세션이 취소된 경우 API 서버는 토큰을 지원하지 않음을 나타내는 401 Unauthorized 메시지를 반환한다.

우린 OIDC 프로토콜을 검토하는 데 상당한 시간을 할애했다. 이제 id_token을 자세히 살펴보자.

id_token

id_token은 Base64로 인코딩해 디지털 서명된 JSON 웹 토큰이다. JSON에는 OIDC에 클레임이라고 부르는 일련의 속성이 포함돼 있다. id_token에는 몇 가지 표준 클레임이 있지만, 대부분의 경우 다음과 같다.

- iss: kubectl의 발급자와 일치해야 하는 발급자

- aud: 클라이언트 ID

- sub: 고유 식별자

- groups: 표준 클레임은 아니지만 쿠버네티스 디플로이먼트와 관련된 그룹으로 채워야 한다.

id_token이 더 이상 허용되지 않아야 하는 시기를 나타내는 몇 가지 다른 클레임이 있다. 이러한 클레임은 모두 epoch(1970년 1월 1일) UTC 시간을 기준으로 초 단위로 측정된다.

- exp: id_token이 만료 시점

- iat: id_token이 생성 시점

- nbf: id_token의 절대 초깃값이 허용돼야 한다.

토큰에 만료 시간이 1회만 있지 않은 이유는 무엇일까?

id_token을 생성한 시스템의 시계가 그것을 평가하는 시스템과 정확히 같은 시간을 가질 가능성은 거의 없다. 종종 왜곡이 있으며 시계 설정 방법에 따라 몇 분 정도 걸릴 수 있다. 만료에 추가로 not-before가 있으면 표준 시간 편차의 여지가 있다.

id_token에는 별로 중요하지 않지만 추가 컨텍스트를 위해 존재하는 다른 클레임이 있다. 예를 들어 이름, 연락처 정보, 조직 등이 있다.

토큰의 주요 용도는 쿠버네티스 API 서버와 상호 작용하는 것이지만 API 상호 작용에만 국한되지 않는다. API 서버로 접속할 뿐 아니라 웹훅 호출은 id_token을 수신할 수도 있다.

클러스터에 검증용 웹훅으로 OPA를 배포했을 수 있다. 누군가 파드 생성 요청을 제출하면 웹훅은 다른 결정에 사용할 수 있는 사용자의 `id_token`을 받는다.

예를 들어 제출자의 조직을 기반으로 PVC가 특정 PV에 매핑되도록 하려는 것이다. 조직은 쿠버네티스에 전달된 다음 OPA 웹훅으로 전달되는 `id_token`에 포함된다. 토큰이 웹훅으로 전달됐으므로 정보를 OPA 정책에서 사용할 수 있다.

기타 인증 옵션

이 절에서는 OIDC에 초점을 맞춰 OIDC가 인증에 가장 적합한 이유를 설명했다. 이것이 유일한 옵션은 아니며 이 절에서 다른 옵션과 적절한 경우에 대해 설명하겠다.

인증서

이것은 일반적으로 모든 사용자가 쿠버네티스 클러스터에 대해 인증하는 첫 번째 경험이다.

쿠버네티스 설치가 완료되면 인증서와 개인 키가 포함된 사전 빌드된 kubectl 설정 파일이 생성돼 사용할 준비가 된다. 이 파일의 생성 위치는 배포판에 따라 다르다.

이 파일은 다른 모든 형식의 인증을 사용할 수 없는 "비상 상황" 시나리오에서만 사용해야 한다. 권한 있는 액세스에 대한 조직의 표준에 따라 제어해야 한다. 이 설정 파일을 사용하면 사용자를 식별하지 못하고 감사 추적이 용이하지 않아 쉽게 남용될 수 있다.

이는 인증서 인증의 표준 사용 사례로, 인증서 인증의 유일한 사용 사례는 아니다. 인증서 인증은 올바르게 이뤄지면 업계에서 가장 강력하게 인정되는 자격 증명 중 하나다.

인증서 인증은 미국 연방정부가 가장 중요한 작업에 사용한다. 대략적으로 인증서 인증에는 클라이언트 키와 인증서를 사용해 HTTPS 접속을 API 서버에 협상하는 작업이 포함된다. API 서버는 연결을 설정하는 데 사용한 인증서를 가져오고 인증 기관^{CA,} Certificate Authority 인증서에 대해 유효성을 검사할 수 있다. 확인되면 인증서의 속성을 API 서버가 인식할 수 있는 사용자 및 그룹에 매핑한다.

인증서 인증의 보안 이점을 얻으려면 일반적으로 스마트카드 형태로 격리된 하드웨어에서 개인 키를 생성해야 하며 해당 하드웨어를 벗어나지 않아야 한다. 인증서 서명 요청이 생성되고 공개 키에 서명하는 CA로 제출돼 전용 하드웨어에 설치된 인증서를 생성한다. CA는 개인 키를 얻지 못하므로 CA가 손상되더라도 사용자의 개인 키를 얻을 수 없다. 인증서를 해지해야 하는 경우 LDAP 디렉터리 또는 파일에서 가져오거나 OCSP 프로토콜을 사용해 확인할 수 있는 해지 목록에 추가된다.

이것은 매력적인 옵션처럼 보일 수 있는데, 쿠버네티스와 함께 인증서를 사용하면 안 되는 이유는 무엇일까?

- 스마트카드 연동은 kubectl이나 API 서버가 지원하지 않는 PKCS11이라는 표준을 사용한다.

- API 서버는 인증서 해지 목록을 확인하거나 OCSP를 사용할 수 있는 방법이 없으므로 인증서가 발급되면 API 서버에서 사용할 수 있도록 해지할 방법이 없다.

추가적으로 키 페어를 올바르게 생성하는 프로세스는 거의 사용되지 않는다. 사용자가 실행해야 하는 명령줄 도구와 결합해 사용하기 어려운 복잡한 인터페이스를 구축해야 한다. 이 문제를 해결하기 위해 인증서와 키 페어가 생성되고 다운로드하거나 이메일로 전송돼 프로세스의 보안이 무효화된다.

사용자에 대해 인증서 인증을 사용하지 말아야 하는 또 다른 이유는 그룹을 활용하기 어렵기 때문이다. 그룹을 인증서 주체에 포함할 수 있지만 인증서를 해지할 수는 없다. 따라서 사용자의 역할이 변경되면 새 인증서를 제공할 수 있지만 이전 인증서를 해지할 수는 없다. 롤바인딩 및 클러스터롤바인딩에서 직접 사용자를 참조할 수 있지만 이는 작은 클러스터에서도 액세스를 추적하기 어렵게 만드는 안티 패턴이다.

앞서 설명한 것처럼 "비상 상황"에서 인증서를 사용해 인증하는 것은 인증서 인증을 잘 사용하는 것이다. 다른 모든 인증 방법에 문제가 있는 경우 클러스터에 들어갈 수 있는 유일한 방법일 수 있다.

서비스어카운트

서비스어카운트는 간편한 액세스 방법을 제공하는 것으로 보인다. 생성은 간단하다. 다음 명령어는 서비스어카운트 오브젝트를 만들고 서비스어카운트의 토큰을 저장하는 시크릿을 만든다.

```
kubectl create sa mysa -n default
```

다음 명령은 서비스 계정의 토큰을 JSON 형식으로 가져온 토큰 값만 반환한다. 그런 다음 이 토큰을 사용해 API 서버에 액세스할 수 있다.

```
kubectl get secret $(kubectl get sa mysa -n default -o json | jq -r
'.secrets[0].name') -o json | jq -r '.data.token' | base64 -d
```

이에 대한 예를 보여주기 위해 자격 증명을 제공하지 않고 API 엔드포인트를 직접 호출해보겠다(자신의 로컬 컨트롤 플레인에 대한 포트를 사용해야 함).

```
curl -v --insecure https://0.0.0.0:32768/api
```

다음과 같은 메시지가 표시된다.

```
.
.
.
{
  "kind": "Status",
```

```
   "apiVersion": "v1",
   "metadata": {
   },
   "status": "Failure",
   "message": "forbidden: User \"system:anonymous\" cannot get path
\"/api\"",
   "reason": "Forbidden",
   "details": {
   },
   "code": 403
 * Connection #0 to host 0.0.0.0 left intact
```

기본적으로 대부분의 쿠버네티스 배포판은 API 서버에 대한 익명 액세스를 허용하지 않으므로, 사용자를 지정하지 않았기 때문에 403 오류가 발생한다.

이제 API 요청에 서비스어카운트를 추가해보겠다.

```
export KUBE_AZ=$(kubectl get secret $(kubectl get sa mysa -n default -o
json | jq -r '.secrets[0].name') -o json | jq -r '.data.token' | base64
-d)
curl  -H "Authorization: Bearer $KUBE_AZ" --insecure
https://0.0.0.0:32768/api
{
  "kind": "APIVersions",
  "versions": [
"v1" ],
  "serverAddressByClientCIDRs": [
    {
      "clientCIDR": "0.0.0.0/0",
      "serverAddress": "172.17.0.3:6443"
    }
    ]
}
```

성공! 이것은 간단한 프로세스였기 때문에, "왜 복잡한 OIDC의 문제를 걱정해야 하는 가?"라고 생각할 수 있다. 이 솔루션은 단순하기 때문에 다음과 같은 여러 가지 보안 문제가 발생한다.

- **토큰의 안전한 전송**: 서비스 계정은 독립적이며, 잠금을 해제하거나 소유권을 확인할 필요가 없으므로 토큰이 전송 중에 가져갈 경우 사용을 중지할 방법이 없다. 사용자가 로그인해 토큰이 포함된 파일을 다운로드하는 시스템을 설정할 수 있지만 이제는 훨씬 덜 안전한 버전의 OIDC가 있다.

- **만료 없음**: 레거시 토큰을 디코딩할 때 토큰의 유효기간이 언제인지 알려주는 것은 없다. 토큰이 만료되지 않기 때문이다. 서비스 계정을 삭제하고 다시 생성해 토큰을 해지할 수 있지만, 그러기 위해서는 시스템이 필요하다. 다시 말하지만 당신은 기능이 떨어지는 OIDC 버전을 구축했다.

- **감사**: 서비스 계정은 키가 검색되면 소유자가 쉽게 배포할 수 있다. 한 개의 키를 사용하는 사용자가 여러 명 있는 경우 계정 사용을 감사하기가 매우 어렵다.

이러한 문제 외에도 서비스 계정을 임의 그룹에 포함할 수 없다. 즉, RBAC 바인딩은 서비스 계정에 직접 연결하거나 서비스 계정의 멤버인 사전 빌드된 그룹 중 하나를 사용해야 한다. 권한 부여에 대해 이야기할 때 이것이 왜 문제가 되는지 알아볼 것이기 때문에 일단은 염두에 두자.

마지막으로 서비스 계정은 클러스터 외부에서 사용하도록 설계되지 않았다. 망치로 나사못을 박는 것과 같다. 당신은 억지로 그렇게 사용할 수 있도록 할 수는 있지만, 아무도 그 결과에 만족하지 않을 것이다.

TokenRequest API

TokenRequest API는 연동의 미래다. 1.12에서 베타가 시작됐고 1.22에서 GA가 될 것이다. 이 API는 정적 레거시를 사용하지 않고 파드에 계정을 투영한다. 이러한 투영된 토큰은 수명이 짧고 각 파드마다 고유하다. 마지막으로 연결된 파드가 삭제되면 이러한 토큰은 무효가 된다. 이렇게 하면 파드에 포함된 서비스어카운트 토큰이 훨씬 더 안전해진다.

이 API는 서드파티 서비스와 함께 사용할 수 있다는 또 다른 뛰어난 기능을 제공한다.

예를 들어 유효성을 검사하기 위해 API 서버에 대해 토큰 검토 API 호출을 수행할 필요 없이 HashiCorp의 Vault 시크릿 관리 시스템을 사용해 파드를 인증하는 것이다.

이 기능을 사용하면 파드가 외부 API를 호출하는 것이 훨씬 쉽고 안전하다.

TokenRequest API를 사용하면 특정 범위에 대한 단기 서비스어카운트를 요청할 수 있다. 토큰이 만료되고 범위가 제한돼 보안이 조금 더 강화됐지만, 여전히 서비스어카운트에 바인딩돼 있어 그룹이 없으며, 사용자에게 토큰을 안전하게 전달하고 사용을 감사하는 데 문제가 여전히 남아 있다.

1.21부터 모든 토큰은 기본적으로 TokenRequest API를 통해 파드에 투영된다. 하지만 새로운 토큰은 1년 동안 유효하기 때문에 수명이 짧지 않다! 즉, 토큰이 빨리 만료되도록 설정돼 있어도 API 서버는 토큰을 거부하지 않는다. 누군가 만료된 토큰을 사용하고 있는 것이 기록된다. 이는 무기한 토큰에서 단기 토큰으로 쉽게 전환할 수 있도록 하기 위한 것이다.

어떤 사람은 사용자 인증을 위해 토큰을 사용하고 싶은 유혹을 받을 수 있다. 그러나 TokenRequest API에 의해 생성된 토큰은 여전히 파드가 클러스터와 통신하거나 타사 API와 통신하기 위해 구축돼 있다. 사용자가 사용하기 위한 것이 아니다.

커스텀 인증 웹훅

기존 표준을 사용하지 않는 ID 플랫폼이 이미 있는 경우 커스텀 인증 웹훅을 사용하면 API 서버를 커스터마이징하지 않고도 연동할 수 있다. 이 기능은 일반적으로 관리형 쿠버네티스 인스턴스를 호스팅하는 클라우드 제공업체에서 사용한다.

API 서버가 토큰을 사용해 인증 웹훅을 호출해 인증 웹훅을 검증하고 사용자에 대한 정보를 얻을 수 있다. 쿠버네티스 배포판을 구축하려는 사용자 지정 IAM 토큰 시스템을 사용해 공용 클라우드를 관리하는 경우가 아니면 이 작업을 수행하지 않아야 한다. 자신의 인증을 생성하는 것은 자신의 암호화를 생성하는 것과 같다.

– 그냥 하지 말라. 지금까지 쿠버네티스에 대해 살펴본 모든 커스텀 인증 시스템은 OIDC

를 약간 모방하거나 또는 "패스워드 전달"로 요약된다. 망치로 나사못을 박는 비유처럼 할 수 있지만 매우 고통스러울 것이다. 이는 대부분 나사를 보드에 박는 대신 자신의 발에 박을 가능성이 높기 때문이다.

키스톤

오픈스택^{OpenStack}에 익숙한 사용자는 키스톤^{Keystone}이라는 이름을 ID 프로바이더로 인식할 것이다. 키스톤을 잘 모르는 경우 오픈스택 배포에서 사용되는 기본 ID 프로바이더다.

키스톤은 인증 및 토큰 생성을 처리하는 API를 호스트한다. 오픈스택은 키스톤의 데이터베이스에 사용자를 저장한다.

키스톤을 사용하는 것은 오픈스택과 관련된 경우가 많지만, 쿠버네티스는 사용자 이름 및 비밀번호 인증에 키스톤을 사용하도록 설정할 수도 있다. 단, 다음과 같은 제한이 있다.

- 키스톤을 쿠버네티스의 IdP로 사용할 때의 주요 제한 사항은 키스톤의 LDAP 구현에서만 작동한다는 것이다. 이 방법을 사용할 수는 있지만 사용자 이름과 암호만 지원된다는 점을 고려해야 한다. 따라서 LDAP 서버에 인증하기 위해 비표준 프로토콜을 사용해 ID 프로바이더를 생성해야 한다. 거의 모든 OIDC IdP가 외부에서 수행할 수 있다.

- 키스톤은 오픈스택에 대해 두 프로토콜을 모두 지원하더라도 키스톤과 함께 SAML 또는 OIDC를 활용할 수 없다.

- 오픈스택 외부에서 키스톤 프로토콜을 사용하는 방법을 아는 애플리케이션은 거의 없다. 클러스터에는 플랫폼을 구성하는 여러 애플리케이션이 있으며, 이러한 애플리케이션은 키스톤과의 연동 방법을 모른다.

키스톤을 사용하는 것은 특히 오픈스택에 배포하는 경우 확실히 매력적인 아이디어이지만, 궁극적으로 매우 제한적이며 OIDC를 사용하는 것만큼 키스톤을 연동하는 데 많은 노력이 들 수 있다.

다음 절에서는 여기에서 살펴본 세부 정보를 사용해 인증을 클러스터에 연동하는 데 적용한다. 구현을 진행하면서 kubectl, API 서버 및 ID 프로바이더가 클러스터에 대한 보안 액세스를 제공하기 위해 상호 작용하는 방법을 볼 수 있다. OpenID Connect 프로토콜을 이해하기 위한 세부 정보가 왜 중요한지 설명하기 위해 이러한 기능을 일반적인 엔터프라이즈 요구 사항과 연결한다.

OpenID Connect에 대한 KinD 설정

예제 디플로이먼트에서는 고객인 FooWidgets의 시나리오를 사용한다. FooWidgets에는 OIDC를 사용해 연동하려는 쿠버네티스 클러스터가 있다. 제안된 솔루션은 다음 요구 사항을 해결해야 한다.

- 쿠버네티스는 중앙 인증 시스템인 액티브 디렉터리^{Active Directory}를 사용해야 한다.

- 액티브 디렉터리 그룹을 RBAC 롤바인딩 오브젝트에 매핑할 수 있어야 한다.

- 사용자는 쿠버네티스 대시보드에 액세스해야 한다.

- 사용자는 CLI를 사용할 수 있어야 한다.

- 모든 엔터프라이즈 컴플라이언스 요건이 충족돼야 한다.

- 추가 클러스터 관리 애플리케이션도 중앙 집중식으로 관리해야 한다.

이러한 각 사항에 대해 자세히 알아보고 고객의 요구 사항을 해결하는 방법에 대해 설명하겠다.

요구 사항에 대한 대응

기업의 요구 사항에는 클러스터 내부와 외부 모두에서 여러 가지 움직이는 부분이 필요하다. 이러한 각 구성 요소와 이러한 구성 요소가 인증된 클러스터 구축과 어떤 관련이 있는지 살펴보겠다.

쿠버네티스에서의 LDAP 및 액티브 디렉터리 사용

오늘날 대부분의 엔터프라이즈에서는 Microsoft의 액티브 디렉터리를 사용해 사용자 및 자격 증명에 대한 정보를 저장한다. 엔터프라이즈의 규모에 따라 사용자 데이터가 저장되는 여러 도메인이나 포레스트^{forest}가 있는 것은 드문 일이 아니다. 각 도메인과 통신하는 방법을 알고 있는 솔루션이 필요하다. 엔터프라이즈에서 OpenID Connect 연동을 위한 여러 도구 및 제품 중 하나가 있거나 LDAP를 통해 연결하길 원할 수 있다. Lightweight Directory Access Protocol^{LDAP}은 30년 이상 사용된 표준 프로토콜이며 여전히 액티브 디렉터리와 직접 통신하는 표준 방법이다. LDAP를 사용해 사용자를 조회하고 비밀번호를 확인할 수 있다. 또한 ID 프로바이더와 연동할 필요가 없기 때문에 시작하는 가장 간단한 방법이다. 서비스어카운트와 자격 증명만 있으면 된다!

FooWidgets의 경우 모든 인증을 위해 액티브 디렉터리에 직접 연결한다.

> **NOTE**
>
> 걱정하지 말라. 이 연습을 실행하기 위해 액티브 디렉터리를 준비할 필요는 없다. KinD 클러스터에 데모 디렉터리를 배포하는 과정을 살펴볼 것이다.

액티브 디렉터리 그룹을 RBAC 롤바인딩에 매핑

이것은 권한 부여에 대해 이야기하기 시작할 때 중요해질 것이다. 액티브 디렉터리는 사용자가 멤버인 모든 그룹을 memberOf 속성에 나열한다. 로그인한 사용자의 계정에서 직접 이 속성을 읽어 그룹을 가져올 수 있다. 이러한 그룹은 groups 클레임의 id_token 에 포함돼 RBAC 바인딩에서 직접 참조할 수 있다.

쿠버네티스 대시보드 액세스

대시보드는 클러스터에 대한 정보에 빠르게 액세스하고 신속하게 업데이트할 수 있는 강력한 방법이다. 올바르게 배포된 경우 대시보드는 보안 문제를 발생시키지 않는다. 대시보드를 배포하는 적절한 방법은 사용자의 자격 증명을 사용하는 것이다. 각 요청마다 사용자의 OIDC 토큰을 주입하는 역방향 프록시를 사용한다. 이 경우 대시보드는 API 서버에 호출할 때 이 토큰을 사용한다. 이 방법을 사용하면 다른 웹 애플리케이션과 마찬가지로 대시보드에 대한 액세스를 제한할 수 있다.

Kubectl 내장 프록시 및 포트 포워딩을 사용하는 것이 대시보드에 액세스하기 위한 좋은 전략이 아닌 몇 가지 이유가 있다. 많은 기업이 CLI 유틸리티를 로컬에 설치하지 않기 때문에 쿠버네티스 등의 권한 관리가 필요한 시스템에 액세스하기 위해 점프 박스를 사용해야 한다. 즉, 포트 포워딩이 작동하지 않는다. 로컬에서 kubectl을 실행할 수 있는 경우에도 루프백(127.0.0.1)에서 포트를 열면 브라우저 사용자뿐만 아니라 시스템상의 모든 사용자가 해당 포트를 사용할 수 있다. 브라우저에는 악의적인 스크립트를 사용해 루프백 포트에 액세스하지 못하도록 하는 제어 기능이 있지만 워크스테이션의 다른 작업은 중지되지 않는다. 마지막으로, 이것은 좋은 사용자 경험이 아니다.

이 기능의 작동 방식과 이유에 대한 자세한 내용은 7장, '안전한 쿠버네티스 대시보드 배포'를 참조해보자.

쿠버네티스 CLI 액세스

대부분의 개발자는 kubectl 설정에 의존하는 kubectl 및 기타 도구에 액세스할 수 있기를 원한다. 예를 들어 Visual Studio Code 쿠버네티스 플러그인에는 특별한 설정이 필요치 않다. 그것은 단지 kubectl 내장 설정을 사용한다. 대부분의 엔터프라이즈는 설치할 수 있는 바이너리를 엄격하게 제한하므로 설치하려는 추가 도구와 플러그인을 최소화하고자 한다.

엔터프라이즈 규정 준수 요구 사항

클라우드 네이티브라고 해서 엔터프라이즈의 규정 준수 요구 사항을 무시할 수 있는 것은 아니다. 대부분의 기업에는 20분의 유휴 시간 제한과 같은 요구 사항이 있으며 권한 있는 액세스에 대해 멀티팩터 인증이 필요할 수 있다. 우리가 배치한 모든 솔루션은 실행에 필요한 제어 스프레드시트를 통과해야 한다. 또한 이것은 말할 필요도 없지만 모든 것이 암호화돼야 한다(모든 것을 의미한다).

모든 것을 한데 모으기

이러한 요구 사항을 충족하기 위해 오픈유니슨OpenUnison을 사용한다. 쿠버네티스, 대시보드, CLI 및 액티브 디렉터리와 함께 사용할 수 있도록 설정이 미리 구축돼 있다.

또한 배포가 매우 빠르기 때문에 프로바이더 고유의 구현 세부 사항에 초점을 맞출 필요가 없으며 쿠버네티스의 설정 옵션에 초점을 맞출 필요가 없다. 우리의 아키텍처는 다음과 같다.

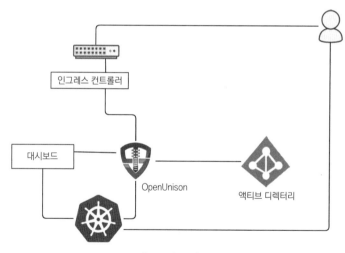

그림 5.2 인증 아키텍처

구현을 위해 2개의 호스트 이름을 사용할 것이다.

- k8s.apps.X-X-X-X.nip.io: OpenUnison 포털에 액세스해 로그인을 시작하고 토큰을 가져온다.

- k8sdb.apps.X-X-X-X.nip.io: 쿠버네티스 대시보드 액세스

> **NOTE**
>
> 간단히 설명하자면 nip.io는 호스트 이름에 포함된 IP 주소를 반환하는 공용 DNS 서비스다. 이것은 DNS 설정이 어려울 수 있는 실험실 환경에서 정말 유용하다. 이 예에서 X-X-X-X는 Docker 호스트의 IP이다.

사용자가 https://k8s.apps.X-X-X-X.nip.io/에 접속하려고 하면 사용자 이름과 비밀번호를 입력하라는 메시지가 나타난다. 사용자가 제출submit을 누르면 OpenUnison은 액티브 디렉터리에서 사용자를 검색해 사용자의 프로파일 정보를 가져온다. 이 시점에서 OpenUnison은 openunison 네임스페이스에 사용자 오브젝트를 생성해 사용자 정보를 저장하고 OIDC 세션을 만든다.

앞에서 쿠버네티스에 사용자 오브젝트가 없는 방법에 대해 설명했다. 쿠버네티스는 커스텀 리소스 정의CRD, CustomResourceDefinition를 사용해 기본 API를 확장할 수 있다. OpenUnison은 고가용성을 지원하고 상태를 저장할 데이터베이스가 필요하지 않도록 사용자 CRD를 정의한다. 이러한 사용자 오브젝트는 RBAC에 사용할 수 없다.

사용자가 OpenUnison에 로그인하면 CLI를 사용하거나 쿠버네티스 대시보드(https://kubernetes.io/docs/tasks/access-application-cluster/web-ui-dashboard/)를 사용해 브라우저에서 클러스터에 액세스하기 위해 kubectl 설정을 가져올 수 있다. 준비가 되면 사용자는 OpenUnison에서 로그아웃할 수 있으며, 그러면 세션이 종료되고 refresh_token이 무효화돼 다시 로그인할 때까지 kubectl 또는 대시보드를 사용할 수 없게 된다. 로그아웃하지 않고 점심을 먹으러 자리를 비운 경우, 다시 돌아왔을 때 refresh_token이 만료돼 다시 로그인하지 않고는 더 이상 쿠버네티스와 상호 작용할 수 없다.

지금까지 사용자가 로그인해 쿠버네티스와 상호 작용하는 방법을 설명했다. 이제 OpenUnison을 도입해 인증용으로 클러스터에 연동해보자.

OpenUnison 배포

대시보드는 많은 사용자에게 인기 있는 기능이다. kubectl CLI를 사용할 필요 없이 리소스를 빠르게 볼 수 있다. 몇 년 동안 안전하지 않다는 평판이 있었지만 올바르게 배포되면 매우 안전하다. 이미 읽었거나 들어본 사례의 대부분은 올바르게 설정되지 않은 대시보드 배포에서 비롯됐다. 이 주제는 7장, '안전한 쿠버네티스 대시보드 배포'를 참조할 수 있다.

1. 먼저 https://github.com/kubernetes/dashboard에서 대시보드를 배포한다.

```
kubectl apply -f https://raw.githubusercontent.com/kubernetes/
dashboard/v2.2.0/aio/deploy/recommended.yaml

namespace/kubernetes-dashboard created
serviceaccount/kubernetes-dashboard created
service/kubernetes-dashboard created
secret/kubernetes-dashboard-certs created
secret/kubernetes-dashboard-csrf created
secret/kubernetes-dashboard-key-holder created
configmap/kubernetes-dashboard-settings created
role.rbac.authorization.k8s.io/kubernetes-dashboard created
clusterrole.rbac.authorization.k8s.io/kubernetes-dashboard created
rolebinding.rbac.authorization.k8s.io/kubernetes-dashboard created
clusterrolebinding.rbac.authorization.k8s.io/kubernetes
dashboard created
deployment.apps/kubernetes-dashboard created
service/dashboard-metrics-scraper created
deployment.apps/dashboard-metrics-scraper created
```

2. 둘째, 테스트용 "액티브 디렉터리"를 배포한다. 이는 액티브 디렉터리와 동일한 스키마를 가진 ApacheDS 인스턴스이므로 쿠버네티스가 액티브 디렉터리와 어떻게 연동되는지 직접 배포할 필요 없이 확인할 수 있다. 다음 kubectl 명령을 실행한 후 파드가 activedirectory 네임스페이스에서 실행될 때까지 기다린다.

```
kubectl create -f chapter5/apacheds.yaml
```

3. 그런 다음 OpenUnison을 포함하는 저장소를 헬름 목록에 추가해야 한다. Tremolo 차트 저장소를 추가하려면 helm repo add 명령을 사용한다.

```
helm repo add tremolo https://nexus.tremolo.io/repository/helm/
https://nexus.tremolo.io/repository/helm/"tremolo" has been
added to your repositories
```

4. 추가한 후에는 helm repo update 명령을 사용해 리포지터리를 업데이트해야 한다.

```
helm repo update
Hang tight while we grab the latest from your chart
repositories...
...Successfully got an update from the "tremolo" chart
repository
Update Complete. Happy Helming!
```

이제 헬름 차트를 사용해 OpenUnison 오퍼레이터를 배포할 준비가 됐다.

5. 먼저 OpenUnison이라는 새로운 네임스페이스에 OpenUnison을 배포하려고 한다. 헬름 차트를 배포하기 전에 네임스페이스를 생성해야 한다.

```
kubectl create ns openunison
```

6. 다음으로 OpenUnison에 "액티브 디렉터리"와 통신하는 방법을 알려주는 컨피그맵을 추가해야 한다.

```
kubectl create -f chapter5/myvd-book.yaml
```

7. 네임스페이스가 생성되면 헬름을 사용해 차트를 네임스페이스에 배포할 수 있다. 헬름을 사용해 차트를 설치하려면 helm install <name> <chart> <options>를 사용한다.

```
helm install openunison tremolo/ openunison-operator –namespace
openunison
NAME: openunison
```

```
LAST DEPLOYED: Fri Apr 17 15:04:50 2020
NAMESPACE: openunison
STATUS: deployed
REVISION: 1
TEST SUITE: None
```

오퍼레이터가 배포를 완료하는 데 몇 분 정도 걸린다.

NOTE

오퍼레이터는 관리자가 자동화할 수 있는 많은 작업을 캡슐화하는 것을 목표로 CoreOS에서 개척한 개념이다. 오퍼레이터는 특정 CRD에 대한 변경 사항을 관찰하고 그에 따라 행동함으로써 구현된다. OpenUnison 오퍼레이터는 OpenUnison 유형의 오브젝트를 찾고 필요한 오브젝트를 만든다. 시크 릿은 PKCS12 파일로 생성된다. 디플로이먼트, 서비스 및 인그레스 오브젝트도 모두 생성된다. OpenUnison 오브젝트를 변경하면 오퍼레이터가 필요에 따라 쿠버네티스 오브젝트를 업데이트한 다. 예를 들어 OpenUnison 오브젝트에서 이미지를 변경하면 오퍼레이터가 디플로이먼트를 업데이 트해 쿠버네티스가 새 파드를 출시하도록 트리거한다. SAML의 경우 오퍼레이터는 메타데이터가 변 경되는 경우 업데이트된 인증서를 가져오도록 메타데이터도 감시한다.

8. 오퍼레이터가 배포되면 OpenUnison에서 내부적으로 사용하는 비밀번호를 저장하는 시크릿을 생성해야 한다. 이 시크릿의 키에는 반드시 고윳값을 사용해야 한다(Base64로 인코딩하는 것을 기억하길 바란다).

```
kubectl create -f - <<EOF
apiVersion: v1
type: Opaque
metadata:
    name: orchestra-secrets-source
    namespace: openunison
data:
    K8S_DB_SECRET: c3RhcnQxMjM=
    unisonKeystorePassword: cGFzc3dvcmQK
    AD_BIND_PASSWORD: c3RhcnQxMjM=
kind: Secret
EOF
secret/orchestra-secrets-source created
```

9. 이제 OpenUnison을 배포할 때 설정 정보를 제공하는 데 사용할 values.yaml 파일을 만들어야 한다. 이 책의 깃허브 리포지터리에는 chapter5/openunison-values.yaml에서 사용자 정의할 파일이 포함돼 있다.

```
network:
  openunison _host: "k8sou.apps.XX-XX-XX-XX.nip.io"
  dashboard_host: "k8sdb.apps.XX-XX-XX-XX.nip.io"
  api_server_host: ""
  session_inactivity_timeout_seconds: 900
k8s_url: https://0.0.0.0:6443
```

디플로이먼트에 대해 다음 값을 변경해야 한다.

- Network: openunison_host: 이 값에는 클러스터의 IP 주소, 즉 도커 호스트의 IP 주소를 사용해야 한다(예: k8sou.apps.192-168-2-131.nip.io).

- Network: dashboard_host: 이 값에는 클러스터의 IP 주소, 즉 도커 호스트의 IP 주소를 사용해야 한다(예: k8sdb.apps.192-168-2-131.nip.io).

자신의 항목을 사용해 파일을 편집 또는 생성한 후 파일을 저장하고 OpenUnison 프로바이더 배포로 넘어간다.

10. openunison-values.yaml 파일을 사용해 OpenUnison을 배포하려면 -f 옵션을 사용해 openunison-values.yaml 파일을 지정하는 helm install 명령을 실행한다.

```
helm install orchestra tremolo/orchestra --namespace openunison
-f ./chapter5/openunison-values.yaml
NAME: orchestra
LAST DEPLOYED: Tue Jul 6 16:20:00 2021
NAMESPACE: openunison
```

```
STATUS: deployed
REVISION: 1
TEST SUITE: None
```

11. 몇 분 후면 OpenUnison이 실행될 것이다. openunison 네임스페이스에서 파드를 가져와 배포 상태를 확인한다.

```
kubectl get pods -n openunison
NAME                                      READY   STATUS    RESTARTS.   AGE
openunison-operator-858d496-zzvvt         1/1     Running   0           5d6h
openunison-orchestra-57489869d4-88d2v     1/1     Running   0           85s
```

12. 마지막 단계는 포털 설정을 배포하는 것이다.

```
helm install orchestra-login-portal tremolo/orchestra-login-
portal --namespace openunison -f ./chapter5/openunison-values.
yaml
NAME: orchestra-login-portal
LAST DEPLOYED: Tue Jul 6 16:22:00 2021
NAMESPACE: openunison
STATUS: deployed
REVISION: 1
TEST SUITE: None
```

할당된 nip.io 주소를 사용해 네트워크상의 임의의 머신을 사용해 OIDC 프로바이더에 로그인할 수 있다. 대시보드를 사용해 액세스를 테스트하기 때문에 브라우저가 있는 머신이라면 어떤 기계라도 사용할 수 있다. 브라우저에서 openunison-values.yaml 파일의 network.openunison_host로 이동한다. 프롬프트가 뜨면 사용자 이름 mmosley와 비밀번호 start123를 사용해 **Sign in**을 클릭한다.

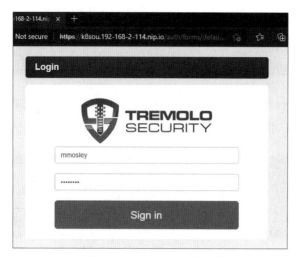

그림 5.3 OpenUnison 로그인 화면

그러면 다음 화면이 나타난다.

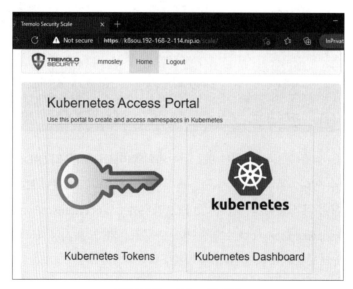

그림 5.4 OpenUnison 홈 화면

쿠버네티스 대시보드 링크를 클릭해 OIDC 프로바이더를 테스트해보자. 초기 대시보드 화면을 보고 당황할 필요는 없다. 다음과 같은 화면이 나타난다.

그림 5.5 API 서버와의 SSO 연동이 완료되기 전의 쿠버네티스 대시보드

오류가 많은 것 같다! 대시보드에 들어갔지만 권한이 부여된 항목이 없다. API 서버가 OpenUnison에서 생성된 토큰을 아직 신뢰하지 않기 때문이다. 다음 단계는 쿠버네티스가 OpenUnison을 OpenID Connect ID 프로바이더로 신뢰하도록 지시하는 것이다.

OIDC를 사용하기 위한 쿠버네티스 API 설정

이 시점에서 OpenUnison을 OIDC 프로바이더로 배포하고 작동하지만 쿠버네티스 클러스터는 아직 프로바이더로 사용하도록 설정되지 않았다.

OIDC 프로바이더를 사용하도록 API 서버를 설정하려면 OIDC 옵션을 API 서버에 추가하고 OIDC 인증서를 제공해야 한다. 이것에 의해 API는 OIDC 프로바이더를 신뢰하게 된다.

KinD를 사용하고 있기 때문에 몇 가지 kubectl 및 docker 명령을 사용해 필요한 옵션을 추가할 수 있다.

API 서버에 OIDC 인증서를 제공하려면 인증서를 검색해 KinD 마스터 서버에 복사해야 한다. 도커 호스트에서 두 가지 명령을 사용해 이 작업을 수행할 수 있다.

1. 첫 번째 명령은 시크릿에서 OpenUnison의 TLS 인증서를 추출한다. 이것은 OpenUnison의 인그레스 오브젝트에서 참조하는 동일한 시크릿이다. jq 유틸리티를 사용해 시크릿에서 데이터를 추출한 다음 Base64 디코딩한다.

```
kubectl get secret ou-tls-certificate -n openunison -o json | jq
```

```
-r '.data["tls.crt"]' | base64 -d > ou-ca.pem
```

2. 두 번째 명령어는 인증서를 마스터 서버에 /etc/kubernetes/pki 디렉터리에 복사
   한다.

```
docker cp ou-ca.pem cluster01-control-plane:/etc/kubernetes/pki/
ou-ca.pem
```

3. 앞서 말한 바와 같이 API 서버와 OIDC를 연동하기 위해서는 API 옵션에 대한 OIDC
   값이 필요하다. 사용할 옵션을 나열하려면 openunison 네임스페이스에서 api-server-
   config 컨피그맵을 확인해야 한다.

```
kubectl describe configmap api-server-config -n openunison
Name:          api-server-config
Namespace:     openunison
Labels:        <none>
Annotations:   <none>
Data
====
oidc-api-server-flags:
----
--oidc-issuer-url=https://k8sou.apps.192-168-2-131.nip.io/auth/
idp/k8sIdp
--oidc-client-id=kubernetes
--oidc-username-claim=sub
--oidc-groups-claim=groups
--oidc-ca-file=/etc/kubernetes/pki/ou-ca.pem
```

4. 다음으로 API 서버 설정을 편집한다. OpenID Connect는 API 서버에서 플래그를
   변경해 설정한다. 이것이 관리형 쿠버네티스가 일반적으로 OpenID Connect를 옵
   션으로 제공하지 않는 이유이지만 5장의 뒷부분에서 이에 대해 다룰 것이다. 모든 배
   포판은 이러한 변경 사항을 다르게 처리하므로 공급업체의 설명서를 확인하라.
   KinD의 경우 컨트롤 플레인으로 이동하고 매니페스트 파일을 업데이트한다.

```
docker exec -it cluster01-control-plane bash
apt-get update
apt-get install vim
vi /etc/kubernetes/manifests/kube-apiserver.yaml
```

5. 명령어 아래 컨피그맵의 출력에서 플래그를 추가한다. 앞에 간격과 대시(-)를 추가해
야 한다. 작업을 마치면 다음과 같이 표시된다.

```
    - --kubelet-preferred-address-types=InternalIP,ExternalIP,Ho
stname
    - --oidc-issuer-url=https://k8sou.apps.192-168-2-131.nip.io/
auth/idp/k8sIdp
    - --oidc-client-id=kubernetes
    - --oidc-username-claim=sub
    - --oidc-groups-claim=groups
    - --oidc-ca-file=/etc/kubernetes/pki/ou-ca.pem
    - --proxy-client-cert-file=/etc/kubernetes/pki/front-proxy-
client.crt
```

6. vim 및 도커 환경(Ctrl + D)을 종료하고 `api-server` 파드를 확인한다.

```
kubectl get pod kube-apiserver-cluster01-control-plane -n kube-
system
NAME                                          READY   STATUS
RESTARTS   AGE
kube-apiserver-cluster-auth-control-plane  1/1     Running     0
73s
```

만들어진지 73초가 됐다. 그것은 KinD가 매니페스트에 변화가 있다고 보고 API 서
버를 재시작했기 때문이다.

NOTE

> API 서버 파드는 정적 파드로 알려져 있다. 이 파드는 직접 변경할 수 없다. 디스크의 매니페스트에
> 서 설정을 변경해야 한다. 이는 API 서버에서 컨테이너로 관리하는 프로세스를 제공하지만 문제가
> 발생하는 경우 etcd에서 직접 파드 매니페스트를 편집해야 하는 상황을 제공하지 않는다.

OIDC 연동 확인

OpenUnison과 API 서버가 연동되면 연결이 작동하는지 테스트해야 한다.

1. 연동을 테스트하려면 OpenUnison에 다시 로그인하고 쿠버네티스 대시보드 링크를 다시 클릭한다.

2. 오른쪽 상단의 종 모양을 클릭하면 다른 오류가 나타난다.

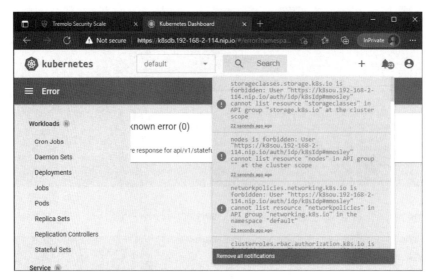

그림 5.6 SSO가 유효하지만 사용자가 리소스에 액세스할 권한이 없다.

OpenUnison과 쿠버네티스 간의 SSO가 작동 중이다! 그러나 새로운 오류인 "service is forbidden: User https://..."는 인증 오류가 아니라 권한 부여 오류다. API 서버는 우리가 누구인지 알고 있지만 API에 액세스하는 것을 허용하지 않는다.

3. 6장에서 RBAC 및 인증에 대해 자세히 설명하겠지만, 현재로서는 다음과 같은 RBAC 바인딩을 생성한다.

```
kubectl create -f - <<EOF
apiVersion: rbac.authorization.k8s.io/v1
kind: ClusterRoleBinding
metadata:
```

```
    name: ou-cluster-admins
subjects:
- kind: Group
  name: cn=k8s-cluster-admins,ou=Groups,DC=domain,DC=com
  apiGroup: rbac.authorization.k8s.io
roleRef:
  kind: ClusterRole
  name: cluster-admin
  apiGroup: rbac.authorization.k8s.io
EOF
clusterrolebinding.rbac.authorization.k8s.io/ou-cluster-admins
created
```

4. 마지막으로 대시보드로 돌아가면 클러스터에 대한 전체 액세스 권한이 있고 오류 메
   시지가 모두 사라진다.

API 서버와 OpenUnison이 연결됐다. 또한 테스트 사용자가 관리자로 클러스터를 관
리할 수 있도록 RBAC 정책이 생성됐다. 쿠버네티스 대시보드에 로그인해 액세스를 확
인했지만 대부분의 상호 작용은 kubectl 명령을 사용해 수행된다. 다음 단계는 kubectl
을 사용해 클러스터에 액세스할 수 있는지 확인하는 것이다.

kubectl과 함께 토큰 사용

NOTE

> 이 절에서는 네트워크에 브라우저와 kubectl이 실행되는 컴퓨터가 있다고 가정한다.

대시보드 사용에는 사용 사례가 있지만 대부분의 시간 동안 대시보드가 아닌 kubectl을
사용해 API 서버와 상호 작용할 것이다. 이 절에서는 JWT를 취득하는 방법과 쿠버네
티스 설정 파일에 추가하는 방법을 설명한다.

1. OpenUnison 대시보드에서 토큰을 가져올 수 있다. OpenUnison 홈페이지로 이동
   해 **Kubernetes Tokens**라고 표시된 키를 클릭한다. 다음과 같은 화면이 나타난다.

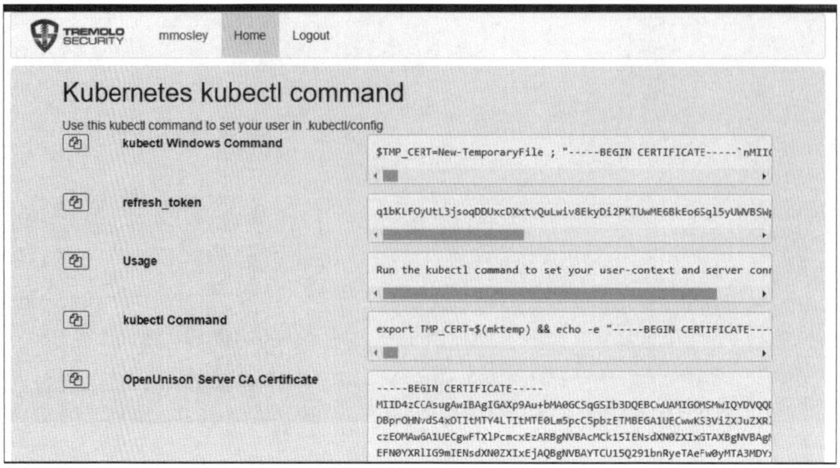

그림 5.7 OpenUnison kubectl 설정 도구

OpenUnison은 호스트 세션에 복사해 붙여넣을 수 있는 명령줄을 제공한다. 이 명령줄을 사용하면 필요한 모든 정보가 설정에 추가된다.

2. 먼저 kubectl 명령(Windows의 경우 kubectl Windows 명령) 옆에 있는 이중 문서 단추를 클릭해 kubectl 명령을 버퍼에 복사한다. 웹 브라우저를 백그라운드에서 열어 둔다.

3. OpenUnison에서 kubectl 명령을 붙여넣기 전에 원래 설정 파일을 백업할 수 있다.

```
cp .kube/config .kube/config.bak
export KUBECONFIG=/tmp/k
kubectl get nodes
W0423 15:46:46.924515    3399 loader.go:223] Config not found:
/tmp/k error: no configuration has been provided, try setting
kubernetes_MASTER environment variable
```

4. 그런 다음 호스트 콘솔로 이동해 명령을 콘솔에 붙여넣는다(다음 출력은 줄었지만 붙여넣기는 동일한 출력으로 시작된다).

```
export TMP_CERT=$(mktemp) && echo -e "-----BEGIN CER. . .
Cluster "kubernetes" set.
Context "kubernetes" modified.
User "mmosley@kubernetes" set.
```

270

```
Switched to context "kubernetes".
```

5. 이제 kubectl get nodes를 사용해 클러스터 노드를 표시할 수 있는지 확인한다.

```
kubectl get nodes
NAME                         STATUS   ROLES    AGE   VERSION
cluster-auth-control-plane   Ready    master   60m   v1.21.1
cluster-auth-worker          Ready    <none>   61m   v1.21.1
```

6. 이제 마스터 인증서 대신 로그인 자격 증명을 사용하고 있다. 작업하는 동안 세션이 새로 고쳐진다. OpenUnison에서 로그아웃해 노드 목록을 확인한다. 1~2분 이내에 토큰이 만료돼 더 이상 작동하지 않는다.

```
kubectl get nodes
Unable to connect to the server: failed to refresh token:
oauth2: cannot fetch token: 401 Unauthorized
```

축하한다! 이제 클러스터가 다음을 수행하도록 설정됐다.

- 엔터프라이즈의 기존 인증 시스템을 사용해 LDAP를 사용해 인증한다.

- 중앙 집중식 인증 시스템의 그룹을 사용해 쿠버네티스에 대한 액세스에 권한을 부여한다(자세한 내용은 6장에서 설명한다).

- 사용자에게 중앙 집중식 자격 증명을 사용해 CLI와 대시보드 모두에 대한 액세스 권한을 부여한다.

- 타임아웃을 가능하게 하는 단기 토큰을 보유함으로써 기업의 규정 준수 요건을 유지한다.

- 사용자 브라우저에서 인그레스 컨트롤러, OpenUnison, 대시보드 그리고 마지막으로 API 서버까지 모두 TLS를 사용한다.

다음으로 중앙 집중식 인증을 관리 클러스터에 연동하는 방법에 대해 설명한다.

클라우드 관리형 클러스터와 인증을 연동하기 위한 가장 도입

Google, Amazon, Microsoft 및 DigitalOcean과 같은 클라우드 벤더의 관리형 쿠버네티스 서비스를 사용하는 것은 매우 인기가 높다.

이러한 서비스의 경우 일반적으로 시작 및 실행이 매우 빠르고 모두 공통 스레드를 공유한다. 대부분 OpenID Connect를 지원하지 않는다 (Amazon의 EKS는 현재 OpenID Connect를 지원하지만 클러스터는 퍼블릭 네트워크에서 실행 중이고 서명된 TLS 인증서가 있어야 한다).

5장 앞부분에서는 쿠버네티스가 웹훅을 통해 커스텀 인증 솔루션을 지원하는 방법과 퍼블릭 클라우드 프로바이더 또는 쿠버네티스 시스템의 다른 호스트가 아닌 한 이 접근 방식을 절대 사용하지 않는 것에 대해 설명했다. 거의 모든 클라우드 벤더가 자체 ID 및 액세스 관리 구현을 사용하는 이러한 웹훅을 사용하는 고유한 접근 방식을 갖고 있는 것으로 나타났다. 이 경우 벤더가 제공하는 것을 사용하지 않는 이유는 무엇일까? 클라우드 공급업체의 IAM 시스템을 사용하지 않는 이유는 다음과 같다.

- **기술**: 대시보드와 같이 클라우드 벤더가 제공하지 않는 기능을 안전한 방법으로 지원할 수 있다.
- **조직**: 관리형 쿠버네티스에 대한 액세스를 해당 클라우드의 IAM과 긴밀하게 결합하면 클라우드 팀이 추가적인 부담을 갖게 되고, 따라서 클러스터에 대한 액세스를 관리하기를 원하지 않을 수 있다.
- **사용자 경험**: 개발자와 관리자는 여러 클라우드에서 작업해야 할 수 있다. 일관성 있는 로그인 경험을 제공하므로 쉽게 사용할 수 있고 학습해야 하는 툴이 줄어든다.
- **보안 및 규정 준수**: 클라우드 구현에서는 단기 토큰 및 유휴 시간 초과와 같은 엔터프라이즈의 보안 요구 사항에 맞는 옵션을 제공하지 못할 수 있다.

어쨌든 클라우드 벤더의 구현체를 사용하는 데는 이유가 있을 수 있다. 하지만 요청 사항의 균형을 맞춰야 한다. 호스트된 쿠버네티스에서 중앙 집중식 인증을 계속 사용하려면 가장^{Impersonation}을 사용하는 방법을 배워야 한다.

가장이란?

쿠버네티스 가장은 자격 증명을 알지 못하거나 API 서버가 OpenID Connect IdP를 신뢰하도록 하지 않고도 API 서버에 사용자가 누구인지 알려주는 방법이다.

kubectl을 사용하면 API 서버가 id_token을 직접 수신하는 대신 사용자를 가장할 수 있는 또는 식별 인증서 및 프록시가 누구를 대신해 동작하는지 API 서버에 알려주는 일련의 헤더를 수신한다.

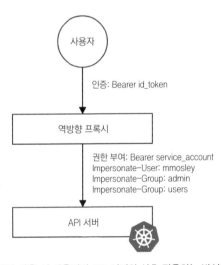

그림 5.8 가장 사용 시 사용자가 API 서버와 상호 작용하는 방식 다이어그램

리버스 프록시는 사용자가 지정한 id_token^(또는 기타 토큰)에서 Impersonate-User 및 Impersonate-Group HTTP 헤더에 매핑하는 방법을 결정한다. 대시보드를 가장할 수 있는 권한이 있는 ID로 배포해서는 안 된다.

2.x 대시보드에서 가장을 허용하려면 유사한 모델을 사용하되 API 서버로 이동하는 대신 대시보드로 이동한다.

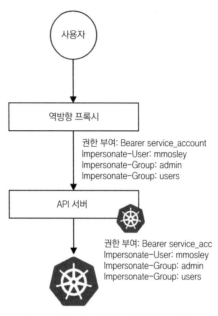

그림 5.9 가장 기능이 있는 쿠버네티스 대시보드

사용자는 웹 애플리케이션과 마찬가지로 역방향 프록시와 상호 작용한다. 역방향 프록시는 자체를 사용해 가장 헤더를 추가한다. 대시보드는 모든 요청에 대해 이 정보를 API 서버로 전달한다. 대시보드는 자체 ID를 갖지 않는다.

보안에 관한 고려 사항

서비스어카운트에는 특정 초능력이 있다. (RBAC 정의에 따라) 누구나 가장할 수 있다는 것이다. 클러스터 내부에서 역방향 프록시를 실행하는 경우는 괜찮다. 특히 토큰을 단기적으로 유지하기 위해 TokenRequest API와 결합하는 경우에 그렇다.

5장의 앞부분에서 만료가 없는 서비스어카운트 오브젝트에 대한 레거시 토큰에 대해 설명했다. 여기서 중요한 이유는 클러스터 외부에서 리버스 프록시를 호스팅하는 경우 클러스터가 손상되면 누군가가 해당 서비스어카운트를 사용해 누구나 API 서비스에 액세스할 수 있기 때문이다. 해당 서비스어카운트를 자주 교체해야 한다. 클러스터 외부에서 프록시를 실행하는 경우에는 서비스 계정 단기 인증서를 사용하는 것이 가장 좋다.

클러스터에서 프록시를 실행할 때 프록시가 잠겨 있는지 확인해야 한다. 최소한 자체 네임스페이스에서 실행돼야 한다. kube-system도 아니다. 액세스 권한이 있는 사람의 수를 최소화하려고 한다. 역방향 프록시에 도달할 수 있는 파드를 제어하는 네트워크 정책을 사용하는 것처럼 멀티팩터 인증을 사용해 해당 네임스페이스에 도달하는 것은 항상 좋은 방법이다.

가장과 관련해 방금 배운 개념을 기반으로 다음 단계는 OpenID Connect를 직접 사용하는 대신 가장을 사용하도록 클러스터 설정을 업데이트하는 것이다. 가장을 사용하기 위해 클라우드 관리형 클러스터가 필요하지 않다.

⁝⁝⁝ 가장을 위한 클러스터 구성

클러스터에 가장 프록시를 배포한다. 기존 클러스터를 재사용한다고 가정하고 업데이트된 openunison-values.yaml 파일로 기존 Orchestra 헬름 배포를 업그레이드한다.

1. 먼저 가장에 대한 올바른 설정이 없기 때문에 OpenUnison에 대한 현재 TLS 암호를 삭제한다. 오케스트라 헬름 차트를 업데이트하면 오퍼레이터가 새 인증서를 생성한다.

```
kubectl delete secret ou-tls-certificate -n openunison
```

2. 다음으로 가장을 사용하도록 헬름 차트를 업데이트한다. 다음 스니펫과 같이 OpenUnison-values.yaml 파일을 편집하고 network.api_server_host를 업데이트하고 enable_impersonation을 true로 설정한다.

```
network:
  openunison _host: "k8sou.apps.192-168-2-131.nip.io"
  dashboard_host: "k8sdb.apps.192-168-2-131.nip.io"
```

```
  api_server_host: "k8sapi.apps.192-168-2-131.nip.io"
  session_inactivity_timeout_seconds: 900
  k8s_url: https://192.168.2.131:32776
enable_impersonation: true
```

여기에서는 두 가지를 변경했다.

- API 서버 프록시에 대한 호스트를 추가.

- 가장 활성화

이러한 변경을 통해 OpenUnison의 가장 기능을 활성화하고 OpenUnison의 서비스 계정에서 가장을 활성화하기 위한 추가 RBAC 바인딩을 생성한다.

3. 오케스트라 헬름 차트를 새로운 openunison-values.yaml 파일로 업그레이드한다.

```
helm upgrade orchestra tremolo/orchestra -n openunison -f
chapter5/openunison-values.yaml
NAME: orchestra
LAST DEPLOYED: Wed Jul  7 02:45:36 2021
NAMESPACE: openunison
STATUS: deployed
REVISION: 1
TEST SUITE: None
```

4. openunison-orchestra 파드가 실행되면 새로운 openunison-values.yaml 파일로 Orchestra-login-portal 헬름 차트도 업그레이드한다.

```
helm upgrade orchestra-login-portal tremolo/orchestra-login-
portal -n openunison -f chapter5/openunison-values.yaml
NAME: orchestra-login-portal
LAST DEPLOYED: Wed Jul  7 02:47:03 2021
NAMESPACE: openunison
STATUS: deployed
REVISION: 1
TEST SUITE: None
```

새로운 OpenUnison 디플로이먼트는 API 서버의 리버스 프록시로 구성되며 액티브 디렉터리와 연동돼 있다. 가장에는 클러스터 측 설정이 필요하지 않으므로 설정할 클러스터 매개변수가 없다. 다음 단계는 연동을 테스트하는 것이다.

가장 테스트

이제 가장 설정을 테스트해보자. 다음의 순서를 따른다.

1. 브라우저에서 OpenUnison 디플로이먼트 URL을 입력한다. 이는 초기 OIDC 디플로이먼트에서 사용한 URL과 동일하다.

2. OpenUnison에 로그인하고 대시보드를 클릭한다. 처음 OpenUnison 디플로이먼트에서 대시보드를 처음 열었을 때 클러스터에 대한 액세스 권한을 부여하는 새 RBAC 역할을 생성할 때까지 많은 오류가 발생했음을 기억해야 한다.

   가장을 활성화하고 대시보드를 연 후에는 새 인증서 경고에 대한 메시지가 표시되고 대시보드와 함께 사용 중인 새 인증서를 신뢰하도록 API 서버에 지시하지 않은 경우에도 오류 메시지가 표시되지 않아야 한다.

3. 오른쪽 상단 구석에 있는 작은 원형 아이콘을 클릭해 로그인한 사용자를 확인한다.

4. 그런 다음 기본 OpenUnison 대시보드로 돌아가 쿠버네티스 토큰 배지를 클릭한다.

   kubectl에 전달되는 --server 플래그에는 더 이상 IP가 없다. 대신 values.yaml 파일에 network.api_server_host의 호스트 이름이 있다. 이것이 가장이다. API 서버와 직접 상호 작용하는 대신 이제 OpenUnison의 역방향 프록시와 상호 작용한다.

5. 마지막으로 kubectl 명령어를 복사해 셸에 붙여넣는다.

```
export TMP_CERT=$(mktemp) && echo -e "-----BEGIN CERTIFI...
Cluster "kubernetes" set.
Context "kubernetes" created.
User "mmosley@kubernetes" set.
Switched to context "kubernetes".
```

6. 액세스 권한이 있는지 확인하려면 클러스터 노드를 나열한다.

```
kubectl get nodes
NAME                          STATUS   ROLES    AGE    VERSION
cluster-auth-control-plane    Ready    master   6h6m   v1.21.1
cluster-auth-worker           Ready    <none>   6h6m   v1.21.1
```

7. OpenID Connect의 오리저널 디플로이먼트를 연동할 때와 마찬가지로 OpenUnison 페이지에서 로그아웃한 후 1~2분 이내에 토큰이 만료되고 토큰을 새로 고칠 수 없다.

```
kubectl get nodes
Unable to connect to the server: failed to refresh token:
oauth2: cannot fetch token: 401 Unauthorized
```

이제 클러스터가 가장과 함께 올바르게 작동하는지 확인했다. API 서버에 직접 인증하는 대신 가장 역방향 프록시(OpenUnison)가 올바른 가장 헤더를 사용해 모든 요청을 API 서버로 전달한다. 로그인 및 로그아웃 프로세스를 모두 제공하고 액티브 디렉터리 그룹을 연동해 여전히 엔터프라이즈의 요구 사항을 충족하고 있다.

또, 네트워크상의 어느 시스템에서도 클러스터에 액세스할 수 있게 됐다. 이렇게 하면 책 전체에 걸쳐 나머지 예제를 쉽게 수행할 수 있다.

⁙ OpenUnison을 사용하지 않는 가장 설정

OpenUnison 오퍼레이터는 가장 작업을 위해 몇 가지 주요 단계를 자동화했다. 가장을 더 쉽게 사용할 수 있도록 설계된 젯스택^{Jetstack}의 OIDC 프록시(https://github.com/jetstack/kube-oidc-proxy)와 같이 쿠버네티스 전용으로 설계된 다른 프로젝트도 있다. 올바른 헤더를 생성할 수 있는 모든 역방향 프록시를 사용할 수 있다. 이 작업을 수행할 때 이해해야 할 두 가지 중요한 항목이 있다.

가장 RBAC 정책

RBAC에 대해서는 6장에서 다루겠지만, 현시점에서는 가장에 대한 서비스 계정에 권한을 부여하는 올바른 정책은 다음과 같다.

```
apiVersion: rbac.authorization.k8s.io/v1
kind: ClusterRole
metadata:
  name: impersonator
rules:
- apiGroups:
  - ""
  resources:
  - users
  - groups
  verbs:
- impersonate
```

가장할 수 있는 계정을 제한하려면 resourceNames를 규칙에 추가한다.

기본 그룹

사용자를 가장할 때 쿠버네티스는 기본 그룹 system:authenticated를 가장 그룹 목록에 추가하지 않는다. 이 그룹의 헤더를 추가하는 방법을 정확히 알지 못하는 역방향 프록시를 사용하는 경우 수동으로 추가하도록 프록시를 설정한다. 그렇지 않으면 클러스터 관리자를 제외한 모든 사용자에게 권한이 부여되지 않으므로 /api 엔트포인트를 호출하는 것과 같은 간단한 작업이 실패한다.

5장에서는 API 서버와 상호 작용하는 사용자를 인증하는 데 초점을 맞췄다. 쿠버네티스와 쿠버네티스가 제공하는 API의 주요 장점은 시스템을 자동화하는 것이다. 다음으로 지금까지 학습한 내용을 자동화 시스템 인증에 적용하는 방법에 대해 알아볼 것이다.

클러스터에 대한 파이프라인에서 인증

5장에서는 지금까지 사용자가 쿠버네티스에 인증하는 데만 중점적으로 다뤘다. 운영자든 개발자든 사용자든 종종 클러스터와 상호 작용해 오브젝트를 업데이트하고, 문제를 디버깅하고, 로그를 보는 등의 작업을 수행한다. 그러나 이것이 모든 사용 사례를 처리할 수 있는 것은 아니다. 대부분의 쿠버네티스 디플로이먼트는 소스로부터 바이너리, 컨테이너 그리고 최종적으로 실행 중인 클러스터로 코드를 이동하는 프로세스인 파이프라인과 관계를 맺고 있다. 파이프라인에 대한 자세한 내용은 14장, '플랫폼 프로비저닝'을 참조할 수 있다. 현시점에서는 "어떻게 하면 당신의 파이프라인이 쿠버네티스와 안전하게 통신할 수 있는가?"라고 하는 것이 주된 질문이다.

파이프라인이 업데이트되는 클러스터와 동일한 클러스터에서 실행되는 경우, 이 질문은 간단하게 답할 수 있다. 파이프라인이 필요한 작업을 수행하기 위해 RBAC을 통해 파이프라인의 서비스어카운트에 대한 액세스 권한을 부여하면 된다. 이것이 바로 서비스 계정이 존재하는 이유이며, 클러스터 내부의 프로세스에 ID를 제공하기 위한 것이다.

파이프라인이 클러스터 외부에서 실행되면 어떻게 될까? 쿠버네티스는 API이며 5장에서 제공하는 모든 옵션은 사용자에게 적용되는 것처럼 파이프라인에 적용된다. 서비스어카운트 토큰은 만료를 제공하지 않으며 쉽게 남용될 수 있다. TokenRequest API는 단기 토큰을 제공할 수 있지만 이를 얻으려면 여전히 인증이 필요하다. 클러스터가 파이프라인과 동일한 클라우드 공급자에서 실행 중인 경우 통합 IAM 시스템을 사용할 수 있다. 예를 들어 Amazon CodeBuild에서 정적 서비스 계정 없이 EKS 클러스터와 통신할 수 있는 IAM 역할을 생성할 수 있다. Azure DevOps 및 AKS도 마찬가지다.

클라우드의 IAM 기능이 요구 사항을 충족하지 못하는 경우 두 가지 옵션이 있다. 첫 번째는 ID 프로바이더에 대해 인증하고 반환된 id_token을 API 호출과 함께 사용해 사용자에 대해 동일한 방식으로 파이프라인에 대한 토큰을 동적으로 생성하는 것이다. 두 번째는 API 서버와 함께 사용할 수 있는 인증서를 생성하는 것이다. 두 옵션을 모두 살펴보고 파이프라인에서 이를 어떻게 사용할 수 있는지 알아볼 것이다.

토큰 사용

쿠버네티스는 사람 또는 파이프라인의 API 호출을 구별하지 않는다. 단기 토큰은 API 서버와 파이프라인으로 상호 작용하는 좋은 방법이다. 쿠버네티스용 클라이언트 SDK 의 대부분은 이러한 토큰을 새로 고치는 방법을 알고 있다. 가장 큰 문제는 파이프라인 에서 사용할 수 있는 토큰을 어떻게 얻을 수 있느냐.

대부분의 기업은 이미 일종의 서비스 계정 관리 시스템을 갖추고 있다. 여기서 "서비스 계정"이라는 용어는 일반적이며 쿠버네티스에서 서비스어카운트 오브젝트가 아닌 어떤 종류의 서비스에서 사용되는 계정을 의미한다. 이러한 서비스 계정 관리 시스템은 자격 증명 교체 및 권한 부여 관리와 같은 독자적인 작업을 처리 고유한 방법이 있는 경우가 많다. 또한 자체 규정 준수 도구가 있어 보안 검토 프로세스를 쉽게 통과할 수 있다!

파이프라인에 대한 엔터프라이즈 서비스 계정이 있다고 가정하면 해당 자격 증명을 토 큰으로 변환하려면 어떻게 해야 할까? 우리는 OIDC 연동 ID 프로바이더의 자격 증명 을 기반으로 토큰을 생성하고 있다. 우리 파이프라인에서도 그것을 사용하는 것이 좋을 것이다. OpenUnison을 사용하면 토큰을 제공한 페이지가 API의 프론트엔드일 뿐이므 로 매우 쉽다. 대답할 다음 질문은 OpenUnison에 인증하는 방법이다. 브라우저를 시뮬 레이트하고 로그인 프로세스를 리버스 엔지니어링하는 코드를 작성할 수 있지만 이는 보기 쉽지 않다. 양식이 변경되면 코드가 손상된다. HTTP 기본 인증과 같이 API에 더 친숙한 것으로 인증하도록 API를 구성하는 것이 좋다.

OpenUnison은 설정 사용자 지정 리소스를 생성해 확장할 수 있다. 실제로 대부분의 OpenUnison은 이러한 사용자 지정 리소스를 사용해 설정된다. OpenUnison을 구축 하는 데 사용한 세 번째 헬름 차트에 배포했다. 현재 토큰 서비스는 파이프라인에서 도 움이 되는 기본 인증 대신 기본 OpenUnison 양식 로그인 메커니즘을 사용해 인증한다 고 가정한다. OpenUnison에 API 인증을 지원하도록 지시하려면 다음과 같이 지시해 야 한다.

1. 인증 메커니즘을 정의해 HTTP Basic 인증을 통한 인증 활성화

2. 기본 인증 메커니즘을 사용해 인증 프로세스를 완료하는 인증 체인을 생성

3. 토큰 API를 제공할 수 있는 애플리케이션을 정의. 새로 생성된 체인을 사용해 인증

OpenUnison에서 이 작업을 수행하는 방법에 대한 자세한 내용은 다루지 않고 최종 결과에 중점을 둔다. Chapter5 폴더에는 이 API를 구성하기 위해 생성된 헬름 차트가 포함돼 있다. OpenUnison 배포에 사용한 것과 동일한 openunison-values.yaml 파일을 사용해 실행한다.

```
helm install orchestra-token-api chapter5/token-login -n openunison -f
chapter5/openunison-values.yaml
Release "orchestra-token-api" has been installed. Happy Helming!
NAME: orchestra-token-api
LAST DEPLOYED: Wed Jul  7 15:04:21 2021
NAMESPACE: openunison
STATUS: deployed
```

배포 후 curl을 사용해 테스트할 수 있다.

```
export KUBE_AZ=$(curl --insecure -u 'pipeline_svc_account:start123'
https://k8sou.192-168-2-114.nip.io/k8s-api-token/token/user | jq -r
'.token.id_token')
curl --insecure   -H "Authorization: Bearer $KUBE_AZ"
https://0.0.0.0:6443/api
{
  "kind": "APIVersions",
  "versions": [
    "v1"
  ],
  "serverAddressByClientCIDRs": [
    {
      "clientCIDR": "0.0.0.0/0",
      "serverAddress": "172.18.0.2:6443"
    }
  ]
}
```

이제 1~2분 정도 기다렸다가 curl 명령을 다시 시도하면 더 이상 인증되지 않은 것을 볼 수 있다. 이 예는 단일 명령을 실행하고 있지만 대부분의 파이프라인이 여러 단계를

실행하고 단일 토큰의 수명이 충분하지 않은 경우에 적합하다. refresh_token을 사용하는 코드를 작성할 수 있지만 대부분의 SDK가 이를 사용할 수 있다. id_token만 가져오는 대신 전체 kubectl 설정을 생성해보자.

```
export KUBECONFIG=/tmp/r
kubectl get nodes
W0707 15:18:50.646390 1512400 loader.go:221] Config not found: /tmp/r
The connection to the server localhost:8080 was refused - did you
specify the right host or port?
curl --insecure -u 'pipeline_svc_account:start123' https://
k8sou.192-168-2-114.nip.io/k8s-api-token/token/user 2>/dev/null | jq -r
'.token["kubectl Command"]' | bash
Cluster "kubernetes" set.
Context "kubernetes" created.
User "pipelinex-95-xsvcx-95-xaccount@kubernetes" set.
Switched to context "kubernetes".
kubectl get nodes
NAME                     STATUS    ROLES              AGE
VERSION
cluster01-control-plane  Ready     control-plane,master  2d15h
v1.21.1
cluster01-worker         Ready     <none>             2d15h
v1.21.1
```

우리는 표준 도구를 사용해 API 서버와 상호 작용하면서 단기 토큰을 안전하게 받는다. 이 솔루션은 서비스 계정이 LDAP 디렉터리를 통해 저장되고 액세스되는 경우에만 작동한다. 그렇지 않은 경우 OpenUnison의 설정을 확장해 원하는 수의 설정 옵션을 지원할 수 있다. 자세한 내용은 다음 링크(https://openunison.github.io/)에서 OpenUnison의 매뉴얼을 참조할 수 있다.

이 솔루션은 사용자의 자격 증명을 id_token으로 변환하는 표준이 없기 때문에 Open Unison에만 해당된다. 이는 각 ID 프로바이더에게 남겨진 세부 정보. ID 프로바이더는 id_token을 쉽게 생성하기 위한 API를 가지고 있을 수 있지만 ID 프로바이더는 전체 kubectl 설정을 생성하는 방법을 모르기 때문에 브로커 역할을 하기 위해 필요한 것이 더 많다.

인증서 사용

앞의 프로세스는 잘 작동하지만 OpenUnison 또는 이와 유사한 것이 필요하다.

벤더에 의존하지 않는 접근 방식을 취하고 싶다면 토큰을 생성하는 대신 인증서를 자격 증명으로 사용할 수 있다. 5장의 앞부분에서 쿠버네티스의 해지를 지원하지 않고, 대부분의 인증서가 올바르게 배포되지 않기 때문에 사용자에 대한 인증서 인증을 피해야 한다고 말했다. 디플로이먼트를 자동화할 수 있기 때문에 이러한 두 가지 문제는 일반적으로 파이프라인으로 완화하기가 더 쉽다.

기업에서 서비스 계정에 중앙 저장소를 사용해야 하는 경우 이 방법을 쓸 수 없을 수도 있다. 이 접근법의 또 다른 잠재적인 문제는 엔터프라이즈 CA를 사용해 서비스 계정의 인증서를 생성해야 하지만 쿠버네티스는 서드파티 CA를 신뢰하는 방법을 모른다는 것이다. 이 기능을 활성화하는 것에 대한 논의가 활발히 진행 중이지만 아직 지원되진 않는다.

마지막으로 많은 관리 클러스터에 대한 인증서를 생성할 수 없다. EKS 등 대부분의 관리형 쿠버네티스 배포판에서는 내장 API를 통한 요청 서명에 필요한 개인 키를 클러스터에서 직접 사용할 수 없다. 이 경우 클러스터에서 허용하는 인증서를 만들 수 없다.

지금까지 설명한 바와 같이 프로세스를 살펴보자.

1. 먼저 키 페어와 인증서 서명 요청CSR, Certificate, Signing Request을 생성한다.

```
openssl req -out sa_cert.csr -new -newkey rsa:2048 -nodes
-keyout sa_cert.key -subj '/O=k8s/O=sa-cluster-admins/CN=sa-cert/'
Generating a RSA private key
..........+++++
.............................+++++
writing new private key to 'sa_cert.key'
-----
```

다음으로 CSR을 쿠버네티스에 제출한다.

```
cat <<EOF | kubectl apply -f -
```

```
apiVersion: certificates.k8s.io/v1
kind: CertificateSigningRequest
metadata:
  name: sa-cert
spec:
  request: $(cat sa_cert.csr | base64 | tr -d '\n')
  signerName: kubernetes.io/kube-apiserver-client
  usages:
  - digital signature
  - key encipherment
  - client auth
EOF
```

2. CSR이 쿠버네티스에 제출되면 제출 승인을 실시할 필요가 있다.

```
kubectl certificate approve sa-cert
certificatesigningrequest.certificates.k8s.io/sa-cert approved
```

승인 후 발행된 인증서를 pem 파일로 다운로드한다.

```
kubectl get csr sa-cert -o jsonpath='{.status.certificate}' |
base64 --decode > sa_cert.crt
```

3. 다음으로 새로 승인된 인증서를 사용하도록 kubectl을 설정한다.

```
cp ~/.kube/config ./sa-config
export KUBECONFIG=./sa-config
kubectl config set-credentials kind-cluster01 --client-key=./
sa_cert.key --client-certificate=./sa_cert.crt
kubectl get nodes
Error from server (Forbidden): nodes is forbidden: User "sa-
cert" cannot list resource "nodes" in API group "" at the
cluster scope
```

API 서버가 인증서를 수락했지만 권한을 부여하지 않았다. 우리 CSR의 sa-cluster-admins라는 주체에 "o"가 있었는데 쿠버네티스는 이를 "사용자 sa-cert가 sa-cluster-admins 그룹에 있다"로 해석한다. 다음으로 해당 그룹을 클러스터 관리자로 권한을 부여해야 한다.

```
export KUBECONFIG=
kubectl create -f chapter5/sa-cluster-admins.yaml
export KUBECONFIG=./sa-config
kubectl get nodes
NAME                        STATUS       ROLES                       AGE
VERSION
cluster01-control-plane     Ready        control-plane,master        2d17h
v1.21.1
cluster01-worker            Ready        <none>                      2d17h
v1.21.1
```

이제 파이프라인에서 클러스터와 함께 사용할 수 있는 키 페어를 갖게 됐다. 이 프로세스를 자동화할 때는 주의가 필요하다. API 서버에 송신되는 CSR은 system:masters를 포함한 임의의 그룹을 설정할 수 있다. 주체에 system:masters가 "o"로 있는 인증서를 발급하면 클러스터에서 모든 것을 할 수 있을 뿐만 아니라 모든 RBAC 권한 부여를 우회한다. 모든 권한 부여를 무시한다!

인증서 경로를 따를 경우 API 서버로 직접 이동하는 대신 ID 프로바이더와 함께 인증서를 사용하는 등의 대체 방법을 고려해야 한다. 이는 토큰 기반 인증과 비슷하지만 HTTP 기본 인증에서는 사용자 이름과 비밀번호를 사용하는 대신 인증서를 사용한다. 이를 통해 엔터프라이즈 인증 기관에서 발급할 수 있는 강력한 자격 증명을 제공하면서도 암호를 사용할 필요가 없다.

파이프라인에서 클러스터에 대해 올바르게 인증하는 방법에 대해 설명했으므로 파이프라인 인증을 사용하는 몇 가지 안티 패턴에 대해 알아볼 것이다.

안티 패턴 회피

사용자 인증에 적용되는 대부분의 안티 패턴은 파이프라인 인증에도 적용되는 것으로 나타났다. 인증하는 코드의 특성을 감안할 때 주의해야 할 몇 가지 특정 사항이 있다.

첫째, 파이프라인에 개인 계정을 사용하면 안 된다. 기업의 정책을 위반할 가능성이 있으며 계정과 고용이 문제에 노출될 수 있다. 기업 계정(기업의 다른 모든 사람에게 할당된 계정)에는 일반적으로 몇 가지 규칙이 연결돼 있다. 단순히 코드에서 사용하면 이러한 규칙을 위반할 수 있다. 우리가 논의할 다른 안티 패턴은 위험을 가중시킨다.

다음으로 암호화된 경우에도 서비스 계정의 자격 증명을 깃에 넣으면 안 된다. 깃에 저장된 오브젝트에 직접 자격 증명을 포함하는 것이 일반적이지만, 깃 리포지터리를 실수로 퍼블릭 공간으로 푸시하기 매우 쉽다. 보안의 대부분은 다음과 같은 사고로부터 사용자를 보호하는 것이다. 암호화 키가 깃에도 저장돼 있으면 깃의 암호화된 자격 증명도 남용될 수 있다. 모든 클라우드 벤더에서는 자격 증명을 쿠버네티스 시크릿 오브젝트에 동기화하는 비밀 관리 시스템이 있다. Vault에서도 이 작업을 수행할 수 있다. 이러한 도구는 민감한 데이터를 관리하도록 특별히 설계됐기 때문에 훨씬 더 나은 접근 방식이다. 깃은 공유 및 협업을 쉽게 하기 위한 것이므로 보안 관리가 잘 되지 않는다.

마지막으로 클러스터 외부에서 레거시 서비스어카운트 토큰을 사용하면 안 된다. 나는 이것을 5장에서 수십 번이나 말했지만 매우 중요하다. bearer 토큰을 사용할 때 해당 토큰을 운반하는 모든 것이 잠재적인 공격 벡터다. 예를 들어 토큰을 유출하는 네트워크 프로바이더가 있다. 일반적인 안티 패턴이다. 벤더가 서비스어카운트 토큰을 생성하도록 지시한 경우, 기업 데이터가 위험에 노출될 수 있다.

⁝⁞ 요약

5장에서는 쿠버네티스가 사용자를 식별하는 방법과 그 구성원이 속한 그룹에 대해 자세히 설명했다. API 서버가 ID와 상호 작용하는 방법을 자세히 설명하고 인증을 위한 몇 가지 옵션을 살펴봤다. 마지막으로 OpenID Connect 프로토콜과 이를 쿠버네티스에 적용하는 방법을 자세히 설명했다.

쿠버네티스가 사용자를 인증하는 방법과 OpenID Connect 프로토콜의 세부 정보를 배우는 것은 클러스터에 보안을 구축하는 데 중요한 부분이다. 세부 사항을 이해하고 일반적인 엔터프라이즈 요구 사항에 적용하는 방법을 이해하면 클러스터에 인증하는 가장 좋은 방법을 결정하는 데 도움이 되고 우리가 탐색한 안티 패턴을 피해야 하는 이유도 알 수 있다.

6장에서는 쿠버네티스 리소스에 대한 액세스 권한 부여에 인증 프로세스를 적용한다. 누가 누구인지 아는 것만으로는 클러스터를 보호하기에 충분하지 않다. 또한 액세스 권한이 있는 항목을 제어해야 한다.

⋙ 문제

1. OpenID Connect는 광범위한 피어 리뷰와 사용을 포함하는 표준 프로토콜이다.

    a. 참

    b. 거짓

2. 쿠버네티스에서 API에 대한 액세스에 권한을 부여하기 위해 어떤 토큰을 사용하는가?

    a. access_token

    b. id_token

    c. refresh_token

    d. certificate_token

3. 인증서 인증은 어떤 상황에서 권장되는가?

    a. 관리자 및 개발자의 일상적인 사용

    b. 외부 CI/CD 파이프라인 및 기타 서비스에서 액세스

    c. 다른 모든 인증 솔루션을 사용할 수 없는 경우 비상 시 유리를 깨라.

4. 클러스터에 액세스하는 사용자를 어떻게 식별해야 하는가?

    a. 이메일

    b. Unix 로그인 ID

    c. Windows 로그인 ID

    d. 사용자 이름을 기반으로 하지 않는 변경할 수 없는 ID

5. 쿠버네티스에서 OpenID Connect 구성 옵션은 어디에 설정돼 있는가?

    a. 배포판에 따라 다름

    b. 컨피그맵 오브젝트

    c. 시크릿

    d. 쿠버네티스 API 서버 실행 파일에서 플래그로 설정

6. 클러스터에서 가장을 사용하는 경우 사용자가 가져오는 그룹만 필요하다.

    a. 참

    b. 거짓

7. 대시보드가 제대로 작동하려면 자체 권한 ID가 있어야 한다.

    a. 참

    b. 거짓

06

롤 기반 액세스 제어 정책 및 감사

인증은 클러스터에 대한 액세스를 관리하는 첫 번째 단계다. 클러스터에 대한 액세스 권한이 부여되면 계정이 자동화된 시스템인지 사용자인지에 따라 계정이 수행할 수 있는 작업을 제한하는 것이 중요하다. 리소스에 대한 액세스 권한을 부여하는 것은 우발적인 문제와 클러스터를 남용하려는 악의적인 행위자 모두로부터 보호하는 데 중요한 부분이다.

6장에서는 쿠버네티스가 롤 기반 액세스 제어RBAC, Role-Based Access Control 모델을 통해 액세스를 승인하는 방법을 자세히 살펴본다. 6장의 첫 번째 부분에서는 쿠버네티스 RBAC가 어떻게 구성되고 어떤 옵션을 사용할 수 있으며 어떻게 이론을 실제 예에 매핑하는지 심층적으로 설명한다. RBAC 정책의 디버깅 및 문제 해결에 대해서는 후반부에 다룬다.

6장에서는 다음 주제를 다룬다.

- RBAC 소개
- 엔터프라이즈 ID를 쿠버네티스에 매핑해 리소스에 대한 액세스 권한 부여

- 네임스페이스 멀티테넌시

- 쿠버네티스 감사

- audit2rbac를 사용한 정책 디버깅

6장을 완료하면 클러스터에 대한 액세스를 관리하고 문제가 발생했을 때 디버깅하는 데 필요한 도구를 얻을 수 있을 것이다. 다음으로 6장의 기술 요구 사항을 소개한다.

기술 요구 사항

6장의 기술 요구 사항은 다음과 같다.

- 5장의 구성으로 실행되는 인증이 통합된 KinD 클러스터

다음 깃허브 리포지터리(https://github.com/PacktPublishing/Kubernetes---An-Enterprise-Guide-2E/tree/main/chapter6)에서 6장의 코드에 액세스할 수 있다.

RBAC 소개

RBAC를 시작하기 전에 쿠버네티스 및 액세스 제어의 역사를 간단히 살펴본다.

쿠버네티스 1.6 이전에는 액세스 제어를 속성 기반 액세스 제어(ABAC, Attribute-Based Access Control)를 기반으로 했다. 이름에서 알 수 있듯이 ABAC는 규칙을 롤이 아닌 속성과 비교해 액세스를 제공한다. 할당된 속성에는 사용자 속성, 오브젝트, 환경 및 위치를 비롯한 모든 유형의 데이터가 할당될 수 있다.

과거에는 ABAC용 쿠버네티스 클러스터를 구성하려면 API 서버에서 두 가지 값을 설정해야 했다.

- `--authorization-policy-file`

- `--authorization-mode=ABAC`

`Authorization-policy-file`은 API 서버의 로컬 파일이다. 각 API 서버의 로컬 파일이므로 파일을 변경하려면 호스트에 대한 권한 있는 액세스가 필요하며 API 서버를 다시 시작해야 한다. 예상대로 ABAC 정책을 업데이트하는 프로세스가 어려워지고 API 서버가 다시 시작될 때 즉각적인 변경을 수행하려면 짧은 중단이 필요하다.

쿠버네티스 1.6부터는 RBAC가 리소스에 대한 액세스 권한을 부여하는 기본 방법이됐다. ABAC와 달리 RBAC는 쿠버네티스 네이티브 오브젝트를 사용하며 API 서버를다시 시작하지 않고도 업데이트가 반영된다. RBAC는 다른 인증 방법과도 호환된다. 여기에서는 RBAC 정책을 개발하고 클러스터에 적용하는 방법에 중점을 둔다.

⠿ 롤이란

쿠버네티스에서 롤^{role}은 권한을 설명하고 구성할 수 있는 오브젝트로 묶는 방법이다.

롤에는 리소스와 동사의 모음으로 된 규칙이 있다. 거꾸로 살펴보면 다음과 같다.

- **동사**: 읽기(get), 쓰기(create, update, patch 및 delete) 또는 리스팅^{listing} 및 감시^{watching}와 같이 API에서 수행할 수 있는 작업이다.

- **리소스**: `services`, `endpoints` 등과 같이 동사를 적용할 API의 이름이다. 특정 하위 리소스도 나열될 수 있다. 오브젝트에 대해 매우 구체적인 권한을 제공하기 위해 특정 리소스의 이름을 지정할 수 있다.

롤은 리소스에 대해 누가 동사를 수행할 수 있는지 나타내지 않는다. 이것은 `RoleBindings` 및 `ClusterRoleBindings`에 의해 처리된다. '롤바인딩 및 클러스터 롤바인딩' 절에서 이에 대해 자세히 알아본다.

NOTE

"롤"이라는 용어는 여러 의미를 가질 수 있으며 RBAC는 종종 다른 맥락에서 사용된다. 엔터프라이즈 세계에서 "롤"이라는 용어는 종종 비즈니스 롤과 연관되며 특정 사람 대신 해당 롤에 대한 권한을 전달하는 데 사용된다. 예를 들어 기업은 수표를 발행하기 위해 계정의 매입채무 부서의 각 구성원에게 특정 권한을 부여하는 대신 수표를 발행할 수 있는 능력을 모든 매입채무 직원에게 지정할 수 있다. 누군가가 직무를 이동할 때 이전 롤의 권한을 잃고 새 롤에 대한 권한을 얻는다. 매입채무에서 매출채권으로 이동하는 경우 사용자는 지불 능력을 상실하고 지불 수락 능력을 얻게 된다. 개인이 아닌 롤에 권한을 연결하면 각 사용자에 대한 권한을 수동으로 변경할 필요 없이 롤 변경과 함께 권한 변경이 자동으로 발생한다. 이것이 RBAC라는 용어의 보다 "일반적인" 사용법이다.

규칙을 만들 각 리소스는 다음과 같다.

- apiGroups: 리소스가 속한 그룹 목록

- resources: 리소스(및 잠재적으로 하위 리소스)에 대한 오브젝트 유형의 이름

- resourceNames: 이 규칙을 적용할 특정 오브젝트의 목록(선택 사항)

각 규칙에는 apiGroups 및 resources 목록이 있어야 한다. resourceNames은 선택 사항이다.

리소스가 규칙에서 식별되면 동사를 지정할 수 있다. 동사는 리소스에 대해 수행할 수 있는 작업으로 쿠버네티스의 오브젝트에 대한 액세스를 제공한다.

오브젝트에 대해 원하는 액세스가 all이어야 하는 경우에는 각 동사를 추가할 필요가 없다. 대신 와일드카드 문자를 사용해 모든 verbs, resources 또는 apiGroups를 식별할 수 있다.

롤 식별

쿠버네티스 인증 페이지(https://kubernetes.io/docs/reference/access-authn-authz/rbac/)는 다음과 같은 롤을 사용해 누군가가 파드 및 해당 로그의 세부 정보를 얻을 수 있도록 허용한다.

```
apiVersion: rbac.authorization.k8s.io/v1
kind: Role
metadata:
  namespace: default
  name: pod-and-pod-logs-reader
rules:
- apiGroups: [""]
  resources: ["pods", "pods/log"]
  verbs: ["get", "list"]
```

이 롤이 어떻게 정의됐는지 확인하기 위해 가장 찾기 쉬운 resources부터 시작한다. 쿠버네티스의 모든 오브젝트는 URL로 표시된다. 기본 네임스페이스의 파드에 대한 모든 정보를 가져오려면 /api/v1/namespaces/default/pods URL을 호출하고 특정 파드에 대한 로그를 원하면 /api/v1/namespaces/default/pods/mypod/log URL을 호출한다.

URL 패턴은 모든 네임스페이스 범위 오브젝트에 적용된다. pods/log와 마찬가지로 pods는 resources에 맞춰 정렬된다. 승인하려는 리소스를 찾고자 할 때는 쿠버네티스 API 문서에서 제공하는 api-reference 문서(https://kubernetes.io/docs/reference/#api-reference)를 참고한다.

오브젝트 이름 뒤에 추가 경로 구성 요소에 액세스하려는 경우(예: 파드의 상태 및 로그 포함) 해당 오브젝트에 명시적으로 권한이 부여돼야 한다. 파드에 대해 승인한다고 해서 로그나 상태에 대해 즉시 승인되는 것은 아니다.

resources에 대한 URL 매핑 사용을 기반으로 verbs 필드가 HTTP 동사가 될 것이라고 생각할 수 있지만 그렇지 않다. 쿠버네티스에는 GET 동사가 없다. 동사는 대신 API 서버에 있는 오브젝트의 스키마에 의해 정의된다. 좋은 소식은 HTTP 동사와 RBAC 동사 사이에 정적 매핑이 있다는 것이다(https://kubernetes.io/docs/reference/access-authn-authz/authorization/#determine-the-request-verb). 이 URL을 보면 PodSecurityPolicies 및 가장을 위한 HTTP 동사 위에 동사가 있음을 알 수 있다. RBAC 모델은 특정 API를 승인하는 것 이외에도 누가 사용자를 가장할 수 있는지 그리고 PodSecurityPolicy 오브젝트를 할당하는 방법을 승인하는 데에도 사용되기 때문이다. 6장에서는 표준 HTTP 동사 매핑에 중점을 둘 것이다.

마지막으로 살펴볼 구성 요소는 apiGroups이다. API는 API 그룹에 속하며 해당 그룹은 URL의 일부가 된다. 권한을 부여하려는 오브젝트에 대한 API 문서를 보거나 kubectl api-resources 명령을 사용해 그룹을 찾을 수 있다. 예를 들어 Ingress 오브젝트에 대한 apiGroups를 가져오려면 다음과 같이 해볼 수 있다.

```
kubectl api-resources -o wide | grep Ingress
ingresses ing extensions/v1beta1 true Ingress [create delete
deletecollection get list patch update watch]
ingressclasses networking.k8s.io/v1 false IngressClass [create delete
deletecollection get list patch update watch]
ingresses ing networking.k8s.io/v1 true Ingress [create delete
deletecollection get list patch update watch]
```

두 번째 예는 Ingress 오브젝트의 YAML 버전의 apiVersion을 보여준다. apiGroups에 버전 번호 없이 이것을 사용한다. 앞의 경우 apiGroups는 networking.k8s.io가 된다.

RBAC 모델의 불일치는 디버깅을 어렵게 만들 수 있다. 6장의 마지막 실습에서는 디버깅 프로세스를 살펴보고 규칙을 정의하는 데 많은 추측 작업을 수행한다.

방금 우리는 롤의 내용과 특정 권한을 정의하는 방법을 정의했으며, 롤은 네임스페이스와 클러스터 수준 모두에서 적용할 수 있다는 점에 유의한다.

롤 대 클러스터롤

RBAC 규칙의 범위는 특정 네임스페이스 또는 전체 클러스터로 지정할 수 있다. 앞의 예에서 롤Roles 대신 클러스터롤ClusterRoles로 정의하고 네임스페이스를 제거한 경우 우리는 누군가가 클러스터 전체의 모든 파드에 대한 세부 정보와 로그를 가져올 수 있도록 하는 권한을 부여하는 롤을 만들게 된다. 이 새로운 롤은 대안적으로 개별 네임스페이스에서 특정 네임스페이스의 파드에 권한을 할당하는 데 사용될 수 있다.

```
apiVersion: rbac.authorization.k8s.io/v1
kind: ClusterRole
metadata:
```

```
    name: cluster-pod-and-pod-logs-reader
rules:
- apiGroups: [""]
  resources: ["pods", "pods/log"]
  verbs: ["get", "list"]
```

이 권한이 클러스터 전체에 적용되는지 아니면 특정 네임스페이스 범위 내에서 적용되는지 여부는 해당 권한이 적용되는 주체에 바인딩되는 방식에 따라 다르다. 이는 '롤바인딩 및 클러스터 롤바인딩' 절에서 다룬다.

클러스터 전체에 규칙 집합을 적용하는 것 외에도 클러스터롤은 PersistentVolume 및 StorageClass 오브젝트와 같이 네임스페이스에 매핑되지 않은 리소스에 규칙을 적용하는 데 사용된다.

롤이 정의되는 방법을 배운 후 롤을 특정 목적에 맞게 설계할 수 있는 다양한 방법을 살펴본다. 다음 절에서는 클러스터에서 롤과 해당 애플리케이션을 정의하기 위한 다양한 패턴을 살펴본다.

네거티브 롤

권한 부여에 대한 가장 일반적인 요청 중 하나는 "xyz를 제외한 모든 작업을 수행할 수 있는 롤을 작성할 수 있습니까?"이다. RBAC에서 대답은 '아니요'이다. RBAC에서는 모든 리소스를 허용하거나 허용할 특정 리소스 및 동사를 열거해야 한다. 여기에는 두 가지 이유가 있다.

- **단순함을 통한 더 나은 보안**: 이것을 제외한 모든 시크릿을 말하는 규칙을 실행하기 위해서는 RBAC가 제공하는 것보다 훨씬 더 복잡한 평가 엔진이 필요하다. 엔진이 복잡할수록 테스트하고 검증하기가 더 어렵고 망가지기 쉽다. 더 간단한 엔진은 코딩과 보안 유지가 더 간단하다.

- **의도하지 않은 결과**: 누군가가 xyz를 제외한 모든 작업을 수행하도록 허용하면 클러스터가 성장하고 새로운 기능이 추가됨에 따라 의도하지 않은 방식으로 문제가 발생할 수 있다.

첫째로 이러한 기능을 갖춘 엔진은 구축 및 유지 관리가 어렵다. 또한 규칙을 추적하기가 훨씬 더 어려워진다. 이러한 유형의 규칙을 표현하려면 권한 부여 규칙뿐만 아니라 해당 규칙에 대한 순서도 있어야 한다. 예를 들어 이 시크릿을 제외한 모든 것을 허용하고 싶다고 말하려면 먼저 모든 것을 허용하는 규칙이 필요하고 그런 다음 이 시크릿을 거부하는 규칙이 필요하다. 이 시크릿을 거부하고 모든 것을 허용하도록 규칙을 전환하면 첫 번째 규칙을 덮어쓰게^{override}된다. 다른 규칙에 우선순위를 지정할 수 있지만 이제는 훨씬 더 복잡해진다.

사용자 지정 권한 부여 웹훅을 사용하거나 컨트롤러를 사용해 RBAC 롤 오브젝트를 동적으로 생성해 이 패턴을 구현하는 방법이 있다. 이것들은 모두 보안 안티 패턴으로 간주되므로 6장에서는 다루지 않는다.

두 번째 요점은 의도하지 않은 결과를 다룬다. 사용자 지정 컨트롤러가 데이터베이스와 같은 인프라를 프로비저닝하기 위해 커스텀리소스데피니션^{CRD, CustomResourceDefinition}의 새 인스턴스를 찾는 오퍼레이터^{Operator} 패턴을 사용해 쿠버네티스가 아닌 인프라 프로비저닝을 지원하는 것이 점점 더 대중화되고 있다.

아마존 웹 서비스^{Amazon Web Service}는 이를 위해 오퍼레이터를 발표했다(https://github.com/aws/aws-controllers-k8s). 이러한 오퍼레이터를 클라우드에 대한 관리 자격 증명을 사용해 자체 네임스페이스에서 실행되며 리소스를 프로비저닝할 오브젝트들의 새 인스턴스를 찾는다. "…를 제외한" 모든 것을 허용하는 보안 모델이 있는 경우 일단 배포되면 클러스터의 모든 사람이 실제 비용이 들고 보안 허점을 만들 수 있는 클라우드 리소스를 프로비저닝할 수 있다. 보안 관점에서 리소스를 열거하는 것은 실행 중인 항목과 액세스 권한이 있는 사용자를 파악하는 데 중요한 부분이다.

쿠버네티스 클러스터의 트렌드는 사용자 지정 리소스 API를 통해 클러스터 외부의 인프라에 대한 더 많은 제어를 제공하는 것이다. VM에서 추가 노드, 모든 종류의 API 기반 클라우드 인프라에 이르기까지 무엇이든 프로비저닝할 수 있다. RBAC 외에 다른 사람이 생성해서는 안 되는 리소스를 생성할 위험을 완화하는 데 사용할 수 있는 다른 도구가 있지만 이는 부차적인 조치여야 한다.

집계된 클러스터롤

클러스터롤은 금세 혼란스러워지고 유지 관리가 어려울 수 있다. 필요에 따라 결합할 수 있는 더 작은 클러스터롤로 나누는 것이 가장 좋다. 누군가가 일반적으로 특정 네임스페이스 내에서 모든 작업을 수행할 수 있도록 설계된 관리자 클러스터롤을 예로 들어보겠다. 관리자 클러스터롤을 보면 존재하는 거의 모든 리소스를 열거한다. 누군가 이 모든 리소스를 포함하도록 이 클러스터롤을 작성했다고 생각할 수 있지만 이는 실제로 비효율적이며 새로운 리소스 유형이 쿠버네티스에 추가되면 어떻게 될지 상상해보라. 관리자 클러스터롤은 집계된 클러스터롤이다. 다음 클러스터롤을 살펴보자.

```
kind: ClusterRole
apiVersion: rbac.authorization.k8s.io/v1
metadata:
  name: admin
  labels:
    kubernetes.io/bootstrapping: rbac-defaults
  annotations:
    rbac.authorization.kubernetes.io/autoupdate: 'true'
rules:
.
.
.
aggregationRule:
  clusterRoleSelectors:
    - matchLabels:
        rbac.authorization.k8s.io/aggregate-to-admin: 'true'
```

핵심은 AggregationRule 절이다. 이 절은 rbac.authorization.k8s.io/aggregate-to-admin 레이블이 true인 모든 클러스터롤에 대해 규칙을 결합하도록 쿠버네티스에 지시한다. 새 CRD가 생성되면 관리자는 이 레이블이 포함된 새 클러스터롤을 추가하지 않고는 해당 CRD의 인스턴스를 생성할 수 없다. 네임스페이스 관리자가 새 myapi/superwidget 오브젝트의 인스턴스를 만들 수 있도록 하려면 새 클러스터롤을 만든다.

```
apiVersion: rbac.authorization.k8s.io/v1
kind: ClusterRole
```

```
metadata:
  name: aggregate-superwidget-admin
  labels:
    # Add these permissions to the "admin" default role.
    rbac.authorization.k8s.io/aggregate-to-admin: "true"
rules:
- apiGroups: ["myapi"]
  resources: ["superwidgets"]
  verbs: ["get", "list", "watch", "create", "update", "patch", "delete"]
```

다음에 관리자 클러스터롤을 볼 때 `myapi/superwidgets`가 포함된다. 좀 더 구체적인 권한을 위해 이 클러스터롤을 직접 참조할 수도 있다.

롤바인딩 및 클러스터 롤바인딩

권한을 정의한 후에는 권한을 특정 항목에 할당해 활성화해야 한다. "무언가"란 사용자, 그룹 또는 서비스 계정일 수 있다. 이러한 옵션을 주체^{subject}라고 한다. 롤 및 클러스터롤과 마찬가지로 롤바인딩^{Rolebindings}은 롤 또는 클러스터롤을 특정 네임스페이스에 바인딩하고 클러스터 롤바인딩^{ClusterRoleBindings}은 클러스터 전체에 클러스터롤을 적용한다. 바인딩은 많은 주체를 가질 수 있지만 단일 롤 또는 클러스터롤만 참조할 수 있다. 6장의 앞부분에서 만든 `pod-and-pod-logs-reader` 롤을 기본 네임스페이스의 `mysa`라는 서비스어카운트, `podreader`라는 사용자 또는 `podreaders` 그룹이 있는 모든 사람에 할당하려면 롤바인딩을 만든다.

```
apiVersion: rbac.authorization.k8s.io/v1
kind: RoleBinding
metadata:
  name: pod-and-pod-logs-reader
  namespace: default
subjects:
- kind: ServiceAccount
  name: mysa
  namespace: default
  apiGroup: rbac.authorization.k8s.io
```

```
  - kind: User
    name: podreader
  - kind: Group
    name: podreaders
roleRef:
    kind: Role
    name: pod-and-pod-logs-reader
    apiGroup: rbac.authorization.k8s.io
```

앞의 롤바인딩은 세 가지 주체를 나열한다.

- ServiceAccount: 클러스터의 모든 서비스어카운트는 롤바인딩에 대한 권한이 부여
  될 수 있다. 롤바인딩은 롤바인딩이 정의된 네임스페이스뿐만 아니라 모든 네임스페
  이스의 서비스어카운트에 권한을 부여할 수 있으므로 네임스페이스를 포함해야
  한다.

- User: 사용자는 인증 프로세스에 의해 어설션된다. 5장, '클러스터 인증 연동'에서 쿠
  버네티스에는 사용자를 나타내는 오브젝트가 없음을 기억하자.

- Group: 사용자와 마찬가지로 그룹은 인증 프로세스의 일부로 어설션되며 연결된 오
  브젝트가 없다.

마지막으로 앞서 만든 롤이 참조된다. 유사한 방식으로 동일한 주체에 클러스터 전체에
서 파드 및 해당 로그를 읽을 수 있는 기능을 할당하기 위해 6장의 앞부분에서 생성한
cluster-pod-and-pod-logs-reader 클러스터롤을 참조하도록 클러스터 롤바인딩을 생
성할 수 있다.

```
apiVersion: rbac.authorization.k8s.io/v1
kind: ClusterRoleBinding
metadata:
    name: cluster-pod-and-pod-logs-reader
subjects:
- kind: ServiceAccount
    name: mysa
    namespace: default
```

```
    apiGroup: rbac.authorization.k8s.io
  - kind: User
    name: podreader
  - kind: Group
    name: podreaders
roleRef:
    kind: ClusterRole
    name: cluster-pod-and-pod-logs-reader
    apiGroup: rbac.authorization.k8s.io
```

클러스터 롤바인딩은 동일한 주체에 바인딩되지만 네임스페이스 바인딩된 롤 대신 클러스터롤에 바인딩된다. 이제 이러한 사용자는 기본 네임스페이스에서 파드 세부 정보 및 파드/로그를 읽을 수 있는 대신 모든 네임스페이스에서 모든 파드 세부 정보 및 파드/로그를 읽을 수 있다.

클러스터롤 및 롤바인딩 결합

로그 애그리게이터가 모든 네임스페이스가 아닌 여러 네임스페이스의 파드에서 로그를 가져와야 하는 사용 사례가 있다. 클러스터 롤바인딩은 너무 광범위하다. 롤은 각 네임스페이스에서 재생성할 수 있지만 이는 비효율적이고 유지 관리가 골칫거리다. 대신 클러스터롤을 정의하되 해당 네임스페이스의 롤바인딩에서 참조할 수 있다. 이렇게 하면 특정 네임스페이스에 권한을 계속 적용하면서 권한 정의를 재사용할 수 있다. 일반적으로 다음 사항에 유의해야 한다.

- 클러스터롤 + 클러스터 롤바인딩 = 클러스터 전체 권한

- 클러스터롤 + 롤바인딩 = 네임스페이스별 권한

특정 네임스페이스에 클러스터 롤바인딩을 적용하려면 네임스페이스가 지정된 롤 오브젝트 대신 클러스터롤을 참조해 롤을 생성한다.

```
apiVersion: rbac.authorization.k8s.io/v1
kind: RoleBinding
```

```
metadata:
  name: pod-and-pod-logs-reader
  namespace: default
subjects:
- kind: ServiceAccount
  name: mysa
  namespace: default
  apiGroup: rbac.authorization.k8s.io
- kind: User
  name: podreader
- kind: Group
  name: podreaders
roleRef:
  kind: ClusterRole
  name: cluster-pod-and-pod-logs-reader
  apiGroup: rbac.authorization.k8s.io
```

앞의 롤바인딩을 사용하면 기존 클러스터롤을 재사용할 수 있다. 이렇게 하면 클러스터에서 추적해야 하는 오브젝트 수가 줄어들고 클러스터롤 권한을 변경해야 하는 경우 클러스터 전체에서 권한을 더 쉽게 업데이트할 수 있다.

권한을 구축하고 권한을 할당하는 방법을 정의했으며 다음으로 엔터프라이즈 ID를 클러스터 정책에 매핑하는 방법을 살펴본다.

리소스에 대한 액세스 권한을 부여하기 위해 엔터프라이즈 ID를 쿠버네티스에 매핑

인증 중앙 집중화의 이점 중 하나는 클러스터와 상호 작용하는 사용자가 기억해야 하는 새 자격 증명을 생성할 필요 없이 기업의 기존 ID를 활용한다는 것이다. 이러한 중앙 집중식 사용자에게 정책을 매핑하는 방법을 아는 것이 중요하다. 5장, '클러스터 인증 연동'에서 클러스터를 생성하고 "엔터프라이즈 Active Directory"와 통합했다. 통합을 완료하기 위해 다음 클러스터 롤바인딩이 생성됐다.

```
apiVersion: rbac.authorization.k8s.io/v1
```

```
kind: ClusterRoleBinding
metadata:
  name: ou-cluster-admins
subjects:
- kind: Group
  name: cn=k8s-cluster-admins,ou=Groups,DC=domain,DC=com
  apiGroup: rbac.authorization.k8s.io
roleRef:
  kind: ClusterRole
  name: cluster-admin
  apiGroup: rbac.authorization.k8s.io
```

이 바인딩을 사용하면 cn=k8s-cluster-admins,ou=Groups,DC=domain,DC=com 그룹의 구성원인 모든 사용자가 전체 클러스터 액세스 권한을 가질 수 있다. 당시에는 인증에 중점을 뒀기 때문에 이 바인딩이 생성된 이유에 대한 자세한 내용은 제공되지 않았다.

사용자에게 직접 권한을 부여하려면 어떻게 해야 할까? 그렇게 하면 클러스터에 액세스할 수 있는 사람을 제어할 수 있다. RBAC 클러스터롤 바인딩은 다음과 같이 달라진다.

```
apiVersion: rbac.authorization.k8s.io/v1
kind: ClusterRoleBinding
metadata:
  name: ou-cluster-admins
subjects:
- kind: User
  name: https://k8sou.apps.192-168-2-131.nip.io/auth/idp/k8sIdp#mmosley
  apiGroup: rbac.authorization.k8s.io
roleRef:
  kind: ClusterRole
  name: cluster-admin
  apiGroup: rbac.authorization.k8s.io
```

이전과 동일한 클러스터롤을 사용해 이 클러스터 롤바인딩은 내 테스트 사용자에게만 cluster-admin 권한을 할당한다.

가장 먼저 살펴볼 점은 사용자의 사용자 이름 앞에 OpenID Connect 발급자의 URL을 갖고 있다는 것이다. OpenID Connect가 처음 소개됐을 때 쿠버네티스는 여러 ID 제공자 및 다양한 유형의 ID 제공자와 통합될 것이라고 생각했기 때문에 개발자는 다양한 ID 소스의 사용자를 쉽게 구별할 수 있기를 원했다. 예를 들어 도메인 1의 mmosley는 도메인 2의 mmosley와 다른 사용자다. 사용자의 ID가 ID 제공자 간에 다른 사용자와 충돌하지 않도록 하기 위해 쿠버네티스는 ID 제공자의 발급자를 사용자 이름 앞에 추가하도록 요구한다. API 서버 플래그에 정의된 사용자 이름 클레임이 mail인 경우 이 규칙이 적용되지 않는다. 인증서 또는 가장을 사용하는 경우에도 적용되지 않는다.

일관성 없는 구현 요구 사항 외에도 이 접근 방식은 몇 가지 방식으로 문제를 일으킬 수 있다.

- **ID 제공자 URL 변경**: 오늘은 한 URL에서 ID 제공자를 사용하고 있지만 내일은 다른 URL로 이동하기로 결정한다. 이제 모든 클러스터 롤바인딩을 살펴보고 업데이트해야 한다.

- **감사**: 사용자와 연결된 모든 롤바인딩을 쿼리할 순 없다. 대신 모든 바인딩을 열거해야 한다.

- **대규모 바인딩**: 사용자 수에 따라 바인딩이 상당히 커져 추적하기 어려울 수 있다.

이러한 문제를 관리하는 데 사용할 수 있는 도구가 있지만 개별 사용자 대신 그룹과 바인딩을 연결하는 것이 훨씬 쉽다. mail 속성을 사용해 URL 접두사를 피할 수 있지만 이는 안티 패턴으로 간주되며 어떤 이유로든 이메일 주소가 변경되면 클러스터에 똑같이 어려운 변경이 발생한다.

지금까지 6장에서 액세스 정책을 정의하고 해당 정책을 엔터프라이즈 사용자에게 매핑하는 방법을 배웠다. 다음으로 클러스터를 테넌트로 나누는 방법을 결정해야 한다.

⁙ 네임스페이스 멀티테넌시 구현

여러 이해 관계자 또는 테넌트를 위해 배포된 클러스터는 네임스페이스별로 나눠야 한다. 이는 처음부터 쿠버네티스에 설계된 경계다. 네임스페이스를 배포할 때 일반적으로 네임스페이스의 사용자에게 할당되는 2개의 클러스터롤이 있다.

- admin: 이 집계된 클러스터롤은 쿠버네티스와 함께 제공되는 모든 동사와 거의 모든 리소스에 대한 액세스를 제공해 admin 사용자를 네임스페이스의 지배자로 만든다. ResourceQuotas와 같이 전체 클러스터에 영향을 줄 수 있는 모든 네임스페이스 범위 오브젝트는 예외다.

- edit: admin과 유사하지만 RBAC 롤 또는 롤바인딩을 생성할 수 있는 기능이 없다.

admin 클러스터롤은 자체적으로 네임스페이스 오브젝트를 변경할 수 없다는 점에 유의하는 것이 중요하다. 네임스페이스는 클러스터 전체 리소스이므로 클러스터 롤바인딩을 통해서만 권한을 할당할 수 있다.

멀티테넌시 전략에 따라 admin 클러스터롤이 적절하지 않을 수 있다. RBAC 롤 및 롤바인딩 오브젝트를 생성하는 기능은 네임스페이스 관리자가 리소스 할당량을 변경하거나 승격된 PodSecurityPolicy 권한을 실행할 수 있는 기능을 자신에게 부여할 수 있음을 의미한다. 여기에서 RBAC가 무너지는 경향이 있으며 몇 가지 추가 옵션이 필요하다.

- **쿠버네티스에 대한 액세스 권한을 부여하지 않음**: 많은 클러스터 소유자는 쿠버네티스를 사용자의 손에 벗어나 외부 CI/CD 도구로 상호 작용을 제한하기를 원한다. 이것은 마이크로서비스에서 잘 작동하지만 여러 부분에서 문제가 된다. 첫째, 더 많은 레거시 애플리케이션이 쿠버네티스로 이동된다는 것은 더 많은 레거시 관리자가 네임스페이스에 직접 액세스해야 한다는 것을 의미한다. 둘째, 쿠버네티스 팀이 사용자를 클러스터에서 제외하면 이제 그들에게 책임이 있다. 쿠버네티스를 소유한 사람은 애플리케이션 소유자가 원하는 방식으로 일이 진행되지 않는 이유가 되고 싶어 하지 않을 수 있으며, 애플리케이션 소유자는 자신의 성능에 영향을 미치는 모든 상황을 처리할 수 있도록 자체 인프라를 제어할 수 있기를 원하는 경우가 많다.

- **액세스를 특권으로 취급**: 대부분의 기업은 인프라에 액세스하기 위해 특권 사용자가 필요하다. 이는 일반적으로 관리자가 사용하기 위해 "체크아웃"해야 하고 "변경 게시판" 또는 프로세스에 의해 승인된 특정 시간에만 승인되는 별도의 계정이 있는 권한

있는 액세스 모델을 사용해 수행된다. 이러한 계정의 사용은 면밀히 모니터링된다. 이는 이미 시스템, 특히 기업의 중앙 인증 시스템과 통합되는 시스템이 있는 경우에 좋은 접근 방식이다.

- **각 테넌트에 클러스터 제공**: 이 모델은 멀티테넌시를 클러스터에서 인프라 계층으로 옮긴다. 문제를 제거한 것이 아니라 해결할 위치만 이동했다. 이로 인해 무분별한 확장이 발생해 관리할 수 없게 되고 쿠버네티스를 구현하는 방법에 따라 비용이 급증할 수 있다.

- **승인 컨트롤러**: 생성할 수 있는 오브젝트를 제한해 RBAC를 강화한다. 예를 들어 승인 컨트롤러는 RBAC가 명시적으로 허용하더라도 RBAC 정책이 생성되지 않도록 차단할 수 있다. 이 주제는 8장, '개방형 정책 에이전트를 사용한 보안 확장'에서 다룰 것이다.

멀티테넌트^{Multi-tenant} 솔루션은 네임스페이스 및 리소스에 대한 액세스 권한을 부여할 뿐만 아니라 테넌트를 프로비저닝하는 방법도 알아야 한다. 이 주제는 마지막 장인 14장, '플랫폼 프로비저닝'에서 다룰 것이다.

이제 권한 부여 정책을 구현하기 위한 전략이 있으므로 정책을 생성할 때 이러한 정책을 디버깅하고 해당 정책이 위반되는 시기를 알 수 있는 방법이 필요하다. 쿠버네티스는 다음 절에서 중점적으로 다룰 감사 기능을 제공한다. 여기서 KinD 클러스터에 감사 로그를 추가하고 RBAC 정책 구현을 디버깅할 것이다.

:::: 쿠버네티스 감사

쿠버네티스 감사 로그는 API 관점에서 클러스터에서 일어나는 일을 추적하는 곳이다. JSON 형식이므로 직접 읽기가 더 어렵지만 Elasticsearch와 같은 도구를 사용해 구문 분석하기가 훨씬 쉽다. 10장, '팔코, 데브옵스 AI, ECK를 통한 감사'에서 일래스틱서치, Fluentd, 키바나^{EFK} 스택을 사용해 전체 로깅 시스템을 만드는 방법을 다룬다.

감사 정책 만들기

정책 파일은 기록되는 이벤트와 로그를 저장할 위치를 제어하는 데 사용되며, 이는 표준 로그 파일 또는 웹훅일 수 있다. 깃허브 리포지터리의 chapter6 디렉터리에 예제 감사 정책을 포함했으며 책 전체에서 사용했던 KinD 클러스터에 적용해본다.

감사 정책은 API 서버에 어떤 API가 로깅을 호출하고 어떻게 호출하는지 알려주는 규칙 모음이다. 쿠버네티스가 정책 파일을 파싱할 때 모든 규칙이 순서대로 적용되고 초기 매치된 정책 이벤트만 적용된다. 특정 이벤트에 대해 둘 이상의 규칙이 있는 경우 로그 파일에서 예상한 데이터를 받지 못할 수 있다. 이러한 이유로 이벤트가 올바르게 생성되도록 주의해야 한다.

정책은 audit.k8s.io API와 매니페스트 종류의 Policy를 사용한다. 다음 예는 정책 파일의 시작을 보여준다.

```
apiVersion: audit.k8s.io/v1
kind: Policy
rules:
  - level: Request
    userGroups: ["system:nodes"]
    verbs: ["update","patch"]
    resources:
      - group: "" # core
        resources: ["nodes/status", "pods/status"]
    omitStages:
      - "RequestReceived"
```

NOTE

> 정책 파일은 표준 쿠버네티스 매니페스트처럼 보일 수 있지만 kubectl을 사용해 적용하지 않는다. 정책 파일은 API 서버에서 --audit-policy-file API 플래그와 함께 사용된다. 이는 '클러스터에서 감사 활성화' 절에서 설명한다.

규칙과 기록할 내용을 이해하기 위해 각 절을 자세히 살펴볼 것이다.

규칙의 첫 번째 절은 이벤트에 대해 기록될 정보 유형을 결정하는 레벨이다. 이벤트에 할당할 수 있는 네 가지 레벨이 있다.

표 6.1 쿠버네티스 감사 레벨

감사 레벨	로깅 상세
None	어떤 데이터도 기록하지 않는다.
Metadata	메타데이터만 기록 – 요청 또는 요청 응답은 포함하지 않는다.
Request	메타데이터와 요청을 기록하지만 요청 응답은 기록하지 않는다.
RequestResponse	메타데이터, 요청 및 요청 응답을 기록한다.

userGroups, verbs 및 resources 값은 API 서버에 감사 이벤트를 트리거할 오브젝트 및 작업을 알려준다. 이 예에서 core API의 node/status 또는 pod/status에 대한 update 또는 patch 작업을 시도하는 system:nodes의 요청만 이벤트를 생성한다.

omitStages는 API 서버에 단계 중에 모든 로깅 이벤트를 건너뛰도록 지시해 로깅되는 데이터의 양을 제한하는 데 도움이 된다. API 요청에는 4단계Stage가 있다.

표 6.2 감사 단계

API 단계(stage)	단계 상세
RequestReceived	API가 요청을 받는 단계
ResponseStarted	이 단계는 특정 요청에만 사용되며 ResponseComplete에서 응답이 전송되기 전에 시작
ResponseComplete	API 서버가 요청에 응답하는 단계
Panic	패닉이 발생하면 이벤트가 생성됨

이 예에서는 들어오는 API 요청에 대한 데이터를 기록하지 않도록 API 서버에 지시하는 RequestReceived 이벤트를 무시하도록 이벤트를 설정했다.

모든 조직에는 자체 감사 정책이 있으며 정책 파일은 길고 복잡해질 수 있다. 생성할 수 있는 이벤트 유형을 파악할 때까지 모든 것을 기록하는 정책을 설정하는 것을 두려워하지 말아야 한다. 로그 파일이 매우 커지므로 모든 것을 기록하는 것은 좋은 방법이 아니다. 감사 정책을 미세 조정하는 것은 시간이 지남에 따라 배우는 기술이며 API 서버에 대해 더 많이 알게 되면 어떤 이벤트가 감사에 가장 가치가 있는지 배우기 시작할 것이다.

정책 파일은 클러스터 감사 활성화의 시작에 불과하며 정책 파일에 대해 이해했으므로 클러스터에서 감사를 활성화하는 방법을 설명한다.

클러스터에서 감사 활성화

감사 활성화는 쿠버네티스의 각 배포에 따라 다르다. 이 절에서는 하위 수준 단계를 이해하기 위해 KinD의 감사 로그를 활성화한다. 간단히 복습하기 위해 마지막 장의 완성품은 OpenID Connect와 직접 통합하는 대신 가장이 활성화된 KinD 클러스터였다. 6장의 나머지 단계와 예제에서는 이 클러스터가 사용되고 있다고 가정한다. 5장, '클러스터 인증 연동'의 스크립트를 실행하지 않은 경우 새 클러스터로 시작하고 chapter6/openunison/depeploy_openunison_imp.sh 스크립트를 실행한다.

```
$ cd chapter6/openunison
$ ./deploy_openunison_imp.sh
Helm Repo Name tremolo
Helm Repo URL https://nexus.tremolo.io/repository/helm
Deploying the Kubernetes Dashboard
namespace/kubernetes-dashboard unchanged
.
.
.
Deploying the login portal
NAME: orchestra-login-portal
LAST DEPLOYED: Fri Oct 22 13:37:48 2021
NAMESPACE: openunison
STATUS: deployed
REVISION: 1
TEST SUITE: None
OpenUnison is deployed!
```

다음으로 감사 로그 데이터를 파일로 보내도록 API 서버를 구성할 것이다. 이것은 KinD로 구성된 설치 프로그램인 kubeadm이 API 서버를 정적 파드로 실행하기 때문에 스위치를 설정하는 것보다 더 복잡하다. API 서버는 쿠버네티스 내부의 컨테이너다! 즉, API 서버에 로그 데이터를 쓸 위치를 알려주려면 먼저 데이터를 쓸 스토리지가 있어야 하고 그 위치를 볼륨으로 사용하도록 API 서버의 파드를 구성해야 한다. 우리는 API 서버의 컨텍스트 수정에 대한 경험을 제공하기 위해 이 프로세스를 수동으로 진행할 것이다.

깃허브 리포지터리의 chapter6 디렉터리에서 포함된 스크립트인 enable-auditing.sh 를 실행할 수 있다.

1. 먼저, Chapter6 디렉터리에서 API 서버로 예제 감사 정책을 복사한다.

```
$ cd chapter6
$ docker exec -ti cluster01-control-plane mkdir /etc/kubernetes/audit
$ docker cp k8s-audit-policy.yaml cluster01-control-plane:/etc/kubernetes/
audit/
```

2. 그런 다음 API 서버에 감사 로그 및 정책 구성을 저장할 디렉터리를 만든다. 다음 단계에서 API 서버 파일을 수정해야 하므로 컨테이너로 exec한다.

```
$ docker exec -ti cluster01-control-plane mkdir /var/log/k8s
```

이 시점에서 API 서버에 대한 감사 정책이 있고 파일을 사용하도록 API 옵션을 활성화할 수 있다.

3. API 서버에서 kubeadm 구성 파일(apt-get update; apt-get install vim을 실행해 vi와 같은 편집기를 설치해야 함), /etc/kubernetes/manifests/kube-apiserver.yaml을 편집한다. OpenID Connect를 활성화하기 위해 업데이트한 것과 동일한 파일이다. 감사를 활성화하려면 세 가지 값을 추가해야 한다.

4. 많은 쿠버네티스 클러스터에는 파일 및 API 옵션만 필요할 수 있다. 테스트에 KinD 클러스터를 사용하고 있으므로 두 번째 및 세 번째 단계가 필요하다.

5. 먼저 감사 로그를 활성화하는 **API** 서버에 대해 볼드체 명령줄 플래그를 추가한다. 정책 파일과 함께 로그 파일 로테이션, 보존 및 최대 크기를 제어하는 옵션을 추가할 수 있다.

```
- --tls-private-key-file=/etc/kubernetes/pki/apiserver.key
- --audit-log-path=/var/log/k8s/audit.log
- --audit-log-maxage=1
- --audit-log-maxbackup=10
- --audit-log-maxsize=10
- --audit-policy-file=/etc/kubernetes/audit/k8s-audit-policy.yaml
```

옵션은 이전 단계에서 복사한 정책 파일을 가리키고 있다.

6. 다음으로, 정책 구성 및 결과 로그를 저장하는 볼드체로 된 디렉터리를 volumeMounts 절에 추가한다.

```
- mountPath: /usr/share/ca-certificates
  name: usr-share-ca-certificates
  readOnly: true
- mountPath: /var/log/k8s
  name: var-log-k8s
  readOnly: false
- mountPath: /etc/kubernetes/audit
  name: etc-kubernetes-audit
  readOnly: true
```

7. 마지막으로 볼륨 절에 볼드체로 된 hostPath 구성을 추가해 쿠버네티스가 로컬 경로를 마운트할 위치를 알 수 있도록 한다.

```
- hostPath:
    path: /usr/share/ca-certificates
    type: DirectoryOrCreate
  name: usr-share-ca-certificates
- hostPath:
    path: /var/log/k8s
    type: DirectoryOrCreate
  name: var-log-k8s
```

```
  - hostPath:
      path: /etc/kubernetes/audit
      type: DirectoryOrCreate
    name: etc-kubernetes-audit
```

8. 파일을 저장하고 종료한다.

9. 모든 API 옵션 변경 사항과 마찬가지로 변경 사항을 적용하려면 API 서버를 다시 시작해야 한다. 그러나 KinD는 파일이 변경됐음을 감지하고 API 서버의 파드를 자동으로 다시 시작한다.

   연결된 셸을 종료하고 kube-system 네임스페이스에서 파드를 확인한다.

```
$ kubectl get pod kube-apiserver-cluster01-control-plane -n
kube-system
NAME                                       READY    STATUS
RESTARTS       AGE
kube-apiserver-cluster01-control-plane     1/1      Running      0
47s
```

   API 서버는 47초 동안만 실행된 것으로 강조 표시돼 성공적으로 다시 시작됐음을 나타낸다.

10. API 서버가 실행 중인지 확인했으면 감사 로그를 보고 제대로 작동하는지 확인한다. 로그를 확인하려면 docker exec를 사용해 audit.log에 tail 해볼 수 있다.

```
$ docker exec cluster01-control-plane  tail /var/log/k8s/audit.log
```

   이 명령은 다음 로그 데이터를 생성한다.

```
{"kind":"Event","apiVersion":"audit.k8s.io/v1","level":"Metadata",
"auditID":"451ddf5d-763c-4d7c-9d89-7afc6232e2dc","stage":
"ResponseComplete","requestURI":"/apis/discovery.k8s.io/v1/namespaces/
default/endpointslices/kubernetes","verb":"get","user":{"username":
"system:apiserver","uid":"7e02462c-26d1-4349-92ec-edf46af2ab31","groups":
["system:masters"]},"sourceIPs":["::1"],"userAgent":"kube-apiserver/
```

```
v1.21.1 (linux/amd64) kubernetes/5e58841","objectRef":{"resource":
"endpointslices","namespace":"default","name":"kubernetes","apiGroup":
"discovery.k8s.io","apiVersion":"v1"},"responseStatus":{"metadata":{},
"code":200},"requestReceivedTimestamp":"2021-07-12T08:53:55.345776Z",
"stageTimestamp":"2021-07-12T08:53:55.365609Z","annotations":
{"authorization.k8s.io/decision":"allow","authorization.k8s.io/
reason":""}}
```

이 JSON에는 꽤 많은 정보가 있으며, 로그 파일을 직접 보고 특정 이벤트를 찾는 것은 어려울 것이다. 다행히 감사가 활성화됐으므로 이벤트를 중앙 로깅 서버로 전달할 수 있다. EFK 스택을 배포할 10장, '팔코, 데브옵스 AI, ECK를 통한 감사'에서 이를 수행한다.

이제 감사를 활성화했으므로 다음 단계는 RBAC 정책 디버깅을 연습하는 것이다.

audit2rbac를 사용한 정책 디버깅

감사 로그의 오류를 RBAC 정책 오브젝트로 리버스 엔지니어링할 수 있는 audit2rbac라는 도구가 있다. 이 절에서는 사용자 중 한 명이 수행해야 하는 작업을 수행할 수 없음을 발견한 후 이 도구를 사용해 RBAC 정책을 생성한다. 이것은 일반적인 RBAC 디버깅 프로세스이며 이 도구를 사용하는 방법을 배우면 RBAC 문제를 분리하는 데 시간을 절약할 수 있다.

1. 5장에서는 cn=k8s-cluster-admins,ou=Groups,DC=domain,DC=com 그룹의 모든 구성원이 클러스터의 관리자가 될 수 있도록 일반 RBAC 정책을 만들었다. OpenUnison에 로그인한 경우 로그아웃한다.

2. 이제 사용자 이름 jjackson과 비밀번호 start123으로 다시 로그인한다.

3. 그런 다음 로그인을 클릭한다. 로그인 후 대시보드로 이동한다. OpenUnison이 처음 배포됐을 때와 마찬가지로 클러스터 관리자를 위한 RBAC 정책이 더 이상 적용되지 않기 때문에 네임스페이스나 기타 정보가 없다.

314

4. 다음으로 토큰 화면에서 kubectl 구성을 복사해 기본 KinD 터미널이 아닌 창에 붙여 넣어 마스터 구성을 덮어쓰지 않도록 한다.

5. 토큰이 설정되면 not-going-to-work라는 네임스페이스를 생성한다.

```
PS C:\Users\mlb> kubectl create ns not-going-to-work
Error from server (Forbidden): namespaces is forbidden: User
"jjackson" cannot create resource "namespaces" in API group ""
at the cluster scope
```

여기에는 RBAC 정책을 리버스 엔지니어링하기에 충분한 정보가 있다.

6. 이 오류 메시지를 제거하려면 KinD 관리 사용자로 "namespaces", apiGroups에 대한 리소스가 ""로 설정되고, 동사가 "create"인 클러스터롤을 생성한다.

```
apiVersion: rbac.authorization.k8s.io/v1
kind: ClusterRole
metadata:
  name: cluster-create-ns
rules:
- apiGroups: [""]
  resources: ["namespaces"]
  verbs: ["create"]
```

7. 다음으로 사용자와 이 클러스터롤에 대한 클러스터 롤바인딩을 생성한다.

```
apiVersion: rbac.authorization.k8s.io/v1
kind: ClusterRoleBinding
metadata:
  name: cluster-create-ns
subjects:
- kind: User
  name: jjackson
  apiGroup: rbac.authorization.k8s.io
roleRef:
  kind: ClusterRole
  name: cluster-create-ns
  apiGroup: rbac.authorization.k8s.io
```

8. 클러스터롤 및 클러스터 롤바인딩이 생성되면 명령을 다시 실행하면 작동한다.

```
PS C:\Users\mlb> kubectl create ns not-going-to-work
namespace/not-going-to-work created
```

안타깝게도 대부분의 RBAC 디버깅은 이렇게 진행되지 않으며, 이렇게 명확하거나 간단치 않다. 일반적으로 RBAC 디버깅은 시스템 간에 예기치 않은 오류 메시지가 표시됨을 의미한다. 예를 들어 모니터링을 위해 kube-prometheus 프로젝트를 배포하는 경우 명시적으로 파드의 이름을 지정하지 않고 서비스 오브젝트별로 모니터링하길 원할 것이다. 이렇게 하려면 프로메테우스 서비스어카운트가 모니터링하려는 서비스의 네임스페이스에 있는 서비스 오브젝트를 나열할 수 있어야 한다. 프로메테우스는 이런 것이 필요하다고 알려주지 않을 것이다. 단지 서비스 목록을 확인할 수 없는 것뿐이다. 더 나은 디버깅 방법은 감사 로그를 읽는 방법을 알고 로그의 오류를 기반으로 롤 및 바인딩 집합을 리버스 엔지니어링할 수 있는 도구를 사용하는 것이다.

audit2rbac 도구는 이를 수행하는 가장 좋은 방법이다. 감사 로그를 읽고 작동할 정책 세트를 제공한다. 꼭 필요한 정책은 아니지만 좋은 출발점이 될 것이다. 한번 시도해보자.

1. 먼저 클러스터의 control-plane 컨테이너에 셸을 연결하고 깃허브(https://github.com/liggitt/audit2rbac/releases)에서 도구를 다운로드한다.

```
root@cluster01-control-plane:/# curl -L https://github.com/
liggitt/audit2rbac/releases/download/v0.8.0/audit2rbac-linux-
amd64.tar.gz 2>/dev/null > audit2rbac-linux-amd64.tar.gz
root@cluster01-control-plane:/# tar -xvzf audit2rbac-linux-
amd64.tar.gz
```

2. 도구를 사용하기 전에 로그 오염을 방지하기 위해 쿠버네티스 대시보드가 포함된 브라우저를 닫아야 한다. 또한 이전에 생성한 cluster-create-ns 클러스터롤 및 클러스터 롤바인딩을 제거한다. 마지막으로 still-not-going-to-work 네임스페이스를 만들어본다.

```
PS C:\Users\mlb> kubectl create ns still-not-going-to-work
Error from server (Forbidden): namespaces is forbidden: User
"jjackson" cannot create resource "namespaces" in API group ""
at the cluster scope
```

3. 다음으로 audit2rbac 도구를 사용해 테스트 사용자에 대한 오류를 찾는다.

```
root@cluster01-control-plane:/# ./audit2rbac --filename=/var/log/k8s/audit.
log  --user=jjackson
Opening audit source...
Loading events...
Evaluating API calls...
Generating roles...
apiVersion: rbac.authorization.k8s.io/v1
kind: ClusterRole
metadata:
  annotations:
    audit2rbac.liggitt.net/version: v0.8.0
  labels:
    audit2rbac.liggitt.net/generated: "true"
    audit2rbac.liggitt.net/user: jjackson
  name: audit2rbac:jjackson
rules:
- apiGroups:
  - ""
  resources:
  - namespaces
  verbs:
  - create
---
apiVersion: rbac.authorization.k8s.io/v1
kind: ClusterRoleBinding
metadata:
  annotations:
    audit2rbac.liggitt.net/version: v0.8.0
  labels:
    audit2rbac.liggitt.net/generated: "true"
    audit2rbac.liggitt.net/user: jjackson
  name: audit2rbac:jjackson
roleRef:
```

```
  apiGroup: rbac.authorization.k8s.io
    kind: ClusterRole
    name: audit2rbac:jjackson
subjects:
- apiGroup: rbac.authorization.k8s.io
    kind: User
    name: jjackson
Complete!
```

이 명령은 테스트 사용자가 네임스페이스를 만들 수 있도록 허용하는 정책을 생성
했다. 그러나 이것은 사용자에 대한 액세스를 명시적으로 승인하는 안티 패턴이
된다.

4. 이 정책을 더 잘 활용하려면 다음 그룹을 사용하는 것이 좋다.

```
apiVersion: rbac.authorization.k8s.io/v1
kind: ClusterRole
metadata:
  name: create-ns-audit2rbac
rules:
- apiGroups:
  - ""
  resources:
  - namespaces
  verbs:
  - create
---
apiVersion: rbac.authorization.k8s.io/v1
kind: ClusterRoleBinding
metadata:
  name: create-ns-audit2rbac
roleRef:
  apiGroup: rbac.authorization.k8s.io
  kind: ClusterRole
  name: create-ns-audit2rbac
subjects:
- apiGroup: rbac.authorization.k8s.io
  kind: Group
  name: cn=k8s-create-ns,ou=Groups,DC=domain,DC=com
```

주요 변경 사항이 강조 표시된다. 사용자를 직접 참조하는 대신 클러스터 롤바인딩이 이제 cn=k8s-create-ns,ou=Groups,DC=domain,DC=com 그룹을 참조하므로 해당 그룹의 모든 구성원이 이제 네임스페이스를 만들 수 있다.

⠿ 요약

6장의 초점은 RBAC 정책 생성 및 디버깅이었다. 쿠버네티스가 권한 부여 정책을 정의하는 방법과 이러한 정책을 엔터프라이즈 사용자에게 적용하는 방법을 살펴봤다. 또한 이러한 정책을 사용해 클러스터에서 멀티테넌시를 활성화하는 방법도 살펴봤다. 마지막으로 KinD 클러스터에서 감사 로그를 활성화하고 audit2rbac 도구를 사용해 RBAC 문제를 디버깅하는 방법을 배웠다.

쿠버네티스의 기본 제공 RBAC 정책 관리 오브젝트를 사용하면 클러스터의 운영 및 개발 작업에 필요한 액세스를 활성화할 수 있다. 정책을 설계하는 방법을 알면 문제의 영향을 제한하는 데 도움이 되고 사용자가 스스로 더 많은 작업을 수행할 수 있다는 확신을 얻을 수 있다.

7장, '안전한 쿠버네티스 대시보드 배포'에서는 쿠버네티스 대시보드를 보호하는 방법과 클러스터를 구성하는 다른 인프라 애플리케이션에 대한 보안 접근 방법에 대해 학습한다. 인증 및 권한 부여에 대해 배운 내용을 클러스터를 구성하는 애플리케이션에 적용해 개발자와 인프라 팀에게 더 우수하고 안전한 경험을 제공하는 방법을 배우게 된다.

﹗ 문제

1. 참 또는 거짓 – ABAC는 쿠버네티스 클러스터에 대한 액세스 권한을 부여하는 기본 방법이다.

   a. 참

   b. 거짓

2. 롤의 세 가지 구성 요소는 무엇인가?

   a. 주어, 명사, 동사

   b. 리소스, 액션 및 그룹

   c. apiGroups, 리소스 및 동사

   d. 그룹, 리소스 및 하위 리소스

3. 리소스 정보는 어디에서 조회할 수 있는가?

   a. 쿠버네티스 API 참조

   b. 도서관

   c. 튜토리얼 및 블로그 게시물

4. 여러 네임스페이스에서 롤을 어떻게 재사용할 수 있는가?

   a. 그럴 수 없다. 다시 만들어야 한다.

   b. ClusterRole을 정의하고 각 네임스페이스에서 RoleBinding으로 참조한다.

   c. 다른 네임스페이스의 RoleBindings를 사용해 한 네임스페이스의 롤을 참조한다.

   d. 위의 어느 것도 아니다.

5. 바인딩은 사용자를 어떻게 참조해야 하는가?

   a. 직접 모든 사용자를 나열한다.

   b. 롤바인딩은 서비스어카운트만 참조해야 한다.

   c. 클러스터 롤바인딩만 사용자를 참조해야 한다.

   d. 가능한 경우 항상 롤바인딩 및 클러스터 롤바인딩은 그룹을 참조해야 한다.

6. 참 또는 거짓 – RBAC를 사용해 하나의 리소스를 제외한 모든 항목에 대한 액세스 권한을 부여할 수 있다.

    a. 참

    b. 거짓

7. 참 또는 거짓 – RBAC는 쿠버네티스의 유일한 권한 부여 방법이다.

    a. 참

    b. 거짓

07

안전한 쿠버네티스 대시보드 배포

쿠버네티스 클러스터는 **API** 서버와 kubelet보다 더 많은 것으로 구성된다. 클러스터는 일반적으로 컨테이너 레지스트리, 소스 제어 시스템, 파이프라인 서비스, 깃옵스 애플리케이션 및 모니터링 시스템과 같이 보안이 필요한 추가 애플리케이션으로 구성된다. 클러스터 사용자는 종종 이러한 애플리케이션과 직접 상호 작용해야 한다.

많은 클러스터가 사용자 애플리케이션 및 서비스에 대한 액세스를 인증하는 데 중점을 두고 있지만 클러스터 솔루션에는 동일한 일급^{first-class} 상태가 부여되지 않는다. 사용자는 종종 kubectl의 포트 포워드^{port-forward} 또는 프록시^{proxy} 기능을 사용해 이러한 시스템에 액세스해야 한다. 이 액세스 방법은 보안 및 사용자 경험 관점에서 안티 패턴이다. 사용자와 관리자가 이 안티 패턴에 처음 노출되는 것은 쿠버네티스 대시보드다. 7장에서는 이 액세스 방법이 안티 패턴인 이유와 대시보드에 올바르게 액세스하는 방법을 자세히 설명한다. 여기에서는 보안 웹 애플리케이션을 배포하지 않는 방법을 안내하고 문제와 위험을 알아본다.

웹 애플리케이션 보안에 대해 알아보고 이러한 패턴을 자체 클러스터에 적용하는 방법을 배우기 위한 방법으로 쿠버네티스 대시보드를 사용하겠다. 이러한 과정은 대시보드

뿐만 아니라 이스티오^{Istio}를 위한 키알리^{Kiali} 대시보드, 그라파나^{Grafana}, 프로메테우스^{Prometheus} 같은 다른 클러스터 중심 애플리케이션뿐만 아니라 기타 클러스터 관리 애플리케이션에서도 사용될 수 있다.

마지막으로 로컬 대시보드와 그 보안을 평가하는 방법에 대해 알아보겠다. 이는 대중적인 트렌드이지만 보편적인 것은 아니다. 두 접근 방식의 보안을 이해하는 것이 중요하며 7장에서 이에 대해 살펴본다.

7장에서는 다음 주제를 다룰 것이다.

- 대시보드에서 사용자가 누구인지 어떻게 알 수 있는가?

- 대시보드가 안전한가?

- 리버스 프록시로 대시보드 배포

- 오픈유니슨과 대시보드 통합

위에서 7장에서 다룰 내용을 살펴봤고 다음으로 기술 요구 사항을 살펴본다.

기술 요구 사항

7장의 실습을 수행하려면 2장, 'KinD를 이용한 쿠버네티스 배포'에서 가져온 새로운 KinD 클러스터가 필요하다.

다음 깃허브 리포지터리(https://github.com/PacktPublishing/Kubernetes---An-Enterprise-Guide-2E/tree/main/chapter7)에서 7장의 코드에 액세스할 수 있다.

대시보드에서의 사용자

쿠버네티스 대시보드는 브라우저에서 클러스터에 빠르게 액세스할 수 있는 강력한 웹 애플리케이션이다. 네임스페이스를 탐색하고 노드 상태를 볼 수 있으며 파드에 직접 액세스하는 데 사용할 수 있는 셸shell도 제공한다. 대시보드와 kubectl을 사용하는 것에는 근본적인 차이가 있다. 웹 애플리케이션인 대시보드는 세션을 관리해야 하지만 kubectl은 그렇지 않다. 이는 배포 중에 종종 설명되지 않는 다양한 보안 문제가 있어 심각한 결과를 초래할 수 있음을 의미한다. 이 절에서는 대시보드가 사용자를 식별하고 API 서버와 상호 작용하는 방법을 살펴본다.

대시보드 아키텍처

대시보드가 사용자를 인증하는 방법을 자세히 알아보기 전에 대시보드 작동 방식의 기본 사항을 이해하는 것이 중요하다. 상위 레벨의 대시보드에는 3개의 레이어가 있다.

- **사용자 인터페이스**: 브라우저에 표시되고 상호 작용하는 Angular + HTML 프론트엔드다.

- **중간 계층**: 프론트엔드는 대시보드의 컨테이너에서 호스팅되는 API 세트와 상호 작용해 프론트엔드의 호출을 쿠버네티스 API 호출로 변환한다.

- **API 서버**: 중간 계층 API가 쿠버네티스 API 서버와 직접 상호 작용한다.

쿠버네티스 대시보드의 이 3계층 아키텍처는 다음 다이어그램에서 볼 수 있다.

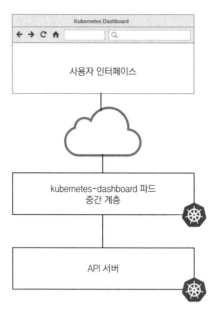

그림 7.1 쿠버네티스 대시보드 아키텍처

사용자가 대시보드와 상호 작용하면 유저 인터페이스가 중간 계층을 호출하고, 중간 계층이 다시 API 서버를 호출한다. 대시보드는 대부분의 애플리케이션 사용자가 일반적으로 액세스할 수 있는 자격 증명을 수집하는 방법을 알지 못한다. 사용자 이름이나 비밀번호를 입력할 곳이 없다. 쿠키를 기반으로 하는 매우 간단한 세션 메커니즘 시스템을 갖고 있지만 대부분의 경우 대시보드는 현재 로그인한 사용자가 누구인지 알지 못하거나 신경 쓰지 않는다. 대시보드가 신경 쓰는 유일한 것은 API 서버와 통신할 때 사용할 토큰이다.

그렇다면 대시보드는 당신이 누구인지 어떻게 알 수 있는가? 옵션을 살펴보자.

인증 방법

대시보드에서 사용자를 확인할 수 있는 세 가지 방법이 있다.

- **자격 증명 없음**: 토큰이나 자격 증명을 수집하지 않도록 대시보드에 지시할 수 있다.

이 경우 대시보드는 RBAC를 통해 할당된 권한과 함께 컨테이너의 자체 서비스 계정을 사용해 API 서버와 상호 작용한다.

- **로그인/업로드된 kubectl 설정의 토큰**: 대시보드는 사용자에게 kubectl 설정 파일 또는 사용할 bearer 토큰을 묻는 메시지를 표시할 수 있다. 토큰이 제공되면 (또는 대시보드에 업로드된 설정 파일에서 추출하면) 토큰을 저장하기 위해 암호화된 쿠키가 생성된다. 이 쿠키는 중간 계층에 의해 복호화되고 내부의 토큰은 API 서버로 전달된다.

- **리버스 프록시의 토큰**: 사용자 인터페이스에서 중간 계층으로의 요청에 bearer 토큰이 포함된 인증 헤더가 있는 경우 중간 계층은 API 서버에 대한 요청에서 해당 bearer 토큰을 사용한다. 이것은 7장에서 자세히 설명할 가장 안전한 옵션이자 구현이다.

7장의 나머지 부분에서 처음 두 가지 옵션을 대시보드 액세스를 위한 안티 패턴으로 살펴보고 보안 관점과 사용자 경험에서 리버스 프록시 패턴이 클러스터의 대시보드 구현에 액세스하는 가장 좋은 옵션인 이유를 설명한다.

⁛ 대시보드 보안 위험 이해

새 클러스터를 설정할 때 대시보드 보안 문제가 자주 제기된다. 대시보드 보안은 대시보드 자체의 보안 여부가 아니라 대시보드 배포 방식에 달려 있다. 대시보드 애플리케이션의 아키텍처를 다시 보면 "보안"이 내장돼 있다는 느낌이 들지 않는다. 중간 계층은 단순히 토큰을 API 서버에 전달한다.

모든 종류의 IT 보안에 대해 이야기할 때는 방어라는 렌즈를 통해 심층적으로 살펴보는 것이 중요하다. 이것은 모든 시스템에 여러 레이어의 보안이 있어야 한다는 것이다. 하나가 실패하면 실패한 레이어를 해결할 수 있을 때까지 간격을 메울 다른 레이어가 있다. 한 번의 실패로 공격자가 직접 액세스할 수 있는 것은 아니다.

대시보드의 보안과 관련해 가장 자주 인용된 사건은 2018년 암호 채굴자들에 의한 테슬라 침해 사고였다. 대시보드에 대한 보안이 없었기 때문에 공격자는 테슬라 클러스터에서 실행되는 파드에 액세스할 수 있었다.

클러스터의 파드는 공격자가 암호화 마이닝 시스템을 실행하고 테슬라의 클라우드 제공업체에 액세스할 수 있는 토큰에 액세스할 수 있었다.

일반적으로 대시보드는 공격자가 원하는 것을 쉽게 찾을 수 있고 쉽게 안전하지 못한 방법으로 배포될 수 있기 때문에 공격 경로가 되는 경우가 많다. 이 점을 설명하기 위해 KubeCon NA 2019에서 발표된 CTF^{Capture The Flag} 시나리오 중 하나는 개발자가 클러스터의 대시보드를 "우연히" 노출하는 경우였다.

> **NOTE**
>
> CTF는 다음 링크(https://securekubernetes.com/)에서 홈 실습으로 이용할 수 있다. 쿠버네티스 보안을 배우는 모든 사람에게 적극 권장되는 리소스다. 교육적이면서 끔찍할 뿐만 아니라 정말 재미있다!

테슬라 침해사고 이후 자격 증명 없이 대시보드를 배포하는 것이 더 어려워졌다. 더 이상 기본값이 아니라 대시보드와 클러스터 모두에 대한 업데이트가 필요하다. 이것이 얼마나 위험한지 보여주기 위해 수행 단계를 살펴보고 어떤 피해를 줄 수 있는지 알아본다.

이러한 단계를 거치면서 "대시보드를 위해 이 모든 단계를 거쳐야 하는가?"라는 생각이 들 수 있다. 대답은 아마도 아무도 이야기하고 싶지 않을 것이다. 6장에서는 클러스터에 대한 액세스 권한을 부여하고 다중 테넌시를 설계하기 위한 여러 옵션에 대해 논의했다. 옵션 중 하나는 각 테넌트가 자체 클러스터를 가지는 클러스터 레이어의 테넌시였다. 안타깝게도 이러한 배포의 대부분은 테넌트에 대한 cluster-admin 액세스 권한을 포함하므로 테넌트가 이러한 단계를 수행할 수 있게 해준다. 클러스터 관리자는 개발자가 집에서 사용하기 싫어하는 VPN의 우회하는 방법을 Google 검색 결과를 통해 몇 가지 알고 있다.

안전하지 않은 대시보드 배포

미친 소리처럼 들릴지도 모르지만 이는 우리가 실제 환경에서 너무 자주 본 것이다. 권장되는 대시보드 설치 방법에는 격리된 개발 실습 외부에서 이러한 유형의 구성을 사용하지 않도록 여러 번 명시하고 있다. 그러나 대시보드를 쉽게 배포할 수 있기 때문에 많은 신규 관리자가 설정이 쉽다는 이유로 이 방법을 사용하고 운영 클러스터에서 동일한 배포를 사용하는 경우가 많다는 것이다.

이제 보안을 염두에 두지 않고 배포된 대시보드 인스턴스를 공격하는 것이 얼마나 쉬운지 살펴보자.

1. 먼저 대시보드를 클러스터에 배포한다.

```
kubectl apply -f https://raw.githubusercontent.com/kubernetes/dashboard/
v2.3.1/aio/deploy/recommended.yaml
```

2. 첫 번째 단계는 대시보드에 사용자들이 인증을 우회할 수 있도록 하는 것이다. kubernetes-dashboard 네임스페이스에서 kubernetes-dashboard 배포를 편집한다.

```
kubectl edit deployment kubernetes-dashboard -n kubernetes-dashboard
```

3. 컨테이너의 args 옵션을 찾아 --enable-skip-login을 추가한 다음 저장한다.

```
template:
  metadata:
    creationTimestamp: null
    labels:
      k8s-app: kubernetes-dashboard
  spec:
    containers:
    - args:
      - --auto-generate-certificates
      - --namespace=kubernetes-dashboard
      - --enable-skip-login
      image: kubernetesui/dashboard:v2.0.0
      imagePullPolicy: Always
      livenessProbe:
```

그림 7.2 대시보드에서 로그인 건너뛰기 활성화

4. 이제 새 인그레스 규칙을 만들어 대시보드를 네트워크에 노출해야 한다. 다음 YAML을 사용해 insecure-dashboard.yaml이라는 새 인그레스 매니페스트를 만든다. host 섹션의 IP 주소를 Docker 호스트의 IP 주소로 바꾸는 것을 잊지 말자.

```
apiVersion: networking.k8s.io/v1
kind: Ingress
metadata:
  name: dashboard-external-auth
  namespace: kubernetes-dashboard
  annotations:
    kubernetes.io/ingress.class: nginx
    nginx.ingress.kubernetes.io/affinity: cookie
    nginx.ingress.kubernetes.io/backend-protocol: https
    nginx.ingress.kubernetes.io/secure-backends: "true"
    nginx.org/ssl-services: kubernetes-dashboard
spec:
  rules:
  - host: k8s-secret-dashboard.apps.192-168-2-129.nip.io
    http:
      paths:
        - backend:
            service:
              name: kubernetes-dashboard
              port:
                number: 443
          path: /
          pathType: Prefix
```

5. kubectl을 사용해 매니페스트를 배포해 인그레스 규칙을 만든다. 매니페스트에 네임 스페이스^{namespace} 값을 추가했으므로 kubectl 명령에 -n을 추가해야 한다.

```
kubectl create -f insecure-dashboard.yaml
```

6. 인그레스가 생성되면 브라우저를 열고 인그레스 규칙의 host 섹션에 지정된 nip.io 이름을 사용해 시크릿 대시보드로 이동한다.

7. 토큰 또는 kubeconfig 파일을 요청하는 인증 화면이 표시되지만 대시보드를 편집할 때 로그인을 건너뛰는 옵션을 활성화했으므로 건너뛰기를 클릭해 로그인을 건너뛸 수 있다.

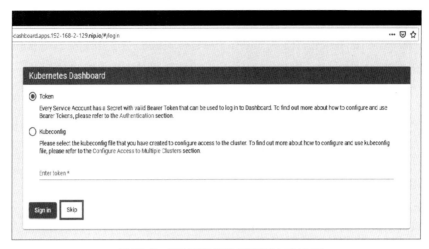

그림 7.3 로그인이 비활성화된 쿠버네티스 대시보드

8. 대시보드에 들어가면 기본 서비스어카운트는 아무것도 액세스할 수 없다.

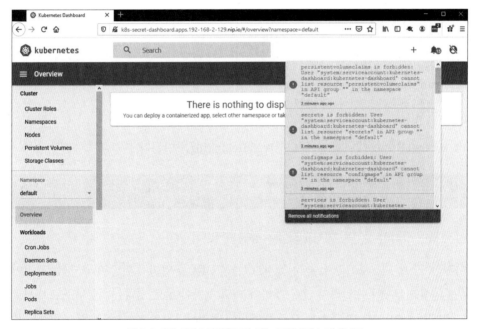

그림 7.4 기본 서비스어카운트가 있는 쿠버네티스 대시보드

지금까지는 그렇게 나빠 보이지 않을 수 있다. 액세스 금지 오류가 표시되므로 현재 대시보드에서는 손상을 입힐 수 없다. 안타깝게도 많은 사람들이 이 시점에 이르러 클러스터에 대한 기본 서비스 계정의 사용 권한을 변경하기 위한 추가 단계를 밟게 된다.

9. 지금은 서비스 계정이 클러스터에 액세스할 수 있는 권한이 없으므로 cluster-admin ClusterRole에 대한 새 ClusterRoleBinding을 만들어 변경한다.

   다음 내용으로 dashboard-role.yaml이라는 새 파일을 만든다.

   ```
   apiVersion: rbac.authorization.k8s.io/v1
   kind: ClusterRoleBinding
   metadata:
     name: secret-dashboard-cluster-admin
   roleRef:
     apiGroup: rbac.authorization.k8s.io
     kind: ClusterRole
     name: cluster-admin
   subjects:
   - apiGroup: ""
     kind: ServiceAccount
     namespace: kubernetes-dashboard
     name: kubernetes-dashboard
   ```

10. kubectl을 사용해 적용해 새 ClusterRoleBinding을 만든다.

```
kubectl create -f dashboard-role.yaml
```

이제 모든 사람이 시크릿 대시보드를 사용할 수 있다!

이제 "누가 내 대시보드를 찾을 수 있지? 그들은 URL을 알아야 할 것이고, 나는 그것이 무엇인지 아무에게도 말하지 않을 것이다"라고 생각할 수도 있다. 다른 누구도 대시보드에 대한 URL이나 IP 주소를 모르기 때문에 안전하다고 느낀다. 이것을 모호함을 통한 보안Security by Obscurity이라고 하며 일반적으로 시스템 보안에 대한 끔찍한 접근 방식으로 간주된다.

누군가가 당신도 모르는 사이에 대시보드를 악용할 수 있는 시나리오를 살펴보자.

당신은 Reddit의 열렬한 팬이며 어느 날 "이것은 쿠버네티스 대시보드를 보호하기 위한 훌륭한 도구"라는 Reddit 게시물을 보게 된다. 당신은 게시물이 합법적인 것 같으며 새로운 도구를 테스트하게 돼 흥분하고 있다. 게시물을 읽고 나면 맨 아래에 유틸리티 및 실행 명령에 대한 링크가 표시된다. "https://raw.githubusercontent.com/PacktPublishing/Kubernetes---An-Enterprise-Guide-2E/master/chapter7/kubectl-secure-my-dashboard.go에서 다운로드해 시도해보세요!"

chapter7 디렉터리의 복제된 리포지터리에서 다음 명령을 실행해 KinD 클러스터에서 도구를 실행할 수 있다. 대시보드의 인그레스 호스트에 대한 URL을 변경해야 한다.

```
$ apt-get update
$ apt-get install golang
.
.
.
$ go run kubectl-secure-my-dashboard.go https://k8s-secret-dashboard.
apps.192-168-2-129.nip.io
Running analysis on https://k8s-secret-dashboard.apps.192-168-2-129.
nip.io
Your dashboard has been secured!
```

이제 방금 일어난 일을 확인해보자. 브라우저를 열고 시크릿 대시보드 사이트로 이동해 변경된 사항을 확인한다.

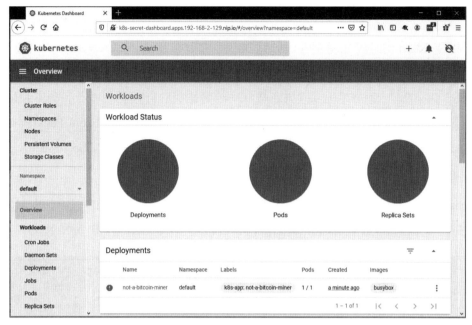

그림 7.5 멀웨어 배포를 보여주는 쿠버네티스 대시보드

강화 플러그인이 비트코인 채굴기를 배포하기 위한 계략이었던 것이다. 얼마나 무례한가!

안전하지 않은 대시보드가 얼마나 쉽게 악용될 수 있는지 확인했으므로 kubectl을 사용해 비트코인 채굴기 배포를 삭제한다.

```
$ kubectl delete deployments --all -n default
deployment.apps "not-a-bitcoin-miner" deleted
```

이 공격은 승인된 이미지로 레지스트리를 사전 승인함으로써 완화될 수 있지만(이 주제는 OpenPolicyAgent가 8장, '개방형 정책 에이전트를 사용한 보안 확장'에서 다룬다), 그 시점에서 보안은 사후 대응이며 위협을 방지하는 대신 위협에 대응하는 것이다. 승인 컨트롤러를 사용한다고 해서 누군가가 대시보드에서 시크릿을 추출하는 것을 막을 수는 없다.

이것은 대시보드에 안전하지 않게 액세스하는 가장 간단한 방법이지만 유일한 방법은 아니다. kubectl 유틸리티에는 대시보드에 쉽게 액세스할 수 있는 두 가지 기능이 포함돼 있다.

포트 포워드 유틸리티는 클러스터 내부의 파드에 대한 터널을 생성하는 데 자주 사용된다. 이 유틸리티는 파드의 특정 포트에 대한 TCP 스트림을 생성해 로컬 호스트(또는 원하는 경우 그 이상)에 액세스할 수 있도록 한다. 이는 여전히 대시보드의 인증을 우회하므로 대시보드의 서비스어카운트가 필요한 작업을 수행하기 위해 RBAC를 통해 액세스할 수 있어야 한다. 사용자가 파드로 포트 포워딩하려면 RBAC 권한이 있어야 하는 것은 사실이지만 두 가지 공격 벡터를 통해 대시보드가 노출된다.

- **외부**: 사용자의 로컬 워크스테이션에서 실행 중인 모든 스크립트는 포워딩된 네트워크 터널에 액세스할 수 있다.

- **내부**: 클러스터 내부의 모든 파드는 대시보드 파드에 액세스할 수 있다.

내부 액세스의 경우 네트워크 정책을 사용해 대시보드의 API에 액세스할 수 있는 네임스페이스 및 파드를 제한할 수 있다. 처음에는 네트워크 정책을 사용하는 것이 좋지만 이 경우에는 단일 장애점이 생긴다. 잘못 구성된 정책 하나가 대시보드를 공격에 노출시킨다.

외부 소스로부터의 위협은 사용자(또는 사용하는 다른 도구)가 실행할 수 있는 스크립트 형태이다. 웹 브라우저는 로컬 시스템 외부에서 호스팅되는 페이지에서 포트 포워딩으로 열린 포트에 액세스할 수 없지만 워크스테이션에서 실행되는 모든 스크립트는 액세스할 수 있다. 예를 들어 브라우저를 열고 해당 포트로 직접 이동해 포트 포워딩된 호스트에 액세스할 수 있지만 원격 사이트에서 로드되는 악성 JavaScript가 있는 웹 페이지는 로컬 호스트에 연결할 수 없다. 포워딩된 포트에 대해 절 앞부분의 강화 스크립트를 실행하려고 시도하면 동일한 결과를 만들어내고 인프라에서 원치 않는 파드가 생긴다.

액세스를 제공하는 또 다른 방법은 API 서버의 통합 프록시 유틸리티를 사용하는 것이다. kubectl proxy를 실행하면 API 서버에 대한 로컬 네트워크 터널이 생성돼 대시보드를 포함한 모든 파드에 HTTP 요청을 프록시하는 데 사용할 수 있다. 이는 kubectl port-forward와 동일한 단점이 있으며 로컬에서 실행되는 모든 스크립트의 공격에 대해 클러스터를 노출한다.

이러한 방법의 공통점은 보안에 단일 장애점이 있다는 것이다. 배포할 수 있는 이미지를 제한하기 위해 완화 조치를 취한 경우에도 보안되지 않은 대시보드를 사용해 시크릿 오브젝트에 액세스하고, 배포^{deployment}를 삭제하고, 대시보드에 통합된 터미널을 통해 파드에 대한 원격 셸까지 사용할 수 있다.

대시보드에서 모든 인증을 우회하는 방법과 그 의미를 살펴봤으므로 다음으로 추가 인프라를 배포하지 않고 대시보드에 토큰을 제공하는 방법을 살펴본다.

토큰을 사용해 로그인

사용자는 시크릿 대시보드의 위험을 피하기 위해 로그인으로 대시보드에 토큰 또는 kubectl 구성 파일을 업로드할 수 있다. 앞에서 설명한 것처럼 대시보드는 사용자의 bearer 토큰을 가져와 API 서버에 대한 모든 요청과 함께 사용한다. 이것은 대시보드에 고유한 권한 있는 서비스어카운트를 제공하는 문제를 해결하는 것처럼 보일 수 있지만 자체적인 문제가 있다. 대시보드는 kubectl이 아니며 만료된 토큰을 새로 고치는 방법을 모른다. 이는 토큰이 유용하려면 상당히 오래 지속돼야 함을 의미한다. 이를 위해서는 사용할 수 있는 서비스어카운트를 생성하거나 OpenID Connect id_tokens의 수명을 연장해야 한다. 두 옵션 모두 인증을 위해 OpenID Connect를 활용함으로써 보안의 상당 부분을 무효화한다.

지금까지는 대시보드를 배포하는 잘못된 방법에만 초점을 맞췄다. 이것을 이해하는 것도 중요하지만 올바른 방법은 무엇일까? 다음 절에서는 리버스 프록시를 사용해 대시보드를 배포하는 올바른 방법을 자세히 설명한다.

⁞⁝ 리버스 프록시로 대시보드 배포

프록시는 쿠버네티스의 일반적인 패턴이다. 쿠버네티스 클러스터의 모든 레이어에는 프록시가 있다. 프록시 패턴은 쿠버네티스의 대부분의 서비스 메시 구현에서도 사용돼 요청을 가로챌 사이드카를 생성한다. 여기에 설명된 리버스 프록시와 이러한 프록시의 차이점은 의도에 있다. 마이크로서비스 프록시는 종종 세션을 전달하지 않는 반면 웹 애플리케이션은 상태를 관리하기 위해 세션이 필요하다.

다음 다이어그램은 리버스 프록시가 있는 쿠버네티스 대시보드의 아키텍처를 보여 준다.

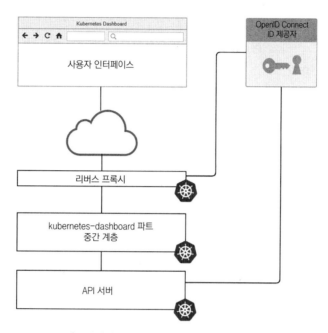

그림 7.6 리버스 프록시가 있는 쿠버네티스 대시보드

그림 7.6에 표시된 리버스 프록시는 세 가지 역할을 수행한다.

- **인증**: 리버스 프록시는 인증되지 않은 요청(또는 오래된 세션)을 가로채고 OpenID Connect ID 제공자를 사용해 인증 프로세스를 트리거해 사용자를 인증한다.

- **세션 관리**: 쿠버네티스의 대시보드는 사용자 애플리케이션이다. 세션 시간 초과timeout 및 취소revocation를 지원하기 위해 일반적인 컨트롤이 있어야 한다. 모든 세션 데이터 를 쿠키에 저장하는 리버스 프록시에 주의한다. 이러한 방법은 취소하기 어렵다.

- **ID 주입**: 프록시가 사용자를 인증하면 로그인한 사용자를 나타내는 JWT를 각 요청 에 HTTP 인증 헤더에 주입할 수 있어야 하며 동일한 OpenID Connect ID 제공자

가 서명하고 API 서버와 동일한 발급자와 수신자를 가진다. 이에 대한 예외는 5장, '클러스터 인증 연동'에서 설명한 것처럼 요청에 특정 헤더를 삽입하는 가장을 사용하는 것이다.

리버스 프록시는 클러스터에서 실행할 필요가 없다. 클러스터를 설정하는 경우마다, 특히 클러스터에서 가장을 사용할 때 그렇게 하는 것이 유리할 수 있다. 가장을 사용할 때 리버스 프록시는 서비스어카운트의 토큰을 사용하므로 해당 토큰이 클러스터를 떠나지 않는 것이 가장 좋다.

7장의 초점은 쿠버네티스 프로젝트의 대시보드에 있다. 대시보드 기능에는 여러 옵션이 있다. 다음으로 이러한 대시보드가 API 서버와 상호 작용하는 방식과 보안을 평가하는 방법을 살펴본다.

로컬 대시보드

타사 대시보드의 공통 테마는 워크스테이션에서 로컬로 실행하고 쿠버네티스 SDK를 사용해 kubectl과 동일한 방식으로 API 서버와 상호 작용하는 것이다. 이러한 도구는 보안을 위해 추가 인프라를 배포할 필요가 없다는 이점을 제공한다.

비주얼 스튜디오 코드^{Visual Studio Code}의 쿠버네티스 플러그인은 직접 API 서버 연결을 활용하는 로컬 애플리케이션의 예다. 플러그인을 시작할 때 비주얼 스튜디오 코드는 현재 kubectl 구성에 액세스하고 해당 설정을 사용해 API 서버와 상호 작용한다. 만료되면 OpenID Connect 토큰도 새로고침한다.

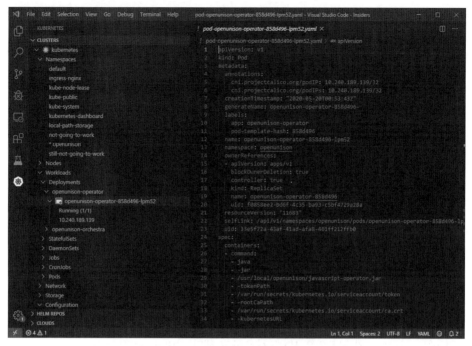

그림 7.7 쿠버네티스 플러그인이 있는 비주얼 스튜디오 코드

비주얼 스튜디오 코드용 쿠버네티스 플러그인은 kubectl에서 사용하는 것과 동일한 클라이언트 라이브러리인 client-go SDK로 빌드됐기 때문에 OpenID Connect 토큰을 새로 고칠 수 있다. 클라이언트 대시보드를 평가할 때 OpenID Connect가 아니더라도 인증 유형과 함께 작동하는지 확인한다. 많은 쿠버네티스용 SDK는 OpenID Connect 토큰 새로고침을 지원하지 않는다. Java 및 Python SDK는 최근(이 책의 발행일 기준) client-go SDK가 수행하는 방식으로 OpenID Connect 토큰 새로고침을 지원하기 시작했다. 로컬 대시보드를 평가할 때 kubectl과 마찬가지로 단기short-lived 토큰을 활용하고 필요에 따라 새로 고칠 수 있는지 확인한다.

쿠버네티스 생태계에는 다양한 대시보드가 존재하고 각각 자체 관리 방식을 갖고 있다. 이러한 대시보드의 이점과 보안 영향에 대한 심층적인 검토 없이 단순히 이러한 대시보드 목록을 제공하고 싶지는 않다. 대신 사용하려는 대시보드를 평가할 때 중요한 사항에 집중하자.

- 대시보드가 웹 기반인 경우,

  - OpenID Connect를 직접 지원하는가?

  - 리버스 프록시 뒤에서 실행되고 토큰과 가장 헤더를 모두 수락할 수 있는가?

  - 자체 서비스어카운트에 대한 권한이 필요한가? 이러한 권한이 최소 권한 접근 방식을 준수하는가?

- 대시보드가 로컬인 경우,

  - kubectl이 client-go SDK를 사용하는 것처럼 클라이언트 SDK는 토큰을 자동으로 새로고침 기능과 함께 OpenID Connect를 지원하는가?

이는 쿠버네티스 대시보드뿐만 아니라 다른 클러스터 관리 애플리케이션에 사용할 수 있는 대시보드에 대한 중요한 평가 질문이다. 예를 들어 14장, '플랫폼 프로비저닝'에서 파이프라인을 관리하기 위한 웹 애플리케이션인 TektonCD 대시보드를 배포한다. 이 배포에는 대시보드가 사용자의 ID를 사용하고 해당 서비스어카운트 ID는 사용하지 못하게 하기 위해 여러 RBAC 바인딩을 삭제하는 작업이 포함됐다.

기타 클러스터 레벨 애플리케이션

7장의 소개에서는 클러스터가 쿠버네티스 외에 여러 애플리케이션으로 구성되는 방식에 대해 설명했다. 다른 애플리케이션은 보안을 위해 대시보드와 동일한 모델을 따를 가능성이 높으며 애플리케이션에 보안 기능이 내장돼 있지 않은 경우에도 kubectl 포트 포워딩보다 리버스 프록시 방식이 해당 애플리케이션을 노출하는 더 좋은 방법이다. 일반적인 프로메테우스 스택을 예로 들어본다. 그라파나는 사용자 인증을 지원하지만 프로메테우스와 얼럿 매니저^Alert Manager는 지원하지 않는다.

누가 이러한 시스템에 액세스했는지 또는 언제 포트 포워딩을 사용해 액세스했는지 추적할 수 있는가?

리버스 프록시를 사용해 각 URL의 로그와 URL에 액세스하도록 인증된 사용자는 중앙 로그 관리 시스템으로 전달되고 SIEM^{Security Information and Event Manager}에 의해 분석
돼 클러스터 사용에 대한 추가 가시성 레이어를 제공할 수 있다.

대시보드와 마찬가지로 이러한 애플리케이션에서 리버스 프록시를 사용하면 계층화된
보안 접근 방식을 제공한다. 이는 문제의 애플리케이션에서 세션 관리를 오프로드하고
멀티팩터 인증 및 세션 취소와 같은 강화된 인증 수단을 갖추는 기능을 제공한다. 이러
한 이점은 더 안전하고 사용하기 쉬운 클러스터로 이어질 것이다.

⁝⁝⁝ 오픈유니슨과 대시보드 통합

오픈유니슨^{OpenUnison}이 어떻게 가장을 사용해 ID 헤더를 삽입하는지에 대한 주제는 5장,
'클러스터 인증 연동'에서 다뤘지만 OpenID Connect 통합 클러스터를 사용해 대시보
드에 사용자 ID를 삽입하는 방법은 다루지 않았다. 동작은 하지만 왜 동작하는지 설명
하진 않았다. 이 절에서는 대시보드에 대한 리버스 프록시를 구축하는 방법으로 오픈유
니슨 구현을 사용한다. 이 절의 정보를 통해 API 보안을 더 잘 이해하고 대시보드 인증
을 위한 자체 솔루션을 구축하자.

오픈유니슨 배포는 2개의 통합 애플리케이션으로 구성된다.

- **OpenID Connect ID 제공자 및 로그인 포털**: 이 애플리케이션은 id_token을 검증하
  는 데 필요한 키를 얻기 위해 API 서버에서 사용하는 검색^{discovery} URL 및 로그인
  프로세스를 호스팅한다. 또한 kubectl에 대한 토큰을 얻을 수 있는 화면을 호스팅
  한다.

- **대시보드**: 통합 OpenID Connect ID 제공자를 인증하고 사용자의 id_token을 각 요
  청에 삽입하는 리버스 프록시 애플리케이션이다.

이 다이어그램은 대시보드의 사용자 인터페이스가 사용자의 id_token을 주입하는 리버
스 프록시를 사용해 서버 측 구성 요소와 상호 작용하는 방법을 보여준다.

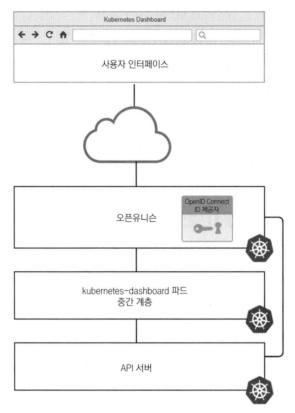

그림 7.8 대시보드와 오픈유니슨 통합

대시보드는 API 서버와 동일한 OpenID Connect ID 제공자를 사용하지만 제공한 id_ token은 사용하지 않는다. 대신 오픈유니슨에는 사용자의 ID 데이터가 포함된 ID 제공자와 독립적으로 새 id_token을 생성하는 플러그인이 있다. 오픈유니슨에는 kubectl 및 API 서버에서 사용하는 OpenID Connect ID 제공자에 대한 id_token을 생성하는 데 사용되는 키가 저장돼 있기 때문에 이것이 가능하다.

새로운 단기short-lived 토큰은 kubectl과 함께 사용되는 OpenID Connect 세션과 별도로 생성된다. 이렇게 하면 kubectl 세션과 독립적으로 토큰을 갱신할 수 있다. 이 프로세스는 직접 로그인 프로세스의 편리함과 함께 1~2분의 토큰 수명이라는 이점을 제공한다.

보안에 관심이 있다면 이 방법이 보안 모델에서 눈에 띄는 단일 장애점인 사용자 자격 증명을 가지고 있다는 점을 지적할 수 있다. 7장 앞부분에 있는 '대시보드 보안 위험 이해' 절에서 빌드한 시크릿 대시보드와 마찬가지로 공격자는 일반적으로 자격 증명을 얻기 위해 자격 증명을 요청하면 된다. 이는 종종 피싱이라는 공격에서 이메일을 통해 이뤄진다. 피싱은 공격자가 피해자에게 로그인 페이지처럼 보이지만 실제로는 자격 증명만 수집하는 페이지로 연결되는 링크를 보낸다. 이것이 멀티팩터 인증이 인프라 시스템에 매우 중요한 이유이다.

2019년 연구에서 Google은 멀티팩터 인증이 자동화 및 피싱 공격의 99%를 차단한 것으로 나타났다(https://security.googleblog.com/2019/05/new-research-how-effective-is-basic.html). 오픈유니슨 인증에 대해 멀티팩터 인증을 ID 제공자에 추가하거나 이를 오픈유니슨에 직접 통합하는 것은 대시보드와 클러스터를 보호하는 가장 효과적인 방법 중 하나다.

⁙ 요약

7장에서는 쿠버네티스 대시보드의 보안에 대해 자세히 살펴봤다. 먼저 아키텍처와 대시보드가 API 서버에 ID 정보를 전달하는 방법을 다뤘다. 그런 다음 대시보드가 어떻게 손상되는지 살펴보고 마지막으로 대시보드를 안전하게 올바르게 배포하는 방법을 자세히 설명했다.

이제 이 지식을 바탕으로 사용자에게 보안 도구를 제공할 수 있다. 많은 사용자가 웹 브라우저를 통해 대시보드에 액세스하는 단순성을 선호한다. 멀티팩터 인증을 추가하면 마음의 평화와 보안의 레이어가 추가된다. 보안 팀이 대시보드의 보안에 대해 질문하면 해당 문제를 해결하는 데 필요한 답변을 줄 수 있다.

이전 세 장에서는 쿠버네티스 API의 보안에 중점을 뒀다. 다음으로 8장, '개방형 정책 에이전트를 사용한 보안 확장'에서 모든 쿠버네티스 배포 노드의 보안을 강화하는 방법을 살펴본다.

∴ 문제

1. 대시보드는 안전하지 않다.

    a. 참

    b. 거짓

2. 대시보드는 어떻게 사용자를 식별할 수 있는가?

    a. 인증이 없음 또는 리버스 프록시에서 주입된 토큰 옵션

    b. 사용자 이름과 비밀번호

    c. 서비스 계정

    d. 멀티팩터 인증

3. 대시보드는 세션 상태를 어떻게 추적하는가?

    a. 세션은 etc에 저장된다.

    b. `DashboardSession`이라는 사용자 지정 리소스 개체에 저장된다.

    c. 세션이 없다.

    d. 토큰이 업로드되면 암호화돼 브라우저에 쿠키로 저장된다.

4. 토큰을 사용할 때 대시보드는 얼마나 자주 토큰을 새로 고칠 수 있는가?

    a. 1분에 한 번

    b. 30초마다

    c. 토큰이 만료되면

    d. 위의 어느 것도 아님

5. 대시보드를 배포하는 가장 좋은 방법은 무엇인가?

    a. `kubectl port-forward` 사용

    b. `kubectl proxy` 사용

    c. 시크릿 인그레스 호스트와 함께

    d. 리버스 프록시 뒤에

6. 대시보드는 가장impersonation을 지원하지 않는다.

    a. 참

    b. 거짓

7. 오픈유니슨은 대시보드를 지원하는 유일한 리버스 프록시다.

    a. 참

    b. 거짓

08

개방형 정책 에이전트를 사용한
보안 확장

지금까지 클러스터를 보호하는 데 도움이 되는 쿠버네티스의 기본 제공 인증 및 권한 부여 기능에 대해 살펴봤다. 대부분의 사용 사례를 다뤘지만 모든 걸 다룬 것은 아니다. 쿠버네티스가 처리할 수 없는 몇 가지 보안 모범 사례는 컨테이너 레지스트리를 사전 승인pre-authorizing하고 리소스 요청이 모든 파드 오브젝트에 있는지 확인하는 것이다.

이러한 작업은 외부 시스템에 맡겨지는데, 이를 동적 승인 컨트롤러dynamic admission controllers라고 부른다. 개방형 정책 에이전트OPA, Open Policy Agent와 쿠버네티스 기본 하위 프로젝트인 게이트키퍼는 이러한 사용 사례를 처리하는 가장 인기 있는 방법 중 하나다. 8장에서는 OPA와 게이트키퍼의 배포, OPA 설계, 정책 개발 방법에 대해 자세히 설명한다.

8장에서는 다음 주제를 다룰 것이다.

- 웹훅 검증 소개

- OPA는 무엇이며 어떻게 작동하는가?

- Rego를 사용해 정책 작성

- 메모리 제약 적용

- OPA를 사용해 파드 보안 정책 시행

8장을 완료하면 클러스터 및 워크로드에 대한 중요한 정책을 개발하고 구현할 수 있게 된다.

기술 요구 사항

8장의 실습을 완료하려면 6장, '롤 기반 액세스 제어 정책 및 감사 구성'으로 KinD 클러스터를 실행하는 Ubuntu 20.04 서버가 필요하다.

다음 깃허브 리포지터리(https://github.com/PacktPublishing/Kubernetes---An-Enterprise-Guide-2E/tree/main/chapter8)에서 8장의 코드에 액세스할 수 있다.

동적 승인 컨트롤러 소개

쿠버네티스를 확장하는 방법에는 두 가지가 있다.

- 고유한 오브젝트 및 API를 정의할 수 있도록 커스텀 리소스를 정의한다.
- API 서버의 요청을 수신 대기하고 필요한 정보로 응답하는 웹훅을 구현한다. 5장, '클러스터 인증 연동'에서 사용자 지정 웹훅을 사용해 토큰을 확인할 수 있다고 설명한 것을 기억할 것이다.

쿠버네티스 1.9부터 웹훅을 동적 승인 컨트롤러로 정의할 수 있으며 1.16에서 동적 승인 컨트롤러 API가 일반 사용 가능하게 됐다.

프로토콜은 매우 간단하다. 특정 오브젝트 유형에 대해 동적 승인 컨트롤러가 등록되면 해당 유형의 오브젝트가 생성되거나 편집될 때마다 HTTP post로 웹훅이 호출된다. 그런 다음 웹훅은 허용 여부를 나타내는 JSON을 반환할 것을 기대한다.

웹훅에 제출된 요청은 여러 절로 구성된다. 승인^{Admission} 오브젝트의 크기 때문에 여기에 예제를 포함하지는 않았으며 깃허브(https://github.com/PacktPublishing/Kubernetes---An-Enterprise-Guide-2E/blob/main/chapter8/example_admission_request.json)를 예로 사용한다.

- **오브젝트 식별자**: resource 및 subResource 속성은 오브젝트, API 및 그룹을 식별한다. 오브젝트의 버전이 업그레이드되는 경우 requestKind, requestResource 및 requestSubResource가 지정된다. 또한 오브젝트의 위치와 CREATE, UPDATE, DELETE 또는 CONNECT 작업인지 여부를 제공하기 위해 namespace 및 operation이 제공된다. 이 예에서는 my-namespace 네임스페이스에서 배포를 스케일하기 위해 Scale의 subResource가 있는 Deployment 리소스를 만들고 있다.

- **제출자 식별자**: userInfo 오브젝트는 제출자의 사용자 및 그룹을 식별한다. 제출자와 원래 요청을 생성한 사용자가 항상 같지는 않다. 예를 들어 사용자가 디플로이먼트를 생성하면 userInfo 오브젝트는 원래 디플로이먼트를 생성한 사용자를 위한 것이 아니다. 디플로이먼트는 파드를 생성하는 ReplicaSet을 생성하기 때문에 ReplicaSet 컨트롤러의 서비스 계정을 위한 것이다. 이 예에서는 uid가 admin인 사용자가 스케일 요청을 제출했다.

- **오브젝트**: object는 제출되는 오브젝트의 JSON을 나타내며, 여기서 oldObject는 업데이트인 경우 대체되는 항목을 나타낸다. 마지막으로 options는 요청에 대한 추가 옵션을 지정한다. 이 예에서는 스케일링 작업 후 새 복제본 수를 가진 새 파드가 제출된다.

웹훅의 응답은 단순히 요청의 원래 uid 및 허용된 두 가지 속성을 가지며 true 또는 false일 수 있다. 예를 들어 확장 작업을 완료하려면 다음을 수행한다.

```
{
  "uid": "705ab4f5-6393-11e8-b7cc-42010a800002"
  "allowed": true
}
```

userInfo 오브젝트는 빠르게 문제를 복잡하게 만들 수 있다. 쿠버네티스는 종종 여러 계층의 컨트롤러를 사용해 오브젝트를 만들기 때문에 API 서버와 상호 작용하는 사용자를 기반으로 사용량 생성을 추적하는 것이 어려울 수 있다.

네임스페이스 레이블 또는 기타 오브젝트와 같은 쿠버네티스의 오브젝트를 기반으로 권한을 부여하는 것이 훨씬 좋다.

일반적인 사용 사례는 개발자가 관리자이지만 용량이 매우 제한된 "샌드박스"를 가질 수 있도록 하는 것이다. 특정 사용자가 너무 많은 메모리를 요청하지 않는다는 사실을 검증하는 대신, 사용자가 파드를 제출했는지 아니면 디플로이먼트를 제출했는지와 관계없이 승인 컨트롤러가 참조할 구체적인 내용을 갖도록 개인 네임스페이스에 제한을 지정한다. 이렇게 하면 정책이 개별 사용자 대신 namespace의 어노테이션을 확인한다. 네임스페이스를 소유한 사용자만 네임스페이스에서 무언가를 생성할 수 있도록 하려면 RBAC를 사용해 액세스를 제한한다.

일반적인 웹훅 검증에 대해 마지막 짚고 넘어갈 점은 이것이 익명 요청이고 키나 비밀번호를 지정할 방법이 없다는 것이다. 이론적으로 검증 웹훅을 사용해 업데이트를 구현할 수 있지만 권장하지 않는다.

쿠버네티스가 동적 액세스 컨트롤러를 구현하는 방법을 다뤘으므로 이제 OPA에서 가장 인기 있는 옵션 중 하나를 살펴본다.

OPA의 정의 및 동작

OPA는 쿠버네티스에 잘 맞는 경량 권한 부여 엔진이다. 쿠버네티스에서 시작하지는 않았지만, 확실히 쿠버네티스에 자리를 잡았다. OPA에서 동적 승인 컨트롤러를 구축할 필요는 없지만 매우 잘 동작하며 정책 라이브러리를 시작하는 데 사용할 수 있는 광범위한 리소스와 기존 정책들이 존재한다.

이 절에서는 OPA 및 해당 구성 요소에 대한 높은 수준의 개요를 제공하고 나머지 장의 나머지 부분은 쿠버네티스의 OPA 구현에 대한 세부 정보를 제공한다.

OPA 아키텍처

OPA는 HTTP 리스너, 정책 엔진 및 데이터베이스의 세 가지 구성 요소로 구성된다.

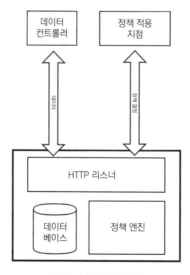

그림 8.1 OPA 아키텍처

OPA에서 사용하는 데이터베이스는 메모리에 있으며 일시적이다. 정책 결정을 내리는 데 사용되는 정보를 유지하지 않는다. 한편으로 OPA는 본질적으로 권한 부여를 위한 마이크로 서비스이기 때문에 확장성이 매우 뛰어나다. 반면에 이것은 OPA의 모든 인스턴스들이 자체적으로 유지 관리돼야 하고 신뢰할 수 있는 데이터와 동기화돼야 함을 의미한다.

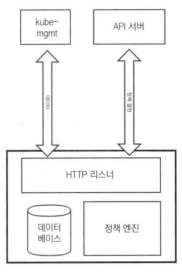

그림 8.2 쿠버네티스의 OPA

쿠버네티스에서 OPA는 kube-mgmt라는 사이드카를 사용해 데이터베이스를 채운다. 이 사이드카는 OPA로 가져오려는 오브젝트에 대한 감시를 설정한다. 오브젝트가 생성, 삭제 또는 변경되면 kube-mgmt는 OPA 인스턴스의 데이터를 업데이트한다. 이것은 OPA가 API 서버와 "최종적으로 일치"한다는 것을 의미하지만 반드시 API 서버에 있는 오브젝트의 실시간 표현일 필요는 없다. 전체 etcd 데이터베이스는 기본적으로 반복해 복제되므로 OPA 데이터베이스에서 Secret과 같은 민감한 데이터를 복제하지 않도록 세심한 주의가 필요하다.

OPA 정책 언어, Rego

Rego에 대한 내용은 다음 절에서 자세히 다룬다. 여기서 언급할 요점은 Rego가 일반 프로그래밍 언어가 아니라 정책 평가 언어라는 점이다. Rego는 반복자 및 루프와 같은 복잡한 논리를 지원하는 Golang, Java 또는 JavaScript와 같은 언어에 익숙한 개발자에게는 어려울 수 있다. Rego는 정책을 평가하도록 설계됐으며 그와 같이 간소화됐다. 예를 들어 파드의 모든 컨테이너 이미지가 레지스트리 목록 중 하나로 시작했는지 확인하는 코드를 Java로 작성하려는 경우는 다음과 같을 것이다.

```
public boolean validRegistries(List<Container> containers,List<String>
allowedRegistries) {
  for (Container c : containers) {
        boolean imagesFromApprovedRegistries = false;
    for (String allowedRegistry : allowedRegistries) {
              imagesFromApprovedRegistries =
              imagesFromApprovedRegistries  || c.getImage().
startsWith(allowedRegistry);
    }
    if (! imagesFromApprovedRegistries) {
    return false;
    }
    }
    return true;
}
```

이 코드는 모든 컨테이너와 허용된 모든 레지스트리를 반복해 모든 이미지가 올바른 정책을 준수하는지 확인한다. Rego의 동일한 코드는 훨씬 작다.

```
invalidRegistry {
  ok_images = [image | startswith(input_images[j],input.parameters.
registries[_]) ; image = input_images[j] ]
  count(ok_images) != count(input_images)
}
```

컨테이너의 이미지가 비인가 레지스트리에서 가져온 경우 앞의 규칙은 true로 평가된다. 이 코드가 어떻게 작동하는지에 대한 자세한 내용은 8장의 뒷부분에서 다룰 것이다. 이 코드가 훨씬 더 간결한 이유를 이해하는 열쇠는 루프와 테스트의 상용구 대부분이 Rego에서 추론된다는 것이다. 첫 번째 줄은 일치하는 이미지 목록을 생성하고 두 번째 줄은 일치하는 이미지 수가 총 이미지 수와 일치하는지 확인한다. 일치하지 않으면 이미지 중 하나 이상이 유효하지 않은 레지스트리에서 가져온 것이어야 한다. 간결한 정책 코드를 작성할 수 있는 능력은 Rego를 승인 컨트롤러에 매우 적합하게 만드는 이유다.

게이트키퍼

지금까지 논의된 모든 것은 OPA의 일반적 부분이다. 8장의 시작 부분에서 OPA가 쿠버네티스에서 시작되지 않았다고 언급했다. 초기 구현에는 API 서버와 동기화된 OPA 데이터베이스를 유지하는 사이드카가 있었지만 수동으로 정책을 ConfigMap 오브젝트로 생성하고 웹훅에 대한 응답을 수동으로 생성해야 했다. 2018년에 Microsoft는 쿠버네티스 네이티브 경험을 제공하기 위해 게이트키퍼(https://github.com/open-policy-agent/gatekeeper)를 선보였다.

ConfigMap 오브젝트에서 적절한 커스텀 리소스로 이동하는 것 외에도 게이트키퍼는 기존 오브젝트에 대해 정책을 테스트할 수 있는 감사 기능을 추가한다. 오브젝트가 정책을 위반하는 경우 이를 추적하기 위해 위반 항목이 생성된다. 이렇게 하면 클러스터의 기존 정책 위반에 대한 스냅숏을 얻거나 업그레이드로 인해 게이트키퍼 가동 중지 시간 동안 누락된 항목이 있는지 여부를 알 수 있다.

게이트키퍼와 일반 OPA의 주요 차이점은 게이트키퍼에서 OPA의 기능은 누구나 호출할 수 있는 API를 통해 노출되지 않는다는 것이다. OPA는 내장돼 있으며 게이트키퍼는 OPA를 직접 호출해 정책을 실행하고 데이터베이스를 최신 상태로 유지한다. 의사 결정은 쿠버네티스의 데이터를 기반으로 하거나 평가 시점에 데이터를 가져오는 방식으로만 이뤄질 수 있다.

게이트키퍼 배포

사용되는 예에서는 일반 OPA 배포 대신 게이트키퍼를 사용한다고 가정한다. 게이트키퍼 프로젝트의 지시에 따라 다음 명령을 사용한다.

```
$ kubectl apply -f https://raw.githubusercontent.com/open-policy-agent/
gatekeeper/release-3.5/deploy/gatekeeper.yaml
```

그러면 게이트키퍼 네임스페이스 파드들이 시작되고 검증 웹훅이 생성된다. 배포가 완료되면 다음 절로 이동한다. 8장의 나머지 부분에서 게이트키퍼 사용에 대한 세부 사항을 다룰 것이다.

자동화된 테스트 프레임워크

OPA에는 정책에 대한 자동화된 테스트 프레임워크가 내장돼 있다. 이것은 OPA의 가장 가치 있는 측면 중 하나다. 배포 전에 정책을 일관되게 테스트할 수 있으면 디버깅 시간을 몇 시간 절약할 수 있다. 정책을 작성할 때 정책 파일과 이름이 같지만 이름에 _test가 포함된 파일을 사용한다. 예를 들어 mypolicies.rego와 관련된 테스트 케이스를 가지려면 동일한 디렉터리의 mypolicies_test.rego에 테스트 케이스가 있어야 한다. opa 테스트를 실행하면 테스트 케이스가 실행된다. 다음 절에서 이를 사용해 코드를 디버그하는 방법을 살펴본다.

OPA의 기본 사항과 구성 방법을 다뤘으므로 다음 단계에서는 Rego를 사용해 정책을 작성하는 방법을 배운다.

⁘ Rego를 사용한 정책 작성

Rego는 정책 작성을 위해 특별히 설계된 언어다. 당신이 코드를 작성했을 가능성이 있는 대부분의 언어와 다르다. 일반적인 권한 부여 코드는 다음과 같다.

```
//assume failure
boolean allowed = false;
//on certain conditions allow access
if (someCondition) {
  allowed = true;
}
//are we authorized?
if (allowed) {
  doSomething();
}
```

권한 부여 코드는 일반적으로 권한 부여되지 않은 것으로 기본 설정되며, 최종 작업이 권한 부여될 수 있도록 하려면 특정 조건이 발생해야 한다. Rego는 다른 접근 방식을 취한다. Rego는 일반적으로 특정 조건이 발생하지 않는 한 모든 것을 승인하도록 작성된다.

Rego와 일반 프로그래밍 언어 간의 또 다른 주요 차이점은 명시적인 if/then/else 제어문이 없다는 것이다. Rego의 한 줄이 결정을 내리려고 할 때 코드는 "이 줄이 거짓이면 실행을 중지한다"로 해석된다. 예를 들어 Rego의 다음 코드는 "이미지가 myregistry.lan/으로 시작하는 경우 정책 실행을 중지하고 이 검사를 통과한다. 그렇지 않으면 오류 메시지를 생성한다"라는 뜻이다.

```
not startsWith(image,"myregistry.lan/")
msg := sprintf("image '%v' comes from untrusted registry", [image])
```

Java의 동일한 코드는 다음과 같다.

```
if (! image.startsWith("myregistry.lan/")) {
    throw new Exception("image " + image + " comes from untrusted
registry");
}
```

추론된 제어 명령문과 명시적 제어 명령문의 이러한 차이는 종종 Rego를 배울 때 학습 곡선^{learning curve}에서 가장 험난한 부분이다. 다른 언어보다 더 험난한 학습 과정이 있지만, Rego는 자동화되고 관리 가능한 방식으로 정책을 쉽게 테스트하고 구축할 수 있도록 함으로써 이를 만회한다.

OPA는 정책 테스트를 자동화하는 데 사용할 수 있다. 이는 클러스터 보안이 의존하는 코드를 작성할 때 매우 중요하다. 테스트를 자동화하면 개발 속도를 높이는 데 도움이 되고 새로운 작업 코드를 통해 이전에 작동하던 코드에 도입된 버그를 잡아내 보안을 강화할 수 있다. 다음으로 OPA 정책을 작성하고 테스트하고 클러스터에 배포하는 수명 주기를 살펴본다.

OPA 정책 개발

OPA를 사용하는 일반적인 예는 파드를 가져올 수 있는 레지스트리를 제한하는 것이다. 이는 클러스터에서 실행할 수 있는 파드를 제한하는 데 도움이 되는 클러스터의 일반적인 보안 조치다. 예를 들어 비트코인 채굴자를 몇 번 언급했다. 클러스터가 자체 내부 레지스트리를 제외하고 파드를 수락하지 않는다면, 불량 행위자가 클러스터를 악용abuse하기 위해 취해야 할 하나의 단계가 추가되는 것이다. 먼저 OPA 문서 웹 사이트(https://www.openpolicyagent.org/docs/latest/kubernetes-introduction/)에서 가져온 정책을 작성해보겠다.

```
package k8sallowedregistries
invalidRegistry {
  input_images[image]
  not startswith(image, "quay.io/")
}
input_images[image] {
  image := input.review.object.spec.containers[_].image
}
input_images[image] {
  image := input.review.object.spec.template.spec.containers[_].image
}
```

이 코드의 첫 번째 줄은 정책이 있는 package를 선언한다. 데이터와 정책 모두 OPA에 패키지로 저장된다.

OPA의 패키지는 파일 시스템의 디렉터리와 같다. 패키지에 정책을 배치하면 모든 것이 해당 패키지에 상대적이다. 이 경우 정책은 k8sallowedregistries 패키지에 있다.

다음 절에서는 규칙을 정의한다. 파드에 quay.io에서 가져온 이미지가 있는 경우 이 규칙은 궁극적으로 undefined가 된다. 파드에 quay.io의 이미지가 없으면 규칙이 true를 반환해 레지스트리가 유효하지 않음을 나타낸다. 게이트키퍼는 이를 실패로 해석하고 동적 승인 검토 중에 파드가 평가될 때 API 서버에 false를 반환한다.

다음 두 규칙은 매우 유사해 보인다. 첫 번째 input_images 규칙은 "오브젝트의 spec.container에 있는 모든 컨테이너에 대해 호출 규칙을 평가"하고 API 서버에 직접 제출된 파드 오브젝트와 매치해보고 각 컨테이너에 대한 모든 image 값을 추출한다는 뜻이다. 두 번째 input_images 규칙은 디플로이먼트 오브젝트와 StatefulSet을 단락시키기(short circuit) 위해 "오브젝트의 spec.template.spec.containers에 있는 모든 컨테이너에 대해 호출 규칙을 평가"한다는 의미다.

마지막으로 게이트키퍼가 평가 실패를 API 서버에 알리는 데 필요한 규칙을 추가한다.

```
violation[{"msg": msg, "details": {}}] {
  invalidRegistry
  msg := "Invalid registry"
}
```

이 규칙은 레지스트리가 유효한 경우 빈 msg를 반환한다. 정책 결정을 내리는 코드와 피드백으로 응답하는 코드로 코드를 나누는 것이 좋다. 이것은 우리가 다음에 할 테스트를 더 쉽게 만든다.

OPA 정책 테스트

정책을 작성한 후에는 자동화된 테스트를 만들려고 한다. 다른 코드를 테스트할 때와 마찬가지로 테스트 케이스가 예상 입력과 예상치 못한 입력을 모두 포함하는 것이 중요하다. 긍정적인 결과와 부정적인 결과를 모두 테스트하는 것도 중요하다. 우리 정책이 올바른 레지스트리를 허용했음을 확인하는 것만으로는 충분하지 않다. 유효하지 않은 것을 중지하는지도 확인해야 한다. 다음은 코드에 대한 여덟 가지 테스트 사례다.

```
package k8sallowedregistries
test_deployment_registry_allowed {
    not invalidRegistry with input as {"apiVersion"...
}
test_deployment_registry_not_allowed {
    invalidRegistry with input as {"apiVersion"...
}
test_pod_registry_allowed {
    not invalidRegistry with input as {"apiVersion"...
}
test_pod_registry_not_allowed {
    invalidRegistry with input as {"apiVersion"...
}
test_cronjob_registry_allowed {
    not invalidRegistry with input as {"apiVersion"...
}
test_cronjob_registry_not_allowed {
    invalidRegistry with input as {"apiVersion"...
}
test_error_message_not_allowed {
    control := {"msg":"Invalid registry","details":{}}
    result = violation with input as {"apiVersion":"admissi…
    result[_] == control
}
test_error_message_allowed {
    result = violation with input as {"apiVersion":"admissi…
    result == set()
}
```

총 여덟 가지의 테스트가 있다. 문제가 있을 때 적절한 오류 메시지가 반환되는지 확인하는 두 가지 테스트와 세 가지 입력 유형에 대한 두 가지 사용 사례를 다루는 여섯 가지 테스트가 있다. 우리는 간단한 파드 정의, 배포^{Deployment} 및 크론잡^{CronJob}을 테스트하고 있다. 예상대로 성공 또는 실패를 검증하기 위해 각 입력 유형에 대해 docker.io 및 quay.io를 포함하는 이미지 속성이 있는 정의를 포함했다. 이 코드는 인쇄용으로 축약됐지만 다음 깃허브(https://github.com/PacktPublishing/Kubernetes---An-Enterprise-Guide-2E/tree/main/

chapter8/simple-opa-policy/rego/)에서 다운로드할 수 있다.

테스트를 실행하려면 먼저 OPA 웹 사이트(https://www.openpolicyagent.org/docs/latest/#running-opa)
에 따라 OPA 명령줄 실행 파일을 설치한다. 다운로드가 완료되면 simple-opa-policy/
rego 디렉터리 이동해 테스트를 실행한다.

```
$ opa test .
data.kubernetes.admission.test_cronjob_registry_not_allowed: FAIL (248ns)
--------------------------------------------------------------
PASS: 7/8
FAIL: 1/8
```

테스트 중 7개는 통과했지만 test_cronjob_registry_not_allowed는 실패했다. image가
docker.io를 사용하므로 입력으로 제출된 크론잡이 허용되지 않아야 한다. 그 이유는
CronJob 오브젝트가 파드 및 Deployments와 다른 패턴을 따르기 때문에 2개의 input_
image 규칙이 크론잡에서 컨테이너 오브젝트를 로드하지 않기 때문이다. 좋은 소식은
크론잡이 궁극적으로 파드를 제출할 때 게이트키퍼가 유효성을 검사하지 않아 실행을
방지한다는 것이다. 나쁜 소식은 파드가 실행되기 전까지는 아무도 이를 알 수 없다는
것이다. 컨테이너가 있는 다른 오브젝트와 함께 크론잡 오브젝트를 선택하면 크론잡이
허용되지 않기 때문에 디버그하기가 훨씬 쉬워진다.

모든 테스트를 통과하려면 크론잡에서 사용하는 컨테이너와 일치하는 깃허브 리포지터
리의 limitregistries.rego 파일에 새 input_container 규칙을 추가한다.

```
input_images[image] {
  image := input.review.object.spec.jobTemplate.spec.template.spec.
containers[_].image
}
```

이제 테스트를 실행하면 모든 것이 통과하는 것으로 표시된다.

```
$ opa test .
PASS: 8/8
```

테스트된 정책을 사용한 다음 단계는 정책을 게이트키퍼에 통합하는 것이다.

게이트키퍼에 정책 배포

우리가 만든 정책을 게이트키퍼에 배포해야 한다. 이 게이트키퍼는 정책을 로드해야 하는 쿠버네티스 커스텀 리소스를 제공한다. 첫 번째 커스텀 리소스는 `ConstraintTemplate`이며 정책에 대한 **Rego** 코드가 저장되는 곳이다. 이 오브젝트를 사용하면 정책 시행과 관련된 매개변수를 지정할 수 있으며 이에 대해서는 다음에 다룬다. 단순하게 유지하려면 매개변수가 없는 템플릿을 만든다.

```
apiVersion: templates.gatekeeper.sh/v1beta1
kind: ConstraintTemplate
metadata:
  name: k8sallowedregistries
spec:
  crd:
    spec:
      names:
        kind: K8sAllowedRegistries
      validation: {}
  targets:
    - target: admission.k8s.gatekeeper.sh
      rego: |
        package k8sallowedregistries
        .
        .
        .
```

이 템플릿의 전체 소스 코드는 다음 링크(https://raw.githubusercontent.com/PacktPublishing/Kubernetes---An-Enterprise-Guide-2E/main/chapter8/simple-opa-policy/yaml/gatekeeper-policy-template.yaml)에서 확인할 수 있다.

일단 생성되면 다음 단계는 템플릿을 기반으로 제약 조건Constraints을 생성해 정책을 적용하는 것이다. 제약 조건은 ConstraintTemplate 설정을 기반으로 하는 쿠버네티스의 오브젝트다. 템플릿은 커스텀 리소스 정의를 정의한다. 이것은 `Constraints.gate keeper.sh` API 그룹에 추가된다. 클러스터의 CRD 목록을 보면 k8sallowedregistries 가 나열돼 있다.

```
PS C:\Users\mlb> kubectl get crds
NAME                                              CREATED AT
bgpconfigurations.crd.projectcalico.org           2020-07-04T17:14:08Z
bgppeers.crd.projectcalico.org                    2020-07-04T17:14:08Z
blockaffinities.crd.projectcalico.org             2020-07-04T17:14:06Z
clusterinformations.crd.projectcalico.org         2020-07-04T17:14:08Z
configs.config.gatekeeper.sh                       2020-07-04T17:45:26Z
constraintpodstatuses.status.gatekeeper.sh         2020-07-04T17:45:26Z
constrainttemplatepodstatuses.status.gatekeeper.sh 2020-07-04T17:45:26Z
constrainttemplates.templates.gatekeeper.sh        2020-07-04T17:45:26Z
felixconfigurations.crd.projectcalico.org          2020-07-04T17:14:06Z
globalnetworkpolicies.crd.projectcalico.org        2020-07-04T17:14:08Z
globalnetworksets.crd.projectcalico.org            2020-07-04T17:14:08Z
hostendpoints.crd.projectcalico.org                2020-07-04T17:14:08Z
ipamblocks.crd.projectcalico.org                   2020-07-04T17:14:06Z
ipamconfigs.crd.projectcalico.org                  2020-07-04T17:14:07Z
ipamhandles.crd.projectcalico.org                  2020-07-04T17:14:06Z
ippools.crd.projectcalico.org                      2020-07-04T17:14:08Z
k8sallowedregistries.constraints.gatekeeper.sh     2020-07-06T11:09:46Z
networkpolicies.crd.projectcalico.org              2020-07-04T17:14:08Z
networksets.crd.projectcalico.org                  2020-07-04T17:14:08Z
oidc-sessions.openunison.tremolo.io                2020-07-04T17:20:20Z
openunisons.openunison.tremolo.io                  2020-07-04T17:20:20Z
users.openunison.tremolo.io                        2020-07-04T17:20:20Z
PS C:\Users\mlb>
```

그림 8.3 ConstraintTemplate에 의해 생성된 CRD

제약 조건을 생성한다는 것은 템플릿에 정의된 오브젝트의 인스턴스를 생성하는 것을 의미한다.

클러스터에서 너무 많은 혼란을 야기하지 않도록 이 정책을 openunison 네임스페이스 로 제한할 것이다.

```
apiVersion: constraints.gatekeeper.sh/v1beta1
kind: K8sAllowedRegistries
metadata:
  name: restrict-openunison-registries
spec:
  match:
    kinds:
      - apiGroups: [""]
        kinds: ["Pod"]
      - apiGroups: ["apps"]
        kinds:
```

```
          - StatefulSet
          - Deployment
       - apiGroups: ["batch"]
         kinds:
          - CronJob
       namespaces: ["openunison"]
```

제약 조건은 우리가 작성한 정책을 openunison 네임스페이스의 Deployment, CronJob 및 파드 오브젝트로 제한한다. 생성된 후 openunison-operator 파드를 종료하려고 하면 이미지가 quay.io가 아닌 dockerhub.io에서 제공되기 때문에 복제본 세트 컨트롤러에서 성공적으로 재생성하지 못한다.

```
PS C:\Users\mlb> kubectl get pods -n openunison
NAME                                        READY   STATUS      RESTARTS   AGE
check-certs-orchestra-1593914400-pd5f5      0/1     Completed   0          40h
check-certs-orchestra-1594000800-zxjxr      0/1     Completed   0          16h
openunison-operator-858d496-5p4dm           1/1     Running     0          7h
openunison-orchestra-57489869d4-f46rm       1/1     Running     0          2d
PS C:\Users\mlb> kubectl delete pod -l app=openunison-operator -n openunison
pod "openunison-operator-858d496-5p4dm" deleted
PS C:\Users\mlb> kubectl get pods -n openunison
NAME                                        READY   STATUS      RESTARTS   AGE
check-certs-orchestra-1593914400-pd5f5      0/1     Completed   0          40h
check-certs-orchestra-1594000800-zxjxr      0/1     Completed   0          16h
openunison-orchestra-57489869d4-f46rm       1/1     Running     0          2d
PS C:\Users\mlb> kubectl get events -n openunison
LAST SEEN   TYPE      REASON         OBJECT                                      MESSAGE
26s         Normal    Killing        pod/openunison-operator-858d496-5p4dm       Stopping container openunison-operator
8s          Warning   FailedCreate   replicaset/openunison-operator-858d496      Error creating: admission webhook "validat
ion.gatekeeper.sh" denied the request: [denied by restrict-openunison-registries] Invalid registry
PS C:\Users\mlb>
```

그림 8.4 게이트키퍼 정책으로 인해 파드 생성 실패

다음으로 정책 오브젝트를 살펴본다. 오브젝트의 status 절에 몇 가지 위반 사항이 있음을 알 수 있다.

```
totalViolations: 6
violations:
- enforcementAction: deny
  kind: CronJob
  message: Invalid registry
  name: check-certs-orchestra
  namespace: openunison
- enforcementAction: deny
  kind: Deployment
  message: Invalid registry
  name: openunison-operator
  namespace: openunison
- enforcementAction: deny
  kind: Deployment
  message: Invalid registry
  name: openunison-orchestra
  namespace: openunison
- enforcementAction: deny
  kind: Pod
  message: Invalid registry
  name: check-certs-orchestra-1593914400-pd5f5
  namespace: openunison
- enforcementAction: deny
  kind: Pod
  message: Invalid registry
  name: check-certs-orchestra-1594000800-zxjxr
  namespace: openunison
- enforcementAction: deny
  kind: Pod
  message: Invalid registry
  name: openunison-orchestra-57489869d4-f46rm
  namespace: openunison
```

그림 8.5 이미지 레지스트리 정책을 위반하는 오브젝트 목록

첫 번째 게이트키퍼 정책을 배포하면 몇 가지 문제가 있음을 금방 알 수 있다. 첫 번째는 레지스트리가 하드 코딩돼 있다는 것이다. 이것은 레지스트리가 변경될 때마다 코드를 복제해야 함을 의미한다. 또한 네임스페이스에 대해 유연하지 않다. Tremolo Security의 모든 이미지는 docker.io/tremolosecurity에 저장되므로 특정 레지스트리 서버를 제한하는 것보다 우리가 원하는 것은 각 네임스페이스에 대한 유연성과 여러 레지스트리에 대한 허용일 수 있다. 다음으로 이러한 유연성을 제공하기 위해 정책을 업데이트해보자.

동적 정책 구축

현재 레지스트리 정책은 제한적이다. 정적이며 단일 레지스트리만 지원한다. Rego와 게이트키퍼는 클러스터에서 재사용할 수 있고 개별 네임스페이스 요구 사항에 따라 구

성할 수 있는 동적 정책을 구축하는 기능을 제공한다. 이를 통해 반복적인 코드를 유지 관리할 필요 없이 하나의 코드 기반에서 작업하고 디버그할 수 있다. 우리가 사용할 코드는 다음 링크(https://github.com/packtpublishing/Kubernetes---An-Enterprise-Guide-2E/blob/main/chapter8/parameter-opa-policy/)에 있다.

`rego/limitregistries.rego`를 검사할 때 parameter-opa-policy와 simple-opa- policy 에 있는 코드의 주요 차이점은 invalidRegistry 규칙으로 귀결된다.

```
invalidRegistry {
  ok_images = [image | startswith(input_images[i],input.parameters.
registries[_]) ; image = input_images[i] ]
    count(ok_images) != count(input_images)
}
```

규칙의 첫 번째 줄의 목표는 컴프리헨션comprehesion을 사용해 승인된 레지스트리에서 가져온 이미지를 결정하는 것이다. 컴프리헨션은 일부 논리를 기반으로 집합set, 배열 array 및 오브젝트를 구축하는 방법을 제공한다. 이 경우 `input.parameters.registries` 에서 허용된 레지스트리로 시작하는 이미지만 ok_images 배열에 추가하고자 한다.

컴프리헨션을 읽으려면 중괄호부터 시작하면 된다. 우리는 대괄호로 시작하므로 결과 는 배열이 된다. 오브젝트 및 집합도 생성할 수 있다. 여는 대괄호와 파이프 문자(|) 사이 의 단어를 헤드head라고 하며 올바른 조건이 충족되면 배열에 추가될 변수다. 파이프 문자(|) 오른쪽에 있는 모든 것은 `image`가 무엇인지, 값이 있어야 하는지를 결정하는 데 사용되는 일련의 규칙이다. 규칙의 명령문이 undefined 또는 false로 확인되면 해당 반복에 대해 실행이 종료된다.

컴프리헨션의 첫 번째 규칙은 대부분의 작업이 수행되는 곳이다. `startswith` 함수는 각 이미지가 올바른 레지스트리 이름으로 시작하는지 확인하는 데 사용된다. 함수에 2개의 문자열을 전달하는 대신 배열을 전달한다. 첫 번째 배열에는 아직 선언하지 않은 변수 i가 있고 다른 배열에는 일반적으로 인덱스가 있는 밑줄(_)을 사용한다. i는 Rego에 의해 "배열의 각 값에 대해 이 작업을 수행하고 1씩 증가하고 전체 컴프리헨션에서 참조 되도록 한다"로 해석된다. 밑줄은 "모든 값에 대해 수행"의 약어다. 2개의 배열을 지정했으므로 두 배열의 모든 조합이 startswith 함수에 대한 입력으로 사용된다.

즉, 2개의 컨테이너와 3개의 잠재적인 사전 승인 레지스트리가 있는 경우 startswith가 6번 호출된다. 조합 중 하나가 startswith에서 true를 반환하면 다음 규칙이 실행된다. 그러면 image 변수가 인덱스 i와 함께 input_image로 설정되며, 이는 이미지가 ok_images에 추가됨을 의미한다. Java의 동일한 코드는 다음과 같다.

```java
ArrayList<String> okImages = new ArrayList<String>();
for (int i=0;i<inputImages.length;i++) {
  for (int j=0;j<registries.length;j++) {
    if (inputImages[i].startsWith(registries[j])) {
      okImages.add(inputImages[i]);
    }
  }
}
```

Rego의 한 줄은 대부분 상용구 코드 일곱 줄을 제거했다.

규칙의 두 번째 줄은 ok_images 배열의 항목 수를 알려진 컨테이너 이미지 수와 비교한다. 동일하면 모든 컨테이너에 유효한 이미지가 포함돼 있음을 알 수 있다.

다음 단계는 여러 레지스트리를 지원하기 위해 업데이트된 Rego 규칙을 사용해 새 정책 템플릿을 배포하는 것이다(아직 수행하지 않은 경우 이전 k8sallowedregistries ConstraintTemplate 및 strict-openunison-registries K8sAllowedRegistries를 삭제한다). 다음은 업데이트된 ConstraintTemplate 이다.

```yaml
apiVersion: templates.gatekeeper.sh/v1beta1
kind: ConstraintTemplate
metadata:
  name: k8sallowedregistries
spec:
  crd:
    spec:
      names:
        kind: K8sAllowedRegistries
      validation:
        openAPIV3Schema:
```

```
            properties:
                registries:
                    type: array
                    items: string
    targets:
      - target: admission.k8s.gatekeeper.sh
        rego: |
          package k8sallowedregistries
          .
          .
          .
```

새 규칙을 포함하는 것 외에도 강조 표시된 절은 템플릿에 스키마를 추가했음을 보여준다. 이렇게 하면 템플릿을 특정 매개변수와 함께 재사용할 수 있다. 이 스키마는 생성될 CustomResourceDefinition으로 이동하고 사전 승인된 레지스트리 목록을 적용하기 위해 생성할 K8sAllowedRegistries 오브젝트에 대한 입력의 유효성을 검사하는 데 사용된다.

마지막으로 openunison 네임스페이스에 대한 정책을 생성해보자. 이 네임스페이스에서 실행되는 유일한 컨테이너는 Tremolo Security의 dockerhub.io 레지스트리에서 가져와야 하므로 다음 정책을 사용해 모든 파드를 docker.io/tremolosecurity/로 제한한다.

```
apiVersion: constraints.gatekeeper.sh/v1beta1
kind: K8sAllowedRegistries
metadata:
  name: restrict-openunison-registries
spec:
  match:
    kinds:
      - apiGroups: [""]
        kinds: ["Pod"]
      - apiGroups: ["apps"]
        kinds:
        - StatefulSet
        - Deployment
      - apiGroups: ["batch"]
```

```
    kinds:
      - CronJob
  namespaces: ["openunison"]
parameters:
  registries: ["docker.io/tremolosecurity/"]
```

이전 버전과 달리 이 정책은 정책 데이터를 Rego에 직접 포함하는 대신 유효한 레지스트리를 지정한다. 정책이 적용되면 openunison 네임스페이스에서 busybox 컨테이너를 실행해 셸을 가져온다.

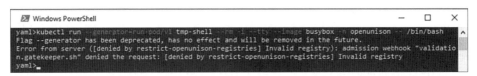

그림 8.6 실패한 busybox 셸

이 일반 정책 템플릿을 사용해 네임스페이스가 가져올 수 있는 레지스트리를 제한할 수 있다. 예를 들어 다중 테넌트 환경에서 모든 파드를 소유자의 자체 레지스트리로 제한할 수 있다. 네임스페이스가 상용 제품에 사용되는 경우 해당 공급업체의 컨테이너만 실행할 수 있다고 규정할 수 있다. 다른 사용 사례로 이동하기 전에 코드를 디버그하고 Rego의 특이한 부분에 대한 처리 방법을 이해하는 것이 중요하다.

Rego 디버깅하기

Rego 디버깅은 어려울 수 있다. Java 또는 Go와 같은 보다 일반적인 프로그래밍 언어와 달리 디버거에서 코드를 단계별로 실행할 수 있는 방법이 없다. 레지스트리를 확인하기 위해 방금 작성한 일반 정책의 예를 살펴본다. 모든 작업은 한 줄의 코드로 수행됐다. 이것을 단계별로 살펴보며 통과하는 것은 별로 도움이 되지 않을 것이다.

Rego를 더 쉽게 디버그할 수 있도록 OPA 프로젝트는 명령줄에 자세한verbose 출력이 설정될 때 실패한 모든 테스트의 추적trace을 제공한다. 이것이 OPA의 내장 테스트 도구를 사용해야 하는 또 다른 큰 이유다.

이 추적을 더 잘 사용하기 위해 Rego에는 문자열을 허용하는 trace라는 함수가 있다. 이 함수를 sprintf와 결합하면 코드가 예상대로 작동하지 않는 부분을 더 쉽게 추적할 수 있다. Chapter8/parameter-opa-policy-fail/rego 디렉터리에는 실패를 예상하는 테스트가 있다. 여러 추적 옵션이 추가된 invalidRegistry 규칙도 있다.

```
invalidRegistry {
  trace(sprintf("input_images : %v",[input_images]))
  ok_images = [image |
    trace(sprintf("image %v",[input_images[j]]))
    startswith(input_images[j],input.parameters.registries[_]) ;
    image = input_images[j]
  ]
  trace(sprintf("ok_images %v",[ok_images]))
  trace(sprintf("ok_images size %v / input_images size %v",[count(ok_
images),count(input_images)]))
  count(ok_images) != count(input_images)
}
```

테스트가 실행되면 OPA는 모든 비교 및 코드 경로에 대한 자세한 추적을 출력한다. trace 함수가 있는 곳마다 추적에 "기록note"이 추가된다. 이것은 디버그할 코드에 print문을 추가하는 것과 같다. OPA 추적의 출력은 매우 장황하며 인쇄에 포함하기에는 텍스트가 너무 많다. opa 테스트를 실행한다. 이 디렉터리의 -v는 코드를 디버그하는 데 사용할 수 있는 전체 추적을 제공한다.

기존 정책 사용

OPA 및 게이트키퍼에 대한 고급 사용 사례로 이동하기 전에 OPA가 구축되고 사용되는 방식의 의미를 이해하는 것이 중요하다. 이전 절에서 작업한 코드를 검사하면 initContainer를 확인하지 않는다는 것을 알 수 있다. 오직 기본 컨테이너만 찾고 있다. initContainer는 파드에 나열된 컨테이너들이 종료될 것으로 예상되기 전에 실행되는 특수 컨테이너이다. 볼륨 마운트의 파일 시스템을 준비하고 파드의 컨테이너들이 실행되기 전에 수행해야 하는 기타 "초기" 작업을 위해 자주 사용된다. 악의적인 행위자가 비트코인 채굴자를 끌어오는 initContainer로 파드를 시작하려고 하면 (또는 그보다 더 나쁜 경우에도) 우리 정책은 그것을 막지 않는다.

정책의 설계 및 구현에서 매우 상세하게 작성하는 것이 중요하다. 정책을 작성할 때 누락된 사항이 없는지 확인하는 방법 중 하나는 이미 존재하고 테스트된 정책을 사용하는 것이다. 게이트키퍼 프로젝트는 깃허브 리포지터리(https://github.com/open-policy-agent/gatekeeper-library)에서 사전 테스트된 정책의 여러 라이브러리와 이를 사용하는 방법을 유지 관리한다. 자체 정책 중 하나를 구축하기 전에 먼저 정책이 이미 존재하는지 확인한다.

이 절에서는 Rego에 대한 개요와 정책 평가에서 Rego가 작동하는 방식을 제공했다. 모든 내용을 다루지는 않았지만 Rego의 문서 작업에 대한 좋은 참고 자료가 될 것이다. 다음으로 클러스터의 다른 오브젝트와 같이 요청 외부의 데이터에 의존하는 정책을 구축하는 방법을 배운다.

⠿ 메모리 제약 적용

지금까지 8장에서 우리는 자체 포함self-contained 정책을 구축했다. 이미지가 사전 승인된 레지스트리에서 오는지 확인할 때 필요한 데이터는 정책과 컨테이너뿐이었다. 이는 종종 정책 결정을 내리기에 충분한 정보가 아니다. 이 절에서는 정책 결정을 내리기 위해 클러스터의 다른 오브젝트에 의존하는 정책을 구축하는 작업을 할 것이다.

구현에 대해 알아보기 전에 사용 사례에 대해 이야기해보자. API 서버에 제출된 모든 파드에 최소한의 메모리 요구 사항을 포함하는 것이 좋다. 이것이 그다지 의미가 없는 특정 네임스페이스가 있다. 예를 들어 kube-system 네임스페이스의 많은 컨테이너에는 CPU 및 메모리 리소스 요청이 없다.

이를 처리할 수 있는 여러 가지 방법이 있다. 한 가지 방법은 제약 조건 템플릿을 배포하고 메모리 리소스 요청을 적용하려는 모든 네임스페이스에 적용하는 것이다. 이로 인해 반복적인 오브젝트가 생성되거나 특정 네임스페이스에 적용하기 위해 명시적으로 정책을 업데이트해야 할 수 있다.

또 다른 방법은 네임스페이스에 레이블을 추가해 OPA가 메모리 리소스 요청이 필요한 모든 파드 오브젝트를 알 수 있도록 하는 것이다. 쿠버네티스에는 메모리 관리를 위한 ResourceQuota 오브젝트가 이미 있으므로 네임스페이스에 ResourceQuota가 있는지 여부도 설정할 수 있으며, 이것이 있다면 메모리 요청이 있어야 한다는 것을 알 수 있다.

다음 예에서는 ResourceQuota가 있는 네임스페이스에서 생성된 모든 파드에 메모리 리소스 요청이 있어야 한다는 정책을 작성한다. 정책 자체는 매우 간단해야 한다. 의사 코드는 다음과 같다.

```
if (hasResourceQuota(input.review.object.metdata.namespace) &&
containers.resource.requests.memory == null) {
  generate error;
}
```

여기서 어려운 부분은 네임스페이스에 ResourceQuota가 있는지 이해하는 것이다. 쿠버네티스에는 쿼리할 수 있는 API가 있지만 이는 API 서버와 통신할 수 있도록 정책에 시크릿을 포함하거나 익명 액세스를 허용한다는 것을 의미한다. 이러한 옵션 중 어느 것도 좋은 생각이 아니다. API 서버 쿼리의 또 다른 문제는 이제 테스트를 실행할 때마다 사용할 API 서버에 의존하기 때문에 테스트를 자동화하기 어렵다는 것이다.

앞에서 OPA가 자체 데이터베이스의 API 서버에서 데이터를 복제할 수 있다고 설명했다. 게이트키퍼는 이 기능을 사용해 테스트할 수 있는 오브젝트의 "캐시"를 만든다. 이 캐시가 채워지면 로컬로 복제해 정책 테스트를 위한 테스트 데이터를 제공할 수 있다.

게이트키퍼 캐시 활성화

게이트키퍼 캐시는 gatekeeper-system 네임스페이스에 Config 오브젝트를 생성해 활성화된다. 클러스터에 다음 설정을 추가한다.

```
apiVersion: config.gatekeeper.sh/v1alpha1
```

```
kind: Config
metadata:
  name: config
  namespace: "gatekeeper-system"
spec:
  sync:
    syncOnly:
      - group: ""
        version: "v1"
        kind: "Namespace"
      - group: ""
        version: "v1"
        kind: "ResourceQuota"
```

그러면 게이트키퍼의 내부 OPA 데이터베이스에서 Namespace 및 ResourceQuota 오브 젝트 복제가 시작된다. ResourceQuota가 있는 네임스페이스와 ResourceQuota가 없는 Namespace를 만들어보자.

```
apiVersion: v1
kind: Namespace
metadata:
  name: ns-with-no-quota
spec: {}
---
apiVersion: v1
kind: Namespace
metadata:
  name: ns-with-quota
spec: {}
---
kind: ResourceQuota
apiVersion: v1
metadata:
  name: memory-quota
  namespace: ns-with-quota
spec:
  hard:
    requests.memory: 1G
    limits.memory: 1G
```

잠시 후에는 데이터가 OPA 데이터베이스에 있고 쿼리할 준비가 돼 있을 것이다.

테스트 데이터 모킹

정책 테스트를 자동화하려면 테스트 데이터를 생성해야 한다. 이전 예에서는 input 변수에 주입된 데이터를 사용했다. 캐시 데이터는 data 변수에 저장된다. 특히 리소스 할당량에 액세스하려면 data.inventory.namespace["ns-with-quota"]["v1"]["Resource Quota"]["memory-quota"]에 액세스해야 한다. 이것은 게이트키퍼의 Rego에서 데이터를 쿼리하는 표준 방법이다. 입력과 마찬가지로 데이터 오브젝트를 생성해 이 데이터의 모형mocked-up 버전을 주입할 수 있다. JSON은 다음과 같다.

```
{
    "inventory": {
        "namespace":{
            "ns-with-no-quota" : {},
            "ns-with-quota":{
                "v1":{
                    "ResourceQuota": {
                        "memory-quota":{
                            "kind": "ResourceQuota",
                            "apiVersion": "v1",
                            "metadata": {
                                "name": "memory-quota",
                                "namespace": "ns-with-quota"
                            },
                            "spec": {
                                "hard": {
```

```
      "requests.memory": "1G",
      "limits.memory": "1G"
}}}}}}}}}
```

chapter8/enforce-memory-request/rego/enforcememory_test.rego를 보면 테스트가 with input as {...} with data as {...}를 포함하고 이전 문서를 제어 데이터로 사용하는 것을 볼 수 있다. 이를 통해 클러스터에 코드를 배포할 필요 없이 게이트키퍼에 있는 데이터로 정책을 테스트할 수 있다.

정책 구축 및 배포

이전과 마찬가지로 정책을 작성하기 전에 테스트 사례를 작성했다. 다음으로 정책을 살펴보자.

```
package k8senforcememoryrequests
violation[{"msg": msg, "details": {}}] {
  invalidMemoryRequests
  msg := "No memory requests specified"
}
invalidMemoryRequests {
    data.inventory.namespace[input.review.object.metadata.namespace]
["v1"]["ResourceQuota"]
    containers := input.review.object.spec.containers
    ok_containers = [ok_container |
      containers[j].resources.requests.memory ;
      ok_container = containers[j]  ]

    count(containers) != count(ok_containers)
}
```

이 코드는 친숙해 보일 것이다. 이는 이전 정책과 유사한 패턴을 따른다. 첫 번째 규칙 violation은 게이트키퍼에 대한 표준 보고 규칙이다. 두 번째 규칙은 파드를 테스트하는 곳이다. 지정된 파드의 네임스페이스에 ResourceQuota 오브젝트가 포함돼 있지 않으면 첫 번째 줄이 실패하고 종료된다. 다음 줄은 파드의 모든 컨테이너를 로드한다. 그런 다음 컴포지션을 사용해 메모리 요청이 지정된 컨테이너 목록을 구성한다. 마지막으로 규칙은 규정을 준수하는 컨테이너 수가 총 컨테이너 수와 일치하지 않는 경우에만 성공한다. invalidMemoryRequests가 성공하면 하나 이상의 컨테이너에 지정된 메모리 요청이 없음을 의미한다. 이렇게 하면 사용자에게 문제를 알리기 위해 msg가 강제로 설정되고 violation이 발생한다.

이것을 배포하려면 클러스터에 chapter8/enforce-memory-request/yaml/gatekeeper-policy-template.yaml 및 chapter8/enforce-memory-request/yaml/gatekeeper-policy.yaml을 추가한다. 이를 테스트하려면 ns-with-quota 및 ns-with-no-quota 네임스페이스 모두에서 메모리 요청 없이 파드를 생성한다.

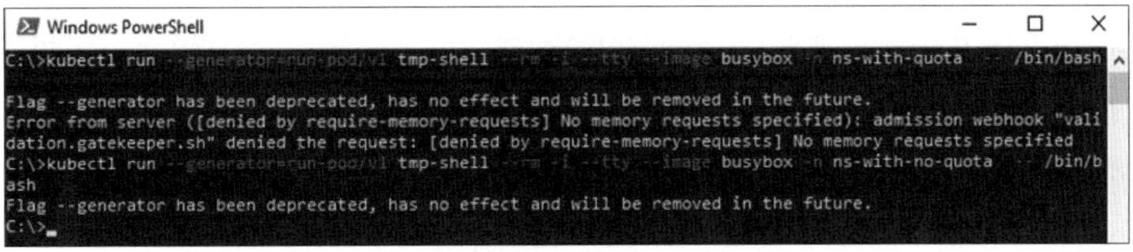

그림 8.7 메모리 요청 없이 파드 생성

ns-with-quota 네임스페이스에 파드를 생성하려는 첫 번째 시도는 ns-with-quota에 ResourceQuota가 있기 때문에 require-memory-requests 정책이 이를 거부해 실패한다. 두 번째 시도는 ResourceQuota가 없는 네임스페이스에서 실행하기 때문에 성공한다.

8장의 대부분은 정책을 작성하는 데 사용됐다. OPA의 마지막 사용 사례는 게이트키퍼의 사전 구축된 정책을 사용해 파드 보안 정책을 대체하는 데 중점을 둘 것이다.

⁝⁝⁝ 오브젝트 및 기본값 변형

지금까지는 게이트키퍼를 이용해 정책을 적용하는 방법에 대해 논의했다. 쿠버네티스에는 API 서버가 오브젝트를 처리하고 승인 컨트롤러 유효성 검사를 실행하기 전에 웹훅이 오브젝트를 바꾸거나 변형할 수 있도록 하는 승인 웹훅 변형mutating admission webhook이라는 또 다른 기능이 있다.

변형 웹훅의 일반적인 사용법은 보안 컨텍스트 정보가 설정되지 않은 파드에 대해 명시적으로 설정하는 것이다. 예를 들어 spec.securityContext.runAsUser 없이 파드를 생성하면 파드는 도커 컨테이너가 빌드될 때 USER 지시문(또는 기본적으로 루트)을 사용해 실행되도록 빌드된 사용자로 실행된다. 이는 특히 문제의 컨테이너가 도커 허브에서 온 경우 루트로 실행할 수 있음을 의미하므로 안전하지 않다. 반면에 루트로 실행을 차단하는 정책을 가질 수 있다. 기본 사용자 ID를 기본값으로 지정하지 않은 경우 기본 사용자 ID를 설정하는 변형 웹훅을 가질 수도 있다. 이것은 더 나은 개발자 경험을 만들어 주는데, 이제 개발자로서 내 컨테이너가 모든 사용자와 함께 작동하도록 설계만 하면 실행하도록 구축된 사용자에 대해 걱정할 필요가 없기 때문이다.

이것은 기본값 대 명시적 설정에 대해 일반적인 질문을 제기한다. 여기에는 두 가지 학파가 있다. 첫 번째는 개발자가 일반적인 워크로드를 실행하기 위해 알아야 하는 것을 최소화하기 위해 가능한 모든 경우 정상적인 기본값을 제공해야 한다는 것이다. 이렇게 하면 일관성이 생성되고 이상값을 더 쉽게 식별할 수 있다. 다른 생각은 워크로드가 예상하는 것을 한눈에 볼 수 있도록 보안 컨텍스트의 명시적 구성을 요구하는 것이다. 이는 특히 매니페스트를 관리하기 위해 깃옵스GitOps를 함께 활용하는 경우 감사를 더 쉽게 만들 수 있지만 상당히 반복적인 YAML을 생성한다.

저자는 개인적으로 정상적인 기본값의 팬이다. 대부분의 워크로드에는 권한이 필요하지 않으며 그렇게 처리돼야 한다. 강제가 필요하지 않다는 의미가 아니라 개발자에게 더 나은 경험을 제공하기 위한 것이다. 이 방식은 또한 글로벌 변경을 쉽게 수행할 수 있다. 기본 사용자 ID 또는 보안 컨텍스트를 변경할 것인가? 수십, 수백 또는 수천 개의 매니페스트 대신 변형 웹훅만 변경하면 된다. 대부분의 쿠버네티스는 이러한 방식으로 구축된다. 우리는 파드 오브젝트를 직접 생성하지 않는다. 파드를 생성하는 컨트롤러로 배포 및 StatefulSet을 생성한다. RBAC에 대한 논의로 돌아가서 집계 역할도 이러한 방식으로 작동한다. 네임스페이스 관리자를 위한 대규모 ClusterRole을 생성하는 대신 쿠버네티스는 컨트롤러를 사용해 레이블 선택기를 기반으로 ClusterRole을 동적으로 생성하므로 유지 관리가 더 쉽다. 저자의 경험상 이 예는 보안 기본값에도 적용돼야 한다.

게이트키퍼의 변형 지원은 이 책이 출판된 시점에 알파 상태다. 그것의 변형은 Rego의 유효성 검사 정책과 같은 방식을 기반으로 하지 않는다. 하지만 Rego에서 변형 웹훅을 작성할 수 있고 경험상 말할 수 있는 것들이 있지만 여기에 적합하지 않다. Rego를 훌륭한 정책 정의 언어로 만드는 이유가 변형을 구축하는 것을 매우 어렵게 만든다.

이제 우리는 어떤 변형이 유용한지 알고 게이트키퍼를 사용할 수 있으므로 아무것도 지정하지 않은 경우 모든 컨테이너가 기본 사용자로 실행되도록 구성하는 변형을 빌드해 본다. 먼저 게이트키퍼를 업데이트해 변형을 실행한다.

```
kubectl apply -f https://raw.githubusercontent.com/open-policy-agent/
gatekeeper/release-3.5/deploy/experimental/gatekeeper-mutation.yaml
```

이렇게 하면 변형이 활성화된 게이트키퍼가 재배포된다. 이제 chapter8/defaultUser/
addDefaultUser.yaml에 정책을 배포할 수 있다.

```yaml
apiVersion: mutations.gatekeeper.sh/v1alpha1
kind: Assign
metadata:
  name: default-user
spec:
  applyTo:
  - groups: [""]
    kinds: ["Pod"]
    versions: ["v1"]
  match:
    scope: Namespaced
    excludedNamespaces:
    - kube-system
  location: "spec.securityContext.runAsUser"
  parameters:
    assign:
      value:  70391
    pathTests:
      - subPath: "spec.securityContext.runAsUser"
        condition: MustNotExist
```

이 변형을 살펴보면 spec의 첫 번째 부분인 applyTo는 이 변형이 적용되길 원하는 오브젝트를 게이트키퍼에 알려준다. 우리는 변형이 모든 파드에 적용되기를 원한다.

다음 절인 match는 변형을 적용할 파드에 대한 조건을 지정할 수 있는 기회를 제공한다. 우리의 경우 kube-system 네임스페이스를 제외한 모든 항목에 적용한다. 일반적으로 지은이는 kube-system 네임스페이스는 클러스터를 관리하는 사람의 도메인이기 때문에 어떤 것도 변경하지 않는다.

변경 사항은 클러스터에 영구적인 영향을 미칠 수 있다. 변형을 적용하지 않으려는 네임스페이스를 지정하는 것 외에도 추가 조건을 지정할 수도 있다.

- kind – 일치시킬 오브젝트의 종류

- labelSelectors – 일치해야 하는 오브젝트의 레이블

- namespace – 변형 정책을 적용할 네임스페이스 목록

- namespaceSelector – 컨테이너 네임스페이스의 레이블

9장, '게이트키퍼로 사용한 노드 보안 구현'에서 레이블 일치에 대해 더 자세히 설명한다.

변형할 오브젝트를 매치시키는 방법을 정의한 후 수행할 변형를 지정한다. 우리는 spec.securityContext.runAsUser를 지정하지 않은 경우 임의로 선택한 사용자 ID로 설정하려고 한다. 마지막 부분인 pathTests는 spec.securityContext.runAsUser가 아직 설정되지 않은 경우 이 값을 설정할 수 있게 해준다.

변형 정책을 적용한 후에는 OpenUnison 오퍼레이터가 특정 사용자로 실행되고 있지 않은지 확인한다.

```
kubectl get pods -l app=openunison-operator -o jsonpath='{.items[0].
spec.securityContext}' -n openunison
{}
```

이제 운영자 파드를 삭제하고 다시 확인한다.

```
kubectl delete pods -l app=openunison-operator -n openunison
pod "openunison-operator-f87f994b6-zfts5" deleted
kubectl get pods -l app=openunison-operator -o jsonpath='{.items[0].
spec.securityContext}' -n openunison
{"runAsUser":70391}
```

우리 오퍼레이터는 현재 사용자 **70391**로 실행 중이다! 이제 사용자가 사용자 ID를 설정하도록 배포를 편집해본다.

```
kubectl patch deployment openunison-operator --patch '{"spec":{"template":{
"spec":{"securityContext":{"runAsUser":19307}}}}}' -n openunison
deployment.apps/openunison-operator patched
kubectl get pods -l app=openunison-operator -o jsonpath='{.items[0].
spec.securityContext}' -n openunison
{"runAsUser":19307}
```

이미 배포 오브젝트에 사용자가 지정돼 있기 때문에 변형이 적용되지 않았다.

값 설정에 대한 마지막 참고 사항은 다음과 같다. 목록에 있는 오브젝트에 대한 값을 설정하려는 경우가 종종 있다. 예를 들어 특별히 권한이 부여되도록 설정하지 않는 한 모든 컨테이너를 권한이 없는 것으로 설정하는 정책을 만들 수 있다. Chapter8/defaultUser/yaml/setUnprivileged.yaml에서 우리의 location(및 subPath)이 변경됐다.

```
location: "spec.containers[image:*].securityContext.privileged"
```

"image라는 속성이 있는 spec.containers 목록의 모든 오브젝트와 매치한다"로 해석한다. 모든 컨테이너에는 이미지가 있어야 하므로 모든 컨테이너에서 매치된다. 이 오브젝트를 적용하고 OpenUnison 오퍼레이터에서 다시 테스트한다.

```
kubectl get pods -l app=openunison-operator -o jsonpath='{.items[0].

spec.containers[0].securityContext}' -n openunison
kubectl delete pods -l app=openunison-operator -n openunison
pod "openunison-operator-96759f67-qklnd" deleted
kubectl get pods -l app=openunison-operator -o jsonpath='{.items[0].
```

```
spec.containers[0].securityContext}' -n openunison
{"privileged":false}
```

이제 파드가 권한이 없는 것으로 표시된다!

이 절에서는 게이트키퍼에서 지원하는 기본 제공 변형을 사용해 기본값을 설정하는 방법을 살펴봤다. 기본값을 사용하는 웹훅 변형의 이점, 게이트키퍼가 지원하는 변형 활성화, 기본 사용자 ID를 설정하고 권한 있는 컨테이너를 비활성화하는 정책 구축에 대해 논의했다. 이 절에서 배운 내용을 바탕으로 게이트키퍼를 사용해 정책을 강제할 뿐만 아니라 정상적인 기본값을 설정해 개발자가 더 쉽게 규정을 준수할 수 있다.

요약

8장에서는 게이트키퍼를 동적 승인 컨트롤러로 사용해 쿠버네티스의 기본 제공 RBAC 기능 외에 추가 권한 부여 정책을 제공하는 방법을 살펴봤다. 우리는 게이트키퍼와 OPA가 어떻게 구성돼 있는지 살펴봤다. 그런 다음 Rego에서 정책을 구축, 배포 및 테스트하는 방법을 배웠다. 마지막으로 게이트키퍼의 기본 제공 변형 지원을 사용해 파드에서 기본 구성 옵션을 생성하는 방법을 살펴봤다.

쿠버네티스 정책을 확장하면 클러스터의 보안 프로필이 강화되고 실행 중인 워크로드의 무결성에 대한 신뢰도가 높아진다.

또한 게이트키퍼를 사용하면 지속적인 감사를 적용해 이전에 놓친 정책 위반을 포착하는 데 도움이 될 수 있다. 이러한 기능을 사용하면 클러스터를 위한 더 강력한 기반을 제공할 수 있다.

8장에서는 특정 정책에 따라 파드를 시작할지 여부에 중점을 뒀다. 9장에서는 해당 파드에서 실행되는 프로세스로부터 노드를 보호하는 방법을 배운다.

문제

1. OPA와 게이트키퍼는 같은 것인가?

   a. 예

   b. 아니오

2. 게이트키퍼에 Rego 코드가 어떻게 저장되는가?

   a. 감시되는 ConfigMap 오브젝트로 저장된다.

   b. Rego는 파드에 마운트돼야 한다.

   c. Rego는 시크릿 오브젝트로 저장해야 한다.

   d. Rego는 ConstraintTemplate으로 저장된다.

3. Rego 정책을 어떻게 테스트하는가?

   a. 운영 중에 테스트한다.

   b. OPA에 직접 내장된 자동화된 프레임워크를 사용한다.

   c. 먼저 WebAssembly로 컴파일해 테스트한다.

4. Rego에서는 for 루프를 어떻게 작성하는가?

   a. 그럴 필요가 없다. Rego는 반복 단계를 식별한다.

   b. for all 구문을 사용한다.

   c. 루프에서 카운터를 초기화한다.

   d. Rego에는 루프가 없다.

5. Rego 정책을 디버그하는 가장 좋은 방법은 무엇인가?

   a. IDE를 사용해 클러스터의 게이트키퍼 컨테이너에 연결한다.

   b. 운영 중에 디버깅한다.

   c. 코드에 추적 기능을 추가하고 -v를 사용해 opa test 명령을 실행해 실행 추적을 확인한다.

   d. System.out문을 포함한다.

6. 모든 제약 조건은 하드코딩돼야 한다.

    a. 참

    b. 거짓

7. 게이트키퍼는 파드 보안 정책을 대체할 수 있다.

    a. 참

    b. 거짓

09

게이트키퍼로 노드 보안 구현

지금까지 논의된 대부분의 보안은 쿠버네티스 API를 보호하는 데 초점을 맞췄다. 인증 Authentication이란 API 호출의 인증을 의미한다. 권한 부여Authorization는 특정 API에 접근 승인하는 것을 의미한다. 대시보드와 관련된 논의도 주로 대시보드를 통해 API 서버에 안전하게 인증하는 방법을 중심으로 이뤄졌다.

9장에서는 이제 다른 관점으로 노드 보안에 초점을 맞출 것이다. 게이트키퍼GateKeeper 프로젝트를 사용해 쿠버네티스 클러스터의 노드를 보호하는 방법을 배울 것이다. 클러스터의 노드에서 컨테이너가 실행되는 방식과 컨테이너가 예상보다 많이 접근하지 못하게 하는 방법에 초점을 맞출 것이다. 9장에서는 노드가 보호되지 않을 때 어떻게 익스플로잇exploit을 사용해 클러스터 액세스할 수 있게 되는지 자세히 살펴볼 것이다. 또한 노드 접근이 필요하지 않은 코드에서도 이러한 시나리오를 악용할 수 있는 방법을 살펴볼 것이다.

- 노드 보안
- 게이트키퍼를 활용한 노드 보안 강화

학습을 완료하면 쿠버네티스가 워크로드를 실행하는 노드와 상호 작용하는 방식과 이러한 노드를 잘 보호하는 방법을 조금 더 이해할 수 있다.

⁑ 기술 요구 사항

9장의 예제를 따르려면 8장, '개방형 정책 에이전트를 사용한 보안 확장'의 설정으로 실행 중인 KinD 클러스터가 있는지 확인한다.

다음 깃허브 리포지터리(https://github.com/PacktPublishing/Kubernetes---An-Enterprise-Guide-2E/tree/main/chapter9)에서 9장의 코드에 액세스할 수 있다.

⁑ 노드 보안

클러스터에서 실행되는 각 파드는 노드에서 실행된다. 노드는 VM, "베어메탈" 서버 또는 그 자체가 컨테이너인 다른 종류의 컴퓨팅 서비스일 수 있다. 파드가 시작하는 모든 프로세스는 해당 노드에서 실행되며, 실행 방식에 따라 해당 노드에서 파일 시스템과 통신하거나, 컨테이너를 분리해 노드 셸을 얻거나, 심지어 API 서버와 통신하기 위해 노드에서 사용하는 시크릿에 액세스하는 것과 같은 놀라운 기능을 가질 수 있다. 특별 권한을 요청하는 프로세스는 권한이 부여된 경우에만, 심지어는 특정 목적을 위해서만 수행되도록 하는 것이 중요하다.

많은 사람들이 물리 및 가상 서버에 대한 경험이 있으며 대부분은 서버에서 실행 중인 워크로드를 보호하는 방법을 알고 있다. 각 워크로드 보안에 대해 이야기할 때는 컨테이너에 대해 다르게 고려돼야 한다. 개방형 정책 에이전트OPA, Open Policy Agent와 같은 쿠버네티스 보안 도구가 존재하는 이유를 이해하려면 컨테이너가 가상 머신VM과 어떻게 다른지 이해해야 한다.

컨테이너와 VM 간의 차이점 이해

컨테이너와 쿠버네티스를 처음 접하는 사람들에게 컨테이너를 설명할 때 컨테이너는 경량 VM으로 이야기하는 경우가 많다. 간단한 비유이지만 보안 관점에서 볼 때에는 위험하다. 런타임 컨테이너는 노드에서 실행되는 프로세스다. Linux 시스템에서 이러한 프로세스는 기본 시스템에 대한 가시성을 제한하는 일련의 Linux 기술로 격리된다.

쿠버네티스 클러스터의 아무 노드로 이동해 top 명령어를 실행하면 컨테이너의 모든 프로세스가 나열된다. 예를 들어 쿠버네티스 KinD 환경에서 실행되고 있더라도 ps -A -elf | grep java를 실행하면 오픈유니슨과 오퍼레이터 컨테이너 프로세스가 표시된다.

```
4 S k8s      1193507 1193486  1  80   0 - 3446501 -    Oct07 ?
06:50:33 java -classpath /usr/local/openunison/work/webapp/
WEB-INF/lib/*:/usr/local/openunison/work/webapp/WEB-INF/classes:/
tmp/quartz -Djava.awt.headless=true -Djava.security.egd=file:/dev/./
urandom -DunisonEnvironmentFile=/etc/openunison/ou.env -Djavax.net.ssl.
trustStore=/etc/openunison/cacerts.jks com.tremolosecurity.openunison.
undertow.OpenUnisonOnUndertow /etc/openunison/openunison.yaml
0 S k8s      2734580 2730582  0  80   0 -  1608 pipe_w 13:13 pts/0
00:00:00 grep --color=auto java
```

반대로 VM은 이름에서 알 수 있듯이 완전한 가상 시스템이다. 자체 하드웨어를 에뮬레이트하고 격리된 커널을 사용하는 등의 작업을 수행한다. 하이퍼바이저는 실리콘 레이어까지 VM에 대한 격리를 제공하는 반면, 이에 비해 노드에서는 모든 컨테이너 간에는 격리가 거의 없다.

> **NOTE**
>
> 자체 VM에서 컨테이너를 실행하는 컨테이너 기술이 있다. 컨테이너는 여전히 프로세스에 불과하다.

컨테이너가 실행 중이지 않을 때는 단순히 파일 시스템의 각 레이어가 파일에 저장되는 "타르볼의 타르볼"일 뿐이다. 이미지 컨테이너가 이전에 실행되거나 풀링된 위치에 관계없이 호스트 시스템 또는 여러 호스트 시스템에 계속 저장된다.

반면 VM에는 전체 OS를 저장하는 자체 가상 디스크가 있다. 매우 가벼운 몇 가지 VM 기술이 있지만 VM의 크기와 컨테이너 크기 사이에는 몇 배 차이가 있는 경우가 많다.

컨테이너를 경량 VM이라고 부르는 사람도 있지만 이는 사실과 다르다. 동일한 방식으로 격리되지 않으며 노드에서 실행되는 방법에 대한 세부 사항에 더 많은 주의를 기울여야 한다.

이 절에서는 컨테이너가 안전하지 않다고 생각할 수 있다. 이는 전혀 사실이 아니다. 쿠버네티스 클러스터와 클러스터에서 실행되는 컨테이너를 보호하려면 세부 사항에 주의를 기울이고 컨테이너가 VM과 어떻게 다른지에 대한 이해가 필요하다. 많은 사람들이 VM을 이해하고 있기 때문에 VM을 컨테이너와 비교하기는 쉽지만 그렇게 하면 기술이 매우 다르기 때문에 불리하게 된다.

기본 구성의 제한 사항과 이로 인해 발생할 수 있는 잠재적 위험을 이해한 후에는 "문제"를 해결할 수 있다.

컨테이너 브레이크아웃

컨테이너 브레이크아웃breakout은 컨테이너의 프로세스가 기본 노드에 액세스하는 경우다. 노드에 도달하면 공격자는 이제 다른 모든 파드와 노드가 사용자 환경에서 갖고 있는 모든 기능에 액세스할 수 있다. 브레이크아웃은 로컬 파일 시스템을 컨테이너에 마운트하는 문제일 수도 있다. 원래 이소발렌트Isovalent의 현장 CTO인 더피 쿨리Duffie Cooley가 지적한 웹 사이트(https://securekubernetes.com)의 예는 컨테이너를 사용해 로컬 파일 시스템을 마운트한다. KinD 클러스터에서 실행하면 노드의 파일 시스템에 대한 읽기와 쓰기가 모두 열린다.

```
kubectl run r00t --restart=Never -ti --rm --image lol --overrides
```

```
'{"spec":{"hostPID": true, "containers":[{"name":"1","image":"alpine",
"command":["nsenter","--mount=/proc/1/ns/mnt","--","/bin/bash"],"stdin":
true,"tty":true,"imagePullPolicy":"IfNotPresent","securityContext":
{"privileged":true}}]}}'
If you don't see a command prompt, try pressing Enter.
```

위 코드의 run 명령은 컨테이너가 호스트의 프로세스 네임스페이스를 공유할 수 있도록 하는 핵심 옵션인 hostPid: true 옵션을 추가한 컨테이너를 시작한다. -mount 및 privileged를 true로 설정하는 보안 컨텍스트 설정과 같은 몇 가지 다른 옵션을 확인할 수 있다. 모든 옵션을 조합하면 호스트의 파일 시스템에 쓸 수 있다.

이제 컨테이너에 들어왔으니 ls 명령을 실행해 파일 시스템을 살펴본다. 프롬프트가 `root @r00t: /#인 것을 확인하면서 호스트에 있지 않고 컨테이너에 있음을 확인한다.

```
root@r00t:/# ls
bin  boot  build  dev  etc  home  kind  lib  lib32  lib64  libx32
media  mnt  opt  proc  root  run  sbin  srv  sys  tmp  usr  var
```

호스트의 파일 시스템을 컨테이너에 매핑했음을 증명하려면 this_is_from_a_container라는 파일을 만들고 컨테이너를 종료한다.

```
root@r00t:/# touch this_is_from_a_container
root@r00t:/# exit
```

마지막으로, 컨테이너가 파일을 생성했는지 확인하기 위해 호스트의 파일 시스템을 살펴보자. 단일 작업자 노드로 KinD를 실행하고 있으므로 도커를 사용해 작업자 노드로 exe를 사용해야 한다. 이 책에서 KinD 클러스터를 사용하는 경우 작업자 노드를 cluster01-worker라고 한다.

```
docker exec -ti cluster01-worker ls /
bin  boot  build  dev  etc  home  kind  lib  lib32  lib64  libx32
media  mnt  opt  proc  root  run  sbin  srv  sys  this_is_from_a_
container  tmp  usr  var
```

파일이 존재한다! 이 예시에서는 로컬 파일 시스템을 마운트한 컨테이너가 실행됐다. 파드 내부에서 this_is_from_a_container 파일이 생성됐다. 파드를 종료하고 노드 컨테이너에 들어가면 파일이 거기에 존재한다. 공격자가 노드의 파일 시스템에 접근하게 되면 클러스터 전체를 오픈할 수 있는 kubelet의 자격 증명에도 접근할 수 있다.

클러스터에서 비트코인 채굴자 또는 더 안 좋은 상황을 유발할 수 있는 일련의 이벤트를 상상하는 것은 어렵지 않다. 피싱 공격은 개발자가 클러스터에 사용하는 자격 증명을 가져온다. 이러한 자격 증명은 하나의 네임스페이스에만 접근할 수 있지만, kubelet의 자격 증명을 얻기 위한 컨테이너가 생성되고, 거기서부터 환경 전체에 채굴기를 은밀하게 배포하기 위해 컨테이너가 시작된다. 이 공격을 방지하는 데 사용할 수 있는 완화 방법은 다음과 같다.

- 피싱된 자격 증명이 사용되지 않도록 하는 멀티팩터 인증

- 특정 컨테이너만 사전 승인

- 게이트키퍼 정책은 컨테이너가 특권을 가진 상태로 실행되는 것을 막음으로써 해당 공격을 방지

- 제대로 보호된 이미지

8장에서 인증과 멀티팩터 인증의 중요성을 이미 설명했다. 포트 포워딩을 사용해 대시보드를 통해 채굴자를 설정하기도 했다! 이것은 쿠버네티스에서 인증이 그토록 중요한 주제인 이유를 보여주는 또 다른 예다.

다음 두 가지 방법은 게이트키퍼를 사용해 수행할 수 있다. 8장, '개방형 정책 에이전트를 사용한 보안 확장'에서 컨테이너와 레지스트리를 사전 승인하는 방법을 다뤘다. 9장에서는 게이트키퍼를 사용해 파드에 특권을 부여해야 하는지 여부와 같은 노드 중심 정책을 시행하는 것에 초점을 맞출 것이다.

마지막으로 보안의 핵심은 적절하게 설계된 이미지다. 물리적 시스템 및 VM의 경우 기본 OS를 보호해 이 작업을 수행한다. OS를 설치할 때 설치 중에 가능한 모든 옵션을 선택하지는 않는다. 서버에서 해당 역할이나 기능에 필요하지 않은 것을 실행하는 것은

좋지 않은 관행으로 간주된다. 이와 동일한 방법을 클러스터에서 실행할 이미지에도 적용해야 하며, 여기에는 애플리케이션에 필요한 필수 바이너리만 포함돼야 한다.

클러스터의 이미지를 적절하게 보호하는 것이 얼마나 중요한지를 고려해 다음 절에서는 보안 관점에서 컨테이너 설계를 살펴본다. 게이트키퍼의 정책 시행과 직접적인 관련이 없지만 노드 보안을 위한 중요한 출발점이다. 또한 노드 보안 정책을 더 잘 디버깅하고 관리하기 위해 컨테이너를 안전하게 빌드하는 방법을 이해하는 것도 중요하다. 락다운locked-down 컨테이너를 구축하면 노드의 보안을 훨씬 쉽게 관리할 수 있다.

적절한 컨테이너 설계

게이트키퍼를 사용해 노드를 보호하는 방법을 살펴보기 전에 컨테이너 설계 방식을 다루는 것이 중요하다. 노드에 대한 공격을 완화하기 위해 정책을 사용할 때 가장 어려운 부분은 너무 많은 컨테이너가 루트로 빌드되고 실행된다는 사실이다. 제한된 정책이 적용되면 정책이 적용된 후 컨테이너가 정상적으로 실행되더라도 컨테이너가 다시 로드할 때 시작되지 않는다. 이는 여러 단계에서 문제가 된다. 시스템 관리자는 수십 년 동안 네트워크 컴퓨팅을 통해 프로세스를 루트로 실행하지 않는 것을 배웠다. 특히 신뢰할 수 없는 네트워크를 통해 익명으로 액세스하는 웹 서버와 같은 서비스를 실행하지 않는 것이 좋다.

> **NOTE**
>
> 모든 네트워크는 "신뢰할 수 없는" 것으로 간주해야 한다. 모든 네트워크가 적대적이라고 가정하면 구현에 대한 좀 더 안전한 접근 방식이 가능하다. 또한 보안이 필요한 서비스를 인증해야 한다는 의미이기도 하다. 이 개념을 제로 트러스트라고 한다. 수년 동안 ID 전문가들에 의해 사용되고 옹호돼 왔지만 Google의 BeyondCorp 백서(https://cloud.google.com/beyondcorp)에 의해 데브옵스 및 클라우드 네이티브 세계에서 대중화됐다.

코드의 버그로 인해 기본 컴퓨팅 리소스에 대한 액세스가 발생할 수 있으며, 이로 인해 컨테이너에서 브레이크아웃이 발생할 수 있다. 필요하지 않을 때 권한 있는 컨테이너에서 루트로 실행하면 코드 버그를 통해 악용될 경우 브레이크아웃으로 이어질 수 있다.

2017년 에퀴팩스Equifax 침해사고는 아파치 스트럿츠Apache Struts 웹 애플리케이션 프레임워크에서 버그를 사용해 서버에서 코드를 실행한 다음 침투해 데이터를 추출하는 데 사용됐다. 이 취약한 웹 애플리케이션이 특권 컨테이너 형태로 쿠버네티스에서 실행되고 있었기 때문에, 이 버그로 인해 공격자가 클러스터에 액세스할 수 있었다.

컨테이너를 만들 때는 최소한 다음 사항을 준수해야 한다.

- **루트 이외의 사용자로 실행**: 대부분의 애플리케이션, 특히 마이크로서비스는 루트가 필요하지 않다. 루트로 실행하지 않는다.

- **볼륨에만 쓰기**: 컨테이너에 쓰지 않으면 쓰기 권한이 필요하지 않다. 쿠버네티스로 볼륨을 제어할 수 있다. 임시 데이터를 써야 한다면, 컨테이너의 파일 시스템에 쓰는 대신 EmptyVolume 객체를 사용한다.

- **컨테이너의 바이너리 최소화**: 까다로울 수 있다. 정적으로 컴파일된 애플리케이션의 바이너리만 포함하는 "배포판 없는distro-less" 컨테이너를 옹호하는 사람들이 있다. 껍질도 없고 도구도 없다. 애플리케이션이 예상대로 실행되지 않는 이유를 디버그하려고 할 때 문제가 될 수 있다. 섬세한 균형이 필요하다.

- **컨테이너에서 알려진 CVE를 검색하고, 자주 재구성**: 컨테이너의 장점 중 하나는 알려진 CVECommon Vulnerability Exposure를 쉽게 스캔할 수 있다는 것이다. 이 작업을 수행할 수 있는 몇 가지 도구와 레지스트리가 있다. CVE가 패치되면 다시 빌드한다. 몇 달 또는 몇 년 동안 재구성되지 않은 컨테이너는 패치되지 않은 서버만큼 위험하다.

> **NOTE**
>
> CVE 스캔은 보안 문제를 보고하는 표준 방법이다. 애플리케이션 및 OS 공급업체는 문제를 해결하는 코드에 패치로 CVE를 업데이트한다. 해당 정보는 보안 스캔 도구에서 사용해 컨테이너에 패치된 알려진 문제가 있을 때 사용된다.

글을 쓰는 시점에서, 시장에 출시된 모든 쿠버네티스 배포판 중 가장 제한적인 기본값은 레드햇Red Hat의 오픈시프트OpenShift가 갖고 있다. 정상적인 기본 정책 외에도 파드 정의에서 ID를 지정하지 않는 한 임의의 사용자 ID로 파드를 실행한다.

프로덕션 용도로 배포가 아니더라도 오픈시프트에서 컨테이너를 테스트하는 것이 좋다. 컨테이너가 오픈시프트에서 실행될 경우 클러스터가 실행할 수 있는 거의 모든 보안 정책을 적용할 가능성이 높다. 가장 쉬운 방법은 레드햇의 코드레디^{CodeReady} 컨테이너(https://developers.redhat.com/products/codeready-containers)를 사용하는 것이다. 이 도구는 로컬 랩톱에서 실행할 수 있으며 컨테이너 테스트에 사용할 수 있는 최소한의 오픈시프트 환경을 제공한다.

> **NOTE**
>
> 오픈시프트는 기본적으로 매우 엄격한 보안 제어를 제공하지만 파드 보안 정책(PSP, Pod Security Policies)이나 게이트키퍼를 사용하지 않는다. 보안 컨텍스트 제약 조건(SCC, Security Context Constraints)이라고 하는 PSP 이전의 자체 정책 시스템을 가지고 있다. SCC는 PSP와 유사하지만 파드와 연결하는 데 RBAC를 사용하지 않는다.

게이트키퍼로 노드 보안 적용

지금까지 보안 정책 없이 노드 컨테이너를 실행할 수 있는 경우 어떤 일이 발생할 수 있는지 알아봤다. 또한 노드 보안을 훨씬 쉽게 적용할 수 있는 보안 컨테이너 구축에 어떤 영향을 미치는지 살펴봤다. 다음 단계는 게이트키퍼를 사용해 컨테이너를 잠그는 정책을 설계하고 빌드 방법을 검토하는 것이다.

파드 보안 정책

쿠버네티스에는 노드 보안을 강화하기 위한 내장 메커니즘이 없을까? 있지만 사라지고 있다. 2018년 쿠버네티스 프로젝트는 PSP API가 절대 베타를 벗어나지 않을 것이라고 결정했다. Linux 중심의 설정 옵션과 RBAC 할당이 혼합돼 구성이 너무 복잡했다. 수정 사항이 현재 릴리스와 최종 릴리스가 호환되지 않을 가능성이 있다고 판단했다. 쿠버네티스 프로젝트에서는 복잡하고 관리하기 어려운 API를 정식 출시^{GA, General Available}로 표시하는 대신 API를 더 이상 사용하지 않기로 결정했다.

그 당시에는 대체되는 릴리스가 준비될 때까지 PSP API가 제거되지 않을 것이라고 밝혔다. 이 정책은 2020년도에 API는 베타 버전 상태로 3개 이상의 릴리스를 유지할 수 없다는 새로운 정책을 채택했을 때 변경됐다. 이로 인해 프로젝트는 PSP 교체를 진행하는 방법을 재평가해야 했다. 2021년 4월, 타비타 세이블^{Tabitha Sable}은 PSP의 미래에 대한 블로그 게시물(https://kubernetes.io/blog/2021/04/06/podsecuritypolicy-deprecation-past-present-and-future/)을 작성했다. 게시물을 요약하면 1.21부터 공식적으로 사용 중단^{deprecated}되고 1.25에서 제거될 예정이다. 1.22에서는 알파를 대체할 계획이 있다.

PSP가 사용 중단된 이후에 적어도 1년 동안은 대체제가 준비되지 않을 가능성이 높기 때문에 이 책에서 소개하는 게이트키퍼로 PSP를 구현하는 것이 좋다. 9장의 나머지 부분에서는 게이트키퍼를 사용한 노드 보안 구현에 중점을 둘 것이다. 또한 PSP와 게이트키퍼를 사용해 워크로드를 더 쉽게 마이그레이션 할 수 있도록 게이트키퍼와 PSP를 사용하는 것의 차이점을 이야기할 것이다.

PSP와 게이트키퍼의 차이점

게이트키퍼로 노드 보안을 구현하기 전에 어떻게 다른지 살펴보자. PSP에 익숙하다면 마이그레이션에 유용한 가이드가 될 것이다. PSP를 사용한 적이 없다면 예상대로 작동하지 않을 때 찾기 좋은 아이디어를 제공할 수 있다.

PSP와 게이트키퍼가 공통적으로 가지고 있는 영역 중 하나는 어드미션 컨트롤러^{adminssion controller}로 구현된다는 것이다. 8장에서 배운 것처럼 개방형 정책 에이전트를 사용해 보안을 확장하면, 어드미션 컨트롤러는 API 서버가 기본적으로 제공하는 것 이상의 추가 점검을 제공하는 데 사용된다. 게이트키퍼 및 PSP의 경우, 어드미션 컨트롤러는 파드 정의에 필요한 권한이 가장 적은 권한 구성으로 실행할 수 있도록 올바른 구성을 갖게 한다. 이는 일반적으로 루트가 아닌 사용자로 실행해 호스트에 대한 액세스를 제한하는 것을 의미한다. 필요한 보안 수준이 충족되지 않으면 어드미션 컨트롤러가 실패해 파드가 실행되는 것을 중지한다.

두 기술 모두 어드미션 컨트롤러로 실행되지만 매우 다른 방식으로 기능을 구현한다.

PSP는 PodSecurityPolicy 오브젝트를 정의한 다음, 서비스어카운트가 정책과 함께 실행될 수 있도록 RBAC 롤 및 롤바인딩 객체를 정의함으로써 적용된다. PSP 어드미션 컨트롤러는 파드를 만든 "사용자" 또는 파드가 실행되는 서비스어카운트가 RBAC 바인딩을 기반으로 인증됐는지 따라 결정한다. 이로 인해 정책 애플리케이션을 설계하고 디버깅하는 데 어려움이 생겼다. 일반적으로 사용자가 더 이상 파드 오브젝트를 생성하지 않기 때문에 사용자가 파드 생성 요청을 제출할 수 있는지 승인하기가 어렵다. 그들은 배포, 스테이트풀셋 또는 잡을 생성한다. 그런 다음 자체 서비스어카운트를 통해 실행되는 컨트롤러가 파드를 생성한다. PSP 어드미션 컨트롤러는 누가 원래 오브젝트를 제출했는지 알 수 없다. 8장에서 게이트키퍼가 네임스페이스와 레이블 매칭을 통해 정책을 바인딩하는 방법을 다루었다. 이것은 노드 보안 정책에 따라 변경되지 않는다. 나중에 정책을 할당하는 방법에 대해 자세히 살펴볼 것이다.

정책을 다르게 할당하는 것 외에도 게이트키퍼 및 PSP는 중복되는 정책을 다르게 처리한다. PSP는 요청되는 계정과 기능에 따라 최상의 정책을 취하려고 한다. 이를 통해 모든 권한을 거부하는 상위 수준의 포괄적 정책을 정의한 다음, Nginx 인그레스 컨트롤러가 포트 443에서 실행되도록 하는 것과 같은 개별 사용 사례에 대한 특정 정책을 만들 수 있다. 반면 게이트키퍼는 모든 정책을 통과해야 한다. 최선의 정책은 없다. 모든 정책이 통과돼야 한다. 즉, 포괄적 정책을 적용한 다음 예외를 만들 수 없음을 의미한다. 각 사례에 대한 정책을 명시적으로 정의해야 한다.

두 접근 방식의 또 다른 차이점은 정책이 정의되는 방식이다. PSP 명세의 대부분은 리눅스의 내장 보안 모델을 기반으로 하는 쿠버네티스 오브젝트이다. 오브젝트 자체는 일관되지 않은 방식으로 필요에 따라 새 속성으로 합쳐졌다. 이로 인해 추가된 Windows 컨테이너에 맞지 않는 혼란스러운 오브젝트가 생겼다. 반면 게이트키퍼에는 깃허브 리포지터리(https://github.com/open-policy-agent/gatekeeper-library/tree/master/library/pod-security-policy)에서 사전 구축돼 사용할 수 있는 일련의 정책이 있다. 하나의 정책을 사용하는 대신 각 정책을 개별적으로 적용해야 한다.

마지막으로 PSP 어드미션 컨트롤러에는 몇 가지 내장 뮤테이션mutation이 있다. 예를 들어 정책이 루트를 허용하지 않고 파드를 실행할 사용자를 정의하지 않은 경우 PSP 어드미션 컨트롤러 사용자 ID를 1로 설정한다. 게이트키퍼에는 8장, '개방형 정책 에이전트를 사용한 보안 확장'에서 다룬 뮤테이팅 기능이 있지만 기본값을 설정하도록 해당 기능을 명시적으로 구성해야 한다.

PSP와 게이트키퍼 간의 차이점을 살펴본 다음 클러스터에서 노드 보안 정책을 승인하는 방법을 자세히 알아보자.

노드 보안 정책 승인

8장에서는 게이트키퍼와 PSP 간의 권한 부여 정책 간의 차이점에 대해 설명했다. 이제 정책에 대한 권한 부여 모델을 정의하는 방법을 살펴볼 것이다. 너무 멀리 가기 전에 "정책 승인"이 무엇을 의미하는지 논의해보자.

일반적으로 배포나 스테이트풀셋을 통해 파드를 생성할 때, 시큐리티컨텍스트^{Security Context} 절 내의 파드 설정으로 원하는 노드 수준의 기능을 선택한다. 특정 기능 또는 호스트 마운트를 요청할 수 있다. 게이트키퍼는 파드 정의를 검사하고 제약 조건의 match 섹션을 통해 적용 가능한 ConstraintTemplate을 매칭해 파드 정의가 정책의 요구 사항을 충족하는지 결정하거나 승인한다. 게이트키퍼의 match 섹션을 사용하면 네임스페이스, 오브젝트 종류 및 레이블을 일치시킬 수 있다. 최소한 네임스페이스와 오브젝트 유형을 포함해야 한다. 레이블은 더 복잡할 수 있다.

레이블이 정책을 승인하는 적절한지 여부를 결정할 때 중요한 부분은 레이블을 설정할 수 있는 사용자와 이유에 따라 결정된다. 단일 테넌트 클러스터에서 레이블은 제약이 있는 디플로이먼트를 만드는 좋은 방법이다. 레이블을 통해 직접 적용할 수 있는 특정 제약 조건을 정의할 수 있다. 예를 들어 한 네임스페이스에 호스트 마운트에 접근하기 원하지 않는 오퍼레이터^{operator}가 있지만, 그런 권한이 있는 파드는 있을 수 있다. 특정 레이블을 사용해 정책을 생성하면 파드보다 더 엄격한 정책을 오퍼레이터에 적용할 수 있다.

이 접근 방식의 위험은 클러스터 소유자가 파드에 적용할 수 있는 레이블을 제한할 수 없는 멀티테넌트 클러스터에 있다. 쿠버네티스의 RBAC 구현은 특정 레이블을 승인하는 메커니즘을 제공하지 않는다. 게이트키퍼를 사용해 구현할 수 있지만 이는 100% 사용자 정의 형태가 될 것이다. 네임스페이스 소유자가 파드 레이블을 지정하는 것을 막을 수 없으므로, 손상된 네임스페이스 관리자의 계정을 사용해 게이트키퍼의 확인 없이 특권을 가진 파드로 시작할 수 있다.

보안 관점에서 레이블을 적용할 수 없기 때문에 실제로 어떤 값도 추가하지는 않는다. 다른 권한 수준으로 파드를 실행해야 하는 경우, 여러 네임스페이스로 분할하는 것이 최선이다.

이렇게 하면 노드 보안 정책 간에 적용 가능한 경계를 갖게 된다.

8장, '개방형 정책 에이전트를 사용한 보안 확장'에서는 Rego에서 정책을 빌드하고 게이트키퍼를 사용해 정책을 배포하는 방법을 배웠다. 8장에서는 안전한 이미지 빌드의 중요성, 노드 보안을 위한 PSP와 게이트키퍼 간의 차이점, 마지막으로 클러스터에서 정책을 승인하는 방법에 대해 논의했다. 다음으로 테스트 클러스터를 잠글 것이다.

노드 보안 정책 배포 및 디버깅

게이트키퍼에서 노드 보안 정책을 빌드하는 많은 이론을 살펴본 후 테스트 클러스터를 잠그는 방법을 자세히 살펴볼 것이다. 첫 번째 단계는 클러스터를 정리하는 것이다. 가장 쉬운 방법은 게이트키퍼를 제거하고 다시 배포하는 것이다.

```
kubectl delete -f https://raw.githubusercontent.com/open-policy-agent/
gatekeeper/release-3.5/deploy/experimental/gatekeeper-mutation.yaml
kubectl apply -f https://raw.githubusercontent.com/open-policy-agent/
gatekeeper/release-3.5/deploy/experimental/gatekeeper-mutation.yaml
```

다음으로 노드의 ConstraintTemplate 객체를 배포할 것이다. 게이트키퍼 프로젝트는 웹사이트(https://github.com/open-policy-agent/gatekeeper-library/tree/master/library/pod-security-policy)에서 기존 PodSecurityPolicy 오브젝트를 복제하는 템플릿 라이브러리를 빌드하고 유지 관리한다. 클러스터의 경우 읽기 전용 파일 시스템인 seccomp, selinux, apparmor, flexvolume 및

호스트 볼륨 정책을 제외한 모든 정책을 배포할 예정이다. 저자는 읽기 전용 파일 시스템을 배포하지 않기로 했다. 데이터가 일시적이더라도 컨테이너의 파일 시스템에 쓰는 것이 여전히 일반적이며, 이를 적용하면 이익보다 더 큰 피해를 줄 수 있기 때문이다. KinD 클러스터에서 running 중이기 때문에 seccomp, apparmor 및 selinux 정책은 포함되지 않았다. 마지막으로, 걱정할 기능이 아니기 때문에 볼륨을 무시했다. 그러나 이러한 정책을 모두 살펴보고 클러스터에 적용해야 할지 검토하는 것이 좋다. chapter9 폴더에는 모든 템플릿을 배포하는 스크립트가 있다. `chapter9/deploy_gatekeeper_psp_policies.sh`를 실행한다. 이 작업이 완료되면 ConstraintTemplate 오브젝트가 배포되지만 정책 구현 오브젝트를 설정하지 않았기 때문에 적용되지 않는다. 그 전에 몇 가지 정상적인 기본값을 설정해야 한다.

보안 컨텍스트 기본값 생성

8장, '개방형 정책 에이전트를 사용한 보안 확장'에서는 클러스터에 대해 정상적인 기본값을 생성하는 변형 웹훅과 명시적 설정 간의 절충점에 대해 논의했다.

더 나은 개발자 경험으로 이어지고 더 쉽게 안전하게 유지할 수 있기 때문에 정상적인 기본값을 좋아한다. 게이트키퍼 프로젝트에는 웹 사이트(https://github.com/open-policy-agent/gatekeeper-library/tree/master/library/experimental/mutation/pod-security-policy)와 같이 이러한 목적을 위한 일련의 예제 뮤테이션이 있다. 9장에서는 그것을 가져다가 약간 수정했다. 배포한 다음 제약 조건 구현을 롤아웃하기 전에 "정상적인 기본값"을 갖도록 모든 파드를 다시 만들어보자.

```
kubectl create -f chapter9/default_mutations.yaml
assign.mutations.gatekeeper.sh/k8spspdefaultallowprivilegeescalation
created
assign.mutations.gatekeeper.sh/k8spspfsgroup created
assign.mutations.gatekeeper.sh/k8spsprunasnonroot created
assign.mutations.gatekeeper.sh/k8spsprunasgroup created
assign.mutations.gatekeeper.sh/k8spsprunasuser created
assign.mutations.gatekeeper.sh/k8spspsupplementalgroups created
assign.mutations.gatekeeper.sh/k8spspcapabilities created
```

```
sh chapter9/delete_all_pods_except_gatekeeper.sh
activedirectory
pod "apacheds-7bfcccbd8b-ndvpb" deleted
calico-system
pod "calico-kube-controllers-7f58dbcbbd-ckshb" deleted
pod "calico-node-g5cwp" deleted
.
.
.
```

파드를 삭제하고 다시 만들면 openunison 네임스페이스에서 실행 중인 파드가 기본 시
큐리티컨텍스트^{SecurityContext} 설정을 갖고 있는지 확인할 수 있다.

```
kubectl get pod -o jsonpath='{$.items[0].spec.containers[0].
securityContext}' -l app=openunison-operator -n openunison | jq -r
{
  "allowPrivilegeEscalation": false,
  "capabilities": {
    "drop": [
      "all"
    ]
  },
  "runAsGroup": 2000,
  "runAsNonRoot": true,
  "runAsUser": 1000
}
```

원래 오픈유니슨 오퍼레이터 배포와 비교했을 때, 파드는 컨테이너를 어떤 사용자로 실
행해야 하는지, 특권이 있는지, 특별한 기능이 필요한지를 결정하는 시큐리티컨텍스트
를 가진다. 어떤 다른 이유로 이후에 모든 매니페스트를 변경하는 대신 컨테이너를 다
른 프로세스로 실행하려는 경우 이제 뮤테이션 설정을 변경할 수 있다. 이제 기본값이
적용됐으므로 다음 단계는 ConstraintTemplates의 인스턴스를 구현해 정책을 적용하
는 것이다.

클러스터 정책 적용

뮤테이션을 배포한 다음 제약 조건 구현을 배포할 수 있다. ConstraintTemplate 객체와 마찬가지로 게이트키퍼 프로젝트는 각 템플릿에 대한 예제 템플릿 구현을 제공한다. 9장에 사용된 요약 버전을 chapter9/minimal_gatekeeper_constraints.yaml에 작성했다. 이 버전은 kube-system과 calico-system을 무시하고 클러스터 전체에서 최소한의 권한 집합을 갖도록 설계됐다. 이 YAML 파일을 배포하고 몇 분 정도 기다린다.

```
kubectl apply -f chapter9/minimal_gatekeeper_constraints.yaml
k8spspallowprivilegeescalationcontainer.constraints.gatekeeper.sh/
privilege-escalation-deny-all created
k8spspcapabilities.constraints.gatekeeper.sh/capabilities-drop-all created
k8spspforbiddensysctls.constraints.gatekeeper.sh/psp-forbid-all-sysctls
created
k8spsphostfilesystem.constraints.gatekeeper.sh/psp-deny-host-filesystem
created
k8spsphostnamespace.constraints.gatekeeper.sh/psp-bloack-all-host-namespace
created
k8spsphostnetworkingports.constraints.gatekeeper.sh/psp-deny-all-host-
network-ports created
k8spspprivilegedcontainer.constraints.gatekeeper.sh/psp-deny-all-
privileged-container created
k8spspprocmount.constraints.gatekeeper.sh/psp-proc-mount-default
created
k8spspallowedusers.constraints.gatekeeper.sh/psp-pods-allowed-user-
ranges created
```

8장, '개방형 정책 에이전트를 사용한 보안 확장'에서 게이트키퍼의 주요 기능은 검증 웹훅 역할을 할 뿐만 아니라 정책에 대해 기존 오브젝트를 감사할 수 있는 기능이라는 것을 기억하자. 게이트키퍼가 클러스터에 대해 감사를 실행할 수 있도록 기다린다. 감사 위반은 각 ConstraintTemplate의 각 구현 상태에 나열된다.

클러스터가 얼마나 호환되는지 쉽게 확인할 수 있도록 ConstraintTemplate당 위반 개수를 나열하는 작은 스크립트를 작성했다.

```
sh chapter9/show_constraint_violations.sh
k8spspallowedusers.constraints.gatekeeper.sh 8
```

```
k8spspallowprivilegeescalationcontainer.constraints.gatekeeper.sh 1
k8spspcapabilities.constraints.gatekeeper.sh 1
k8spspforbiddensysctls.constraints.gatekeeper.sh 0
k8spsphostfilesystem.constraints.gatekeeper.sh 1
k8spsphostnamespace.constraints.gatekeeper.sh 0
k8spsphostnetworkingports.constraints.gatekeeper.sh 1
k8spspprivilegedcontainer.constraints.gatekeeper.sh 0
k8spspprocmount.constraints.gatekeeper.sh 0
k8spspreadonlyrootfilesystem.constraints.gatekeeper.sh null
```

몇 가지 위반 사항이 존재한다. 다음 단계는 디버깅 및 수정이다.

제약 조건 위반 디버깅

제약 조건 구현이 시행되면 해결해야 할 몇 가지 위반 사항이 있다. 권한 상승 정책 위반을 살펴보자.

```
kubectl get k8spspallowprivilegeescalationcontainer.constraints.
gatekeeper.sh -o jsonpath='{$.items[0].status.violations}' | jq -r
[
  {
    "enforcementAction": "deny",
    "kind": "Pod",
    "message": "Privilege escalation container is not allowed:
controller",
    "name": "ingress-nginx-controller-744f97c4f-msmkz",
    "namespace": "ingress-nginx"
  }
```

게이트키퍼는 ingress-nginx 네임스페이스의 ingress-nginx-controller-744f97c4f-msmkz 파드가 특권을 높이려고 시도하고 있다고 말한다. 시큐리티컨텍스트에서 다음과 같은 내용을 확인할 수 있다.

```
kubectl get pod ingress-nginx-controller-744f97c4f-msmkz -n ingress-
nginx -o jsonpath='{$.spec.containers[0].securityContext}' | jq -r
{
```

```
  "allowPrivilegeEscalation": true,
  "capabilities": {
    "add": [
      "NET_BIND_SERVICE"
    ],
    "drop": [
      "all"
    ]
  },
  "runAsGroup": 2000,
  "runAsNonRoot": true,
  "runAsUser": 101
}
```

Nginx는 루트 사용자가 아니어도 포트 443에서 실행할 수 있도록 권한을 에스컬레이션
하고 `NET_BIND_SERVICE` 권한을 추가할 수 있도록 요청하고 있다. 제약 조건 위반 목록
으로 돌아가서 권한 에스컬레이션 위반 외에도 기능 위반도 있었다. 해당 위반 사항을
조사해보면 다음과 같다.

```
kubectl get k8spspcapabilities.constraints.gatekeeper.sh -o
jsonpath='{$.items[0].status.violations}' | jq -r
[
  {
    "enforcementAction": "deny",
    "kind": "Pod",
    "message": "container <controller> has a disallowed capability.
Allowed capabilities are []",
    "name": "ingress-nginx-controller-744f97c4f-msmkz",
    "namespace": "ingress-nginx"
  }
]
```

두 제약 조건을 모두 위반하는 동일한 컨테이너다. 어떤 파드가 규정을 준수하지 않는
지 확인한 후 구성을 수정할 것이다.

9장 앞부분에서 PSP와 게이트키퍼의 차이점에 대해 논의했다. 주요 차이점 중 하나는
PSP가 "최선의" 정책을 적용하려고 시도하지만 게이트키퍼는 적용 가능한 모든 제약
조건에 대해 평가한다는 것이다. 즉, PSP에서 "담요^{blanket}" 정책(종종 "기본 제한 정책"이라고 함)을

생성한 다음 특정 파드에 대해 좀 더 완화된 정책을 만들 수 있지만 게이트키퍼는 그렇게 할 수 없다. 이러한 위반이 Nginx가 제약 조건 구현으로 실행돼 Nginx가 중지되는 것을 막으려면 Nginx 파드를 무시하도록 업데이트해야 한다. 이렇게 하는 가장 쉬운 방법은 excludedNamespaces 목록에 ingress-nginx를 추가하는 것이다.

chapter9/make_cluster_work_policies.yaml의 모든 제약 조건 구현에 대해 이 작업을 수행했다. apply 명령을 사용해 배포한다.

```
kubectl apply -f chapter9/make_cluster_work_policies.yaml
k8spsphostnetworkingports.constraints.gatekeeper.sh/psp-deny-all-host-
network-ports configured
k8spsphostfilesystem.constraints.gatekeeper.sh/psp-deny-host-filesystem
configured
k8spspcapabilities.constraints.gatekeeper.sh/capabilities-drop-all
configured
k8spspallowprivilegeescalationcontainer.constraints.gatekeeper.sh/
privilege-escalation-deny-all configured
```

몇 분 후에, 위반 점검을 실행한다.

```
sh ./chapter9/show_constraint_violations.sh
k8spspallowedusers.constraints.gatekeeper.sh 8
k8spspallowprivilegeescalationcontainer.constraints.gatekeeper.sh 0
k8spspcapabilities.constraints.gatekeeper.sh 0
k8spspforbiddensysctls.constraints.gatekeeper.sh 0
k8spsphostfilesystem.constraints.gatekeeper.sh 0
k8spsphostnamespace.constraints.gatekeeper.sh 0
k8spsphostnetworkingports.constraints.gatekeeper.sh 0
k8spspprivilegedcontainer.constraints.gatekeeper.sh 0
k8spspprocmount.constraints.gatekeeper.sh 0
k8spspreadonlyrootfilesystem.constraints.gatekeeper.sh null
```

남은 유일한 위반 사항은 허용된 사용자의 제약에 대한 것이다. 게이트키퍼 파드의 시큐리티컨텍스트에 지정된 사용자가 없기 때문에 이러한 위반은 모두 게이트키퍼 시스템에서 발생한다. 게이트키퍼 배포에서는 gatekeeper-system 네임스페이스가 무시되기 때문에 이러한 파드는 정상적인 기본값을 받지 못했다. 무시되더라도, 심지어 시행되지는 않더라도 여전히 위반으로 나열된다.

위반 사항을 제거했으니 이제 완료된 것으로 보면 될까? 그렇지 않다. Nginx에서 오류가 발생하지 않더라도 최소 권한으로 실행되는지 확인할 수 없다. 누군가가 ingress-nginx 네임스페이스에서 파드를 실행한다면, 게이트키퍼에 의해 차단되지 않고 권한과 추가 기능을 요청할 수 있다. ingress-nginx 네임스페이스에서 실행되는 모든 파드가 필요한 수준 이상으로 확장되지 않도록 해야 한다. 클러스터 전체 정책에서 ingress-nginx 네임스페이스를 제거하는 것 외에도, ingress-nginx 네임스페이스의 파드가 요청할 수 있는 기능을 제한하는 새로운 제약 조건 구현을 만들어야 한다.

Nginx에서 권한을 상승하고 NET_BIND_SERVICE를 요청하는 기능이 필요하다는 것을 알고, 제약 조건 구현을 생성할 수 있다.

```
---
apiVersion: constraints.gatekeeper.sh/v1beta1
kind: K8sPSPCapabilities
metadata:
  name: capabilities-ingress-nginx
spec:
  match:
    kinds:
      - apiGroups: [""]
        kinds: ["Pod"]
    namespaces: ["ingress-nginx"]
  parameters:
    requiredDropCapabilities: ["all"]
    allowedCapabilities: ["NET_BIND_SERVICE"]
```

배포에서 요구되는 시큐리티컨텍스트[SecurityContext] 절을 미러링하는 제약 조건 구현을 만들었다. ConstraintTemplate에는 매개변수가 없으므로 권한 상승을 위한 별도의 제약 조건 구현을 만들지 않았다. 네임스페이스가 담요[blanket] 정책에서 제거되면 ingress-nginx 네임스페이스의 제약 조건에 대해 추가 작업을 수행할 필요가 없다.

다른 위반에 대해 이 디버깅 프로세스를 반복하고 chapter9/enforce_node_policies.yaml에 추가했다. 해당 프로세스를 완료하기 위해 매니페스트를 배포할 수 있다.

개별 파드를 분리하기 위해 특정 레이블이 아닌 네임스페이스 수준에서 시행하는 이유가 궁금할 수도 있다. 9장 앞부분에서 권한 부여 전략에 대해 논의했고 여기에서도 해당 주제를 진행하고 있다. 추가 레이블 기반의 시행을 추가하는 것이 많은 가치를 추가하는 것처럼 보이지 않는다. 해당 네임스페이스에서 파드를 생성할 수 있는 사람은 누구나 레이블을 설정할 수 있다. 범위를 더 많이 제한한다고 해서 보안에 큰 영향을 주지는 않는다.

정책을 배포하고 디버깅하는 프로세스는 매우 세부적이다. 단일 테넌트 클러스터에서는 일회성 작업이거나 드문 작업일 수 있지만 다중 테넌트 클러스터에서는 프로세스가 확장되지 않는다. 다음으로 멀티테넌트 클러스터에서 노드 보안을 적용하기 위한 전략을 살펴볼 것이다.

멀티테넌트 클러스터의 스케일링 정책 배포

이전 예제에서는 노드 보안에 대해 "소규모 배치" 접근 방식을 취했다. 클러스터 차원의 단일 정책을 만든 다음 필요에 따라 예외를 추가했다. 이 접근 방식은 다음과 같은 몇 가지 이유로 멀티테넌트 환경으로 확장되기 힘들다.

1. 제약 조건의 match 절이 있는 ExcludedNamespaces 속성은 목록이며 자동화된 방식으로 패치하기가 어렵다. 원본을 포함해 목록을 패치해야 하므로 단순한 "해당 JSON을 적용"하는 것 이상의 의미가 있다.

2. 멀티 시스템에서 전역 오브젝트를 변경하지 않으려는 경우 새 오브젝트를 추가하고 신뢰할 수 있는 소스에 연결하는 것이 더 쉽다. 전역 오브젝트가 변경된 이유를 알아내는 것보다 레이블을 사용해 새 제약 조건 구현을 만든 이유를 추적하는 것이 더 쉽다.

3. 전역 오브젝트 변경이 다른 테넌트에 영향을 줄 수 있는 가능성을 최소화하려고 한다. 각 테넌트에 대해 특별히 새 오브젝트를 추가하면 이러한 위험이 최소화된다.

이상적인 환경에서는 단일 전역 정책을 만든 다음 상승된 권한이 필요한 개별 네임스페이스에 대해 더욱 구체적일 수 있는 오브젝트를 만들 수 있다.

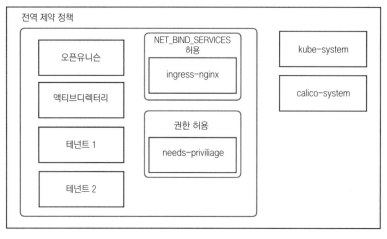

그림 9.1 멀티테넌트 클러스터에서 이상적인 정책 설계

위 다이어그램은 포괄적인 정책을 갖는 것이 무엇을 의미하는지 보여준다. 모서리가 둥근 큰 빨간색 상자는 파드 기능을 최소화하는 전역적으로 제한적인 정책이다. 그런 다음 작은 빨간색 둥근 모서리 상자는 특정 예외에 대한 부분이다. 예를 들어 ingress-nginx 네임스페이스는 제한적인 권한으로 생성되며, Nginx에 NET_BIND_SERVICES 기능을 사용해 실행할 수 있는 능력을 부여하는 ingress-nginx 네임스페이스에 특별히 범위가 지정된 새 정책이 추가된다. 클러스터 전체의 제한 정책에서 특정 요구 사항에 대한 예외를 추가하면 새 정책이 추가되지 않을 경우 새 네임스페이스가 전체 클러스터를 취약점에 노출시킬 가능성이 줄어든다. 시스템이 "중지"되지 않도록 구축됐다.

위의 시나리오는 게이트키퍼의 작동 방식이 아니다. 일치하는 모든 정책은 성공해야 하며, 글로벌 정책을 가질 방법이 없다. 멀티테넌트 환경을 효과적으로 관리하려면 다음을 수행해야 한다.

1. 클러스터 관리자가 소유할 수 있는 시스템 수준의 네임스페이스에 대한 정책 보유

2. 필요에 따라 조정할 수 있는 각 네임스페이스 대한 정책 생성

3. 파드를 생성하기 전에 네임스페이스에 정책이 있는지 확인

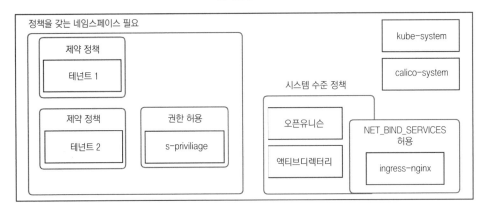

그림 9.2 멀티테넌트 클러스터에서 게이트키퍼 정책 설계

그림 9.2에서 이러한 목표를 시각화했다. 이미 만든 정책은 "시스템 수준" 정책으로 조정해야 한다. 전역적으로 적용한 다음 예외를 만들어야 한다고 말하는 대신, 특별히 시스템 수준 네임스페이스에 적용한다. 여기에는 오픈유니슨 및 액티브디렉터리를 시스템 수준의 네임스페이스로 포함하고 있다. 이는 개발 클러스터에서 실행되는 일부이기 때문이다. 인그레스가 시스템 수준 기능이기 때문에 nginx에 포트 443에 바인딩할 수 있는 능력을 부여하는 정책은 시스템 수준 정책의 일부다.

개별 테넌트의 경우 두번째 목표는 각 테넌트가 고유한 제약 조건 구현 집합을 가져야 한다. 이러한 개별 제약 조건 템플릿 구현 오브젝트는 각 테넌트를 둘러싸고 있는 둥근 모서리의 빨간색 상자로 표시된다. 그렇기 때문에 반복적으로 보인다. 각 네임스페이스에 동일한 기능을 부여하는 매우 반복적인 오브젝트가 있을 수 있다. 이를 보다 쉽게 관리할 수 있도록 여러 가지 전략을 마련할 수 있다.

1. 제약 조건 템플릿 구현의 기본 제한적 집합을 정의하고 각각의 새 네임스페이스를 `match` 절의 네임스페이스 목록에 추가한다. 이렇게 하면 혼란이 줄어들지만 목록의 패치를 처리해야 하기 때문에 자동화하기가 더 어려워진다. 또한 오브젝트처럼 단일 속성에 메타데이터를 추가할 수 없기 때문에 추적하기가 더 어렵다.

2. 네임스페이스가 생성될 때 제약 조건 템플릿 구현의 생성을 자동화한다. 이것이 14장, '플랫폼 프로비저닝'에서 취할 접근 방식이다. 9장에서는 셀프 서비스 포털에서 네임 스페이스 생성을 자동화한다. 워크플로우는 네임스페이스, RBAC 바인딩, Tekton 파이프라인, 키 등을 프로비저닝한다. 또한 제한된 접근을 보장하는 데 필요한 제약 조건 템플릿을 제공한다.

3. 레이블을 기반으로 제약 조건 템플릿을 복제하는 컨트롤러를 만든다. 이는 Fair winds RBAC 매니저(https://github.com/FairwindsOps/rbac-manager)가 사용자 리소스 정의를 사용해 RBAC 바인딩을 생성하는 방식과 유사하다. 게이트키퍼 제약 조건 구현을 위한 도구를 직접 본 적이 없지만 여기서도 동일한 원칙이 적용된다.

이 자동화를 관리할 때 위의 세 가지 옵션은 상호 배타적이지 않다. KubeCon EU 2021 에서 "I Can RBAC and So Can You!"(https://www.youtube.com/watch?v=k6J9_P-gnro)라는 세션 으로 발표했다. 여기서 #2 및 #3 옵션을 함께 사용해 여러 네임스페이스가 있는 "팀"을 만들어 각 네임스페이스로 만들어야 하는 RBAC 바인딩의 수를 줄였다.

마지막으로, 시스템 수준 네임스페이스가 아닌 모든 네임스페이스에 제약 조건 구현이 생성되도록 해야 한다. 네임스페이스 생성을 자동화하더라도 노드 보안 제약 조건이 없는 네임스페이스가 생성되는 것을 원하지 않는다. 모든 테넌트 주위에 크고 빨간색의 둥근 모서리 상자로 표시된다. 멀티테넌트 클러스터에 대한 노드 보안 정책을 구축하는 이론을 살펴봤으므로 이제 정책을 구축해보자.

첫 번째 단계는 이전 정책을 정리하는 것이다.

```
kubectl delete -f chapter9/enforce_node_policies.yaml
kubectl delete -f chapter9/make_cluster_work_policies.yaml
kubectl delete -f chapter9/minimal_gatekeeper_constraints.yaml
```

이제 정책이 없는 상태로 돌아갈 수 있다. 다음 단계는 시스템 차원의 정책을 만드는 것이다.

```
kubectl create -f chapter9/multi-tenant/yaml/minimal_gatekeeper_
constraints.yaml
k8spspallowprivilegeescalationcontainer.constraints.gatekeeper.sh/system-
privilege-escalation-deny-all created
k8spspcapabilities.constraints.gatekeeper.sh/system-capabilities-drop-all
created
k8spspforbiddensysctls.constraints.gatekeeper.sh/system-psp-forbid-all-
sysctls created
k8spsphostfilesystem.constraints.gatekeeper.sh/system-psp-deny-host-
filesystem created
k8spsphostnamespace.constraints.gatekeeper.sh/system-psp-bloack-all-host-
namespace created
k8spsphostnetworkingports.constraints.gatekeeper.sh/system-psp-deny-all-
host-network-ports created
k8spspprivilegedcontainer.constraints.gatekeeper.sh/system-psp-deny-all-
privileged-container created
k8spspprocmount.constraints.gatekeeper.sh/system-psp-proc-mount-default
created
k8spspallowedusers.constraints.gatekeeper.sh/system-psp-pods-allowed-user-
ranges created
k8spsphostfilesystem.constraints.gatekeeper.sh/psp-tigera-operator-allow-
host-filesystem created
k8spspcapabilities.constraints.gatekeeper.sh/capabilities-ingress-nginx
created
```

chapter9/multi-tenant/yaml/minimal_gatekeeper_constraints.yaml의 정책을 살펴
보면 match 절의 네임스페이스를 제외하는 대신 명시적으로 이름을 지정하고 있음을 알
수 있다.

```
---
apiVersion: constraints.gatekeeper.sh/v1beta1
kind: K8sPSPAllowPrivilegeEscalationContainer
metadata:
  name: system-privilege-escalation-deny-all
spec:
  match:
    kinds:
      - apiGroups: [""]
        kinds: ["Pod"]
```

```
namespaces:
  - default
  - kube-node-lease
  - kube-public
  - kubernetes-dashboard
  - local-path-storage
  - tigera-operator
  - openunison
  - activedirectory
```

시스템 제약 조건 구현을 통해 모든 테넌트 네임스페이스에 파드가 생성되기 전에 노드 보안 정책이 적용되기를 원할 것이다. 이 정책을 구현하기 위한 기존 ConstraintTemplates가 없으므로, 자체 템플릿을 구축해야 한다. ConstraintTemplate에 대한 Rego는 해당 네임스페이스에 파드가 생성되기 전에 필요한 모든 ConstraintTemplate 구현(권한 상승, 기능 등)에 네임스페이스에 대한 인스턴스가 하나 이상 있는지 확인해야 한다. rego에 대한 전체 코드 및 테스트 사례는 chapter9/multi-tenant/opa에 있다. 코드 조각[snippet]을 확인한다.

```
# capabilities
violation[{"msg": msg, "details": {}}] {
  checkForCapabilitiesPolicy
  msg := "No applicable K8sPSPCapabilities for this namespace"
}
checkForCapabilitiesPolicy {
    policies_for_namespace = [policy_for_namespace |
                             data.inventory.cluster["constraints.
gatekeeper.sh/v1beta1"].K8sPSPCapabilities[j].spec.match.namespaces[_] ==
input.review.object.metadata.namespace ;
                             policy_for_namespace = data.inventory.
cluster["constraints.gatekeeper.sh/v1beta1"].K8sPSPCapabilities[j] ]
    count(policies_for_namespace)  == 0
}
# sysctls
violation[{"msg": msg, "details": {}}] {
  checkForSysCtlsPolicy
  msg := "No applicable K8sPSPForbiddenSysctls for this namespace"
}
checkForSysCtlsPolicy {
```

```
        policies_for_namespace = [policy_for_namespace |
                        data.inventory.cluster["constraints.gatekeeper.sh/
  v1beta1"].K8sPSPForbiddenSysctls[j].spec.match.namespaces[_] == input.
  review.object.metadata.namespace ;
                              policy_for_namespace = data.inventory.
  cluster["constraints.gatekeeper.sh/v1beta1"].K8sPSPForbiddenSysctls[j]
  ]
        count(policies_for_namespace)  == 0
  }
```

가장 먼저 알아야 할 것은 각 제약 조건 템플릿 검사가 자체 규칙에 있으며 자체 위반이 있다는 것이다. 이러한 모든 규칙을 하나의 ConstraintTemplate에 넣으면 전체 ConstraintTemplate이 통과하려면 모든 규칙을 통과해야 한다.

다음으로 checkForCapabilitiesPolicy를 살펴보자. 이 규칙은 match.namespaces 속성 내에 파드 네임스페이스를 나열하는 모든 K8sPSPCapabilities의 목록을 생성한다. 이 목록이 비어 있으면, 규칙은 계속해서 위반되고 파드는 생성에 실패할 것이다. 이 템플릿을 만들려면 먼저 제약 조건 템플릿을 게이트키퍼에 동기화해야 한다. 그런 다음 제약 템플릿을 만들고 구현한다.

```
kubectl apply -f chapter9/multi-tenant/yaml/gatekeeper-config.yaml
kubectl create -f chapter9/multi-tenant/yaml/require-psp-for-namespace-
constrainttemplate.yaml
kubectl create -f chapter9/multi-tenant/yaml/require-psp-for-namespace-
constraint.yaml
```

새 정책을 적용하면서 네임스페이스를 생성하고 파드를 시작해보자.

```
kubectl create ns check-new-pods
namespace/check-new-pods created
kubectl run echo-test -ti -n check-new-pods --image busybox --restart=Never
--command -- echo "hello world"
Error from server ([k8srequirepspfornamespace] No applicable K8sPSPAllowPri
vilegeEscalationContainer for this namespace
[k8srequirepspfornamespace] No applicable K8sPSPCapabilities for this
namespace
```

```
[k8srequirepspfornamespace] No applicable K8sPSPForbiddenSysctls for this
namespace
 .
 .
 .
```

네임스페이스에 노드 보안 정책이 있어야 한다는 요구 사항으로 인해 파드 생성이 중단
됐다. chapter9/multi-tenant/yaml/check-new-pods-psp.yaml의 제한적인 노드 보안
정책을 적용해 이 문제를 해결해보자.

```
kubectl create -f chapter9/multi-tenant/yaml/check-new-pods-psp.yaml
kubectl run echo-test -ti -n check-new-pods --image busybox --restart=Never
--command -- echo "hello world"
hello world
```

이제 클러스터에 새 네임스페이스가 생성될 때마다 파드를 실행하기 전에 적용되는 노
드 보안 정책을 마련해야 한다.

이 절에서는 게이트키퍼를 사용해 노드 보안 정책을 설계하는 이론을 살펴보고 이 이론
을 단일 테넌트 클러스터와 멀티테넌트 클러스터 모두에 적용했다. 또한 게이트키퍼의
내장된 뮤테이션 기능을 사용해 시큐리티컨텍스트에 대한 정상적인 기본값을 구축
했다. 이 정보를 통해 게이트키퍼를 사용해 클러스터에 노드 보안 정책을 배포하는 데
필요한 정보를 얻을 수 있다.

요약

9장에서는 먼저 노드 보호의 중요성, 보안 관점에서 컨테이너와 VM 간의 차이점, 노드
가 보호되지 않을 때 클러스터를 악용하는 것이 얼마나 쉬운지를 살펴보는 것으로 시작
했다. 안전한 컨테이너 설계도 살펴본 후 마지막으로 게이트키퍼를 사용해 노드 보안
정책을 구현하고 디버깅했다.

클러스터의 노드를 잠그면 공격자의 벡터가 하나 줄어든다. 정책을 캡슐화하면 개발자에게 컨테이너 설계 방법을 더 쉽게 설명하고 보안 솔루션을 더 쉽게 구축할 수 있다.

지금까지 모든 보안은 워크로드가 악의적인 것을 방지하기 위해 구축됐다. 이러한 조치가 실패하면 어떻게 될까? 파드 내부에서 무슨 일이 벌어지고 있는지 어떻게 알 수 있을까? 10장에서는 팔코Falco를 사용하는 방법을 알아볼 것이다.

⠿ 문제

1. 참 또는 거짓 – 컨테이너는 "경량 VM"이다.

    a. 참

    b. 거짓

2. 컨테이너가 해당 호스트에서 리소스에 접근할 수 있나?

    a. 아니다. 고립돼 있다.

    b. 특권을 가진 표시가 된 경우 가능하다.

    c. 정책에서 명시적으로 부여한 경우에만 해당된다.

    d. 가끔 가능하다.

3. 공격자는 어떻게 컨테이너를 통해 클러스터에 접근할 수 있을까?

    a. 컨테이너 애플리케이션 버그는 원격 코드 실행으로 이어질 수 있으며, 이는 취약한 컨테이너의 브레이크아웃에서 사용될 수 있으며, 그런 다음 kubelet의 자격 증명을 가져오는 데 사용된다.

    b. 하나의 네임스페이스에서 컨테이너를 생성할 수 있는 기능이 있는 손상된 자격 증명은 kubelet의 자격 증명을 얻기 위해 노드의 파일 시스템을 마운트하는 컨테이너를 생성하는 데 사용될 수 있다.

    c. 위의 두 가지 모두 가능하다.

4. PodSecurityPolicy 어드미션 컨트롤러는 파드에 적용할 정책을 어떻게 결정할까?

    a. 파드 정의에 대한 어노테이션 읽기

    b. 파드의 요청된 기능과 파드의 생성자와 자체 서비스어카운트의 결합을 통해 승인된 정책을 비교

    c. 파드의 요청된 기능과 자체 서비스어카운트에 대해 승인된 정책을 비교

    d. 파드의 요청된 기능과 파드의 생성자에 대해 승인된 정책을 비교

5. ConstraintTemplates를 시행하는 메커니즘은 무엇인가?

    a. 모든 파드의 생성과 업데이트를 검사하는 어드미션 컨트롤러

    b. PodSecurityPolicy API

    c. OPA

    d. 게이트키퍼

6. 참 또는 거짓 – PodSecurityPolicy API는 버전 1.25에서 제거될 것이다.

    a. 참

    b. 거짓

7. 참 또는 거짓 – 컨테이너는 일반적으로 루트로 실행돼야 한다.

    a. 참

    b. 거짓

10

팔코, 데브옵스 AI, ECK를 통한 감사

나쁜 사람은 나쁜 일을 한다.
선량한 사람도 나쁜 일을 한다.
사고는 발생한다.

이 문장에는 한 가지 공통점이 있다. 그중 하나가 발생하면 무슨 일이 있었는지, 누가 그랬는지 알아야 한다는 것이다.

특정 형식의 공격을 생각할 때만 감사가 고려되는 경우가 너무 많다. "나쁜 사람"을 찾으려면 감사가 필요하지만 일상적인 표준 시스템 상호 작용도 감사해야 한다.

쿠버네티스에는 감사를 위해 필요한 중요한 시스템 이벤트 대부분에 대한 로그를 포함하지만, 모든 것을 포함하지는 않는다. 9장에서 설명한 것처럼 모든 API 상호 작용은 시스템 로깅되며 여기에는 감사해야 하는 대부분의 이벤트가 포함된다. 그러나 사용자가 실행하는 작업은 API 서버를 거치지 않고 모든 감사를 API 로그에 의존하는 경우 감지되지 않을 수 있다.

기본 로깅 기능의 격차를 해소하는 도구가 있다. 팔코와 같은 오픈소스 프로젝트는 API 서버가 기록하는 이벤트에 대한 세부 정보를 제공해 파드에 대한 향상된 감사를 제공한다.

로깅 시스템이 없는 로그는 그다지 유용하지 않다. 쿠버네티스의 많은 컴포넌트와 마찬가지로, 전체 로깅 시스템을 제공하는 많은 오픈소스 프로젝트가 있다. 가장 인기 있는 시스템 중 하나는 ECK 오퍼레이터^{operator}이다. ECK 오퍼레이터는 일래스틱서치^{Elastic} ^{search}, 파일비트^{Filebeat}, 키바나^{Kibana}를 포함하는 쿠버네티스에 동작하는 일래스틱 클라우드를 의미한다.

마지막으로, 로깅 시스템은 훌륭한 도구이지만 로그를 보거나 이벤트에 대해 경고하는 경우에만 유용하다. 로깅 시스템에서 캡처한 이벤트에 대한 응답 자동화를 비롯해 인프라의 모든 측면을 자동화하는 기업이 점차 늘어나고 있다. 이벤트 해결을 위한 자동화를 생성하면 문제 해결에 필요한 시간을 줄여 클러스터 보안이 강화된다. 팔코^{Falco}와 팔코사이드킥^{FalcoSidekick}은 데브옵스^{DevOps} AI를 활성화하는 데 사용할 수 있는 여러 시스템으로 이벤트를 전달할 수 있다.

이러한 모든 프로젝트는 10장 전체에서 자세히 다루게 될 것이다. 이러한 각 구성 요소를 배포해 실습 경험을 쌓고 10장에서 다룬 내용을 통해 향상시킬 수 있다.

10장에서는 다음 주제를 다룰 예정이다.

- 감사 살펴보기
- 팔코 소개
- 팔코의 설정 파일 살펴보기
- 팔코 디플로이먼트
- 팔코 사이드킥을 사용해 데브옵스 AI 활성화
- 팔코 로그 감시

기술 요구 사항

10장의 기술 요구 사항은 다음과 같다.

- 최소 8GB의 RAM과 영구^{persistent} 볼륨을 위한 최소 5GB의 여유 디스크 공간이 있는 Ubuntu 20.04 서버

- 2장, 'KinD를 이용한 쿠버네티스 배포'의 지침에 따라 설치되는 KinD 클러스터

- Helm3 바이너리(4장, '서비스, 로드밸런서, 외부 DNS 그리고 글로벌 밸런싱'에서 이미 설치돼 있어야 함)

다음 깃허브 리포지터리(https://github.com/PacktPublishing/Kubernetes---An-Enterprise-Guide-2E/tree/main/chapter10)에서 10장의 코드에 액세스할 수 있다.

감사 살펴보기

쿠버네티스 클러스터를 실행하는 대부분의 환경에서는 감사 시스템이 마련돼 있어야 한다. 쿠버네티스에는 몇 가지 감사 기능이 있지만, 엔터프라이즈 환경에서 완전한 감사 추적에 의존하기에는 너무 제한적인 경우가 많으며, 로그는 종종 각 호스트 파일 시스템에만 저장된다.

이벤트의 상관관계를 지정하려면 로컬 시스템 검색하려는 모든 로그를 가져와서 수동으로 로그를 검색하거나 스프레드시트로 가져와 정보를 검색하고 연결하는 매크로를 만들어야 한다.

다행히 쿠버네티스에 사용할 수 있는 서드파티 로깅 시스템이 많다. Splunk와 Datadog와 같은 선택적인 상용 시스템은 널리 사용되는 솔루션과, EFK 스택을 포함한 오픈소스 시스템이 일반적으로 사용되며 많은 쿠버네티스 배포판에 포함돼 있다. 이러한 모든 시스템에는 쿠버네티스 로그를 중앙 집중화해 알림, 사용자 지정 쿼리 및 대시보드를 만들 수 있는 일종의 로그 전달자가 포함돼 있다.

기본 감사의 또 다른 제한은 API 액세스로 제한되는 제한된 이벤트 범위다. 이는 감사

에 중요하지만 대부분의 기업은 단순한 API 이벤트 이상으로 감사 타깃 기본 집합을 보강하거나 사용자 정의해야 한다. 기본 감사 기능을 확장하는 것은 어려울 수 있으며 대부분의 회사는 자체 감사를 위해 추가 기능을 만들 전문 지식이나 시간이 없다.

쿠버네티스 누락된 감사 영역 중 하나는 파드 이벤트와 관련이 있다. 앞서 언급한 바와 같이 쿠버네티스의 기본 감사 기능은 API 접근에 초점을 맞춘다. 사용자가 수행하는 대부분의 작업은 API 서버에 대한 호출을 트리거한다. 파일을 보기 위해 파드에서 셸을 실행하는 사용자를 예로 들어 보자. 사용자는 kubectl exec -it <pod name> bash를 사용해 인터랙티브 모드에서 파드에 bash 셸을 실행한다. 이렇게 하면 실제로 API 서버로 요청을 전송하는데, 이 요청의 주 호출은 다음과 같다.

```
I0216 11:42:58.872949   13139 round_trippers.go:420] POST
https://0.0.0.0:32771/api/v1/namespaces/ingress-nginx/pods/nginx-
ingress-controller-7d6bf88c86-knbrx/exec?command=bash&container=nginx-
ingress-controller&stdin=true&stdout=true&tty=true
```

이벤트를 보면 bash 프로세스를 실행하기 위해 exec 명령이 nginx-ingress-controller 파드에 전송됐음을 알 수 있다.

예를 들어 오류 로그를 확인하거나 문제를 신속하게 해결하기 위해 누군가가 셸을 실행하는 데에는 충분한 이유가 있을 수 있다. 하지만 여기서 문제는 실행 중인 파드에 들어가면 실행되는 모든 명령이 쿠버네티스 API에 액세스하지 않으므로 파드에서 실행되는 작업에 대해 로깅된 이벤트를 수신하지 않는다는 것이다. 컨테이너에서 수행된 작업이 악의적인 경우 엔드 투 엔드 감사 추적이 존재하지 않기 때문에 대부분의 기업에서 이는 감사 시스템의 큰 허점이 된다.

파드에 대한 모든 셸 접근을 감사하면 많은 오탐이 발생할 수 있고, 파드가 다시 시작된 경우 파드의 로컬 감사 파일이 손실될 수 있다. 대신 간단한 셸 접근을 무시할 수 있지만, 누군가 /etc/passwd 파일 수정과 같은 셸에서 특정 작업을 실행하려고 하면 이벤트를 기록하려고 한다.

"해결책이 뭐야?"라고 물어볼 수 있다. 정답은 팔코를 사용하는 것이다.

팔코 소개

팔코는 Sysdig의 오픈소스 시스템으로 쿠버네티스 클러스터의 파드에 대한 이상 탐지 기능을 추가했다. 기본적으로 팔코에는 다음과 같이 잠재적으로 취약한 여러 이벤트를 모니터링할 수 있는 강력한 커뮤니티 생성 규칙 집합이 포함돼 있다.

- 사용자가 /etc에서 파일을 수정하려고 할 때

- 사용자가 파드에서 셸을 실행할 때

- 사용자가 민감한 정보를 시크릿에 저장하는 경우

- 파드가 쿠버네티스 API 서버를 호출하려고 할 때

- 시스템 클러스터롤 수정 시도

- 다른 요구 사항을 충족하기 위해 생성한 기타 사용자 지정 규칙

팔코가 쿠버네티스 클러스터에서 실행되면 일련의 규칙에 따라 이벤트를 감시하고, Fluentd와 같은 시스템에서 확인할 수 있는 이벤트를 팔코 파드에 기록한 다음 외부 로깅 시스템으로 이벤트를 전달한다.

10장에서는 FooWidgets에 대한 회사 시나리오의 기술 요구 사항을 사용해 팔코의 설정에 대해 설명할 것이다. 10장의 마지막에는 사용자 정의 설정 옵션을 사용해 쿠버네티스 클러스터에 팔코를 설정하는 방법을 알게 될 것이다. 팔코에서 사용하는 규칙과 기본 규칙에 포함되지 않은 이벤트를 감사해야 할 때 규칙을 만드는 방법도 이해할 수 있다. 마지막으로 파일비트를 사용해 이벤트를 일래스틱서치로 전달한 다음 키바나^{Kibana}를 사용해 팔코에서 생성된 이벤트를 시각화한다.

팔코 설정 파일 살펴보기

팔코를 설치하기 전에 사용 가능한 설정 옵션을 이해해야 한다. 이 설정 옵션은 팔코가 이벤트를 생성하는 방법을 구성하는 데 사용할 초기 구성 파일부터 시작된다.

팔코 프로젝트에는 초기 감사에 사용할 수 있는 기본 설정 파일 세트가 포함돼 있다. 특정 엔터프라이즈 요구 사항에 맞게 기본 설정을 변경해야 할 가능성이 높다. 이 절에서는 팔코 배포에 대해 살펴보고 설정 파일에 대한 기본적인 이해를 제공할 예정이다.

팔코는 보안에 대한 거의 모든 요구 사항에 맞게 사용자 지정할 수 있는 강력한 시스템이다. 확장성이 매우 높기 때문에 10장에서 구성의 모든 세부 사항을 다룰 수는 없지만 많은 인기 있는 프로젝트와 마찬가지로 활동적인 깃허브 커뮤니티(https://github.com/falcosecurity/falco)가 있으며 이슈를 게시하거나 슬랙Slack 채널에 참여할 수 있다.

최신 버전의 팔코는 배포 형태로 헬름Helm을 사용해 배포할 수 있어 매우 쉽게 사용자 지정하고 배포할 수 있다. 헬름에서는 모든 설정 옵션이 포함된 values.yaml 파일을 사용할 수 있기 때문에 설치를 쉽게 사용자 지정할 수 있다. 배포가 완료되면 팔코는 감사할 이벤트를 정의하는 추가 기본 설정 파일을 보유하게 된다. 이들은 팔코 네임스페이스에 위치한 컨피그맵에 저장되며 다음을 포함한다.

- `falco_rules.yaml`

- `falco_rules.local.yaml`

- `k8s_audit_rules.yaml`

- `rules.d`

포함된 설정 파일은 즉시 사용할 수 있지만 로깅 요구 사항을 충족하기 위해 특정 규칙을 변경하거나 추가하는 것이 좋다. 팔코에서는 사용자 정의된 이벤트가 포함된 규칙 파일을 기본 규칙 세트에 추가해 규칙을 더 추가할 수 있다.

이 절에서는 가장 중요한 설정 옵션에 대해 자세히 설명할 것이다.

헬름 밸류 파일

편집해야 할 첫 번째 파일은 팔코가 감사된 이벤트를 처리하는 방법을 구성하기 위한 기본 values.yaml 파일이다. 이를 통해 이벤트 출력 형식, 타임스탬프 설정 및 슬랙 채널과 같은 엔드포인트 타깃을 포함해 팔코의 기본 설정을 사용자 지정할 수 있다. 이 파일을 자세히 살펴보고 조금씩 이해해보자.

팔코를 배포하는 데 사용할 `values-falco.yaml`은 깃 리포지터리 Chapter10 폴더 아래의 사용자 지정 value로 포함돼 있다. 다음 절에서는 변경하려는 가장 일반적인 설정에 대해 설명할 것이다. 10장에서 다루지 않은 설정은 깃허브 리포지터리(https://github.com/falcosecurity/charts/tree/master/falco)에서 모든 옵션을 볼 수 있다.

헬름 밸류 커스터마이징

먼저 디플로이먼트에 사용할 이미지를 알려주는 이미지 절부터 시작할 것이다. 기본적으로 이미지는 docker.io에서 가져오도록 구성되지만 사용하려는 내부 레지스트리가 있는 경우 밸류를 편집해 자체 레지스트리에서 이미지를 가져올 수 있다. 다음 예에서는 조직의 로컬 이미지를 사용하도록 배포를 구성한다.

```
image:
  registry: harbor.foowidgets.com
  repository: falco/falco
  tag: 0.30.0
  pullPolicy: IfNotPresent
  pullSecrets: []
```

팔코는 docker와 containerd 런타임을 지원한다. 밸류 파일의 다음 절은 두 옵션 중 하나를 활성화하거나 비활성화할 수 있다.

```
docker:
  enabled: true
  socket: /var/run/docker.sock

containerd:
  enabled: true
  socket: /run/containerd/containerd.sock
```

다음 절은 디폴트 값으로 남는 경우가 많으므로 중요한 설정인 fakeEventGenerator로 넘어가자. 이렇게 하면 테스트 목적으로 이벤트를 생성하는 컨테이너가 배포되며 팔코를 처음 사용하는 사람이라면 누구나 쉽게 사용할 수 있다. EFK가 팔코 로그 이벤트를 충분히 가져가도록 10장에서는 해당 기능을 활성화했다.

```
fakeEventGenerator:
  enabled: true
  args:
    - run
    - --loop
    - ^syscall
  replicas: 1
```

다음으로 eBFP 절로 넘어가자. 팔코는 세 가지 드라이버 중 하나를 사용해 실행할 수 있다. 첫 번째는 커널 모듈을 사용하고, 두 번째 모듈은 eBPF를, 마지막은 pdig를 사용한다. 각 옵션에는 일반적으로 호스트의 운영 시스템 및 설정 기반으로 하는 고유한 사용 사례가 있다. 장단점에 대해서는 팔코 사이트(https://falco.org/blog/choosing-a-driver/)에서 확인할 수 있다.

eBPF 드라이버는 팔코에서 가장 많이 사용되는 드라이버 중 하나이며 배포에 사용할 드라이다. eBPF 드라이버를 사용하려면 Linux 커널이 버전 4.4 이상이고 4.9 이상 버전이 선호된다는 점을 유의해야 한다.

배포에서 값을 true로 설정해 eBPF를 활성화하고 성능을 위해 HostNetwork 옵션도 활성화했다.

```
ebpf:
  enabled: true
  path:

  settings:
    hostNetwork: true
```

팔코는 쿠버네티스 API 서버에 대한 요청과 응답을 수집할 수도 있다. 팔코가 이러한 이벤트에 사용하는 규칙은 k8s_audit_rules.yaml에 있다. 10장에서는 해당 설정을 false로 남겨두겠지만, 감사 기능 활성화와 제공되는 기능에 대한 자세한 내용은 팔코의 메인 페이지(https://falco.org/docs/event-sources/kubernetes-audit/)에서 확인할 수 있다.

이 옵션을 활성화하려면 단순히 밸류 파일에서 활성화하는 것보다 더 복잡하다. 추가적으로 다음 API 플래그를 활성화해 동적 감사 기능을 지원하도록 API 서버를 구성해야한다.

```
--audit-dynamic-configuration
--feature-gates=DynamicAuditing=true
--runtime-config=auditregistration.k8s.io/v1alpha1=true
```

그리고 팔코 밸류에서 활성화된 옵션을 true로 설정한다.

```
auditLog:
  enabled: true
```

다음 절에는 규칙 파일, 이벤트 출력 형식, 시간 형식, 로깅 수준 등을 비롯한 팔코의 주요 설정 옵션이 포함돼 있다.

첫 번째 옵션은 팔코가 이벤트를 생성하는 데 사용할 규칙 파일을 설정한다. 각 규칙 파일에 대해서는 다음 절에서 자세히 설명할 것이다.

```
rulesFile:
  - /etc/falco/falco_rules.yaml
  - /etc/falco/falco_rules.local.yaml
  - /etc/falco/k8s_audit_rules.yaml
  - /etc/falco/rules.d
```

다음 값 집합은 시간 형식 및 이벤트를 텍스트 또는 JSON으로 출력하는 옵션을 포함해 팔코가 이벤트를 출력하는 방식을 구성한다.

기본적으로 `time_format_iso_8601` 값은 `false`로 설정돼 있으며, 이는 팔코가 로컬^{local}의 /etc/locatime 형식을 사용하도록 지시한다. 해당 값을 `true`로 세팅하는 것은 팔코가 YYYY-MM-DD의 날짜 형식과 24시간 시간 형식 및 UTC 시간대를 사용해 각 이벤트를 기록하도록 지시하는 것이다.

적절한 형식을 선택하는 것은 조직의 결정이다. 글로벌 조직의 경우 ISO 8601 형식을 사용하도록 모든 로깅을 설정하는 것이 유용할 수 있다. 하지만 지역 조직의 경우 다른 시간대의 로깅 시스템과 이벤트의 상관관계를 걱정할 필요가 없으므로 로컬 날짜 및 시간 형식을 사용하는 편이 더 편할 수 있다.

```
time_format_iso_8601: false
```

다음 두 줄은 이벤트 출력 텍스트 또는 JSON 형식으로 구성할 수 있도록 한다. 기본값은 `false`로 설정돼 있으며, 팔코는 이벤트를 텍스트 형식으로 출력하도록 지시한다. 첫 번째 키가 `false`로 설정된 경우 JSON이 활성화되지 않으므로 두 번째 값은 평가되지 않는다.

```
json_output: false
json_include_output_property: true
```

로깅 시스템의 필요한 형식에 따라 이벤트를 JSON 형식으로 출력해야 할 수도 있다. 예를 들어 팔코 이벤트를 일래스틱서치 서버에 전송하려는 경우, 일래스틱서치가 alerts 필드를 파싱하도록 JSON을 활성화할 수 있다. 일래스틱서치에서는 이벤트를 JSON 형식으로 전송받을 필요가 없으며, 이 모듈의 실습에서는 이 설정을 기본값인 `false`로 남겨둘 것이다.

다음은 텍스트 형식과 JSON 형식의 동일한 타입 이벤트에 대한 몇 가지 예다.

- 팔코 텍스트 로그는 다음과 같이 출력된다.

```
19:17:23.139089915: Notice A shell was spawned in a container
with an attached terminal (user=root k8s.ns=default k8s.
```

```
pod=falco-daemonset-9mrn4 container=0756e87d121d shell=bash
parent=runc cmdline=bash terminal=34816 container_id=
0756e87d121d image=<NA>) k8s.ns=default k8s.pod=falco-daemonset-
9mrn4 container=0756e87d121d k8s.ns=default k8s.pod=falco-daemonset-
9mrn4 container=0756e87d121d
```

- 팔코 JSON 로그는 다음과 같이 출력된다.

```
{"output":"20:47:39.535071657: Notice A shell was spawned
in a container with an attached terminal (user=root k8s.
ns=default k8s.pod=falco-daemonset-mjv2d container=daeaaf1c0551
shell=bash parent=runc cmdline=bash terminal=34816 container_
id=daeaaf1c0551 image=<NA>) k8s.ns=default k8s.pod=falco-
daemonset-mjv2d container=daeaaf1c0551 k8s.ns=default k8s.
pod=falco-daemonset-mjv2d container=daeaaf1c0551","priority":
"Notice","rule":"Terminal shell in container","time":"2020-02-
13T20:47:39.535071657Z", "output_fields": {"container.
id":"daeaaf1c0551","container.image.repository":null,"evt.
time":1581626859535071657,"k8s.ns.name":"default","k8s.pod.
name":falco-daemonset-mjv2d","proc.cmdline":"bash","proc.
name":"bash","proc.pname":"runc","proc.tty":34816,"user.
name":"root"}}
```

계속해서 다음 두 옵션은 팔코에게 팔코 레벨 이벤트를 stderr 및 syslog에 기록하라고
지시한다.

```
log_stderr: true
log_syslog: true
```

이 설정은 규칙 파일이 모니터링하는 이벤트에는 영향을 주지 않고 팔코 시스템 이벤트
가 기록되는 방식을 구성한다.

```
log_stderr: true
log_syslog: true
log_level: info
```

두 옵션의 기본값은 true이므로 모든 이벤트가 stderr 및 syslog에 기록된다.

다음은 emergency, alert, critical, error, warning, notice, info, debug를 포함한 허용 값을 사용해 캡처하려는 로깅 수준이다.

계속해서 우선순위 수준은 팔코에서 사용할 규칙 세트를 지정한다. 규칙 우선순위가 구성된 값보다 높거나 같은 규칙 세트를 가진 모든 규칙 세트를 팔코는 평가해 알림을 생성한다.

```
priority: debug
```

기본값은 debug이다. 설정할 수 있는 다른 값으로는 emergency, alert, critical, error, warning, notice, info가 있다.

다음은 buffered_outputs를 활성화 또는 비활성화하는 값이다. 기본적으로 buffered_outputs는 false로 설정된다.

```
buffered_outputs: false
```

시스템 호출을 전달하기 위해 팔코는 채울 수 있는 공유 버퍼buffer를 사용하며, 값이 true로 설정되면 팔코에 어떻게 반응할지 알려주도록 버퍼를 구성할 수 있다. 기본값은 일반적으로 초기 설정을 위한 좋은 시작 값이다. 팔코 팀은 중단된 이벤트에 대한 자세한 설명을 제공하고 있고, 기본 문서 페이지(https://falco.org/docs/event-sources/dropped-events/)에서 확인할 수 있다.

syscall_events_drops 설정은 ignore, log, alert, exit로 설정할 수 있다. rate는 팔코가 구성된 작업을 실행하는 빈도를 설정한다. 값은 초당 작업 수이므로 이 예시에서는 30초마다 1개의 작업을 실행하도록 팔코에 지시한다.

```
syscall_event_drops:
  actions:
    - log
    - alert
```

```
    rate: .03333
    max_burst: 10
```

outputs 절은 rate 및 max_burst라는 두 가지 값을 포함하는 팔코의 알림을 스로틀링할 수 있다.

```
outputs:
  rate: 1
  max_burst: 1000
```

syslog_output 절은 팔코에게 이벤트를 syslog에 출력하도록 지시한다. 기본적으로 이 값은 true로 설정된다.

```
syslog_output:
  enabled: true
```

특정 사용 사례에서는 stdout에 추가로 또는 이를 대체해 파일에 이벤트를 출력하도록 팔코를 구성할 수 있다. 기본적으로 false로 설정되지만 true로 설정 파일 이름을 제공해 활성화할 수 있다.

keep_alive 값은 기본적으로 false로 설정돼 있으며, 파일을 닫지 않고도 파일을 열린 상태로 유지하고 데이터를 계속 쓰도록 팔코를 구성한다. false로 설정하면 이벤트가 발생할 때마다 파일이 열리고 이벤트가 기록되면 파일이 닫힌다.

```
file_output:
  enabled: false
  keep_alive: false
  filename: ./events.txt
```

기본적으로 팔코는 이벤트를 stdout에 출력하므로 true로 설정된다. stdout에 이벤트 로깅을 비활성화해야 하는 경우 이 값을 false로 변경할 수 있다.

```
stdout_output:
```

```
  enabled: true
```

webserver 설정은 쿠버네티스 감사 이벤트를 팔코와 통합하는 데 사용된다. 기본적으로 포트 8765에서 HTTP를 사용해 수신 대기할 수 있다.

ssl_enabled 값을 true로 변경하고 ssl_certificate 값에 대한 인증서를 제공해 보안 통신을 활성화할 수 있다.

```
webserver:
  enabled: true
  listen_port: 8765
  k8s_audit_endpoint: /k8s_audit
  ssl_enabled: false
  ssl_certificate: /etc/falco/falco.pem
```

다른 시스템에 경보를 보내도록 팔코를 구성할 수 있다. 예제 구성에서는 jq와 curl을 사용해 슬랙 채널로 경보를 보내는 예제를 보여준다. 기본적으로 이 절은 비활성화돼 있지만 알림이 트리거될 때 외부 프로그램을 호출하려는 경우 옵션을 활성화하고 실행할 프로그램을 제공할 수 있다. 앞에서 설명한 파일 출력과 마찬가지로 keep_alive 옵션은 false로 기본 설정돼 있으며, 이 경우 팔코는 각 이벤트에 대해 프로그램을 실행하도록 지시한다.

```
program_output:
  enabled: false
  keep_alive: false
  program: "jq '{text: .output}' | curl -d @- -X POST https://hooks.slack.
com/services/XXX"
```

팔코는 HTTP 엔드포인트에 알림을 보낼 수 있다. Falcosidekick이라는 팔코용 애드온을 배포할 예정이다. Falcosidekick은 웹 서버를 실행해 팔코 파드에서 요청을 수신한다. 기본적으로 비활성화돼 있지만, 이를 활성화하고 Falcosidekick을 배포할 때 10장 뒷부분에서 생성할 서비스 이름으로 설정했다.

```
http_output:
  enabled: true
  url: http://falcosidekick:2801
```

파일의 나머지 절은 gRPC 서버를 활성화하고 구성하는 데 사용된다. 이는 쿠버네티스와 함께 팔코를 사용할 때 흔히 사용되는 설정이 아니며, 기본 `falco-values.yaml` 파일에 있기 때문에 여기서만 제공된다.

```
grpc:
  enabled: false
  threadiness: 0

  # gRPC unix socket with no authentication
  unixSocketPath: "unix:///var/run/falco/falco.sock"

  # gRPC over the network (mTLS) / required when unixSocketPath is empty
  listenPort: 5060
  privateKey: "/etc/falco/certs/server.key"
  certChain: "/etc/falco/certs/server.crt"
  rootCerts: "/etc/falco/certs/ca.crt"

grpcOutput:
  enabled: false
```

10장 앞부분에서 사용자 고유의 팔코 규칙을 만들 수 있다고 언급했는데, 이는 Custom Rules 절에서 정의할 수 있다.

마지막으로 마지막 절인 falcosidekick으로 넘어갈 수 있다. 이 절은 팔코 배포의 일부로 팔코 사이드킥을 활성화하는 데 사용할 수 있다.

10장에서는 전용 헬름 차트 및 밸류 파일을 사용해 falcosidekick을 배포하므로 값을 false로 설정한다.

```
falcosidekick:
  # enable falcosidekick deployment
  enabled: false
  fullfqdn: false
```

기본 구성은 팔코 배포를 위한 초기 설정 파일일 뿐이다. 다음 절은 팔코 경보를 생성하는 데 사용되는 파일을 구성하는 방법을 설명한다.

팔코 규칙 설정 파일

밸류 파일에는 rules_files라는 키가 있는 절이 있었고 키에는 여러 값이 있다는 것을 기억하자. 규칙은 컨피그맵을 사용해 탑재돼, 팔코에 감사 타깃 및 특정 이벤트에 대한 알림 방법을 알려준다.

규칙 파일에는 다음과 같은 세 가지 유형의 요소가 포함될 수 있다.

- Rules: 팔코 경보 설정

- Macros: 규칙의 정의를 줄일 수 있는 함수 만들기

- Lists: 규칙에서 사용할 수 있는 항목 모음

다음 하위 절에서는 이러한 각 요소에 대해 살펴볼 예정이다.

규칙 이해

팔코에는 그대로 사용하거나 특수한 요구 사항에 맞게 기존 규칙을 수정할 수 있는 쿠버네티스 규칙 예제가 포함돼 있다.

팔코는 클러스터 보안을 강화하는 강력한 감사 시스템이다. 감사를 제공하는 다른 시스템과 마찬가지로 시스템을 모니터링하는 규칙을 만드는 것은 복잡해질 수 있으며 팔코 쿠버네티스도 예외는 아니다. 팔코를 효과적으로 사용하려면 규칙 파일을 사용하는 방식과 요구 사항에 맞게 규칙을 올바르게 사용자 지정하는 방법을 이해해야 한다.

기본 팔코 설치에는 다음과 같은 세 가지 규칙 세트가 포함된다.

표 10.1 규칙 파일 개요

규칙 파일	개요
falco_rules.yaml	팔코에 의해 제공되는 기본 규칙. 이 규칙 집합은 수정될 수 없고 이후 팔코 디플로이먼트에 의해 교체될 수 있다. 변경 사항이나 추가적인 규칙은 falco_rules.local.yaml에 추가돼야 한다.
falco_rules.local.yaml	조직의 요구하는 사용자 정의 규칙을 포함한다. 또한 규칙을 수정하기 위해 사용되는 해당 파일은 기본 falco_rules.yaml 파일을 포함한다.
k8s_audit_rules.yaml	팔코가 쿠버네티스 감사 이벤트와 통합될 때 사용되는 규칙에 포함된다. 해당 파일은 컨피그맵으로 추가되지만, 해당 통합은 기본적으론 구성되지 않는다.

각 규칙 파일은 동일한 구문을 가지고 있으므로 각 파일을 더 자세히 설명하기 전에 규칙, 매크로 및 목록을 함께 사용해 규칙을 만드는 방법을 설명할 것이다.

첫 번째 예제는 쿠버네티스에 속하지 않은 파드가 API 서버에 접속하려고 할 때 경보를 생성한다. 이러한 활동 유형은 공격자가 쿠버네티스 API 서버를 악용하려고 한다는 신호를 보낼 수 있다. 가장 효율적인 경보를 달성하기 위해 API 서버와 통신해야 하는 쿠버네티스 클러스터의 일부인 파드에서 경보를 생성하고 싶지 않을 것이다.

포함된 규칙 목록에는 해당 이벤트가 포함된다. falco_rules.yaml 파일에는 API 서버 통신에 대한 규칙이 있다.

```
- rule: Contact K8S API Server From Container
  desc: Detect attempts to contact the K8S API Server from a container
  condition: evt.type=connect and evt.dir=< and (fd.typechar=4 or
fd.typechar=6) and container and not k8s_containers and k8s_api_server
  output: Unexpected connection to K8s API Server from container
(command=%proc.cmdline %container.info image=%container.image.
repository:%container.image.tag connection=%fd.name)
  priority: NOTICE
  tags: [network, k8s, container, mitre_discovery]
```

규칙에 여러 조건과 값이 포함될 수 있음을 알 수 있다.

팔코에는 확인할 수 있는 다양한 조건이 포함돼 있으므로 먼저 이 규칙을 자세히 설명할 것이다.

이 규칙의 작동 방식을 설명하기 위해 다음 표를 통해 각 절을 살펴본다.

표 10.2 팔코 규칙의 부분

규칙 파일	설명
rule	규칙의 이름. 예시에서는 Contact K8S API Server From Container
desc	규칙 옵션보다 더 상세하게 작성돼야 하는 설명. 예시에서는 Detect attempts to contact the K8S API Server from a container.
condition	해당 절은 규칙이 트리거(trigger)될지 결정할 로직이 포함. 예시 규칙은 다음 절에서 상세하게 설명할 것이다.
output	해당 절은 로그로 보낼 출력을 생성한다.

대부분의 테이블은 매우 간단하지만 condition 절에는 이해가 안 될 수 있는 몇 가지 복잡한 논리가 있다. 대부분의 로깅 시스템과 마찬가지로 팔코는 규칙 조건을 만들기 위해 자체 구문syntax을 사용한다.

규칙을 만드는 것이 어려울 수 있기 때문에 팔코 커뮤니티는 미리 만들어진 규칙의 광범위한 목록을 제공해왔다. 많은 사람들이 커뮤니티 규칙이 요구 사항을 완전히 충족한다는 것을 알게 될 것이다. 하지만 신경 쓸 필요 없는 이벤트에 대한 알림을 줄이기 위해 사용자 지정 규칙을 만들거나 기존 규칙 중 하나를 변경해야 하는 시나리오도 있다. 이벤트를 만들거나 변경하기 전에 조건의 전체 로직을 이해해야 한다.

팔코가 제공하는 모든 논리와 구문을 다루는 것은 이 책의 범위를 벗어나지만, 예제 규칙을 이해하는 것이 기존 규칙을 만들거나 편집하는 첫 번째 단계다.

조건(필드 및 값) 이해

예제 조건에는 몇 가지 다른 조건이 포함돼 있으며, 여기에서는 세 절로 나누어 단계별로 조건의 각 부분을 설명할 것이다.

조건의 첫 번째 구성 요소는 클래스 필드다. 조건은 여러 클래스 필드를 포함할 수 있으며 and, not, equals 조건을 사용해 평가할 수 있다.

예제 조건을 분석해보면 event(evt) 및 file descriptor(fd) 클래스 필드를 사용하고 있다.

그림 10.1 클래스 필드 예제

각 클래스에는 필드 값이 있을 수 있다.

그림 10.2 클래스 필드 값

마지막으로 각 필드 유형은 값을 가진다.

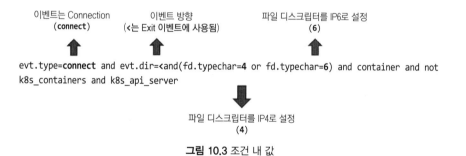

그림 10.3 조건 내 값

NOTE

제공되는 클래스의 전체 목록은 팔코 웹 사이트(https://falco.org/docs/rules/supported-fields/)에서 확인할 수 있다.

팔코에는 규칙에 대한 여러 클래스 필드와 값이 있다. 하나의 장에서 설명하기에는 클래스가 너무 많지만 사용자 지정 규칙을 만드는 데 도움이 되도록 원래 예제 조건을 사용해 설명한다.

```
condition: evt.type=connect and evt.dir=< and (fd.typechar=4 or
fd.typechar=6) and container and not k8s_containers and k8s_api_server
```

다음 테이블은 이벤트 클래스와 값을 설명한다.

표 10.3 이벤트 클래스 예제

이벤트(EVT) 클래스	
값	설명
type	이벤트 유형. 예시에서는 네트워크 연결을 사용할 것이라고 확인하기 원하는 이벤트 때문에 type 값을 connect로 설정한다.
dir	이벤트 방향. 방향은 입장(>) 또는 출구(<)로 설정한다. 예시에서는 존재하는 파드의 연결을 감시하는 데 사용한다.

이 규칙은 이벤트 클래스 사용과 함께 다음과 같이 파일 식별자 클래스도 사용한다.

표 10.4 파일 디스크립터 예제

파일 디스크립터(FD) 클래스	
값	설명
typechar	감시할 클래스의 유형을 설정한다. 값은 (f) file, (4) IPV4, (6) IPv6, (u) unix, (p) pipe, (e) eventfd, (s) signalfd, (1) eventpoll, (i) notify 또는 (o) unknown이 될 수 있다. 예시에서는 값 4 또는 6의 or 문을 사용한다. 두 가지 설정 모두 IPv4 또는 IPv6 기반 알림이 트리거될 것이다.

and container 값으로 시작하는 규칙의 마지막 부분에는 모든 컨테이너가 포함된다. 하지만 쿠버네티스 자체에서 유효한 통신에 대한 알림을 보내고 싶지 않기 때문에 and not k8s_containers and k8s_api_server 값은 쿠버네티스 컨테이너와 api_server를 생략하라는 조건을 알려준다. 이 예제의 값은 falco_rules.yaml 파일에 정의된 매크로를 사용한다.

다음 절에서는 규칙을 더 쉽게 만들 수 있는 매크로에 대해 설명할 예정이다.

매크로 사용

매크로^{macro}를 사용하면 컬렉션을 만들어 규칙을 더 빠르고 쉽게 만들 수 있다. 이전 예제에서 조건은 k8s_containers와 k8s_api_server라는 2개의 매크로를 사용했다.

k8s_containers 매크로는 다음 조건을 포함하도록 정의됐다.

```
# In a local/user rules file, list the namespace or container images
that are
# allowed to contact the K8s API Server from within a container. This
# might cover cases where the K8s infrastructure itself is running
# within a container.
- macro: k8s_containers
  condition: >
    (container.image.repository in (gcr.io/google_containers/hyperkube-
amd64,
      gcr.io/google_containers/kube2sky, sysdig/agent, sysdig/falco,
      sysdig/sysdig, falcosecurity/falco) or (k8s.ns.name = "kube-system"))
```

규칙과 마찬가지로 매크로는 클래스를 사용해 조건을 만든다. k8s_containers 조건을 평가하기 위해 매크로는 다음 두 가지 클래스를 사용한다.

- 조건에 대한 저장소의 유효성을 검사하는 container.image.repository 클래스 필드

- kube-system 네임스페이스에서 실행 중인 모든 컨테이너를 포함하는 데 사용되는 k8s.ns.name 클래스 필드

k8s_api_server는 다음 조건을 포함하도록 정의됐다.

```
- macro: k8s_api_server
  condition: (fd.sip.name="kubernetes.default.svc.cluster.local")
```

k8s_api_server 조건의 경우, 매크로는 서버 IP^{SIP}의 도메인 이름을 확인하는 fd.sip.name 클래스 필드의 조건을 평가하는 단일 클래스 필드를 사용한다. kubernetes.default.svc.cluster.local과 같으면 일치하는 것으로 간주된다.

규칙 조건에 위의 두 매크로를 모두 사용하면 API 서버와 통신할 때 모든 쿠버네티스 클러스터 파드가 알림을 생성하지 못하게 된다.

목록 이해하기

목록을 사용하면 항목을 단일 오브젝트 그룹화해 규칙, 매크로에 사용하거나 다른 목록에 중첩시킬 수 있다.

목록에는 규칙 파일, list 및 items에 있는 2개의 키만 필요하다. 예를 들어 조건에 여러 바이너리를 나열하는 대신 바이너리를 list로 그룹화할 수 있다.

```
- list: editors
  items: [vi, nano, emacs]
```

목록을 사용하면 한 조건에 여러 항목을 포함하는 대신 단일 항목을 사용할 수 있다.

규칙이 어려울 수 있지만 포함된 규칙을 더 많이 읽고 직접 만들어보면 더 쉬워질 것이다. 지금까지 규칙, 매크로 및 목록을 만드는 방법에 대한 기본 사항을 소개했다. 이러한 오브젝트에 대한 기본적인 이해를 바탕으로 팔코 규칙을 작성하고 추가하는 다음 구성 파일로 넘어갈 것이다.

사용자 지정 규칙 생성 및 추가

팔코는 falco_rules.yaml 파일에 있는 여러 가지 기본 규칙을 제공한다. 이 파일은 절대 편집해서는 안 된다. 새 규칙을 변경하거나 생성해야 하는 경우 falco_rules.local.yaml 파일을 편집하거나 새 파일에 규칙을 추가해 세트를 추가해야 한다.

기존 규칙 수정

포함된 `falco_rules.local.yaml`은 기본적으로 비어 있다. 기존 규칙을 수정 또는 제거해야 하거나 새 규칙을 추가해야 하는 경우에만 이 파일을 편집하면 된다. 이 파일은 기본 `falco_rules.yaml` 파일의 값을 변경하거나 추가하는 데 사용되므로 팔코에서 파일을 사용하는 순서가 매우 중요하다.

팔코는 모든 규칙 파일의 이름을 기반으로 규칙을 빌드할 것이다. 이 파일은 기본 팔코 설정 파일에서 참조되는 순서대로 읽고 평가한다. 10장 시작 부분에서 예제로 사용한 기본 파일의 규칙 파일 순서는 다음과 같다.

```
rules_file:
  - /etc/falco/falco_rules.yaml
  - /etc/falco/falco_rules.local.yaml
  - /etc/falco/k8s_audit_rules.yaml
```

`falco.rules.local.yaml` 파일은 기본 `falco_rules.yaml` 파일 뒤에 선언한다. 파일 순서를 제어하면 규칙의 예상되거나 예상치 못한 동작을 추적하는 데 도움이 된다.

팔코 문서의 예제를 사용해 규칙에 추가하는 방법을 확인하자.

`falco_rules.yaml`의 원래 규칙은 다음 코드 블록에 나와 있다.

```
- rule: program_accesses_file
  desc: track whenever a set of programs opens a file
  condition: proc.name in (cat, ls) and evt.type=open
  output: a tracked program opened a file (user=%user.name command=%proc.
cmdline file=%fd.name)
  priority: INFO
```

설명에 나와 있듯이 이 규칙은 일련의 프로그램이 파일을 열 때마다 트리거된다. cat 또는 ls를 사용해 파일을 열 때 조건이 트리거된다.

현재 규칙에서는 모든 사용자의 열린 작업을 생략하지 않는다. 루트 사용자가 언제 cat 또는 ls를 사용해 파일을 열지 알 필요가 없으며 팔코에서 루트에 대한 알림을 생성하지 못하도록 한다.

`falco_rules.local.yaml` 파일에서 기존 규칙에 대한 `append`를 만들어야 한다. 규칙에 추가하려면 동일한 규칙 이름을 사용한 다음 `append: true`와 규칙에 적용하려는 변경 사항을 추가해야 한다. 다음 스니펫에 예가 나와 있다.

```
- rule: program_accesses_file
  append: true
  condition: and not user.name=root
```

새 규칙을 만드는 것이 기존 규칙에 추가하는 것보다 쉽다. 어떻게 작동하는지 확인하자.

신규 규칙 만들기

앞서 언급한 것처럼 팔코에 포함된 기본 규칙은 편집하지 말고, 대신 추가 규칙 파일에 사용자 지정 규칙을 추가해야 한다. 책 리포지터리 chapter10 디렉터리 아래에 bitnami NGINX 컨테이너의 conf 디렉터리 변경 사항에 대해 경고하는 예제 사용자 지정 규칙인 custom-nginx.yaml을 제공했다. 규칙 파일은 다음에 설명돼 있다.

```
customRules:
  rules-nginx-write.yaml: |-
    - rule: Detected NGINX Directory Change
      desc: Detect any writes to the NGINX conf directory
      condition: evt.dir = < and open_write and fd.directory in (/opt/
bitnami/nginx/conf)
      output: There has been a change under the NGINX conf directory
(command=%proc.cmdline pid=%proc.pid connection=%fd.name sport=%fd.
sport user=%user.name %container.info image=%container.image)
      priority: NOTICE
```

이 규칙은 /opt/bitnami/nginx/conf 폴더 아래의 모든 쓰기 이벤트를 감시한다. 10장의 '이벤트에 대한 자동 응답 이해' 절의 데브옵스 AI 예제에 이 규칙을 배포할 예정이지만, 먼저 KinD 클러스터에 팔코를 설치해야 한다. 다음 절에서는 팔코를 배포하는 방법을 설명하고 마침내 실제로 작동하는 것을 보게 될 것이다.

⠿ 팔코 배포

chapter10 폴더의 깃허브 리포지터리 내에 팔코를 배포하는 install-falco.sh라는 스크립트를 포함했다.

쿠버네티스 클러스터에 팔코를 배포하는 가장 많이 사용되는 두 가지 방법은 공식 헬름 차트 또는 팔코 리포지터리의 데몬셋 매니페스트를 사용하는 것이다. 이 모듈에서는 헬름과 책의 깃허브 리포지터리 내의 custom values.yaml을 사용해 팔코를 배포할 것이다.

포함된 스크립트를 사용해 팔코를 배포하려면 chapter10 폴더 내에서 스크립트 ./install-falco.sh를 실행한다.

스크립트가 수행하는 단계는 다음 목록에 자세히 설명돼 있으며 이 절에서 자세히 설명할 것이다.

스크립트는 다음 작업을 실행한다.

1. 팔코 네임스페이스를 생성한다.

2. falcosecurity.github.io/charts 리포지터리 차트를 추가한다.

3. NGINX 예제의 사용자 지정 규칙 파일과 함께 사용자 지정 값 파일을 사용해 팔코 네임스페이스에 헬름을 사용해 팔코를 설치한다.

팔코 로그는 표준 출력을 사용하므로 타사 로깅 시스템 로그를 쉽게 전달할 수 있다. 로깅 서버로 선택할 수 있는 많은 옵션이 있지만, 우리는 팔코사이드킥과 함께 일래스틱 서치, Fluentd 및 키바나EFK를 사용해 로그를 전달하도록 선택했다.

팔코사이드킥 소개

보다시피 팔코는 강력한 탐지 시스템이다. 하지만 다른 로깅 시스템 마찬가지로 이벤트를 모니터링하고 조치를 취하는 경우에만 유용하다. 많은 표준 이벤트와 달리 팔코에서 캡처한 이벤트는 보안 침해가 진행 중임을 의미할 수 있으며, 이벤트에 대한 조치가 지연되면 해커의 시도 성공 여부가 달라질 수 있다.

팔코사이드킥은 슬랙Slack, 팀즈Teams, 데이터독Datadog, 프로메테우스Prometheus, 얼럿매니저AlertManager, 일래스틱서치ElasticSearch, 로키Loki, 람다Lambda, 쿠브리스Kubeless, GCP 클라우드 런Cloud Run, GCP Pub/Sub 등을 포함한 여러 외부 시스템에 연결할 수 있는 기능을 제공해 기본 팔코 로깅을 확장한다. 아래 그래픽은 작성 당시 팔코사이드킥에서 지원하는 카테고리 및 제품을 보여준다.

이 절에 팔코사이드킥 그래픽을 사용할 수 있게 해주신 팔코사이드킥 프로젝트의 토마스 라바루시아스Thomas Labarussias에게 감사의 말을 전한다.

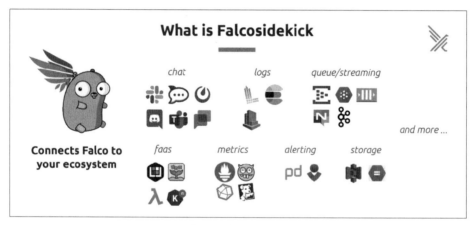

그림 10.4 팔코사이드킥 통합

서로 다른 구성 요소 간의 흐름을 보여주기 위해 팔코사이드킥 팀은 다음의 다이어그램을 만들었다.

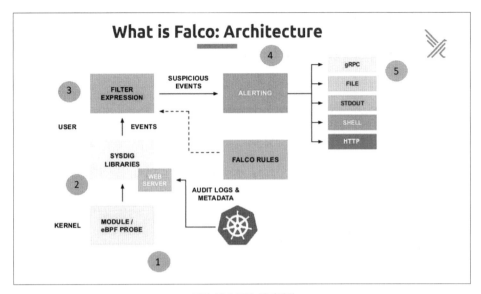

그림 10.5 팔코 아키텍처

이벤트의 흐름을 따라가보자.

1. 워커 노드의 모듈 또는 eBPF 프로브^{Probe}는 정보를 팔코 파드에 전달한다.

2. 팔코는 모듈 또는 eBPF 프로브로부터 활동을 수신하고, 구성된 경우 쿠버네티스 API 서버로부터 활동을 수신한다.

3. 팔코는 규칙 세트에 정의된 이벤트를 사용해 1단계에서 전달된 활동을 비교한다.

4. 팔코는 트리거되는 규칙을 기반으로 이벤트를 기록할 것이다.

5. 단일 또는 여러 엔드포인트에 출력할 수 있다. 기본적으로 이벤트의 출력에는 STDOUT 이 사용된다.

이제 팔코와 쿠브리스가 팔코의 기본 출력을 확장하는 방법을 이해했으니, KinD 클러 스터에 팔코사이드킥을 설치할 다음 절로 넘어가자.

팔코사이드킥 설치

책의 깃허브 리포지터리 chapter10 디렉터리 아래에 values-sidekick.yaml이라는 사용자 지정 values.yaml 파일을 포함했다.

팔코 배포에 사용한 값 파일과 마찬가지로 가장 중요한 옵션에 대해 설명하면서 10장의 실습을 위해 구성한 옵션을 강조 표시할 것이다.

파일의 시작 부분은 설치 시 팔코사이드킥 파드에서 사용할 이미지를 알려준다.

```
image:
  registry: docker.io
  repository: falcosecurity/falcosidekick
  tag: 2.23.1
  pullPolicy: IfNotPresent
```

값 파일에는 가능한 모든 연결 옵션이 포함돼 있으므로 팔코사이드킥 이벤트를 전달하도록 구성하는 부분을 중심으로 구성 절로 넘어갈 것이다.

```
kubeless:
  function: "falco-functions"
  namespace: "kubeless"
  port: 8080
  minimumpriority: ""
  mutualtls: false
  checkcert: false
```

kubeless 블록은 팔코사이드킥이 포트 8080에서 실행 중인 kubeless 네임스페이스 내의 falco-functions라는 함수에 이벤트를 전달하도록 구성한다. 이벤트가 트리거되면 팔코는 여전히 이벤트를 기록하지만 기본 로깅 외에도 이벤트 정보를 함수에 전달한다.

```
helm install falcosidekick falcosecurity/falcosidekick -f values-
  sidekick.yaml --namespace falco
```

다음으로 쿠브리스를 설치해야 한다. 팔코 이벤트에 대한 자동 응답을 생성하기 위해 이를 팔코사이드킥과 함께 사용할 것이기 때문이다.

쿠브리스의 이해

Function as a Service[FaaS] 또는 서버리스에 대해 들어봤을 것이다. 쿠브리스는 쿠버네티스 클러스터에 서버리스 컴퓨팅을 제공하기 위한 프레임워크를 제공한다. 컨테이너를 처음부터 구축할 필요 없이 자체 코드를 쿠버네티스 클러스터에 배포할 수 있다. 코드를 생성하고 CLI를 사용해 쿠브리스에 푸시하거나 쿠브리스에서 제공하는 사용자 정의 리소스 호출 함수를 사용해 코드를 네이티브 쿠버네티스 매니페스트에 패키징하기만 하면 된다.

쿠브리스는 함수 처리를 위한 여러 런타임 옵션을 지원한다. 현재 ballerina0.981.0, dotnetcore2.0, dotnetcore2.1, dotnetcore2.2, dotnetcore3.1, go1.13, go1.14, java1.8, java11, nodejs10, nodejs12, nodejs14, php7.2, php7.3, php7.4, python3.6, python3.7, python3.8, ruby2.3, ruby2.4, ruby2.5, ruby2.6, jvm1.8, nodejs_distroless8, nodejs CE8과 vertx1.8을 지원한다.

10장에서 쿠브리스를 선택한 이유는 배포가 쉽고 팔코사이드킥과 통합해 팔코 이벤트에 대응할 수 있는 자동 기능을 만드는 것이 매우 쉽기 때문이다. 이 절을 마치면 쿠브리스를 설치하는 방법과 특정 팔코 이벤트에 반응하는 데 사용할 파이썬[Python] 스크립트를 배포하는 매니페스트를 만드는 방법을 알게 될 것이다.

첫 번째 단계는 클러스터에 쿠브리스를 배포하는 것이다. 다음 절에서는 쿠브리스를 얼마나 쉽게 배포할 수 있는지 자세히 설명할 것이다.

> **NOTE**
>
> 이 절은 쿠브리스에 대한 높은 수준의 개요를 제공하기 위한 것일 뿐이다. 쿠브리스에 대해 자세히 알아보려면 쿠브리스 홈페이지(https://kubeless.io/)를 방문한다.

쿠브리스의 설치

클러스터에 쿠브리스를 추가하려면 다음 두 단계만 실행하면 된다.

1. 일반적으로 kubeless라는 이름을 사용해 새 네임스페이스를 생성

2. 쿠브리스 매니페스트 배포하기

이를 더욱 쉽게 하기 위해 install-kubeless.sh라는 chapter10/kubeless 디렉터리의 책 리포지터리의 매니페스트를 사용해 네임스페이스를 생성하고 쿠브리스를 배포하는 스크립트를 포함했다.

설치 스크립트는 다음을 대신 실행한다.

1. kubeless 네임스페이스 생성

2. 사용자 지정 배포 매니페스트 사용해 쿠브리스를 kubeless 네임스페이스에 배포

3. cluster-admin 클러스터롤에 바인딩된 서비스어카운트 및 클러스터롤바인딩 생성

쿠브리스 깃 리포지터리에서 직접 다운로드한 매니페스트로 직접 설치할 수도 있지만, 작성 당시에는 크론잡^{CronJob} 트리거 이미지는 1.18 이상의 쿠버네티스 버전에서 제대로 실행되지 않는다. 성공적인 배포를 위해 책 리포지터리의 매니페스트 기본 쿠브리스 엔진 및 HTTP 트리거 이미지만 배포하도록 편집됐다.

쿠브리스를 설치하려면 chapter10/kubeless 디렉터리에서 스크립트를 실행한다.

```
./install-kubeless.sh
```

설치에는 시간이 오래 걸리지 않으며, 쿠브리스가 성공적으로 배포됐는지 확인하려면 kubeless 네임스페이스의 파드를 확인한다. 그러면 2개의 컨테이너가 실행되고 있는 하나의 파드가 반환될 것이다.

```
NAME                                              READY   STATUS
RESTARTS        AGE
kubeless-controller-manager-58dc8f698d-jqkz4      2/2     Running
80              19s
```

442

쿠브리스 서버와 함께 functions.kubeless.io와 httptriggers.kubeless.io라는 2개의 CRD가 생성됐다. 10장의 httptriggers 사용자 정의 리소스를 사용하지 않겠지만 표준 함수 리소스를 사용해 파이썬 스크립트를 배포할 것이다.

다음 절에서는 함수의 사용자 정의 리소스 사용하는 표준 쿠버네티스 매니페스트를 사용해 함수를 배포하는 방법을 설명할 것이다.

쿠브리스를 사용한 함수 배포

이제 쿠브리스를 실행했으니 팔코에서 기록한 잠재적 보안 이벤트를 자동으로 해결하는 데 사용할 함수를 배포할 차례다.

많은 독자들이 코더coder가 아닐 수도 있다는 것을 알고 있기 때문에, 우리는 isolate-pod.yaml이라는 chapter10/kubeless 디렉터리의 리포지터리 내 함수 매니페스트를 포함시켰다. 이 함수는 표준 쿠버네티스 파이썬 클라이언트를 사용해 NGINX conf 디렉터리를 수정하려는 모든 시도를 기반으로 네트워크 정책을 생성한다. conf 디렉터리에서 파일이 수정되면 웹 서버를 장악하려는 시도라고 가정하고 파드에 대한 모든 인그레스ingress 및 이그레스egress 트래픽을 거부해 파드를 격리할 것이다.

스크립트에는 작동 방식을 설명하는 데 도움이 되는 몇 가지 설명서가 포함돼 있지만 대략적으로 스크립트는 다음을 수행한다.

1. 팔코사이드킥은 falco-functions 함수를 사용해 모든 이벤트를 쿠브리스로 전송한다(팔코사이드킥 값 파일의 쿠브리스 절을 구성했다는 점을 기억하자).

2. 이 함수는 단일 이벤트로 감시하도록 구성됐다. NGINX conf 디렉터리 아래에 변경 사항이 있다.

3. 이 이벤트가 함수에서 표시되면 문제가 되는 파드 이름을 검색한다.

4. 그런 다음 배포에 여러 개의 파드가 실행될 수 있으므로 단일 파드만 격리하는 대신 파드의 레이블 중 하나를 사용해 네트워크 정책을 생성한다. 배포된 서비스 대해 응

답할 수 있는 모든 파드를 격리하고자 한다.

5. 하나의 배포에 여러 개의 파드가 실행될 수 있으므로 단일 파드만 분리하는 대신 파드의 레이블 중 하나를 사용해 네트워크 정책이 작성된다. 배포된 서비스에 대한 응답을 할 수 있는 파드를 분리하려고 한다.

이 모든 것이 실제로 작동하는 것을 볼 수 있도록 쿠브리스 함수를 배포해보자.

kubeless 네임스페이스에서 kubectl을 사용해 다른 매니페스트처럼 함수를 배포한다.

```
kubectl create -f isolate-pod.yaml -n kubeless
```

kubeless 네임스페이스에서 kubectl get functions -n kubeless를 사용해 함수를 검색해서 배포됐는지 확인할 수 있다.

```
NAME               AGE
falco-functions    11s
```

여기가 흥미로운 부분이다.

쿠브리스를 도입했을 때 자체 전체 이미지를 만들지 않고도 코드를 배포할 수 있다고 했다. 방금 함수를 배포했으니 kubeless 네임스페이스에서 실제로 무엇이 생성됐는지 살펴보자.

kubeless 네임스페이스에서 쿠브리스 서버라는 단일 파드가 실행되고 있음을 상기하자. 이제 함수를 배포했으니 kubeless 네임스페이스에서 파드를 다시 검색한다.

```
NAME                                             READY    STATUS
falco-functions-7c647fbb8f-k9cxs                 1/1      Running
kubeless-controller-manager-58dc8f698d-jqkz4     2/2      Running
```

여기서 잠깐! 현재 2개의 파드가 실행 중인지 확인한다.

이것이 바로 쿠브리스의 마법이다. 매니페스트 코드와 몇 가지 옵션을 제공하기만 하면 쿠브리스가 필요한 런타임과 모듈이 포함된 코드를 파드에 번들bundle로 제공한다.

이 예제에서는 `falco-functions`라는 파이썬이 실행되는 새로운 파드를 생성하는데, 이는 매니페스트에서 지정한 함수의 이름이다.

마지막으로 팔코, 팔코사이드킥, 쿠브리스를 배포했다. 이제 세 가지 구성 요소가 어떻게 팔코 이벤트에 자동으로 반응하는 기능을 제공하는지 살펴보자.

⁂ 데브옵스 AI

우리 함수는 실제로 AI 함수가 아니라 특정 이벤트에만 반응하는 "멍청한" 함수이며, 이벤트에 대한 허용 여부를 이해하는 로직이 없다. 이 예제는 팔코사이드킥을 사용해 외부 시스템 이벤트를 전달하고 보안을 강화하는 방법을 소개하기 위한 것이다.

이벤트가 전달되면 만들 수 있는 항목에는 제한이 없다. 이벤트를 GCP Pub/Sub에 전달할 수 있고, 이벤트가 GCP에 있으면 Google의 도구를 활용해 Google AI 도구를 활용할지에 대한 복잡한 의사 결정을 내릴 수 있다.

분명히 AI는 그 자체만으로도 책 시리즈 전체 수준이기 때문에 정적인 단일 유스케이스를 고수하기로 결정했다. AI가 정적 검사보다 훨씬 좋은 것은 사실이지만, 표준 함수를 사용해 효과적인 자동 응답 엔진을 만들 수 있다.

이제 실제로 작동하는 것을 확인할 수 있다.

이벤트에 대한 자동 응답 이해

이러한 타입 시스템의 성능을 이해하는 가장 좋은 방법 중 하나는 이벤트 프로세스를 단계별로 살펴보고 시스템 클러스터 보호하는 방법을 단계별로 살펴보는 것이다. 이 실습에서는 사용자 지정 애플리케이션을 제공하기 위해 NGINX 설정 파일을 편집하려고 시도하면서 웹 서버를 공격하는 해커인 것처럼 가장할 것이다.

전체 시스템을 시연하기 위해 다음 단계를 실행한다.

1. 인그레스 규칙 demo.w.x.y.z.nip.io(w.x.y.z는 KinD 워커 노드 IP 주소)를 사용해 포트 80에 노출된 demo 네임스페이스의 비트나미Bitnami NGINX 파드를 배포한다.

2. 인그레스 URL을 curl하거나 탐색해 NGINX 파드가 실행 중인지 확인한다.

3. 파드 내로 들어가 /opt/bitnami/nginx/conf/ 디렉터리에 파일을 추가하려고 시도한다.

4. curl을 반복하거나 인그레스 URL을 탐색한다. 해당 활동은 NGINX conf 폴더 아래의 파일 수정으로 인해 실패할 것이다.

각 배포 단계를 자세히 분석해보자.

NGINX 서버 배포 및 연결 테스트

먼저 웹 서버가 필요하고 클러스터 관리하기 쉽게 유지하려면 demo라는 새 네임스페이스에 서버를 배포한다. demo 네임스페이스를 생성하고 NGINX 파드를 배포하고 서비스를 노출시키고 테스트용 인그레스 규칙을 생성하는 스크립트를 포함했다. 스크립트는 리포지터리의 chapter10/kubeless 디렉터리 내의 deploy-nginx.sh에 위치한다.

다음으로 두 가지를 확인해보자. 배포 스크립트에서 제공한 인그레스 URL로 curl을 실행해 NGINX 파드를 테스트한다. 해당 클러스터에서는 인그레스 URL은 demo-hack.10.2.1.162.nip.io가 될 것이다.

```
curl demo-hack.10.2.1.162.nip.io
```

해당 curl을 실행하면 다음과 비슷한 출력으로 홈페이지의 HTML이 반환된다.

```
<!DOCTYPE html>
<html>
<head>
<title>Welcome to nginx!</title>
<style>
    body {
```

```
        width: 35em;
        margin: 0 auto;
        font-family: Tahoma, Verdana, Arial, sans-serif;
    }
</style>
</head>
<body>
<h1>Welcome to nginx!</h1>
```

이를 통해 파드, 서비스, 인그레스 규칙이 모두 올바르게 생성됐고 NGINX 서버가 네트워크에 연결돼 있는지 확인한다. 한 단계 더 나아가 demo 네임스페이스에 대한 네트워크 정책이 없는지 확인해보자. kubectl get netpol -n demo를 실행해 정책을 확인하면 리소스를 찾을 수 없다는 결과가 반환된다.

```
No resources found in demo namespace.
```

테스트 파드가 실행되면 NGINX 서버에 대한 공격을 시뮬레이션할 수 있다.

파드에 대한 공격 시뮬레이션

마지막으로 팔코사이드킥과 쿠브리스가 실제로 작동하는 모습을 볼 수 있다.

함수에서 주시하고 있는 이벤트를 트리거하려면 demo 네임스페이스의 NGINX 파드를 exec로 접속한다.

```
kubectl exec -it nginx-hack -n demo -- bash
```

그러면 컨테이너 bash 셸로 접근할 수 있다. 이 규칙은 NGINX conf 폴더에 쓰는 모든 내용을 감시하므로 이벤트를 트리거할 새 파일을 만들어야 한다. 가장 쉬운 테스트는 단순히 디렉터리의 파일을 touch 명령어로 실행해 /opt/bitnami/nginx/conf/ 디렉터리에 badfile이라는 파일을 생성하는 것이다. I have no name!@nginx-hack:/app$ 프롬프트가 컨테이너에 표시된다. 다음 명령을 실행해 새 파일을 생성한다.

```
touch /opt/bitnami/nginx/conf/badfile
```

즉시 bash 프롬프트로 돌아가고 아무 일도 없었던 것처럼 보일 수 있다. 어떠한 권한 거부 메시지나 오류 메시지를 받지 못했다. 무슨 일이 일어난 걸까?

다음 단계에서는 도커 호스트에 대한 다른 세션을 열거나 실행 중인 컨테이너만 종료할 수 있다. 셸 프롬프트가 표시되면 인그레스 이름을 다시 컬링해 NGINX 서버의 상태를 확인한다. 다시 말하지만 이 예제에서 인그레스 이름은 demo-hack.10.2.1.162.nip.io 이다.

```
curl demo-hack.10.2.1.162.nip.io
```

답변이 지연된 것을 알 수 있다. 몇 초를 기다리면 결국 504 Gateway Time-out 오류가 반환된다.

```
<html>
<head><title>504 Gateway Time-out</title></head>
<body>
<center><h1>504 Gateway Time-out</h1></center>
<hr><center>nginx</center>
</body>
</html>
```

이 오류는 NGINX 서버가 연결 시도에 응답하지 않음을 나타낸다. 물론 실행 중인 컨테이너 내부에 새 파일을 만들기 전에도 효과가 있었으므로 이제 서버가 트래픽을 거부하는 이유에 대해 알아보자.

연결이 거부되는 이유는 NGINX conf 디렉터리에 파일이 생성됐다고 팔코가 경고했기 때문이다. 이로 인해 이벤트가 트리거된 후 팔코사이드킥은 이벤트를 쿠브리스 함수로 전송했으며, 쿠브리스 함수는 네트워크 정책을 생성해 이벤트에 대한 조치를 취했다. kubectl get netpol -n demo를 실행해서 demo 네임스페이스의 네트워크 정책을 다시 살펴보자.

```
NAME                              POD-SELECTOR          AGE
falco-netpol-nginx-hack           run=nginx-hack        7m28s
```

동적으로 생성된 이 정책은 demo 네임스페이스 내의 run=nginx-hack 레이블이 있는 모든 파드에 대한 모든 인그레스 및 이그레스 트래픽을 거부한다. 이는 쿠브리스 함수에 의해 자동으로 생성됐으므로 해킹 시도가 실행된 후 즉시 모든 네트워크 트래픽을 거부해 사람의 개입 없이 클러스터를 보호한다.

이 예제와 관련해 자주 묻는 질문 중 하나는 "파드를 격리하는 대신 왜 삭제하지 않는가?"이다. 이는 한 가지 간단한 답으로 귀결된다. 컨테이너에 무엇이 추가됐는지에 대한 시각이 필요하고, 컨테이너를 격리하는 대신 삭제하면 포렌식 등에 필요할 수 있는 증거를 잃게 된다.

이것으로 10장에서의 팔코 절이 끝났다. 지금까지 팔코가 클러스터의 런타임 보안에 어떤 이점을 가져다 주는지 배웠다. 여기에는 이벤트에 대한 응답을 자동화하는 데 사용할 수 있는 팔코사이드킥과 쿠브리스와 같은 애드온 구성 요소가 포함된다.

다음 절에서는 다양한 관측성^{observability} 도구를 사용해 팔코 이벤트의 세부 정보를 보는 방법을 설명한다. Falcosidkick-ui라는 새 프로젝트를 사용해 이벤트를 빠르게 확인하는 방법과 EFK와 같은 전체 로깅 솔루션에 이벤트를 전달하는 방법을 설명할 것이다.

팔코 이벤트 관측

팔코는 기본적으로 로깅에 STDOUT을 사용한다. 따라서 Sysdig, Datadog, Splunk 또는 EFK와 같은 엔터프라이즈 솔루션을 비롯한 모든 로깅 시스템 이벤트를 매우 쉽게 전달할 수 있다.

최근 팔코 프로젝트에는 FalcoSideKick-UI라는 이벤트를 관찰하기 위한 독립형 UI가 추가됐다.

10장에서는 이러한 각 시스템을 사용해 실시간 또는 기존 이벤트를 관측하는 방법을 보여줄 것이다.

FalcoSideKick-UI 사용

헬름 차트와 밸류 파일을 사용해 팔코사이드킥을 배포할 수 있다. chapter10 폴더에는 팔코사이드킥을 배포하는 install-falcosidekick.sh라는 스크립트와 nip.io 형식을 사용하는 인그레스 규칙이 포함돼 있다.

일단 실행되면 헬름을 사용해 팔코사이드킥이 설치되고 sidekick-ui.w.x.y.z.nip.io 라는 이름을 사용하는 인그레스 규칙이 생성된다. KinD 클러스터에서는 포트 80으로 sidekick-ui.10.2.1.162.nip.io를 노출한다.

브라우저를 열고 클러스터의 인그레스 규칙으로 이동해 URL 경로에 /ui를 추가하면 네트워크의 모든 머신 UI에 접근할 수 있어야 한다.

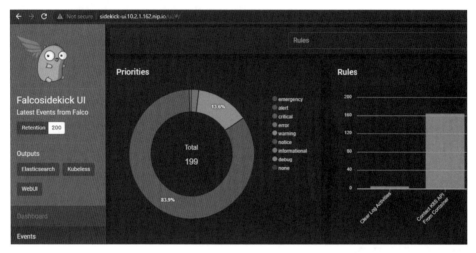

그림 10.6 Falcosidekick-ui 화면

UI는 실시간으로 업데이트되는 대시보드를 보고 규칙 및 타임라인별로 이벤트를 그룹 화하거나 왼쪽 창의 이벤트 버튼을 클릭해 이벤트의 세부 정보를 볼 수 있어 매우 유용하다.

이렇게 하면 보기가 변경돼 모든 이벤트와 각 이벤트에 대한 세부 정보가 포함된다.

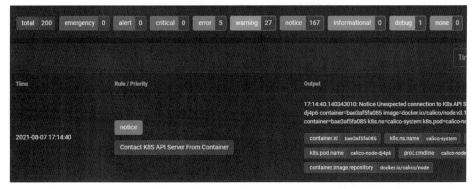

그림 10.7 Falcosidekick-ui 이벤트 확인

Falcosidekick-ui는 소규모 클러스터의 이벤트를 보거나 팔코에서 생성한 최신 이벤트에 빠르게 접근할 수 있는 훌륭한 도구다. 팔코 팀은 항상 프로젝트를 업데이트하므로 새로운 기능이 있는지 확인하거나 프로젝트(https://github.com/falcosecurity/falcosidekick-ui)에 기여할 수 있다.

기업에서는 좀 더 강력한 로깅 시스템이 필요하다. EFK와 같은 완벽한 로깅 솔루션이 필요한 분야다.

로깅 시스템 배포

첫 번째 단계는 이벤트를 데이터를 수신하도록 일래스틱서치를 배포할 것이다. 일래스틱서치를 설치하려면 데이터를 위한 영구 스토리지가 필요하다. 다행히 KinD 클러스터를 사용하고 있기 때문에 Rancher의 로컬 프로비저너^{provisioner} 덕분에 영구 저장소를 사용할 수 있다.

배포를 쉽게 하기 위해 Elastic Cloud Control에 스택을 배포해 일래스틱서치, 파일비트^{Filebeat} 및 키바나^{Kibana}를 설치할 예정이다. 깃허브 리포지터리에는 모든 로깅 구성요소를 배포하는 스크립트가 포함돼 있다. 이 스크립트는 `install-logging.sh`라고 하며 `chapter10/logging` 디렉터리에 있다. 이전의 모든 스크립트와 마찬가지로 실행되는 명령에 대한 세부 정보를 살펴볼 것이다.

신규 네임스페이스 생성

중앙 집중식 로깅 팀에 접근을 위임하고 싶을 수 있으므로 logging이라는 신규 네임스페이스를 만들 것이다.

```
kubectl create ns logging
```

ECK 오퍼레이터 배포

ECK는 사용자 지정 리소스를 사용해 로깅 스택 구성 요소를 생성한다. 운영자는 여러 로깅 구성 요소를 배포할 수 있지만 일래스틱서치, 비트[Beats] 및 키바나[Kibana] 오브젝트를 만들기 위한 사용자 지정 리소스에 중점을 둘 것이다.

스크립트의 처음 두 줄에서 수행하는 Elastic 리포지터리에서 직접 CRD와 연산자를 배포할 수 있다.

```
kubectl create -f https://download.elastic.co/downloads/eck/1.7.0/crds.
yaml
kubectl apply -f https://download.elastic.co/downloads/eck/1.7.0/
operator.yaml
```

로깅 구성 요소를 만들기 전에 오퍼레이터[operator]가 완전히 가동되고 실행되고 있는지 확인해야 한다. 포함된 스크립트는 ECK 오브젝트 생성을 진행하기 전에 오퍼레이터가 완전히 준비되는 것을 감시한다.

오퍼레이터가 완전히 준비 상태가 되면 Elastic 로깅 오브젝트 배포로 넘어갈 수 있다.

일래스틱서치, 파일비트, 키바나 배포

클러스터에 일래스틱 구성 요소를 생성할 매니페스트를 포함했다. 이 매니페스트는 리포지터리의 chapter10/logging 디렉터리에 eck-filebeats.yaml로 존재한다. install-logging.sh 스크립트의 일부로 실행되지만 kubectl create를 사용해 수동으로 배포할 수도 있다.

```
kubectl create -f eck-filebeats.yaml -n logging
```

일래스틱서치는 vm.max_map_count 커널 세팅을 늘려야 한다. 이를 위해 오퍼레이터는 워커노드에 값을 설정할 특권 있는 initContainer를 배포한다. 프로덕션 환경에서는 특권 있는 파드의 실행을 허용하지 않을 수 있다. 그러면 initContainer가 실패할 수 있다. 클러스터에서 특권을 가진 파드의 실행을 허용하지 않는 것은 매우 좋은 생각이다. 일래스틱서치를 배포하기 전에 각 호스트에서 이 값을 수동으로 설정해야 한다.

logging 네임스페이스의 파드를 확인해 배포 상태를 확인할 수 있다. kubectl을 사용해 다음 단계로 넘어가기 전에 모든 파드가 실행 상태인지 확인한다.

```
kubectl get pods -n logging
```

다음과 같은 출력을 확인해야 한다.

```
NAME                              READY   STATUS    RESTARTS   AGE
elasticsearch-es-logging-0        1/1     Running   0          11h
filebeat-beat-filebeat-xn5lk      1/1     Running   4          11h
kibana-kb-647fbd8dd9-t4qp6        1/1     Running   0          11h
```

또한 일래스틱서치 파드는 1GB의 퍼시스턴트볼륨클레임을 생성할 것이다. kubectl get pvc -n logging을 사용해 PVC가 생성됐는지 확인할 수 있으며, 다음과 같이 포맷을 위해 축약된 형태로 출력을 확인할 수 있다.

```
NAME                                                   STATUS   VOLUME
elasticsearch-data-elasticsearch-es-logging-0          Bound    pvc-83de97d8-
f06d-4c32-b842-xxxxxx
```

다른 쿠버네티스 오브젝트에서만 일래스틱서치를 사용할 예정이므로 4개의 ClusterIP 서비스가 생성됐다. kubectl get services -n logging을 사용해 서비스를 볼 수 있으며 다음과 같은 출력을 생성할 수 있다.

```
NAME                            TYPE        CLUSTER-IP        EXTERNAL-IP
PORT(S)            AGE
elasticsearch-es-http           ClusterIP   10.105.169.185    <none>
9200/TCP           11h
elasticsearch-es-logging        ClusterIP   None              <none>
9200/TCP           11h
elasticsearch-es-transport      ClusterIP   None              <none>
9300/TCP           11h
                                kibana-kb-http    ClusterIP   10.104.179.136    <none>
5601/TCP           11h
```

파드, 서비스 및 PVC를 살펴봄으로써 차트 배포가 성공적으로 완료됐는지 확인하고 다음 구성 요소인 파일비트로 넘어갈 수 있다.

파일비트는 이미 들어본 다른 데몬셋Daemonset인 Fluentd와 비슷하다. 둘 다 쿠버네티스와 함께 중앙 로깅 시스템에 컨테이너 로그를 보내는 데 사용되는 일반적인 로그 전달자. ECK 배포의 완벽한 예시를 제공할 목적으로 일래스틱서치에 쿠버네티스 로그를 전달하기 위해 파일비트 설치를 진행한다.

배포의 각 단계마다 ECK 오퍼레이터를 사용했기 때문에 서비스를 상호 연결하기 위한 정보를 제공할 필요가 없다. 오퍼레이터가 통합 작업을 대신 처리해준다.

일래스틱서치에는 데이터를 유용하게 사용할 수 있도록 정렬해야 할 많은 정보가 있다. 데이터를 파싱하고 로그에 유용한 정보를 만들려면 사용자 지정 대시보드를 만들고 수집된 데이터를 검색하는 데 사용할 수 있는 시스템을 설치해야 한다. 이것이 바로 키바나의 영역이다.

키바나는 이벤트를 보고 정보를 표시하는 사용자 지정 대시보드를 만들 수 있는 그래픽 보기를 제공하는 로그 관찰 도구다. ECK 운영자는 운영자가 배포한 일래스틱서치와 자동으로 통합된 키바나 파드를 배포해 통합을 빠르고 간단하게 한다.

ECK가 우리를 위해 모든 구성 요소와 서비스를 배포하겠지만, 키바나 대시보드를 위한 인그레스 규칙을 만드는 추가 단계가 하나 더 필요하다. 설치 스크립트의 마지막 절은 도커 호스트의 IP 주소를 가져와서 키바나로 시작하는 nip.io URL을 사용해 인그레스 규칙을 생성한다. 예제 클러스터에서 인그레스 URL은 kibana.10.2.1.162.nip.io이다. ECK 구성 요소를 모두 설치한 후 출력에 클러스터의 URL과 자격 증명이 표시된다.

```
****************************************************************
ECK and all Custom Resources have been deployed
****************************************************************

The Kibana UI has been added to ingress, you can open the UI using
http://kibana.10.2.1.162.nip.io/
To log into Kibana, you will need to use the following credentials:

Username: elastic
Password: 8g57lX4zC03rt32zYcb5EZ6i
****************************************************************
```

키바나 대시보드에 로그인하는 데 필요한 URL과 사용자 이름/암호를 모두 기록해두자.

마지막으로, 이 단계에서는 팔코사이드킥 밸류 파일을 업데이트해 일래스틱서치와 통합한다. ES에는 사용자 이름과 암호가 필요하므로 생성된 암호를 값 파일의 ES 구성의 자격 증명 절에 추가해야 한다. ES 디플로이먼트의 시크릿 정보를 읽고 새 밸류 파일을 사용해 팔코사이드킥 배포를 업그레이드해 이 단계를 자동화했다.

```
export PASSWORD=$(kubectl get secret elasticsearch-es-elastic-user -n
logging -o go-template='{{.data.elastic | base64decode}}')

envsubst < values-sidekick-update.yaml | helm upgrade falcosidekick
falcosecurity/falcosidekick -f - --namespace falco
```

위 코드는 ES 사용자 암호를 검색하고 해독해 환경 변수에 저장한다. 그런 다음 이 변수를 밸류 파일에서 사용해 필드 암호를 저장한 다음 업데이트된 값 파일을 사용해 헬름 업그레이드를 실행한다.

이제 키바나를 설치했으니 대시보드를 열어 로깅 솔루션 구성을 시작할 수 있다.

로그를 보기 위한 ECK 구성 요소 사용

키바나 구성을 시작하려면 ECK 설치 중에 생성된 인그레스 URL을 탐색해 키바나 대시보드를 열고, 배포 중에 생성한 사용자 이름 elastic과 기록해둔 암호로 로그인한다.

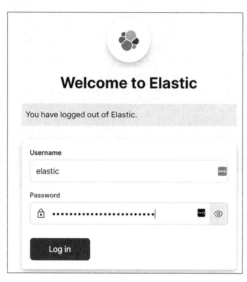

그림 10.8 키바나 로그인 페이지

Log in 버튼을 클릭하면 키바나 홈페이지로 이동할 것이다.

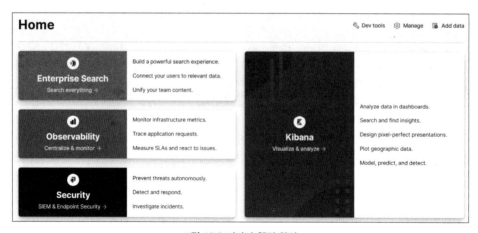

그림 10.9 키바나 웰컴 화면

로그를 보는 첫 번째 단계는 팔코사이드킥에 의해 전달하는 로그를 사용할 인덱스를 만드는 것이다. 또한 클러스터의 파일비트 파드를 통해 모든 컨테이너로부터 로그를 수신하고 있지만 10장에서는 팔코 이벤트에만 집중하고자 한다. 키바나에 익숙해지면 다른 로그를 확인할 수 있다.

키바나 인덱스 생성

로그를 보거나 시각화 및 대시보드를 만들려면 인덱스^{index}를 만들어야 한다. 단일 키바나 서버에 여러 개의 인덱스를 보유할 수 있으므로 단일 위치에서 다양한 로그를 볼 수 있다. 예제 서버에는 2개의 수신 로그 집합이 있는데, 하나는 falco로 시작하고 다른 하나는 filebeat로 시작한다.

먼저 인덱스를 만들어보자. 홈 화면의 왼쪽 상단에 있는 "햄버거"를 클릭한다.

그러면 모든 탐색 옵션이 나타난다. 아래로 스크롤해 Management 절로 이동한 다음 **Stack Management** 링크를 클릭한다.

Management 절에서 아래로 스크롤해 Kibana 절 아래의 **Index Patterns**를 클릭한다.

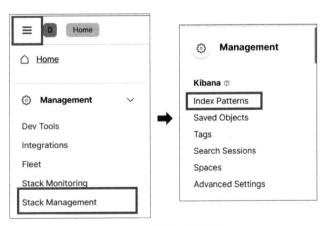

그림 10.10 인덱스 패턴 탐색

이 화면에서 새 인덱스 패턴을 만들 수 있다. **Create index pattern** 버튼을 클릭해 프로세스를 시작한다.

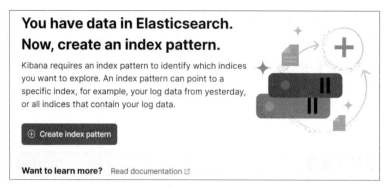

그림 10.11 인덱스 패턴 생성

그러면 패턴을 정의하는 1단계부터 시작해 인덱스 생성 마법사가 시작된다. **Index pattern name** 필드에 falco*를 입력하고 **Next step** 버튼을 클릭한다.

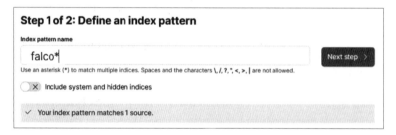

그림 10.12 인덱스 패턴 정의

다음으로 인덱스의 기본 필드를 선택해야 한다. 드롭다운 상자에서 **time**을 선택하고 **Create index pattern** 버튼을 클릭한다.

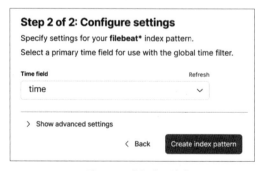

그림 10.13 기본 필드 설정

458

마지막으로 해당 인덱스를 키바나 작업 공간의 기본 인덱스로 설정하고 싶으므로 마지막 화면에서 화면 오른쪽 상단에 있는 별표를 클릭한다.

그림 10.14 기본 인덱스로 팔코 인덱스 설정

이제 filebeat로 시작하는 모든 로그를 포함하는 인덱스가 생겼는데, 이는 클러스터에서 실행 중인 컨테이너의 모든 STDOUT 로그가 될 것이다.

이제 몇 가지 데이터를 살펴보자.

이벤트 탐색

가장 먼저 소개하고자 하는 실습은 로그를 볼 수 있는 기본 검색 모드다. 이렇게 하려면 햄버거를 클릭한 다음 **Discover**를 클릭한다.

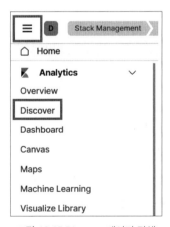

그림 10.15 Discover 페이지 탐색

그러면 인덱스에 대해 기록된 모든 정보가 표시된 새 창이 나타난다.

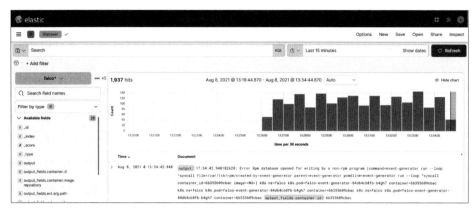

그림 10.16 키바나 Discover 페이지

검색 필드 키워드를 입력해 이벤트를 검색할 수 있다. 이는 단일 타입 이벤트를 찾고 있고 어떤 값을 검색해야 하는지 알고 있는 경우에 유용하다. 예를 들어 shell이라는 단어만 포함된 이벤트만 보려면 검색 상자에 shell을 입력하면 키바나는 표시된 데이터를 동적으로 업데이트한다. 이 경우 표시되는 정보는 shell이라는 단어가 포함된 이벤트에만 변경되며 각 이벤트에서 강조 표시된다.

그림 10.17 필터된 출력 예시

키바나와 같은 로깅 시스템의 진정한 이점은 개수, 평균 등으로 그룹화할 수 있는 여러 이벤트 뷰^{view}를 제공하는 사용자 지정 대시보드를 만들 수 있다는 것이다. 다음 절에서는 팔코 이벤트 컬렉션을 제공하는 대시보드를 만드는 방법을 설명한다.

대시보드를 만드는 것은 개발해야 하는 기술이며, 데이터를 그룹화하는 방법과 대시보드 사용할 값을 이해하는 데는 시간이 걸린다.

이 절은 다음과 같은 대시보드 생성을 시작하는 데 필요한 기본 도구를 제공한다.

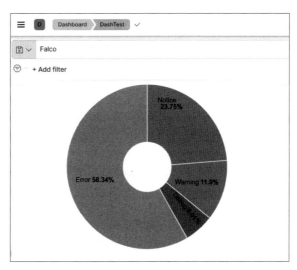

그림 10.18 간단한 예시 대시보드

사람들은 대시보드를 좋아한다. 키바나는 동적이고 쉽게 해석할 수 있는 시스템 뷰를 만들 수 있는 도구를 제공한다. 팔코 이벤트를 포함해 키바나가 접근할 수 있는 모든 데이터를 사용해 대시보드를 만들 수 있다. 대시보드를 만들기 전에 시각화의 의미를 이해해보자.

시각화

시각화는 키바나 인덱스의 데이터 컬렉션을 그래픽으로 표현한 것이다. 키바나에는 데이터를 테이블, 게이지, 가로 막대, 원형 차트, 세로 막대 등으로 그룹화할 수 있는 시각화 세트가 포함돼 있다.

두 가지 방법으로 시각화를 만들 수 있다. 대시보드를 만들 때 만들 수도 있고, 대시보드를 만들기 전에 시각화 라이브러리(햄버거 버튼, analytics 및 visualization library 아래에 있음)에 저장할 수도 있다.

이 예제에서는 팔코 이벤트를 표시하는 새 대시보드를 만드는 동안 이들을 생성할 것이다.

대시보드 생성

대시보드를 사용하면 1분마다 업데이트되는 정보와 함께 읽기 쉬운 컬렉션collection의 시각화를 표시할 수 있다.

1. 대시보드를 만들려면 햄버거 버튼을 클릭한 다음 **Analytics**에서 **Dashboard**를 클릭한다.

2. 그러면 대시보드 화면이 나타난다. 오른쪽 상단에 있는 **Create dashboard** 버튼을 클릭해 대시보드 만들기를 시작한다.

그림 10.19 대시보드 생성

3. **Add your first visualization**이라는 화면과 해당 캡션 위에 몇 개의 버튼이 있는 빈 대시보드가 표시된다.

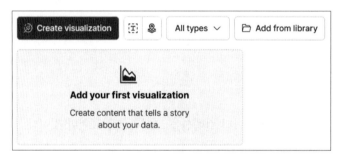

그림 10.20 새 시각화 추가

4. **Create visualization** 버튼을 클릭해 대시보드에 대한 첫 번째 시각화를 생성한다. 그러면 항목을 드래그 앤 드롭하고 사용할 시각화 타입을 변경할 수 있는 편집기가 나타난다. 1번에는 시각화하는 데 사용할 수 있는 필드가 포함되며 2번에서는 시각화 스타일(예: 막대 그래프, 원형 차트 등)을 변경할 수 있다.

해당 화면의 맨 오른쪽에서는 축의 값과 정보 분류 방법을 설정할 수 있다.

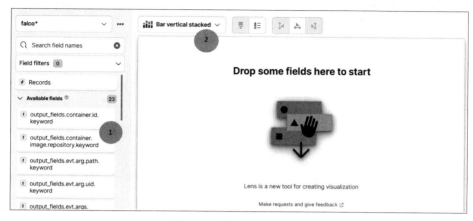

그림 10.21 대시보드에 시각화 추가

키바나용 시각화 추가에 대한 기본적인 이해를 바탕으로 사용자 지정 대시보드 구축에 익숙해질 수 있도록 몇 가지 다른 시각화를 추가해보자.

팔코 이벤트 유형에 대한 시각화 생성

이 시각화에는 도넛 시각화를 사용하고 **priority.keyword** 필드를 사용한다. 대시보드 생성 화면에서 기본으로 선택된 **Bar vertical stacked**를 클릭하고 **donut**을 선택해 시각화 유형을 변경한다.

팔코 인덱스를 생성할 때 기본 인덱스로 설정했으므로 이미 구성 중인 인덱스여야 한다. 기본값으로 설정하는 것을 잊은 경우 시각화 화면의 오른쪽 상단에서 선택한 인덱스를 변경해야 할 수 있다. 값이 파일비트로 설정된 경우 드롭다운 상자를 클릭하고 Falco 인덱스를 선택한다.

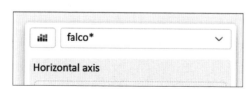

그림 10.22 인덱스를 팔코로 설정

그런 다음 시각화에 필드를 추가해야 한다. 이것은 쉬운 과정이다. 생성 화면 왼쪽의 검색 상자에서 모든 이벤트를 검색할 수 있다. 검색어를 입력할 때 키바나는 검색 상자 아래에 일치하는 이벤트만 표시한다.

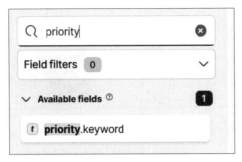

그림 10.23 시각화할 필드 검색

추가하려는 필드가 보이면 가운데의 기본 창으로 드래그하기만 하면 된다. 키바나에서 최종 시각화가 어떻게 보일지 보여줄 것이다.

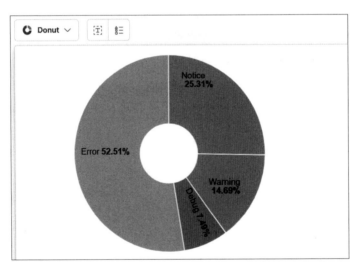

그림 10.24 키바나 시각화 예시

시각화가 만족스러우면 저장하고 화면 오른쪽 상단에 있는 **Save and return** 버튼을 클릭해 시각화를 계속 추가할 수 있다.

그림 10.25 저장 및 메인 대시보드 편집기로 돌아가기

그러면 기본 대시보드 페이지로 돌아갈 것이다. **Create visualization** 버튼을 다시 클릭한다. 팔코가 기록한 이벤트의 상위 키워드를 표시하는 새 시각화를 추가하려고 한다.

이 시각화에서는 타입을 **table**로 변경하고 **rule.keyword** 필드를 사용할 것이다.

검색에서 필드를 찾아 화면 중앙으로 드래그하면 다음 스크린샷과 비슷한 내용이 표시될 것이다.

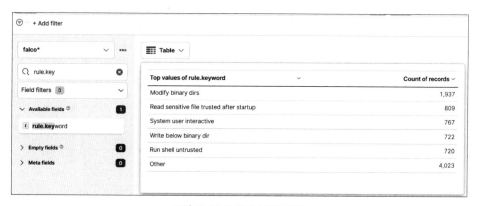

그림 10.26 두 번째 시각화 예시

이제 새 시각화를 저장하고 기본 대시보드 화면으로 돌아가보자.

대시보드 상단에 있는 **Save** 버튼을 클릭해 대시보드를 저장할 수 있다. 대시보드 **Falco-Events**를 입력하고 **Save**를 클릭한다.

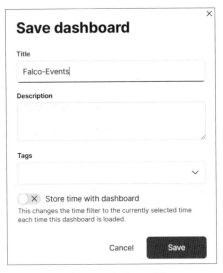

그림 10.27 대시보드 저장

대시보드를 저장하면 키바나 홈페이지 왼쪽에 있는 대시보드 버튼을 통해 사용할 수 있다. 이 버튼은 이전에 첫 번째 대시보드를 만들 때 사용한 것과 동일한 버튼이다.

편집기를 종료하려면 화면 상단에서 **Switch to view mode**를 클릭한다.

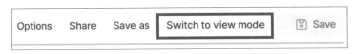

그림 10.28 보기 보드 전환

그러면 편집기가 종료되고 최종 대시보드를 확인할 수 있다.

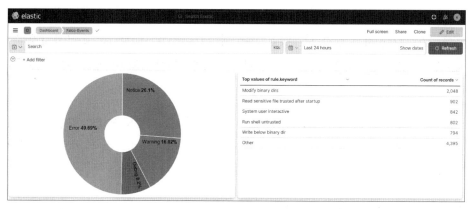

그림 10.29 최종 예시 대시보드

예상할 수 있듯이 대시보드를 만드는 것은 매우 복잡하다. 대부분의 기업에는 대시보드 로깅 및 작성과 관련된 주제의 전문가인 전담 팀이 있다. 하지만 시간을 들이고 연습을 통해 클러스터에 대한 사용자 지정 대시보드를 쉽게 만들 수 있다.

키바나를 사용해 대시보드를 만드는 작업이 완료되면 팔코 및 로깅 장이 마무리된다.

⁘ 요약

10장에서는 쿠버네티스 클러스터를 위한 향상된 감사 시스템 만드는 방법을 다뤘다. 우리는 Sysdig가 CNCF에 기증한 감사 애드온인 팔코를 소개하면서 10장을 시작했다. 팔코는 쿠버네티스에 포함되지 않은 감사 수준을 추가하고 기존 감사 기능과 결합해 API 액세스부터 파드 내 작업에 이르기까지 모든 것에 대한 감사 추적을 제공한다.

팔코사이드킥Falcosidekick을 사용해 이벤트를 다른 시스템에 전달하고, 쿠브리스Kubeless 와 같은 시스템을 사용해 특정 이벤트를 기반으로 함수를 실행하는 자동화된 응답 엔진을 만드는 것과 같은 복잡한 작업을 수행하는 방법에 대해 설명했다. 단지 작은 예시일 뿐이지만, Pub/Sub, Cloud Run, Lambda 등을 포함해 팔코사이드킥에 포함된 통합 기능을 통한 가능성은 무궁무진하다.

영구 스토리지에 로그를 저장할 수 있고 검색하고 대시보드를 생성할 수 있는 관리 인터페이스를 제공하는 로깅 시스템 로그를 저장할 수 없다면 로그는 유용하지 않다. KinD 클러스터에 공통 EFK 스택을 설치하고 키바나에서 팔코 이벤트를 표시하는 사용자 지정 대시보드를 만들었다.

10장에서 배운 주제를 통해 클러스터에 팔코를 추가하고, ECK 오퍼레이터를 사용해 로그를 저장하고 시각화 및 대시보드에 데이터를 표시하는 방법에 대한 기본적인 지식을 갖게 된다.

로깅과 감사가 중요하지만 재해 발생 시 워크로드를 복원하는 프로세스를 갖추는 것도 마찬가지로 중요하다. 11장에서는 Heptio의 오픈소스 백업 유틸리티인 Velero를 소개할 예정이다.

⸭ 문제

1. 포함된 팔코 규칙을 편집해야 하는 경우 어떤 파일을 편집해야 하는가?

    a. `falco.yaml`

    b. `falco_rules.yaml`

    c. `falco_rules.changes.yaml`

    d. `falco_rules.local.yaml`

2. 다음 중 쿠버네티스에서 사용하는 일반적인 로그 전달자는 무엇인가?

    a. Kube-forwarder

    b. Fluentd

    c. Forwarder

    d. 쿠버네티스는 전달자를 사용하지 않는다.

3. EFK 스택을 배포할 때 시각화 및 대시보드를 사용해 로그를 표시하는 방법을 제공하는 제품은 무엇인가?

    a. Fluentd

b. Elasticsearch

c. Kibana

d. Excel

4. 다음 중 팔코 로그만 중앙 로깅 시스템으로 전달하는 도구는 무엇인가?

a. 팔코

b. 팔코사이드킥

c. 쿠버네티스 API 서버

d. 모든 제품은 팔코 로그뿐만 아니라 모든 로그를 전달한다.

5. 팔코에서 아이템 컬렉션을 만들 수 있는 오브젝트 이름은 무엇인가?

a. Lists

b. Rules

c. Arrays

d. Collections

11

워크로드 백업

사고와 재해가 발생하므로 실제 상황에서 이러한 사고에 대비해 보험에 가입한 것처럼 클러스터와 워크로드^{Workload}에 대한 보험이 필요하다.

대부분의 쿠버네티스 배포판에는 워크로드를 백업하기 위한 구성 요소가 포함돼 있지 않지만 Kasten, Veritas 및 Commvault와 같은 회사의 벤더 지원 솔루션과 오픈소스 커뮤니티에서 제공하는 다양한 제품을 사용할 수 있다.

11장에서는 다음 주제를 다룰 예정이다.

- 쿠버네티스 백업에 대한 이해

- etcd 백업 수행

- VMware의 벨레로 소개 및 세팅

- 벨레로를 사용한 워크로드 백업

- CLI를 사용한 벨레로 관리

- 백업에서 복원

KinD 클러스터를 백업하기 위해 벨레로^{Velero}라는 인기 오픈소스 백업 솔루션을 소개할 것이다. 벨레로는 클러스터의 워크로드 및 퍼시스턴트^{persistent} 데이터의 전체 백업을 생성하는 데 사용할 수 있다. 벨레로를 사용해 네임스페이스와 오브젝트를 백업하고, 백업 작업을 예약하고, 워크로드를 복원하는 방법을 설명할 것이다.

기술 요구 사항

11장의 기술 요구 사항은 다음과 같다.

- 1장, '도커 및 컨테이너 기초'의 단계를 따라 최소 8GB RAM으로 설치된 도커 호스트

- 2장, 'KinD를 이용한 쿠버네티스 배포'의 지침에 따라 설치되는 KinD 클러스터

이 책의 깃허브 리포지터리(https://github.com/PacktPublishing/Kubernetes---An-Enterprise-Guide-2E/tree/main/chapter11)에서 11장의 코드에 액세스할 수 있다.

쿠버네티스 백업에 대한 이해

쿠버네티스 클러스터를 백업하려면 클러스터에서 실행되는 워크로드뿐만 아니라 클러스터 자체도 백업해야 한다. 클러스터 상태는 etcd 데이터베이스에서 유지 관리되므로 재해 복구를 위해 백업해야 하는 매우 중요한 구성 요소라는 점을 기억하자.

클러스터와 실행되는 워크로드의 백업을 생성하면 다음 작업을 수행할 수 있다.

- 클러스터 마이그레이션

- 프로덕션 클러스터에서 개발 클러스터 생성

- 재해로부터 클러스터 복구

- 퍼시스턴트 볼륨에서 데이터 복구

- 네임스페이스 및 디플로이먼트 복구

11장에서는 etcd 데이터베이스와 클러스터의 모든 네임스페이스 및 오브젝트를 백업하는 데 필요한 세부 정보와 도구가 제공될 것이다.

알다시피 클러스터 상태는 etcd에서 유지되며 etcd 인스턴스를 모두 손실하면 클러스터가 손실된다. 멀티 노드 컨트롤 플레인에는 클러스터에 리던던시redundancy를 제공하는 최소 3개의 etcd 인스턴스가 있다. 단일 인스턴스가 손실돼도 클러스터는 계속 실행되므로 etcd의 새 인스턴스를 클러스터에 추가할 수 있다. 새 인스턴스가 추가되면 etcd 데이터베이스의 복사본을 받게 되고 클러스터는 완전한 리던던시 상태로 돌아간다.

데이터베이스를 백업하지 않고 etcd 서버가 모두 손실되면 클러스터 상태 자체와 모든 워크로드를 포함한 클러스터가 손실된다. etcd는 매우 중요하므로 etcdctl 유틸리티에는 내장 백업 기능이 포함돼 있다.

etcd 백업 수행

쿠버네티스 클러스터에 KinD를 사용하고 있기 때문에 etcd 데이터베이스의 백업을 만들 수는 있지만 복원할 수는 없다.

etcd 서버는 kube-system 네임스페이스에 위치한 etcd-cluster01-control-plane이라는 클러스터의 파드에서 실행되고 있다. KinD 클러스터를 만드는 동안 etcd에 접근할 때 사용되는 포트 2379를 노출하는 컨트롤 플레인 노드에 별도의 포트 매핑을 추가했다. 자체 프로덕션 환경에서는 etcd 포트가 외부 요청에 노출되지 않을 수 있지만 데이터베이스 백업 프로세스는 이 절에서 설명된 단계와 유사할 것이다.

필요한 인증서 백업

대부분의 쿠버네티스 설치는 /etc/kubernetes/pki에 인증서를 저장한다. 이 점에서 KinD도 다르지 않으므로 docker cp 명령을 사용해 인증서를 백업할 수 있다.

etcd 데이터베이스의 백업을 다운로드하고 수행하는 단계를 실행하는 install-etcd-tools.sh라는 스크립트를 chapter11/etcd 디렉터리에 포함했다. 스크립트를 실행하려면 디렉터리를 chapter11/etcd 디렉터리로 변경하고 설치 스크립트를 실행한다.

전체 프로세스를 이해할 수 있도록 스크립트에서 실행할 단계를 설명한다.

1. 먼저 데이터베이스를 백업하는 데 필요한 인증서를 저장할 디렉터리를 만들어야 한다. 이는 복제된 리포지터리 chapter11/etcd 폴더에 포함돼 있다.

2. API 서버에 있는 인증서를 백업하려면 다음 docker cp 명령을 사용한다.

```
docker cp cluster01-control-plane:/etc/kubernetes/pki ./certs
```

그러면 컨트롤 플레인 노드의 pki 폴더 내용의 내용이 chapter11/etcd/certs 폴더의 localhost로 복사된다.

이제 etcd에 접근할 수 있는 인증서를 얻었으므로 다음 단계는 데이터베이스의 백업을 만드는 것이다.

etcd 데이터베이스 백업

etcd의 창시자가 etcdctl이라는 etcd 데이터베이스를 백업하고 복원하는 유틸리티를 만들었다. 우리는 백업 작업으로 사용하겠지만 etcd는 쿠버네티스에만 국한되지 않으므로 이 유틸리티에는 쿠버네티스 운영자 또는 개발자로서 사용하지 않을 다양한 옵션이 있다. 이 유틸리티에 대한 자세한 내용을 보려면 etcd-io 깃허브 리포지터리(https://github.com/etcd-io/etcd)에서 확인할 수 있다.

데이터베이스를 백업하려면 etcdctl 유틸리티와 컨트롤 플레인 서버에서 복사한 데이터베이스에 접근 시 사용할 인증서가 필요하다.

KinD 클러스터에서 etcd 데이터베이스를 백업하려면 다음 단계를 따른다. etcd 디렉터리에서 설치 스크립트를 실행한 경우 처음 세 단계는 이미 완료됐을 것이다.

1. etcdctl의 최신 버전을 다운로드할 수 있다. 이 연습에서 테스트한 버전은 3.5.1이었으며 다음 명령을 사용해 다운로드할 수 있다.

```
wget https://github.com/etcd-io/etcd/releases/download/v3.5.1/
etcd-v3.5.1-linux-amd64.tar.gz
```

2. 아카이브의 내용을 추출하고 유틸리티를 더 쉽게 사용할 수 있도록 /usr/bin 디렉터리로 이동한다.

```
tar xvf etcd-v3.5.1-linux-amd64.tar.gz && sudo cp etcd-v3.5.1-
linux-amd64/etcdctl /usr/bin
```

3. etcd 파드의 etcdctl을 사용해 etcd 데이터베이스를 백업한다. 이 단계는 포함된 스크립트의 일부가 아니다.

```
etcdctl snapshot save etcd-snapshot.db --endpoints=https://127.0.0.1:
2379 --cacert=./certs/ca.crt --cert=./certs/healthcheck-client.crt
--key=./certs/healthcheck-client.key
```

다음과 같은 결과를 얻을 것이다.

```
{"level":"info","ts":1636769909.8710756,"caller":"snapshot/v3_
snapshot.go:119","msg":"created temporary db file","path":"etcd-
snapshot.db.part"}
{"level":"info","ts":"2021-11-13T02:18:29.891Z","caller":
"clientv3/maintenance.go:200","msg":"opened snapshot stream;
downloading"}
{"level":"info","ts":1636769909.8919604,"caller":"snapshot/
```

```
v3_snapshot.go:127","msg":"fetching snapshot","endpoint":
"https://127.0.0.1:2379"}
maintenance.go:208","msg":"completed snapshot read; closing"}
{"level":"info","ts":1636769910.1562147,"caller":"snapshot/v3_
snapshot.go:142","msg":"fetched snapshot","endpoint":"https://
127.0.0.1:2379","size":"4.4 MB","took":0.284949965}
{"level":"info","ts":1636769910.1579342,"caller":"snapshot/v3_
snapshot.go:152","msg":"saved","path":"etcd-snapshot.db"}
Snapshot saved at etcd-snapshot.db
```

NOTE

이전 버전의 etcdctl에서는 ETCDCTL_API=3을 사용해 API 버전을 3으로 설정해야 했다. 기본값은 버전 2 API로 설정돼 있기 때문이다. Etcd 3.4는 기본 API를 3으로 변경했기 때문에 etcdctl 명령을 사용하기 전에 해당 변수를 설정할 필요가 없다.

4. 현재 폴더의 내용을 보고 복사가 성공했는지 확인한다.

```
ls -la
```

이름이 etcd-snapshot.db인 백업 파일이 보일 것이다. 백업이 표시되지 않는 경우 단계를 다시 반복하고 출력에 오류가 있는지 확인한다.

5. 백업 상태를 점검해 백업이 완료됐는지 확인한다.

```
etcdctl --write-out=table snapshot status etcd-snapshot.db
```

다음과 같이 백업의 개요가 출력될 것이다.

```
+----------+---------+------------+------------+
|   HASH   | REVISION | TOTAL KEYS | TOTAL SIZE |
+----------+---------+------------+------------+
| dd23bff5 |    7255 |       1263 |     4.0 MB |
+----------+---------+------------+------------+
```

이 프로세스는 etcd 데이터베이스를 한 번만 백업한다. 현실에서는 정기적으로 etcd 스냅숏을 실행해 백업 파일을 안전한 위치에 저장하는 스케줄링된 프로세스를 만들어야 한다.

NOTE

> KinD에서는 컨트롤 플레인을 실행하는 방식 때문에 이 절의 복원 절차를 사용할 수 없다. 엔터프라이즈 환경에서 etcd 데이터베이스를 백업하는 방법을 알 수 있도록 이 절의 단계를 제공한다.

⁘ VMware 벨레로 소개 및 설정

벨레로는 원래 헵티오^{Heptio}라는 회사에서 개발한 쿠버네티스를 위한 오픈소스 백업 솔루션이다. VMware는 쿠버네티스에 대한 지원을 강화하면서 여러 회사를 인수했으며 헵티오는 인수된 회사 중 하나로 벨레로를 VMware 포트폴리오에 추가했다.

VMware는 대부분의 제품을 탄주^{Tanzu} 산하의 쿠버네티스 중심으로 이동시켰다. 탄주의 원래 버전은 vSphere 클러스터에 쿠버네티스 지원을 추가하는 여러 구성 요소를 배포한 것이기 때문에 일부 사용자에게는 약간 혼란스러울 수 있다. 탄주가 처음 등장한이래로 벨레로, 하버^{Harbor} 및 탄주 애플리케이션 플랫폼^{TAP}과 같은 구성 요소가 포함돼 있다. 이러한 구성 요소는 모두 vSphere가 작동하지 않아도 작동한다. 모든 표준 쿠버네티스 클러스터에서 기본적으로 실행된다.

소유권과 브랜딩이 모두 변경됐지만 벨레로의 기본 기능은 그대로 유지된다. 일정 관리, 백업 후크^{hook}, 세분화된 백업 관리 등 상용 제품에서만 사용할 수 있는 다양한 기능을 무료로 제공한다.

벨레로는 무료이지만 대부분의 상용 제품처럼 사용하기 쉬운 GUI를 포함하지 않기 때문에 학습 곡선이 있다. 벨레로는 모든 작업은 명령줄 유틸리티인 velero라는 실행 파일을 사용해 수행된다. 이 단일 실행 파일을 사용하면 벨레로 서버 설치, 백업 생성, 백업 상태 확인, 백업 복원 등을 수행할 수 있다. 모든 관리 작업을 하나의 파일로 수행할 수 있기 때문에 클러스터의 워크로드를 복원하는 것은 매우 쉬운 프로세스다. 11장에서는 두 번째 KinD 클러스터를 만들고 기존 클러스터의 백업으로 채울 것이다.

하지만 그 전에 몇 가지 요구 사항을 처리해야 한다.

벨레로 요구 사항

- **벨레로 CLI**: 벨레로 구성 요소의 설치를 제공한다. 모든 백업 및 복원 기능에 사용된다.

- **벨레로 서버**: 백업 및 복원 절차 실행을 담당한다.

- **스토리지 프로바이더 플러그인**: 특정 스토리지 시스템을 백업하고 복원하는 데 사용된다.

기본 벨레로 구성 요소 외에 백업을 저장하는 데 사용할 오브젝트 스토리지 위치도 제공해야 한다. 오브젝트 스토리지 솔루션이 없는 경우, S3 호환 오브젝트 저장소를 제공하는 오픈소스 프로젝트인 MinIO를 배포할 수 있다. 벨레로에서 제공하는 백업 및 복원 기능을 시연하기 위해 KinD 클러스터에 MinIO를 배포할 것이다.

벨레로 CLI 설치

벨레로를 배포하는 첫 번째 단계는 최신 벨레로 CLI 바이너리를 다운로드하는 것이다. 11장 디렉터리에 install-velero-binary.sh라는 이름의 벨레로 바이너리를 설치하는 스크립트가 포함돼 있으며, 스크립트는 아래 단계로 실행한다.

CLI를 설치하려면 다음 단계를 따른다.

1. vmware-tanzu/velero 깃허브 리포지터리에서 릴리스를 다운로드한다.

```
wget https://github.com/vmware-tanzu/velero/releases/download/
v1.6.3/velero-v1.6.3-linux-amd64.tar.gz
```

2. 아카이브의 콘텐츠를 추출한다.

```
tar xvf velero-v1.6.3-linux-amd64.tar.gz
```

3. 벨레로 바이너리를 /usr/bin으로 옮긴다.

```
sudo mv velero-v1.6.3-linux-amd64/velero /usr/bin
```

4. 버전을 확인해 벨레로 CLI를 실행할 수 있는지 확인한다.

```
velero version
```

벨레로의 출력에서 버전 1.4.0을 실행 중임을 확인할 수 있다.

```
Client:
    Version: v1.6.3
    Git commit: 5fe3a50bfddc2becb4c0bd5e2d3d4053a23e95d2
<error getting server version: no matches for kind
"ServerStatusRequest" in version "velero.io/v1">
```

벨레로 서버를 찾는 데 오류가 발생했다는 마지막 줄은 무시해도 된다. 현재 설치한 것은 벨레로 실행 파일뿐이며 아직 서버를 찾을 수 없다. 다음 절에서는 완료를 위해 서버를 설치할 것이다.

벨레로 설치

벨레로는 최소한의 시스템 요구 사항을 갖추고 있으며 대부분 쉽게 충족된다.

- 버전 1.12 또는 그 이상에서 실행되는 쿠버네티스 클러스터
- 벨레로 실행 파일

- 시스템 구성 요소 이미지

- 호환 가능한 스토리지 위치

- 볼륨 스냅숏 플러그인(선택 사항)

인프라에 따라 백업 또는 스냅숏 볼륨과 호환되는 위치가 없을 수 있다. 다행히 호환 가능한 스토리지 시스템 없는 경우 요구 사항을 충족하기 위해 클러스터에 추가할 수 있는 오픈소스 옵션이 있다.

다음 절에서는 기본적으로 지원되는 스토리지 옵션에 대해 설명하고 해당 예시에서는 KinD 클러스터를 사용하므로 호환 가능한 스토리지를 추가해 백업 위치로 사용할 수 있도록 오픈소스 옵션으로 설치할 것이다.

백업 스토리지 위치

벨레로는 백업을 저장하기 위해 S3 호환 버킷이 필요하다. AWS, Azure 및 Google의 모든 오브젝트 스토리지 제품을 포함해 공식적으로 지원되는 여러 시스템이 있다.

공식적으로 지원되는 제공자 외에도 DigitalOcean, Hewlett Packard 및 Portworx와 같은 회사의 커뮤니티 및 벤더 지원 제공자가 많다. 다음 표에는 현재 제공자가 모두 나열돼 있다.

> **NOTE**
>
> 다음 표에서 백업 지원 열은 플러그인이 벨레로 백업을 저장할 수 있는 호환 위치를 제공함을 의미한다. 볼륨 스냅숏 지원이란 플러그인이 영구 볼륨 백업을 지원함을 의미한다.

표 11.1 벨레로 스토리지 옵션

벤더	백업 지원	볼륨 스냅숏 지원	지원
Amazon	AWS S3	AWS EBS	공식
다양한 업체	S3 호환	AWS EBS	공식
Google	Google Cloud Storage	GCE Disks	공식

벤더	백업 지원	볼륨 스냅숏 지원	지원
Microsoft	Azure Blob Storage	Azure Managed Disks	공식
VMware	미지원	vSphere Volumes	공식
Kubernetes CSI	미지원	CSI Volumes	공식
Alibaba Cloud	Alibaba Cloud OSS	Alibaba Cloud	커뮤니티
DigitalOcean	DigitalOcean Object Storage	DigitalOcean Volumes Block Storage	커뮤니티
HP	미지원	HPE Storage	커뮤니티
OpenEBS	미지원	OpenEBS cStor Volumes	커뮤니티
Portworx	미지원	Portworkx Volumes	커뮤니티
Storj	Storj Object Storage	미지원	커뮤니티

NOTE

> 벨레로의 AWS S3 드라이버는 EMC ECS, IBM 클라우드 Oracle 클라우드, MinIO를 포함한 많은 서드파티 스토리지 시스템과 호환된다.

기존 오브젝트 스토리지 솔루션이 없는 경우 오픈소스 S3 제공자인 MinIO를 배포할 수 있다.

이제 벨레로 실행 파일이 설치되고 KinD 클러스터에 영구 스토리지가 생겼으므로 랜처^{Rancher}의 자동 프로비저닝 기능 덕분에 첫 번째 요구 사항인 벨레로의 S3 호환 백업 위치를 추가하는 단계로 넘어갈 수 있다.

MinIO 배포

MinIO는 Amazon의 S3 클라우드 서비스인 API와 호환되는 오픈소스 오브젝트 스토리지 솔루션이다. MinIO에 대한 자세한 내용은 깃허브 리포지터리(https://github.com/minio/minio)에서 확인할 수 있다.

인터넷의 매니페스트 사용해 MinIO를 설치하는 경우, MinIO를 백업 위치로 사용하기 전에 배포에서 어떤 볼륨이 선언됐는지 확인해야 한다. 인터넷의 많은 예시는 영구적이지 않은 emptyDir: {}를 사용한다.

벨레로 깃허브 리포지터리의 수정된 MinIO 배포를 chapter11 폴더에 포함했다. 클러스터에 영구 스토리지가 있기 때문에 벨레로의 데이터 및 설정 자동 프로비저너를 사용할 퍼시스턴트볼륨클레임PVCs, PersistentVolumeClaims을 사용하도록 배포의 볼륨volume을 편집했다.

MinIO 서버를 배포하려면 디렉터리를 chapter11로 변경하고 kubectl create를 실행한다. 배포를 통해 KinD 클러스터에 벨레로 네임스페이스, PVC 및 MinIO가 생성된다. 배포를 완료하는 데 다소 시간이 걸릴 수 있다. 호스트 시스템 따라 배포에 1분에서 몇 분까지 걸리는 것으로 확인됐다.

```
kubectl create -f minio-deployment.yaml
```

이렇게 하면 MinIO 서버가 배포되고 다음과 같이 포트 9000/TCP에서 minio로 노출되고 console이 포트 9001/TCP로 노출된다.

```
NAME      TYPE        CLUSTER-IP      EXTERNAL-IP   PORT(S)     AGE
console   ClusterIP   10.102.216.91   <none>        9001/TCP    42h
minio     ClusterIP   10.110.216.37   <none>        9000/TCP    42h
```

MinIO 서버는 포트 9000에서 minio.velero.svc를 사용해 올바른 접근 키로 클러스터의 모든 파드 대상으로 지정할 수 있다.

MinIO 및 콘솔 노출

기본적으로 MinIO 스토리지는 배포된 클러스터 내에서만 사용할 수 있다. 11장 마지막에서 다른 클러스터로 복원하는 방법을 설명할 것이므로 인그레스 규칙을 사용해 MinIO를 노출해야 한다. MinIO에는 서버에 있는 S3 버킷의 콘텐츠를 찾아볼 수 있는 대시보드도 포함돼 있다. 대시보드 접근을 허용하려면 MinIO 콘솔을 노출하는 인그레스 규칙을 배포하면 된다.

chapter11 폴더에 create-minio-ingress.sh라는 스크립트를 포함했다. 이 스크립트는 호스트 IP와 함께 minio-console.w.x.y.z.nip.ip 및 minio.w.x.y.z.nip.ip의 nip.io 구문을 사용해 인그레스 규칙을 생성한다. 다음 매니페스트와 단계를 사용해 생성할 수도 있다.

1. nip.io URL에 호스트의 IP 주소를 포함하도록 호스트를 변경해야 한다.

```
apiVersion: networking.k8s.io/v1
kind: Ingress
metadata:
  name: minio-ingress
  namespace: velero
spec:
  rules:
  - host: "minio-console.[hostip].nip.io"
    http:
      paths:
      - path: /
        pathType: Prefix
        backend:
          service:
            name: console
            port:
              number: 9001
  - host: "minio.[hostip].nip.io"
    http:
      paths:
      - path: /
        pathType: Prefix
        backend:
          service:
            name: minio
            port:
              number: 9000
```

2. 배포한 후에는 어떤 컴퓨터에서든 브라우저를 통해 인그레스ingress 규칙에 사용한 URL을 열 수 있다. 클러스터에서 호스트 IP는 10.2.1.161이므로 URL은 minio-console.10.2.1.161.nip.io이다.

그림 11.1 MinIO 대시보드

3. 대시보드에 액세스하기 위해 **MinIO** 디플로이먼트에서 액세스 키와 시크릿 키를 제공한다. 깃허브 리포지터리의 **MinIO** 설치 프로그램을 사용한 경우 매니페스트에 사용자 이름과 암호가 정의돼 있다. packt/packt123이다.

4. 로그인하면 버킷 목록과 해당 버킷에 저장된 모든 항목이 표시된다. 아직 백업을 만들지 않았으므로 지금은 상당히 비어 있을 것이다. KinD 클러스터의 백업을 실행한 후 대시보드를 다시 살펴볼 것이다.

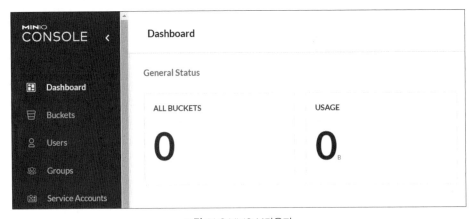

그림 11.2 MinIO 브라우저

> 오브젝트 스토리지를 처음 사용하는 경우 클러스터에 스토리지 솔루션을 배포하지만 어떤 식으로든 스토리지클래스(StorageClass)를 생성하거나 쿠버네티스와 통합되지는 않는다는 점에 유의해야 한다. S3 버킷에 대한 모든 파드 액세스는 다음 절에서 제공할 URL을 사용해 이뤄진다.

이제 S3 호환 오브젝트 저장소를 실행했으니 벨레로가 MinIO 서버를 타깃으로 사용할 설정 파일을 만들어야 한다.

S3 대상 설정 생성

MinIO 버킷을 타깃으로 하도록 벨레로 서버를 구성하기 전에 새 버킷을 만들어야 한다. 버킷을 만들려면 MinIO 콘솔에 로그인하고 왼쪽에서 버킷 옵션을 선택해야 한다.

Buckets 절로 이동한 후 버킷 콘솔의 오른쪽 상단에 있는 **Create Bucket** 버튼을 클릭한다. 그러면 새 **Bucket** 입력 화면이 나타난다.

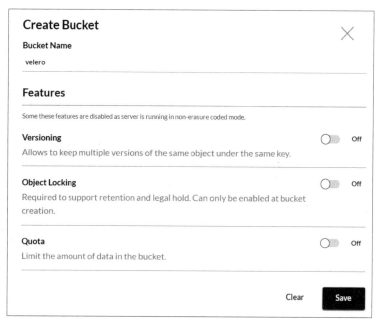

그림 11.3 신규 S3 버킷 생성

velero라는 버킷을 타깃으로 하도록 벨레로를 구성해볼 것이다. 따라서 버킷 이름 값에 velero를 입력하고 **Save**를 클릭해 새 S3 버킷을 생성한다.

다음으로, S3 버킷에 대한 자격 증명이 포함된 파일을 만들어야 한다. chapter11 폴더에서 MinIO 매니페스트를 배포했을 때 초기 키 ID와 액세스 키인 packt/packt123을 생성했다.

1. credentials-velero라고 부르는 chapter11 폴더 내의 신규 자격 증명 파일을 만든다.

```
vi credentials-velero
```

2. 자격 증명 파일에 다음 줄을 추가하고 파일을 저장한다.

```
[default]
aws_access_key_id = packt
aws_secret_access_key = packt123
```

이제 벨레로 실행 파일과 install 옵션을 사용해 배포할 수 있다.

3. chapter11 폴더 내에서 다음 명령을 사용해 설치를 실행해 벨레로를 배포한다.

```
velero install \
    --provider aws \
    --plugins velero/velero-plugin-for-aws:v1.2.0 \
    --bucket velero \
    --secret-file ./credentials-velero \
    --use-volume-snapshots=false \
    --backup-location-config region=minio,s3ForcePathStyle="true",s3Url=
http://minio.velero.svc:9000
```

설치 옵션과 값의 의미에 대해 알아보자.

표 11.2 벨레로 설치 옵션

옵션	설명
--provider	스토리지 제공자를 사용하도록 벨레로를 구성한다. S3와 호환되는 MinIO를 사용하고 있기 때문에 AWS를 공급자로 입력한다.
--plugins	사용할 백업 플러그인을 벨레로에게 알린다. 클러스터의 경우 오브젝트 스토리지 MinIO를 사용하기 때문에 AWS 플러그인을 선택했다.
--bucket	대상으로 지정하려는 S3 버킷의 이름
--secret-file	S3 버킷으로 인증하기 위한 자격 증명이 포함된 파일을 가리킨다.
--use-volume-snapshots	볼륨 스냅숏을 활성화하거나 비활성화한다. 영구 디스크를 백업하지 않으려면 이 값을 false로 설정한다.
--backup-location-config	벨레로가 백업을 저장할 S3 대상 위치. MinIO는 벨레로와 동일한 클러스터에서 실행되므로 minio.velero.svc:9000이라는 이름을 사용해 S3를 타기팅할 수 있다. 또한 MinIO 대시보드를 접근 허용하고 인그레스 URL을 통해 외부에서 S3 요청을 허용하는 MinIO 서비스에 대한 인그레스 규칙을 생성할 예정이다.
--use-restic	영구 볼륨을 백업하고 싶지만 호환되는 볼륨 스냅숏 공급자가 없는 경우 이 옵션을 사용해 restic 플러그인을 활성화할 수 있다. restic과 그 기능 및 제한 사항에 대한 자세한 내용은 벨레로 깃허브 페이지 (https://velero.io/docs/v1.4/restic/)의 restic 절을 참조한다.

설치를 실행하면 벨레로가 백업 및 복원 작업을 처리하는 데 사용하는 여러 사용자 지정 리소스 정의CRD 및 암호를 포함해 여러 개체가 생성되는 것을 볼 수 있다.

벨레로 서버가 제대로 시작되는 데 문제가 있는 경우 잘못된 정보가 있을 수 있는 몇 가지 CRD와 암호를 확인할 수 있다. 다음 표에서는 벨레로를 사용할 때 상호 작용해야 할 몇 가지 일반적인 오브젝트에 대해 설명한다.

표 11.3 벨레로 CRD와 시크릿

커스텀리소스데피니션 (CustomResourceDefinition)	이름	설명
backups.velero.io	backup	백업이 생성될 때마다 각 백업 잡(job)에 대한 설정을 포함하는 backup이라는 오브젝트가 생성된다.
backupstoragelocations.velero.io	BackupStorageLocation	각 백업 스토리지 위치는 스토리지 제공자에 연결하기 위한 설정을 포함하는 Backup StorageLocation 오브젝트를 생성한다.

커스텀리소스데피니션 (CustomResourceDefinition)	이름	설명
schedules.velero.io	Schedule	각 스케줄 지정 백업은 백업 일정이 포함된 Schedule 오브젝트를 만든다.
volumesnapshotlocations. velero.io	VolumeSnapshotLocation	활성화된 경우 VolumesSnapshotLocation 오브젝트에는 볼륨 스냅샷에 사용되는 스토리지에 대한 정보가 포함된다.

시크릿 이름	설명
cloud-credentials	Base64 형식의 스토리지 제공자에 접속하기 위한 자격 증명이 들어 있다. 벨레로 파드 시동이 실패한 경우 data.cloud 사양에 잘못된 값이 있을 수 있다.
velero-restic-credentials	restic 플러그인을 사용하는 경우 cloud-credentials와 유사한 저장소 비밀번호가 포함된다. 볼륨 스냅샷 제공자에 연결하는 데 문제가 있는 경우 저장소 암호가 올바른지 확인한다.

이러한 오브젝트와의 상호 작용은 대부분 벨레로 실행 파일을 통해 이뤄지지만, 유틸리티가 API 서버와 상호 작용하는 방식을 이해하는 것은 항상 좋은 습관이다. 벨레로 실행 파일에 접근할 수 없지만 문제를 신속하게 해결하기 위해 오브젝트 값을 보거나 변경해야 하는 경우 오브젝트와 해당 기능을 이해하면 도움이 된다.

이제 벨레로를 설치하고 벨레로 오브젝트에 대한 높은 수준의 이해를 얻었으므로 클러스터에 대해 다양한 백업 작업을 만들 수 있다.

⫶ 벨레로를 사용한 워크로드 백업

벨레로는 단일 명령 또는 반복 일정에 따라 일회성 백업을 실행할 수 있도록 지원한다. 단일 백업을 실행하든 반복 백업을 실행하든 관계없이 include와 exclude 플래그를 사용해 모든 오브젝트를 백업하거나 특정 오브젝트만 백업할 수 있다.

일회성 클러스터 백업 실행 초기 백업을 만들려면 단일 벨레로 명령을 실행해 클러스터의 모든 네임스페이스를 백업할 수 있다. 클러스터 개체를 포함하거나 제외하기 위해 플래그 없이 백업을 실행하면 네임스페이스의 모든 네임스페이스와 모든 개체가 백업된다. 일회성 백업을 만들려면 backup create <backup name> 옵션과 함께 velero 명령을 실행한다. 이 예에서는 백업 초기 백업 이름을 다음과 같이 지정했다.

일회성 클러스터 백업 실행

초기 백업을 만들려면 클러스터의 모든 네임스페이스를 백업하는 단일 벨레로 명령을 실행할 수 있다.

클러스터 개체를 포함하거나 제외하기 위해 플래그 없이 백업을 실행하면 네임스페이스의 모든 네임스페이스와 모든 개체가 백업된다.

일회성 백업을 만들려면 backup create <backup name> 옵션과 함께 velero 명령을 실행한다. 이 예시에서는 initial-backup 백업 이름을 다음과 같이 지정했다.

```
velero backup create initial-backup
```

이를 통해 받을 수 있는 유일한 확인 메시지는 백업 요청이 제출됐다는 것이다.

```
Backup request "initial-backup" submitted successfully.
Run `velero backup describe initial-backup` or `velero backup logs initial-backup` for more details.
```

다행히 벨레로는 백업 상태와 로그를 확인하는 명령도 알려준다. 출력 마지막 줄은 벨레로 명령을 백업 옵션과 함께 사용하고 백업 작업의 상태를 설명하거나 기록해 확인할 수 있음을 알려준다.

설명 옵션에는 잡[job]의 모든 세부 정보가 표시된다.

```
Name:         initial-backup
Namespace:    velero
Labels:       velero.io/storage-location=default
Annotations:  velero.io/source-cluster-k8s-gitversion=v1.21.1
              velero.io/source-cluster-k8s-major-version=1
              velero.io/source-cluster-k8s-minor-version=21
```

```
Phase: Completed

Errors:    0
Warnings: 0
Namespaces:
  Included: *
  Excluded: <none>

Resources:
  Included:        *
  Excluded:        <none>
  Cluster-scoped: auto

Label selector: <none>

Storage Location: default

Velero-Native Snapshot PVs: auto

TTL: 720h0m0s

Hooks: <none>

Backup Format Version: 1.1.0

Started:   2021-09-29 20:24:07 +0000 UTC
Completed: 2021-09-29 20:24:20 +0000 UTC

Expiration: 2021-10-29 20:24:07 +0000 UTC

Total items to be backed up: 696
Items backed up:                        696

Velero-Native Snapshots: <none included>
```

NOTE

> 벨레로가 사용하는 일부 CRD를 언급한 이전 절을 보완하기 위해 벨레로 유틸리티가 이 정보를 검색하는 위치도 설명하고자 한다.
>
> 백업이 생성될 때마다 벨레로 네임스페이스의 백업 오브젝트가 생성된다. 초기 백업의 경우 initial-backup이라는 새 백업 오브젝트가 생성된다. 벨레로를 실행했을 때 제공하는 결과와 유사한 정보를 볼 수 있도록 kubectl을 사용해 확인할 수 있다.

이전 출력에 표시된 것처럼 describe 옵션은 백업 작업에 대한 모든 설정을 보여준다. 백업 요청은 어떤 옵션도 전달하지 않았으므로 작업에는 모든 네임스페이스와 개체가 포함된다. 확인해야 할 가장 중요한 세부 정보 중 일부는 백업 단계, 백업할 전체 항목 및 백업된 항목이다.

백업 단계의 상태가 success와 다른 경우 백업에 원하는 항목 중 일부가 없을 수 있다. 백업된 항목을 확인하는 것도 좋다. 백업한 항목 수가 백업할 항목보다 적으면 백업된 항목 중 일부가 백업되지 않은 것이다.

백업 상태를 확인해야 할 수도 있지만 벨레로 실행 파일이 설치돼 있지 않을 수 있다. 이 정보는 CR^{CustomResource}에 있으므로 CR을 확인해 백업 세부 정보를 검색할 수 있다. 백업 오브젝트는 kubectl describe 명령을 실행하면 백업 상태가 표시된다.

```
kubectl describe backups initial-backup -n velero
```

describe 명령의 출력 맨 아래로 이동하면 다음과 같은 내용이 표시된다.

```
Spec:
  Default Volumes To Restic:  false
  Hooks:
  Included Namespaces:
    *
  Storage Location:  default
  Ttl:               720h0m0s
Status:
  Completion Timestamp:  2021-09-29T20:24:20Z
  Expiration:            2021-10-29T20:24:07Z
  Format Version:        1.1.0
  Phase:                 Completed
  Progress:
    Items Backed Up:  696
    Total Items:      696
  Start Timestamp:  2021-09-29T20:24:07Z
  Version:          1
Events:             <none>
```

출력에서 백업 완료 상태, 시작 및 완료 시간, 백업되거나 백업에 포함된 오브젝트 수를 확인할 수 있다.

얼럿매니저^{AlertManager}와 같이 로그 파일의 정보나 오브젝트 상태를 기반으로 경고를 생성할 수 있는 클러스터 애드온을 사용하는 것이 좋다.

항상 성공적인 백업을 원하기에, 백업이 실패할 경우 즉시 장애를 조사해야 한다.

백업이 S3 대상에 올바르게 저장됐는지 확인하려면 MinIO 콘솔로 돌아가서 아직 Bucket 보기에 있지 않은 경우 왼쪽의 Bucket을 클릭한다. 이미 Bucket 화면을 사용하고 있다면 F5 키를 눌러 브라우저를 새로고침해 뷰를 업데이트한다. 새로고침하면, velero 버킷에 오브젝트가 저장돼 있는 것을 확인할 수 있다.

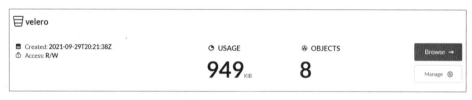

그림 11.4 S3 스토리지 개요

velero 버킷의 개요에는 스토리지 사용량과 많은 오브젝트를 보여주므로 초기 백업이 성공했음을 가정할 수 있다.

클러스터 백업 스케줄링

클러스터 작업이 예약돼 있거나 네임스페이스 내의 주요 소프트웨어 업그레이드가 있는 경우 일회성 백업을 생성하는 것이 좋다. 이러한 이벤트는 거의 발생하지 않으므로 무작위 일회성 백업보다는 정기적으로 클러스터 백업을 예약하는 것이 좋다.

스케줄 지정 백업을 만들려면 schedule 옵션을 사용하고 벨레로 실행 파일로 태그를 생성한다. 스케줄 및 태그 생성과 함께 잡 이름과 크론 기반 표현식을 허용하는 schedule 플래그를 제공해야 한다. 다음 스케줄은 벨레로에서 매일 오전 1시에 백업하도록 지시한다.

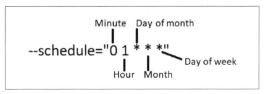

그림 11.5 Cron 스케줄링 표현식

그림 11.5의 정보를 사용해 다음 velero schedule create 명령으로 오전 1시에 실행할 백업을 만들 수 있다.

```
velero schedule create cluster-daily --schedule="0 1 * * *"
```

벨레로는 일정이 성공적으로 생성됐다고 응답할 것이다.

```
Schedule "cluster-daily" created successfully.
```

크론과 사용 가능한 옵션에 익숙하지 않은 경우 크론 패키지 문서(https://godoc.org/github.com/robfig/cron)를 읽어보길 바란다.

크론에서는 일부 축약된 표현식도 사용할 수 있는데, 이는 표준 크론 표현식을 사용하는 것보다 쉬울 수 있다. 다음 테이블에는 사전 정의된 일정의 축약된 값이 나와 있다.

표 11.4 크론 축약 스케줄링

축약 값	설명
@yealry	1년에 한번 1월 1일 자정에 실행
@monthly	매월 1일 자정에 한 번 실행
@weekly	일주일에 한 번 일요일 아침 자정에 실행
@daily	매일 자정에 실행
@hourly	매시간 정각에 실행

축약 테이블의 값을 사용해 매일 자정에 실행되는 백업 잡을 예약하려면 다음 벨레로 명령을 사용한다.

```
velero schedule create cluster-daily --schedule="@daily"
```

예약된 작업은 작업이 실행될 때 백업 오브젝트를 생성한다. 백업 이름에는 스케줄 이름, 대시 및 백업 날짜 및 시간이 포함된다. 이전 예제의 이름을 사용해 cluster-daily-20210930010057이라는 이름으로 초기 백업을 생성했다. 여기서 20210930은 백업이 실행된 날짜이고 010057은 백업이 실행된 UTC 시간이다. 이는 2021-09-30 1:00:57 +0000 UTC에 해당한다.

지금까지의 모든 예제는 클러스터의 모든 네임스페이스와 오브젝트를 백업하도록 구성됐다. 다른 스케줄을 생성하거나 특정 클러스터를 기반으로 특정 오브젝트를 제외/포함해야 할 수 있다.

다음 절에서는 특정 태그를 사용해 네임스페이스와 오브젝트를 포함하거나 제외할 수 있는 사용자 지정 백업을 만드는 방법을 설명할 것이다.

사용자 지정 백업 생성

백업 작업을 생성할 때 플래그를 제공해 백업 작업에 포함되거나 제외될 개체를 사용자 지정할 수 있다. 가장 일반적인 플래그 중 일부는 다음과 같다.

표 11.5 벨레로 백업 플래그

플래그	설명
--exclude-namespaces	백업 작업에서 제외할 콤마로 구분된 네임스페이스 목록 예시: --exclude-namespaces web-dev1,web-dev2
--exclude-resources	제외할 리소스를 쉼표로 구분한 목록으로, resource.group 형식으로 지정 예시: --exclude-resources storageclasses.storage.k8s.io
--include-namespaces	백업 잡을 포함할 콤마로 구분된 네임스페이스 목록 예시: --include-namespaces web-dev1,web-dev2
--selector	레이블 셀렉터(selector)와 일치하는 개체만 포함하도록 백업을 구성한다. 단일 값만 허용한다. 예시: --selector app.kubernetes.io/name=ingress-nginx

플래그	설명
--ttl	백업을 보관할 기간을 시간, 분, 초 단위로 구성한다. 기본적으로 값은 30일 또는 720h0m0s로 설정된다. 예시: --ttl 24h0m0s 이렇게 하면 24시간 후에 백업이 삭제된다.

매일 실행되고 쿠버네티스 시스템 네임스페이스만 포함하는 스케줄링된 백업을 만들려면 --include-namespaces 플래그를 사용해 스케줄링된 잡을 생성한다.

```
velero schedule create cluster-ns-daily --schedule="@daily" --include-
namespaces ingress-nginx,kube-node-lease,kube-public,kube-system,local-
path-storage,velero
```

벨레로 명령은 모든 작업에 CLI를 사용하므로 먼저 백업 및 복원 작업을 관리하는 데 사용할 일반적인 명령을 설명해야 한다.

∷ CLI를 사용한 벨레로 관리

현재 모든 벨레로 작업은 velero 실행 파일을 사용해 수행해야 한다. 처음에는 GUI 없이 백업 시스템 관리하는 것이 어려울 수 있지만 벨레로 관리 명령에 익숙해지면 작업을 쉽게 수행할 수 있다.

벨레로 실행 파일은 두 가지 옵션을 허용한다.

- 명령

- 플래그

명령은 backup, restore, install, get 과 같은 작업이다. 대부분의 초기 명령은 작업을 완료하기 위해 두 번째 명령이 필요하다. 예를 들어 backup 명령을 완료하려면 create 또는 delete와 같은 다른 명령이 필요하다.

플래그에는 명령 플래그와 글로벌 플래그 이 두 가지 유형이 있다. 글로벌 플래그는 모든 명령에 설정할 수 있는 플래그이며, 명령 플래그는 실행 중인 명령에만 적용된다.

많은 CLI 도구와 마찬가지로 벨레로에도 모든 명령에 대한 도움말이 내장돼 있다. 구문을 잊어버렸거나 명령과 함께 사용할 수 있는 플래그를 알고 싶다면 -h 플래그를 사용해 도움을 받을 수 있다.

```
velero backup create -h
```

다음은 backup create 명령의 축약된 도움말 출력이다.

```
Create a backup
Usage:
velero backup create NAME [flags]
Examples:
  # Create a backup containing all resources.
  velero backup create backup1
  # Create a backup including only the nginx namespace.
  velero backup create nginx-backup --include-namespaces nginx
  # Create a backup excluding the velero and default namespaces.
  velero backup create backup2 --exclude-namespaces velero,default
  # Create a backup based on a schedule named daily-backup.
  velero backup create --from-schedule daily-backup
  # View the YAML for a backup that doesn't snapshot volumes, without
sending it to the server.
  velero backup create backup3 --snapshot-volumes=false -o yaml
  # Wait for a backup to complete before returning from the command.
  velero backup create backup4 --wait
```

벨레로의 도움말 시스템이 매우 유용하다고 생각한다. 벨레로 기본 사항에 익숙해지면 기본 제공되는 도움말이 대부분의 명령에 대해 충분한 정보를 제공한다는 것을 알게 될 것이다.

일반적인 벨레로 명령 사용

많은 독자들이 벨레로를 처음 접할 수 있으므로 가장 일반적으로 사용되는 명령에 대한 간략한 개요를 제공해 벨레로 작동에 익숙해질 수 있도록 하고자 했다.

벨레로 오브젝트 목록

앞서 언급했듯이 벨레로 관리는 CLI를 사용해 이뤄진다. 추가 백업 작업을 만들면 생성된 작업을 기억하기 어려워질 수도 있다. 여기에서 get 명령을 편리하게 사용할 수 있다.

CLI는 다음 벨레로 오브젝트 목록을 검색하거나 가져올 수 있다.

- 백업 위치

- 백업

- 플러그인

- 복원

- 스케줄

- 스냅숏 위치

예상대로 velero get <object>를 실행하면 벨레로에서 관리하는 오브젝트 목록이 반환된다.

```
velero get backups
```

출력은 다음과 같다.

```
NAME                                STATUS      ERRORS    WARNINGS
cluster-daily-20210930010057        Completed   0         0
cluster-daily-20210929203744        Completed   0         0
cluster-ns-daily-20211001000058     Completed   0         0
```

```
cluster-ns-daily-20210930000057        Completed     0        0
cluster-ns-daily-20210929203815        Completed     0        0
initial-backup                         Completed     0        0
```

각 get 명령은 각 개체의 이름과 개체의 고유한 값을 포함하는 유사한 출력을 생성한다. 이 명령은 어떤 개체가 존재하는지 간단히 살펴보는 데 유용하지만 일반적으로 다음 명령인 describe 실행을 위한 첫 번째 단계로 사용된다.

벨레로 오브젝트 세부 정보 검색

세부 정보를 원하는 오브젝트 이름을 가져온 후 describe 명령을 사용해 오브젝트 세부 정보를 가져올 수 있다. 이전 절에서의 get 명령의 출력을 사용해 cluster-daily-2021 0930010057 백업 잡에 대한 세부 정보를 보려고 한다.

```
velero describe backup cluster-daily-20210930010057
```

명령의 출력은 요청된 오브젝트에 대한 모든 세부 정보를 제공한다. describe 명령을 사용해 백업 실패와 같은 문제를 해결할 수 있다.

오브젝트 생성 및 삭제

이미 create 명령을 몇 번 사용했으므로 이 절에서는 delete 명령에 대해 중점적으로 다룰 것이다.

요약하면 create 명령을 사용하면 백업, 스케줄, 복원, 백업 및 스냅숏 위치 등 벨레로에서 관리할 오브젝트를 생성할 수 있다. 백업과 스케줄을 만들었으며 다음 절에서는 복원을 생성할 것이다.

오브젝트를 만든 후에는 해당 오브젝트를 삭제해야 할 수도 있다. 벨레로에서 개체를 삭제하려면 삭제하려는 오브젝트 및 이름과 함께 delete 명령을 사용한다.

get backups 출력 예시에는 day2라는 백업이 있었다. 해당 백업을 삭제하려면 다음 삭제 명령을 실행한다.

```
velero delete backup day2
```

삭제는 단방향 작업이므로 오브젝트 삭제 여부를 확인해야 한다. 확인되면 모든 관련 데이터가 제거될 때까지 기다리기 때문에 벨레로에서 오브젝트를 제거하는 데 몇 분 정도 걸릴 수 있다.

```
Are you sure you want to continue (Y/N)? y
Request to delete backup "day2" submitted successfully.
The backup will be fully deleted after all associated data (disk
snapshots, backup files, restores) are removed.
```

출력에서 볼 수 있듯이 백업을 삭제하면 벨레로는 스냅숏의 백업 파일 및 복원을 포함해 백업할 모든 오브젝트를 삭제한다.

사용할 수 있는 추가 명령이 있지만 이 절에서 설명하는 명령은 벨레로를 익숙하게 사용하는 데 필요한 주요 명령이다.

이제 백업을 생성하고 스케줄링할 수 있고 벨레로의 도움말 시스템 사용하는 방법을 알게 됐으니 이제 백업을 사용해 오브젝트를 복원하는 단계로 넘어갈 수 있다.

∷ 백업에서 복원

운이 좋으면 쿠버네티스 오브젝트 복원을 실행할 필요가 거의 없다.

오랫동안 IT 업종에서 종사하지 않았더라도 드라이브 장애가 발생하거나 실수로 중요한 파일을 삭제한 개인적인 상황을 경험해봤을 것이다. 손실된 데이터를 백업하지 않은 경우 매우 좌절되는 상황이다. 엔터프라이즈 환경에서 데이터가 누락되거나 백업이 없으면 막대한 수익 손실이 발생할 수 있으며, 경우에 따라 규제 산업에서는 큰 벌금이 부과될 수 있다.

백업에서 복원을 실행하려면 create restore 명령을 --from-backup <backup name> 태그와 함께 사용한다.

11장 앞부분에서는 클러스터의 모든 네임스페이스 오브젝트 포함하는 initial-backup이라는 단일 일회성 백업을 만들었다. 해당 백업을 복원해야 한다고 판단되면 벨레로 CLI를 사용해 복원을 실행한다.

```
velero restore create --from-backup initial-backup
```

restore 명령의 출력이 이상하게 보일수 있다.

```
Restore request "initial-backup-20211001002927" submitted successfully.
Run `velero restore describe initial-backup-20211001002927` or `velero
restore logs initial-backup-20211001002927` for more details.
```

한눈에 보면 벨레로가 "initial-backup-20211001002927" submitted successfully 응답 이후 백업 요청이 이뤄진 것처럼 보일 수 있다. 벨레로는 백업 이름을 사용해 복원 요청을 만들고, initial-backup이라는 백업 이름을 지정했으므로 복원 잡의 이름은 해당 이름을 사용하고 복원 요청의 날짜 및 시간을 추가한다.

describe 명령을 사용해 복원 상태를 볼 수 있다.

```
velero restore describe initial-backup-20211001002927
```

복원 크기에 따라 전체 백업을 복원하는 데 다소 시간이 걸릴 수 있다. 복원 단계 중에는 백업 상태가 InProgress로 표시된다. 완료되면 상태가 Completed로 변경된다.

복원 작업

모든 이론을 바탕으로 두 가지 예를 들어 벨레로가 실제로 작동하는 모습을 살펴보자. 예제에서는 먼저 동일한 클러스터에서 삭제 및 복원하는 간단한 배포부터 살펴볼 것이다. 다음 예제는 좀 더 복잡할 것이다. 기본 KinD 클러스터의 백업을 사용하고 클러스터 오브젝트를 새 KinD 클러스터로 복원한다.

백업에서 배포 복원

첫 번째 예에서는 NGINX 웹 서버를 사용해 간단한 배포를 생성할 것이다. 애플리케이션을 배포하고 예상대로 작동하는지 확인한 다음 배포를 삭제한다. 백업을 사용해 배포를 복원하고 웹 서버의 홈페이지를 검색해 복원이 제대로 작동하는지 테스트한다.

복제된 리포지터리의 chapter11 폴더에 배포를 포함했다. 이 배포는 연습을 위한 새로운 네임스페이스, NGINX 배포, 서비스 및 인그레스 규칙을 생성한다. 배포 매니페스트도 포함돼 있다.

책 전체에서 생성한 모든 인그레스 규칙과 마찬가지로 nip.io가 제대로 작동하려면 호스트의 IP 주소를 반영하도록 해당 URL을 편집해야 한다. 실습 서버의 IP 주소는 10.2.1.161이다. 이 IP를 호스트의 IP로 변경하자.

1. 깃허브 리포지터리에 nginx-deployment.yaml이라는 chapter11 폴더 아래에 있는 매니페스트를 편집해 nip.io URL을 포함시킨다. 변경해야 하는 절은 다음과 같다.

```
spec:
  rules:
  - host: nginx-lab.10.2.1.161.nip.io
```

2. kubectl을 사용해 매니페스트를 배포한다.

```
kubectl apply -f nginx-deployment.yaml
```

배포에 필요한 오브젝트가 생성될 것이다.

```
namespace/nginx-lab created
pod/nginx-deployment created
```

```
ingress.networking.k8s.io/nginx-ingress created
service/nginx-lab created
```

3. 마지막으로, 아무 브라우저를 사용해 배포를 테스트하고 인그레스 규칙에서 URL을
   연다.

그림 11.6 NGINX가 실행 중인지 확인

배포가 제대로 작동하는지 확인했으니 이제 벨레로를 사용해 백업을 만들어야 한다.

네임스페이스 백업

벨레로의 create backup 명령을 사용해 새 네임스페이스의 일회성 백업을 생성한다. 백
업 잡 nginx-lab이라는 이름을 할당한다.

```
velero create backup nginx-lab --include-namespaces=nginx-lab
```

네임스페이스에는 소규모 배포만 포함되므로 백업을 빠르게 완료할 수 있다. describe
명령을 사용해 백업이 성공적으로 완료됐는지 확인한다.

```
velero backup describe nginx-lab
```

단계 상태가 완료됐는지 확인한다. 단계 상태에 오류가 있는 경우 create backup 명령
에 네임스페이스 이름을 잘못 입력했을 수 있다.

백업이 성공적으로 완료됐는지 확인한 후 다음 단계로 넘어갈 수 있다.

장애 시뮬레이션

네임스페이스의 백업이 필요한 이벤트를 시뮬레이션하기 위해 kubectl을 사용해 전체 네임스페이스를 삭제한다.

```
kubectl delete ns nginx-lab
```

네임스페이스에서 오브젝트를 삭제하는 데 1분 정도 걸릴 수 있다. 프롬프트로 돌아오면 삭제가 완료됐을 것이다.

브라우저에서 URL을 열어 NGINX 서버가 응답하지 않는지 확인하고, 초기 테스트에서 동일한 브라우저를 사용하는 경우 페이지를 새로 고친다. URL을 새로 고치거나 열 때 오류가 발생한다.

그림 11.7 NGINX가 실행되고 있지 않은지 확인

NGINX 배포가 삭제됐다는 확인과 함께 백업에서 전체 네임스페이스 오브젝트를 복원한다.

네임스페이스 복원

이것이 "실제" 시나리오라고 상상해보자. 개발자가 실수로 네임스페이스의 모든 오브젝트를 삭제했지만 소스 파일이 없다는 전화를 받는다.

물론 이런 타입 이벤트에 대비하고 있을 것이다. 클러스터에서 실행한 백업 작업이 여러 개 있는데, 개발자에게 백업을 통해 지난 밤의 상태로 복원할 수 있다고 알려야 한다.

1. 백업 이름이 `nginx-lab`이라는 것을 알고 있으므로 벨레로를 사용하면 `--from-backup` 옵션을 사용해 `restore create` 명령을 실행할 수 있다.

```
velero create restore --from-backup nginx-lab
```

2. 벨레로는 복원 잡이 제출됐다고 반환한다.

```
Restore request "nginx-lab-20211001003801" submitted s
uccessfully.
Run `velero restore describe nginx-lab-20211001003801` or
`velero restore logs nginx-lab-20211001003801` for more details.
```

3. `velero restore describe` 명령을 사용해 상태를 확인할 수 있다.

```
velero restore describe nginx-lab-20211001003801
```

4. 단계 상태가 `completed`로 표시되는지 확인하고, 이미 열려 있는 경우 URL을 탐색하거나 페이지를 새로 고쳐 배포가 복원됐는지 확인한다.

그림 11.8 NGINX가 복원됐는지 확인

축하한다. 네임스페이스를 백업했기 때문에 개발자의 작업을 많이 절약했다.

벨레로는 재해로부터 워크로드를 보호하기 위해 모든 클러스터에서 사용하는 것을 고려해야 하는 강력한 제품이다.

백업을 사용한 신규 클러스터 워크로드 생성

클러스터의 오브젝트 복원은 벨레로의 사례 중 하나일 뿐이다. 이는 대부분의 사용자의 주요 사례이지만 백업 파일을 사용해 다른 클러스터의 워크로드 또는 모든 워크로드를 복원할 수도 있다. 이 옵션은 새로운 개발 또는 재해 복구 클러스터를 만들어야 하는 경우에 유용하다.

NOTE

> 벨레로 백업 작업은 네임스페이스와 네임스페이스의 오브젝트뿐이라는 점을 기억하자. 백업을 신규 클러스터로 복원하려면 먼저 벨레로가 실행 중인 클러스터가 있어야 모든 워크로드를 복원할 수 있다.

클러스터 백업

11장에서는 해당 프로세스를 몇 번 살펴본 적이 있으며 벨레로 CLI를 사용하는 방법을 알고 있다고 가정한다. 재교육이 필요한 경우 해당 장의 몇 페이지 뒤로 돌아가 참조하거나 CLI 도움말 함수를 사용할 수 있다.

먼저 네임스페이스를 몇 개 만들고 각 네임스페이스에 배포를 추가해 좀 더 흥미롭게 만들어야 한다. 예를 들면 chapter11 폴더에 포함된 `create-backup-objects.yaml`이라는 스크립트를 실행시켜 네임스페이스와 오브젝트를 생성한다.

1. 몇 개의 demo 네임스페이스를 생성하자.

```
kubectl create ns demo1
kubectl create ns demo2
kubectl create ns demo3
kubectl create ns demo4
```

2. kubectl run 명령을 사용해 하나의 네임스페이스마다 빠른 배포를 추가한다.

```
kubectl run nginx --image=bitnami/nginx -n demo1
kubectl run nginx --image=bitnami/nginx -n demo2
kubectl run nginx --image=bitnami/nginx -n demo3
kubectl run nginx --image=bitnami/nginx -n demo4
```

이제 몇 가지 추가 워크로드가 생겼으니 클러스터의 백업을 만들어야 한다.

3. namespace-demo의 백업 이름을 사용해 새 네임스페이스를 백업한다.

```
velero backup create namespace-demo --include-namespaces=demo1,demo2,
demo3,demo4
```

출력에서 백업에 4개의 네임스페이스가 포함되고 백업 안에 40개의 오브젝트가 있는
것을 볼 수 있다. 다음은 축약된 출력이다.

```
Namespaces:
  Included:  demo1, demo2, demo3, demo4
  Excluded:  <none>
Started:    2021-10-01 00:44:30 +0000 UTC
Completed:  2021-10-01 00:44:42 +0000 UTC
Expiration: 2021-10-31 00:44:30 +0000 UTC
Total items to be backed up:   40
Items backed up:               40
```

다음으로 데모 백업을 복원하는 데 사용할 새 KinD 클러스터를 배포할 것이다.

신규 클러스터 구축

벨레로를 사용해 백업에서 신규 클러스터에 워크로드를 생성하는 방법을 설명할 것이
기 때문에 복원 지점으로 간단한 단일 노드 KinD 클러스터를 생성한다.

1. velero-restore 이름을 가진 **KinD** 클러스터를 생성한다.

```
kind create cluster --name velero-restore
```

그러면 컨트롤 플레인과 작업자 노드가 모두 포함된 새 단일 노드 클러스터가 생성되고 클러스터 컨텍스트가 신규 클러스터로 설정될 것이다.

2. 클러스터가 배포되면 컨텍스트가 velero-restore 클러스터로 전환됐는지 확인한다.

```
kubectl config get-contexts
```

출력은 다음과 같다.

```
CURRENT    NAME                CLUSTER                AUTHINFO
           kind-cluster01      kind-cluster01         kind-
cluster01
*          kind-velero-restore kind-velero-restore    kind-velero-
restore
```

3. 현재 컨텍스트가 kind-velero-restore 클러스터로 설정돼 있는지 확인한다. 사용 중인 클러스터의 현재 필드 *가 표시된다.

4. 마지막으로 kubectl을 사용해 클러스터의 네임스페이스를 확인한다. 신규 클러스터에 포함된 기본 네임스페이스만 볼 수 있다.

```
NAME             STATUS   AGE
default          Active   4m51s
kube-node-lease  Active   4m54s
```

```
kube-public          Active    4m54s
kube-system          Active    4m54s
local-path-storage   Active    4m43s
```

이제 새로운 클러스터를 만들었으니 워크로드 복원 프로세스를 시작할 수 있다. 첫 번째 단계는 기존 S3 버킷을 백업 위치로 지정해 신규 클러스터에 벨레로를 설치하는 것이다.

신규 클러스터에 백업 복원

새 KinD 클러스터를 설치하고 실행한 후에는 벨레로를 설치해 백업을 복원해야 한다. 원래 클러스터에서 사용한 것과 동일한 매니페스트와 설정을 대부분 사용할 수 있지만, 다른 클러스터에 있으므로 S3 대상을 MiniO를 노출하는 데 사용한 외부 URL로 변경해야 한다.

신규 클러스터에 벨레로 설치

chapter11 폴더에 이미 credentials-velero 파일이 있으므로 velero install 명령을 사용해 벨레로 설치로 바로 이동할 수 있다.

1. s3url target의 IP 주소를 호스트의 IP 주소로 변경해야 한다.

```
velero install \
    --provider aws \
    --plugins velero/velero-plugin-for-aws:v1.2.0 \
    --bucket velero \
    --secret-file ./credentials-velero \
    --use-volume-snapshots=false \
    --backup-location-config region=minio,s3ForcePathStyle="true",
s3Url=http://minio.10.2.1.161.nip.io
```

2. 설치에는 몇 분이 소요되고, 파드가 가동되고 실행되면 벨레로 서버가 가동 중인지 로그파일을 확인한 다음 S3 대상에 연결돼 있는지 확인한다.

```
kubectl logs deployment/velero -n velero
```

3. 모든 설정이 올바르면 벨레로 로그 백업 위치에서 새 벨레로 서버와 동기화해야 하는 백업을 찾았다는 항목이 표시된다. 백업 수는 KinD 클러스터마다 다를 수 있다.

```
time="2021-10-01T23:53:30Z" level=info msg="Found 9 backups in the
backup location that do not exist in the cluster and need to be synced"
backupLocation=default controller=backup-sync logSource="pkg/
controller/backup_sync_controller.go:204"
```

4. 설치를 확인한 후 벨레로가 velero get backups를 사용해 기존 백업 파일을 볼 수 있는지 확인한다.

```
NAME                              STATUS      ERRORS    WARNINGS
cluster-daily-20211001010058      Completed   0         0
cluster-daily-20210930010057      Completed   0         0
cluster-daily-20210929203744      Completed   0         0
cluster-ns-daily-20211001000058   Completed   0         0
cluster-ns-daily-20210930000057   Completed   0         0
cluster-ns-daily-20210929203815   Completed   0         0
initial-backup                    Completed   0         0
namespace-demo                    Completed   0         0
nginx-lab  /                       Completed   0         0
```

백업 목록은 우리의 백업 목록과 다르지만 원래 클러스터에 있던 것과 동일한 목록을 볼 수 있다.

이제 모든 백업 파일을 사용해 신규 클러스터에 복원 잡을 생성할 수 있다.

신규 클러스터에서 백업 복원

이번 절에서는 이전 절에서 생성한 백업을 사용하고 워크로드를 새로운 KinD 클러스터로 복원해 워크로드 마이그레이션을 시뮬레이션할 것이다.

네임스페이스와 배포를 추가한 후 원래 클러스터에서 생성된 백업을 namespace-demo라고 했다.

1. 이 백업 이름을 사용해 velero create restore 명령을 실행해 네임스페이스와 오브젝트를 복원할 수 있다.

```
velero create restore --from-backup=namespace-demo
```

2. 복원이 완료될 때까지 기다린 후 다음 단계로 넘어간다. 복원이 성공했는지 확인하려면 create restore 명령을 실행했을때 생성한 복원 잡의 이름과 함께 velero describe restore 명령을 사용한다. 클러스터에서 복원 잡은 namespace-demo-20211001235926이라는 이름이 할당됐다.

```
velero restore describe namespace-demo-20211001235926
```

3. 단계가 InProgress에서 Completed로 변경되면 kubectl get ns를 사용해 새 클러스터에 추가 demo 네임스페이스가 있는지 확인한다.

```
NAME                STATUS   AGE
default             Active   23h
demo1               Active   89s
demo2               Active   89s
demo3               Active   89s
demo4               Active   89s
kube-node-lease     Active   23h
kube-public         Active   23h
kube-system         Active   23h
local-path-storage  Active   23h
velero              Active   7m35s
```

4. 새 네임스페이스가 생성된 것을 볼 수 있고, 각 네임스페이스의 Pod를 보면 각 네임스페이스마다 nginx라는 파드가 있는 것을 볼 수 있다. kubectl get pods를 사용해 Pod가 생성됐는지 확인할 수 있다. 예를 들어 demo1 네임스페이스의 파드를 확인하려면 다음을 입력한다. kubectl get pods -n demo1

출력은 다음과 같다.

```
NAME      READY    STATUS     RESTARTS    AGE
nginx     1/1      Running    0           3m30s
```

축하한다. 한 클러스터의 오브젝트를 신규 클러스터로 성공적으로 복원했다.

신규 클러스터 삭제

2개의 클러스터가 필요하지 않으므로 백업을 복원한 새 KinD 클러스터를 삭제한다.

1. 클러스터를 삭제하기 위해서는 kind delete cluster 명령을 실행한다.

```
kind delete cluster --name velero-restore
```

2. 현재 컨텍스트를 기존 KinD 클러스터인 kind-cluster01로 설정한다.

```
kubectl config use-context kind-cluster01
```

이것으로 11장을 마친다.

⫶⫶ 요약

클러스터와 워크로드를 백업하는 것은 모든 엔터프라이즈 클러스터의 요구 사항이다. 11장에서는 etcdctl과 스냅숏 기능을 사용해 etcd 클러스터 데이터베이스를 백업하는 방법을 검토했다. 또한 클러스터에 벨레로를 설치해 워크로드를 백업하고 복원하는 방법도 자세히 살펴봤다. 기존 백업을 신규 클러스터에 복원해 기존 백업의 워크로드를 복사해 11장을 마무리했다.

백업 솔루션이 있으면 재해 또는 사람의 실수로부터 복구할 수 있다. 일반적인 백업 솔루션을 사용하면 네임스페이스, 영구 볼륨, RBAC, 서비스 및 서비스 계정을 비롯한 모든 쿠버네티스 오브젝트를 복원할 수 있다. 테스트 또는 문제 해결을 위해 한 클러스터에서 모든 워크로드를 가져와 완전히 다른 클러스터에 복원할 수도 있다.

12장에서는 인기 있는 오픈소스 서비스 메시인 이스티오^{Istio}를 소개할 예정이다.

∷ 문제

1. 참 또는 거짓 – 벨레로는 S3 타깃만 사용해 백업 작업을 저장할 수 있다.

    a. 참

    b. 거짓

2. 오브젝트 스토리지 솔루션이 없는 경우 NFS와 같은 백엔드 스토리지 솔루션을 사용해 S3 타깃을 제공하려면 어떻게 해야 하나?

    a. 할 수 없다. NFS 앞에 S3를 표시하기 위해 아무것도 추가할 수 있는 방법은 없다.

    b. 쿠버네티스 네이티브 CSI 기능을 사용해 이 작업을 수행할 수 있다.

    c. MiniO를 설치하고 NFS 볼륨을 디플로이먼트 영구 디스크로 사용한다.

    d. 벨레로에서 NFS를 직접 사용할 수 있으므로 오브젝트 저장소를 사용할 필요가 없다.

3. 참 또는 거짓 – 벨레로 백업은 백업이 원래 생성된 동일한 클러스터에서만 복원할 수 있다.

    a. 참

    b. 거짓

4. etcd 백업을 만드는 데 사용할 수 있는 유틸리티는 무엇인가?

   a. 벨레로

   b. MinIO

   c. etcd 데이터베이스를 백업할 이유가 없다.

   d. etcdctl

5. 어떤 명령이 매일 오전 3시에 실행되는 스케줄 지정 백업을 생성하는가?

   a. `velero create backup daily-backup`

   b. `velero create @daily backup daily-backup`

   c. `velero create backup daily-backup –schedule="@daily3am"`

   d. `velero create schedule daily-backup --schedule="0 3 * * *"`

12

이스티오 소개

"사용자가 프론트엔드를 더 쉽게 사용할수록 백엔드는 복잡할 것이다."

이스티오^{Istio}는 애플리케이션 개발자가 각 작업을 처리할 모듈이나 애플리케이션을 작성할 필요 없이 향상된 보안, 검색, 관찰 기능, 트래픽 관리 등을 제공해 워크로드에 이점을 제공하는 크고 복잡한 시스템이다.

대부분은 학습 기간이 길지만 서비스 메시를 배포하고 운영하는 이스티오 기술을 습득하면 다음과 같은 작업을 수행하는 기능을 포함해 개발자에게 매우 복잡한 서비스를 제공할 수 있다.

- 다양한 요구 사항에 따른 트래픽을 라우팅

- 안전한 서비스 간 통신

- 트래픽 셰이핑

- 회로 차단기

- 서비스 관측성

다시 한 번 말하지만, 개발자는 코드 변경을 거의 또는 전혀 하지 않아도 이 모든 기능을 사용할 수 있다. 사용자가 사용하기 쉬운 것은 일반적으로 시스템에 복잡한 백엔드가 있다는 뜻이고 그건 이스티오도 다르지 않다. 12장에서는 이스티오와 애드온 관측성 프로젝트인 키알리Kiali를 설치하는 방법을 소개한다. 또한 트래픽 흐름을 제어하고, 보안을 추가하고, 워크로드를 노출할 수 있도록 이스티오가 제공하는 가장 일반적인 사용자 지정 리소스에 대해서도 설명한다.

이스티오를 완전히 설명하려면 이스티오 사용자 지정 리소스 및 배포 모델에 집중하는 또 하나의 책을 써야 할 것이다. 12장과 13장의 목표는 이스티오를 편안하게 설치하고 사용하는 데 필요한 기본 지식을 제공하는 것이다. 모든 오브젝트를 자세히 다룰 수는 없으므로 이스티오 홈페이지(https://istio.io)를 탐색하는 것이 좋다.

12장에서는 다음 내용을 다룬다.

- 서비스 메시에 신경을 써야 하는 이유는 무엇일까?

- 이스티오 개념 소개

- 이스티오 구성 요소 이해

- 이스티오 배포

- 이스티오 오브젝트를 소개

- 가시성을 제공하는 애드온 구성 요소 배포

- 서비스 메시에 애플리케이션 배포

12장을 시작하기 전에, 각 장의 내용을 레벨로 설정하고 싶었다. 이는 '쿠버네티스 부트 캠프' 장과 유사하며 이스티오의 작동 방식과 포함된 구성 요소를 이해하는 데 필요한 세부 정보를 제공한다. 이스티오는 매우 큰 주제이며 서비스 메시의 모든 구성 요소를 완전히 이해하는 데 필요한 내용을 책으로 쓰면 전용 서적 한두 권은 될 것이다. 서비스 메시에 애플리케이션을 추가하는 12장과 13장을 읽고 나면 기본 이스티오 서비스 메시를 배포하고 운영하는 데 필요한 충분한 지식을 얻을 수 있을 것이다.

소개를 마무리하기 전에 쿠버네티스 퀴즈를 내보겠다. 대부분의 쿠버네티스 오브젝트와 마찬가지로 이스티오는 해상 용어의 이름을 따서 명명됐다. 답을 알고 있는가?

이스티오는 그리스어로 항해sail를 의미한다.

기술 요구 사항

12장의 기술 요구 사항은 다음과 같다.

- 1장, '도커 및 컨테이너 기초'의 단계를 따라 최소 8GB RAM으로 설치된 도커 호스트

- 2장, 'KinD를 이용한 쿠버네티스 배포'의 초기 스크립트를 사용해 구성된 KinD 클러스터

- 이 책의 깃허브 리포지터리의 설치 스크립트

12장의 코드는 이 책의 깃허브 리포지터리(https://github.com/PacktPublishing/Kubernetes---An-Enterprise-Guide-2E/tree/main/chapter12)에 액세스해 사용할 수 있다.

> **NOTE**
>
> 이스티오를 사용해 워크로드를 노출하기 위해 KinD 클러스터에서 NGINX를 제거해 이스티오가 호스트의 포트 80 및 443을 활용할 수 있도록 한다.

서비스 메시에 신경을 써야 하는 이유는 무엇일까?

이스티오가 없다면 개발자는 코드를 새로 만들고 편집해야만 다양한 기능을 만들 수 있을 것이다. 개발자가 이스티오에서 제공하는 여러 기능을 만들어야 한다면 개발 중인 모든 언어로 기능을 만들어야 한다. Java, Python 또는 Node로 작성된 서비스 간에 암호화가 필요하다면? 코드를 각 프로그래밍 언어마다 총 세 번 만들어야 한다. 트래픽 관리 또는 이스티오에서 기본적으로 제공하는 다른 기능도 마찬가지다.

그렇다면 이스티오를 배포하기 위해서는 어떻게 해야 할까?

워크로드 관측성

애플리케이션에 20개 혹은 30개 이상의 서비스가 실행되고 있을 때 서비스를 추적하고 문제가 발생한 위치를 찾아본 적이 있는가?

이스티오와 애드온 구성 요소에서 제공하는 관찰 및 추적 기능을 사용하면 서비스 간 트래픽 및 상태를 실시간으로 확인하거나 기록된 정보를 재생해 몇 시간 또는 며칠 전에 문제가 발생했을 수 있는 위치를 확인해 문제를 더 빠르게 찾고 해결할 수 있다.

메트릭을 저장하는 프로메테우스, 가시성을 위한 Kiali, 추적을 위한 예거[Jaeger]와 같은 구성 요소를 사용하면 문제를 찾는 데 도움이 되는 문제 해결 도구를 사용할 수 있다. 12장에서는 세 가지 애드온 구성 요소를 모두 배포하고 워크로드 서비스 간의 통신을 관찰하기 위한 주요 도구인 키알리에 대해 자세히 살펴보겠다.

서비스 메시가 없다면 여러 서비스가 포함된 대형 애플리케이션의 문제를 해결하는 것이 매우 어려워질 수 있다. 이스티오와 제공되는 기능을 통해 이 프로세스를 훨씬 쉽고 빠르게 처리할 수 있으며 근본 원인을 빠르게 찾을 수 있다.

트래픽 관리

이스티오는 워크로드에 대한 고급 트래픽 관리 기능을 제공해 필요한 모든 배포 모델에 사용할 수 있는 도구를 제공하며, 이 모든 것은 네트워크 변경 없이 사용자와 개발자의 손에 달려 있다. 또한 HTTP 오류, 지연, 제한 시간 및 재시도를 포함해 애플리케이션이 사용 중일 때 발생할 수 있는 일반적인 무작위 이벤트를 시뮬레이션하는 도구를 제공한다.

일부 독자는 배포 모델을 처음 접할 수 있을지도 모른다. 여러분이 사용 가능한 다양한 모델을 이해하는 것이 이스티오가 제공하는 이점을 이해하는 데 매우 중요하다. 개발자는 이스티오를 사용해 블루/그린 및 카나리 배포와 같은 배포 모델을 활용할 수 있다.

블루/그린 배포

이 모델에서는 두 버전을 프로덕션에 배포해 트래픽의 일정 비율을 각 애플리케이션 버전으로 전달하며 일반적으로 "새로운" (그린) 릴리스로 적은 양의 트래픽을 전송한다. 새 배포가 예상대로 작동하는지 확인하면 트래픽의 100%를 새 배포로 보낼 때까지 새 버전에 대한 트래픽 비율을 높일 수 있다.

예를 들어 애플리케이션 버전 1과 애플리케이션 버전 2 간에 트래픽을 분할해 새 버전의 기능을 확인할 수 있다. 새 버전이 제대로 작동하는 것으로 확인되면 버전 1과 버전 2 사이의 비율을 높이거나 전체 워크로드를 버전 2로 줄일 수 있다.

카나리 배포

이 용어는 광부들이 채굴 공장에 카나리와 새장을 가져다 놓고 광산에서 일하는 것이 안전한지 확인하던 채굴 시절에서 유래했다. 배포의 경우 릴리스를 새 버전으로 전환하기 전에 애플리케이션의 초기 테스트 버전을 배포할 수 있다. 기본적으로 이는 블루/그린 배포와 비슷하지만 카나리 배포에서는 매우 적은 비율의 트래픽을 카나리 버전의 애플리케이션으로 보내게 된다. 적은 비율의 트래픽을 사용하면 카나리 배포로 인한 영향을 최소화할 수 있다.

문제가 발생하기 전에 문제 찾기

배포 모델보다 한 단계 더 나아갈 수 있다. 또한 이스티오는 워크로드를 배포하기 전에 워크로드에 대한 복원력 및 테스트를 개발하고 고객 또는 최종 사용자의 문제에 대해 학습할 수 있는 도구를 제공한다.

보이지 않는 특정 이벤트에 애플리케이션이 어떻게 반응할지 걱정한 적이 있는가?

개발자는 다음을 포함해 거의 제어할 수 없는 이벤트에 대해 걱정해야 한다.

- 애플리케이션 타임아웃

- 커뮤니케이션 지연

- HTTP 오류 코드

- 재시도

이스티오는 프로덕션으로 전환하기 전에 워크로드에 문제를 일으킬 수 있도록 해 이러한 문제를 해결하는 데 도움이 되는 오브젝트를 제공한다. 이를 통해 개발자는 애플리케이션을 프로덕션에 릴리스하기 전에 애플리케이션의 문제를 캡처하고 해결해 더 나은 사용자 경험을 제공할 수 있다.

보안

오늘날 보안은 우리 모두가 염려해야 할 문제다. 워크로드를 보호하는 방법은 대부분 복잡하며 많은 개발자가 갖고 있지 않은 기술이 필요할 수 있다. 보안은 이스티오가 쉽게 배포 가능하고, 개발에 미치는 영향을 최소화할 수 있는 도구를 제공하면서 진정으로 빛을 발하는 곳이다.

이스티오에서 가장 널리 사용되는 첫 번째 보안 기능은 워크로드 간에 상호 TLS^{mTLS,} mutual TLS를 제공하는 기능이다. 이스티오는 mTLS를 사용해 통신을 위한 암호화뿐만 아니라 워크로드 ID도 제공한다. 인증서가 만료됐거나 자체 서명된 인증서가 있는 웹 사이트를 방문하면 해당 사이트를 신뢰할 수 없다는 경고가 브라우저에 표시된다. 이는 브라우저가 TLS 연결을 설정할 때 서버가 제공하는 인증서를 브라우저에서 신뢰할 수 있는지 확인해 서버 인증을 수행하기 때문이다. mTLS는 클라이언트에서 서버로의 신뢰는 물론 서버에서 클라이언트로의 신뢰도 확인한다. 이것이 상호적인 부분이다. 서버는 클라이언트가 제공한 인증서가 신뢰할 수 있는지와 서버의 유효성을 검사하는 클라이언트도 검증한다. 클러스터를 처음 시작하고 생성된 초기 인증서를 사용할 때는

mTLS를 사용하는 것이다. 이스티오를 사용하면 내장 사이드카를 사용해 모든 인증서와 ID를 자동으로 생성할 수 있으므로 이 작업을 훨씬 쉽게 수행할 수 있다.

mTLS는 전체 메시 또는 개별 네임스페이스에 대한 요구 사항STRICT 또는 옵션PERMISSIVE으로 구성할 수 있다. 옵션을 STRICT로 설정하면 서비스와의 모든 통신에는 mTLS가 필요하며, 요청이 ID를 제공하지 못하면 연결이 거부된다. 하지만 PERMISSIVE 옵션을 설정하면 자격 증명 및 요청 mTLS가 있는 트래픽은 암호화되지만 ID 또는 암호화 요청을 제공하지 않는 모든 요청은 여전히 통신이 허용된다.

제공되는 또 다른 기능을 사용하면 방화벽과 유사하지만 훨씬 간단한 구현으로 워크로드에 허용되는 통신을 보호할 수 있다. 이스티오를 사용하면 정의된 소스의 HTTP GET 요청만 허용하거나 HTTP POST 요청만 허용하거나 둘 다 허용하도록 결정할 수 있다.

마지막으로 JSON Web TokenJWT을 초기 사용자 인증에 사용해 워크로드와 통신할 권한이 있는 사람을 제한할 수 있다. 이를 통해 승인된 토큰 공급자가 제공하는 JWT만 수락해 초기 통신 시도를 보호할 수 있다.

이제 이스티오를 배포해야 하는 몇 가지 이유를 살펴봤으므로 곧 이스티오의 개념을 몇 개 소개하겠다.

이스티오 개념 소개

이스티오의 개념은 트래픽 관리, 보안, 가시성 및 확장성이라는 네 가지 범주로 분류할 수 있다. 이러한 각 개념은 개발자가 이스티오를 사용할 때의 이점을 활용하는 데 사용할 구성 요소 및 사용자 지정 리소스를 소개한다.

이스티오 구성 요소 이해

표준 쿠버네티스 클러스터와 마찬가지로 이스티오는 컨트롤 플레인과 데이터 플레인이라는 2개의 개별 플레인을 나타낸다. 지금까지 데이터 플레인에는 Pilot, Galley, Citadel 및 Mixer라는 네 가지 서비스가 포함됐으며, 모두 진정한 마이크로서비스 설계로 구분됐다. 이 설계는 여러 팀의 책임을 구분할 수 있는 유연성, 다양한 프로그래밍 언어를 사용할 수 있는 능력, 각 서비스를 다른 팀과 독립적으로 확장할 수 있는 능력 등 여러 가지 이유로 사용됐다.

이스티오는 최초 출시 이후 빠르게 발전했다. 처음에 팀은 핵심 서비스를 분리하는 것이 거의 효과가 없다는 결정을 내렸고, 결국 이 결정은 이스티오를 더 복잡하게 만들었다. 이로 인해 팀은 이스티오를 재설계했으며 이스티오 1.5부터 이 절에서 설명할 구성 요소가 포함돼 있다.

istiod를 사용해 컨트롤 플레인을 단순하게 만들기

쿠버네티스가 여러 컨트롤러를 하나의 실행 파일인 kube-controller manager로 묶은 것처럼, 이스티오 팀은 구성 요소 4개 모두를 istiod라는 단일 데몬으로 묶기로 결정했다. 이 단일 데몬은 성능 요구 사항에 따라 확장할 수 있는 단일 파드를 실행하는 컨트롤 플레인이 됐다.

단일 데몬의 주요 이점은 이스티오 블로그(https://istio.io/latest/blog/2020/istiod/)에 나열돼 있다. 요약하자면 단일 프로세스는 다음을 제공한다.

- 더 쉽고 빠른 컨트롤 플레인 설치

- 더 간편한 구성

- 단일 에이전트와 이스티오의 인증서가 필요하므로 가상 머신을 서비스 메시에 더욱 쉽게 통합

- 더 간편한 확장

- 제어 계획 시작 시간 단축

- 전체 필요 자원의 감소

지금까지 네 가지 개별 구성 요소에 대해 언급했으나 각 구성 요소의 역할은 아직 설명하지 않았다. 다음 절에서는 현재 istiod의 일부인 네 가지 구성 요소에 대해 설명한다.

istiod 파드 브레이킹

단일 바이너리로 전환해도 이스티오의 기능이나 기능이 저하되지는 않고, 여전히 4개의 개별 구성 요소가 모든 기능을 제공한다. 이제 모든 구성 요소가 단일 바이너리에 있다. 각 요소는 서비스 메시의 주요 기능을 제공하며, 이 절에서는 네 가지 구성 요소와 이러한 구성 요소가 서비스 메시에 제공하는 기능에 대해 설명한다.

Pilot – 사이드카 관리

Pilot에 대해 이야기하기 전에 Envoy라는 또 다른 컴포넌트를 소개해야 한다. Envoy는 프록시 서버이며 대부분의 기능을 애플리케이션에 제공하는 구성 요소다. 워크로드가 이스티오 지원 네임스페이스에 배포되면 각 파드에 추가 컨테이너가 생성된다. 이는 Envoy 프록시 서버를 실행하는 이스티오 사이드카다. 특수 사용 사례에 맞게 추가 오브젝트를 특별히 구성하지 않는 한 모든 수신 및 송신 트래픽은 사이드카를 통과한다. 이에 대해서는 Sidecar 및 Virtual 서비스를 사용해 '이스티오 리소스 소개' 절에서 설명한다.

먼저 설명할 구성 요소는 Pilot이다. Pilot은 이스티오 사이드카라고 하는 워크로드에 대한 Envoy 프록시를 만들고 삭제하는 구성 요소다. Kubernetes API를 확장해 서비스 검색, 로드밸런싱 관리 및 라우팅 테이블과 같은 추가 클러스터 리소스를 제공한다.

Pilot을 사용하면 사이드카를 수동으로 구성하고 배포하는 것보다 Envoy 인스턴스를 더 쉽게 관리할 수 있다. 이스티오에서 제공하는 모든 리소스에 대해 Kubernetes API를 감시하며 Envoy 프록시를 파드의 사이드카로 사용하는 데 따르는 복잡성과 관리를 대신하고 구성한다.

Galley - 구성 검증

이스티오는 플랫폼에 구애받지 않도록 설계됐지만 대부분의 문서와 예제는 쿠버네티스와의 통합에 관한 것이다. Galley는 컨트롤 플레인의 구성별 정보를 처리하는 컴포넌트다.

즉, 이스티오를 쿠버네티스 이외의 다른 오케스트레이션 시스템과 함께 사용할 수 있다. 12장에서는 Galley가 사용자별 정보의 유효성을 검사하는 Istiod의 일부라는 점을 기억해야 한다.

Citadel - 인증서 관리

Citadel은 인증서 관리를 처리하는 구성 요소다. 12장의 앞부분에서 언급했듯이 이스티오는 메시의 서비스 간 트래픽을 암호화할 수 있다. Citadel은 서비스 간에 mTLS를 제공하는 데 사용되는 인증서의 수명 주기를 처리한다.

Mixer - 보안 키퍼

마지막 구성 요소는 서비스 메시에 대한 권한 부여 및 감사를 처리하는 Mixer다. Mixer에는 세 가지 핵심 기능이 있다.

- 전제 조건 검사 - 메시에서 실행 중인 서비스에 요청을 허용하기 전에 조건을 검사한다.

- 쿼터 관리 - 서비스 간에 공정성을 제공한다. 할당량을 예를 들면 속도 제한이 있다.

- 텔레메트리 - 메시 내 서비스에 대한 로깅, 모니터링 및 추적 기능을 제공한다.

Mixer는 이스티오 구성 요소와 메시 서비스 사이에 위치하며 액세스 제어 및 텔레메트리 캡처를 수행한다.

이스티오-인그레스 게이트웨이에 대한 이해

기본 Istiod 파드에서 넘어가서 이스티오의 가장 중요한 구성 요소 중 하나인 이스티오-인그레스 게이트웨이istio-ingressgateway에 대해 알아보겠다. 이 게이트웨이는 Kubernetes 클러스터 외부에 있는 클라이언트 및 서비스에서 서비스 메시에 들어오는 액세스를 제공한다. 모든 클러스터에는 이스티오-인그레스 게이트웨이를 1개 이상 배포해야 하지만 단일 ingressgateway에 국한된 것은 아니다. 필요한 경우 여러 인그레스 게이트웨이를 배포할 수 있다.

이스티오-인그레스 게이트웨이는 두 가지 방법을 사용해 애플리케이션에 대한 액세스를 제공한다.

1. 표준 쿠버네티스 인그레스 오브젝트 지원

2. 이스티오 게이트웨이 및 가상 서비스 오브젝트

이미 NGINX를 인그레스 컨트롤러로 논의하고 배포했으므로 Envoy를 표준 인그레스 컨트롤러로 사용하는 내용은 다루지 않을 것이다. 들어오는 요청에 게이트웨이와 가상 서비스를 사용하는 두 번째 방법에 중점을 둘 것이다.

게이트웨이를 사용해 서비스를 노출하면 표준 인그레스 오브젝트보다 더 많은 유연성, 사용자 지정 및 보안이 제공된다.

이스티오-이그레스 게이트웨이에 대한 이해

이스티오-이그레스 게이트웨이istio-egressgateway는 사이드카에서 서비스 메시의 이그레스 트래픽을 중앙 집중화하는 단일 또는 파드 그룹으로 트래픽을 퍼널링하는 데 사용할 수 있다.

기본적으로 이스티오 사이드카는 메시 지원 서비스의 모든 수신 및 송신 트래픽을 처리한다. 우리는 이스티오-이그레스 게이트웨이를 사용해 서비스 메시로 들어오는 트래픽을 제어하고, 배포에 istio-egressgateway 옵션을 추가해 송신 트래픽도 제어할 수 있다는 것을 알고 있다.

ingressgateway와 egressgateway 오브젝트 모두 '이스티오 리소스 소개' 절에서 자세히 설명한다.

이제 클러스터에 이스티오를 설치하는 방법을 살펴보겠다.

⠿ 이스티오 설치

이스티오를 배포하는 방법에는 여러 가지가 있다. 오늘날 가장 일반적인 방법은 istioctl 또는 이스티오 오퍼레이터를 사용하는 것이지만 조직에 따라 추가 옵션이 있다. istoctl 또는 헬름 차트(작성 당시에는 알파 버전)를 통해 매니페스트를 만드는 대체 설치 방법 중 하나를 사용할 수 있다.

각 방법의 장점과 단점에 대한 간략한 목록은 표 12.1 이스티오 배포 방법에 자세히 설명해놨다.

표 12.1 이스티오 배포 방법

배포 방법	장점	단점
istioctl	• 구성 검증 및 상태 점검 • 특권 파드가 필요하지 않아 클러스터 보안이 강화된다. • 다양한 구성 옵션	• 각 이스티오 버전에는 새 바이너리가 필요하다.
이스티오 오퍼레이터	• 구성 검증 및 상태 • 각 이스티오 버전에 여러 바이너리가 필요하지 않다. • 다양한 구성 옵션	• 클러스터에서 실행되는 특권 파드가 필요하다.
매니페스트 (istioctl을 사용)	• kubectl을 사용해 배포하기 전에 사용자 지정할 수 있는 매니페스트를 생성한다. • 다양한 구성 옵션	• 모든 검사가 수행되는 것은 아니므로 배포 오류가 발생할 수 있다. • istioctl 또는 이스티오 연산자를 사용하는 것과 비교할 때 오류 검사 및 보고가 제한된다.
헬름	• 헬름과 Chart는 대부분의 쿠버네티스 사용자에게 잘 알려져 있다. • 배포를 쉽게 관리할 수 있는 헬름 표준 활용	• 모든 배포 옵션 중에서 최소 수준의 검증 검사를 제공한다. • 대부분의 작업에는 다른 배포 모델에 비해 추가 작업과 복잡성이 필요하다.

12장에서는 설치에 `istioctl` 바이너리를 사용하는 데 초점을 맞추고 다음 절에서는 `istioctl`을 사용해 이스티오를 배포하겠다.

이스티오 다운로드

가장 먼저 필요한 것은 배포하려는 이스티오의 버전을 정의하는 것이다. 환경변수를 설정해 이 작업을 수행할 수 있으며, 이 예에서는 Istio 1.10.0을 배포하려고 한다.

```
export ISTIO_VERSION=1.10.0
```

다음으로 CURL을 사용해 이스티오 설치 프로그램을 다운로드한다.

```
curl -L https://istio.io/downloadIstio | sh -
```

그러면 설치 스크립트가 다운로드되고 curl 명령을 실행하기 전에 정의한 ISTIO_VERSION을 사용해 실행한다. 실행 후에는 현재 작업 디렉터리에 istio-1.10.0 디렉터리가 생긴다.

마지막으로 istio-1.10.0 디렉터리의 실행 파일을 사용할 예정이므로 path문에 추가해야 한다. 이를 쉽게 하려면 path 변수를 설정하기 전에 책 리포지터리의 chapter12 디렉터리에 있어야 한다.

```
export PATH="$PATH:$PWD/istio-1.10.0/bin"
```

프로필을 사용한 이스티오 설치

팀에는 이스티오를 더 쉽게 배포할 수 있도록 사전 정의된 여러 프로필이 포함돼 있다. 각 프로파일은 배포되는 구성 요소와 기본 구성을 정의한다. 프로파일은 6개가 포함되지만 대부분의 배포에는 4개의 프로파일만 사용된다.

표 12.2 이스티오 프로필

프로필	설치된 구성 요소
Default	istio-ingressgateway와 istiod
Demo	istio-egressgateway, istio-ingressgateway, 와 istiod
Minimal	istiod
Preview	istio-ingressgateway와 istiod

포함된 프로필이 배포 요구 사항에 맞지 않는 경우 사용자 지정 배포를 만들 수 있다. 포함된 데모 프로필을 사용할 예정이므로 12장의 범위를 벗어난다. 하지만 구성 사용자 지정에 대한 자세한 내용은 이스티오 사이트(https://istio.io/latest/docs/setup/additional-setup/customize-installation/)에서 확인할 수 있다.

istioctl을 사용해 데모 프로필을 사용해 이스티오를 배포하려면 다음 명령 하나만 실행하면 된다.

```
istioctl manifest install --set profile=demo
```

설치 프로그램은 모든 이스티오 구성 요소를 배포하는 기본 프로필을 사용해 이스티오를 배포할 것인지 확인하는 메시지를 표시한다.

```
This will install the Istio 1.10.0 demo profile with ["Istio core"
"Istiod" "Ingress gateways" "Egress gateways"] components into the
cluster. Proceed? (y/N)
```

배포를 계속하려면 y 키를 눌러 yes라고 말한다. 확인을 건너뛰려면 istioctl 명령줄 -skip-confirmation에 옵션을 추가하면 된다. 이 옵션은 istioctl에 확인을 하지 않도록 지시한다.

모든 것이 잘 진행되면 각 구성 요소가 설치됐다는 확인 메시지와 이스티오를 설치해주셔서 감사하다는 메시지가 나온다.

```
✓ Istio core installed
✓ Istiod installed
✓ Egress gateways installed
✓ Ingress gateways installed
✓  Installation complete
Thank you for installing Istio 1.10.  Please take a few minutes to tell us
about your install/upgrade experience!
```

istioctl 실행 파일을 사용해 설치를 확인할 수 있다. 설치를 확인하려면 매니페스트가
필요하고, istioctl을 사용해 이스티오를 직접 배포했기 때문에 매니페스트가 없으므로
설치를 확인하기 위한 매니페스트를 만들어야 한다.

```
istioctl manifest generate --set profile=demo > istio-kind.yaml
```

그런 다음 istioctl verify-install 명령을 실행한다.

```
istioctl verify-install -f istio-kind.yaml
```

이렇게 하면 각 구성 요소가 검증되고 확인되면 다음 출력과 비슷한 요약을 제공한다.

```
Checked 13 custom resource definitions
Checked 3 Istio Deployments
✓  Istio is installed and verified successfully
```

이제 설치를 확인했으니 istioctl이 만든 내용을 살펴보겠다.

- istio-system이라는 새로운 네임스페이스

- 3개의 배포^{deployment}가 생성됐으며 각 배포에 해당하는 서비스

    - istio-ingressgateway

    - istio-egressgateway

    - istiod

- CustomResourceDefinitions^{CRDs}는 다음과 같은 istio resource를 제공

  - authorizationpolicies.security.istio.io

  - gateways.networking.istio.io

  - virtualservices.networking.istio.io

  - destinationrules.networking.istio.io

  - peerauthentications.security.istio.io

  - requestauthentications.security.istio.io

  - serviceentries.networking.istio.io

  - sidecars.networking.istio.io

  - envoyfilters.networking.istio.io

지금은 모든 CR^{CustomResource}에 대해 걱정하지 않아도 된다. 장 전체에서 각 리소스의 세부 사항을 다루고, 13장에서는 배포된 많은 CR을 활용할 애플리케이션을 메시에 배포하는 방법에 대해 자세히 설명하겠다.

이스티오를 배포한 다음 단계는 구축하려는 애플리케이션에 액세스할 수 있도록 네트워크에 노출하는 것이다. KinD를 사용하고 있기 때문에 까다로울 수 있다. 도커는 KinD 서버의 포트 80 (HTTP) 및 443 (HTTPS)의 모든 트래픽을 작업자 노드로 전달한다. 작업자 노드는 차례로 포트 443과 80에서 NGINX 인그레스 컨트롤러를 실행해 해당 트래픽을 수신한다. 실제 시나리오에서는 MetaLB와 같은 외부 로드밸런서를 사용해 LoadBalancer를 통해 개별 서비스를 노출한다. 하지만 우리 실습에서는 단순성에 초점을 맞출 것이다. 우리는 chapter 12 디렉터리에 expose_istio.sh 라는 두 가지 작업을 수행하는 스크립트를 만들었다. 먼저 ingress-nginx 네임스페이스를 삭제해 NGINX를 제거하고 도커 호스트에서 포트 80과 443을 비운다. 둘째, 작업자 노드의 포트 80 및 443에서 실행되도록 istio-system 네임스페이스의 istio-ingressgateway 배포를 패치한다.

이제 이스티오를 배포하고 이스티오에 포함된 사용자 지정 리소스를 살펴봤으므로 다음 절로 넘어가 각 리소스와 해당 사용 사례를 설명하겠다.

⁝⁝ 이스티오 리소스 소개

이스티오를 배포하면 이스티오 기능을 제공하는 추가 사용자 지정 리소스를 갖게 된다. 이러한 각 리소스는 강력한 기능을 제공하며 각 리소스는 자체적으로 하나의 장이 될 수 있다. 이 절에서는 각 오브젝트를 잘 이해할 수 있도록 충분한 세부 정보를 제공하고자 한다. 다음 절에서는 실제 애플리케이션 예제에서 많은 오브젝트를 설명하는 기본 애플리케이션을 배포하겠다.

권한 부여 정책

권한 부여 정책은 서비스 메시의 배포에 대한 액세스를 제어하는 데 사용된다. 이를 통해 개발자는 거부, 허용, 사용자 지정을 비롯한 작업을 기반으로 워크로드에 대한 액세스를 제어할 수 있다.

정책은 특정 순서로 적용된다. 이스티오는 먼저 사용자 지정 정책을 적용한 다음 정책을 거부하고 마지막으로 모든 허용 정책을 적용한다.

잘못 구성된 정책은 예상 결과를 제공하지 못할 수 있으므로 정책이 평가되는 방식을 이해하는 것이 매우 중요하다. 정책 평가를 위한 개략적인 흐름은 다음과 같다.

그림 12.1 이스티오 정책 평가 흐름

정책에 동일한 요청에 대한 거부와 허용이 충돌하는 규칙이 있는 경우 거부 정책이 먼저 평가되기 때문에 요청이 거부된다. HTTP GET과 같은 특정 작업을 허용하면 GET 요청은 허용되지만 다른 모든 작업은 정책에서 허용하지 않았으므로 거부된다는 점도 매우 중요하다.

정책은 범위scope, 작업action 및 규칙rule으로 분류할 수 있다.

- **Scope**: 범위는 정책에 의해 적용될 오브젝트를 정의한다. 정책을 전체 메시, 네임스페이스 또는 파드와 같은 쿠버네티스 오브젝트 레이블로 범위를 지정할 수 있다.

- **Action**: ALLOW 또는 DENIED 두 작업 중 하나를 정의할 수 있다. 각 작업은 정의된 규칙에 따라 요청을 거부하거나 허용한다.

- **Rules**: 요청에 의해 허용되거나 거부될 작업을 정의한다. 규칙은 매우 복잡해져 소스 및 대상, 다양한 작업, 키 등을 기반으로 작업을 정의할 수 있다.

흐름을 이해하는 데 도움이 되도록 권한 부여 정책의 몇 가지 예를 살펴보고 정책을 평가할 때 어떤 액세스가 적용되는지 살펴보겠다.

예 1: 모든 액세스 거부 및 허용

첫 번째 예에서는 네임스페이스 **marketing**의 리소스에 대한 모든 요청을 거부하는 정책을 만들겠다.

```
apiVersion: security.istio.io/v1beta1
kind: AuthorizationPolicy
metadata:
  name: marketing-policy-deny
```

```
  namespace: marketing
spec:
  {}
```

이는 spec 절에 아무 것도 정의하지 않은 매우 간단한 정책으로, 정책에 대한 규칙이 제공되지 않았으며, 정책 매칭이 없는 것으로 평가된다. 그림 12.1은 이스티오 정책 평가 흐름의 마지막 상자로 이어지는 흐름을 거쳐 요청을 거부한다.

정책에 단일 항목을 추가해 모든 요청 거부에서 모든 요청을 허용하는 것으로 변경할 수 있다.

```
apiVersion: security.istio.io/v1beta1
kind: AuthorizationPolicy
metadata:
 name: marketing-policy-deny
 namespace: marketing
spec:
  rules:
  - {}
```

정책 정의에 rules 절을 추가할 때 일치 또는 허용 규칙이 없는 규칙을 생성했으므로 이 규칙은 그림 12.1의 세 번째 상자로 평가돼 요청을 허용한다.

흐름에서 정책이 평가되는 방식을 이해하지 못하면 예상치 못한 액세스 결과가 발생할 수 있다고 언급한 이유를 알게 될 것이다. 이는 정책에서 단일 항목인 rules를 사용해 모든 요청을 거부에서 허용하는 것으로 어떻게 변경되는지를 보여주는 대표적인 예다.

예 2: 워크로드에 GET 메서드만 허용

정책을 세분화해 HTTP 요청의 GET과 같은 특정 작업만 허용할 수 있다. 이 예제는 GET 요청을 허용하고 마케팅 네임스페이스에서 app=nginx로 레이블이 지정된 파드에 대한 다른 모든 요청 유형은 거부한다.

```
apiVersion: security.istio.io/v1beta1
kind: AuthorizationPolicy
metadata:
  name: nginx-get-allow
  namespace: marketing
spec:
  selector:
    matchLabels:
      app: nginx
  action: ALLOW
  rules:
  - to:
    - operation:
        methods: ["GET"]
```

이 예에서는 from: 작업이 없는 to: 작업만 정의했기 때문에 정책은 모든 소스의 GET 요청을 수락한다. 요청의 출처에 따라 요청을 수락(또는 거부)해 훨씬 더 세분화할 수 있다. 다음 절에서는 정책의 또 다른 예를 보여주지만 일단 여기서는 소스를 단일 IP 주소로 제한하겠다.

예 3: 특정 소스의 요청 허용

마지막 정책 예에서는 GET 또는 POST 메서드를 사용해 워크로드에 액세스할 수 있는 소스를 제한한다.

이렇게 하면 정책 소스 목록에 없는 소스의 모든 요청을 거부해 보안이 강화된다.

```
metadata:
  name: nginx-get-allow-source
  namespace: marketing
spec:
  selector:
    matchLabels:
      app: nginx
  action: ALLOW
  rules:
  - from:
```

```
- source:
    ipBlocks:
    - 192.168.10.100
```

이전 예와 달리 이 정책에는 source: 절이 있다. 이 절을 사용하면 IP 주소와 같은 다양한 소스를 기반으로 액세스를 제한할 수 있다. 이 정책은 소스 IP 192.168.10.100에서 NGINX 서버에 대한 모든 작업에 액세스할 수 있도록 허용하며, 다른 모든 소스는 액세스가 거부된다.

권한 부여 정책에서 넘어가서 다음 사용자 지정 리소스인 대상 규칙을 소개하겠다.

게이트웨이

앞서 우리는 트래픽이 중앙 지점인 istio-ingressgateway로 들어올 것이라고 언급했다. 인그레스 게이트웨이에서 네임스페이스와 워크로드로 트래픽이 어떻게 흐르는지에 대해선 설명하지 않았다. 여기서 게이트웨이가 필요하다.

네임스페이스에서 게이트웨이를 구성할 수 있으므로 생성 및 구성을 팀에 위임할 수 있다. 허용 암호, TLS 버전, 인증서 처리 등과 같은 옵션으로 사용자 지정할 수 있는 수신 및 발신 트래픽을 수신하는 로드밸런서다.

게이트웨이는 다음 항목에서 설명할 가상 서비스와 함께 작동하지만, 그 전까지의 게이트웨이와 VirtualService 오브젝트 간의 상호 작용은 다음 그림에서 볼 수 있다.

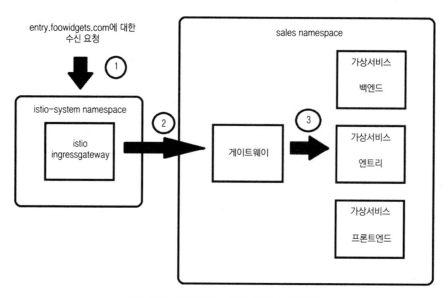

그림 12.2 게이트웨이 – 가상 서비스 통신 흐름

1. 들어오는 요청은 istio-system 네임스페이스에 있는 Istio ingress-gateway 컨트롤러로 전송된다.

2. sales 네임스페이스에는 entry.foowidgets.com의 호스트와 함께 인그레스 게이트웨이를 사용하도록 설정된 게이트웨이가 구성돼 있다. 이렇게 하면 ingressgateway에 sales 네임스페이스의 게이트웨이 오브젝트에 요청을 보내도록 지시한다.

3. 마지막으로 트래픽은 sales 네임스페이스의 게이트웨이를 사용해 생성된 Virtual Service 오브젝트를 사용해 서비스로 라우팅된다.

게이트웨이 구성의 예를 보여주기 위해 URL entry.foowidgets.com을 사용해 액세스할 수 있는 애플리케이션을 실행하는 이스티오가 활성화된 sales라는 네임스페이스가 있으며 외부 액세스를 위해 이를 노출해야 한다. 이를 위해 다음 예제 매니페스트를 사용해 게이트웨이를 생성한다.

```
apiVersion: networking.istio.io/v1alpha3
kind: Gateway
```

```
metadata:
  name: sales-gateway
  namespace: sales
spec:
  selector:
    istio: ingressgateway
  servers:
  - port:
      number: 443
      name: http
      protocol: HTTP
    hosts:
    - sales.foowidgets.com
    tls:
      mode: SIMPLE
      serverCertificate: /etc/certs/servercert.pem
      privateKey: /etc/certs/privatekey.pem
```

이 게이트웨이 구성은 인그레스 게이트웨이가 sales.foowidgets.com을 위해 들어오는
요청을 포트 443에서 수신하도록 지시한다. 또한 들어오는 웹 요청에 대한 통신을 보호
하는 데 사용할 인증서를 정의한다.

"클러스터에서 실행 중인 인그레스 게이트웨이를 사용하는지 어떻게 알 수 있는가?"라
며 궁금해할 수도 있다. spec과 셀렉터를 살펴보면 istio=ingressgateway 레이블이 있
는 인그레스 게이트웨이를 사용하도록 셀렉터를 구성했다. 이 셀렉터와 레이블은 어떤
인그레스 게이트웨이가 수신 연결을 위한 새 게이트웨이를 생성할 것인지 게이트웨이
오브젝트에 알려준다. 이전에 이스티오를 배포했을 때, 인그레스 게이트웨이에는 기본
레이블인 istio=ingressgateway로 레이블로 지정됐는데 이는 kubectl get pods –show-
labels -n istio-system에서 다음 강조 표시된 것과 같다.

```
kubectl get pods –show-labels -n istio-system .
app=istio-ingressgateway,chart=gateways,heritage=Tiller,
install.operator.
istio.io/owning-resource
```

게이트웨이에는 트래픽을 보낼 위치를 알려주는 구성 옵션이 없기 때문에 게이트웨이를 사용해 트래픽을 특정 워크로드로 보내는 방법이 궁금할 것이다. 이는 게이트웨이가 대상 URL과 필요한 포트의 트래픽을 받아들이도록 인그레스 게이트웨이를 구성하기만 하기 때문이다. 게이트웨이는 트래픽이 서비스로 흐르는 방식을 제어하지 않는다. 이것이 바로 다음 오브젝트인 가상 서비스 오브젝트의 역할이다.

가상 서비스

게이트웨이와 가상 서비스가 결합돼 서비스 또는 서비스들에 올바른 트래픽 경로를 제공한다. 게이트웨이를 배포한 후에는 트래픽을 서비스로 라우팅하는 방법을 게이트웨이에 알리는 가상 서비스 오브젝트를 만들어야 한다.

게이트웨이 예제를 기반으로, 포트 443에서 실행되는 웹 서버로 트래픽을 라우팅하는 방법을 게이트웨이에 알려야 한다. 이 서버는 마케팅 네임스페이스에서 NGINX를 사용해 배포됐으며 app-nginx라는 레이블과 frontend라는 서비스가 있다. 트래픽을 NGINX 서비스로 라우팅하려면 다음 매니페스트를 배포한다.

```
apiVersion: networking.istio.io/v1beta1
kind: VirtualService
metadata:
  name: sales-entry-web-vs
  namespace: sales
spec:
  hosts:
  - entry.foowidgets.com
  gateways:
  - sales-gateway
  http:
  - route:
    - destination:
        port:
          number: 443
        host: entry
```

매니페스트를 세분화해보면 VirtualService 오브젝트가 라우팅할 호스트를 지정한다. 이 예에서는 entry.foowidgets.com 호스트가 하나뿐이다. 다음 필드에서는 트래픽에 사용할 게이트웨이를 정의하고 이전 절에서는 포트 443을 수신하도록 구성된 marketing-gateway 게이트웨이를 정의했다.

마지막으로, 마지막 절에서는 트래픽이 라우팅될 서비스를 정의한다. 경로, 목적지 및 항구는 모두 이해하기 쉽지만 host 절은 오해의 소지가 있을 수 있다. 이 필드는 실제로 트래픽을 라우팅할 서비스를 정의한다. 이 예제에서는 트래픽을 entry라는 서비스로 라우팅하므로 필드를 host: entry로 정의한다.

게이트웨이와 가상 서비스를 사용해 서비스 메시에서 트래픽을 라우팅하는 방법을 알고 있으면 다음 주제인 대상 규칙으로 넘어갈 수 있다.

대상 규칙

가상 서비스는 트래픽을 서비스로 전달하는 기본 방법을 제공하지만 이스티오는 대상 규칙DestinationRule을 사용해 복잡한 트래픽 방향을 생성하는 추가 오브젝트를 제공한다. 대상 규칙은 가상 서비스 이후에 적용된다. 트래픽은 처음에 가상 서비스를 사용해 라우팅되며, 정의된 경우 대상 규칙을 사용해 요청을 최종 목적지로 라우팅할 수 있다.

처음에는 혼란스러울 수 있지만 예제를 보면 더 쉬워지므로 트래픽을 여러 버전의 배포로 라우팅할 수 있는 예를 살펴보겠다.

앞서 살펴본 바와 같이, 들어오는 요청은 처음에는 가상 서비스를 사용하고 대상 규칙(정의된 경우)은 요청을 목적지로 라우팅한다. 이 예시에서는 이미 가상 서비스를 생성했지만 실제로는 v1과 v2라는 레이블이 지정된 두 가지 버전의 애플리케이션이 있으며 라운드 로빈을 사용해 두 버전의 애플리케이션 간에 트래픽을 전달하려고 한다. 이를 위해 다음 매니페스트를 사용해 대상 규칙을 생성한다.

```
apiVersion: networking.istio.io/v1alpha3
kind: DestinationRule
```

```
metadata:
  name: nginx
spec:
  host: nginx
  trafficPolicy:
    loadBalancer:
      simple: ROUND_ROBIN
  subsets:
  - name: v1
    labels:
      version: nginx-v1
  - name: v2
    labels:
      version: nginx-v2
```

이 매니페스트를 사용해 LoadBalancer 정책을 ROUND_ROBIN으로 정의했으므로 NGINX 서버로 들어오는 요청이 두 버전의 애플리케이션 간에 동일하게 분할된다. 하지만 연결 수가 가장 적은 버전으로 트래픽을 라우팅하려면 어떻게 해야 할까? 대상 규칙에는 LoadBalancer 옵션에 대한 다른 옵션이 있으며, 연결이 가장 적은 버전으로 연결을 라우팅하려면 LEAST_CONN LoadBalancer 정책을 설정한다.

피어 인증

이스티오의 피어 인증 오브젝트는 서비스 메시가 전체 서비스 메시 또는 네임스페이스에 대한 워크로드에 대한 상호 TLS 설정을 제어하는 방법을 제어한다. 각 정책은 파드 간 암호화된 통신과 암호화되지 않은 통신을 모두 허용하거나 파드 간 암호화를 요구하는 값으로 구성할 수 있다.

표 12.3 피어 인증 옵션

mTLS 모드	파드 커뮤니케이션	설명
STRICT	mTLS 필요	파드로 전송되는 암호화되지 않은 트래픽은 모두 거부된다.
PERMISSIVE	mTLS(선택 사항)	암호화된 트래픽과 암호화되지 않은 트래픽 모두 파드에서 허용된다.

전체 메시에 대해 피어 인증을 설정하려면 istio-system 네임스페이스에 PeerAuthenti cation을 생성해야 한다. 예를 들어 모든 파드 간에 mTLS를 요구하려면 다음에 표시된 정책을 생성하면 된다.

```
apiVersion: security.istio.io/v1beta1
kind: PeerAuthentication
metadata:
  name: mtls-policy
  namespace: istio-system
spec:
  mtls:
    mode: STRICT
```

암호화된 트래픽과 암호화되지 않은 트래픽을 모두 허용하려면 모드를 mode: PERMIS SIVE로 변경해 정책 모드를 PERMISSIVE로 설정하기만 하면 된다.

많은 기업에서는 전체 메시에 대한 모드를 설정하는 대신 추가 보안이 필요한 네임스페이스에 대해서만 모드를 STRICT로 설정한다. 다음 예에서는 sales 네임스페이스의 모드를 STRICT로 설정했다.

```
apiVersion: security.istio.io/v1beta1
kind: PeerAuthentication
metadata:
  name: mtls-policy
  namespace: sales
spec:
  mtls:
    mode: STRICT
```

이 정책은 istio-system 네임스페이스가 아닌 sales 네임스페이스에 대해 구성되므로 이스티오는 전체 서비스 메시가 아닌 네임스페이스에 대해 엄격한 mTLS 정책만 적용한다.

이는 메시에서 제공하는 훌륭한 보안 기능이지만, 암호화만으로는 요청이 워크로드에 도달하는 것을 막지는 못한다(단순한 암호화). 다음으로 설명할 오브젝트는 액세스를 허용하기 전에 인증을 요구해 워크로드에 보안 수준을 추가하는 것이다.

인증 요청

보안에는 두 가지 요소가 필요한다. 첫 번째는 "본인" 인증이다. 두 번째 단계는 인증이 제공된 후 허용되는 작업 또는 "수행할 수 있는 작업"이다.

RequestAuthentication 오브젝트는 워크로드를 보호하는 데 필요한 부분일 뿐이다. 워크로드를 완전히 보호하려면 RequestAuthentication 오브젝트와 AuthorizationPolicy을 만들어야 한다. RequestAuthorization 정책은 워크로드에 액세스할 수 있는 ID를 결정하고 AuthorizationPolicy에 따라 허용되는 권한이 결정된다.

AuthorizationPolicy가 없는 RequestAuthorization 정책을 사용하면 실수로 리소스에 대한 액세스가 허용될 수 있다. RequestAuthorization 정책만 생성하는 경우 표 12.4의 액세스는 다음과 같다(RequestAuthorization 액세스는 액세스가 허용된 사용자를 보여줌).

표 12.4 인증 액세스 요청

토큰 액션	액세스 제공
잘못된 토큰이 제공됐다.	액세스가 거부된다.
토큰이 제공되지 않는다.	액세스 권한이 부여된다.
유효한 토큰을 제공한다.	액세스 권한이 부여된다.

정책을 만들고 나면 잘못된 JWT는 워크로드에 대한 액세스가 거부되고 모든 유효한 토큰은 워크로드에 대한 액세스가 허용된다. 그러나 많은 사람들이 토큰이 제공되지 않으면 액세스가 거부될 것이라고 생각하지만 실제로는 액세스가 허용된다는 것이다. RequestAuthentication 정책은 토큰만 확인하며, 토큰이 없는 경우 RequestAuthentication 규칙은 요청을 거부하지 않는다.

매니페스트의 예는 다음과 같다. 12장의 예제 절에서 이 매니페스트를 사용하겠지만 먼저 이 절에서 필드를 설명하기 위해 이 매니페스트를 보여주고자 한다.

```
apiVersion: security.istio.io/v1beta1
kind: RequestAuthentication
metadata:
  name: demo-requestauth
```

```
    namespace: demo
spec:
  selector:
    matchLabels:
        app: frontend
  jwtRules:
  - issuer: testing@secure.istio.io
    jwksUri: https://raw.githubusercontent.com/istio/istio/
release-1.11/security/tools/jwt/samples/jwks.json
```

이 매니페스트는 demo 네임스페이스에서 app=frontend와 일치하는 레이블이 있는 워크로드를 구성해 발급자 testing@secure.istio.io의 JWT를 수락하고 토큰을 확인하는 URL을 포함하는 정책을 생성한다.

이 URL(https://raw.githubusercontent.com/istio/istio/release-1.11/security/tools/jwt/samples/jwks.json)에는 토큰을 검증하는 데 사용되는 키가 들어 있다.

```
{ "keys":[ {"e":"AQAB","kid":"DHFbpoIUqrY8t2zpA2qXfCmr5VO5ZEr4R
zHU_-envvQ","kty":"RSA","n":"xAE7eB6qugXyCAG3yhh7pkDkT65pHymX-P7KfIup
jf59vsdo91bSP9C8H07pSAGQ01MV_xFj9VswgsCg4R6otmg5PV2He95lZdHtOcU5DXIg_
pbhLdKXbi66GlVeK6ABZOUW3WYtnNHD-91gVuoeJT_DwtGGcp4ignkgXfkiEm4sw-4sfb4qd
t5oLbyVpmW6x9cfa7vs2WTfURiCrBoUqgBo_-4WTiULmmHSGZHOjzwa8WtrtOQGsAFjIbno8
5jp6MnGGGZPYZbDAa_b3y5u-YpW7ypZrvD8BgtKVjgtQgZhLAGezMt0ua3DRrWnKqTZ0BJ_
EyxOGuHJrLsn00fnMQ"}]}
```

토큰이 제공되면 해당 토큰이 RequestAuthentication 오브젝트의 JWTrules 절에 정의된 발급자에서 가져온 것으로 확인된다.

서비스 항목

다음 오브젝트는 ServiceEntry 오브젝트로, 이를 통해 서비스 메시에 항목을 생성해 자동 검색된 메시 서비스가 수동으로 입력한 서비스와 통신할 수 있도록 할 수 있다.

```
apiVersion: networking.istio.io/v1alpha3
kind: ServiceEntry
```

```
metadata:
  name: api-server
  namespace: sales
spec:
  hosts:
  - api.foowidgets.com
  ports:
  - number: 80
    name: http
    protocol: HTTP
```

이 매니페스트는 서비스 메시에 외부 서비스를 논리적으로 추가하는 항목을 만들어 메시에 있는 것처럼 보이게 한다.

사이드카

먼저 이것이 혼동될 수 있다는 것을 알고 있다. 이 오브젝트는 사이드카 자체가 아니라 사이드카가 "메시 안에" 있다고 간주하는 아이템을 정의할 수 있는 오브젝트다. 클러스터의 크기에 따라 메시에 수천 개의 서비스가 있을 수 있으며 사이드카 오브젝트를 만들지 않으면 Envoy 사이드카는 서비스가 다른 모든 서비스와 통신해야 한다고 간주한다.

일반적으로 동일한 네임스페이스 또는 소수의 다른 네임스페이스에 있는 서비스와 통신하는 데에는 네임스페이스만 필요할 수 있다. 메시의 모든 서비스를 추적하려면 리소스가 필요하므로 사이드카 오브젝트를 만들어 각 Envoy 사이드카에 필요한 메모리를 줄이는 것이 좋다.

Envoy 프록시의 서비스를 제한하는 사이드카 오브젝트를 만들려면 다음 표시된 매니페스트를 배포해야 한다.

```
apiVersion: networking.istio.io/v1beta1
kind: Sidecar
metadata:
  name: sales-sidecar
```

```
    namespace: sales
spec:
  egress:
  - hosts:
    - "./*"
    - "istio-system/*"
```

이 매니페스트의 spec에는 메시의 호스트 목록이 포함돼 있다. /*는 오브젝트가 생성된 네임스페이스를 참조하며, 모든 사이드카에는 이스티오가 배포된 네임스페이스가 포함돼야 한다. 이 네임스페이스는 기본적으로 istio-system이다.

메시를 통해 통신해야 하는 네임스페이스가 3개 있다면 호스트 항목에 네임스페이스를 추가하기만 하면 된다.

```
apiVersion: networking.istio.io/v1beta1
kind: Sidecar
metadata:
  name: sales-sidecar
  namespace: sales
spec:
  egress:
  - hosts:
    - ./*
    - istio-system/*
    - sales2
    - sales3
```

메시 오브젝트를 제한하지 않으면 리소스 때문에 Envoy 사이드카 크래시가 반복될 수 있다. 메모리 부족^{OOM, Out Of Memory} 이벤트가 발생하거나 근본 원인에 대한 세부 정보가 표시되지 않는 CrashLoops가 발생할 수 있다. 이러한 시나리오가 발생하는 경우 사이드카 오브젝트를 배포하면 문제가 해결될 수 있다.

Envoy 필터

Envoy 필터는 이스티오에서 생성한 사용자 지정 구성을 만들 수 있는 기능을 제공한다.

Pilot(istiod의 일부)은 사이드카 관리를 담당한다는 점을 기억해보자. 설정이 이스티오로 전송되면 Pilot은 Envoy가 사용할 설정을 변환한다. 이스티오 사용자 지정 리소스의 옵션에 따라 "제한Limited"되기 때문에 워크로드에 필요한 잠재적 구성 옵션이 모두 갖춰져 있지 않을 수 있으며, 여기서 Envoy 필터가 필요하다.

필터는 매우 강력하고 위험할 수 있는 구성 오브젝트다. 표준 이스티오 오브젝트에서 사용자 지정할 수 없는 값을 사용자 지정해 필터, 리스너, 필드 등을 추가할 수 있다. 이는 여러분이 잘 아는 영화 〈스파이더맨〉의 대사 "큰 힘에는 큰 책임이 따른다"를 떠올리게 한다. Envoy 필터는 확장된 구성 옵션을 제공하지만 필터를 잘못 사용하면 전체 서비스 메시가 중단될 수 있다.

Envoy 필터는 복잡하며 이 책의 목적상 이스티오를 전반적으로 이해하기 위해 깊은 이해를 필요로 하는 건 아니다. Envoy 필터에 대한 자세한 내용은 이스티오 사이트(https://istio.io/latest/docs/reference/config/networking/envoy-filter/)에서 확인할 수 있다.

⁙ 관측성을 제공하는 애드온 구성 요소 배포

지금까지 이스티오를 배포하는 방법과 가장 많이 사용되는 오브젝트를 이해하는 방법을 알아봤지만, 가장 유용한 기능인 관측성Observability은 아직 보지 못했다. 12장 초반부에서 관측성이 이스티오에서 제공하는 내가 가장 좋아하는 기능 중 하나라고 언급했으며, 12장에서는 Kiali라는 인기 있는 이스티오 애드온을 배포하는 방법을 설명하겠다.

프로메테우스 설치

Kiali를 설치하기 전에 SoundCloud에서 메시 메트릭을 저장하기 위해 개발한 프로메테우스Prometheus라는 오픈소스 모니터링 및 알림 구성 요소를 배포해야 한다. 프로메테우스는 2012년에 개발됐으며 2016년에는 클라우드 네이티브 컴퓨팅 재단CNCF, Cloud Native Computing Foundation에 추가돼 쿠버네티스에 이어 CNCF의 두 번째 프로젝트가 됐다.

프로메테우스와 쿠버네티스를 처음 사용하는 사람은 프로메테우스가 제공하는 기능을 오해하는 경우가 많다. 프로메테우스는 Elasticsearch 및 Kibana와 같은 제품이 제공하는 컨테이너나 인프라에 대한 로깅을 제공하지 않는다. 대신 프로메테우스는 성능 추적에 사용되는 클러스터 메트릭을 추적한다. 지표에는 처리량, CPU 사용량, 지연 시간 등과 같은 정보가 포함된다. 프로메테우스에 대한 자세한 내용은 해당 사이트(https://prometheus.io/)에서 확인할 수 있다.

프로메테우스를 배포하기 위해 이 책의 chatper12 디렉터리에 사용자 지정 프로메테우스 설치를 포함했다. kubectl apply를 사용해 배포할 수 있다.

```
kubectl apply -f prometheus-deployment.yaml
```

많은 프로메테우스 예제 배포는 상태를 유지하지 않으므로 배포에는 prom-pvc라는 영구 볼륨 클레임을 사용해 KinD에 내장된 프로비저너^{provisioner}를 활용해 지속성을 추가했다.

⁝⁝ Jaeger 설치

다음으로 배포해야 할 구성 요소는 Jaeger이다. Jaeger는 이스티오의 서비스 간 추적을 제공하는 오픈소스 서비스다. 트레이싱은 일부 독자에게 새로운 용어일 수 있으며, 높은 수준에서 보면 트레이스는 서비스의 실행 경로를 나타낸다. 이를 통해 서비스 간 통신의 실제 경로를 볼 수 있으며 성능 및 지연 시간에 대한 메트릭을 제공하는 이해하기 쉬운 보기를 제공해 문제를 더 빠르게 해결할 수 있다.

Jaeger를 배포하기 위해 chapter12/jaeger-deployment.yaml 매니페스트를 포함했다. kubectl apply를 사용해 배포할 수 있다.

```
kubectl apply -f jaeger-deployment.yaml
```

프로메테우스 설치와 마찬가지로 인터넷에서 찾은 대부분의 배포는 지속성을 유지하지 못한다. KinD 자동 프로비저너를 사용해 할당되는 jaeger-pvc 영구 볼륨을 배포에 추가했다.

프로메테우스와 Jaeger를 배포했으면 다음 절로 넘어가 관측성에 대한 주요 주제인 Kiali를 다룰 것이다.

Kiali 설치

Kiali는 서비스 메시를 위한 강력한 관리 콘솔을 제공한다. 서비스, 파드, 트래픽 보안 등을 그래픽으로 볼 수 있다. 개발자와 운영자 모두에게 매우 유용한 도구이므로, 12장의 나머지 부분에서는 Kiali의 배포와 사용에 중점을 둘 것이다.

Kiali를 배포하는 몇 가지 방법이 있지만, 가장 일반적인 설치 방법인 헬름 차트를 사용하겠다.

```
helm install --namespace istio-system --set auth.strategy="anonymous"
--repo https://kiali.org/helm-charts kiali-server kiali-server
```

이렇게 하면 Kiali 자체만 배포되며 외부 액세스는 노출되지 않는다. 책 전체에서 사용했던 nip.io 형식을 사용해 인그레스 규칙을 만드는 인그레스 매니페스트를 만들었다. 매니페스트는 create-kiali-istio-objs.sh라고 하는 charter12/kiali 디렉터리에 있다. 디렉터리를 chapter12/kiali로 변경해 스크립트를 실행한다. 그러면 kiali.w.x.y.z.nip.io라는 이름의 가상 서비스 및 게이트웨이 오브젝트를 생성한다.

인그레스가 생성되면 스크립트는 Kiali 대시보드에 액세스할 수 있는 URL을 표시한다. 이 예에서 도커 호스트의 IP 주소는 10.2.1.165이다.

Kiali 인그레스 규칙이 생성됐다. http://kiali.10.2.1.165.nip.io/를 사용해 UI를 열 수 있다.

이렇게 하면 익명 액세스 대시보드가 배포되지만 Kiali는 다른 인증 메커니즘을 허용해 대시보드를 보호할 수 있다. 13장에서는 오픈유니슨을 공급자로 사용해 JWT를 받아들이도록 Kiali 배포를 수정할 것이다.

서비스 메시에 애플리케이션 배포

우리는 하루 종일 이스티오의 구성 요소와 오브젝트를 정의할 수도 있지만, 예제와 사용 사례를 살펴보는 것이 이스티오에서 제공하는 기능과 같은 고급 개념을 이해하는 데 더 유용한 경우가 많다. 이 절에서는 많은 사용자 지정 리소스를 자세히 설명하고 KinD 클러스터에 배포할 수 있는 예제를 제공한다.

첫 번째 애플리케이션을 메시에 배포하기

드디어! 이스티오와 애드온 구성 요소가 설치됐으므로 서비스 메시에 실제 애플리케이션을 설치해 모든 것이 제대로 작동하는지 확인할 수 있다.

이 절에서는 Google의 예제 애플리케이션인 Boutique 앱을 배포한다. 13장에서는 다른 애플리케이션을 배포하고 서비스 간의 모든 세부 정보와 커뮤니케이션에 대해 설명하겠지만, Boutique 앱은 해당 수준의 정보에 들어가기 전에 메시를 테스트할 수 있는 훌륭한 애플리케이션이다.

Google Boutique 앱을 배포하려면 다음 단계를 실행해야 한다.

1. demo 이름의 새 네임스페이스를 만들고 네임스페이스에 레이블을 지정해 이스티오를 활성화한다.

```
kubectl create ns demo
kubectl label ns demo istio-injection=enabled
```

2. 작업 디렉터리를 chapter12/example-app 디렉터리로 변경한다.

3. example-app 디렉터리에서 istio-manifest.yaml을 사용해 Boutique 앱용 이스티오 구성 요소를 배포한다.

```
kubectl create -f ./istio-manifests.yaml -n demo
```

4. 다음으로 Boutique 애플리케이션과 필요한 서비스를 배포한다.

```
kubectl create -f ./kubernetes-manifests.yaml -n demo
```

5. 마지막으로 Boutique 애플리케이션에 액세스하는 데 사용할 게이트웨이 및 가상 서비스를 만들려면 create-gw-vs.sh 스크립트를 실행한다.

```
./create-gw-vs.sh
```

각 단계를 실행하면 데모 네임스페이스에 작동하는 데모 애플리케이션이 생긴다. 이 애플리케이션을 사용해 이스티오와 Kiali의 관측성 기능을 시연할 것이다.

Kiali를 사용한 메시 워크로드 관찰

Kiali는 서비스 메시에 가시성을 제공한다. 오브젝트 간 트래픽 흐름의 시각적 맵, 서비스 간 mTLS 확인, 로그, 세부 지표 등 사용자와 개발자에게 여러 가지 이점을 제공한다.

Kiali 개요 화면

create-ingress 스크립트를 실행할 때 제공된 URL을 사용해 Kiali 홈페이지로 이동하면 클러스터의 네임스페이스 목록을 볼 수 있는 Kiali 개요 페이지가 열린다.

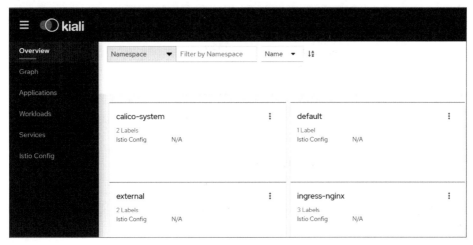

그림 12.3 Kiali 홈페이지

Kiali는 이스티오가 활성화되지 않았더라도 클러스터의 모든 네임스페이스를 표시한다. 현재 배포에서는 실행 이후 인증 없이 구현된 **RBAC**에 관계없이 모든 네임스페이스를 표시한다. 'Kiali 설치' 절에서 언급한 바와 같이, 13장에서는 JWT로 Kiali를 보호하겠다.

그래프 뷰 사용

우리가 살펴볼 대시보드의 첫 번째 부분은 애플리케이션의 그래프 뷰를 제공하는 그래프 뷰다. 처음에는 워크로드를 구성하는 오브젝트를 간단하게 정적으로 그래픽으로 표현한 것처럼 보일 수 있지만 이 뷰는 그래프 뷰를 열 때 표시되는 기본 뷰일 뿐이며 이 절에서 볼 수 있는 것처럼 단순한 정적 뷰에만 국한되지 않는다.

demo 네임스페이스에 예제 애플리케이션을 배포했으므로 demo 네임스페이스 타일에서 점 3개를 클릭한 다음 그래프를 선택한다.

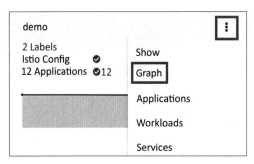

그림 12.4 Kiali를 사용해 네임스페이스 그래프 표시하기

그러면 데모 애플리케이션 오브젝트를 보여주는 새 대시보드 뷰로 이동한다.

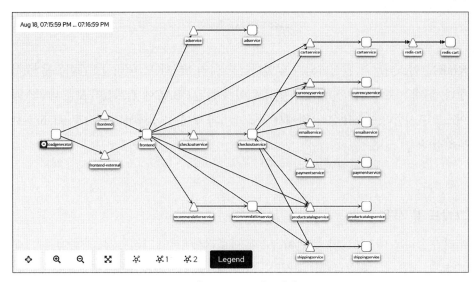

그림 12.5 Kiali 그래프 예제

그래프에는 많은 오브젝트가 있는데, Kiali를 처음 접한다면 각 아이콘이 무엇을 나타내는지 궁금할 것이다. Kiali는 각 아이콘이 어떤 역할을 하는지 식별하는 데 도움이 되는 범례를 제공한다.

그래프를 클릭하면 범례가 표시된다. 축약된 범례 목록은 다음과 같다.

그림 12.6 Kiali 그래프 범례 예제

기본적으로 이 뷰에는 정적 뷰의 애플리케이션 오브젝트 간 경로만 표시된다. 하지만 정적 뷰에만 국한되지 않고 Kiali는 더 다양한 일을 할 수 있다. 실제로 실시간 트래픽 보기를 활성화해 모든 요청의 트래픽 흐름을 관찰할 수 있다.

이 옵션을 활성화하려면 그래프 보기 바로 위에 있는 디스플레이 옵션을 클릭하고 옵션 목록에서 그림 12.7 트래픽 애니메이션 활성화와 같이 상자를 선택해 트래픽 애니메이션을 활성화한다.

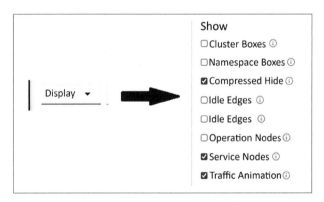

그림 12.7 트래픽 애니메이션 활성화

정적 이미지로 표시하기는 어렵지만 트래픽 애니메이션 옵션을 활성화하면 모든 요청의 흐름을 실시간으로 볼 수 있다.

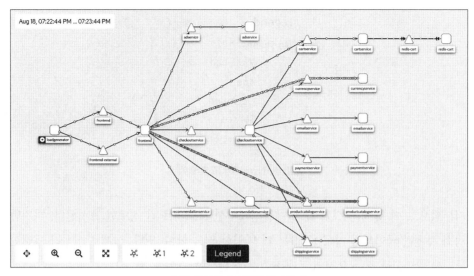

그림 12.8 Kiali 트래픽 흐름의 예

트래픽 흐름 애니메이션에만 국한되지 않고 디스플레이 옵션을 사용해 응답 시간, 처리
량, 트래픽 속도 및 보안과 같은 항목을 비롯한 다양한 옵션을 그래프 보기에서 활성화
할 수 있다.

그림 12.9 Kiali 그래프 표시 옵션에서는 처리량, 트래픽 분배, 트래픽 속도 및 보안을
활성화했다.

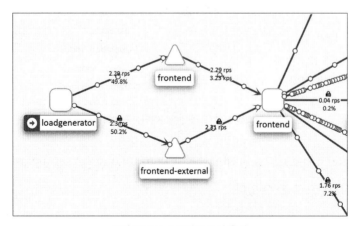

그림 12.9 Kiali 그래프 표시 옵션

이미지에서 볼 수 있듯이 이제 오브젝트 사이의 선에는 다음과 같은 추가 정보가 포함된다.

- 사이드카 및 mTLS을 통해 통신이 암호화됐음을 확인하는 자물쇠 아이콘

- 트래픽 분포를 보여주는 백분율

- RPS(초당 요청 수)

보다시피 Kiali 그래프 뷰는 워크로드의 종단 간 통신을 관찰하기 위한 강력한 도구다. 이는 서비스 메시를 사용할 때 얻을 수 있는 추가 이점 중 하나일 뿐이다. 메시가 제공하는 가시성은 과거에는 발견하기 매우 어려웠던 문제를 찾는 데 매우 유용하다.

그래프 뷰에만 국한되지 않고 애플리케이션에 대한 추가 통찰력을 제공하는 세 가지 추가 뷰도 있다. Kiali 대시보드의 왼쪽에는 나머지 세 가지 뷰인 애플리케이션, 워크로드 및 서비스가 표시된다. 또 다른 옵션인 Istio Config도 있다. 이 옵션을 사용하면 네임스페이스의 이스티오 기능을 제어하는 네임스페이스의 오브젝트를 볼 수 있다.

애플리케이션 뷰 사용

애플리케이션 뷰에는 레이블이 동일한 워크로드의 세부 정보가 표시되므로 뷰를 더 작은 절로 분류할 수 있다.

Kiali에서 연 Boutique 애플리케이션 보기를 사용해 왼쪽 옵션의 애플리케이션 링크를 클릭한다. 그러면 레이블별로 분류된 애플리케이션의 개요 페이지로 이동한다.

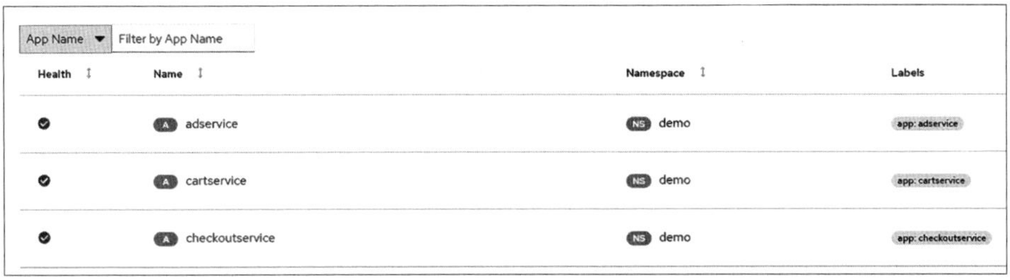

그림 12.10 Kiali 애플리케이션 보기

각 애플리케이션은 서비스 이름을 클릭해 추가 정보를 제공할 수 있다. 광고 서비스 애플리케이션을 클릭하면 Kiali는 광고 서비스 애플리케이션이 상호 작용하는 항목에 대한 개요를 제공하는 페이지를 열 것이다. 각 애플리케이션에 대해 개요, 트래픽, 인바운드 및 아웃바운드 지표, 트레이스도 살펴볼 수 있다.

개요 페이지에는 adservice와 통신하는 오브젝트의 전용 보기가 표시된다. 그래프 뷰에서도 비슷한 커뮤니케이션 뷰를 보았지만, adservice와 아무 관련이 없는 오브젝트를 포함한 다른 모든 오브젝트도 볼 수 있다. 다시 한 번 광고 서비스를 위한 통신을 구성하는 세 가지 구성 요소를 보여주는 그림 12.11 '그래프 보기에서 통신 보기'를 참조하면 된다.

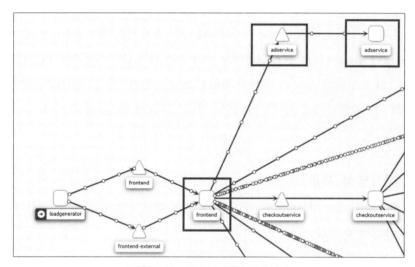

그림 12.11 그래프 보기에서 통신 보기

애플리케이션 뷰를 사용하면 표시되는 내용이 간소화돼 애플리케이션을 더 쉽게 탐색할 수 있다.

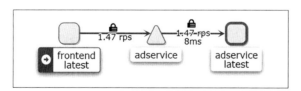

그림 12.12 애플리케이션 뷰를 사용한 단순화된 통신 보기

보다시피 애플리케이션 뷰에는 그래프 뷰의 구성 요소가 포함돼 있다. adservice와 관련된 통신 경로는 광고 서비스를 대상으로 하는 프론트엔드 파드에서 시작하며, 이 파드는 최종적으로 트래픽을 adservice 파드로 라우팅한다.

애플리케이션 뷰 상단의 탭 중 하나를 클릭하면 애플리케이션의 추가 세부 정보를 볼 수 있다. 개요 옆의 첫 번째 탭은 **트래픽** 탭이며, 이 탭에서는 애플리케이션의 트래픽을 볼 수 있다.

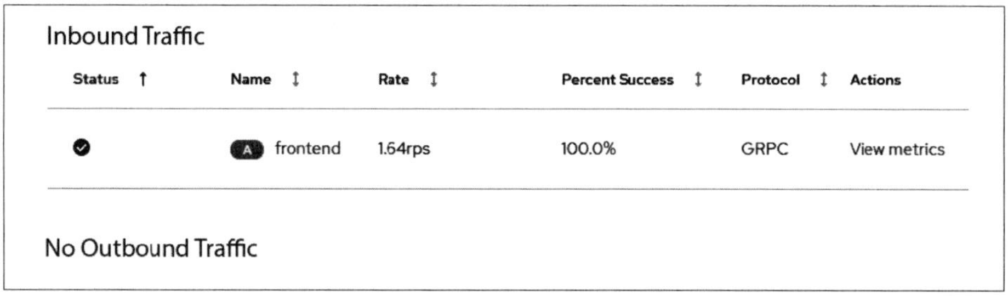

Inbound Traffic					
Status ↑	Name ↕	Rate ↕	Percent Success ↕	Protocol ↕	Actions
✔	Ⓐ frontend	1.64rps	100.0%	GRPC	View metrics

No Outbound Traffic

그림 12.13 애플리케이션 트래픽 보기

트래픽 탭에는 애플리케이션에 대한 인바운드 및 아웃바운드 트래픽이 표시된다. Boutique 스토어의 광고 서비스 예시를 보면 해당 광고 서비스가 프론트엔드에서 인바운드 요청을 받았음을 알 수 있다. 인바운드 트래픽 아래에서 아웃바운드 트래픽을 볼 수 있으며, 이 예에서 Kiali는 아웃바운드 트래픽이 없다고 알려준다. 그림 12.12 '애플리케이션 뷰를 사용한 단순화된 통신 보기'의 개요에서 볼 수 있듯이 adservice 파드에는 연결되는 오브젝트가 없으므로 볼 트래픽이 없다. 트래픽에 대한 추가 세부 정보를 보려면 Action 아래의 지표 보기 링크를 클릭하면 된다. 이 작업은 인바운드 지표 탭을 클릭하는 것과 같다.

인바운드 지표 탭에서는 수신 트래픽에 대한 추가 세부 정보를 제공한다. 그림 12.14 '인바운드 지표 보기'를 보면 광고 서비스 트래픽의 간략한 예가 나와 있다.

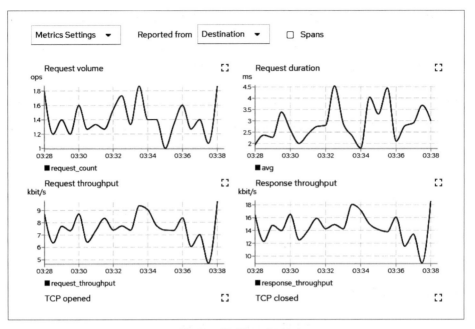

그림 12.14 인바운드 지표 보기

인바운드 지표에는 요청량, 요청 기간, 요청 및 응답 크기, 요청 및 응답 처리량, gRPC 수신 및 전송, TCP 열기 및 종료, TCP 수신 및 전송 등 다양한 지표가 표시된다. 이 페이지는 실시간으로 업데이트되므로 캡처된 지표를 확인할 수 있다.

마지막으로 마지막 탭에서는 광고 서비스 애플리케이션의 추적을 볼 수 있다. 이것이 바로 이스티오를 설치할 때 클러스터에 Jaeger를 배포한 이유다. 추적은 상당히 복잡한 주제이며 12장의 범위를 벗어난다. Jaeger를 사용한 트레이싱에 대해 자세히 알아보려면 Jaeger 사이트(https://www.jaegertracing.io/)를 방문한다.

워크로드 뷰 사용

다음으로 설명할 내용은 워크로드 뷰다. 워크로드 뷰는 배포와 같은 워크로드 유형에 대한 뷰를 세분화한다. Kiali의 **워크로드** 링크를 클릭하면 Boutique 워크로드의 분류로 이동한다.

그림 12.15 워크로드 뷰

세부 정보 열 아래에 배포 버전이 누락됐음을 알리는 경고가 표시될 수 있다. 이것이 이 뷰의 특징 중 하나다. 워크로드에 버전이 할당되지 않는 등의 세부 정보를 제공한다. 이는 메시의 표준 기능에는 문제가 되지 않지만 라우팅 및 일부 텔레메트리와 같은 특정 기능의 사용을 제한한다. 항상 애플리케이션의 버전을 관리하는 것이 좋지만, 예를 들어 Google의 Boutique를 예로 들면 배포에 버전이 포함돼 있지 않다.

워크로드 뷰는 트래픽, 인바운드 지표, 아웃바운드 지표, 추적 등 애플리케이션 보기와 동일한 세부 정보를 제공한다. 하지만 이제 이러한 세부 정보 외에도 Envoy에 대한 로그 및 세부 정보를 볼 수 있다.

Logs 탭을 클릭하면 adservice 컨테이너에 대한 로그가 표시된다.

그림 12.16 컨테이너 로그 보기

이는 adservice 컨테이너에서 생성되는 로그를 실시간으로 보여준다. 이 보기에서 특정 키워드를 표시하거나 숨기는 필터를 만들고, 이전 이벤트로 다시 스크롤하거나, 기본 버퍼 크기를 100줄에서 변경하거나, 로그를 클립보드로 복사하거나, 전체 화면 로그 보기로 들어갈 수 있다. 많은 사용자는 이 탭이 kubectl을 사용해 로그를 볼 필요가 없기 때문에 매우 유용하다고 생각한다. 간단히 브라우저에서 Kiali를 열고 GUI에서 로그를 빠르게 볼 수 있다.

마지막으로 설명할 탭은 Envoy 사이드카에 대한 추가 세부 정보를 제공하는 **Envoy** 탭이다. 이 탭의 세부 정보는 광범위하다. 여기에는 네임스페이스에 포함된 모든 메시 오브젝트(오브젝트를 네임스페이스와 istio-system 네임스페이스로만 제한하기 위해 사이드카 오브젝트를 생성했음을 기억한다), 모든 리스너, 라우트, 부트스트랩 구성, 구성 및 메트릭이 포함된다.

12장의 이 지점에서는 이스티오의 모든 기본 구성 요소를 다루기 위해 왜 또 다른 책이 필요한지 알 수 있을 것이다. **Envoy** 탭의 모든 탭은 풍부한 정보를 제공하지만 매우 자세하기 때문에 12장에 모두 적용할 수는 없으므로 12장에서는 **메트릭** 탭에 대해서만 설명하겠다.

메트릭 탭을 클릭하면 Envoy의 가동 시간, 할당된 메모리, 힙 크기, 활성 업스트림 연결, 업스트림 총 요청, 다운스트림 활성 연결 및 다운스트림 HTTP 요청과 관련된 메트릭이 표시된다.

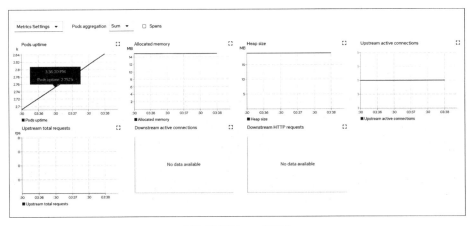

그림 12.17 Envoy 메트릭

대부분의 지표와 마찬가지로 Envoy 프록시 컨테이너에 문제가 발생할 경우 유용하다.

업타임을 통해 파드가 얼마나 오래 실행됐는지 알 수 있고, 할당된 메모리는 파드에 할당된 메모리 양을 알려줘 OOM 상태가 발생한 이유를 식별하는 데 도움이 될 수 있으며, 활성 연결은 연결 수가 예상보다 적거나 0인 경우 서비스에 문제가 있는지 여부를 식별한다.

서비스 뷰 사용

마지막으로, 애플리케이션의 마지막 뷰인 서비스 뷰를 살펴보겠다. 이름에서 알 수 있듯이 이를 통해 워크로드의 일부인 서비스를 볼 수 있다. Kiali에서 **서비스** 옵션을 클릭해 서비스 뷰를 열 수 있다.

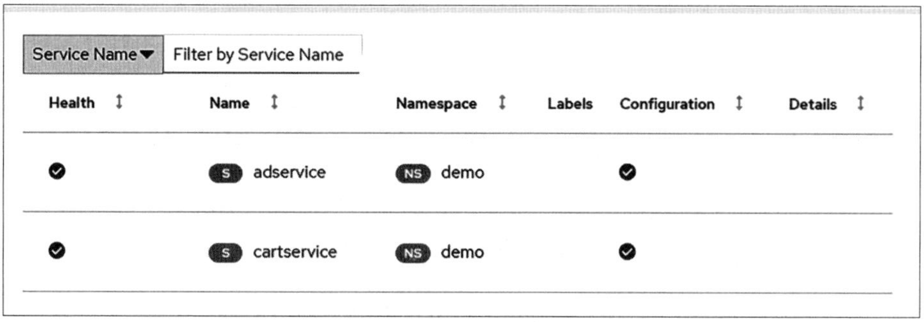

그림 12.18 서비스 뷰

다른 뷰와 마찬가지로, 이는 서비스의 이름과 각 서비스의 상태를 제공한다. 개별 서비스를 클릭하면 서비스 세부 정보로 이동한다. 광고 서비스를 클릭하면 서비스 개요로 이동한다.

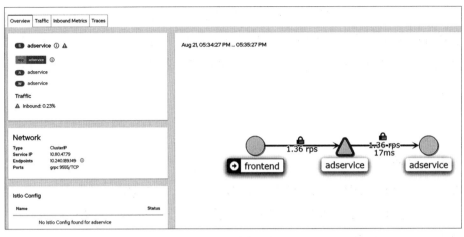

그림 12.19 서비스 개요

개요 페이지에는 익숙한 몇 가지 오브젝트가 있을 것이다. 다른 뷰와 마찬가지로 광고 서비스와 통신하는 오브젝트만 볼 수 있으며 트래픽, 인바운드 지표 및 트레이스를 위한 탭이 있다. 하지만 이외에도 서비스에 대한 네트워크 정보도 표시된다. 이 예에서 서비스는 클러스터 IP 유형을 사용하도록 구성됐고, 할당된 서비스 IP는 10.110.47.79 엔드포인트는 10.240.189.149, gRPC TCP 포트는 포트 95555로 노출돼 있다.

이는 kubectl을 사용해 검색할 수 있는 정보지만, Kiali 대시보드에서 세부 정보를 가져오는 것이 더 빠르다.

이스티오 구성 뷰

마지막으로 살펴보는 내용은 워크로드와 관련이 없으며, 대신 네임스페이스의 이스티오 구성에 대한 뷰다. 이 뷰에는 생성한 이스티오 오브젝트가 포함된다. 이 예제에는 게이트웨이, 가상 서비스 및 사이드카라는 3개의 오브젝트가 있다.

그림 12.20 이스티오 구성 뷰

이름을 클릭해 각 오브젝트의 YAML을 볼 수 있다. 이렇게 하면 Kiali 대시보드에서 오브젝트를 직접 편집할 수 있다. 변경 내용을 저장하면 클러스터의 오브젝트가 편집되므로 이 메서드를 사용해 오브젝트를 수정할 때는 주의해야 한다.

이 뷰는 다른 뷰에서는 제공하지 않는 추가 기능, 즉 마법사를 사용해 새 이스티오 오브젝트를 생성할 수 있는 기능을 제공한다. 새 오브젝트를 만들려면 이스티오 구성 뷰의 오른쪽 상단에 있는 작업 드롭다운을 클릭한다. 그러면 그림 12.21 '이스티오 오브젝트 생성 마법사'와 같이 만들 수 있는 오브젝트 목록이 표시된다.

그림 12.21 이스티오 오브젝트 생성 마법사

그림에서 볼 수 있듯이 Kiali는 권한 부여 정책, 게이트웨이, 피어 인증, 요청 인증, 서비스 항목 및 사이드카를 포함해 6개의 이스티오 오브젝트를 생성하는 마법사를 제공한다.

각 옵션에는 해당 오브젝트에 대한 특정 요구 사항을 안내하는 마법사가 있다. 예를 들어 그림 12.22의 '이스티오 오브젝트 마법사 사용'과 같이 마법사를 사용해 사이드카를 만들 수 있다.

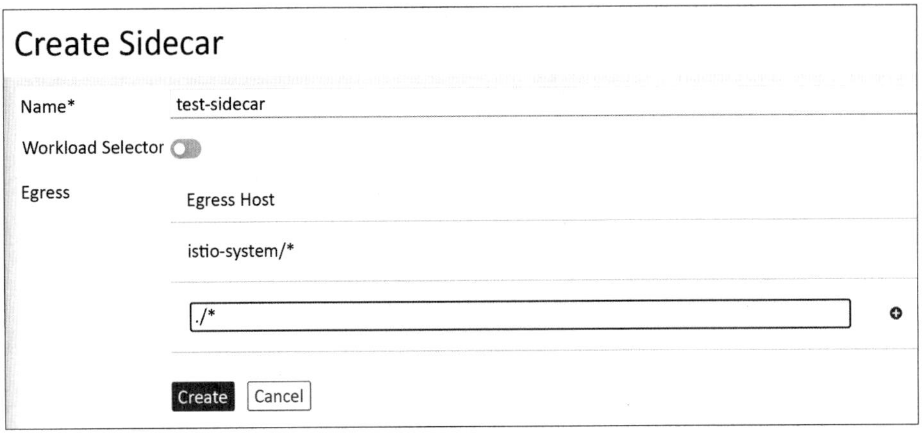

그림 12.22 이스티오 오브젝트 마법사 사용

모든 필드를 올바르게 입력한 후 **Create**를 클릭하면 클러스터에 새 오브젝트가 만들어진다.

마법사는 이스티오를 처음 접하는 사용자에게는 유용한 도구이지만, 마법사에 너무 의존하지 않도록 주의해야 한다. 모든 오브젝트에 대한 매니페스트를 만드는 방법을 항상 이해해야 한다. 이와 같은 마법사를 사용해 오브젝트를 만들면 오브젝트의 작동 방식 또는 생성 방식에 대한 지식이 없기 때문에 문제가 발생할 수 있다.

마지막 뷰를 끝으로 Kiali 장을 완료했다.

요약

12장에서는 인기 있는 오픈소스 프로젝트 이스티오를 사용해 서비스 메시를 소개했다. 12장의 첫 번째 절에서는 메시 서비스에 대한 보안 및 관찰 기능을 비롯한 서비스 메시 사용의 몇 가지 이점을 설명했다.

12장의 두 번째 절에서는 이스티오의 설치와 사용 가능한 다양한 설치 프로파일에 대해 자세히 설명한다. 이스티오를 KinD 클러스터에 배포했으며 이스티오의 인그레스 게이트웨이에서 사용할 포트 80 및 443을 확보하기 위해 NGNIX도 제거했다. 이 절에는 이스티오를 배포한 후 클러스터에 추가되는 오브젝트도 포함됐다. 자체 배포에서 각 오브젝트를 사용하는 방법을 강화하는 예제 매니페스트를 사용해 가장 일반적인 오브젝트를 다루었다.

12장을 마무리하기 위해 Kiali, 프로메테우스 및 Jaeger를 설치해 서비스 메시에 강력한 가시성을 제공하는 방법을 자세히 설명했다. 또한 Kiali를 사용해 메시에서 애플리케이션을 조사해 애플리케이션 메트릭과 로그를 보는 방법도 설명했다.

13장에서는 12장에서 제시된 많은 개념을 기반으로 새 애플리케이션을 배포하고 이를 서비스 메시에 바인딩할 것이다.

문제

1. 여러 버전의 애플리케이션 간에 트래픽을 라우팅하는 데 사용되는 이스티오 오브젝트는 무엇인가?

   a. 인그레스 규칙

   b. 가상 서비스

   c. 목적지 규칙

   d. 여러 버전으로 라우팅할 수 없으며 단일 인스턴스로만 라우팅할 수 있다.

   답: b와 c

2. 서비스 메시에서 관측성을 제공하려면 어떤 툴이 필요한가?

    a. 프로메테우스

    b. Jaeger

    c. Kiali

    d. 쿠버네티스 대시보드

    답: a와 c

3. 참 또는 거짓 – 이스티오 기능을 사용하려면 개발자가 상호 TLS 및 권한 부여와 같은 기능을 활용하기 위해 코드를 변경해야 한다.

    a. 참

    b. 거짓

    답: 거짓

4. 이스티오는 여러 구성 요소를 다음과 같은 단일 실행 파일로 병합해 컨트롤 플레인을 보다 쉽게 배포하고 구성할 수 있도록 했다.

    a. 이스티오

    b. istioC

    c. istiod

    d. Pilot

    답: c. istiod

13

이스티오에서
애플리케이션 빌드 및 배포

12장에서는 이스티오와 Kiali를 클러스터에 배포했다. 또한 예제 애플리케이션을 배포해 각 요소가 서로 어떻게 조화를 이루는지 살펴봤다. 13장에서는 이스티오에서 실행할 애플리케이션을 구축하는 데 필요한 사항을 살펴보겠다. 먼저 마이크로서비스와 모놀리식 애플리케이션 간의 차이점을 살펴보겠다. 먼저 이스티오에 모놀리식 애플리케이션을 배포한 다음, 이스티오에서 실행할 마이크로서비스 구축으로 전환하겠다. 13장에서는 다음 내용을 다룬다.

- 기술 요구 사항

- 마이크로서비스와 모놀리스의 비교

- 모놀리스 배포하기

- 마이크로서비스 구축

- API 게이트웨이가 필요한가?

13장을 완료하면 모놀리스와 마이크로서비스의 차이점을 실질적으로 이해하고 어떤 것이 가장 적합한지 결정하는 데 필요한 정보를 얻을 수 있으며 이스티오에 보안 마이크로서비스를 배포하게 될 것이다.

기술 요구 사항

13장의 기술 요구 사항은 다음과 같다.

- 12장, '이스티오 소개'에 설명된 대로 이스티오가 배포돼 실행 중인 클러스터
- 이 책의 깃허브 리포지터리에 있는 스크립트

13장의 코드는 이 책의 깃허브 리포지터리(https://github.com/PacktPublishing/Kubernetes---An-Enterprise -Guide-2E/tree/main/chapter13)로 이동해 액세스할 수 있다.

마이크로서비스와 모놀리스의 비교

코드에 대해 깊이 파고들기 전에 마이크로서비스와 모놀리식 아키텍처 간의 차이점을 논의하는 시간이 필요하다. 마이크로서비스와 모놀리식 아키텍처 간의 논쟁은 컴퓨팅 자체만큼이나 오래됐다(이론은 아마도 더 오래됐을 것이다). 이 두 접근 방식이 서로 어떻게 연관돼 있는지, 문제를 이해하면 어떤 접근 방식을 사용할지 결정하는 데 도움이 된다.

마이크로서비스와 모놀리식 아키텍처에 대한 나의 이야기

마이크로서비스와 모놀리스에 대해 논의하기 전에 이 대화를 통해 나의 경력과 경험을 이야기하고 싶었다. 독특한 경험인지는 잘 모르겠지만, 토론에 대한 나의 시야와 이 절의 권장 사항에 대해 이야기하겠다.

이 토론은 제가 대학에서 컴퓨터 공학을 전공했을 시기, Linux와 오픈소스를 사용하기 시작했을 때였다. 저자가 가장 좋아하는 책 중 하나인 『Open Sources: Voices from the Open Source Revolution』(O'Reilly, 1999)에는 앤드류 타넨바움과 리누스 토발즈가 마이크로커널과 모놀리식 커널에 대한 토론에 대한 부록이 있었다. 타넨바움은 Minix의 발명가이며 사용자 공간에서 대부분의 기능을 갖춘 미니멀리스트 커널을 지지했다. 대신 Linux는 커널에서 훨씬 더 많은 작업을 수행하는 모놀리식 커널 디자인을 사용한다. 만약 여러분이 modprobe를 실행해 드라이버를 로드해본 적이 있다면 커널과 상호 작용을 해본 것이다! 전체 스레드는 다음 링크(https://www.oreilly.com/openbook/opensources/book/appa.html)에서 확인할 수 있다.

리누스 토발즈의 핵심 주장은 잘 관리된 모놀리스가 마이크로커널보다 유지 관리가 훨씬 쉽다는 것이었다.

대신 앤드류 타넨바움은 마이크로커널을 포팅하기가 더 쉽고 대부분의 "최신" 커널은 마이크로커널이라는 생각을 밝혔다. Windows NT 당시의 Windows는 아마도 오늘날 가장 널리 사용되는 마이크로커널일 것이다. 나는 소프트웨어 개발자로서 내가 만들 수 있는 가장 작은 단위를 찾기 위해 끊임없이 노력하고 있다. 마이크로커널 아키텍처는 정말 매력적이었다.

동시에 나는 IT 분야에서 주로 데이터 관리 및 분석 분야의 Windows 개발자로 경력을 쌓기 시작했다. 나는 대부분의 시간을 ASP, Visual Basic, SQL 서버에서 보냈다. 나는 상사에게 모놀리식 애플리케이션 디자인에서 벗어나 MTS^{Microsoft Transaction Server}를 사용하는 것으로 옮겨야 한다고 설득하려고 했다. MTS는 오늘날 우리가 분산 애플리케이션이라고 부르는 것을 처음 적용한 것이었다. 상사와 멘토는 모두 더 깨끗한 코드 베이스 외에는 아무런 이득을 얻지 못하고 추가 인프라를 도입하면 비용과 고객의 비용이 지붕을 뚫을 것이라고 지적했다. 우리가 작업하던 ASP, Visual Basic 및 SQL 서버의 3개의 긴밀하게 결합된 트리오로는 훨씬 저렴한 비용으로 거의 모든 것을 달성할 수 있었다.

나중에 나는 데이터 관리에서 ID 관리로 전환했다. Microsoft에서 Java로 전환하기도 했다. 첫 번째 프로젝트 중 하나는 분산 아키텍처를 사용해 구축된 ID 관리 공급업체 제품을 배포하는 것이었다. 문제를 디버깅하고 수십 개의 로그 파일에서 문제를 추적하기 전까지는 이 아키텍처가 정말 좋다고 생각했다. 나는 금세 모놀리스로 제작된 다른 공급업체의 제품을 사용하기 시작했다. 전체 재컴파일이 필요하기 때문에 배포 속도가 느렸지만, 관리가 훨씬 쉬워졌고 비트마다 확장도 가능했다. 분산형 아키텍처는 도움이 되지 않는다는 것을 알게 됐다. 중앙 집중식 팀에서 ID 관리를 수행하기 때문에 모놀리스라도 생산성이나 관리에 영향을 미치지 않기 때문이다. 배포 구현의 이점은 추가되는 복잡성보다 크지 않았다.

트레몰로 시큐리티 설립을 시작할 때는, 2010년이었기 때문에 쿠버네티스와 이스티오가 등장하기 전이었다. 당시에는 가상 어플라이언스가 대세였다! 우리는 오픈유니슨의 모놀리식 접근 방식을 취하기로 결정했다. 배포 및 업그레이드를 더 쉽게 만들고 싶었기 때문이다. 우리는 5장, '클러스터 인증 연동'에서는 오픈유니슨을 몇 가지 헬름 차트와 함께 배포해 다양한 구성을 계층화했다. 인증 서비스 설치, 디렉터리 서비스, 적시 프로비저닝 서비스 등을 모두 별도로 했다면 얼마나 어려웠을까? 이제는 하나의 시스템으로 훨씬 간단하게 배포할 수 있게 됐다.

물론 나는 마이크로서비스를 배척하는 것이 아니다. 올바르게만 사용하면 믿을 수 없을 만큼 강력한 아키텍처다. 이미 세계 여러 대기업에서 사용하고 있다. 나는 수년 동안 내가 선택한 아키텍처가 시스템에 적합하지 않다면 배포에 상당한 영향을 미친다는 것을 배웠다. 이제 아키텍처에 대한 나의 여정을 설명했으니 마이크로서비스와 모놀리스의 차이점을 좀 더 자세히 살펴보겠다.

애플리케이션 아키텍처 비교

먼저 일반적인 예제 애플리케이션인 스토어프론트에서 이 두 아키텍처 접근 방식이 각각 어떤 역할을 하는지 살펴보겠다.

모놀리식 애플리케이션 설계

온라인 스토어가 있다고 가정해보자. 스토어에는 제품 조회 서비스, 장바구니, 결제 시스템 및 배송 시스템이 필요할 수 있다. 이는 스토어프론트 애플리케이션을 지나치게 단순화한 것이지만, 여기서 논의하는 요점은 상점을 구축하는 방법이 아니라 개발을 분리하는 방법이다. 이 애플리케이션을 빌드하는 방법에는 두 가지가 있다. 첫 번째는 각 서비스의 모든 코드가 동일한 트리에서 저장되고 관리되는 모놀리식 애플리케이션을 구축하는 것이다. 애플리케이션 인프라는 아마도 다음과 같을 것이다.

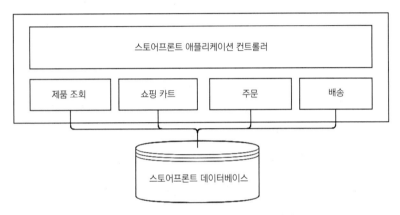

그림 13.1 모놀리식 애플리케이션 아키텍처

우리의 애플리케이션에는 여러 모듈이 있는 단일 시스템이 있다. 선택한 프로그래밍 언어에 따라 클래스, 구조체 또는 기타 형태의 코드 모듈이 될 수 있다. 중앙 애플리케이션은 이 코드와의 사용자 상호 작용을 관리한다. 이는 모듈이 웹 서비스 또는 포스트/응답 스타일 앱으로 작성된 서버 측 코드인 웹 프론트엔드일 것이다.

그렇다! 이 웹 서비스는 모놀리스에서도 사용할 수 있다! 이러한 모듈은 보통 일종의 데이터베이스에 데이터를 저장해야 한다. 관계형 데이터베이스든 문서 데이터베이스이든 그건 그다지 중요하지 않다.

이 모놀리식 아키텍처의 가장 큰 장점은 관리가 비교적 간단하고 시스템이 서로 상호 작용할 수 있다는 것이다. 사용자가 제품 검색을 수행하려는 경우 스토어프론트는 다음과 같은 코드만 실행할 수 있다.

```
list_of_products = products.search(search_criteria);
display(list_of_products);
```

애플리케이션 코드는 호출할 서비스의 인터페이스만 알면 된다. 애플리케이션 컨트롤러에서 제품 디렉터리 모듈의 해당 호출을 "인증"할 필요가 없다. 속도 제한 시스템을 만들거나 사용할 서비스 버전을 찾으려고 해도 걱정할 필요가 없다. 모든 것이 단단히 결합돼 있다. 어떤 시스템이든 업데이트하면 인터페이스가 망가졌는지 금방 알 수 있다. 모듈 인터페이스가 깨지는 시점을 알려주는 개발 도구를 사용할 가능성이 높기 때문이다. 마지막으로 배포는 일반적으로 매우 간단하다. 코드를 배포 서비스에 업로드하면 된다(아니면 컨테이너를 생성하거나… 이것은 쿠버네티스 책이다!).

다른 개발자가 결제 시스템을 업데이트하는 동안 한 개발자가 주문 시스템을 업데이트하도록 하면 어떻게 될까? 각 코드에 병합해야 하는 자체 코드 복사본이 있다. 병합 후에는 배포 전에 두 브랜치의 변경 사항을 조정해야 한다. 소규모 시스템에서는 괜찮을 수 있지만 스토어가 커지면 관리하기 어려울 정도로 번거로울 수 있다.

또 다른 잠재적인 문제는 이러한 서비스 중 하나를 구축하기에 전체 애플리케이션보다 더 나은 언어 또는 시스템이 있다면 어떻게 해야 하는가다. 나는 수년 동안 특정 구성 요소에는 Java가 훌륭한 선택이었던 여러 프로젝트를 진행했지만 다른 구성 요소에는 C#이 더 나은 API를 제공했다. 만약 한 서비스 팀은 Python을 중심으로 구축됐고 다른 한 팀은 Ruby를 기반으로 구축됐다고 가정하자. 표준화를 하기 위해 둘을 억지로 통일하는 것은 적합한 선택이 아니다.

NOTE

> 이 논쟁은 프론트엔드와 백엔드 간은 관련이 없다. JavaScript 프론트엔드와 Golang 백엔드가 있는 애플리케이션은 여전히 모놀리식 애플리케이션일 수 있다. 쿠버네티스 대시보드와 Kiali는 모두 다양한 언어의 서비스 API를 기반으로 구축된 모놀리식 애플리케이션의 예다. 둘 다 HTML과 JavaScript 프론트엔드를 가지고 있으며 백엔드 API는 Golang으로 작성됐다.

마이크로서비스 설계

이 모듈을 서비스로 나누면 어떻게 될까? 하나의 소스 트리를 사용하는 대신 애플리케이션을 다음과 같은 개별 서비스로 나눌 수 있다.

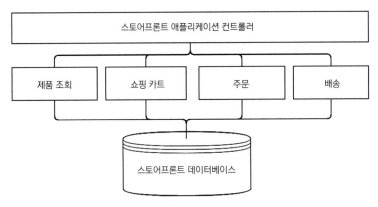

그림 13.2 단순 마이크로서비스 아키텍처

그렇게 복잡해 보이진 않는다. 큰 상자 대신 여러 줄이 있다. 프론트엔드에서 제품 조회 서비스로의 호출을 좀 더 자세히 살펴보겠다.

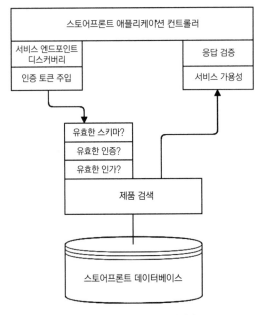

그림 13.3 서비스 콜 아키텍처

이제 이 호출은 더 이상 단순한 함수나 메서드 호출이 아니다. 매장 컨트롤러가 서비스 콜을 어디로 보낼 것인지 결정해야 하는데, 이는 환경마다 달라질 수 있다. 또한 서비스를 호출하는 사람의 정보만 원하지 않기 때문에 일종의 인증 토큰을 주입해야 한다. 원격 서비스에는 더 이상 로컬 코드 표현이 없으므로 호출을 수동으로 작성하거나 스키마 언어를 사용해 제품 목록 서비스를 설명하고 클라이언트 바인딩과 결합해야 한다. 호출이 이뤄지면 서비스에서 호출 스키마의 유효성을 검사하고 인증 및 권한 부여를 위한 보안 규칙을 적용해야 한다. 응답이 패키징돼 스토어 프론트 컨트롤러로 다시 전송되면 컨트롤러는 응답 스키마의 유효성을 검사해야 한다. 오류가 발생하면 재시도 여부를 결정해야 한다.

이 모든 복잡성을 버전 관리와 결합해야 한다. 스토어 프론트에서 사용해야 하는 제품 검색 서비스 버전은? 다른 서비스와 긴밀하게 연계돼 있는가? 마이크로서비스 접근 방식에는 앞서 설명한 것처럼 버전 및 배포 관리 측면에서 여러 이점이 있다. 하지만 이러한 이점에는 추가적인 복잡성이 수반된다.

모놀리스와 마이크로서비스 중에서 선택

다음 두 가지 접근 방식 중 어떤 것이 적합할까? 그건 정말 상황에 따라 달라진다. 여러분의 팀은 어떤가? 경영에 필요한 사항은 무엇인가? 마이크로서비스의 유연성이 필요한가? 아니면 모놀리스의 단순화된 설계를 사용해 시스템을 더 쉽게 관리하는 것이 좋은가?

또한 다른 시스템에서 서비스를 호출할 필요가 있나? 12장에서 구축한 클러스터를 살펴보면 Kiali는 자체 서비스를 제공하지만 다른 애플리케이션에서는 사용할 가능성이 낮다. 그러나 Jaeger와 프로메테우스는 Kiali가 사용하는 서비스를 제공한다. 비록 해당 시스템에도 자체 프론트엔드가 있더라도 말이다. 이러한 서비스 외에도 Kiali는 쿠버네티스 API를 사용한다. 이러한 모든 구성 요소는 개별적으로 배포되며 개별적으로 관리된다. 자체적으로 업그레이드하고 모니터링하는 등의 작업을 수행해야 한다. 각 시스템이 독립적으로 관리 및 유지 관리되므로 관리상의 골칫거리가 될 가능성이 있다.

그렇긴 하지만 Kiali 팀이 자체 프로젝트에 프로메테우스와 Jaeger를 다시 구현하는 것은 이치에 맞지 않는다. 이러한 프로젝트의 전체 소스 트리를 임포트해 최신 상태로 유지하도록 강요하는 것도 의미가 없다.

이스티오를 사용한 마이크로서비스 관리 지원

우리는 이스티오에 대해 이야기하지 않고 마이크로서비스와 모놀리스에 대해 이야기하는 데 꽤 많은 시간을 썼다. 13장 앞부분, 그림 13.3에서는 코드를 호출하기 전에 마이크로서비스에 필요한 결정을 이야기했다.

12장에서 이러한 요구 사항의 대부분을 충족하는 이스티오의 객체를 다뤘기 때문에 이런 내용이 익숙할 수도 있다. 이스티오는 클라이언트 인증 및 권한 부여, 서비스 실행 위치 검색, 트래픽 라우팅 관리를 위한 코드를 작성할 필요가 없다. 13장의 나머지 부분에서는 이스티오를 사용해 이러한 공통 서비스를 코드에 구축하지 않고도 활용할 수 있도록 마이크로서비스에서 소규모 애플리케이션을 구축하는 방법을 살펴보겠다.

⠿ 모놀리스 배포하기

13장에서는 마이크로서비스에 대해 다루는데 왜 이스티오에서 모놀리스를 배포하는 것부터 시작할까? 첫 번째 답은 우리가 쉽게 할 수 있기 때문이다! 클러스터에서 모놀리스를 사용할 때 이스티오의 내장 기능을 활용하지 못할 이유가 없다. 또한 "마이크로서비스"는 아니지만 애플리케이션 요청을 추적하고 배포를 관리하는 등의 작업을 수행할 수 있다는 점은 여전히 좋다. 두 번째 답은 정말 필요하기 때문이다. 마이크로서비스는 기업 내 어떤 사용자가 이를 호출하는지 알아야 한다. 이를 위해서는 이스티오가 유효성을 검사할 JWT가 필요하다. 먼저 오픈유니슨을 사용해 JWT를 생성해 서비스를 수동으로 호출한 다음 프론트엔드에서 사용자를 인증하고 해당 프론트엔드가 서비스를 안전하게 호출할 수 있도록 할 것이다.

새 클러스터로 시작했다고 가정하면 5장, '클러스터 인증 연동'과 동일한 방식으로 오픈
유니슨을 배포할 예정이지만, 이번에는 모든 작업을 수행하는 스크립트가 있다.
chapter13 디렉터리로 이동해 deploy_openunison_istio.sh를 실행해보자.

```
cd chapter13
./deploy_openunison_istio.sh
```

실행하는 데 시간이 좀 걸릴 수 있다. 이 스크립트는 여러 작업을 수행한다.

1. 사용자 가장을 위해 모든 오픈유니슨 구성 요소(테스트 중인 "Active Directory" 포함)를 배포하므
   로 SSO가 작동하도록 API 서버를 업데이트하는 것에 대해 걱정할 필요가 없다.

2. istio-injection: enabled돼 있는 openunison 네임스페이스에 레이블을 지정한다.
   그러면 이스티오가 모든 파드에 사이드카 인젝션을 활성화하도록 지시한다. kubectl
   label ns openunison istio-injection=enabled를 실행해 수동으로 이 작업을 수행
   할 수 있다.

3. 우리를 위해 모든 이스티오 객체를 만든다(이에 대해서는 다음에 자세히 설명하겠다).

4. openUnison 네임스페이스에서 istio-system 네임스페이스로 ou-tls-certificate
   Secret을 복사한다. 다음 절에서 그 이유에 대해 자세히 설명하겠다.

스크립트가 실행되면 이제 모놀리스에 로그인할 수 있다! 5장, '클러스터 인증 통합'과
마찬가지로 https://k8sou.XX-XX-XX-XX.nip.io/로 이동해 로그인한다. 여기서 XX-XX-
XX-XX가 호스트의 IP 주소다.

예를 들면 호스트는 192.168.2.114에서 실행되므로 나의 URL은 https://k8sou.192-
168-2-114.nip.io/이다. 다시 말하지만, 5장에서와 같이 사용자 이름은 mmosley, 암호
는 start123이다.

이제 모놀리스가 배포됐으므로 배포와 관련된 이스티오 관련 구성을 살펴보겠다.

모놀리스를 클러스터 외부에 노출

이제 오픈유니슨이 실행되고 있으므로 이를 네트워크에 노출시키는 객체를 살펴보겠다. 이 작업을 수행하는 두 가지 주요 개체는 Gateway VirtualService다 이러한 개체의 구성 방법은 12장, 'Istio 소개'에 설명돼 있다. 이제 실행 중인 인스턴스에서 액세스 권한을 부여하는 방법을 살펴보겠다. 먼저 게이트웨이의 중요한 부분을 살펴보면 두 가지가 있다. 첫 번째 openunison-gateway-orchestra라는 오픈유니슨 포털과 쿠버네티스 대시보드에 대한 액세스 처리다.

```
apiVersion: networking.istio.io/v1beta1
kind: Gateway
metadata:
spec:
  selector:
    istio: ingressgateway
  servers:
  - hosts:
    - k8sou.192-168-2-114.nip.io
    - k8sdb.192-168-2-114.nip.io
    port:
      name: http
      number: 80
      protocol: HTTP
    tls:
      httpsRedirect: true
  - hosts:
    - k8sou.192-168-2-114.nip.io
    - k8sdb.192-168-2-114.nip.io
    port:
      name: https-443
      number: 443
      protocol: HTTPS
    tls:
      credentialName: ou-tls-certificate
      mode: SIMPLE
```

selector는 이스티오에게 어떤 ingress-ingressgateway 파드와 함께 작동할지 알려준다. istio-system에 배포되는 기본 게이트웨이의 레이블은 istio: ingressgateway,

이 레이블은 다음과 일치한다. 이 섹션을 사용해 서비스를 노출할 게이트웨이를 결정해 여러 게이트웨이를 실행할 수 있다. 이는 트래픽이 서로 다른 네트워크가 여러 개 있거나 클러스터의 애플리케이션 간에 트래픽을 분리하려는 경우에 유용하다.

servers 목록의 첫 번째 항목은, 이스티오에게 호스트 중 하나에서 HTTP 포트 80에 대한 요청이 올 경우 이스티오가 HTTPS 포트로 리디렉션을 보내길 원한다고 알려준다. 이것은 좋은 보안 모범 사례이므로 별도로 HTTPS를 우회할 필요 없다. servers의 두 번째 항목은 이스티오에게 ou-tls-certificate라는 시크릿 인증서를 사용해 포트 443 에서 HTTPS 연결을 수락하도록 지시한다. 이 시크릿은 TLS Secret 이어야 하며 인그 레스 게이트웨이를 실행하는 파드와 동일한 네임스페이스에 있어야 한다. 클러스터의 경우 ou-tls-certificate이 istio-system 네임스페이스에 반드시 있어야 함을 의미 한다. 이것이 바로 배포 스크립트가 시크릿을 복사한 이유다. 이는 Ingress 오브젝트와 동일한 네임스페이스에 TLS Secret을 유지하는 NGINX에서 Ingress 오브젝트를 사 용하는 것과는 다르다.

TIP

> Secret을 올바른 네임스페이스에 포함시키지 않으면 디버깅하기 어려울 수 있다. 가장 흔한 문제는 호스트에 연결하려고 하면 브라우저가 연결이 재설정됐다고 보고한다는 것이다. 이는 이스티오에 제공할 인증서가 없기 때문이다. Kiali는 구성 문제가 있다고 알려주지는 않지만 istiod 파드 안의 istio-system의 로그를 보면 failed to fetch key and certificate for kubernetes:// secret-name을 찾을 수 있다. 여기서 secret-name은 Secret 이름이다. Secret에 올바른 네임스페 이스에 복사하면 앱이 HTTPS에서 작동하기 시작한다.

두 번째 Gateway openunison-api-gateway-orchestra는 API 서버 호스트의 HTTPS를 통해 오픈유니슨을 직접 노출하는 데 사용된다. 이는 이스티오의 내장 기능 대부분을 우회하므로 필요하지 않는 한 우리가 하고 싶은 일은 아니다. 이 게이트웨이와 다른 게 이트웨이의 중요한 차이점은 TLS 구성 방식이다.

```
- hosts:
  - k8sapi.192-168-2-114.nip.io
  port:
    name: https-443
    number: 443
```

```
        protocol: HTTPS
      tls:
        mode: PASSTHROUGH
```

우리는 SIMPLE 대신 PASSTHROUGH를 mode로 사용한다. 이렇게 하면 이스티오가 HTTPS 요청을 해독하거나 다운스트림으로 보내려고 하지 않아도 된다. Envoy는 kubectl에서 exec, cp 및 port-forward에 사용하는 SPDY 프로토콜을 지원하지 않으므로 이를 우회해야 하기 때문에 쿠버네티스 API 호출로 이 작업을 수행해야 한다. 물론 이것은 우리가 이스티오의 능력을 많이 쓸 수 없다는 것을 의미하므로 피할 수 있다면 피하고 싶은 일이다.

게이트웨이 객체는 이스티오에게 연결 수신 방법을 알려주는 반면, VirtualService 객체는 이스티오에게 트래픽을 보낼 위치를 알려준다. Gateway 오브젝트와 마찬가지로 2개의 VirtualService 오브젝트가 있다. 첫 번째 객체는 오픈유니슨 포털과 쿠버네티스 대시보드 모두의 트래픽을 처리한다. 중요한 부분은 다음과 같다.

```
spec:
  gateways:
  - openunison-gateway-orchestra
  hosts:
  - k8sou.192-168-2-114.nip.io
  - k8sdb.192-168-2-114.nip.io
  http:
  - match:
    - uri:
        prefix: /
    route:
    - destination:
        host: openunison-orchestra
        port:
          number: 80
```

Gateway 섹션은 연결할 Gateway 객체를 이스티오에 알려준다. 이론적으로는 여러 Gateway를 트래픽 소스로 사용할 수 있다. hosts 섹션은 이 구성을 적용할 호스트 이름을 이스티오에 알려주고 match 섹션은 이스티오에게 요청을 일치시킬 조건을 알려준다.

이 섹션은 마이크로서비스 라우팅에 상당히 많은 기능을 제공할 수 있지만, 모놀리스의 경우에는 보통 슬래시(/)면 충분하다

마지막으로 route 섹션은 이스티오에게 트래픽을 보낼 위치를 알려준다. destination.host는 트래픽을 보내려는 Service 이름이다. 우리는 모든 트래픽을 포트 80으로 보내고 있다.

이 컨피그레이션의 NGINX Ingress 버전은 모든 트래픽을 오픈유니슨의 HTTPS 포트(8443)로 보낸다. 즉, 사용자의 브라우저에서 오픈유니슨 파드까지 모든 데이터가 유선을 통해 암호화됐다. 여기서는 이스티오 사이드카의 mTLS에 의존할 것이기 때문에 그렇게 하지 않을 것이다.

HTTP 포트 80으로 트래픽을 전송하더라도 트래픽은 ingressgateway를 떠날 때부터 오픈유니슨의 모든 인바운드 네트워크 연결을 가로채는 오픈유니슨 파드의 사이드카에 도착할 때까지 암호화된다. TLS를 명시적으로 구성할 필요가 없다!

이제 네트워크에서 오픈유니슨으로 트래픽을 라우팅하고 있으므로 모놀리식 애플리케이션의 일반적인 요구 사항인 고정 세션을 해결해보겠다.

고정 세션 구성

대부분의 모놀리식 애플리케이션에는 고정 세션^{sticky sessions}이 필요하다. 고정 세션을 활성화한다는 것은 세션의 모든 요청이 동일한 파드로 전송된다는 것을 의미한다. 각 API 호출이 서로 다르므로 마이크로서비스에서는 일반적으론 필요하지 않다. 하지만 사용자가 상호 작용하는 웹 애플리케이션은 일반적으로 쿠키를 통해 상태를 관리해야 한다. 이런 경우 쿠키가 너무 커져서 민감한 정보를 포함할 가능성이 높기 때문에 이러한 쿠키는 보통 세션의 모든 상태를 저장하지 않는다. 대신 대부분의 메모리를 사용하는 서버에 저장된 세션을 가리키는 쿠키를 사용한다. 애플리케이션의 모든 인스턴스에서 가용성이 높은 방식으로 이 세션을 사용할 수 있도록 하는 방법이 있지만 그렇게 하는 것은 그리 흔한 일이 아니다. 이러한 시스템은 유지 관리 비용이 많이 들고 일반적으로 그만한 가치가 없다.

오픈유니슨은 대부분의 다른 웹 애플리케이션과 다르지 않으며 세션이 시작된 파드가 계속 맞는지 확인해야 한다. 이스티오에게 원하는 세션 관리 방법을 알려주기 위해 DestinationRule을 사용한다. DestinationRule 객체는 VirtualService를 통해 호스트로 라우팅되는 트래픽에 대해 이스티오에게 조치를 지시한다. 우리의 중요한 부분은 다음과 같다.

```
spec:
  host: openunison-orchestra
  trafficPolicy:
    loadBalancer:
      consistentHash:
        httpCookie:
          name: openunison-orchestra
          path: /
          ttl: 0s
    tls:
      mode: ISTIO_MUTUAL
```

규칙의 host는 원래 URL의 호스트 이름이 아니라 트래픽의 대상(Service)을 참조한다. trafficPolicy.loadBalancer.consistentHash는 이스티오에게 고정성Stickiness을 관리하는 방법을 알려준다. 대부분의 모놀리식 애플리케이션은 쿠키를 사용하기를 원할 것이다. ttl은 0s으로 설정되므로 쿠키는 "세션 쿠키"로 간주된다. 즉, 브라우저가 닫히면 쿠키가 쿠키 자cookie jar에서 사라진다.

NOTE

> 유효 기간이 특정돼 있는 쿠키는 사용하지 않는 것이 좋다. 이러한 쿠키는 브라우저에 의해 유지되며 기업에서 보안 위험으로 취급될 수 있다.

오픈유니슨을 가동하고 이스티오가 어떻게 통합되는지 이해한 후 Kiali가 모놀리스에 대해 무엇을 알려줄지 살펴보겠다.

Kiali와 오픈유니슨의 통합

먼저 오픈유니슨과 Kiali를 통합해보겠다. Kiali는 다른 클러스터 관리 시스템과 마찬가지로 액세스가 필요하도록 구성해야 한다. Kiali는 쿠버네티스 대시보드와 마찬가지로 가장impersonation과 통합할 수 있으므로 Kiali는 사용자 자신의 권한을 사용해 API 서버와 상호 작용할 수 있다. 이 작업을 수행하는 것은 매우 간단하다. chapter13 폴더에 integrate-kiali-openunison.sh라는 스크립트를 다음과 같이 만들었다.

1. Kiali의 기존 Gateway 및 VirtualService를 삭제한다.

2. auth.strategy의 header를 사용하도록 Kiali 헬름 차트를 업데이트하고 변경 사항을 적용하기 위해 Kiali를 다시 시작한다.

3. 오픈유니슨이 Kiali와 통합되도록 구성하고 포털의 메인 화면에 "배지"를 추가하는 오픈유니슨-kiali 헬름 차트를 배포한다.

통합은 대시보드와 동일한 방식으로 작동하지만 세부 정보에 관심이 있다면 다음 링크 (https://openunison.github.io/applications/kiali/)에서 확인할 수 있다.

통합이 완료되면 Kiali가 모놀리스에 대해 무엇을 알려줄 수 있는지 살펴보겠다. 먼저 오픈유니슨에 로그인하면 포털 화면에 새 배지가 표시된다.

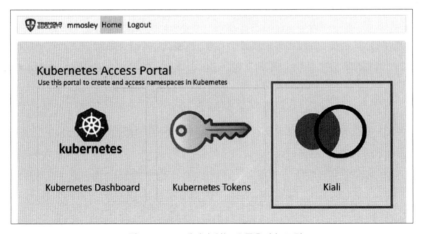

그림 13.4 Kiali 배지가 있는 오픈유니슨 포털

다음으로 **Kiali** 배지를 클릭해 Kiali를 연 다음 **그래프**를 클릭하고 오픈유니슨 네임스페이스를 선택한다. 다음과 비슷한 그래프가 표시된다.

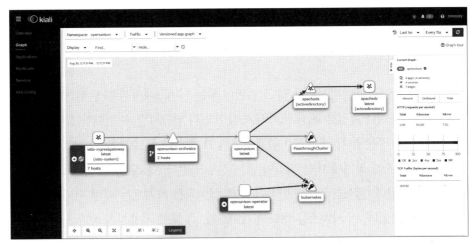

그림 13.5 Kiali의 오픈유니슨 그래프

이제 마이크로서비스와 동일한 방식으로 오픈유니슨, apacheds 및 기타 컨테이너 간의 연결을 볼 수 있다. 이제 모놀리스를 이스티오에 통합하는 방법을 배웠으니 이제 마이크로서비스를 구축하고 이를 이스티오와 통합하는 방법을 알아보겠다.

마이크로서비스 구축

모놀리스에 대해 이야기하는 데 꽤 많은 시간을 보냈다. 먼저 어떤 접근 방식이 가장 적합한지 논의한 후 잠시 시간을 들여 이스티오에 모놀리스를 배포해 마이크로서비스가 제공하는 다양한 이점을 얻는 방법을 살펴봤다. 이제 마이크로서비스 구축 및 배포에 대해 자세히 알아보겠다. 예제 마이크로서비스는 매우 간단하다. 마이크로서비스를 기반으로 본격적인 애플리케이션을 구축하는 방법보다는 마이크로서비스가 구축되고 애플리케이션에 통합되는 방식을 보여주는 것이 목표다. 이 책은 기업에 초점을 맞추고 있으므로 다음과 같은 서비스를 중점적으로 다룰 것이다.

1. 특정 사용자의 인증이 필요하다.

2. 그룹 구성원 또는 특성에 따라 특정 사용자에 대한 승인이 필요하다.

3. 아주 중요한 일을 한다.

4. 무슨 일이 있었는지에 대한 일부 로그 데이터를 생성한다.

이는 엔터프라이즈 애플리케이션 및 그 기반이 되는 서비스에서 흔히 발생한다. 대부분의 기업은 행동이나 결정을 해당 조직의 특정 개인과 연관시킬 수 있어야 한다. 주문이 접수되면 누가 주문했나? 케이스가 종결되면 누가 종결했나? 수표를 끊으면 누가 끊었나? 물론 사용자가 작업에 대한 책임이 없는 경우가 많다. 때로는 자동화된 또 다른 서비스일 수도 있다. 웨어하우스를 만들기 위해 데이터를 가져오는 배치 서비스는 특정 사람과 관련이 없다. 이 서비스는 대화식 서비스다. 즉, 최종 사용자가 해당 서비스와 상호 작용할 것으로 예상되므로 사용자가 기업 내 사람이라고 가정하겠다.

누가 서비스를 사용할 것인지 알게 되면 사용자에게 그렇게 할 권한이 있는지 알아야 한다. 이전 단락에서 "누가 수표를 끊었나?"를 알아야 한다는 것을 알았다. 또 다른 중요한 질문은 "수표를 끊을 권한이 있는가?"이다. 정말 조직 내 누구도 수표를 보내는 걸 원하지 않는다. 조치를 취할 권한이 있는 사람을 식별하는 내용은 한 권의 책으로는 부족하므로, 단순하게 하기 위해 최소한 상위 수준에서는 그룹 멤버십을 기반으로 권한 부여 결정을 내릴 것이다.

사용자를 식별하고 권한을 부여한 다음 단계는 중요한 작업을 수행하는 것이다. 기업은 해야 하는 중요한 일로 가득 차 있다! 수표 작성은 우리 모두가 공감할 수 있는 사항이며 엔터프라이즈 서비스가 직면한 많은 문제를 나타내기 때문에, 우리는 이를 예로 들겠다. 우리는 수표를 보낼 수 있는 수표 서비스를 작성할 것이다.

마지막으로 중요한 일을 했으니 기록을 남길 필요가 있다. 누가 우리 서비스에 호출했는지 추적해야 하고, 서비스가 중요한 부분을 처리한 후에는 어딘가에 기록해야 한다. 이를 데이터베이스나 다른 서비스에 기록하거나 표준 서비스로 전송해 로그 애그리게이터가 수집할 수 있다.

서비스가 수행할 모든 작업을 파악한 다음 단계는 인프라의 어느 부분이 각 결정과 조치를 담당하는지 파악하는 것이다.

서비스를 위해 필요한 것은 다음과 같다.

표 13.1 서비스 책임

액션	구성 요소	설명
사용자 인증	오픈유니슨	오픈유니슨 인스턴스는 "액티브 디렉터리"에 대한 사용자를 인증한다.
서비스 라우팅	이스티오	우리의 서비스를 세상에 노출시키는 방법
서비스 인증	이스티오	RequestAuthentication 객체는 우리 서비스에 대한 사용자의 유효성을 검사하는 방법을 설명한다.
서비스: 대략적인 권한 부여	이스티오	AuthorizationPolicy는 사용자가 우리 서비스를 호출할 특정 그룹의 구성원인지 확인한다.
세분화된 권한 부여 또는 사용 권한	서비스	우리 서비스는 수표를 작성할 수 있는 수취인을 결정한다.
수표 작성	서비스	이 서비스를 작성하는 요점!
누가 수표를 썼고 누구에게 수표를 보냈는지 기록한다.	서비스	이 데이터를 스탠다드아웃에 쓰기
로그 집계	쿠버네티스	아마 일래스틱?

다음 절에서는 이러한 각 구성 요소를 계층별로 빌드할 것이다. 서비스 자체에 들어가기 전에, Hello World로 시작해보겠다.

Hello World 배포하기

첫 번째 서비스는 수표 작성 서비스의 출발점이 될 간단한 Hello World 서비스다. 우리 서비스는 플라스크를 사용해 파이썬을 기반으로 구축됐다. 사용 및 배포가 매우 간단하기 때문에 사용하고 있다. chapter13/hello-world로 이동해 deploy_helloworld.sh 스크립트를 실행한다. 이렇게 하면 Namespace, Deployment, Service 및 Istio 오브젝트가 생성된다. service-source ConfigMap 코드를 살펴보자. 이것이 우리 코드의 주요 본문이며 검사 서비스를 구축할 프레임워크다. 코드 자체는 많은 일을 하지 않는다.

```
@app.route('/')
def hello():
    retVal = {
        "msg":"hello world!",
        "host":"%s" % socket.gethostname()
    }
    return json.dumps(retVal)
```

이 코드는 /에 대한 모든 요청을 받아들이고 간단한 응답을 보내는 hello()라는 함수를
실행한다. 우리는 단순성을 위해 코드를 ConfigMap으로 내장하고 있다.

지금까지 다른 모든 장을 읽었다면 보안 관점에서 이 컨테이너의 일부 기본 규칙을 위
반하고 있음을 알 수 있다. 바로 도커 허브 컨테이너가 루트로 실행되는 점이다. 아직은
괜찮다. 13장에서는 빌드 프로세스에 수렁에 빠지고 싶지 않았다. 14장, '플랫폼 프로비
저닝'에서는 Tekton을 사용해 이 서비스를 위한 더 안전한 버전의 컨테이너를 구축하는
방법을 살펴보겠다.

서비스가 배포되면 curl을 사용해 테스트해볼 수 있다.

```
curl http://service.192-168-2-114.nip.io/
{"msg": "hello world!", "host": "run-service-785775bf98-fln49"}%
```

이 코드는 그리 흥미롭진 않지만 다음으로 서비스에 보안을 추가하겠다.

우리 서비스에 인증 통합

12장, '이스티오 소개'에서는 RequestAuthentication 객체를 소개했다. 이제 이 객체를
사용해 인증을 적용한다. 우리 서비스에 액세스하려면 유효한 JWT가 있어야 한다. 이
전 예시에서는 서비스를 직접 호출했다. 이제 요청에 유효한 JWT가 포함된 경우에만 응답
을 받고 싶다. RequestAuthentication 이스티오가 JWT를 요구하도록 강제하는 Author
izationPolicy와 페어링해야 한다. 그렇지 않으면 이스티오는 RequestAuthenction을 준

수하지 않는 JWT는 거부하지만, JWT가 전혀 없는 요청은 허용한다.

오브젝트를 설정하기 전에도 어딘가에서 JWT를 가져와야 한다. 우리는 오픈유니슨을 사용할 것이다. API를 사용하기 위해 5장, '클러스터 인증 연동'에서 배포한 파이프라인 토큰 생성 차트를 배포해보겠다. chapter5 디렉터리로 이동해 헬름 차트를 실행해보자.

```
$ helm install orchestra-token-api token-login -n openunison -f /tmp/
openunison-values.yaml
NAME: orchestra-token-api
LAST DEPLOYED: Tue Aug 31 19:41:30 2021
NAMESPACE: openunison
STATUS: deployed
REVISION: 1
TEST SUITE: None
```

이렇게 하면 내부 "Active Directory"에서 JWT를 쉽게 생성할 수 있다. 다음으로 실제 정책 객체를 배포하겠다. chapter13/authentication 이동해 deploy-auth.sh를 실행한다. 다음과 같이 보일 것이다.

```
./deploy-auth.sh
getting oidc config
getting jwks
requestauthentication.security.istio.io/hello-world-auth created
authorizationpolicy.security.istio.io/simple-hellow-world created
```

2개의 오브젝트가 생성된다. 첫 번째는 RequestAuthentication 객체이고 그다음은 간단한 AuthorizationPolicy이다. 먼저 RequestAuthentication을 살펴보겠다.

```
apiVersion: security.istio.io/v1beta1
kind: RequestAuthentication
metadata:
  creationTimestamp: "2021-08-31T19:45:30Z"
  generation: 1
  name: hello-world-auth
  namespace: istio-hello-world
spec:
  jwtRules:
```

```
  - audiences:
    - kubernetes
    issuer: https://k8sou.192-168-2-119.nip.io/auth/idp/k8sIdp
    jwks: '{"keys...'
    outputPayloadToHeader: User-Info
selector:
  matchLabels:
    app: run-service
```

이 객체는 먼저 JWT를 수락하기 위해 포맷해야 하는 방식을 지정한다. 여기서는 쿠버네티스 JWT를 활용하는 것만으로도 약간의 속임수를 쓰고 있다. 이 객체를 JWT와 비교해보겠다.

```
{
  "iss": "https://k8sou.192-168-2-119.nip.io/auth/idp/k8sIdp",
  "aud": "kubernetes",
  "exp": 1630421193,
  "jti": "JGnXlj0I5obI3Vcmb1MCXA",
  "iat": 1630421133,
  "nbf": 1630421013,
  "sub": "mmosley",
  "name": " Mosley",
  "groups": [
    "cn=group2,ou=Groups,DC=domain,DC=com",
    "cn=k8s-cluster-admins,ou=Groups,DC=domain,DC=com"
  ],
  "preferred_username": "mmosley",
  "email": "mmosley@tremolo.dev"
}
```

JWT의 aud 클레임은 RequestAuthentication 대상 그룹과 일치한다. iss 클레임은 RequestAuthentication에서 issuer와 일치한다. 이러한 클레임 중 하나가 일치하지 않으면 이스티오는 401 HTTP 오류 코드를 반환해 요청이 승인되지 않았음을 알려준다.

또한 outputPayloadToHeader: User-Info를 지정해 사용자 정보를 다운스트림 서비스에 User-Info라는 이름의 base64로 인코딩된 JSON 헤더로 전달하도록 이스티오에 지시한다. 헤더는 Google 서비스에서 누가 호출했는지 식별하는 데 사용할 수 있다. 자격 인증에 들어가면 이에 대한 세부 정보를 다루겠다.

또한 jwks 절은 JWT를 확인하는 데 사용되는 RSA 공개 키를 지정한다. 먼저 issuer의 OIDC 검색 URL로 이동해 jwks 클레임에서 URL을 가져와 확인할 수 있다.

RequestAuthentication 객체는 이스티오에게 JWT가 어떤 형식을 취해야 하는지 알려주지만, 사용자에 대한 어떤 데이터가 있어야 하는지는 알려주지 않는다는 점에 유의해야 한다. 이에 대해서는 다음 승인 단계에서 다루도록 하겠다.

권한 부여에 대해 말하자면, JWT에 대한 요구 사항을 반드시 적용하고자 하므로 다음과 같이 매우 간단한 AuthorizationPolicy를 만들었다.

```
apiVersion: security.istio.io/v1beta1
kind: AuthorizationPolicy
metadata:
  name: simple-hellow-world
  namespace: istio-hello-world
spec:
  action: ALLOW
  rules:
  - from:
    - source:
        requestPrincipals:
        - '*'
  selector:
    matchLabels:
      app: run-service
```

from 절에는 RequestPrincipal이 있어야 한다고 나와 있다. 이는 이스티오에게 사용자가 있어야 한다는 것을 알려준다(이 경우 익명은 사용자가 아니다). RequestPrincipal은 JWT에서 가져온 것으로 사용자를 낸다. principal 구성도 있지만 이는 URL을 호출하는 서비스를 낸다. 이 경우에는 ingressgateway가 된다. 이렇게 하면 이스티오에 사용자가 JWT를 통해 인증을 받아야 함을 알 수 있다.

정책이 시행되면 이제 테스트할 수 있다. 먼저 사용자가 없는 경우,

```
curl -v http://service.192-168-2-119.nip.io/
*    Trying 192.168.2.119:80...
* TCP_NODELAY set
* Connected to service.192-168-2-119.nip.io (192.168.2.119) port 80 (#0)
> GET / HTTP/1.1
> Host: service.192-168-2-119.nip.io
> User-Agent: curl/7.68.0
> Accept: */*
>
* Mark bundle as not supporting multiuse
< HTTP/1.1 403 Forbidden
< content-length: 19
< content-type: text/plain
< date: Tue, 31 Aug 2021 20:23:14 GMT
< server: istio-envoy
< x-envoy-upstream-service-time: 2
<
* Connection #0 to host service.192-168-2-119.nip.io left intact
```

403 HTTP 코드로 요청이 거부된 것을 확인할 수 있다. 403을 받은 것은 이스티오가 JWT를 기대했지만 없었기 때문이다. 다음으로 5장, '클러스터 인증 연동'에서 했던 것과 동일한 방식으로 유효한 토큰을 생성해보겠다.

```
curl -H "Authorization: Bearer $(curl --insecure -u 'mmosley:start123'
https://k8sou.192-168-2-119.nip.io/k8s-api-token/token/user 2>/dev/
null| jq -r '.token.id_token')" http://service.192-168-2-119.nip.io/
{"msg": "hello world!", "host": "run-service-785775bf98-6bbwt"}
```

이제 성공했다! 이제 Hello World 서비스에 적절한 인증이 필요하다. 다음으로 액티브 디렉터리에서 특정 그룹을 요구하도록 권한 부여를 업데이트하겠다.

우리 서비스에 액세스 권한 부여

지금까지 서비스를 구축해 사용자가 자격 증명 공급자로부터 받은 유효한 JWT를 가지고 있어야 액세스할 수 있었다.

이제 "coarse-grained^(대략적인)" 권한 부여라고 하는 것을 적용하고자 한다. 이것은 애플리케이션 또는 서비스 수준 액세스다. "일반적으로 이 서비스를 사용할 수 있다"라고 표시되지만 원하는 작업을 수행할 수 있다는 의미는 아니다. 수표 작성 서비스의 경우 수표 작성 권한이 있을 수 있지만 수표를 작성할 수 있는 사람을 제한하는 추가 제어 기능이 있을 수 있다. 기업에서 ERP^{전사적 자원 관리} 시스템을 담당하고 있다면 시설 공급업체에 대한 수표를 작성할 수 없을 것이다. 다음 절에서는 서비스가 어떻게 비즈니스 수준의 의사 결정을 관리할 수 있는지 알아보겠지만, 지금은 서비스 수준 인증에 중점을 두겠다.

우리에게 필요한 것은 전부 다 있다는 것을 확인했다. 앞서 여러 가지 클레임이 있는 mmosley 사용자의 JWT를 살펴봤다. 그러한 클레임 중 하나는 groups 클레임이었다. 클러스터에 대한 액세스를 관리하기 위해 5장, '클러스터에 인증 통합' 및 6장, 'RBAC 정책 및 감사'에서 이 클레임을 사용했다. 비슷한 방식으로 특정 그룹의 멤버십을 기반으로 서비스에 액세스할 수 있는 사람을 관리한다. 먼저 기존 정책을 삭제한다.

```
kubectl delete authorizationpolicy simple-hellow-world -n istio-hello-
world
authorizationpolicy.security.istio.io "simple-hellow-world" deleted
```

정책을 비활성화하면 이제 JWT 없이 서비스에 액세스할 수 있다. 다음으로 "액티브 디렉터리"에서 cn=group2,ou=Groups,DC=domain,DC=com의 구성원이 돼야 하는 정책을 만들겠다.

다음의 정책을 배포해보자^(chapter13/coursed-grained-authorization/coursed-grained-az.yaml 참조).

```
---
apiVersion: security.istio.io/v1beta1
kind: AuthorizationPolicy
```

```
metadata:
  name: service-level-az
  namespace: istio-hello-world
spec:
  action: ALLOW
  selector:
    matchLabels:
      app: run-service
  rules:
  - when:
    - key: request.auth.claims[groups]
      values: ["cn=group2,ou=Groups,DC=domain,DC=com"]
```

이 정책은 값이 cn=group2,ou=Groups,DC=domain,DC=com인 groups라는 클레임을 가진 사용자만 이 서비스에 액세스할 수 있다고 이스티오에 알린다. 이 정책을 배포해도 여전히 mmosley로 서비스에 액세스할 수 있으며 만약 서비스에 익명으로 액세스하려고 하면 여전히 실패한다는 것을 알 수 있다. 그런 다음 동일한 비밀번호로 jjackson으로 서비스에 접속해보자.

```
curl -H "Authorization: Bearer $(curl --insecure -u 'jjackson:start123'
https://k8sou.192-168-2-119.nip.io/k8s-api-token/token/user 2>/dev/
null| jq -r '.token.id_token')" http://service.192-168-2-119.nip.io/
RBAC: access denied
```

Jjackson으로 이 서비스를 이용할 수 없다. Jjackson의 id_token를 보면 그 이유를 알 수 있다.

```
{
  "iss": "https://k8sou.192-168-2-119.nip.io/auth/idp/k8sIdp",
  "aud": "kubernetes",
  "exp": 1630455027,
  "jti": "Ae4Nv22HHYCnUNJx780l0A",
  "iat": 1630454967,
  "nbf": 1630454847,
  "sub": "jjackson",
  "name": " Jackson",
  "groups": "cn=k8s-create-ns,ou=Groups,DC=domain,DC=com",
```

```
    "preferred_username": "jjackson",
    "email": "jjackson@tremolo.dev"
}
```

클레임을 살펴보면 jjackson은 cn=group2,ou=Groups,DC=domain,DC=com의 구성원이
아니다.

이제 이스티오에게 서비스에 대한 액세스를 유효한 사용자로 제한하는 방법을 알려줄
수 있게 됐으니, 다음 단계는 서비스에 사용자가 누구인지 알려주는 것이다. 그런 다음
이 정보를 사용해 인증 데이터를 조회하고, 작업을 기록하고, 사용자를 대신해 조치를
취할 것이다.

서비스를 누가 사용하고 있는지 알고 싶다면

사용자와 관련된 작업을 수행하는 서비스를 작성할 때 가장 먼저 확인해야 할 것은 "누
가 내 서비스를 사용하려고 하는가?"다. 지금까지 이스티오에게 사용자가 누구인지 확
인하는 방법을 알려줬지만 해당 정보를 서비스에 어떻게 전파할 수 있을까? Request
Authentication에는 사용자 인증 토큰의 클레임을 base64로 인코딩된 JSON으로
HTTP 요청의 헤더에 outputPayloadToHeader: User-Info 구성 옵션이 포함됐다. 이 정
보는 해당 헤더에서 가져와 서비스에서 추가 권한 부여 데이터를 조회하는 데 사용할
수 있다.

우리가 구축한 /headers 서비스를 통해 이 헤더를 볼 수 있다. 이 서비스는 서비스에 전
달된 모든 헤더만 돌려준다. 한번 살펴보겠다.

```
curl -H "Authorization: Bearer $(curl --insecure -u 'mmosley:start123'
https://k8sou.192-168-2-119.nip.io/k8s-api-token/token/user 2>/dev/
null| jq -r '.token.id_token')" http://service.192-168-2-119.nip.io/
headers 2>/dev/null | jq -r '.headers'
Host: service.192-168-2-119.nip.io
User-Agent: curl/7.75.0
Accept: */*
X-Forwarded-For: 192.168.2.112
```

```
X-Forwarded-Proto: http
X-Request-Id: 6397d068-537e-94b7-bf6b-a7c649db5b3d
X-Envoy-Attempt-Count: 1
X-Envoy-Internal: true
X-Forwarded-Client-Cert: By=spiffe://cluster.local/ns/istio-hello-world/
sa/default;Hash=1a58a7d0abf62d32811c084a84f0a0f42b28616ffde7b6b840c59514
9d99b2eb;Subject="";URI=spiffe://cluster.local/ns/istio-system/sa/istio-
ingressgateway-service-account
User-Info:
eyJpc3MiOiJodHRwczovL2s4c291LjE5Mi0xNjgtMi0xMTkubmlwLmlvL2F1dGgv
aWRwL2s4c0lkcCIsImF1ZCI6Imt1YmVybmV0ZXMiLCJleHAiOjE2MzA1MTY4MjQsImp0aSI6
InY0ekpCNzdfRktppOXJoQU5jWDVwS1EiLCJpYXQiOjE2MzA1MTY3NjQsIm5iZiI6MTYzMDUxN
jY0NCwic3ViIjoibW1vc2xleSIsIm5hbWUiOiIgTW9zbGV5IiwiZ3JvdXBzIjpbImNuPWdy
b3VwMixvdT1Hcm91cHMsREM9ZG9tYWluLERDPWNvbSIsImNuPWs4cy1jbHVzdGVyLWFkbW
lucyxvdT1Hcm91cHMsREM9ZG9tYWluLERDPWNvbSJdLCJwcmVmZXJyZWRfdXNlcm5hbWUi
OiJtbW9zbGV5IiwiZW1haWwiOiJtbW9zbGV5QHRyZW1vbG8uZGV2In0=
X-B3-Traceid: 28fb185aa113ad089cfac2d6884ce9ac
X-B3-Spanid: d40f1784a6685886
X-B3-Parentspanid: 9cfac2d6884ce9ac
X-B3-Sampled: 1
```

여기에는 여러 헤더가 있다. 우리가 신경 쓰는 것은 User-Info다. 이것은 RequestAuthentication 객체에 지정한 헤더의 이름이다. base64에서 디코딩하면 다음과 같은 JSON을 얻을 수 있다.

```
{
  "iss": "https://k8sou.192-168-2-119.nip.io/auth/idp/k8sIdp",
  "aud": "kubernetes",
  "exp": 1630508679,
  "jti": "5VoEAAgv1rkpf1vOJ9uo-g",
  "iat": 1630508619,
  "nbf": 1630508499,
  "sub": "mmosley",
  "name": " Mosley",
  "groups": [
    "cn=group2,ou=Groups,DC=domain,DC=com",
    "cn=k8s-cluster-admins,ou=Groups,DC=domain,DC=com"
  ],
  "preferred_username": "mmosley",
  "email": "mmosley@tremolo.dev"
}
```

우리는 토큰을 직접 디코딩한 것과 동일한 클레임을 가지고 있다. 우리가 가지고 있지 않은 것은 JWT이다. 이는 보안 관점에서 중요하다. 우리 서비스는 가지고 있지 않은 토큰을 유출할 수 없다.

이제 사용자가 누구인지 확인하는 방법을 알았으니 이제 사용자가 누구인지 알려주는 간단한 who-am-i 서비스에 통합해보겠다. 먼저 코드를 살펴보겠다.

```
@app.route('/who-am-i')
    def who_am_i():
      user_info = request.headers["User-Info"]
      user_info_json = base64.b64decode(user_info).decode("utf8")
      user_info_obj = json.loads(user_info_json)
      ret_val = {
        "name": user_info_obj["sub"],
        "groups": user_info_obj["groups"]
      }

      return json.dumps(ret_val)
```

이것은 아주 기본적이다. 요청에서 헤더를 받고 있다. 다음으로 base64에서 디코딩하고 마지막으로 JSON을 가져와 반환에 추가한다. 좀 더 복잡한 서비스인 경우 여기에서 데이터베이스를 쿼리해 사용자가 보유한 사용 권한을 확인할 수 있다.

코드에 JWT 검증 방법을 알 필요가 없을 뿐만 아니라 이스티오와 분리해 코드를 쉽게 개발할 수 있다. Run-service 파드에서 셸을 열고 다른 사용자와 함께 이 서비스에 직접 액세스해보자.

```
kubectl exec -ti run-service-785775bf98-g86gl -n istio-hello-world - bash
# export USERINFO=$(echo -n '{"sub":"marc","groups":["group1","group2"]}'
| base64 -w 0)
# curl -H "User-Info: $USERINFO" http://localhost:8080/who-am-i
{"name": "marc", "groups": ["group1", "group2"]}
```

이스티오, JWT 또는 암호화에 대해 전혀 몰라도 서비스를 호출할 수 있었다! 모든 것이 이스티오에 오프로드돼 서비스에 집중할 수 있다. 이렇게 하면 개발이 더 쉬워진다. 그럼 원하는 정보를 서비스에 삽입할 수 있는 방법이 있을 경우 보안에 어떤 영향을 미칠까?

이스티오 사이드카가 없는 네임스페이스에서 직접 시도해보겠다.

```
$ kubectl run -i --tty curl --image=alpine --rm=true - sh
/ # apk update add curl
/ # curl -H "User-Info $(echo -n '{"sub":"marc","groups":["group1",
  "group2"]}' | base64 -w 0)" http://run-service.istio-hello-world.svc/
  who-am-i
RBAC: access denied
```

우리의 RequestAuthentication 및 AuthorizationPolicy 요청을 중지한다. 사이드카를 운영하고 있지는 않지만, 우리 서비스는 우리의 정책이 적용될 이스티오로 모든 트래픽을 리디렉션한다. 유효한 요청에서 자체 User-Info 헤더를 삽입하려고 하면 어떻게 될까?

```
export USERINFO=$(echo -n '{"sub":"marc","groups":["group1","group2"]}'
| base64 -w 0)

curl  -H "Authorization: Bearer $(curl --insecure -u 'mmosley:start123'
https://k8sou.192-168-2-119.nip.io/k8s-api-token/token/user 2>/dev/
null| jq -r '.token.id_token')" -H "User-Info: $USERINFO" http://
service.192-168-2-119.nip.io/who-am-i
{"name": "mmosley", "groups": ["cn=group2,ou=Groups,DC=domain,DC=com",
"cn=k8s-cluster-admins,ou=Groups,DC=domain,DC=com"]}
```

다시 한 번 이스티오는 사용자가 유효한 JWT 외부에서 누구인지 무시하려는 시도를 방해했다. 이스티오가 어떻게 사용자 ID를 서비스에 삽입하는지 살펴봤다. 이제 사용자의 자격을 승인하는 방법을 알아야 한다.

사용자 자격 부여

지금까지 우리는 코드를 작성하지 않고도 서비스에 많은 기능을 추가할 수 있었다. 토큰 기반 인증과 대략적인 권한 부여를 추가했다. 우리는 해당 사용자가 누구인지 알고 있으며 서비스 수준에서 사용자가 우리 서비스를 호출할 권한이 있다고 판단했다. 다음으로, 사용자가 수행하려는 특정 작업을 수행할 수 있는지 여부를 결정해야 한다. 이를 세분화된 권한 부여 또는 사용 권한이라고 하는 경우가 많다. 이 절에서는 취할 수 있는 여러 접근 방식을 살펴보고 접근 방식을 선택하는 방법에 대해 설명한다.

서비스 승인

세분화된 권한 부여 및 인증과 달리 사용 권한은 일반적으로 서비스 메시 계층에서 관리되지 않는다. 그렇다고 불가능하다는 말은 아니다. 서비스 메시에서 이 작업을 수행할 수 있는 방법에 대해 설명하겠지만 일반적으로 최선의 방법은 아니다. 승인은 일반적으로 데이터베이스에 고정돼 있는 비즈니스 데이터에 연결된다. 때로는 해당 데이터베이스가 MySQL이나 SQL 서버와 같은 일반적인 관계형 데이터베이스이지만 실제로는 무엇이든 될 수 있다. 권한 부여 결정에 사용되는 데이터는 클러스터 소유자가 아닌 서비스 소유자가 소유하는 경우가 많으므로 일반적으로 코드에서 직접 권한 결정을 내리는 것이 더 쉽고 안전하다.

앞서 우리는 수표 작성 서비스에서 ERP 책임자가 시설 공급업체에 대한 수표를 끊는 것을 원하지 않는다고 논의했다. 이를 결정하는 데이터는 어디에 있을까? 아마도 기업의 ERP 시스템에 있을 것이다. 이 애플리케이션은 규모에 따라 SAP 또는 Oracle을 사용하는 자체 개발 애플리케이션일 수 있다. 이스티오가 수표 작성 서비스에 대한 승인 결정을 내리기를 원한다고 가정해보겠다. 그 데이터를 어떻게 얻을까? ERP 담당자가 클러스터 소유자로서 자신의 데이터베이스와 직접 대화하기를 원한다고 생각하는가? 클러스터 소유자인 여러분도 그런 책임을 맡고 싶은가? ERP에 문제가 생겨서 누군가 해당 문제에 대해 손가락을 가리키면 어떻게 될까? 여러분과 팀이 책임을 지지 않았음을 증명할 수 있는 자료가 있는가?

마이크로서비스 설계의 관리 측면에서 혜택을 받는 기업의 사일로는 중앙 집중식 인증에도 반하는 것으로 나타났다. 특정 공급업체에 대한 수표를 작성할 수 있는 사람을 결정하는 예에서는 서비스 내에서 이러한 결정을 내리는 것이 가장 쉬울 것이다. 이렇게 하면 문제가 발생하더라도 쿠버네티스 팀이 문제를 파악할 책임이 없으며, 책임자는 자신의 운명을 통제할 수 있다.

그렇다고 해서 좀 더 중앙 집중화된 권한 부여 접근 방식으론 이점이 없다는 뜻은 아니다. 팀이 자체 인증 코드를 구현하도록 하면 다양한 표준이 사용되고 접근 방식이 달라진다. 주의 깊은 제어가 없다면 규정 준수의 악몽으로 이어질 수 있다. 이스티오가 어떻게 보다 강력한 권한 부여 프레임워크를 제공할 수 있는지 살펴보겠다.

이스티오와 함께 OPA 사용

12장. '이스티오 소개'에서 설명한 Envoy 필터 기능을 사용하면 개방형 정책 에이전트 OPA를 서비스 메시에 통합해 권한 부여를 결정할 수 있다. 우리는 8장, '개방형 정책 에이전트를 사용한 보안 확장'에서 OPA에 대해 논의했다. OPA에 대해 검토해야 할 몇 가지 주요 사항이 있다.

- OPA는 권한 부여 결정을 내리기 위해 (일반적으로) 외부 데이터 스토어를 사용하지 않는다. OPA의 이점을 최대한 활용하려면 자체 내부 데이터베이스를 사용해야 한다.

- OPA의 데이터베이스는 영구적이지 않다. OPA 인스턴스가 종료되면 데이터를 다시 채워야 한다.

- OPA의 데이터베이스는 클러스터링되지 않는다. 여러 OPA 인스턴스가 있는 경우 각 데이터베이스를 독립적으로 업데이트해야 한다.

OPA를 사용해 사용자가 특정 공급업체에 대한 수표를 작성할 수 있는지 여부를 확인하려면 OPA에서 해당 데이터를 JWT에서 직접 가져오거나 ERP 데이터를 자체 데이터베이스에 복제할 수 있어야 한다. 전자는 여러 가지 이유로 쉽지 않다. 첫째, ID 공급자가 ERP와 통신하려고 할 때 클러스터가 ERP와 통신하는 문제가 여전히 존재한다. 둘째, ID 공급자를 운영하는 팀은 올바른 데이터를 포함해야 한다. 이는 어려운 질문이다. 마지막으로 보안 팀에서 ERP 팀에 이르기까지 이러한 데이터가 토큰에 저장되는 것을 싫어하는 사람들이 많을 수 있다. 데이터를 OPA에 동기화하는 후자가 성공할 가능성이 높다.

ERP의 인증 데이터를 OPA 데이터베이스에 동기화하는 방법에는 두 가지가 있다. 첫 번째는 데이터를 푸시할 수 있다는 것이다. "봇bot"은 각 OPA 인스턴스에 업데이트를 푸시할 수 있다. 이렇게 하면 ERP 소유자는 클러스터가 소비자인 상태에서 데이터를 푸시할 책임이 있다. 누군가가 허위 데이터를 푸시하지 않도록 하는 것은 어려우며 이는 보안상의 문제가 될 수 있다. 다른 방법은 OPA 파드에 사이드카로 실행되는 "봇"을 작성하는 것이다. 이것이 게이트키퍼의 작동 방식이다. 여기서 장점은 데이터 푸시를 위한 보안 프레임워크를 구축하지 않고도 데이터를 동기화된 상태로 유지할 책임이 있다는 것이다.

어느 시나리오에서든 저장 중인 데이터에 규정 준수 문제가 있는지 여부를 이해해야 한다. 이제 데이터를 얻었으니 보안 침해로 인해 데이터가 손실되면 어떤 영향을 미치는지? 그리고 그게 당신이 원하는 책임인지?

권한 부여에 대한 중앙 집중식 인증 서비스는 쿠버네티스 또는 RESTful API가 존재하기 훨씬 전에 논의됐다. 심지어 SOAP와 XML보다 앞서 있었다! 엔터프라이즈 애플리케이션의 경우 데이터 관리, 소유권 및 사일로 브리징에 드는 추가 비용 때문에 실제로 효과가 없었던 것이다. 만약 당신이 모든 데이터를 소유하고 있다면 이는 훌륭한 접근 방식이 될 수 있다. 그러나 마이크로서비스의 주요 목표 중 하나가 사일로가 자체 개발을 더 잘 관리할 수 있도록 하는 것이라면 중앙 집중식 권한 엔진을 강제하는 것은 성공하지 못할 것이다.

사용 권한을 서비스에 통합하는 방법을 결정한 후 다음으로 답해야 할 질문은 다른 서비스를 어떻게 호출해야 하는가다.

다른 서비스 호출하기

간단한 작업을 수행하는 서비스를 작성했다. 그렇다면 서비스가 다른 서비스와 통신해야 하는 경우는 어떨까? 클러스터 롤아웃의 거의 모든 다른 선택 집합과 마찬가지로 다른 서비스에 인증할 수 있는 여러 가지 옵션이 있다. 어떤 선택을 하느냐는 필요에 따라 달라진다. 먼저 서비스 호출을 위한 새 토큰을 받는 OAuth2 표준 방법과 이스티오가 어떻게 작동하는지 살펴보겠다. 그런 다음 안티 패턴으로 간주돼야 하지만 어쨌든 사용할 수 있는 몇 가지 대안을 알아보겠다.

OAuth2 토큰 교환 사용

서비스는 사용자의 신원을 알고 있지만 다른 서비스를 호출해야 한다. 두 번째 서비스에서 자신을 어떻게 식별하는가? 오픈ID 커넥트가 구축된 OAuth2 사양에는 이러한 목적으로 RFC 8693 - OAuth2 토큰 익스체인지가 있다. 기본 개념은 서비스가 기존 사용자를 기반으로 서비스 호출을 위해 ID 공급자로부터 새로운 토큰을 받는 것이다. 원격 서비스에 대한 자체 호출에 사용할 새로운 토큰을 받으면 토큰을 사용할 수 있는 위치와 사용할 수 있는 사람을 쉽게 잠글 수 있고 통화의 인증 및 권한 부여 흐름을 더 쉽게 추적할 수 있다. 다음 다이어그램은 높은 수준의 개요를 제공한다.

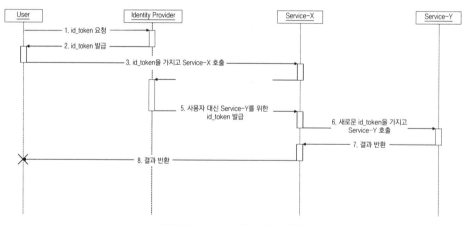

그림 13.6 OAuth2 토큰 교환 시퀀스

사용 사례에 따라 몇 가지 세부 정보를 살펴보겠다.

1. 사용자가 ID 공급자에게 **id_token**을 요청한다. 사용자가 토큰을 얻는 방법은 시퀀스의 이 부분에서는 그다지 중요하지 않다. 우리 연구실에서는 오픈유니슨의 유틸리티

를 사용할 것이다.

2. 인증 및 승인을 받았다고 가정하면 ID 공급자는 Service-X에서 수락할 aud 클레임이 포함된 id_token을 제공한다.

3. 사용자는 id_token을 service-X를 호출하기 위한 베어 토큰으로 사용한다. 이스티오가 이 토큰을 검증한다는 것은 말할 필요도 없다.

4. Service-X는 사용자를 대신해 ID 공급자에게 Service-Y용 토큰을 요청한다. 이 작업을 수행할 수 있는 두 가지 방법이 있다. 하나는 가장impersonation이고 다른 하나는 위임이다. 이 섹션 후반부에서 두 가지 모두에 대해 자세히 설명하겠다. ID 공급자에게 원래 id_token 및 서비스를 식별하는 무언가를 ID 공급자에게 보내야 한다.

5. Service-X가 인증됐다고 가정하면 ID 제공자는 원래 사용자의 속성과 Service-Y로 범위가 지정된 aud를 사용해 새 id_token을 Service-X에 보낸다.

6. Service-X는 Service-Y를 호출할 때 새 id_token을 Authorization 헤더로 사용한다. 다시 말하지만, 이스티오는 id_token의 유효성을 검사하고 있다.

위 다이어그램의 7단계와 8단계는 여기서 그다지 중요하지 않다.

서비스 콜을 거는 데 꽤 많은 노력이 드는 것 같다고 생각한다면 맞다. 여기서는 몇 가지 인증 단계를 거친다.

1. ID 제공자는 사용자가 Service-X로 범위가 지정된 토큰을 생성할 수 있도록 승인한다.

2. 이스티오가 토큰을 검증하는 중이며 해당 토큰의 범위가 Service-X로 적절히 지정됐는지 확인한다.

3. ID 제공자는 Service-X가 Service-Y용 토큰을 받을 수 있고 사용자를 위해 토큰을 받을 수 있도록 승인한다.

4. 이스티오는 Service-X에서 서비스-Y에 사용하는 토큰의 범위가 적절한지 검증하고 있다.

이러한 인증 지점을 사용하면 잘못된 토큰을 중지할 수 있으므로 남용하기 어렵고 범위가 더 좁게 설정된 매우 짧은 토큰을 만들 수 있다. 예를 들어 Service-X를 호출하는 데 사용된 토큰이 유출되면 이를 사용해 Service-Y를 자체적으로 호출할 수 없다. Service-Y용 토큰을 받으려면 여전히 Service-X의 자체 토큰이 필요하다. 이는 공격자가 Service-Y를 제어하기 위해 취해야 할 추가 조치다. 이는 둘 이상의 서비스를 침해해 여러 계층의 보안을 제공하는 것을 의미하기도 한다. 이는 8장, '개방형 정책 에이전트를 사용한 보안 확장'의 심층적인 방어 논의와 일치한다. OAuth2 Token Exchange의 작동 방식에 대한 높은 수준의 이해를 바탕으로 다음 질문에 답해야 할 질문은 서비스가 ID 공급자에게 어떻게 인증되는가다.

서비스 인증하기

토큰 교환이 작동하려면 ID 공급자가 원래 사용자가 누구이며 사용자를 대신해 토큰을 교환하려는 서비스를 알아야 한다. 지금까지 논의한 수표 작성 서비스 예시에서는 오늘 점심 메뉴를 제공하는 서비스가 수표 발급을 위한 토큰을 생성하는 것을 원하지 않을 것이다! 이렇게 하려면 각 서비스를 개별적으로 인증해 ID 제공자가 수표 작성 서비스와 점심 메뉴 서비스 간의 차이점을 인지하도록 하면 된다.

쿠버네티스에서 실행되는 서비스가 ID 제공자에게 자신을 인증할 수 있는 세 가지 방법이 있다.

1. 파드의 서비스어카운트^{ServiceAccount} 토큰 사용하기

2. 이스티오의 mTLS 기능 사용

3. 미리 공유된 "클라이언트 암호" 사용

이 절의 나머지 부분에서는 파드에 내장된 서비스어카운트 토큰을 사용하는 #1 옵션에 초점을 맞출 것이다. 이 토큰은 실행 중인 각 파드에 기본적으로 제공된다. 이 토큰은 API 서버의 TokenReview 서비스에 제출하거나 이를 JWT로 취급하고 API 서버에서 게시한 공개 키와 비교해 유효성을 검사할 수 있다.

이 예시에서는 TokenReview API를 사용해 전달된 서비스어카운트 토큰을 API 서버에 대해 테스트해보겠다. 이는 이전 버전과 가장 호환되는 방식이며 클러스터에 통합된 모든 종류의 토큰을 지원한다. 예를 들어 토큰을 탑재하는 자체 IAM 시스템이 있는 관리형 클라우드에 배포된 경우 해당 시스템도 사용할 수 있다. 토큰의 유효성을 검사해야 할 때마다 API 서버로 전송되므로 API 서버에 상당한 부하가 발생할 수 있다.

5장, '클러스터 인증 연동'에서 설명한 TokenRequest API를 사용하면 이러한 추가 부하를 줄일 수 있다. TokenReview API를 사용하는 대신 API 서버의 발급자 엔드포인트를 호출해 적절한 토큰 확인 공개 키를 가져오고 해당 키를 사용해 토큰의 JWT를 검증할 수 있다. 이 방법은 편리하고 확장성이 뛰어나지만 몇 가지 단점이 있다.

1. 1.21부터 ServiceAcount 토큰은 TokenRequest API를 사용해 탑재되지만 수명은 1년 이상이다. 이 값을 10분 정도로 짧게 수동으로 변경할 수 있다.

2. 공개 키에 대해 JWT를 직접 검증해도 파드가 아직 실행 중인지 알 수 없다. Service Acount 토큰이 삭제된 파드와 연결된 경우 TokenReview API가 실패해 추가 보안 계층이 추가된다.

이스티오의 mTLS 기능은 토큰만큼 유연하지 않기 때문에 사용하지 않을 것이다. 주로 클러스터 내 통신을 위한 것이므로 ID 공급자가 클러스터 외부에 있는 경우 사용하기가 훨씬 더 어려울 것이다. 또한 mTLS에는 포인트-투-포인트 연결이 필요하기 때문에 모든 TLS 종료 지점은 사용을 중단시킬 수 있다. 기업 시스템이 쿠버네티스 외부에서도 자체 인증서를 호스팅하는 경우는 드물기 때문에 클러스터의 서비스와 ID 제공자 간에 mTLS를 구현하기가 매우 어려울 수 있다.

마지막으로 서비스와 ID 공급자 간에 공유 비밀을 사용하지 않을 것이다. 공유 암호는 워크로드에 ID를 부여할 다른 방법이 없는 경우에만 필요하다. 쿠버네티스는 모든 파드에 고유한 아이덴티티를 부여하기 때문에, 서비스를 식별하기 위해 클라이언트 시크릿을 사용할 필요가 없다.

이제 우리 서비스가 ID 공급자에게 자신을 어떻게 식별하는지 알게 됐으니, 이제 OAuth2 Token Exchange를 사용해 한 서비스를 다른 서비스에서 안전하게 호출하는 예를 살펴보겠다.

수표 작성 서비스 배포 및 실행

토큰 교환을 사용해 서비스를 안전하게 호출한다는 이론을 대부분 살펴본 후 예제 수표 작성 서비스를 배포해보겠다. 이 서비스를 호출하면 다른 두 서비스를 호출한다. 첫 번째 서비스인 check-funds는 OAuth2 토큰 거래소의 가장 프로필을 사용하고 두 번째 서비스인 pull-funds는 위임을 사용한다. 이들 각각을 개별적으로 살펴보겠다. 먼저, 헬름을 사용해 ID 제공자를 배포한다. chapter13 디렉터리로 이동해 다음을 실행한다.

```
helm install openunison-service-auth openunison-service-auth -n openunison
NAME: openunison-service-auth
LAST DEPLOYED: Mon Sep 13 01:08:09 2021
NAMESPACE: openunison
STATUS: deployed
REVISION: 1
TEST SUITE: None
```

오픈유니슨의 구성에 대한 세부 사항은 다루지 않을 것이다. 이렇게 하면 우리 서비스를 위한 ID 공급자와 초기 토큰을 얻을 수 있는 방법이 설정된다. 다음으로 write-checks 서비스를 배포한다.

```
cd write-checks/
./deploy_write_checks.sh
getting oidc config
getting jwks
namespace/write-checks created
configmap/service-source created
deployment.apps/write-checks created
service/write-checks created
gateway.networking.istio.io/service-gateway created
virtualservice.networking.istio.io/service-vs created
```

```
requestauthentication.security.istio.io/write-checks-auth created
authorizationpolicy.security.istio.io/service-level-az created
```

13장의 첫 번째 예제를 마쳤다면 꽤 익숙해 보일 것이다. ConfigMap과 이전 서비스에서 만든 것과 동일한 이스티오 객체에 서비스를 Python으로 배포했다. 유일한 주요 차이점은 RequestAuthentication 객체다.

```
apiVersion: security.istio.io/v1beta1
kind: RequestAuthentication
metadata:
  name: write-checks-auth
  namespace: write-checks
spec:
  jwtRules:
  - audiences:
    - users
    - checkfunds
    - pullfunds
    forwardOriginalToken: true
    issuer: https://k8sou.192-168-2-119.nip.io/auth/idp/service-idp
    jwks: '{"keys"...
    outputPayloadToHeader: User-Info
  selector:
    matchLabels:
      app: write-checks
```

추가 설정으로 ForwardOriginalToken이 있는데, 이 설정은 호출 인증에 사용된 원래 JWT를 서비스에 전송하도록 이스티오에 지시한다. 이 토큰은 ID 제공자에게 토큰 교환을 시도해야 한다는 것을 증명하기 위해 필요하다. 원본을 제공할 수 없는 경우 새 토큰을 요청할 수 없다. 이렇게 하면 서비스의 파드에 액세스할 수 있는 누군가가 해당 서비스의 서비스어카운트만으로 사용자를 대신해 토큰을 요청하는 것을 방지할 수 있다.

13장 초반에는 갖고 있지 않은 토큰은 유출할 수 없으므로 원래 토큰에 접근할 수 없어야 한다고 말했다. 다른 서비스를 위한 토큰을 받는 데 필요하지 않은 경우에도 마찬가지다. 최소 권한이라는 개념에 따르면, 필요하지 않은 경우 토큰을 전달해서는 안 된다.

이 경우 토큰 교환에 필요하므로 더 안전한 서비스 간 호출을 해야 하는 위험성이 커질 가치가 있다.

예제 수표 작성 서비스를 배포했으니 실행하고 이전 단계로 넘어가겠다. 이전 예제와 마찬가지로 curl을 사용해 토큰을 가져오고 서비스를 호출할 것이다. chapter13/write-checks에서 call_service.sh를 실행한다.

```
./call_service.sh
{
  "msg": "hello world!",
  "host": "write-checks-84cdbfff74-tgmzh",
  "user_jwt": "...",
  "pod_jwt": "...",
  "impersonated_jwt": "...",
  "call_funds_status_code": 200,
  "call_funds_text": "{\"funds_available\": true, \"user\":
\"mmosley\"}",
  "actor_token": "...",
  "delegation_token": "...",
  "pull_funds_text": "{\"funds_pulled\": true, \"user\": \"mmosley\",
\"actor\": \"system:serviceaccount:write-checks:default\"}"
}
```

표시되는 출력은 /write-check를 호출한 후 /checkfunds 및 /pull-funds를 호출한 결과다. 각 호출, 생성되는 토큰, 토큰을 생성하는 코드를 살펴보겠다.

가장 사용

5장, '클러스터 인증 연동'에서 사용한 것과 동일한 가장에 대해서는 이야기하지 않는다. 비슷한 개념이지만 이는 토큰 교환에만 해당된다. /write-check에서 /checkfunds를 호출하기 위해 토큰을 받아야 하는 경우, 사용자 mmosley를 대신해 오픈유니슨에게 토큰을 요청한다. 가장의 중요한 측면은 생성된 토큰에 요청 클라이언트에 대한 참조가 없다는 것이다. /checkfunds 서비스는 수신한 토큰을 사용자가 직접 검색하지 못했다는 사실을 알지 못한다. 역방향으로 보면 서비스 호출에 대한 응답에서 impersonated_jwt

가 /checkfunds를 호출할 때 /write-check가 사용한 것이다. 결과를 jwt.io에 드롭한 후의 페이로드는 다음과 같다.

```
{
  "iss": "https://k8sou.192-168-2-119.nip.io/auth/idp/service-idp",
  "aud": "checkfunds",
  "exp": 1631497059,
  "jti": "C8Qh8iY9FJdFzEO3pLRQzw",
  "iat": 1631496999,
  "nbf": 1631496879,
  "nonce": "bec42c16-5570-4bd8-9038-be30fd216016",
  "sub": "mmosley",
  "name": " Mosley",
  "groups": [
    "cn=group2,ou=Groups,DC=domain,DC=com",
    "cn=k8s-cluster-admins,ou=Groups,DC=domain,DC=com"
  ],
  "preferred_username": "mmosley",
  "email": "mmosley@tremolo.dev",
  "amr": [
    "pwd"
  ]
}
```

여기서 중요한 두 필드는 sub와 aud이다. sub 필드는 /checkfunds에 사용자가 누구인지 알려주고 aud 필드는 이스티오에게 이 토큰을 사용할 수 있는 서비스를 알려준다. user_jwt 응답에 있는 원래 토큰의 페이로드와 비교해보자.

```
{
  "iss": "https://k8sou.192-168-2-119.nip.io/auth/idp/service-idp",
  "aud": "users",
  "exp": 1631497059,
  "jti": "C8Qh8iY9FJdFzEO3pLRQzw",
  "iat": 1631496999,
  "nbf": 1631496879,
  "sub": "mmosley",
  "name": " Mosley",
  "groups": [
    "cn=group2,ou=Groups,DC=domain,DC=com",
```

```
        "cn=k8s-cluster-admins,ou=Groups,DC=domain,DC=com"
    ],
    "preferred_username": "mmosley",
    "email": "mmosley@tremolo.dev",
    "amr": [
        "pwd"
    ]
}
```

원래 sub같지만 AUD는 다르다. 원래 aud는 사용자를 위한 것이고 가장 aud는 check funds를 위한 것이다. 이것이 바로 가장된 토큰과 원래 토큰의 차이점이다. 이스티오 배포는 동일한 서비스에 대해 두 대상을 모두 수용하도록 구성돼 있지만 대부분의 프로덕션 클러스터에서는 이것이 보장되지 않는다. /checkfunds를 호출하면 출력에서 토큰 사용자인 mmosley가 출력된 것을 볼 수 있다.

이제 최종 제품을 살펴봤으니 어떻게 얻는지 살펴보겠다. 먼저 /write-check를 호출하는 데 사용된 원본 JWT를 얻어보자.

```
# let's first get the original JWT. We'll
# use this as an input for impersonation

az_header = request.headers["Authorization"]
user_jwt = az_header[7:]
```

오리지널 JWT를 얻었으면, 파드의 서비스어카운트 토큰이 필요하다.

```
# next, get the pod's ServiceAccount token
# so we can identify the pod to the IdP for
# an impersonation token

pod_jwt = Path('/var/run/secrets/kubernetes.io/serviceaccount/token').
read_text()
```

이제 가장 토큰을 얻는 데 필요한 모든 것을 갖추고 있다. POST 본문과 Authorization 헤더를 만들어 오픈유니슨에서 토큰을 받을 수 있도록 인증할 것이다.

```
# with the subject (user) jwt and the pod
# jwt we can now request an impersonated
# token for our user from openunison

impersonation_request = {
  "grant_type":"urn:ietf:params:oauth:grant-type:token-exchange",
  "audience":"checkfunds",
  "subject_token":user_jwt,
  "subject_token_type":"urn:ietf:params:oauth:token-type:id_token",
  "client_id":"sts-impersonation"
}

impersonation_headers = {
  "Authorization": "Bearer %s" % pod_jwt
}
```

우리가 만든 첫 번째 데이터 구조는 오픈유니슨에게 기존 사용자(user_jwt)를 사용해 clientfunds aud에 대한 가장 토큰을 생성하도록 지시하는 HTTP POST의 본문이다. 오픈유니슨은 TokenReview API를 사용해 Authorization 헤더에 전송된 JWT를 Bearer 토큰으로 확인해 서비스를 인증한다.

그런 다음 오픈유니슨은 내부 정책을 적용해 우리 서비스가 clientfunds 대상을 위해 mmosley용 토큰을 생성한 다음 access_token, id_token 및 refresh_token을 생성할 수 있는지 확인한다. id_token을 사용해 /checkfunds를 호출할 것이다.

```
resp = requests.post("https://k8sou.IPADDR.nip.io/auth/idp/service-idp/
token",verify=False,data=impersonation_request,headers=impersonation_
headers)

response_payload = json.loads(resp.text)

impersonated_id_token = response_payload["id_token"]

# with the impersonated user's id_token, call another
# service as that user

call_funds_headers = {
  "Authorization": "Bearer %s" % impersonated_id_token
```

```
    }
    resp = requests.get("http://write-checks.IPADDR.nip.io/check-
    funds",verify=False,headers=call_funds_headers)
```

최종 JWT에서는 가장에 대해 언급하지 않았으므로 서비스에 대한 요청을 어떻게 추적할 수 있을까? 로그를 중앙 집중식 로깅 시스템으로 연결하기를 바란다. 가장 토큰의 jti 클레임을 살펴보면 오픈유니슨 로그에서 가장 호출을 찾을 수 있다.

```
INFO  AccessLog - [AzSuccess] - service-idp - https://
k8sou.192-168-2-119.nip.io/auth/idp/service-idp/token - username=system:
serviceaccount:write-checks:default,ou=oauth2,o=Tremolo - client 'sts-
impersonation' impersonating 'mmosley', jti : 'C8Qh8iY9FJdFzEO3pLRQzw'
```

그리고 그것을 하나로 묶는 방법이 있다. 파드의 서비스 계정이 mmosley를 가장 토큰을 생성할 수 있는 권한이 부여된 것을 확인할 수 있다.

가장의 예를 살펴봤으니 다음으로 토큰 위임^{delegation}에 대해 살펴보겠다.

위임 사용

마지막 예시에서는 사용자를 대신해 가장을 사용해 새 토큰을 생성했지만 다운스트림 서비스는 가장이 발생했다는 사실을 알지 못했다. 위임은 토큰이 원래 사용자와 해당 토큰을 요청한 서비스 또는 행위자 모두에 대한 정보를 전달한다는 점에서 다르다.

즉, 호출되는 서비스는 호출의 발신자와 호출을 거는 서비스를 모두 알고 있다. call_service.sh 실행의 응답에서 pull_funds_text 값에서 이를 확인할 수 있다. 여기에는 원래 사용자인 mmosley와 호출을 수행한 서비스의 서비스 system:serviceaccount:write-checks:default 모두 포함된다. 가장과 마찬가지로 생성된 토큰을 살펴보겠다.

```
    {
    "iss": "https://k8sou.192-168-2-119.nip.io/auth/idp/service-idp",
     "aud": "pullfunds",
```

```
  "exp": 1631497059,
  "jti": "xkaQhMgKgRvGBqAsOWDlXA",
  "iat": 1631496999,
  "nbf": 1631496879,
  "nonce": "272f1900-f9d9-4161-a31c-6c6dde80fcb9",
  "sub": "mmosley",
  "amr": [
    "pwd"
  ],
  "name": " Mosley",
  "groups": [
    "cn=group2,ou=Groups,DC=domain,DC=com",
    "cn=k8s-cluster-admins,ou=Groups,DC=domain,DC=com"
  ],
  "preferred_username": "mmosley",
  "email": "mmosley@tremolo.dev",
  "act": {
    "sub": "system:serviceaccount:write-checks:default",
    "amr": [
      "k8s-sa"
    ],
    .
    .
    .
  }
}
```

사용자를 mmosley로 식별하는 클레임 외에도 /write-checks에서 사용하는 서비스 계정을 식별하는 행위 클레임이 있다. 우리 서비스는 이 클레임을 기반으로 추가 권한 부여 결정을 내리거나, 받은 토큰이 다른 서비스에 위임됐음을 기록하기 위해 간단히 기록할 수 있다. 이 토큰을 생성하기 위해서는 먼저 원래 주체의 JWT와 파드의 서비스어카운트 토큰을 가져오는 것으로 시작한다.

위임된 토큰에 대해 오픈유니슨을 호출하는 대신 먼저 클라이언트는 client_credentials 부여를 사용해 액터 토큰을 가져와야 한다. 이렇게 하면 최종적으로 act 클레임에 들어갈 토큰을 얻을 수 있다.

```
client_credentials_grant_request = {
```

```
    "grant_type": "client_credentials",
    "client_id" : "sts-delegation"
}

delegation_headers = {
    "Authorization": "Bearer %s" % pod_jwt
}

resp = requests.post("https://k8sou.IPADDR.nip.io/auth/idp/
service-idp/token",verify=False,data=client_credentials_grant_
request,headers=delegation_headers)

response_payload = json.loads(resp.text)
actor_token = response_payload["id_token"]
```

우리는 파드의 네이티브 아이덴티티를 사용해 오픈유니슨에 인증한다. 오픈유니슨은
access_token과 id_token을 반환하지만 id_token만 있으면 된다. 액터 토큰을 손에 넣
으면 이제 위임 토큰을 받을 수 있다.

```
delegation_request = {
    "grant_type":"urn:ietf:params:oauth:grant-type:token-exchange",
    "audience":"pullfunds",
    "subject_token":user_jwt,
    "subject_token_type":"urn:ietf:params:oauth:token-type:id_token",
    "client_id":"sts-delegation",
    "actor_token": actor_token,
    "actor_token_type": "urn:ietf:params:oauth:token-type:id_token"
}

resp = requests.post("https://k8sou.IPADDR.nip.io/auth/idp/service-idp/
token",verify=False,data=delegation_request)

response_payload = json.loads(resp.text)

delegation_token = response_payload["id_token"]
```

가장과 마찬가지로, 이 호출에서는 원래 사용자의 토큰(user_jwt)뿐만 아니라 방금 오픈
유니슨에서 받은 actor_token도 전송한다. 또한 인증 헤더도 전송하지 않는다. actor_

token은 이미 우리를 인증하고 있다. 마지막으로 반환된 토큰을 사용해 /pull-funds를 호출할 수 있다.

이제 도용과 위임을 모두 사용해 서비스를 호출하는 가장 정확한 방법을 살펴봤으므로 이제 몇 가지 안티 패턴과 이를 사용하지 말아야 하는 이유를 살펴보겠다.

서비스 간 토큰 전달

이전 절에서는 ID 공급자를 사용해 가장 또는 위임 토큰을 생성했지만, 이 메서드는 이를 건너뛰고 원래 토큰을 서비스 간에 전달하기만 하면 된다. 이는 구현하기 쉬운 간단한 접근 방식이긴 하지만 토큰이 유출될 경우 폭발 반경이 매우 커진다. 토큰이 유출돼 현재 여러 서비스로 전달되고 있다는 점을 생각하면 토큰이 유출될 가능성이 상당히 높아져 이제는 하나의 서비스만 노출되는 것이 아니다. 해당 토큰을 신뢰하는 모든 서비스가 노출된다.

OAuth2 토큰 교환을 사용하려면 더 많은 작업이 필요하지만 토큰이 유출될 경우 폭발 반경이 제한된다. 다음으로 다운스트림 서비스에 누가 해당 서비스를 호출하는지 간단히 알려주는 방법을 살펴보겠다.

단순 가장 사용

서비스 간 호출의 이전 예에서 사용자를 위한 토큰을 생성하기 위해 타사에 의존하는 경우, 직접 가장 서비스 코드가 서비스 계정(일반적으로 쿠버네티스 버전이 아님)을 사용해 두 번째 서비스를 호출하고 해당 사용자가 누구인지 서비스에 알려주는 것이다. 예를 들어 새 토큰을 얻기 위해 오픈유니슨을 호출하는 대신, /write-check는 파드의 서비스어카운트 토큰을 사용해 사용자 ID가 포함된 파라미터로 /checkfunds를 호출할 수 있다. 다음과 같이 작동한다.

```
call_headers = {
    "Authorization": "Bearer %s" % pod_jwt
```

```
        }

resp = requests.post("https://write-checks.IPADDR.nip.io/check-funds
?user=mmosley",verify=False,data=impersonation_request,headers=call_
headers)
```

다시 말하지만 아주 간단하다. 이스티오에게 쿠버네티스 서비스어카운트를 인증하도록
지시할 수 있다. 토큰 서비스를 사용해 15~20줄이 걸린 작업을 수행하려면 두 줄의 코
드가 필요하다. 서비스 간에 토큰을 전달하는 것과 마찬가지로 이 접근 방식을 사용하
면 다양한 방식으로 노출될 수 있다. 먼저, 우리 서비스에서 사용하는 서비스어카운트
를 받은 사람이 있으면 확인 없이 원하는 사람을 가장할 수 있다. 토큰 서비스를 사용하
면 도용된 서비스 계정이 다른 사람을 가장하는 데 사용되지 않도록 할 수 있다.

이 방법은 5장, '클러스터 인증 연동'에서 사용한 가장과 매우 유사할 수도 있다. 이 말은
맞다. 이는 동일한 메커니즘, 서비스어카운트 및 일부 파라미터를 사용해 사용자가 누
구인지 지정하지만 쿠버네티스가 API 서버에 사용하는 가장 유형을 종종 프로토콜 전
환이라고 한다. 이는 한 프로토콜(OpenID Connect)에서 다른 프로토콜(쿠버네티스 서비스 계정)으로 이
동할 때 사용된다. 5장에서 설명했듯이 NetworkPolicies, RBAC 및 TokenRequest API를
사용하는 것을 포함해 쿠버네티스 가장으로 적용할 수 있는 몇 가지 제어가 있다. 또한
일반 서비스보다 훨씬 더 격리된 사용 사례이기도 한다.

서비스들이 서로 호출을 하고 인증하는 여러 가지 방법을 살펴봤다. 서비스 간 액세스
를 보호하는 가장 간단한 방법은 아니지만 토큰 유출의 영향을 제한한다. 이제 서비스
가 서로 어떻게 통신할지 알게 됐으니 마지막으로 다뤄야 할 주제는 이스티오와 API 게
이트웨이 간의 관계다.

⠿ API 게이트웨이가 필요한가?

이스티오를 사용하는 경우에도 API 게이트웨이가 여전히 필요한가? 과거에 이스티오
는 주로 서비스를 위한 트래픽 라우팅에 관심을 보였다. 클러스터로 트래픽을 가져와

어디로 라우팅할지 알아냈다. API 게이트웨이는 일반적으로 인증, 권한 부여, 입력 검증 및 로깅과 같은 애플리케이션 수준 기능에 중점을 뒀다.

예를 들어 13장의 앞부분에서는 스키마 입력 유효성 검사를 각 호출에 대해 반복해야 하고 수동으로 수행할 필요가 없는 프로세스로 식별했다. 이는 예상치 못한 입력을 활용할 수 있는 공격으로부터 보호하는 데 중요하며, 통합 프로세스에서 개발자에게 피드백을 더 빨리 제공할 수 있도록 개발자 경험을 개선하는 데도 중요하다. API 게이트웨이의 일반적인 함수이지만 이스티오에서는 사용할 수 없다.

이스티오에 내장돼 있지 않지만 API 게이트웨이에 일반적으로 사용되는 함수의 또 다른 예는 인증 및 권한 결정 및 정보를 로깅하는 것이다. 13장에서는 이스티오의 기본 제공 인증 및 권한 부여를 활용해 서비스 액세스를 검증했지만 이스티오는 결정이 내려진 것 외에는 해당 결정을 기록하지 않는다. 특정 URL에 누가 액세스했는지 기록하지 않고 어디에서 액세스했는지만 기록한다. ID 관점에서 서비스에 액세스한 사람을 로깅하는 것은 각 개별 서비스에 맡겨진다. 이는 API 게이트웨이의 일반적인 함수다.

마지막으로, API 게이트웨이는 더 복잡한 변환을 처리할 수 있다. 게이트웨이는 일반적으로 입력, 출력을 매핑하거나 레거시 시스템과의 통합을 위한 기능을 제공한다.

이러한 기능은 모두 직접 또는 Envoy 필터를 통해 이스티오에 통합될 수 있다. OPA를 사용해 `AuthorizationPolicy` 객체가 제공하는 것보다 더 복잡한 권한 부여 결정을 내리는 방법을 살펴본 적이 있다. 하지만 지난 몇 번의 릴리스에서 이스티오는 기존 API 게이트웨이 영역으로 더 많이 전환했으며 API 게이트웨이는 더 많은 서비스 메시 기능을 사용하기 시작했다. 앞으로 몇 년 동안 이러한 시스템 간에 상당한 중복이 발생할 것으로 예상되지만, 현재로서는 이스티오가 아직 API 게이트웨이의 모든 기능을 수행할 수 있는 능력이 없다.

우리는 이스티오 서비스 메시를 위한 서비스를 구축하는 여정을 꽤 많이 지나왔다. 이제 자체 클러스터에서 서비스 구축을 시작하는 데 필요한 도구를 갖추게 될 것이다.

⫸ 요약

13장에서는 이스티오에서 모놀리스와 마이크로서비스가 어떻게 실행되는지 배웠다. 각 접근 방식을 사용하는 이유와 시기를 살펴봤다. 모놀리스의 세션 관리가 제대로 작동하도록 주의를 기울여 모놀리스를 구축했다. 그런 다음 마이크로서비스를 배포하고, 요청을 인증하고, 요청을 승인하고, 마지막으로 서비스가 안전하게 통신할 수 있는 방법을 살펴봤다. 요약하자면 이스티오를 사용할 때 API 게이트웨이가 여전히 필요한지 여부를 논의했다.

이스티오는 복잡할 수 있지만 제대로 사용하면 상당한 전력을 공급할 수 있다. 13장에서는 컨테이너를 구축하고 서비스 배포를 관리하는 방법에 대해 다루지 않았다. 다음 14장, '플랫폼 프로비저닝'에서 다루도록 하겠다.

⫸ 문제

1. 참 또는 거짓 – 이스티오는 API 게이트웨이다.

   a. 참

   b. 거짓

   답: b. 거짓 – 이스티오는 서비스 메시이며, 게이트웨이의 여러 기능을 갖고 있지만 모든 기능을 갖추고 있지는 않다(예: 스키마 검사).

2. 애플리케이션을 항상 마이크로서비스로 구축해야 하는가?

   a. 반드시 선택해야 한다.

   b. 마이크로서비스 아키텍처가 조직의 구조 및 요구 사항에 부합하는 경우에만 해당된다.

   c. 아니다. 마이크로서비스는 가치보다 문제가 더 크다.

   d. 마이크로서비스란 무엇일까?

답: b. 마이크로서비스가 제공하는 세분성을 활용할 수 있는 팀이 있을 때 마이크로서비스가 좋다.

3. 모놀리스란 무엇인가?

    a. 알 수 없는 제작자가 한 조각으로 만든 것처럼 보이는 커다란 물체
    b. 독립적인 애플리케이션
    c. 쿠버네티스에서 실행되지 않는 시스템
    d. 신생 스타트업의 제품

    답: b. 모놀리스는 쿠버네티스에서 매우 잘 실행될 수 있는 독립적인 애플리케이션이다.

4. 이스티오에서 서비스에 대한 액세스를 어떻게 승인해야 하나?

    a. 토큰의 클레임으로 이스티오에서의 액세스를 제한하는 규칙을 작성할 수 있다.
    b. 더 복잡한 인증 결정을 위해 OPA를 이스티오와 통합할 수 있다.
    c. 복잡한 권한 부여 결정을 코드에 포함시킬 수 있다.
    d. 위 항목 모두

    답: d. 이들은 모두 기술적 관점에서 유효한 전략이다. 각 상황이 다르므로 각 상황을 살펴보고 어떤 것이 가장 적합한지 결정하라!

5. 참 또는 거짓 - 토큰 교환 없이 사용자를 대신해 서비스를 호출하는 것은 안전한 접근 방식이다.

    a. 참
    b. 거짓

    답: b. 거짓 - 사용자가 다음 서비스를 시작할 때 토큰 교환을 사용해 새 토큰을 얻지 않으면 통화를 제한하거나 추적할 수 없기 때문에 다양한 공격에 노출된다.

6. 참 또는 거짓 - 이스티오는 고정 세션을 지원한다.

    a. 참

    b. 거짓

    답: a. 진실 - 기본값은 아니지만 지원된다.

14

플랫폼 프로비저닝

지금까지 이 책의 모든 장은 클러스터의 인프라에 초점을 맞췄다. 쿠버네티스를 배포하는 방법, 이를 보호하는 방법 및 모니터링 방법을 살펴봤다. 아직 다루지 않은 것은 애플리케이션을 배포하는 방법이다.

마지막 14장에서는 쿠버네티스에 대해 배운 내용을 사용해 애플리케이션 배포 플랫폼을 구축하는 작업을 진행할 것이다. 몇 가지 일반적인 기업 요구 사항을 기반으로 플랫폼을 구축할 예정이다. 쿠버네티스를 기반으로 모든 플랫폼을 구축하면 이 책의 모든 페이지가 필요하기 때문에 요구 사항을 직접 구현할 수 없는 경우는 이를 대체하는 몇 가지 식견을 제공하겠다.

14장에서는 다음 주제를 다룰 것이다.

- 파이프라인 설계

- 클러스터 준비

- 깃랩 배포

- Tekton 배포

- ArgoCD 배포

- 오픈유니슨을 사용한 프로젝트 온보딩 자동화

14장을 마치면 쿠버네티스에서 자신만의 깃옵스^{GitOps} 플랫폼을 구축할 수 있는 좋은 출발점을 갖게 될 것이다. 프로덕션 용도로 설계되지는 않았지만 작업을 원활하게 진행할 수 있다.

기술 요구 사항

14장의 연습을 수행하려면 최소 16GB 메모리, 75GB 스토리지 및 4개의 CPU를 갖춘 깨끗한 KinD 클러스터가 필요하다. 우리가 만들 시스템은 미니멀하지만 여전히 작동하려면 상당한 리소스가 필요하다.

14장의 코드는 다음 깃허브 리포지터리(https://github.com/PacktPublishing/Kubernetes---An-Enterprise-Guide-2E/tree/main/chapter14)로 이동해 액세스할 수 있다.

파이프라인 설계

"파이프라인"이라는 용어는 쿠버네티스 및 데브옵스 세계에서 광범위하게 사용된다. 간단히 말해 파이프라인은 일반적으로 자동화된 프로세스로서 코드를 받아서 실행되도록 한다. 여기에는 일반적으로 다음이 포함된다.

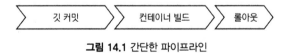

그림 14.1 간단한 파이프라인

이 프로세스와 관련된 단계를 빠르게 진행해보겠다.

1. 소스 코드를 중앙 리포지터리(보통 깃)에 저장

2. 코드가 커밋될 때 코드를 빌드하고 아티팩트(보통 컨테이너)를 생성한다.

3. 플랫폼(이 경우 쿠버네티스)에 새 컨테이너를 롤아웃하고 이전 컨테이너를 종료하라고 지시한다.

이는 매우 기본적이며 대부분의 배포에서는 그다지 유용치 않다. 코드를 작성하고 배포하는 것 외에도 컨테이너에서 알려진 취약점을 검사할 필요가 있다. 또는 프로덕션에 들어가기 전에 컨테이너를 위한 몇 가지 자동화된 테스트를 거쳐야 할 수도 있다. 엔터프라이즈 배포에서는 프로덕션 환경으로의 전환에 대한 책임도 담당해야 하는 규정 준수 요구 사항이 있는 경우가 많다. 이를 고려하면 파이프라인이 더욱 복잡해지기 시작한다.

그림 14.2 일반적인 엔터프라이즈 요구 사항이 포함된 파이프라인

파이프라인에 몇 가지 단계가 추가됐지만 커밋이라는 하나의 시작점에서 출발한다. 이 것은 매우 단순하고 추가 작업이 필요하다. 애플리케이션이 구축되는 기본 컨테이너 및 라이브러리는 보안 취약점을 분류하고 식별하는 일반적인 방법인 새로운 공통 취약성 및 노출CVE, Common Vulnerabilities and Exposures이 발견되고 패치됨에 따라 지속적으로 업데이트되고 있다. 개발자가 새로운 요구 사항을 충족하기 위해 애플리케이션 코드를 업데이트하는 것 외에도 코드와 기본 컨테이너를 모두 스캔해 사용 가능한 업데이트를 확인할 수 있는 시스템을 갖춰야 한다. 이러한 스캐너는 기본 컨테이너를 감시하며 새 기본 컨테이너가 준비되면 빌드를 트리거하는 작업을 수행할 수 있다. 스캐너가 API를 호출해 파이프라인을 트리거할 순 있지만 파이프라인은 이미 깃 리포지터리에서 어떤 작업을 수행하기를 기다리고 있으므로 깃 리포지터리에 커밋 또는 풀 리퀘스트를 추가해 파이프라인을 트리거하는 것이 좋다.

그림 14.3 스캐너가 통합된 파이프라인

즉, 애플리케이션 코드와 운영 업데이트가 깃에서 추적된다. 이제 깃은 애플리케이션 코드뿐만 아니라 작업 업데이트에 대해서도 신뢰할 수 있는 소스다. 감사를 검토할 때가 되면 바로 사용할 수 있는 변경 로그가 만들어진다! 정책에 따라 변경 관리 시스템에 변경 내용을 입력해야 하는 경우 깃에서 변경 내용을 내보내기만 하면 된다.

지금까지는 애플리케이션 코드에 중점을 두고 파이프라인 끝에 롤아웃^{Rollout}을 배치했다. 마지막 출시 단계는 일반적으로 새로 빌드한 컨테이너로 `Deployment` 또는 `StatefulSet`을 패치해 쿠버네티스가 새 파드를 스핀업하고 이전 파드를 축소하는 작업을 수행하도록 하는 것을 의미한다. 간단한 API 호출로 이 작업을 수행할 수 있지만 변경 사항을 추적하고 감사하려면 어떻게 해야 할까? 지금 배포돼 있는 코드와 환경을 갖고 있는 코드의 근원은 무엇일까?

쿠버네티스에서의 애플리케이션은 etcd에 저장된 일련의 객체로 정의되며 일반적으로 YAML 파일을 사용하는 코드로 표현된다. 그렇다면 이러한 파일을 깃 리포지터리에도 저장해보는 것은 어떨까? 이렇게 하면 애플리케이션 코드를 깃에 저장하는 것과 동일한 이점이 있다. 우리는 애플리케이션 소스 및 애플리케이션 운영 모두에 대한 신뢰할 수 있는 단일 소스를 보유하고 있다! 이제 파이프라인에는 몇 가지 단계가 더 포함된다.

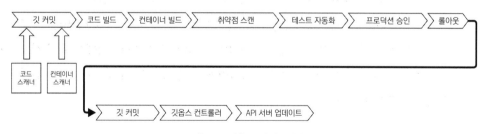

그림 14.4 깃옵스 파이프라인

이 다이어그램에서 롤아웃은 애플리케이션의 쿠버네티스 YAML을 사용해 깃 리포지터리를 업데이트한다. 클러스터 내부의 컨트롤러는 깃의 업데이트를 감시하고, 이를 발견하면 클러스터를 깃에 있는 것과 동기화한다. 또한 클러스터의 드리프트를 감지해 신뢰할 수 있는 소스와 일치하도록 되돌릴 수 있다.

깃에 초점을 맞추는 것을 깃옵스라고 한다. 개념은 애플리케이션의 모든 작업이 API를 통해 직접 수행되는 것이 아니라 코드를 통해 수행된다는 것이다. 이 아이디어가 얼마나 엄격한지에 따라 플랫폼의 모습이 결정될 수 있다. 다음으로 의견이 어떻게 플랫폼을 형성할 수 있는지 살펴보겠다.

독단적 플랫폼

Google의 개발자이며 지지자이자 쿠버네티스 세계의 리더 켈시 하이타워Kelsey Hightower는 이렇게 말했다. "쿠버네티스는 플랫폼 구축을 위한 플랫폼이다. 시작하기에 매우 좋은 곳이지, 최종 게임이 아니다." 쿠버네티스 기반 제품을 구축하는 공급업체 및 프로젝트 환경을 살펴보면 모두 시스템 구축 방법에 대해 각자의 의견을 갖고 있다. 예를 들어 래드햇Red Hat의 오픈시프트OpenShift 컨테이너 플랫폼은 멀티테넌트 엔터프라이즈 배포를 위한 원스톱 상점이 되고자 한다. 앞서 논의한 많은 파이프라인을 기반으로 구축됐다. 이것은 커밋에 의해 트리거되는 파이프라인을 정의한다. 커밋은 컨테이너를 빌드하고 이를 자체 내부 레지스트리로 푸시한 다음 새 컨테이너의 롤아웃을 트리거한다. 네임스페이스는 테넌트의 경계다. 캐노니컬Canonical은 파이프라인 구성 요소를 포함하지 않는 미니멀리스트 배포판이다. Amazon, Azure 및 Google과 같은 관리형 공급업체는 클러스터의 구성 요소와 파이프라인의 호스팅된 빌드 도구를 제공하지만 플랫폼 구축은 사용자에게 맡긴다.

사용할 플랫폼에 대한 정답은 없다. 각각 모든 상황에 따라 다르고 배포에 적합한 것은 사용자의 요구 사항에 따라 달라진다. 기업 규모에 따라 2개 이상의 플랫폼이 배포되는 것은 놀라운 일이 아니다!

독단적인 플랫폼에 대한 아이디어를 살펴본 후 파이프라인 구축이 보안에 미치는 영향을 살펴보겠다.

파이프라인 보안

시작점에 따라 이 과정은 빠르게 복잡해질 수 있다. 귀사의 파이프라인의 얼마나 많은 부분이 하나로 통합돼 있는지 설명할 수 있는가? 모든 구성 요소가 있는 플랫폼에서도 구성 요소를 하나로 묶는다는 것은 복잡한 시스템을 구축하는 것을 의미할 수 있다. 파이프라인에 속하는 대부분의 시스템에는 시각적인 구성 요소가 있다. 일반적인 시각적 구성 요소는 대시보드다. 사용자와 개발자는 해당 대시보드에 액세스해야 한다. 모든 시스템에 대해 별도의 계정을 유지하고 싶지는 않은가? 파이프라인의 모든 구성 요소를 위한 하나의 로그인 지점과 포털이 필요하다.

이러한 시스템을 사용해 사용자를 인증하는 방법을 결정한 후 다음 질문은 롤아웃을 자동화하는 방법이다. 파이프라인의 각 구성 요소에는 구성이 필요하다. API 호출을 통해 생성되는 객체처럼 간단하거나 보안을 자동화하기 위해 깃 리포지터리와 빌드 프로세스를 SSH 키로 결합하는 것처럼 복잡할 수 있다. 이러한 복잡한 환경에서 파이프라인 인프라를 수동으로 생성하면 보안상의 허점이 생긴다. 또한 시스템을 관리할 수 없게 될 수도 있다. 프로세스를 자동화하고 일관성을 유지하면 인프라를 보호하고 유지 관리 가능성을 유지하는 데 도움이 된다.

마지막으로, 보안 관점에서 클러스터에 대한 깃옵스의 영향을 이해하는 것이 중요하다. 5장, '클러스터에 인증 통합하기', 6장, 'RBAC 정책 및 감사'에서 쿠버네티스 API를 사용하도록 관리자 및 개발자를 인증하고 다양한 API에 대한 액세스를 승인하는 방법에 대해 논의했다. 누군가가 네임스페이스에 대한 admin ClusterRole을 할당하는 RoleBinding을 코드에 체크인하고 깃옵스 컨트롤러가 이를 클러스터에 자동으로 푸시하면 어떤 영향을 미칠까? 플랫폼을 설계할 때 개발자와 관리자가 플랫폼과 어떻게 상호 작용할지 생각해보자. "모든 사람이 애플리케이션의 깃 레지스트리와 상호 작용하도록 하라"고 말하고 싶지만, 이는 많은 요청의 클러스터 소유자인 여러분에게 부담을

준다는 것을 의미한다. 6장, 'RBAC 정책 및 감사'에서 설명한 것처럼, 이로 인해 팀이 기업에서 병목 현상을 일으킬 수 있다. 이 경우 고객을 이해하는 것은 의도한 것과 다르더라도 고객이 운영과 어떻게 상호 작용하기를 원하는지 아는 데 중요하다.

깃옵스 및 파이프라인의 일부 보안 측면을 살펴본 후 일반적인 파이프라인의 요구 사항과 구축 방법을 살펴보겠다.

플랫폼 요구 사항 구축

특히 엔터프라이즈 환경에서의 쿠버네티스 배포에는 다음과 같은 기본 요구 사항이 있는 경우가 많다.

- **개발 및 테스트 환경**: 클러스터 수준 변경이 애플리케이션에 미치는 영향을 테스트하기 위한 최소 2개 이상의 클러스터
- **개발자 샌드박스**: 개발자가 공유 네임스페이스에 미치는 영향을 걱정하지 않고 컨테이너를 구축하고 테스트할 수 있는 곳
- **소스 제어 및 이슈 트래킹**: 코드를 저장하고 진행 중인 태스크를 추적할 수 있는 장소

이러한 기본 요구 사항 외에도 기업에는 정기적인 액세스 검토, 정책에 따른 액세스 제한, 공유 환경에 영향을 줄 수 있는 작업에 대한 책임을 할당하는 워크플로우 등의 추가 요구 사항이 있는 경우가 많다. 마지막으로, 노드를 보호하기 위한 정책이 마련돼 있는지 확인해야 한다.

우리 플랫폼의 경우 이러한 요구 사항을 최대한 많이 포함하고자 한다. 플랫폼 배포를 더욱 효과적으로 자동화하기 위해 각 애플리케이션을 다음과 같이 정의하겠다.

- **개발 네임스페이스**: 개발자는 관리자
- **프로덕션 네임스페이스**: 개발자는 뷰어
- **소스 컨트롤 프로젝트**: 개발자 포크 가능

- **빌드 프로세스**: 깃 업데이트에 의해 트리거됨

- **배포 프로세스**: 깃 업데이트에 의해 트리거됨

또한 개발자마다 고유한 샌드박스를 보유하며 각 사용자가 개발을 위한 고유한 네임스페이스를 갖게 되기를 바란다.

> **NOTE**
>
> 실제 배포에서는 개발 환경과 프로덕션 환경을 별도의 클러스터로 분리해야 한다. 따라서 실행 중인 애플리케이션에 영향을 주지 않으면서 업그레이드와 같은 클러스터 전체 작업을 훨씬 쉽게 테스트할 수 있다. 사용자가 직접 설정하기 쉽도록 하나의 클러스터에서 모든 작업을 수행하고 있다.

각 애플리케이션에 대한 액세스 권한을 제공하기 위해 다음과 같은 세 가지 역할을 정의한다.

- **소유자**: 애플리케이션 소유자인 사용자는 애플리케이션 내의 다른 역할에 대한 액세스를 승인할 수 있다. 이 역할은 애플리케이션 요청자에게 할당되며 애플리케이션 소유자가 할당할 수 있다. 또한 소유주는 개발 프로덕션에 변화를 추진할 책임이 있다.

- **개발자**: 애플리케이션의 소스 컨트롤에 액세스할 수 있고 애플리케이션의 개발 네임스페이스를 관리할 수 있는 사용자다. 프로덕션 네임스페이스의 오브젝트를 볼 수는 있지만 아무것도 편집할 수 없다. 이 역할은 모든 사용자가 요청할 수 있으며 애플리케이션 소유자가 승인한다.

- **운영**: 이러한 사용자는 개발자 권한을 갖지만 필요에 따라 프로덕션 네임스페이스를 변경할 수도 있다. 이 역할은 모든 사용자가 요청할 수 있으며 애플리케이션 소유자가 승인한다.

또한 환경 전반에 걸친 몇 가지 역할을 만들 예정이다.

- **시스템 승인자**: 이 역할을 가진 사용자는 모든 시스템 전체 역할에 대한 액세스를 승인할 수 있다.

- **클러스터 관리자**: 이 역할은 특히 클러스터 및 파이프라인을 구성하는 애플리케이션을 관리하는 데 사용된다. 누구든지 요청할 수 있으며 시스템 승인자 역할의 구성원의 승인을 받아야 한다.

- **개발자**: 로그인하는 사람은 누구나 개발용 네임스페이스를 갖게 된다. 이러한 네임스페이스는 다른 사용자가 액세스하도록 요청할 수 없다. 이러한 네임스페이스는 CI/CD 인프라 또는 깃 리포지터리에 직접 연결되지 않는다.

매우 단순한 플랫폼을 사용하더라도 파이프라인을 구성하는 애플리케이션에 여섯 가지 역할을 매핑해야 한다. 각 애플리케이션에는 이러한 역할을 매핑해야 하는 고유한 인증 및 권한 부여 프로세스가 있다. 이는 클러스터 보안에 자동화가 중요한 이유 중 하나에 불과하다. 이메일 요청에 따라 이러한 액세스를 수동으로 프로비저닝하면 관리가 금방 어려워질 수 있다.

개발자가 애플리케이션을 사용해 거쳐야 하는 워크플로우는 이전에 설계한 깃옵스 흐름과 일치한다.

- 애플리케이션 소유자는 애플리케이션 생성을 요청할 것이다. 승인되면 애플리케이션 코드, 파이프라인 빌드 매니페스트 및 쿠버네티스 매니페스트를 위한 깃 리포지터리가 생성된다. 개발 및 프로덕션 네임스페이스도 적절한 RoleBinding 객체를 사용해 생성된다. 각 애플리케이션의 역할을 반영하는 그룹이 생성되고 애플리케이션 소유자에게 위임된 그룹에 대한 액세스 권한이 승인된다.

- 개발자와 운영 직원에게는 애플리케이션을 요청하거나 애플리케이션 소유자가 직접 제공하도록 요청하면 애플리케이션에 대한 액세스 권한이 부여된다. 액세스 권한이 부여되면 개발자의 샌드박스와 개발 네임스페이스 모두에서 업데이트가 예상된다. 깃 리포지터리의 사용자 포크에서 업데이트가 이뤄지며, 자동화를 주도하는 기본 리포지터리에 코드를 병합하는 데 사용되는 풀 리퀘스트를 사용한다.

  - 모든 빌드는 애플리케이션 소스 컨트롤의 "스크립트"를 통해 제어된다.

  - 모든 아티팩트는 중앙 집중식 컨테이너 레지스트리에 게시된다.

○ 모든 프로덕션 업데이트는 애플리케이션 소유자의 승인을 받아야 한다.

이 기본 워크플로우에는 코드 및 컨테이너 스캔, 정기적인 액세스 재인증 또는 권한 액세스에 대한 요구 사항과 같은 워크플로우의 일반적인 구성 요소가 포함되지 않는다. 13장의 주제는 그 자체로 완전한 책이 될 수 있다. 목표는 완전한 엔터프라이즈 플랫폼을 구축하는 것이 아니라 자체 시스템을 구축하고 설계할 수 있는 출발점을 제공하는 것이다.

기술 스택 선택

이 절의 이전 부분에서는 일반적인 방식으로 파이프라인에 대해 설명했다. 이제 파이프라인에 어떤 기술이 필요한지 구체적으로 살펴보겠다. 앞서 모든 애플리케이션에 애플리케이션 소스 코드와 쿠버네티스 매니페스트 정의가 있음을 확인했다. 또한 컨테이너를 만들어야 한다. 깃의 변경 사항을 감시하고 클러스터를 업데이트할 방법이 필요하다. 마지막으로, 이러한 모든 구성 요소가 함께 작동할 수 있는 자동화 플랫폼이 필요하다.

플랫폼에 대한 요구 사항에 따라 다음과 같은 기능을 갖춘 기술을 원한다.

- **오픈소스**: 우리는 여러분이 이 책을 위해 아무것도 사지 않기를 바란다!

- **API 기반**: 자동화된 방식으로 구성 요소와 액세스를 제공할 수 있어야 한다.

- **외부 인증을 지원하는 시각적 구성 요소 포함**: 이 책은 엔터프라이즈를 중점적으로 다루며, 기업에서 사용하는 모든 사용자가 각 애플리케이션에 대해 서로 다른 자격 증명을 갖지 않아도 되는 GUI를 선호한다.

- **쿠버네티스에서 지원**: 이 책은 쿠버네티스에 관한 책이다.

이러한 요구 사항을 충족하기 위해 클러스터에 다음 구성 요소를 배포할 예정이다.

- **깃 레지스트리 - 깃랩**: 깃랩은 외부 인증(즉, 싱글 사인온SSO) 을 지원하는 깃 작업을 위한 뛰어난 UI와 경험을 제공하는 강력한 시스템이다. 문제 관리와 광범위한 API를 통합

했다. 또한 책을 최소 설치로 실행할 수 있도록 맞춤 제작한 헬름 차트도 있다.

- **자동화된 빌드 - Tekton**: 원래 쿠버네티스 서비스형 함수 배포를 위한 Knative 프로젝트의 빌드 부분이었던 Tekton은 일반 애플리케이션을 위한 빌드 서비스를 제공하기 위해 자체 프로젝트로 분사됐다. 쿠버네티스에서 실행되며 모든 상호 작용은 쿠버네티스 API를 통해 이뤄진다. 또한 대시보드는 쿠버네티스 대시보드와 유사한 방식으로 SSO를 지원하므로 배포할 예정이다.

- **컨테이너 레지스트리 - 간단한 도커 레지스트리**: 매우 유능한 오픈소스 레지스트리가 많다. 이 배포는 빠르게 복잡해지기 때문에 도커에서 제공하는 레지스트리만 사용하기로 결정했다. 보안 기능이 없으므로 프로덕션 환경에서 사용하지 말자!

- **깃옵스 - ArgoCD**: ArgoCD는 기능이 풍부한 깃옵스 플랫폼을 구축하기 위한 인튜이트에서 만든 프로젝트다. 쿠버네티스 네이티브이며 자체 API를 보유하고 있으며 오브젝트를 쿠버네티스 커스텀 리소스로 저장하므로 자동화가 더 쉬워진다. UI와 CLI 도구는 모두 OpenID 연결을 사용해 SSO와 통합된다.

- **액세스, 인증 및 자동화 - 오픈유니슨**: 클러스터에 대한 인증을 위해 계속해서 오픈유니슨을 사용할 예정이다. 또한 기술 스택의 UI 구성 요소도 통합해 플랫폼을 위한 단일 포털을 제공할 예정이다. 마지막으로 오픈유니슨의 워크플로우를 사용해 역할 구조를 기반으로 각 시스템에 대한 액세스를 관리하고 모든 것이 함께 작동하는 데 필요한 객체를 프로비저닝할 것이다. 액세스는 오픈유니슨의 셀프서비스 포털을 통해 제공된다.

- **노드 정책 적용 - 게이트키퍼**: 9장, '게이트키퍼로 노드 보안 구현'에서는 각 네임스페이스에 최소한의 정책 집합이 있다는 사실을 적용한다.

이 기술 스택을 읽으면서 "왜 XYZ를 선택하지 않았나?"라고 물어볼 수 있다. 쿠버네티스 에코시스템은 다양하므로 클러스터에 적합한 훌륭한 프로젝트와 제품이 부족하지 않다. 이는 결코 확정된 스택이 아니며 "권장" 스택도 아니다. 이는 요구 사항을 충족하는 애플리케이션 모음으로, 특정 기술을 배우는 대신 구현되는 프로세스에 집중할 수 있게 해준다.

이 스택의 도구 간에도 상당히 중복되는 부분이 있을 수도 있다. 예를 들어 깃랩에는 깃옵스 기능과 자체 빌드 시스템이 있지만, 14장에서는 사용하지 않기로 결정했다. 이를 통해 다양한 시스템을 하나로 묶어 플랫폼을 구축하는 방법을 알 수 있게 됐다. 플랫폼에서 소스 제어를 위해 깃허브의 SaaS 솔루션을 사용할 수 있지만 빌드를 내부적으로 실행하고 Amazon의 컨테이너 레지스트리와 결합할 수 있다. 특정 도구에 초점을 맞추는 대신 이러한 시스템을 연결해 플랫폼을 구축하는 방법을 알아보고 싶었다.

이 절에서는 파이프라인 설계의 기본 이론을 심층적으로 살펴보고 쿠버네티스 기반 플랫폼을 구축하기 위한 일반적인 요구 사항을 살펴봤다. 우리는 이러한 요구 사항을 구현할 수 있는 기술 구성 요소를 식별하고 이를 선택한 이유를 확인했다. 이러한 지식을 바탕으로 이제 구축해야 할 때다!

⠿ 클러스터 준비

기술 스택을 배포하기 전에 몇 가지 작업을 수행해야 한다. 새 클러스터로 시작하는 것이 좋다. 이 책의 KinD 클러스터를 사용하는 경우 새 클러스터부터 시작하자. 통합이 필요한 여러 구성 요소를 배포하고 있으며, 이전 구성으로 인해 어려움을 겪는 대신 더 간단하게 새로 시작할 수 있다. 스택을 구성하는 애플리케이션을 배포하기 전에 JetStack의 cert-manager를 배포해 인증서 발급을 자동화하고, 간단한 컨테이너 레지스트리를 만들고, 인증 및 자동화를 위한 오픈유니슨을 배포할 예정이다.

클러스터를 만들기 전에 인증 기관CA, Certificate Authority의 루트 인증서를 생성하고 호스트가 이를 신뢰하는지 확인해보자. 이는 신뢰 문제에 대한 걱정 없이 샘플 컨테이너를 푸시할 수 있도록 하기 위해 중요하다.

1. CA로 사용할 자체 서명된 인증서를 만든다. 이 책의 깃 리포지터리에 있는 chapter 14/shell 디렉터리에는 다음과 같은 인증서를 생성하는 makeca.sh 스크립트가 들어 있다.

```
$ cd chapter14/shell/
$ sh ./makeca.sh
Generating RSA private key, 2048 bit long modulus (2 primes)
.....................................................................
.....................................................................
.........+++++
....................+++++
e is 65537 (0x010001)
```

2. KinD를 배포하는 로컬 VM의 CA 인증서를 신뢰하라. Ubuntu 20.04를 사용하고
   있다고 가정하면 다음과 같다.

```
$ cd chapter14/shell/ssl/
$ sudo cp tls.crt /usr/local/share/ca-certificates/internal-ca.crt
$ sudo update-ca-certificates
$ sudo reboot
```

VM이 복구되면 chapter2/create-cluster.sh를 실행해 새 클러스터를 배포한다.

완료되면 파드가 실행을 마칠 때까지 기다렸다가 cert-manager 배포로 넘어간다.

cert-manager 배포

쿠버네티스 전문 컨설팅 회사인 JetStack은 인증서 생성 및 갱신을 더욱 쉽게 자동화할
수 있도록 cert-manager라는 프로젝트를 만들었다. 이 프로젝트는 쿠버네티스 사용자
지정 리소스를 사용해 발급자를 정의한 다음 Ingress 객체에 주석을 사용해 해당 발급
자를 사용해 인증서를 생성할 수 있도록 하는 방식으로 작동한다. 결과적으로 단일 인
증서 서명 요청CSR, Certificate Signing Request을 생성하거나 만료에 대해 걱정할 필요 없이
적절하게 관리되고 교체된 인증서를 사용해 클러스터를 실행할 수 있다.

인증서 cert-manager 프로젝트는 Let's Encrypt(https://letsencrypt.org/)와 함께 가장 자주 언
급되며 상업적으로 인정된 인증 기관에서 서명한 인증서 게시를 무료로 자동화한다. 이
것은 Let's Encrypt가 프로세스를 자동화하기 때문에 가능하다. 인증서는 90일 동안만

유효하며 전체 프로세스는 API 기반이다. 이러한 자동화를 추진하려면 Let's Encrypt 가 인증서를 얻으려는 도메인의 소유권을 확인하도록 하는 방법이 있어야 한다. 이 책에서는 nip.io를 사용해 DNS를 시뮬레이션했다. 사용할 수 있는 cert-manager가 지원하는 DNS 서비스(예: Amazon의 Route 53)가 있다면 이는 훌륭한 솔루션이다.

nip.io를 사용하고 있기 때문에 자체 서명된 인증 기관을 사용해 cert-manager를 배포할 예정이다. 이렇게 하면 도메인 검증에 대해 걱정할 필요 없이 인증서를 빠르게 생성할 수 있는 인증 기관이 있다는 이점이 있다. 그런 다음 워크스테이션에 이 인증서와 우리가 배포하는 애플리케이션을 신뢰하도록 지시해 올바르게 구축된 인증서를 사용해 모든 것이 보호되도록 한다.

NOTE

> 자체 서명된 인증 기관을 사용하는 것은 대부분의 기업에서 내부 배포를 위한 일반적인 관행이다. 이렇게 하면 상업적으로 서명된 인증서가 큰 가치를 제공하지 못하는 잠재적인 유효성 검사 문제를 처리할 필요가 없다. 대부분의 기업에서는 Active Directory 인프라를 통해 내부 인증 기관의 인증서를 배포할 수 있다. 기업에서 내부 인증서나 사용할 수 있는 와일드카드를 요청할 수 있는 방법이 있을 수 있다.

cert-manager를 배포하는 단계는 다음과 같다.

1. 클러스터에서 cert-manager 매니페스트를 배포한다.

```
$ kubectl apply -f https://github.com/jetstack/cert-manager/
releases/download/v1.5.3/cert-manager.yaml
```

2. 이제 인증서와 키가 있는 SSL 디렉터리가 있다. 다음 단계는 인증 기관이 될 이들 파일로부터 시크릿을 생성하는 것이다.

```
$ cd chapter14/shell/ssl/
$ kubectl create secret tls ca-key-pair --key=./tls.key
--cert=./tls.crt -n cert-manager
secret/ca-key-pair created
```

3. 다음으로, 모든 Ingress 객체가 적절하게 발행된 인증서를 가질 수 있도록 Cluster Issuer 객체를 생성한다.

```
$ cd ../../yaml/
$ kubectl create -f ./certmanager-ca.yaml
clusterissuer.cert-manager.io/ca-issuer created
```

4. ClusterIssuer가 생성되면 cert-manager.io/cluster-issuer: "ca-issuer" 주석이 있는 모든 Ingress 객체에는 이를 위해 만든 당사 기관에서 서명한 인증서가 있다. 이를 위해 사용할 구성 요소 중 하나는 컨테이너 레지스트리다. 쿠버네티스는 도커의 기본 메커니즘을 사용해 컨테이너를 가져오고 KinD는 TLS 없이 실행되거나 신뢰할 수 없는 인증서를 사용하는 레지스트리에서 이미지를 가져오지 않는다. 이 문제를 해결하려면 인증서를 작업자와 노드 모두로 가져와야 한다.

```
$ cd ~/
$ kubectl get secret ca-key-pair -n cert-manager -o json | jq -r
'.data["tls.crt"]' | base64 -d > internal-ca.crt
$ docker cp internal-ca.crt cluster01-worker:/usr/local/share/
ca-certificates/internal-ca.crt
$ docker exec -ti cluster01-worker update-ca-certificates
Updating certificates in /etc/ssl/certs...
1 added, 0 removed; done.
Running hooks in /etc/ca-certificates/update.d...
done.
$ docker restart cluster01-worker
```

이때 cluster01-worker가 재시작을 마칠 때까지 기다려야 한다. 또한 클러스터의 모든 파드가 다시 돌아올 때까지 기다리자.

```
$ docker cp internal-ca.crt cluster01-control-plane:/usr/local/
share/ca-certificates/internal-ca.crt
$ docker exec -ti cluster01-control-plane update-ca-certificates
Updating certificates in /etc/ssl/certs...
1 added, 0 removed; done.
Running hooks in /etc/ca-certificates/update.d...
done.
```

```
$ docker restart cluster01-control-plane
```

첫 번째 명령은 인증서를 호스팅하기 위해 만든 시크릿에서 인증서를 추출한다. 다음 명령 집합은 인증서를 각 컨테이너에 복사하고, 컨테이너가 이를 신뢰하도록 지시하고, 마지막으로 컨테이너를 다시 시작한다. 컨테이너가 다시 시작되면 모든 파드가 다시 돌아올 때까지 기다려야 한다. 몇 분 정도 걸릴 수 있다.

> **NOTE**
>
> 이제 internal-ca.crt를 다운로드해보기 바란다. 로컬 워크스테이션이나 원하는 브라우저에 설치할 수도 있다. 운영체제와 브라우저에 따라 다르게 작동하므로 해당 설명서를 참조해 방법을 확인해 보자. 이 인증서를 신뢰하면 애플리케이션과 상호 작용하고, 컨테이너를 푸시하고, 명령줄 도구를 사용할 때 훨씬 쉽게 작업할 수 있다.

cert-manager가 인증서를 발급할 준비가 돼 있고 클러스터와 워크스테이션이 모두 해당 인증서를 신뢰한다면 다음 단계는 컨테이너 레지스트리를 배포하는 것이다.

도커 컨테이너 레지스트리 배포

Docker, Inc.는 간단한 레지스트리를 제공한다. 이 레지스트리에는 보안이 없으므로 프로덕션용으로 사용하기에 좋은 옵션은 아니다. chapter14/docker-registry/docker-registry.yaml 파일은 우리를 위해 레지스트리를 배포하고 인그레스 객체를 생성할 것이다. chapter14/docker-registry/deploy-docker-registry.sh 스크립트는 레지스트리를 자동으로 배포한다.

```
$ ./deploy-docker-registry.sh
namespace/docker-registry created
k8spsphostfilesystem.constraints.gatekeeper.sh/docker-registry-host-
filesystem unchanged
statefulset.apps/docker-registry created
service/docker-registry created
ingress.networking.k8s.io/docker-registry created
```

레지스트리가 실행되면 브라우저에서 액세스를 시도할 수 있다.

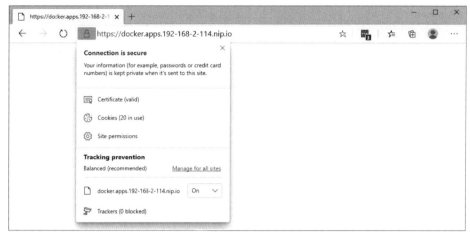

그림 14.5 브라우저에서 컨테이너 레지스트리 액세스

레지스트리에는 웹 UI가 없으므로 많이 표시되지 않지만 인증서 오류도 발생하지 않아야 한다. 우리가 cert-manager를 배포하고 서명된 인증서를 발급하고 있기 때문이다! 레지스트리를 실행하면 오픈유니슨 및 게이트키퍼를 배포할 예정이다.

오픈유니슨 및 게이트키퍼 배포

5장, '클러스터 인증 연동'에서는 KinD 배포에 대한 액세스를 인증하는 오픈유니슨을 도입했다. 오픈유니슨은 두 가지로 제공된다. 이전 장의 예에서 배포한 첫 번째는 중앙 소스를 사용해 인증하고 그룹 정보를 RBAC 정책에 전달할 수 있는 로그인 포털이다. 14장에서 배포할 두 번째 포털은 파이프라인을 관리할 시스템을 통합하기 위한 기반으로 사용할 NaaS Namespace as a Service 포털이다. 또한 이 포털은 프로젝트 생성을 요청하고 프로젝트 시스템에 대한 액세스를 관리할 수 있는 중앙 UI를 제공한다.

우리가 배포하는 각 프로젝트에는 여러 시스템에 걸친 세 가지 "역할"이 있다는 사실을 정의했다. 회사에서 우리가 만드는 모든 프로젝트에 대해 그룹을 만들고 관리할 수 있는가? 일부는 그럴 수도 있지만 액티브 디렉터리는 대부분의 기업에서 중요한 구성 요소이므로 쓰기 액세스 권한을 얻기가 어려울 수 있다. 액티브 디렉터리를 실행하는 사람이 클러스터를 관리할 때 보고하는 사람과 같을 것 같지 않으므로 관리 권한이 있는 액티브 디렉터리 영역을 가져오는 것이 복잡해진다. 오픈유니슨 NaaS 포털을 사용하면 액티브 디렉터리와 마찬가지로 쉽게 쿼리할 수 있는 로컬 그룹과의 액세스를 관리할 수 있지만 사용자가 직접 관리할 수 있다.

오픈유니슨의 자동화 기능을 용이하게 하려면 영구 데이터를 저장하는 데이터베이스와 열린 요청이 있거나 요청이 완료될 때 사용자에게 알리는 SMTP 서버를 배포해야 한다. 데이터베이스의 경우 오픈소스 MariaDB를 배포할 예정이다. Simple Mail Transfer Protocol^{SMTP} (이메일) 서버의 경우 대부분의 기업에서는 이메일 전송에 대해 매우 엄격한 규칙을 적용한다. 알림을 위한 이메일 설정에 대해 걱정할 필요가 없으므로 모든 SMTP 요청을 무시하는 "블랙홀" 이메일 서비스를 운영할 예정이다.

오픈유니슨 및 게이트키퍼를 시작하고 실행하기 위해 13장을 다시 살펴볼 걱정은 하지 않아도 된다. 모든 것을 만들 수 있도록 2개의 스크립트를 만들었다.

```
$ .
$ ./deploy_gatekeeper.sh
.
.
.
$ cd ../openunison
$ ./deploy_openunison_imp.sh
.
.
.
OpenUnison is deployed!
```

몇 분 정도 걸리지만 작업이 완료되면 다음 단계로 넘어갈 수 있는 환경이 준비된다. 깃랩 및 ArgoCD와 함께 SSO용 오픈유니슨을 사용할 예정이므로 바로 사용할 수 있도록 준비해두고 싶다. 플랫폼 구성 요소 통합을 배포하면서 14장의 뒷부분에서 오픈유니슨을 다시 설명하겠다. 클러스터를 준비했으면 다음 단계는 파이프라인의 구성 요소를 배포하는 것이다.

⫶ 깃랩 배포

깃옵스 파이프라인을 구축할 때 가장 중요한 구성 요소 중 하나는 깃 리포지터리다. 깃랩GitLab에는 깃 외에도 코드 탐색을 위한 UI, 코드 편집을 위한 웹 기반 통합 개발 환경 IDE, Integrated Development Environment, 멀티테넌트 환경에서 프로젝트에 대한 액세스를 관리하는 강력한 ID 구현 등 많은 구성 요소가 있다. 이렇게 하면 "역할roles"을 깃랩 그룹에 매핑할 수 있기 때문에 플랫폼에 훌륭한 솔루션이 될 수 있다.

이 절에서는 깃랩을 클러스터에 배포하고 나중에 Tekton과 ArgoCD를 배포할 때 사용할 2개의 간단한 리포지터리를 만들 것이다. 파이프라인 배포를 자동화하기 위해 오픈유니슨을 다시 살펴볼 때 자동화 단계에 초점을 맞출 것이다.

깃랩은 헬름 차트와 함께 배포한다. 이 책에서는 최소 설치를 실행하기 위한 사용자 지정 값 파일을 만들었다. 깃랩에는 ArgoCD 및 Tekton과 유사한 기능이 포함돼 있지만 사용하지는 않을 것이다. 또한 고가용성에 대해서도 걱정할 필요가 없다. 시작해보자.

1. gitlab이라는 새 네임스페이스를 만든다.

```
$ kubectl create ns gitlab
namespace/gitlab created
```

2. 깃랩이 오픈유니슨과의 대화와 결국 Tekton을 위해 만들 웹훅을 신뢰할 수 있도록 인증 기관을 시크릿으로 추가해야 한다.

```
$ mkdir /tmp/gitlab-secret
$ kubectl get secret ca-key-pair \
  -n cert-manager -o json | jq -r '.data["tls.crt"]' \
  | base64 -d > /tmp/gitlab-secret/tls.crt
$ kubectl create secret generic \
  internal-ca --from-file=/tmp/gitlab-secret/ -n gitlab
```

3. OpenID 커넥트 공급자가 오픈유니슨을 인증에 사용하도록 구성하는 깃랩용 Secret 을 배포하자.

```
$cd chapter14/gitlab/sso-secret
$ ./deploy-gitlab-secret.sh
secret/gitlab-oidc created
```

4. Secret 헬름 차트를 배포하기 전에 만들어야 한다. 오픈유니슨과 마찬가지로 차트에 시크릿이 암호화되더라도 시크릿을 보관해서는 안 되기 때문이다. 시크릿에서 base 64로 디코딩된 데이터가 생성되면 다음과 같은 모습이 보인다.

```
name: openid_connect
label: OpenUnison
args:
  name: openid_connect
  scope:
    - openid
    - profile
  response_type: code
  issuer: https://k8sou.apps.192-168-2-114.nip.io/auth/idp/k8sIdp
  discovery: true
  client_auth_method: query
  uid_field: sub
  send_scope_to_token_endpoint: false
  client_options:
    identifier: gitlab
    secret: secret
    redirect_uri: https://gitlab.apps.192-168-2-114.nip.io/
users/auth/openid_connect/callback
```

NOTE

> 우리는 클라이언트 시크릿을 사용하고 있다. 프로덕션 클러스터에서는 이 작업을 수행해서는 안 된다. 템플릿을 기반으로 깃랩을 프로덕션에 배포하는 경우 반드시 변경하자.

5. 클러스터가 단일 VM에서 실행되고 있다면 지금 스냅숏을 만드는 것이 좋다. 깃랩 배포 중에 문제가 발생하는 경우, 헬름 차트는 삭제 시 자체적으로 정리하는 데 큰 도움이 되지 않기 때문에 스냅숏으로 다시 되돌리는 것이 더 쉽다.

6. 차트를 로컬 리포지터리에 추가하고 깃랩을 배포하자.

```
$ cd chapter14/gitlab/helm
$ ./gen-helm-values.sh
$ helm repo add gitlab https://charts.gitlab.io
  "gitlab" has been added to your repositories
$ helm repo update
$ helm install gitlab gitlab/gitlab -n gitlab -f /tmp/gitlabvalues.yaml
NAME: gitlab
LAST DEPLOYED: Mon Sep 27 14:00:44 2021
NAMESPACE: gitlab
STATUS: deployed
REVISION: 1
```

7. 실행하는 데 몇 분 정도 걸린다. 헬름 차트를 설치한 후에도 모든 파드가 배포를 완료하는 데 15~20분이 소요될 수 있다.

8. 다음으로 포트 2222에서 SSH 연결을 허용하도록 깃랩 셸을 업데이트해야 한다. 이렇게 하면 KinD 서버에 대한 SSH 액세스를 차단하는 것에 대해 걱정할 필요 없이 코드를 커밋할 수 있다. 다음을 실행해 배포를 패치한다.

```
kubectl patch deployments gitlab-gitlab-shell -n gitlab -p '
{"spec":{"template":{"spec":{"containers":[{"name":"gitlab-shell",
"ports":[{"containerPort":2222,"protocol":"TCP","name":"ssh","host
Port":2222}]}]}}}}'
```

9. 파드가 다시 시작되면 포트 2222에서 깃랩 호스트 이름으로 SSH를 보낼 수 있다.

10. 깃랩에 로그인하기 위한 루트 비밀번호를 얻으려면 생성된 시크릿에서 비밀번호를 가져와야 한다.

```
$ kubectl get secret gitlab-gitlab-initial-root-password -o json
-n gitlab | jq -r '.data.password' | base64 -d
10xtSWXfbvH5umAbCk9NoN0wAeYsUo9jRVbXrfLn KbzBoPLrCGZ6kYRe8wdREcDl
```

이제 https://gitlab.apps.x-x-x-x.nip.io으로 이동해 깃랩 인스턴스에 로그인할 수 있다. 여기서 x-x-x-x는 서버의 IP이다. 서버가 192.168.2.119에서 실행되고 있기 때문에 깃랩 인스턴스는 https://gitlab.apps.192-168-2-119.nip.io/에서 실행되고 있다.

예제 프로젝트 만들기

Tekton과 ArgoCD를 탐색하기 위해 2개의 프로젝트를 만들 것이다. 하나는 간단한 Python 웹 서비스를 저장하기 위한 것이고 다른 하나는 서비스를 실행하기 위한 매니페스트를 저장하는 것이다. 다음 프로젝트를 배포해보자.

1. SSH 공개 키를 업로드해야 한다. 깃랩의 깃 리포지터리와 상호 작용하기 위해 OpenID Connect를 통해 인증을 중앙 집중화할 예정이다. 깃랩에는 인증을 위한 비밀번호가 없다. SSH 공개 키를 업로드하려면 오른쪽 상단에 있는 사용자 아이콘을 클릭한 다음 왼쪽 작업 표시줄의 SSH 키 메뉴를 클릭한다. 여기에 SSH 공개 키를 붙여넣을 수 있다.

2. 프로젝트를 hello-python라는 이름으로 만든다. 그리고 비공개로 유지한다.

3. SSH를 사용해 프로젝트를 복제한다. 포트 2222에서 실행 중이기 때문에 깃랩에서 제공하는 URL을 적절한 SSH URL로 변경해야 한다. 예를 들어 내 깃랩 인스턴스는 git@gitlab.apps.192-168-2-114.nip.io:root/hello-python.git URL을 제공한다. 이를 ssh://git@gitlab.apps.192-168-2-114.nip.io:2222/root/hello-python.git으로 변경해야 한다.

4. 복제가 완료되면 chapter14/python-hello의 내용을 저장소에 복사하고 깃랩으로 푸시한다.

```
$ cd chapter14/example-apps/python-hello
$ git archive --format=tar HEAD > /path/to/hello-python/data.tar
$ cd /path/to/hello-python
$ tar -xvf data.tar
README.md
```

```
source/
source/Dockerfile
source/helloworld.py
source/requirements.txt
$ rm data.tar
$ git add *
$ git commit -m 'initial commit'
$ git push
```

5. 깃랩에서 가시성을 비공개로 설정한 상태에서 `hello-python-operations`라는 또 다른 프로젝트를 만든다. 이 프로젝트를 복제하고 chapter14/example-apps/python-hello-operations의 내용을 저장소에 복사한 다음 푸시한다.

이제 깃랩이 몇 가지 예제 코드와 함께 배포됐으므로 실제 파이프라인을 구축하는 다음 단계로 넘어갈 수 있다!

⁝⁝⁝ Tekton 배포

Tekton은 플랫폼에 사용하는 파이프라인 시스템이다. 원래 쿠버네티스에서 서비스로서의 기능을 구축하기 위한 Knative 프로젝트의 일부였던 Tekton은 자체 프로젝트로 나섰다. Tekton과 이미 실행한 다른 파이프라인 기술 간의 가장 큰 차이점은 Tekton이 쿠버네티스 네이티브라는 점이다. 실행 시스템, 정의, 자동화를 위한 웹훅 등 모든 것을 찾을 수 있는 거의 모든 쿠버네티스 배포판에서 실행할 수 있다. 예를 들어 KinD에서 실행할 예정이고 Red Hat은 4.1부터 오픈시프트에 사용되는 주요 파이프라인 기술인 Tekton으로 이전했다.

Tekton을 배포하는 과정은 매우 간단하다. Tekton은 빌드 파이프라인을 정의하는 사용자 지정 리소스 생성을 찾는 일련의 연산자다. 배포 자체에는 몇 개의 `kubectl` 명령어만 사용한다.

```
$ kubectl create ns tekton-pipelines
```

```
$ kubectl create -f chapter14/yaml/tekton-pipelines-policy.yaml
$ kubectl apply -f https://storage.googleapis.com/tekton-releases/
pipeline/latest/release.yaml
$ kubectl apply -f https://storage.googleapis.com/tekton-releases/
triggers/latest/release.yaml
$ kubectl apply --filename https://storage.googleapis.com/tekton-
releases/triggers/latest/interceptors.yaml
```

첫 번째 명령은 Tekton 파이프라인을 실행하는 데 필요한 기본 시스템을 배포한다. 두 번째 명령은 코드를 푸시하는 즉시 파이프라인을 시작할 수 있도록 웹훅을 빌드하는 데 필요한 구성 요소를 배포한다. 두 명령이 모두 완료되고 tekton-pipelines 네임스페이스의 파드가 실행되면, 이제 파이프라인 구축을 시작할 준비가 된 것이다! 파이썬 Hello World 웹 서비스를 예로 들어 보겠다.

Hello World 만들기

Hello World 애플리케이션은 정말 간단한다. 이는 필수 "hello"와 서비스가 실행되는 호스트를 다시 반영해 서비스가 흥미로운 일을 하고 있는 것 같은 느낌을 주는 간단한 서비스다. 서비스는 Python으로 작성됐으므로 바이너리를 "빌드"할 필요는 없지만 컨테이너를 만들어야 한다. 컨테이너가 빌드되면 실행 중인 네임스페이스의 깃 리포지터리를 업데이트하고 깃옵스 시스템이 변경 사항을 조정해 애플리케이션을 재배포하도록 하려고 한다. 빌드 단계는 다음과 같다.

1. 최신 코드 확인하기

2. 타임스탬프를 기반으로 태그 만들기

3. 이미지 구축하기

4. 레지스트리로 푸시하기

5. operations 네임스페이스의 디플로이먼트 YAML 파일 패치

파이프라인을 한 번에 하나의 오브젝트씩 빌드할 것이다. 첫 번째 작업 세트는 Tekton 이 소스 코드를 가져오는 데 사용할 SSH 키를 만드는 것이다.

1. 파이프라인에서 코드를 확인하는 데 사용할 SSH 키 페어를 만든다. 암호를 입력하라는 메시지가 표시되면 **Enter** 키를 눌러 암호 추가를 건너뛰면 된다.

```
$ ssh-keygen -t rsa -m PEM -f ./gitlab-hello-python
```

2. 깃랩에 로그인하고 우리가 만든 `hello-python` 프로젝트로 이동한다. **Settings › Repository › Deploy Keys**를 클릭하고 **Expand**를 클릭한다. Tekton을 제목으로 사용하고 방금 만든 **github-hello-python.pub** 파일의 내용을 **Key** 섹션에 붙여넣는다. **Write access allowed**를 선택하지 않은 상태로 유지하고 **Add Key**를 클릭한다.

3. 다음으로 `build-python-hello` 네임스페이스와 다음 시크릿을 생성한다. `ssh-priva tekey` 속성을 1단계에서 만든 **gitlab-hello-python** 파일의 Base64로 인코딩된 콘텐츠로 바꾼다. 주석은 Tekton에게 이 키를 사용할 서버를 알려준다. 서버 이름은 깃랩 네임스페이스의 Service다.

```
apiVersion: v1
data:
  ssh-privatekey: ...
kind: Secret
metadata:
  annotations:
    tekton.dev/git-0: gitlab-gitlab-shell.gitlab.svc.cluster.
local
  name: git-pull
  namespace: build-python-hello
type: kubernetes.io/ssh-auth
```

4. 파이프라인에 사용할 SSH 키 페어를 만들어 `operations` 리포지터리로 푸시한다. 암호를 입력하라는 메시지가 표시되면 **Enter**를 눌러 암호 추가를 건너뛰면 된다.

```
$ ssh-keygen -t rsa -m PEM -f ./gitlab-hello-python-operations
```

5. 깃랩에 로그인하고 앞서 만든 `hello-python-operations` 프로젝트로 이동한다. **Settings > Repository > Deploy Keys**를 클릭하고 **Expand**를 클릭한다. Tekton을 제목으로 사용하고 방금 만든 `github-hello-python-operations.pub` 파일의 내용을 **Key** 섹션에 붙여 넣는다. **Write access allowed**를 체크하고 **Add Key**를 클릭한다.

6. 다음으로 다음 시크릿을 생성한다. `ssh-privatekey` 속성을 4단계에서 만든 `gitlab-hello-python-operations` 파일의 Base64로 인코딩된 콘텐츠로 바꾼다. 주석은 Tekton에게 이 키를 사용할 서버를 알려준다. 서버 이름은 깃랩 네임스페이스에서 6단계에서 생성한 Service다.

```
apiVersion: v1
data:
  ssh-privatekey: ...
kind: Secret
metadata:
  name: git-write
  namespace: python-hello-build
type: kubernetes.io/ssh-auth
```

7. 시크릿과 마찬가지로 실행할 태스크에 대한 서비스 계정을 만든다.

```
$ kubectl create -f chapter14/example-apps/tekton/tekton-
serviceaccount.yaml
```

8. git과 kubectl을 모두 포함하는 컨테이너가 필요하다. `chapter14/example-apps/docker/PatchRepoDockerfile`을 빌드해 내부 레지스트리로 푸시할 것이다. 192-168-2-114를 서버 IP 주소의 호스트 이름으로 바꿔보자.

```
$ docker build -f ./PatchRepoDockerfile -t \
  docker.apps.192-168-2-114.nip.io/gitcommit/gitcommit .
$ docker push \
  docker.apps.192-168-2-114.nip.io/gitcommit/gitcommit
```

이전 단계에서는 Tekton이 서비스 저장소에서 소스 코드를 가져오는 데 사용할 키 하나와 Tekton이 배포 매니페스트를 새 이미지 태그로 업데이트하는 데 사용할 키 하나를 설정했다. ArgoCD는 운영 리포지터리를 감시해 업데이트를 수행한다. 다음으로 Tekton 파이프라인을 배포해 애플리케이션을 구축하는 작업을 진행하겠다.

Tekton은 "파이프라인"을 여러 객체로 구성한다. 가장 기본적인 단위는 Task로, 컨테이너를 시작해 일정 수준의 작업을 수행한다. Tasks는 jobs과 비슷하다고 생각할 수 있다. 작업이 완료될 때까지 실행되지만 오래 실행되는 서비스는 아니다. Tasks는 Tasks 실행 환경과 순서를 정의하는 PipeLines에 수집된다. 마지막으로 PipelineRun(또는 TaskRun)을 사용해 PipelineRun(또는 특정 TaskRun)의 실행을 시작하고 진행 상황을 추적한다. 대부분의 파이프라인 기술에는 일반적인 것보다 많은 객체가 있지만, 이로 인해 유연성과 확장성이 향상된다. 쿠버네티스 네이티브 API를 활용해 쿠버네티스는 어디서 실행할지, 어떤 보안 컨텍스트를 사용할지 등을 파악하는 작업을 수행할 수 있다. Tekton 파이프라인 조립 방식에 대한 기본적인 이해를 바탕으로 예제 서비스를 구축하고 배포하기 위한 파이프라인을 살펴보겠다.

모든 Task 객체는 입력을 받아 다른 Task 객체와 공유할 수 있는 결과를 생성할 수 있다. Tekton은 상태를 저장하고 검색할 수 있는 작업 공간과 함께 실행(TaskRun 또는 PipelineRun)을 제공할 수 있다. 작업 영역에 쓰면 Task 객체 간에 데이터를 공유할 수 있다.

태스크와 파이프라인을 배포하기 전에 각 태스크에서 수행한 작업을 단계별로 살펴보겠다. 첫 번째 태스크는 이미지 태그를 생성하고 최신 커밋의 SHA 해시를 가져온다. 전체 소스는 chapter14/example-apps/tekton/tekton-task1.yaml에서 찾을 수 있다.

```
- name: create-image-tag
  image: docker.apps.192-168-2-114.nip.io/gitcommit/gitcommit
  script: |-
    #!/usr/bin/env bash
    export IMAGE_TAG=$(date +"%m%d%Y%H%M%S")
    echo -n "$(resources.outputs.result-image.url):$IMAGE_TAG" >
/tekton/results/image-url
    echo "'$(cat /tekton/results/image-url)'"
    cd $(resources.inputs.git-resource.path)
    RESULT_SHA="$(git rev-parse HEAD | tr -d '\n')"
```

```
echo "Last commit : $RESULT_SHA"
echo -n "$RESULT_SHA" > /tekton/results/commit-tag
```

작업의 각 단계는 컨테이너다. 이 경우에는 이전에 구축한 컨테이너 중 kubectl과 git
이 들어 있는 컨테이너를 사용하고 있다.

이 작업에 kubectl이 필요하지는 않지만 git은 필요하다. 첫 번째 코드 블록은 result-
image과 타임스탬프에서 이름을 생성한다. 최신 커밋을 사용할 수도 있지만 컨테이너의
나이를 금방 알 수 있도록 타임스탬프를 사용하는 것이 좋다. 전체 이미지 URL을 /text/
results/image-url에 저장한다. 이 URL image-url 작업에서 정의한 result에 해당
한다. Task의 Result를 Tekton에게 알리는 것은 데이터가 작업 공간에 해당 이름으로
저장돼 있어야 하고, 이렇게 함으로써 파이프라인이나 다른 작업에서 $(tasks.generate-
image-tag.results.image-url)와 같이 참조할 수 있다.

chapter14/example-apps/tekton/tekton-task2.yaml의 다음 과제는 Google의 카니코
Kaniko 프로젝트(https://github.com/GoogleContainerTools/kaniko)를 사용해 애플리케이션 소스에서
컨테이너를 생성한다. Kaniko를 사용하면 도커 데몬에 액세스할 필요 없이 컨테이너를
생성할 수 있다. 이는 이미지를 만드는 데 특권 컨테이너가 필요하지 않기 때문에 유용
하다.

```
steps:
- args:
  - --dockerfile=$(params.pathToDockerFile)
  - --destination=$(params.imageURL)
  - --context=$(params.pathToContext)
  - --verbosity=debug
  - --skip-tls-verify
  command:
  - /kaniko/executor
  env:
  - name: DOCKER_CONFIG
    value: /tekton/home/.docker/
  image: gcr.io/kaniko-project/executor:latest
  name: build-and-push
  resources: {}
```

Kaniko 컨테이너는 "디스트로리스^{distro-less}" 컨테이너라고 부른다. 기본 셸로 빌드되지 않았으며 익숙할 수 있는 명령줄 도구도 많지 않다. 이것은 단지 하나의 바이너리일 뿐이다. 즉, 이미지에 대한 태그 생성과 같은 다양한 조작을 이 단계 전에 수행해야 한다. 생성 중인 이미지는 첫 번째 작업에서 만든 결과를 참조하지 않는 것을 알 수 있다. 대신 **ImageURL** 매개변수를 참조한다. 결과를 직접 참조할 수도 있었지만 이제는 첫 번째 작업에 단단히 묶여 있기 때문에 이 작업을 테스트하기가 더 어려워질 것이다. 파이프라인에서 설정한 파라미터를 사용해 이 작업을 자체적으로 테스트할 수 있다. 일단 실행되면, 이 태스크는 컨테이너를 생성하고 푸시한다.

chapter14/example-apps/tekton/tekton-task-3.yaml의 마지막 과제는 ArgoCD가 새 컨테이너를 출시하도록 트리거하는 작업을 수행한다.

```
- image: docker.apps.192-168-2-114.nip.io/gitcommit/gitcommit
  name: patch-and-push
  resources: {}
  script: |-
    #!/bin/bash
    export GIT_URL="$(params.gitURL)"
    export GIT_HOST=$(sed 's/.*[@]\(.*\)[:].*/\1/' <<< "$GIT_URL")
    mkdir /usr/local/gituser/.ssh
    cp /pushsecret/ssh-privatekey /usr/local/gituser/.ssh/id_rsa
    chmod go-rwx /usr/local/gituser/.ssh/id_rsa
    ssh-keyscan -H $GIT_HOST > /usr/local/gituser/.ssh/known_hosts
    cd $(workspaces.output.path)
    git clone $(params.gitURL) .
    kubectl patch --local -f src/deployments/hello-python.yaml
-p '{"spec":{"template":{"spec":{"containers":[{"name":"python-
hello","image":"$(params.imageURL)"}]}}}}' -o yaml > /tmp/hello-
python.yaml
    cp /tmp/hello-python.yaml src/deployments/hello-python.yaml
    git add src/deployments/hello-python.yaml
    git commit -m 'commit $(params.sourceGitHash)'
    git push
```

첫 번째 코드 블록은 SSH 키를 홈 디렉터리에 복사하고 known_hosts를 생성한 다음 Task에서 정의한 작업 공간으로 리포지터리를 복제한다. Tekton은 코드를 푸시하지 않을 것이라고 가정하고 저장소에서 소스 코드의 연결을 끊기 때문에 operations 리포지터리에서 코드를 가져오는 건 Tekton에 의존하지 않는다. 커밋을 실행하려고 하면 실패한다. 단계는 컨테이너이기 때문에 여기에 쓰지 않는다. 실행할 수 있는 파드의 emptyDir과 마찬가지로 emptyDir로 워크스페이스를 생성한다. 영구 볼륨을 기반으로 워크스페이스를 정의할 수도 있다. 이는 종속성이 다운로드되는 빌드의 속도를 높이는 데 유용할 수 있다.

작업의 볼륨으로 정의된 /pushsecret에서 SSH 키를 복사하고 있다. 컨테이너는 사용자 431로 실행되지만 SSH 키는 Tekton에 의해 루트로 마운트된다. Secret에서 키를 복사하기 위해 특권 컨테이너를 실행하고 싶지 않으므로, 대신 일반 파드인 것처럼 마운트한다.

리포지터리를 복제하고 나면 배포를 최신 이미지로 패치하고 마지막으로 애플리케이션 리포지터리에 있는 소스 커밋의 해시를 사용해 변경 사항을 커밋한다. 이제 이미지를 생성한 커밋으로 다시 이미지를 추적할 수 있다! 두 번째 과제와 마찬가지로 테스트하기 쉽도록 작업 결과를 직접 참조하지 않는다.

이러한 작업을 파이프라인에서 통합한다(특히 chapter14/example-apps/tekton/tekton-pipeline.yaml). 이 YAML 파일은 몇 페이지 길이이지만 핵심 요소는 작업을 정의하고 서로 연결한다. 파이프라인에 값을 하드 코딩해서는 안 된다. 파이프라인에서 세 번째 작업의 정의를 살펴보자.

```
- name: update-operations-git
  taskRef:
    name: patch-deployment
  params:
    - name: imageURL
      value: $(tasks.generate-image-tag.results.image-url)
    - name: gitURL
      value: $(params.gitPushUrl)
    - name: sourceGitHash
      value: $(tasks.generate-image-tag.results.commit-tag)
  workspaces:
  - name: output
    workspace: output
```

매개변수와 작업 결과를 참조하지만 하드 코딩된 것은 없다. 따라서 파이프라인을 재사용할 수 있다. 또한 두 번째 및 세 번째 작업에 RunAfter 지시문을 포함시켜 작업이 순서대로 실행되도록 한다. 그렇지 않으면 작업이 병렬로 실행된다. 각 태스크가 이전 태스크에 종속돼 있기 때문에 동시에 실행하는 것은 바람직하지 않다. 다음으로 파이프라인을 배포하고 실행해보겠다.

1. 클러스터에 chapter14/yaml/gitlab-shell-write.yaml을 추가한다. 이는 Tekton이 별도의 키를 사용해 SSH에 쓸 수 있도록 하는 엔드포인트다.

2. chapter14/shell/exempt-python-build.sh를 실행해 빌드 네임스페이스에서 게이트키퍼를 비활성화한다. 이는 코드를 체크아웃하기 위한 Tekton의 컨테이너가 루트로 실행되고 임의의 사용자 ID로 실행할 때는 작동하지 않기 때문에 필요하다.

3. chapter14/example-apps/tekton/tekton-source-git.yaml 파일을 클러스터에 추가한다. 그러면 Tekton이 애플리케이션 코드를 어디서 가져와야 하는지 알 수 있다.

4. 192-168-2-114를 서버 IP 주소의 해시 표현으로 대체해 chapter14/example-apps/tekton/tekton-image-result.yaml을 편집하고 클러스터에 추가한다.

5. chapter14/example-apps/tekton/tekton-task1.yaml을 편집해 이미지 호스트를 Docker 레지스트리의 호스트로 교체한 다음 클러스터에 파일을 추가한다.

6. 클러스터에 chapter14/example-apps/tekton/tekton-task2.yaml을 추가한다.

7. chapter14/example-apps/tekton/tekton-task3.yaml을 편집해 이미지 호스트를 Docker 레지스트리의 호스트로 교체한 다음 클러스터에 파일을 추가한다.

8. 클러스터에 chapter14/example-apps/tekton/tekton-pipeline.yaml을 추가한다.

9. 클러스터에 chapter14/example-apps/tekton/tekton-pipeline-run.yaml을 추가한다.

kubectl을 사용해 파이프라인의 진행 상황을 확인하거나 tkn(https://github.com/tektoncd/cli)이라는 Tekton의 CLI 도구를 사용할 수 있다. tkn pipelinerun describe build-hellopipeline-run -n python-hello-build 진행 상황이 나열된다. run 객체를 다시 만들어 빌드를 다시 실행할 수 있지만 그다지 효율적이진 않다. 게다가 우리가 정말 원하는 것은 파이프라인을 커밋으로 실행하는 것이다!

자동으로 빌드하기

빌드를 수동으로 실행하고 싶진 않다. 빌드를 자동화하길 원한다. Tekton은 깃랩이 커밋을 받을 때마다 Tekton에게 PipelineRun 객체를 빌드하라고 지시할 수 있도록 웹훅을 제공하는 트리거 프로젝트를 제공한다. 트리거 설정에는 PipelineRun 오브젝트를 생성할 수 있는 자체 서비스 계정을 가진 파드, 해당 파드에 대한 서비스 그리고 파드에 대한 HTTPS 액세스를 호스팅하는 Ingress 오브젝트를 생성하는 것이 포함된다. 또한 웹훅이 실수로 트리거되지 않도록 시크릿으로 보호해야 한다. 다음 객체를 클러스터에 배포해보겠다.

1. 클러스터에 chapter14/example-apps/tekton/tekton-webhook-cr.yaml을 추가한다. 이 ClusterRole 빌드에 웹훅을 프로비저닝하려는 모든 네임스페이스에서 사용된다.

2. chapter14/example-apps/tekton/tekton-webhook.yaml을 편집한다. 파일 하단에는 Ingress 오브젝트가 있다. 192-168-2-119를 점 대신 대시로 사용해 클러스터의 IP를 나타내도록 변경한다. 그런 다음 클러스터에 파일을 추가한다.

```
apiVersion: networking.k8s.io/v1
kind: Ingress
metadata:
  name: gitlab-webhook
  namespace: python-hello-build
  annotations:
    cert-manager.io/cluster-issuer: ca-issuer
spec:
  rules:
  - host: "python-hello-application.build.192-168-2-119.nip.io"
    http:
      paths:
```

```
        - backend:
            service:
              name: el-gitlab-listener
              port:
                number: 8080
          pathType: Prefix
          path: "/"
  tls:
  - hosts:
    - "python-hello-application.build.192-168-2-114.nip.io"
    secretName: ingresssecret
```

3. 깃랩에 로그인한다. **Admin Area › Network**로 이동한다. **Outbound Requests** 옆의 **Expand**를 클릭한다. **Allow requests to the local network from web hooks and services** 옵션을 선택하고 **Save changes**를 클릭한다.

4. 우리가 만든 hello-python 프로젝트로 이동해 **Settings › Webhooks** 클릭한다. URL의 경우 HTTPS와 함께 Ingress 호스트를 사용한다(예: https://python-hello-application.build.192-168-2-119.nip.io/). Secret Token의 경우 notagoodsecret를 사용하고 **Push events**의 경우 브랜치 이름을 main으로 설정한다. 마지막으로 **Add webhook**를 클릭한다.

5. 추가한 후 **Test**를 클릭하고 **Push Events**를 선택한다. 모든 항목이 올바르게 구성됐으면 새 PipelineRun 객체가 생성됐을 것이다. tkn pipelinerun list -n python-hello-build 실행해 실행 목록을 볼 수 있다. 새 실행 중이어야 한다. 몇 분 후 python-hello-operations 프로젝트에 새 컨테이너와 패치된 디플로이먼트가 생긴다!

이 절에서는 깃옵스를 사용해 애플리케이션을 구축하고 배포하는 방법을 꽤 많이 다뤘다. 좋은 소식은 모든 것이 자동화돼 있다는 것이다. 푸시하면 애플리케이션의 새 인스턴스가 생성된다! 나쁜 소식은 12개 이상의 쿠버네티스 객체를 만들고 깃랩에서 프로젝트를 수동으로 업데이트해야 했다는 것이다. 마지막 섹션에서는 이 프로세스를 자동화하겠다. 먼저 애플리케이션을 실행할 수 있도록 ArgoCD를 배포해보겠다.

⁘ ArgoCD 배포

지금까지 클러스터에 들어갈 수 있는 방법, 코드를 저장하는 방법, 코드를 작성하고 이미지를 생성하는 시스템을 살폈다. 플랫폼의 마지막 구성 요소는 깃옵스 컨트롤러다. 이를 통해 깃 리포지터리에 매니페스트를 커밋하고 클러스터를 변경할 수 있다. Argo CD는 훌륭한 UI를 제공하는 Intuit의 도구로, 사용자 지정 리소스와 쿠버네티스 네이티브 ConfigMap 및 Secret 오브젝트의 조합으로 구동된다. CLI 도구가 있으며 웹 및 CLI 도구 모두 OpenID Connect와 통합돼 있으므로 오픈유니슨과 SSO를 쉽게 추가할 수 있다.

ArgoCD를 배포하고 이를 사용해 hello-python 웹 서비스를 시작해보겠다.

1. https://argo-cd.readthedocs.io/en/stable/의 표준 YAML을 사용해 배포하라.

```
$ kubectl create namespace argocd
$ kubectl apply -f chapter14/argocd/argocd-policy.yaml
$ kubectl apply -n argocd -f https://raw.githubusercontent.com/
argoproj/argo-cd/stable/manifests/install.yaml
```

2. chapter14/deploy-argocd-ingress.sh를 실행해 ArgoCD용 Ingress 오브젝트를 생성한다. 이 스크립트는 호스트 이름에 IP를 올바르게 설정하고 인그레스 객체를 클러스터에 추가한다.

3. kubectl get secret argocd-initial-admin-secret -n argocd -o json | jq -r '.data.password' | base64 -d를 실행해 루트 비밀번호를 얻는다. 그리고 이 암호를 저장한다.

4. ArgoCD에 사용자 및 그룹 999로 실행하도록 지시해야 한다. SSH 키를 제대로 읽을 수 있는지 확인하기 위해 1,000명의 사용자와 2,000명의 그룹을 할당하지 않도록 해야 한다. 다음 패치를 실행한다.

```
$ kubectl patch deployment argocd-server -n argocd -p '{"spec":{
"template":{"spec":{"containers":[{"name":"argocd-server","securityContext"
```

```
:{"runAsUser":999,"runAsGroup":999}}]}}}}}'
$ kubectl patch deployment argocd-repo-server  -n argocd -p '
{"spec":{"template":{"spec":{"containers":[{"name":"argocd-repo-
server","securityContext":{"runAsUser":999,"runAsGroup":
999}}]}}}}'
```

5. argocd 네임스페이스에서 argocd-server Deployment를 편집한다. 명령에 --insecure 를 추가한다. 다음 명령에 –insecure를 추가한다.

```
spec:
  containers:
  - command:
    - argocd-server
    - --repo-server
    - argocd-repo-server:8081
    - --insecure
```

6. 이제 2단계에서 정의한 Ingress 호스트로 이동해 ArgoCD에 로그인할 수 있다. https://github.com/argoproj/argo-cd/releases/latest에서 ArgoCD CLI 유틸 리티도 다운로드해야 한다. 다운로드가 완료되면 ./argocd login grpc-argocd. apps.192-168-2-114.nip.io를 실행해 로그인한다. 서버의 IP로 대체하고 점 대신 대시로 대체한다.

7. python-hello 네임스페이스를 만든다.

8. chapter14/yaml/python-hello-policy.yaml 클러스터에 추가하면 엄격한 보안 정책 에 따라 서비스를 실행할 수 있다. 특권 컨테이너는 필요 없는데 왜 컨테이너를 가지 고 실행할까?

9. 깃랩 리포지터리를 추가하려면 먼저 ArgoCD에 GitLab 인스턴스의 SSH 호스트를 신뢰하도록 명령해야 한다. ArgoCD가 깃랩 셸 서비스와 직접 통신하도록 할 예정이 므로 해당 서비스에 대해 known_host를 생성해야 한다. 이를 쉽게 하기 위해 클러스 터 외부에서 known_host를 실행하지만 클러스터 내부에 있는 것처럼 내용을 다시 쓰 는 스크립트를 포함했다. chapter14/shell/getSshKnownHosts.sh 스크립트를 실행

하고 출력을 argocd 명령으로 파이프해 known_host를 가져온다. 클러스터의 IP 주소를 반영하도록 호스트 이름을 변경해야 한다.

```
$ ./chapter14/argocd/getSshKnownHosts.sh gitlab.apps.192-168-2-114.
nip.io | argocd cert add-ssh --batch
Enter SSH known hosts entries, one per line. Press CTRL-D when
finished.
Successfully created 3 SSH known host entries
```

10. 다음으로 python-hello-operations 리포지터리에 액세스하려면 SSH 키를 생성해야 한다.

```
$ ssh-keygen -t rsa -m PEM -f ./argocd-python-hello
```

11. 깃랩에서 프로젝트로 이동해 **Settings › Repository**를 클릭해 python-hello-operations 리포지터리에 공개 키를 추가한다. **Deploy Keys** 옆의 **Expand**를 클릭한다. Title에는 argocd를 사용한다. argocd-python-hello.pub의 내용을 사용하고 **Add key**를 클릭한다. 그런 다음 CLI를 사용해 ArgoCD에 키를 추가하고 퍼블릭 깃랩 호스트를 gitlab-gitlab-shell Service 호스트 이름으로 바꾼다.

```
$ argocd repo add git@gitlab-gitlab-shell.gitlab.svc.cluster.
local:root/hello-python-operations.git --ssh-private-key-path
./argocd-python-hello
repository 'git@gitlab-gitlab-shell.gitlab.svc.cluster.
local:root/hello-python-operations.git' added
```

12. 마지막 단계는 Application 객체를 만드는 것이다. 웹 UI 또는 CLI를 통해 생성할 수 있다. argocd 네임스페이스에 Application 객체를 만들어서 만들 수도 있다. 이렇게 할 일은 우리가 할 일이다. 클러스터에 다음 객체를 생성한다(chapter14/example-apps/argocd/argocd-python-hello.yaml).

```
apiVersion: argoproj.io/v1alpha1
kind: Application
```

654

```
metadata:
  name: python-hello
  namespace: argocd
spec:
  destination:
    namespace: python-hello
    server: https://kubernetes.default.svc
  project: default
  source:
    directory:
      jsonnet: {}
      recurse: true
    path: src
    repoURL: git@gitlab-gitlab-shell.gitlab.svc.cluster.
local:root/hello-python-operations.git
    targetRevision: HEAD
  syncPolicy:
    automated: {}
```

이것은 가능한 한 기본적인 구성이다. 간단한 매니페스트를 작업 중이다. ArgoCD는
JSonnet과 헬름에서도 작동할 수 있다. 이 애플리케이션을 생성한 후, python-hello 네
임스페이스의 파드를 살펴보자. 하나는 실행해야 한다. 코드를 업데이트하면 네임스페
이스가 업데이트된다.

이제 커밋을 통해 자동으로 배포할 수 있는 코드 베이스가 생겼다. 우리는 20개 페이지
를 소비했고, 수십 개의 명령을 실행하고, 거기에 도달하기 위해 20개 이상의 객체를 만
들었다. 이러한 객체를 수동으로 만드는 대신 프로세스를 자동화하는 것이 가장 좋다.
이제 생성해야 할 객체가 생겼으니 온보딩을 자동화할 수 있다. 다음 절에서는 비즈니
스 프로세스에 맞게 깃랩, Tekton 및 ArgoCD 간의 링크를 구축하는 수동 프로세스를
살펴보겠다.

오픈유니슨을 사용한 프로젝트 온보딩 자동화

14장의 앞부분에서는 오픈유니슨 NaaS 포털을 배포했다. 이 포털을 통해 사용자는 새 네임스페이스 생성을 요청하고 개발자가 셀프 서비스 인터페이스를 통해 이러한 네임스페이스에 대한 액세스를 요청할 수 있다. 이 포털에 내장된 워크플로우는 매우 기본적이지만 네임스페이스와 적절한 `RoleBinding` 객체를 생성한다. 우리가 하고자 하는 것은 플랫폼을 통합하고 14장의 앞부분에서 수동으로 만든 모든 객체를 만드는 워크플로우를 구축하는 것이다. 목표는 `kubectl` 명령을 실행하거나 최소한 사용을 최소화하지 않고도 환경에 새 애플리케이션을 배포할 수 있도록 하는 것이다.

이를 위해서는 신중한 계획이 필요하다. 개발자 워크플로우는 다음과 같이 실행된다.

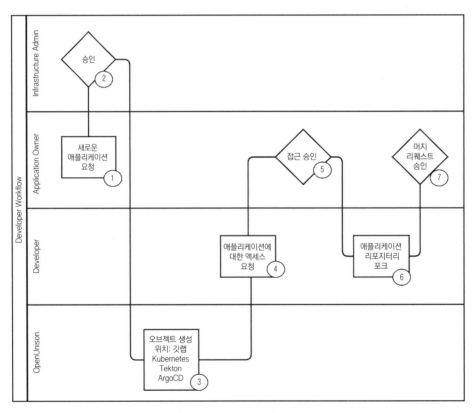

그림 14.6 플랫폼 개발자 워크플로우

656

이전 그림에 표시된 워크플로우를 빠르게 살펴보겠다.

1. 애플리케이션 소유자가 애플리케이션 생성을 요청한다.

2. 인프라 관리자가 생성을 승인한다.

3. 이때 오픈유니슨은 수동으로 생성한 오브젝트를 배포한다. 해당 객체에 대해 간략히 설명하겠다.

4. 생성한 개발자는 애플리케이션에 대한 액세스 권한을 요청할 수 있다.

5. 애플리케이션 소유자가 애플리케이션에 대한 액세스를 승인한다.

6. 승인되면 개발자는 애플리케이션 소스 베이스를 포크해 작업을 수행한다. 개발자 작업 영역에서 애플리케이션을 실행할 수 있다. 또한 빌드 프로젝트를 포크해 파이프라인을 만들고 개발 환경 운영 프로젝트를 포크해 애플리케이션의 매니페스트를 생성할 수도 있다.

7. 작업이 완료되고 로컬에서 테스트되면 개발자는 코드를 자체 포크에 푸시한 다음 병합 요청을 요청한다.

8. 애플리케이션 소유자가 요청을 승인하고 깃랩의 코드를 병합한다.

코드가 병합되면 ArgoCD는 빌드 및 운영 프로젝트를 동기화한다. 애플리케이션 프로젝트의 웹훅은 컨테이너를 구축하고 최신 컨테이너용 태그로 개발 운영 프로젝트를 업데이트하는 Tekton 파이프라인을 시작한다. ArgoCD는 업데이트된 매니페스트를 애플리케이션의 개발 네임스페이스에 동기화한다. 테스트가 완료되면 애플리케이션 소유자가 개발 운영 워크스페이스에서 프로덕션 운영 워크스페이스로 병합 요청을 제출해 ArgoCD를 프로덕션에 실행하도록 트리거한다.

이 흐름에는 "운영 직원이 kubectl을 사용해 네임스페이스를 생성한다"라는 단계가 없다. 이 과정은 간단하며 운영 직원이 kubectl을 사용하는 것을 완전히 피할 수는 없지만 좋은 출발점이 될 것이다. 이 모든 자동화에는 광범위한 객체 세트를 만들어야 한다.

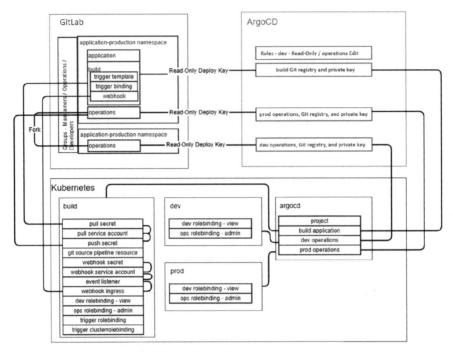

그림 14.7 애플리케이션 온보딩 객체 맵

위 다이어그램은 환경에서 만들어야 하는 객체와 객체 간의 관계를 보여준다. 움직이는 부품이 너무 많으면 프로세스를 자동화하는 것이 중요하다. 이러한 객체를 수동으로 만드는 작업은 시간이 많이 걸리고 오류가 발생하기 쉽다. 14장의 뒷부분에서 해당 자동화에 대해 다룬다.

깃랩에서는 애플리케이션 코드, 작업 및 빌드 파이프라인을 위한 프로젝트를 만든다. 또한 운영 프로젝트를 개발 운영 프로젝트로 포크한다. 각 프로젝트에 대해 배포 키를 생성하고 웹훅을 등록한다. 또한 14장의 앞부분에서 정의한 역할에 맞는 그룹을 만든다.

쿠버네티스의 경우 개발 및 프로덕션 환경을 위한 네임스페이스를 생성한다. 또한 Tekton 파이프라인의 네임스페이스도 생성한다. 필요에 따라 키를 Secrets에 추가한다. 빌드 네임스페이스에는 자동 빌드를 트리거할 웹훅을 지원하는 모든 스캐폴딩을 생성한다. 이렇게 하면 개발자는 파이프라인 객체 생성에 대한 걱정만 하면 된다.

마지막 애플리케이션인 ArgoCD에서는 빌드와 운영 네임스페이스를 모두 호스팅하는 AppProject를 만들겠다. 또한 깃랩 프로젝트를 만들 때 생성한 SSH 키도 추가할 예정이다. 또한 각 프로젝트는 ArgoCD에 깃랩에서 동기화하는 방법을 지시하는 App Project의 Application 객체를 가져온다. 마지막으로 개발자는 애플리케이션 동기화 상태를 볼 수 있지만 소유자와 운영자가 업데이트하고 변경할 수 있도록 ArgoCD에 RBAC 규칙을 추가한다.

깃옵스 전략 설계

개발자 워크플로우에 적용할 단계와 이러한 객체를 만드는 방법을 설명했다. 구현에 대해 이야기하기 전에 ArgoCD, 오픈유니슨 및 쿠버네티스가 서로 어떻게 상호 작용하는지 살펴보겠다.

지금까지 우리는 이 책의 깃 리포지터리에 넣은 매니페스트에서 kubectl 명령을 실행해 클러스터에 모든 것을 수동으로 배포했다. 이 작업을 수행하는 이상적인 방법은 아니다. 클러스터를 재구축해야 한다면 어떻게 해야 할까? 모든 것을 수동으로 다시 만드는 대신 ArgoCD가 깃에서 모든 것을 배포하도록 하는 것이 낫지 않을까? 14장에서는 다루지 않겠지만, 깃옵스 기반 클러스터를 직접 설계할 때는 목표로 삼아야 할 부분이다. 깃에 더 많이 보관할수록 좋다.

그렇지만 오픈유니슨은 이 모든 자동화를 대신 수행할 때 API 서버와 어떻게 통신할까? 오픈유니슨의 "가장 쉬운" 방법은 API 서버를 호출하는 것이다.

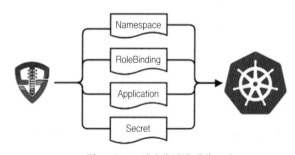

그림 14.8 API 서버에 직접 객체 쓰기

이게 효과가 있을 것이다. 깃옵스를 사용하는 개발자 워크플로우의 최종 목표에 도달할 예정인데, 클러스터 관리 워크플로우는 어떠한가? 깃옵스의 이점을 클러스터 운영자만 큼이나 개발자만큼 많이 얻고 싶다면, 이를 위해서는 객체를 깃 리포지터리에 쓰는 것이 더 나은 전략이 될 것이다. 이렇게 하면 오픈유니슨이 이러한 객체를 만들 때 깃에서 추적되며 오픈유니슨 외부에서 변경해야 하는 경우에도 해당 변경 내용도 추적된다.

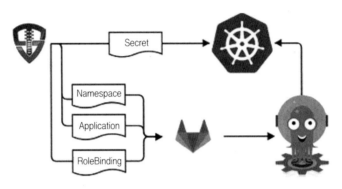

그림 14.9 Git에 객체 쓰기

오픈유니슨은 API 서버에 직접 쓰는 대신 쿠버네티스에서 객체를 생성해야 하는 경우 깃랩의 관리 프로젝트에 객체를 작성한다. ArgoCD는 이러한 매니페스트를 API 서버에 동기화한다.

여기서 사용자가 액세스하지 못하게 하려는 모든 객체를 작성할 것이다. 여기에는 Name spaces와 같은 클러스터 수준 객체뿐만 아니라 RoleBindings와 같이 사용자에게 쓰기 권한을 부여하지 않으려는 네임스페이스 객체도 포함된다. 이렇게 하면 작업 개체 관리 와 애플리케이션 개체 관리를 분리할 수 있다.

답변해야 할 중요한 보안 질문은 다음과 같다. ArgoCD가 이러한 객체를 작성한다면 개발자가 RoleBinding 또는 ResourceQuota를 리포지터리에 체크인하고 ArgoCD가 API 서버에 동기화하도록 하는 것을 막는 이유는 무엇일까? 게시 당시 이를 제한하는 유일한 방법은 ArgoCD에 AppProject 객체에서 동기화할 수 있는 객체를 알리는 것이다. 이는 RBAC에 의존하는 것만큼 유용하지는 않지만 대부분의 사용 사례를 다룰 것이다. 배포의 경우 Deployment, Service 및 AppProject 오브젝트만 허용할 예정이다.

다양한 사용 사례에 맞는 유형을 추가하는 것은 어려운 일이 아니다. 이러한 업데이트는 관리 깃 리포지터리에서 `AppProject` 객체를 업데이트해 매우 쉽게 만들 수 있다.

마지막으로 그림 14.9를 보면 API 서버에 Secret 오브젝트를 쓰고 있는 것을 알 수 있을 것이다. 비밀 정보를 깃에 쓰지 말자. 데이터가 암호화됐는지 여부는 중요하지 않다. 어느 쪽이든 문제가 발생할 수 있다. 깃은 탈중앙화된 방식으로 코드를 쉽게 공유할 수 있도록 특별히 설계된 반면, 비밀 데이터는 중앙 집중식 리포지터리에서 신중하게 추적해야 한다. 이는 서로 반대되는 두 가지 요구 사항이다.

중요한 데이터를 추적하기가 얼마나 쉬운지를 보여주는 예로 워크스테이션에 Secrets가 포함된 리포지터리가 있다고 가정해보겠다. 간단한 `git archive HEAD`는 모든 깃 메타데이터를 제거하고 더 이상 추적할 수 없는 클린 파일을 제공한다. 실수로 리포지터리를 공개 리포지터리에 푸시하는 것은 얼마나 쉬운가? 코드베이스를 추적하지 못하는 것은 너무 쉽다.

깃이 비밀 정보를 저장하기에 좋지 않은 이유의 또 다른 예는 깃에 내장 인증이 없다는 것이다. 깃 리포지터리에 액세스할 때 SSH 또는 HTTPS를 사용하면 깃허브 또는 깃랩이 사용자를 인증하지만 깃 자체에는 내장 인증 형식이 없다. 14장의 연습을 따랐다면 깃 커밋을 살펴보자. 그들은 "root"인가? 아니면 당신의 이름이 기록돼 있는가? 깃은 깃 구성에서 데이터만 가져온다. 이 데이터를 여러분과 연결해주는 것은 없다. 이것이 조직의 비밀 데이터와 관련해 효과가 있는 감사 추적이라고 생각하는가? 아마 아닐 것이다.

일부 프로젝트에서는 저장소의 민감한 데이터를 암호화해 이 문제를 해결하려고 한다. 이렇게 하면 리포지터리가 유출되더라도 데이터를 해독하려면 키가 여전히 필요하다. 암호화가 저장되는 Secret은 어디에 있나? 개발자가 사용 중인가? 필요한 특수 도구가 있는가? 잘못될 수 있는 곳이 몇 군데 있다. Secrets와 같은 민감한 데이터에는 깃을 전혀 사용하지 않는 것이 좋다.

하지만 프로덕션 환경에서는 다른 매니페스트처럼 Secrets를 외부화하고 싶을 것이다. 해시코프^{HashiCorp}의 볼트^{Vault}와 같은 Secret 관리 시스템이 여러 개 있다. 이러한 툴은 별도의 장 또는 서적이 있어야 하며 14장의 범위를 훨씬 벗어난다. 하지만 클러스터 관리 계획에 반드시 포함시켜야 한다.

직접 만들 필요는 없다! chapter14/naas-gitops는 우리가 배포할 헬름 차트로, 이 모든 자동화 기능이 내장돼 있다. 또한 예제 애플리케이션으로 chapter14/example-app/python-hello, 매니페스트에는 chapter14/example-app/python-hello-operations 그리고 chapter14/example-app/python-hello-build을 파이프라인으로 포함했다. 이 세 폴더의 일부 객체를 환경에 맞게 조정해야 하며, 대부분 호스트 이름을 업데이트해야 한다.

개발자 워크플로우를 설계하고 예제 프로젝트를 진행할 준비가 됐으니, 다음으로 오픈유니슨, 깃랩 및 ArgoCD를 업데이트해 이 모든 자동화가 제대로 작동하도록 할 예정이다!

깃랩 통합

헬름 차트를 처음 배포할 때 SSO를 위해 깃랩을 구성했다. 우리가 gitlab-oidc Secret은 깃랩이 오픈유니슨에서 SSO에 액세스하는 데 필요한 모든 정보가 들어 있다. naas-gitops 헬름 차트는 깃랩으로 SSO를 구성하고 토큰 및 대시보드와 마찬가지로 프론트 페이지에 배지를 추가한다. 먼저 오픈유니슨 시크릿을 업데이트해 통합을 완료해야 한다.

1. 깃랩에 루트로 로그인한다. 사용자의 프로필 영역으로 이동해 **Access Tokens**을 클릭한다. Name은 openunison을 사용한다. Expires를 비워 두고 API 범위를 확인한다. **Create personal access token**을 클릭한다. 토큰을 복사해 메모장이나 다른 곳에 붙여넣는다. 이 화면에서 나가면 이 토큰을 다시 가져올 수 없다.

2. openUnison 네임스페이스에서 orchestra-secrets-source 시크릿을 편집한다(2개의 키 추가).

```
apiVersion: v1
data:
  K8S_DB_SECRET: aW0gYSBzZWNyZXQ=
  OU_JDBC_PASSWORD: c3RhcnR0MTIz
  SMTP_PASSWORD: ""
  unisonKeystorePassword: aW0gYSBzZWNyZXQ=
  gitlab: c2VjcmV0
  GITLAB_TOKEN: S7CCuqHfpw3a6GmAqEYg
kind: Secret
```

값을 Base64로 인코딩하는 것을 잊지 말자. `gitlab` 키는 우리의 oidc-provider Secret
의 Secret과 일치한다. `GITLAB_TOKEN`은 오픈유니슨에서 GitLab과 상호 작용해 온보딩
워크플로우에서 정의한 프로젝트 및 그룹을 프로비저닝하는 데 사용될 예정이다. 깃랩
이 구성된 다음 단계는 TektonCD 대시보드다.

TektonCD 대시보드 통합

TektonCD 프로젝트에는 매우 쉽게 파이프라인을 시각화하고 실행을 추적할 수 있는
훌륭한 대시보드가 있다. 통합된 보안이 없었기 때문에 이 책의 초판에는 이 내용을 포
함시키지 않았다. 하지만 이제 TektonCD 대시보드는 쿠버네티스 대시보드와 동일한
방식으로 보안 및 인증을 지원한다. 리버스 프록시를 사용해 사용자의 `id_token` 또는
사칭 헤더를 제공할 수 있다. `naas-gitops` 차트에는 오픈유니슨 관련 구성이 모두 포함
돼 있으며 이 둘을 통합하기 위해 특별히 해야 할 일은 없다. 배포해보겠다.

```
$ kubectl apply --filename https://storage.googleapis.com/tekton-
releases/dashboard/latest/tekton-dashboard-release.yaml
```

이렇게 하면 TektonCD 대시보드가 `tekton-pipelines` 네임스페이스에 배포되므로 노
드 정책 추가에 대해 걱정할 필요가 없다. 하지만 여러 RBAC 바인딩을 제거해야 한다.
어떤 권한 없이 대시보드를 실행해 누군가가 오픈유니슨을 우회하더라도 악용할 수 없
도록 하고 싶다.

```
kubectl delete clusterrole tekton-dashboard-backend
kubectl delete clusterrole tekton-dashboard-dashboard
kubectl delete clusterrole tekton-dashboard-pipelines
kubectl delete clusterrole tekton-dashboard-tenant
kubectl delete clusterrole tekton-dashboard-triggers
kubectl delete clusterrolebinding tekton-dashboard-backend
kubectl delete rolebinding tekton-dashboard-pipelines -n tekton-
pipelines
kubectl delete rolebinding tekton-dashboard-dashboard -n tekton-
pipelines
kubectl delete rolebinding tekton-dashboard-triggers -n tekton
-pipelines
kubectl delete clusterrolebinding tekton-dashboard-tenant
```

RBAC 바인딩이 삭제됐으면 다음으로 ArgoCD를 통합하겠다.

ArgoCD 통합

ArgoCD에는 OpenID 커넥트에 대한 지원이 내장돼 있다. 하지만 배포 시에는 다음과 같이 구성되지 않았다.

1. 다음 코드 블록과 같이 argocd 네임스페이스에서 argocd-cm ConfigMap을 편집해 url 및 oidc.config 키를 추가한다. 클러스터의 IP 주소와 일치하도록 192-168-2-140을 업데이트해야 한다. 저자의 것은 192.168.2.114이므로 192-168-2-114를 사용할 것이다.

```
apiVersion: v1
data:
  url: https://argocd.apps.192-168-2-140.nip.io
  oidc.config: |-
    name: OpenUnison
    issuer: https://k8sou.apps.192-168-2-140.nip.io/auth/idp/
k8sIdp
    clientID: argocd
    requestedScopes: ["openid", "profile", "email", "groups"]
```

> ArgoCD에는 CLI와 웹 컴포넌트가 모두 있기 때문에 클라이언트 시크릿을 지정하지 않는다. API 서버와 마찬가지로 사용자가 알 수 있는 모든 워크스테이션에 있어야 하는 클라이언트 암호에 대해서는 걱정할 필요가 없다. 이 경우에는 보안 기능이 추가되지 않으므로 건너뛰겠다.

2. 대부분의 ArgoCD는 쿠버네티스 커스텀 리소스로 제어되지만 일부 ArgoCD 전용 API도 있다. 이러한 API를 사용하려면 서비스 계정을 만들어야 한다. 이 계정을 만들고 이에 대한 키를 생성해야 한다.

```
$ kubectl patch configmap argocd-cm -n argocd -p
'{"data":{"accounts.openunison":"apiKey","accounts.openunison.
enabled":"true"}}'
$ argocd account generate-token --account openunison
```

3. generate-token 명령의 출력을 가져와 openUnison 네임스페이스의 orchestra-secrets-source Secret에 ARGOCD_TOKEN 키로 추가한다. Base64로 인코딩하는 것을 잊지 말자.

4. 마지막으로 웹 UI와 CLI에 액세스할 수 있는 사용자를 제어할 수 있도록 ArgoCD RBAC 규칙을 만들고자 한다. argocd-rbac-cm ConfigMap을 편집하고 다음 키를 추가한다. 첫 번째 키를 사용하면 시스템 관리자와 API 키가 ArgoCD에서 무엇이든 할 수 있다. 두 번째 키는 policy.csv에 의해 매핑되지 않은 모든 사용자를 존재하지 않는 역할에 매핑해 사용자가 어떤 것에도 액세스할 수 없도록 한다.

```
data:
  policy.csv: |-
    g, k8s-cluster-k8s-administrators,role:admin
    g, openunison,role:admin
  policy.default: role:none
```

ArgoCD가 통합된 상태에서 마지막 단계는 맞춤형 차트를 배포하는 것이다!

오픈유니슨 업데이트

오픈유니슨은 이미 배포됐다. 워크플로우를 반영하는 자동화가 포함된 헬름 차트를 배포해야 한다.

```
$ cd chapter14/naas-gitops
$  kubectl delete configmap myvd-book -n openunison
configmap "myvd-book" deleted
$ helm install orchestra-naas . -n openunison -f /tmp/openunison-
values.yaml
NAME: orchestra-naas
LAST DEPLOYED: Thu Oct  7 13:51:19 2021
NAMESPACE: openunison
STATUS: deployed
REVISION: 1
TEST SUITE: None
$ helm upgrade orchestra tremolo/orchestra -n openunison -f /tmp/
openunison-values.yaml
```

openunison-orchestra 파드가 다시 실행되면 https://k8sou.apps.192-168-2-119.nip.io/로 이동해 "192-168-2-119"를 자신의 IP 주소로 바꾸고 점 대신 대시로 대체해 오픈유니슨에 로그인한다.

사용자 이름 mmosley를 사용하고 암호는 start123을 사용한다. 토큰과 대시보드 외에도 몇 가지 새로운 배지가 있음을 알 수 있을 것이다.

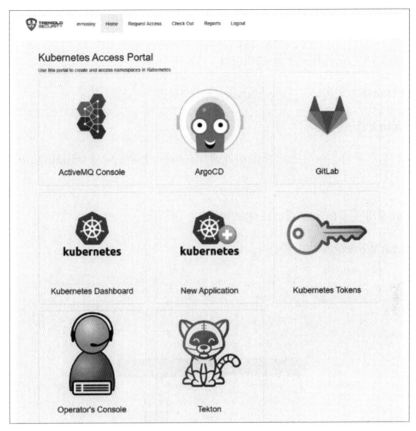

그림 14.10 오픈유니슨 NAAS 포털

처음으로 로그인하는 사람이므로 포털에 대한 관리자 액세스 권한과 클러스터의 클러스터 관리 액세스 권한이 자동으로 부여된다. ArgoCD와 깃랩 배지를 통해 해당 앱으로 이동할 수 있다. **OpenID Connect** 로그인 버튼을 클릭하면 두 가지 모두에 SSO가 실행된다. Tekton 배지를 통해 Tekton의 대시보드에 SSO 액세스 권한이 부여된다. 이는 파이프라인을 디버깅하는 데 도움이 될 것이다. New Application 배지는 마법이 일어나는 곳이다. 여기서 깃랩, ArgoCD, 쿠버네티스 및 Tekton 간에 필요한 모든 연결을 생성하는 새 애플리케이션을 만들 수 있다.

새 애플리케이션을 만들기 전에 깃랩에서 클러스터 관리 프로젝트를 만들고 Argo CD를 설정해 클러스터와 동기화해야 한다. 이 작업을 수동으로 수행할 수도 있지만 불

편할 수 있으므로 이를 대신 처리할 수 있는 워크플로우가 있다.

1. **Operator's Console** 배지를 클릭한다.

2. **Last Name**을 확인하고 상자에 Mosley를 입력한다.

3. **Search**를 클릭한다.

4. **Matt** 옆의 확인란을 선택한 다음 아래에 나타나는 새 트리에서 **Initialization**을 클릭한다.

5. **Reason** 필드에 initialization을 입력한다.

6. **Submit Workflow**를 클릭한다.

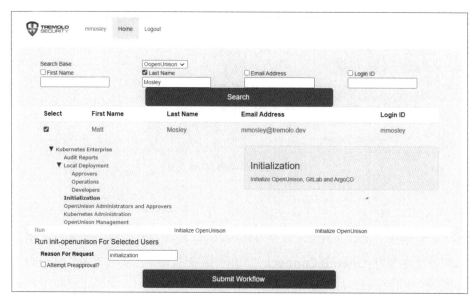

그림 14.11 클러스터 리포지터리 초기화

오픈유니슨 로그를 보면 꽤 많은 액션을 볼 수 있다.

1. 깃랩에서 cluster-operations 프로젝트를 만든다.

2. ArgoCD에 클러스터 작업 Application을 만든다.

3. 푸시가 메인 브랜치에 병합될 때 ArgoCD에서 동기화 이벤트를 자동으로 트리거하기 위해 깃랩의 cluster-operations 프로젝트에 웹훅을 생성한다.

기술 스택을 구축했으니 이제 첫 번째 애플리케이션을 출시할 차례다.

⁂ 애플리케이션 배포

지금까지 파이프라인과 워크플로우를 구축하는 이론을 살펴본 후 해당 이론을 구현하는 기술 스택도 배포했다. 마지막 단계는 클러스터에 애플리케이션을 배포하는 프로세스를 살펴보는 것이다. 이 흐름에는 세 명의 배우가 있을 것이다.

표 14.1 시스템 사용자

아이디	역할	노트
mmosley	시스템 관리자	클러스터를 전체적으로 제어할 수 있다. 새 애플리케이션 승인을 담당한다.
jjackson	애플리케이션 소유자	새 애플리케이션을 요청한다. 개발자 추가 및 풀 리퀘스트 병합을 담당한다.
app-dev	애플리케이션 개발자	코드 및 매니페스트 구축을 담당한다. 깃랩의 포크된 버전의 리포지터리에서 작동해야 한다.

이 절의 나머지 부분에서는 새 애플리케이션을 만들고 자동화된 프레임워크를 사용해 배포하는 방법을 살펴보겠다.

쿠버네티스에서 애플리케이션 생성

이 프로세스를 진행하면서 세 사용자가 모두 로그인할 수 있게 되면 도움이 될 것이다. 저자는 보통 두 명의 사용자를 위한 시크릿/비공개 창이 있는 브라우저 하나를 사용하고 세 번째 사용자에게는 별도의 브라우저를 사용한다. 세 사용자 모두의 비밀번호는 start12다.

첫 번째 단계는 jjackson으로 오픈유니슨에 로그인하는 것이다. 로그인하면 jjackson의 배지가 몇 개 적다는 것을 알 수 있다. 관리자가 아니기 때문이다. 로그인한 후 **New Application**을 클릭한다. **Application Name**에는 **python-hello**를 사용하고, **Reason**에는 **demo**를 사용한다. 그런 다음 **Submit Registration**을 클릭한다.

다음으로 mmosley로 로그인한다. 화면 상단의 메뉴 막대에서 옆에 빨간색 **1**이 표시된 **Open Approvals**이 표시된다. **Open Approvals**을 클릭한다.

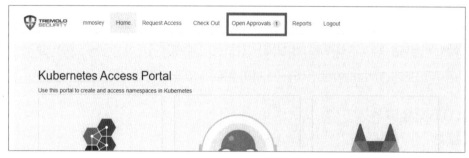

그림 14.12 공개 승인

진행 중인 요청 1개 옆에 있는 **Review**를 클릭한다. 아래로 스크롤해 **Justification**을 확인하려면 **demo**를 입력하고 **Approve Request**를 클릭한다. 그런 다음 **Confirm Approval**을 클릭한다. 이제 신선한 커피 한 잔을 마시기에 좋은 시간이 될 것이다. 여러 가지 상황이 발생하기 때문에 몇 분 정도 걸린다.

1. 애플리케이션 코드, 파이프라인 및 매니페스트를 저장하기 위해 깃랩에서 프로젝트가 생성되고 있다.

2. 매니페스트 프로젝트를 위한 포크가 생성되고 있다.

3. ArgoCD AppProject 및 Applications가 생성되고 있다.

4. 개발 환경, 빌드 및 프로덕션을 위해 클러스터에 네임스페이스가 생성되고 있다.

5. 파이프라인 구축을 위한 Tekton 객체가 생성되고 있으며, 트리거용 웹훅이 포함돼 있다.

6. 개발 및 프로덕션 네임스페이스의 노드 보안 오브젝트가 생성되므로 애플리케이션이 권한 없이 실행된다.

7. 모든 것을 연결하기 위해 웹훅이 만들어지고 있다.

8. 액세스를 관리하기 위해 데이터베이스에 그룹이 생성되고 있다.

하나의 yaml 파일을 편집하거나 kubectl을 실행하지 않고도 그림 14.7의 다이어그램에서 모든 객체를 빌드했다. 완료되면 깃랩에 mmosley로 로그인해 이제 클러스터 운영 프로젝트에 모든 클러스터 수준 개체가 있는지 확인할 수 있다. 14장 앞부분에서 설명한 것처럼 Secrets를 제외한 모든 오브젝트는 깃에 저장된다.

스캐폴딩을 마련한 다음 단계는 개발자들이 빌드를 시작할 수 있도록 액세스 권한을 부여하는 것이다.

개발자에게 접근하기

이제 개발 인프라가 구축됐으므로 다음 단계는 개발자인 app-dev에 액세스 권한을 부여하는 것이다.

사용자 이름 app-dev를 입력하고 암호는 start123으로 오픈유니슨에 로그인한다. 메뉴 표시줄에서 **액세스 요청을** 클릭한다.

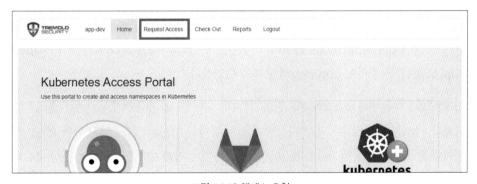

그림 14.13 액세스 요청

그런 다음 **Local Deployment** 옆의 삼각형을 클릭한 다음 **Developers**를 클릭한다. **Add To Cart**를 클릭한다.

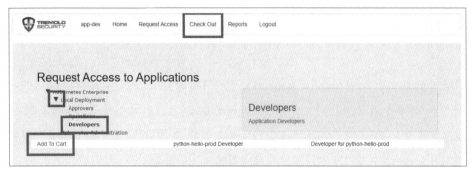

그림 14.14 카트에 개발자 액세스 추가

카트에 추가한 후 메뉴 막대에서 **Check Out**을 클릭한다. 오른쪽에서 **Supply Reason**이라고 표시된 곳에 for work라고 입력하고 **Submit Request**를 클릭한다.

그림 14.15 카트에 개발자 액세스 추가

이때 로그아웃했다가 jackson으로 다시 로그인한다. 상단 메뉴 표시줄에는 옆에 빨간색 **1**이 표시된 **Open Approvals** 옵션이 있다. 시스템을 초기화할 때와 마찬가지로 **Open Approvals**를 클릭하고 **app-dev**의 요청을 승인한다.

이 워크플로우는 hello-python을 만들기 위해 실행한 새 애플리케이션 워크플로우와 다르다. 해당 워크플로우가 4개 시스템에 걸쳐 객체를 생성한 경우, 이 워크플로우는 사용자를 오픈유니슨의 데이터베이스에 있는 그룹에 추가하기만 한다. 모든 구성 요소의 액세스는 이러한 그룹에 의해 주도되므로 이제 네 가지 플랫폼에서 RoleBindings와 그룹 구성원 자격을 찾아낼 필요 없이 한곳에서 액세스를 감사할 수 있다.

로그아웃하고 app-dev로 다시 로그인한다. 깃랩 배지를 클릭하고 오픈유니슨으로 로그인하자. 4개의 프로젝트를 보게 될 것이다.

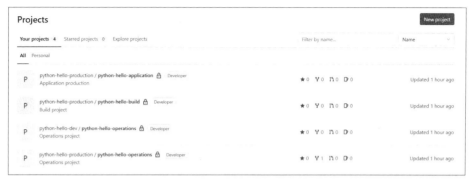

그림 14.16 개발자 프로젝트

이러한 프로젝트는 애플리케이션의 개발 및 배포를 주도한다. 다음은 각 프로젝트에 대한 설명이다.

표 14.2 프로젝트 설명

이름	설명
python–hello–application	애플리케이션의 소스 코드
python–hello–build	TektonCD 파이프라인 정의. 이 코드는 ArgoCD에 의해 클러스터의 python–hello–build Namespace에 동기화된다.
dev/python–hello–operations	애플리케이션의 매니페스트(예: 배포 정의). 프로덕션 오퍼레이션 프로젝트의 포크이며 ArgoCD에 의해 python–hello–prod Namespace에 동기화된다.
production/python–hello–operations	프로덕션 애플리케이션을 위한 매니페스트. 변경은 개발 운영 프로젝트의 풀 리퀘스트여야 한다. ArgoCD는 이 프로젝트를 파이썬–헬로–프로드 Namespace와 동기화한다.

각 프로젝트에서 사용자가 개발자임을 알 수 있다. 즉, 리포지터리를 포크하고 풀 리퀘스트(또는 깃랩에서 호출되는 병합 요청)를 제출할 수 있지만 프로젝트의 내용을 직접 편집할 수는 없다. 다음 단계는 프로젝트 체크아웃과 코드 체크인을 시작하는 것이다.

개발 매니페스트 배포

가장 먼저 해야 할 일은 운영 매니페스트를 "개발" 환경에 배포하는 것이다. 깃랩 내에서 python-hello-dev/python-hello-operations 깃랩의 개인 네임스페이스로 포크하자. python-hello-production 네임스페이스가 아니라 python-hello-dev 네임스페이스에서 포크해야 한다.

포크된 후에는 자체 네임스페이스(App Dev)에서 프로젝트를 복제한다. 깃랩 계정에 SSH 키를 연결해야 한다. 프로젝트를 복제할 때는 깃랩에서 제공하는 URL을 SSH URL로 변환해야 한다. 예를 들어 리포지터리를 복제하면 깃랩은 git@gitlab.apps.192-168-2-119.nip.io:app-dev/python-hello-operations.git을 제공한다. 하지만 리포지터리를 복제할 때는 깃랩 ssh 서비스에 도달할 수 있도록 앞쪽에 ssh://를 추가하고 호스트 이름 뒤에 :2222를 추가한다.

```
$ git clone ssh://git@gitlab.apps.192-168-2-119.nip.io:2222/app-dev/
python-hello-operations.git
Cloning into 'python-hello-operations'...
The authenticity of host '[gitlab.apps.192-168-2-119.nip.io]:2222
([192.168.2.119]:2222)' can't be established.
ECDSA key fingerprint is SHA256:F8VKUrn0ugFoRrLSBc93JNdWsRv9Zwy9wFlL0ZP
qSf4.
Are you sure you want to continue connecting (yes/no/[fingerprint])?
Yes
Warning: Permanently added '[gitlab.apps.192-168-2-119.nip.
io]:2222,[192.168.2.119]:2222' (ECDSA) to the list of known hosts.
remote: Enumerating objects: 3, done.
remote: Counting objects: 100% (3/3), done.
remote: Compressing objects: 100% (2/2), done.
remote: Total 3 (delta 0), reused 3 (delta 0), pack-reused 0
Receiving objects: 100% (3/3), done.
```

리포지터리를 복제한 다음 단계는 매니페스트를 복사하는 것이다. IP 주소 및 호스트 이름을 업데이트해 이 작업을 쉽게 수행할 수 있는 스크립트가 있다.

```
$ cd chapter14/sample-repo/python-hello-operations
```

```
$ ./deployToGit.sh /path/to/python-hello-operations python-hello
[main 3ce8b5c] initial commit
2 files changed, 37 insertions(+), 2 deletions(-)
create mode 100644 src/deployments/hello-python.yaml
Enumerating objects: 8, done.
Counting objects: 100% (8/8), done.
Delta compression using up to 8 threads
Compressing objects: 100% (4/4), done.
Writing objects: 100% (6/6), 874 bytes | 874.00 KiB/s, done.
Total 6 (delta 0), reused 0 (delta 0)
To ssh://gitlab.apps.192-168-2-119.nip.io:2222/app-dev/python-hello-
operations.
git 7f0fb7c..3ce8b5c main -> main
```

이제 깃랩의 포크 프로젝트를 살펴보면 클러스터의 개발 Namespace에 동기화할 준비가
된 디플로이먼트 매니페스트를 찾을 수 있다. 포크 프로젝트 내에서 왼쪽 메뉴 바의
Merge Request를 클릭한다.

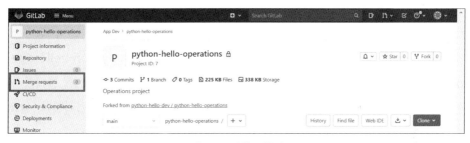

그림 14.17 병합 요청 메뉴

다음 화면에서 **New merge request**을 클릭한다. 그러면 dev에 병합할 브랜치를 선택
하는 화면이 나타난다. **main**을 선택한 다음 **Compare branches and continue**를
클릭한다.

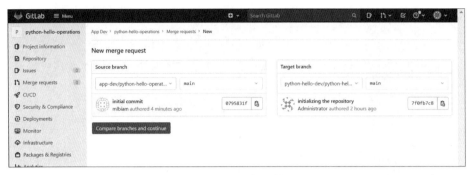

그림 14.18 병합 요청

추가 데이터에 대한 병합 요청의 정보를 업데이트할 수 있다. 페이지 하단에서 **Create merge request**를 클릭한다.

잠시 후 요청을 병합할 준비가 되지만 병합 버튼이 회색으로 표시된다. 개발자인 **app-dev**는 깃랩에서 이러한 권한을 갖고 있지 않기 때문이다. 다음 단계는 jjackson으로 로그인해 요청을 승인하는 것이다. 다른 브라우저 또는 개인/시크릿 브라우저 창에서 jjackson으로 오픈유니슨에 로그인하는 것이 좋다.

깃랩에 jackson로 로그인한 다음, app-dev 사용자와 마찬가지로 **python-hello-dev-python-hello-operations** 프로젝트로 이동해 왼쪽에서 **Merge requests**를 클릭하라. 이번에는 열린 병합 요청을 볼 수 있다. 요청을 클릭하고 **병합** 버튼을 클릭한다. 이제 app-dev의 변경 사항을 애플리케이션의 개발 환경에 성공적으로 병합했다.

3분 이내에 ArgoCD가 이러한 변경 사항을 선택해 python-hello-dev Namespace 동기화한다. argoCD에 app-dev로 로그인하면 python-hello-dev 애플리케이션이 동기화됐지만 손상된 상태임을 알 수 있다. 쿠버네티스가 아직 존재하지 않는 이미지를 가져오려고 하기 때문이다.

이제 개발 매니페스트를 사용할 준비가 됐으니 다음 단계는 Tekton 파이프라인을 배포하는 것이다.

Tekton 파이프라인 배포

개발 매니페스트를 배포했으면, 다음으로 파이프라인을 배포해 컨테이너를 빌드하고 새 컨테이너를 가리키도록 개발 환경의 매니페스트를 업데이트해야 한다. 14장의 앞부분에서 이 작업을 수행하는 방법에 대한 수동 단계를 다뤘으므로 여기서는 GITops를 통한 배포 프로세스에 중점을 둘 것이다. 깃랩에 app-dev로 로그인하고 python-hello-build 프로젝트를 포크하자. 이전과 마찬가지로 SSH URL 사용을 염두에 두고 리포지터리를 복제한다. 다음으로 파이프라인을 복제된 리포지터리에 배포한다.

```
$ cd chapter14/sample-repo/python-hello-build/
$ ./deployToGit.sh ~/demo-deploy/python-hello-build python-hello
 [main 0a6e833] initial commit
 6 files changed, 204 insertions(+), 2 deletions(-)
 create mode 100644 src/pipelineresources/tekton-image-result.yaml
 create mode 100644 src/pipelines/tekton-pipeline.yaml
 create mode 100644 src/tasks/tekton-task1.yaml
 create mode 100644 src/tasks/tekton-task2.yaml
 create mode 100644 src/tasks/tekton-task3.yaml
Enumerating objects: 18, done.
Counting objects: 100% (18/18), done.
Delta compression using up to 8 threads
Compressing objects: 100% (12/12), done.
Writing objects: 100% (13/13), 3.18 KiB | 3.18 MiB/s, done.
Total 13 (delta 1), reused 0 (delta 0)
To ssh://gitlab.apps.192-168-2-119.nip.io:2222/app-dev/python-hello-
build.git
   7120c3f..0a6e833  main -> main
```

14장의 앞부분에서는 개발자가 변경 사항을 병합할 때 파이프라인이 자동으로 시작되도록 웹훅을 설정하는 데 필요한 객체를 수동으로 구성했다. 오픈유니슨은 우리를 위해 모든 상용구 코드를 배포했기 때문에 자체적으로 설정할 필요가 없다. 클러스터의 python-hello-build Namespace를 살펴보면 이미 웹훅이 실행되고 있다.

매니페스트와 마찬가지로 병합 요청을 app-dev로 만들고 jjackson으로 병합한다. ArgoCD를 보면 python-hello-build Application에 새로운 오브젝트가 포함돼 있음을 알 수 있다. 파이프라인이 배포됐으면 다음 단계는 코드를 체크인해 파이프라인을 실행하는 것이다.

파이프라인 실행

코드를 빌드하고 개발 환경에 배포하는 데 필요한 모든 것이 준비돼 있다. 먼저 app-dev의 `python-hello-application` 프로젝트를 포크하고 복제한다. 복제가 완료되면 애플리케이션 소스를 리포지터리에 복사한다.

```
$ cd chapter14/example-apps/python-hello
$ git archive --format=tar HEAD | tar xvf - -C /path/to/python-hello-
application/
$ cd /path/to/python-hello-application/
$ git add *
$ git commit -m 'initial commit'
$ git push
```

다른 리포지터리와 마찬가지로 병합 요청을 app-dev로 열고 jjackson로 병합한다. 그런 다음 Tekton 대시보드로 이동해 오른쪽 상단의 네임스페이스 선택기에서 **python-hello-build**를 선택한다.

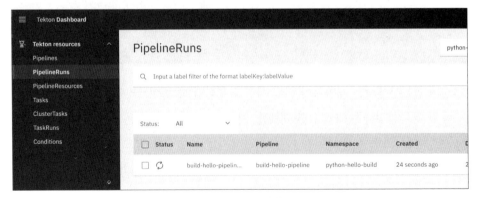

그림 14.19 Tekton 대시보드

모든 것이 순조롭게 진행됐다면 이제 파이프라인을 실행해 컨테이너를 구축하고 개발 환경을 업데이트해야 한다. 개발 운영 프로젝트를 살펴보면 Tekton의 새 커밋이 방금 구축한 이미지와 일치하도록 개발 환경 이미지의 변경 사항을 병합한 것을 확인할 수 있다. 커밋에는 애플리케이션 프로젝트에 대한 커밋의 해시가 포함돼 있으므로 이를 하나로 묶을 수 있다. 마지막으로 ArgoCD로 가서 python-hello-dev 애플리케이션을 살펴보자. 이제 업데이트를 dev에 동기화하고 (또는 3분 이내에) 새 이미지를 출시할 예정이다.

배포된 매니페스트를 살펴보면 기본 사용자 및 그룹 ID 구성이 있고 모든 기능이 삭제되고 권한 없이 실행되는 것을 확인할 수 있다. 게이트키퍼를 배포하고 파드로부터 노드를 안전하게 보호하는 정책을 자동화했기 때문이다.

이제 개발 중인 파드가 생겼다. 이제 프로덕션으로 승격할 차례다.

프로덕션으로 프로모션

애플리케이션을 개발 단계에 도입하고 원하는 모든 테스트를 완료했다. 이제 프로덕션으로 승격할 차례다. 깃, 쿠버네티스 및 자동화를 결합하는 기능이 실제로 효과가 있는 부분이 바로 여기에 있다. 프로덕션으로의 전환이 가장 간단한 부분이 된다. 깃랩에 jjackson으로 로그인하고 파이썬-헬로-개발/파이썬-헬로-오퍼레이션 프로젝트로 이동해 병합 요청을 생성한다. 그러면 개발 환경이 프로덕션 환경에 병합되며, 이 경우 ArgoCD는 새 컨테이너를 가리키도록 Deployment를 업데이트한다. jjackson이 병합을 승인하면 ArgoCD가 작업을 시작한다. 동기화가 완료되면 바로 사용할 수 있다.

이 절에서는 꽤 많은 내용을 다뤘다. 애플리케이션 스캐폴딩을 환경에 배포하고, 개발자를 온보딩하고, 자동화된 빌드 파이프라인을 통해 애플리케이션을 출시했다. 우리는 깃옵스를 사용해 모든 것을 관리했고 어떤 시점에서도 kubectl 명령을 사용하지 않았다!

⠿ 요약

14장에서는 애플리케이션을 배포하는 데 많은 시간을 소비하지 않았다. 애플리케이션 배포 및 자동화에 대한 간략한 소개를 통해 작업을 마무리하고자 했다. 파이프라인, 파이프라인 구축 방법, 쿠버네티스 클러스터에서 실행되는 방식에 대해 배웠다. 소스 제어를 위해 깃랩을 배포해 플랫폼을 구축하는 프로세스를 살펴보고 깃옵스 모델에서 작동하는 Tekton 파이프라인을 구축했으며 ArgoCD를 사용해 깃옵스 모델을 현실로 만들었다. 마지막으로 오픈유니슨을 사용해 전체 프로세스를 자동화했다.

14장의 정보를 사용하면 자체 플랫폼을 구축하는 방법에 대한 지침을 얻을 수 있다. 14장의 실제 예제를 사용하면 조직의 요구 사항을 인프라 자동화에 필요한 기술에 매핑하는 데 도움이 된다. 14장에서 구축한 플랫폼은 아직 완전하지 않다. 필요에 맞는 자체 플랫폼을 계획할 수 있는 맵을 제공할 것이다.

드디어 끝났다! 쿠버네티스 클러스터를 구축하는 이 모험에 동참해줘서 감사하게 생각한다. 이 책을 읽고 예제를 만드는 것과 마찬가지로 재미있게 이 책을 읽고 예제를 만들어보기바란다!

⠿ 문제

1. 참 또는 거짓 – 쿠버네티스가 작동하도록 파이프라인을 구현해야 한다.

    a. 참

    b. 거짓

2. 파이프라인의 최소 단계는 어떻게 되는가?

    a. 빌드, 스캔, 테스트 및 배포

    b. 구축 및 배포

    c. 스캔, 테스트, 배포 및 구축

    d. 위 항목 없음

3. 깃옵스란 무엇인가?

    a. 쿠버네티스에서 깃랩 실행하기

    b. 깃을 신뢰할 수 있는 운영 구성 소스로 사용

    c. 바보 같은 마케팅 용어

    d. 신생 스타트업의 제품

4. 파이프라인을 작성하기 위한 표준은 무엇인가?

    a. 모든 파이프라인은 YAML로 작성해야 한다.

    b. 표준은 없다. 모든 프로젝트와 벤더는 자체적으로 구현돼 있다.

    c. JSON과 Go를 결합했다.

    d. 러스트

5. 깃옵스 모델에서 컨테이너의 새 인스턴스를 배포하려면 어떻게 해야 할까?

    a. Kubectl을 사용해 네임스페이스의 Deployment 또는 StatefulSet을 업데이트
       한다.

    b. 깃에서 Deployment 또는 StatefulSet 매니페스트를 업데이트해 깃옵스 컨트롤
       러가 쿠버네티스의 오브젝트를 업데이트하도록 한다.

    c. 운영 중인 직원이 조치를 취해야 하는 티켓을 제출하자.

    d. 위 항목 중 없음

6. 참 또는 거짓 – 깃옵스의 모든 객체를 깃 리포지터리에 저장해야 한다.

    a. 참

    b. 거짓

7. 참 또는 거짓 – 원하는 방식으로 프로세스를 자동화할 수 있다.

    a. 참

    b. 거짓

찾아보기

쿠버네티스 – 엔터프라이즈 가이드 2/e

컨테이너 기술을 활용한 엔터프라이즈 환경 통합과 확장

2판 발행 | 2024년 1월 2일

옮긴이 | 강세용 · 김상필 · 김진웅 · 박진우 · 최진영
지은이 | 마크 보어쉬테인 · 스콧 수로비치

펴낸이 | 권 성 준
편집장 | 황 영 주
편 집 | 김 진 아
　　　　　임 지 원
디자인 | 윤 서 빈

에이콘출판주식회사
서울특별시 양천구 국회대로 287 (목동)
전화 02-2653-7600, 팩스 02-2653-0433
www.acornpub.co.kr / editor@acornpub.co.kr

한국어판 ⓒ 에이콘출판주식회사, 2024, Printed in Korea.
ISBN 979-11-6175-806-0
http://www.acornpub.co.kr/book/kubernetes-enterprise

책값은 뒤표지에 있습니다.